中観部—1

中論 上

丹治昭義 校註

大蔵出版

はしがき

中観思想に引かれるようになった機縁は、後に『ロゴスとレンマ』として上梓された山内得立先生の「第四の論理」という哲学概論を聴講したことだったと思う——先生はカントの形式論理学の同一律の否定を第二の論理、ヘーゲルの矛盾律の否定である弁証法を第三の論理、龍樹の排中律の否定の論理を第四の論理とされた——。その後、中観思想を学び始めて間もなくだと思うが、恐らく上山春平氏の『空の論理〈中観〉』における『小マールンクヤ経（箭喩経）』の解説が深く印象に残ったからであろう、説かれないことを説かれないままに、説かれたことは説かれたままに受けいれよ、という仏の戒めを中観の論書を読み考えていく過程で常に意識するようになった。原始仏教では同氏の言われるように、説かれたことは実践の指針であり、説かれないことは哲学的論議である。説かれないこととは具体的には十四難無記を指す。十四難とは「世界は常住であるか」「無常であるか」をはじめとする十四のすべての形而上学的な見解について真偽等の評言を求める問難・質問であり、無記とは釈尊が答えることなく捨て置いたという態度を取ったことである。

仏教の思想がそこから出発したといっても過言ではないこの仏の教えの根本的な規範が何を意味するのかが、いつしか中観思想を思索していく上での課題となった。『中の頌』で仏の存在を取り上げた主要な章である第二二、二五章で龍樹は十四難無記を論じ、第二七章では十六見解というそれの variant を否定しているからでもあった。かつて『中の頌』の第一八章の註釈史的な論攷の書名を『沈黙と教説』としたのも——その内容は必ずしも沈黙と教説という問題に真正面から向きあったものといえないが——その所説を貫く核心的な論理が沈黙即教説であると考えたからである。

本訳註で取り上げる漢訳『中論』は龍樹の『中の頌』と青目の註釈からなる。筆者は以前に青目釈はチベット訳として現存する『無畏註』であるという仮説を公にしたところ、『中論』の全章に亘って同一書であることを実証すべきであるという声を耳にした。今回全章の書き下しを作成することになったので、この機会に補註で『無畏』を訳出して異同を確認した（すべての偈に関する両註釈の異同の一覧も作成したが、今は改めて掲載するまでもないと考えるので省略した）。また中期中観派といわれる仏護と清弁は第一八章の註釈で『無畏』の註釈文をそのまま各々自己の註釈文の一部として使用していたので、補註では『無畏』の採用を全章で確認した。その採用部分の異同や採用文の前後の註釈文との文脈の繋がりに基づく意味の違い等が彼らの思想の特徴や相違を反映しているからである。さらにその延長線上で、『無畏』、仏護、清弁、月称について彼ら註釈者たちが自己の思想の核心を説くことが習いである冒頭の帰敬偈の註釈を主な対象とし、加えて第一八章などの主要な思想についても彼ら各々の理解を考察した。その考察の結果を纏めたものが解題上の二の㈤と、解題下の六―八で述べた青目釈、『無畏』から月称までの中観思想史の概説である。

羅什訳の青目釈とチベット訳の『無畏』のもととなった梵語の註釈が同一書であれば、『無畏』にない青目釈の部分が羅什自身の註釈箇所ということになる。この観点から羅什の解釈を抽出し、書き下し本文の頭註の随所で指摘すると共に、解題下の五で羅什の中観思想を論じた。

今から二十数年前にT・フェッターーが『中の頌』の最後の第二六、二七の二章は龍樹の青年期の〝学生の論文〟であり、第二五章までが『中の頌』の本論であるという解釈をしていたのを知って、あたかもコロンブスの卵のように、言われてみれば何でもないこととも言えるが、そのように解するならば、今まで漠然と懐いていた諸々の疑問が氷解した思いで、それまでの草稿の多くを抜本的に見直し改めたのが解題上の三と四に記した『中の頌』に関する解説である。

第二六、二七章が初期の習作であるならば、龍樹の思想的遍歴は原始仏教が伝える「説かれないこと」である哲学的論議を行なうこと、即ち釈尊が答えないで捨て置いた哲学的な諸見解と真向から対決することより始まる。恐らく原始仏教も末期（?）になると無記という仮面を脱ぎ捨てて、無記の真意は諸見解がすべて論理的に不合理であり、あり得ない、存在しないと説くことであると改められたからであろう。そうであれば、仏によって「説かれないこと」はなく、すべては「説かれたこと」になる。

第二五章までの後期の『中の頌』でも「不合理である」とか「あり得ない」という対決の姿勢は変らない。各々の章で様々な事物に関して、それらの存在が「不合理」であり、「あり得ない」ことを指摘し、帰謬する。しかし龍樹は『中の頌』でただ見解だけでなく、アビダルマの説く存在するものを構成する要素である「法」や、日常存在すると認められている事物に対決の対象を押し拡げたというのではない。彼が否定の対象として対決したのはこのような素朴実在論的に認められた個々の事物・存在ではなく、説一切有部が確立した形而上学的存在としての自性である。自性とはすべての法がそれぞれ固有の本質・本体として存在していることである。龍樹は自性が単にアビダルマの法だけでなく、日常的事物や哲学的な概念などすべての存在するもの・有の本質であることを明かし、有部等の特定の立場でなく、総じて存在するもの・有の立場の最も基礎的な存在論であるとして、有の立場に空の立場で対峙し、概念実在論的な自性という形而上学的存在は存在しない、空とは無自性であることを論証したのである。

無自性であることは空が存在しないもの・無でないことでもある。では何か。縁起こそが空であり、それが「八不の縁起」であり、仏の八万四千の法蔵はすべて「八不の縁起」の教え（法）に他ならない。しかも仏による教説の言葉への執着である言葉が自性を表示するという執着（戯論）も言葉による分別（取得）もないので、教説は沈黙である。即ち説かれたことは説かれないことと同時で同事である。これが龍樹の八不の縁起の実相である。

なにぶんにも長い年月をかけたので、筆者の考えや理解も時と共に度々変った箇所もあるのに、それに伴う原稿の修正が行き届かないままに残された部分や誤解や誤読も多々あると思われるが、原典を読み返して改める余裕は免れがたい老病によって残されていない。その点では読者の御寛恕を乞う次第である。本書が反面教師としてでも『中の頌』の正しい理解への捨石となるならば筆者の望外の幸いである。

『仏陀の沈黙とその中観的意義』などを通して御指導頂いた長尾雅人先生、『八千頌般若経』の和訳や折々の中観思想に関する討論や会話で教えられるところが多かった梶山雄一先生、筆者の学生時代、インド留学の直前に、前期の「講読」を担当されて『明句』の帰敬偈の註釈を読んで下さった服部正明先生に心から感謝申し上げる。また大蔵出版の忍耐強い対応と特に編集長の上田鉄也氏に記して衷心より謝意を表す。二千数百枚に及ぶ乱雑な原稿を解読してこのような形にまで整理された、同氏と編集部の方々の御辛労なしでは本書を上梓することはできなかったであろう。

二〇一九年七月吉日

丹治　昭義

目次

目次

観苦品 第十二 ………… 141

観行品 第十三 ………… 146

凡例

一、本書は龍樹菩薩造・梵志青目釈・姚秦三蔵鳩摩羅什訳『中論』の和訳（漢文書き下し）と註記・解題等よりなる。上下二冊に分冊し、本書（中論上）では全四巻のうちの巻第一と巻第二を収録する。

一、和訳の底本としては『大正新脩大蔵経』（大正第三〇巻・№一五六四）を用いた。書き下し本文の底本における所在は各頁各段ごとに、書き下し本文の当該行上の頭註欄に示されている。また、底本の字句を異本校合によって変更した場合には、原則として頭註で断った。

一、和訳に際しての主な方針は、以下の通りである。

1 底本で用いられる旧字は、常用漢字として認められているものは原則として新字に改めて示した。頭註・補註・解題における原典引用もそれに準じた。

2 底本には、句点による文章の区切りや訓点が施されているが、和訳中の書き下しおよび句読点の付加・削除は訳者の理解にしたがって行なった。

3 本典の示す品（章）による区分に加えて、内容に応じて科段の細分を行ない、「一」、「二―一」などの下位分類を設けた。

4 偈頌（韻文）に関しては、本文から改行、二字下げで示し、それぞれの偈頌の末尾に、各品ごとの通し番号を漢数字でもって（ ）内に付した。

5 本文にない語句を補う場合には、〔 〕に入れて、これを示した。科段名などの扱いもこれに準ずる。また、4で述べた偈頌（中論頌）の番号以外にも、書き下し本文で列挙されている文言を明確にするために、（　）や〔　〕で漢数字を補った箇所がある。

6　本文中に提示される経論名を『　』で、引用文を「　」で括ったほか、理解の便宜のため、本文中既出の引用文の語句が再度示される場合にも、所引の語句を「　」で括って示した。

7　書き下し本文には振り仮名を多めに付して、読解しやすくした。

一、頭註で取り上げた語句あるいは文章については、冒頭に漢数字で番号を付した。頭註の番号については、見開きごとに「一」起しとした。同じ見開き内の頭註を参照する場合には、「註○参照」と示し、見開き以外の頭註を参照する場合には、「△頁註○参照」と表記した。また、見開き内で品（章）が変わる場合には、品の区切りに合わせて「一」起しで付した。

一、本書の頁数を示す場合には、頭註・書き下し本文（「本文」とも表記）、補註、解題ともに、それぞれ本文の横にある漢数字の頁で示した。上・下の巻を異にする場合は、冒頭に「上巻」「下巻」を明記した。ただし、解題は同巻でも「解題上」「解題下」と記した。

一、頭註には、仏教用語や漢語の簡単な説明の他に、各偈（中論頌）の句や節に対するサンスクリット語原文（梵偈）や時にはチベット訳偈の相当部分の訳を挙げて比較考察し、羅什の翻訳法についても適宜解説した。また、漢訳『中論』はこの「偈頌」＝「中論頌」部分と「青目釈」部分よりなるが、「青目釈」が *Dbu ma rtsa baḥi ḥgrel pa ga las ḥjigs med*（*Mūla-madhyamakavṛtti-Akutobhayā*、チベット語訳のみ現存。以下『無畏』と記す）と同一であり、それに訳者・羅什による取捨選択、解説の付加が施されたものであることを実証するため、全品（章）に亘って「青目釈」と『無畏』の比較検討を試み、羅什による付加部分の弁別とその読解も行なった。

一、頭註あるいは補註、解題において、関連する偈番号を省略して示す場合は、主に末尾に（○・△）などとして示した。

〔例〕（一六・七）→観縛解品第一六の第七偈であることを示す。

一、補註で取り上げた語句あるいは文章については、冒頭にアラビア数字で番号を付した。補註の番号については、品（章）ごとに「1」起しとした。同品内の補註を参照する場合には、「補註○参照」とし、他品の補註を参照する場合には、原則として「△品第□補註○参照」もしくは「第□章補註○参照」と示した。

一、補註は、「釈僧叡序」・「観因縁品第一」を除いて、基本的に品題と偈頌に対する註釈となっている。

一、頭註で行なった「青目釈」＝『無畏』の実証作業を補完するため、偈頌に付された補註においては、以下の方針で註釈を行なった。

1　註釈の開始となる和訳（書き下し本文）の語句を見出しとしてゴシックで掲げ、語句の末尾にそれに続く偈（中論頌）の番号を示した。見出しの後ろに（　）で括った訳文が挿入されている場合があるが、これは「青目釈」として採用された『無畏』本文の和訳である。ただし、「青目釈」で採用されていても、後出4で説明する［　］《　》内にある和訳は、同じく3で後述の【無畏釈】に別立のままとした。また、漢訳『中論』と『無畏』とで偈頌とその註釈の順序が異なる場合は、両者の偈番号を並記した。

2　見出しに続いて、偈頌の漢訳原文・梵偈・梵偈の和訳を示した。それぞれの末尾には、（　）に括って偈番号を付した。

3　偈頌を示した後に、【無畏釈】という項目を立て、該当偈頌に対する『無畏』の註釈を和訳して示した。「青目釈」と梵偈の異同を確かめる資料とするためである。その際、「―第○偈―」と示した部分には、【無畏釈】直前に提示した梵偈の和訳が挿入されることを示す。なお、偈頌への導入部分（見出しに相当する箇所）が漢訳『中論』に採用されている偈頌については、1で示したように、見出しで『無畏』の和訳を提示しているため、【無畏釈】では重複を避け、偈頌に対する註釈の和訳のみを示した。

4　【無畏釈】における和訳では、以下のような引用などを示す記号を用いた。『無畏』の註釈には偈頌の引用が少なからず再出され、同時に仏護と清弁は各々自己の註釈中に『無畏』の文言を多く組み込んでいるので、それらの採用箇所を明示することで『無畏』と仏護と清弁、さらに羅什の思想の異同を解明する一助とした。なお、仏護註が『無畏』と重なる箇所は Huntington が既に詳しく指摘しているが、訳者は『無畏』と重なる部分の前後で仏護が『無畏』をどのように改めているかにも注目して比較した箇所を加えた。

〈 〉:『無畏』の註釈における梵偈の引用箇所。

［ ］:『無畏』の註釈を仏護が採用している箇所。

《 》:『無畏』の註釈を清弁が採用している箇所。

［ ］・《 》内の傍線と波線:仏護と清弁が『無畏』をおおむね採用していると考えられるが、微妙な差異が認められる箇所(すなわち仏護・清弁それぞれの註釈部分)。差異を明確にするため、双方を訳出した。［ ］内であれば、傍線部が『無畏』の註釈で、それに続く波線部が仏護の註釈、《 》内であれば、傍線部が『無畏』の註釈で、波線部が清弁の註釈であることを示す。

右の原則にしたがわない箇所については、その都度で註記を施した。

5 【無畏釈】に続いて立てられた【解説】では、訳者による該当偈頌の解説を行ない、あわせて、羅什訳・『無畏』に加えて、仏護・清弁・月称・観誓ら中観思想家たちの註釈も挙げて考究することにつとめた。

一、略号一覧

梵偈/梵本　月称 *Prasannapadā* の *Mūlamadhyamakakārikā*(『中の頌』)部分の諸校訂テキスト

LVP　de la Vallée Poussin, Louis, ed., *Mūlamadhyamakakārikās* (*Mādhyamikasūtras*) *de Nāgārjuna avec la Prasannapadā Commentaire de Candrakīrti*, Osnabrück: Biblio Verlag, 1970

dJ　de Jong, J. W., ed., *Mūlamadhyamakakārikāḥ of Nāgārjuna*, Adyar Library and Research Centre, Madras, 1977

『改訂本』　Lindtner, Chr., Revised, *Nāgārjuna's Mūlamadhyamakakārikā Prajñā Nāma*, ed by J. W. de Jong, Adyar Library and Research Centre, Chennai, 2004

叶本　叶少勇『中論頌——梵蔵漢合校・導読・訳注』、中西書局、上海、二〇一一

T1　月称のチベット訳、特にその中で説かれている『中の頌』のチベット訳

T2　『無畏』・仏護・清弁のチベット訳、特にその中で説かれている『中の頌』のチベット訳

『無畏』　*Dbu ma rtsa baḥi ḥgrel pa ga las ḥjigs med*, D, No. 3829（『根本中論註無畏論』*Mūlamadhyamakavṛtti-Akutobhayā*）

仏護　仏護（Buddhapālita）/ *Dbu ma rtsa baḥi ḥgrel pa buddha pā li ta*, D, No. 3842（『仏護根本中論註』）

清弁　清弁（Bhāviveka）/ *Dbu ma rtsa baḥi ḥgrel pa śes rab sgron ma*, D, No. 3853（『般若灯論』*Prajñāpradīpa*）

月称　月称（Chandrakīrti）/ *Prasannapadā*（梵本）/ *Dbu ma rtsa baḥi ḥgrel pa tshig gsal ba śes bya ba*, D, No. 3860（チベット訳）（『明句』）

観誓　観誓（Avalokitavrata）/ *Śes rab sgron maḥi rgya cher ḥgrel pa*, D, No. 3859（*Prajñāpradīpaṭīkā*）

宇井訳　宇井伯寿訳「中論」『国訳大蔵経』論部五、国民文庫刊行会、一九二一

羽溪訳　羽溪了諦訳「中論」『国訳一切経』中観部一、大東出版社、一九三〇

三枝訳　三枝充悳『中論——縁起・空・中の思想』全三巻、レグルス文庫、第三文明社、一九八四

独訳　Walleser, Max, *Die Mittlere Lehre*（*Mādhyamika-śāstra*）*des Nāgārjuna*, Nach der tibetischen Version übertragen von Max Walleser, Heidelberg, 1911

『明句』の独訳　Schayer, Stanislaw, *Ausgewählte Kapitel aus der Prasannapadā*（*V*, *XII*, *XIII*, *XIV*, *XV*, *XVI*）, Krakowie, 1931（XIII, pp. 25–39, XIV, pp. 40–54）

英訳　Bocking, Brian, *Nāgārjuna in China: a translation of the middle treatise*, Studies in Asian Thought and Religion

Vol. 18, The Edwin Mellen Press, Lewiston/ Queenston/ Lampeter, 1995

AEIM	Huntington, Clair W. Jr., *The "Akutobhayā" and early Indian Madhyamaka* (Volumes I and II), The University of Michigan, Ph.D., 1986
AKBh	Pradhan, P., ed., *Abhidharmakośabhāṣyam*, Patna, 1967
AN	*Aṅguttara-Nikāya*, PTS
AP	Vaidya, P. L., ed., *Aṣṭasāhasrikā Prajñāpāramitā*, Buddhist Sanskrit Texts, No. 4, Darbhanga, 1960
AR	Vetter, Tilmann, "On the Authenticity of the Ratnāvalī", *Asiatische Studien* 46, Bern, 1992
BA	Vaidya, P. L., ed., *Bodhicaryāvatāra of Śāntideva: with the commentary Pañjika of Prajñākaramati*, Buddhist Sanskrit Texts, No. 12, Darbhanga, 1960
BHSD	Edgerton, Franklin, *Buddhist Hybrid Sanskrit Dictionary*, New Haven, 1953
BP	Kajiyama, Y., "Bhāvaviveka's Prajñāpradīpaḥ (I. Kapitel) (Fortsetzung)", *Wiener Zeitschrift für die Kunde Süd- und Ostasiens Archiv für indische Philosophie* 8, Wien, 1964
CBN	Stcherbatsky, Th., *The Conception of Buddhist Nirvāṇa*, Leningrad, 1927
CPM	May, J., *Candrakīrti Prasannapadā Madhyamakavṛtti*, Paris, 1959
D	デルゲ版
EMIC	Robinson, R., *Early Mādhyamika in India and China*, Madison: The University of Wisconsin Press, 1967
KN	Prof. H. Kern and Prof. Bunyiu Nanjio, ed., *Saddharmapuṇḍarīka*, Bibliotheca Buddhica X, St.-Pétersbourg, 1912
LA	Nanjio, Bunyiu, *The Laṅkāvatārasūtra*, Bibliotheca Ontaniensis, 1, Kyoto, 1923
MDPL	Conze, Edward, *Materials for a dictionary of the Prajñāpāramitā literature*, Tokyo: Suzuki research Foundation,

1973

Mvy	榊亮三郎『梵蔵漢和四訳対校飜訳名義大集』全二巻（=*Mahāvyutpatti*）、鈴木学術財団、一九六二
MW	Monier-Williams, Monier, *A Sanskrit-English Dictionary*, Oxford, Clarendon, 1899
NR	Hahn, Michael, *Nāgārjuna's Ratnāvalī vol. 1 The Basic Texts*（*Sanskrit, Tibetan Chinese*）, Indica et Tibetica, Bonn, 1982
P	北京版
PB	Kloppenborg, R., *The Paccekabuddha A Buddhist Ascetic*, Leiden, 1974
RM	MacDonald, Anne, "Revisiting the Mūlamadhyamakakārikā: Text-Critical Proposals and Problems",『インド哲学仏教学研究』14、東京大学文学部印度哲学研究室、二〇〇七
RSC	Review by: Christian Lindtner, "Chūron geju sōran by Saigusa Mitsuyoshi", *Cahiers d'Extrême-Asie*, vol. 4, École française d'Extrême-Orient, 1988
RU	E. H. Johnston, T. Chowdhury, ed., *The Ratnagotravibhāga mahāyānottaratantraśāstra*, Patna, 1950
SB	Saito, A., *A Study of the Buddhapālita-mūlamadhyamaka-vṛtti*, Ph.D. Dissertation, Australian National University, 1984
SBM	Tachikawa, Musashi, "A Study of Buddhapālita's Mūlamadhyamakavṛtti（II）",『名古屋大学文学部研究論集』LXIII, 名古屋大学文学部、一九七四
Sn	*Suttanipāta*, PTS
SN	*Saṃyutta-Nikāya*, PTS
SPPS	Hikata, Ryusho, *Suvikrāntavikrāmi-Paripṛcchā Prajñāpāramitā-Sūtra*, 九州大学、一九五八
SWPN	Lindtner, Chr., *Nagarjuniana, Studies in the Writings and philosophy of Nāgārjuna*, Indiske Studier IV, Copen-

	hagen: Akademisk Forlag, 1982
T	チベット／チベット訳
TED	Jäschke, H. A., *A Tibetan-English Dictionary*, London, 1881
TGS	Renou, Louis, *Terminologie Grammaticale Du Sanskrit*, Paris: Champion, 1957
TGVS	Lamotte, E., *Le Traite de la Grande Vertu de Sagesse de Nāgārjuna*, Tome I, Louvain, 1944
TNP	de Jong, J. W., "Textcritical Notes on the Prasannapadā", *Indo-Iranian Journal* 20, The Hague, 1978
TSD	Chandra, Lokesh, *Tibetan-Sanskrit Dictionary*, New Delhi, 1959
VKN	大正大学綜合仏教研究所梵語仏典研究会編、梵蔵漢対照『維摩経』（Vimalakīrtinirdeśa: transliterated Sanskrit text collated with Tibetan and Chinese translation）、大正大学出版会、二〇〇四
VN	E. H. Johnston, Arnold Kunst, ed., *The dialectical method of Nāgārjuna: Vigrahavyāvartanī*, Delhi: Motilal Banarsidass, 1986
VP	Conze, Edward, ed., *Vajracchedikā Prajñāpāramitā, Edited and Translated with Introduction and Glossary*, Serie orientale Roma, 13, Roma, 1957
VS	Kaṇāda, Debasish Chakrabarty, *Vaiśeṣika-Sūtra of Kaṇāda*, New Delhi: D.K, Printworld, 2003
William	Ames, William, "Bhāvaviveka's Prajñāpradīpa, A Translation of Chapter Two: 'Examination of the Traversed, the Untraversed and that which is being Traversed'", *Journal of Indian Philosophy* 23, Kluwer Academic Publishers, 1995

上田『四百論注』	上田昇『チャンドラキールティ著『四百論注』第一～八章和訳』、山喜房仏書林、一九九四
「有について」	佐々木現順「勝義有・世俗有・実有について」『山口博士還暦記念　印度学仏教学論叢』、法蔵館、一

九五五

「縁覚」	櫻部建「縁覚考」『大谷学報』第三六巻第三号、大谷学会、一九五六
「縁起説」	丹治昭義「初期大乗経典に於ける縁起説」（一）『関西大学東西学術研究所紀要』第九輯、関西大学東西学術研究所、一九七七
『界・根品』	櫻部建『倶舎論の研究　界・根品』、法蔵館、一九六九
笠松「入中論」	笠松単伝「蔵文入中観論疏訳註（一）」『仏教研究』第四巻第三号、大東出版社、一九四〇
梶山「廻諍論」	梶山雄一「廻諍論」『大乗仏典』14「龍樹論集」、中央公論社、一九七四
梶山「知恵」	梶山雄一「『知恵のともしび』第二十五章（前段の試訳）」『密教学』第16／17号、種智院大学密教学会、一九八〇
梶山『般若経』	梶山雄一『般若経――空の世界』、中央公論社、一九七六
「祇園」	丹治昭義「祇園精舎建立縁起の一考察」『祇園精舎サヘート遺跡発掘調査報告書』、関西大学、一九九七
『木村泰賢全集』	木村泰賢『木村泰賢全集』第五巻「小乗仏教思想論」、大法輪閣、一九六八
『原始仏教』下	中村元『原始仏教の思想』下、中村元選集第14巻、春秋社、一九七一
「業思想」	梶山雄一「バーヴァヴィヴェーカの業思想――般若灯論第一七章の和訳」『業思想研究』（雲井昭善編）、平楽寺書店、一九七九
『ことば』Ⅰ	丹治昭義『中論釈　明らかなことば』Ⅰ、関西大学出版部、一九八八
『ことば』Ⅱ	丹治昭義『中論釈　明らかなことば』Ⅱ、関西大学出版部、二〇〇六
斎藤「根本中論」	斎藤明「『根本中論』テキスト考」『高崎直道博士還暦記念論集　インド学仏教学論集』、春秋社、一九八七
斎藤「成立年代」	斎藤明「『無畏論』とその成立年代――『般若経』の引用を手がかりとして」『仏教学』45、山喜房仏

書林、二〇〇三

『索引』一　平川彰編『倶舎論索引』第一部、大蔵出版、一九七三

『索引』二　平川彰編『倶舎論索引』第二部、大蔵出版、一九七七

㊂　宋本と元本と明本

静谷『初期大乗』　静谷正雄『初期大乗仏教の成立過程』、百華苑、一九七四

『実在』　丹治昭義『実在と認識』中観思想研究2、関西大学出版部、一九九二

「慈悲と憐愍」　渡辺章悟「大乗経典における慈悲と憐愍」第3ユニット：多文化共生社会の思想基盤研究『国際哲学研究』4号、東洋大学国際哲学研究センター、二〇一五

「十二支縁起解釈」　梶山雄一「中観派の十二支縁起解釈」『仏教思想史』三、平楽寺書店、一九八〇

『疏』　隋・吉蔵撰『中観論疏』、大正四二巻所収、No. 1824

『荘厳』Ⅱ　能仁正顕『『大乗荘厳経論』第XVII章の和訳と注解——供養・師事・無量とくに非無量』龍谷大学仏教文化研究叢書30、自照社出版、二〇一三

『肇論』　塚本善隆編『肇論研究』、法蔵館、一九七二

「所証」　御牧克己「インド・チベット論理学に於ける「所証相似」(sādhyasama) の問題」『哲学研究』第五五〇号、京都哲学会、一九八四

『真偽性』　津田明雅『Catuḥstava とナーガールジュナ——諸著作の真偽性』、博士論文・京都大学、二〇〇六

『新字源』　小川環樹ほか編『角川新字源』、角川書店

『大辞典』　中村元『仏教語大辞典』、東京書籍、一九七五

大正　大正新脩大蔵経、大蔵出版

高崎『宝性論』　高崎直道『宝性論』インド古典叢書、講談社、一九八九

『中観思想』　安井広済『中観思想の研究』、法蔵館、一九六一

「中論解釈」　丹治昭義「鳩摩羅什の中論解釈——シルクロードの仏教」関西大学『哲学』十二号、関西大学哲学会、一九八六

『中論釈』Ⅰ　山口益『月称造　中論釈』一巻、弘文堂、一九四七

『中論釈』Ⅱ　山口益『月称造　中論釈』二巻、弘文堂、一九四九

『沈黙』　丹治昭義『沈黙と教説』中観思想研究1、関西大学出版部、一九八八

『展開』　江島恵教『中観思想の展開』、春秋社、一九八〇

「ともしび」(四)　能仁正顕「『知恵のともしび』第一章の和訳(4)」『仏教学研究』第60／61号、龍谷仏教学会、二〇〇六

「二諦説」　野沢静証「清弁の二諦説」『日本仏教学会年報』第一八号、日本仏教学会、一九五二

「如理論」　瓜生津隆真「六十頌如理論」『大乗仏典』14「龍樹論集」、中央公論社、一九七四

『八千頌』Ⅱ　梶山雄一・丹治昭義「八千頌般若経Ⅱ」『大乗仏典』3、中央公論社、一九七五

林屋訳　林屋友次郎訳『出三蔵記集』「中論序第一」『国訳一切経』和漢撰述部史伝部一、大東出版社、一九三七

「辟支仏」　藤田宏達「三乗の成立について——辟支仏起源考」『印度学仏教学研究』第五巻第二号、日本印度学仏教学会、一九五七

『仏教語』　櫻部建『仏教語の研究』、文栄堂書店、一九七五

『仏教大辞典』　『総合仏教大辞典』全二巻、法蔵館、一九八七

「文化史」　五島清隆「鳩摩羅什訳『龍樹菩薩伝』に見られる文化史的背景——羅什撰述説の検証」『仏教学会紀要』第一八号、仏教大学仏教学会、二〇一三

『梵和』　荻原雲来編纂『漢訳対照梵和大辞典』、鈴木学術財団

凡　例

「無我の論理」　梶山雄一「中論における無我の論理」『自我と無我――インド思想と仏教の根本問題』、平楽寺書店、一九七六

「維摩経・羅什」　戸田宏文「維摩経に顕われた鳩摩羅什三蔵の思想」『干潟博士古稀記念論文集』、干潟博士古稀記念会、一九六四

『羅什』　横超慧日・諏訪義純『羅什』人物中国の仏教、大蔵出版、一九八二

「羅什論」　塚本善隆「鳩摩羅什論」『干潟博士古稀記念論文集』、干潟博士古稀記念会、一九六四

『龍樹』　中村元『ナーガールジュナ』、講談社、一九八〇

「龍樹伝」　山野智恵「初期の龍樹伝」『蓮花寺仏教研究所紀要』第二号、蓮花寺仏教研究所、二〇〇九

「六二見」　宇井伯寿「六十二見論」『印度哲学研究』第三巻、甲子社書房、一九三二

『論理』　梶山雄一『空の論理〈中観〉』仏教の思想3、角川書店、一九六九

中論　上

(大)一上

中論《ちゅうろん》[1]　巻第一

釈僧叡《しゃくそうえい》[一]　序

〔一　中論という書名の意味〕

中論[2]に五百偈《げ》[二]有り。龍樹菩薩《りゅうじゅぼさつ》[3][三]の所造《しょぞう》なり。中《ちゅう》[四]を以って名《みょう》と為《な》すは、其《そ》の実《じっ》を照《てら》すなり。論[五]を以って称《しょう》と為すは、其の言《ごん》を尽《つく》すなり。実[六]は名に非らずば悟れず。故に中[七]に寄りて

一　釈僧叡　「釈」は仏教の開祖である釈迦牟尼仏の釈に由来し、僧侶が仏弟子であることを示すために姓（苗字）として用いた。僧叡は幼少の時に出家し、この『中論』の訳者である羅什が長安に到着すると、彼の諸経論の翻訳事業に参加した。羅什の門下は三千人といわれるが、翻訳場に入ったのは八人だけで、僧叡はその中でも首席として活躍したという。彼は羅什訳の多くの経論に序文を著作した。この『中論』に序文を書いた者は他にもいるが、彼のこの序が最も高く評価され、この序だけが『中論』の前に序として、『中論』の一部として取り扱われるようになった。伝記は『梁高僧伝』巻六。『中観論疏』の冒頭の『中論序疏』にも引用されている。

二　五百偈　『中論』は龍樹の『中の頌』のみを意味する場合と、青目の註釈を含む場合があるが、ここは前者の意味。五百偈は羅什訳偈の数。正確には四四六偈（『疏』でも四四六偈）。梵本では四四九偈。

三　龍樹菩薩　『中論』は四巻から成るが、各巻の冒頭で羅什は龍樹菩薩造と、著者が龍樹であることを明記している。この場合の菩薩は大乗仏教の聖者の意味である。インドの中観派でも七世紀の月称や観誓は龍樹を初地の菩薩とする。僧叡は『大智度論』の序（大正二五、五七中）でも龍樹を仏教の再興者で、「功は十地に格（いた）り、道は補処に侔（ひとし）き者」と讃えている。菩薩は補註3参照。

四　中を以って…照すなり　『中論』の「中」の語は仏教の「実」（真実在、実相、以下実相）を照す。中という言葉で実相を表示することが、実相が何かを明らかにする。

五　論を以って…尽すなり　註四の文章と対を成す。『中論』の「論」の語は中の意味・思想を言葉によって完全に説明し尽すものであることを示す。「書不ㇾ尽ㇾ言」（文字は口で言い表わすべき事を充分に表現することができない──『易』繋辞）をもじって、書とは違って中論の論は、言うべきことを十全に論じ尽していることを読者に印象づけようとしているのであろう。この中と論との関係は『中論』が書名であって、単なる書名でなく、実相と中という言葉、さらに突き詰めれば、実相と言語表現の本質的なあり方を示している。

六　実は名に…悟れず　実相が名称・言葉で表現されなければ、人は実相を悟ることができない。悟りとは実相が実相として実現することである。

七　中に寄りて…之れを宣ぶ　註六の名とは中という語であり、実相を中という語「之れ」をたよりとして明らかに述べる。

以って之《こ》れを宣《の》ぶ。[一]言《ごん》は釈《しゃく》に非らずば尽《つく》さず。故に[二]論を仮《か》りて以って之れを明《あか》す。其《そ》の実《じつ》は既《すで》に宣べられ、其の言は既に明《あき》らかなれば、[4][三]菩薩の行《ぎょう》、道場《どうじょう》の照《しょう》に於いて、朗《ろう》然《ねん》として[四]懸解《けんげ》す。

〔二　中論著作の因縁〕

夫《そ》れ[5][五]滞惑《たいわく》は[六]倒見《とうけん》於《よ》り生《しょう》じ、[七]三界《さんがい》は之れを以って而《しか》して[八]淪溺《りんにゃく》し、[九]偏悟《へんご》は[一〇]厭智《おんち》於り起り、[6][一一]耿《こう》介《かい》は之れを以って而して[一二]乖《かい》を致す。故に知りぬ、[一三]大覚《だいかく》は[一四]曠照《こうしょう》に在《あ》り、[一五]小智《しょうち》は[一六]溢心《あいしん》に纏《まと》わることを。[一七]之れを照《て》らすこと曠《ひろ》からずば、則ち以って有無《うむ》を[一八]夷《たいら》げて[一九]道俗《どうぞく》を一にするに足らず。[二〇]之れを知ること尽《つく》さざれば、則ち未だ以って[二一]中途《ちゅうず》を渉《わた》りて[二二]二際《にさい》を泯《ほろ》ぼすべからず。[7]道俗の夷かならず、二際の泯びざるは、[二三]菩薩の[二四]憂いなり。是《ここ》を以って[二五]龍樹大士《だいじ》、[二六]之れを[8]折《さだ》むるに中道《ちゅうどう》を以ってして、[9][二七]惑趣《わくしゅ》の徒《と》をして[二八]玄指《げんし》を望んで而して[二九]一変《いっぺん》せしめ、[10][三〇]之れを括《くく》るに[三一]即化《そくけ》を以ってして、[三二]玄悟《げんご》の賓《ひん》をして[三三]諮詢《しじゅん》を[三四]朝徹《ちょうてつ》に喪《うしな》わしむ。

一　言は釈に…尽さず　「言を尽す」とは釈のことである。釈とはこの場合は中という名は単なる名称・単語ではなく、中の思想を言葉を尽して十全に解釈し尽す説明文のこと。

二　論を仮りて…之れを明す　論は『中論』の論であるが、中の真意を論述して完全に明らかにする説明文のことであり、その説明文、具体的には『中の頌』の全文を仮りて、之れ、即ち実相を解明することが論の意味である。この論の解釈は、「すじ道をたてて述べる。㋐道理を述べて明らかにする」（『新字源』）という論という漢語の意味に従った説明である。因みに曇影は論を「問答析微」（『中論序』）とするが、これも「㋑是非を言い合う」（『新字源』）という論の語義と同じ解釈である。

三　菩薩の行、道場の照　龍樹菩薩の行である『中の頌』の著述、即ち『中の頌』にも、彼の実相の観察である中観、即ち道場の照においても、実相ははっきりと（朗然）疑惑から解き放たれていること。補註4参照。

四　懸解　逆さに吊り下げられている状態から解き放たれること（『荘子』「養生主」）。

五　滞惑　悟りを妨げ停滞させる惑・煩悩。

六　倒見　苦なのに楽である等の、真実と逆倒した顛倒の見解。本文第二三章参照。

相を指し、同じく小乗の思想の欠点を示す。しかし註一七の方が『中論』の中観に対比しての欠点であるのに対し、「知ること尽さず」は、言葉で説き明す「論」を知らない無知の欠点を指摘している。

二一　中途　中道。

二二　二際　有無、主客等の二つの極端な象に即して一まとめに纏められる、すなわち万物がそのまま実相として総括されるというのであろう。

三一　即化　万物・万象に即して。実相がすべての事物と一体になるようにして。万物は直ちにそのまま（即）実相である。

三二　玄悟の賓　玄悟は「深遠な悟り」でもあろうが、玄は道家の奥深い道の真理

七　三界　欲界、色界、無色界。輪廻の境界を三種に分類したもの。「之れ」は倒見。
八　淪溺　沈み溺れる、沈むこと。
九　偏悟　片寄った中正でない悟り。『疏』は小乗の悟りとする。
一〇　厭智　小乗仏教の修行者である声聞が解脱を求める宗教的要求は、輪廻・三界を厭う気持・認識から生ずる。
一一　耿介　堅く志しを守ること。ここでは悪い意味で使われ、小乗に執着・固執すること。
一二　乖を致す　大乗・中道にそむき、逆らうこと。
一三　大覚　大乗の悟り、仏の悟り。
一四　曠照　悟りは智の光に譬えられるが、大乗の仏の悟りの光明は遮るもののない広大で明るく、すべてを明らかに照し出す。『疏』は専ら教理的に捉え、小乗は人空だけなのに大乗は人法二空だから曠照だなどとする。
一五　小智　以下も小乗の声聞の智。
一六　溢心　狭い心。小智は心の狭い小乗の声聞に付き纏って離れないこと。
一七　之れ　実相・中を指す。曠照のない小乗の思相の欠点を説く。
一八　夷げて　平定すること。『疏』は「有無の二見を平除すること」。
一九　道俗　通常は出家と在家。『疏』は涅槃と生死。迷悟、仏と凡夫、真と俗などを含意するであろう。
二〇　之れ　註一七の「之れ」と同じく実見解、立場（二辺）。
二三　菩薩　ここは龍樹を指す。
二四　憂い　「十二門論序」でも「大士の憂い」という。吉蔵は「憂い」を悲心とか、慈悲、「大悲内に充つる」ことだとする。
二五　大士　Mahāsattva（摩訶（大）薩埵（衆生））の意訳。ここでは菩薩の同義語。
二六　之れを折むる　「之れ」は実相を意味する（一頁註七参照）ので、実相が中道であることを定めること。詳しくは補註8参照。
二七　惑趣の徒　趣旨、真意に惑う者。『疏』は「理に迷う人」。
二八　玄指　指は旨でもあるので、深遠な趣旨、真意で、惑趣と対をなす。『疏』は指を「指月」（ことばで説かれた教えを月を指す指に喩え、不可説な実相を月に喩えたもの）の指と取り、『中論』とする。『中論』は玄妙・深遠な教えを説く論だからである。「望玄指」の「望」は「遠くをみわたす」「高所をみあげる」「ねがう」「むきあう」の意味であるから、どちらかといえば、指でなく月を「望む」ことであろう。
二九　一変　完全に回心すること。『疏』は一変の「一」に二乗を一乗、一道、不二という大乗の立場、思想を読み込んでいる。
三〇　之れを括る　之れはここも実相（一頁註七参照）であろうが、実相は客観的な超越的な存在でなく、即化、万物・万であるから、「玄の悟り」道家の悟りであろう。賓は敬いもてなす客を意味するが、仏教では単に対論者、問答の相手を指すようである。『疏』は「荘周」（荘子のこと）によせて、インドの外道を批判すると解釈する。当然ともいえるが、僧叡は逆に『中論』の外道否定は荘周の徒の思想の否定でもあるといいたかったのではなかろうか。
三三　諮詢　問う、諮る、相談すること。『疏』は「善導（善への指導）を問う」こととする。
三四　朝徹　朝日がさっと射し込むような、頓悟といってよい悟りの体験。それによって「問う」といった言葉をうしない（言亡）、問いそのものを忘れることであろう。『疏』はさらに一歩進めて「問答朝徹の事を忘るべし」という。真の悟りは宗教的体験をも超えているというのであろう。典拠等は補註10の後半参照。

一　蕩蕩焉　ひろびろとしゆったりしていることを嘆ずる嘆声。
二　夷路　平らな道、中道。
三　沖階　空な階段。階段が空であること。
四　玄門　深遠な空の門。『中論』の説く、中は無門の門とでもいうべきもので、全方位に開かれている、すべての人に開かれている門。補註11参照。
五　宇内　天下、天地の間。『疏』は「天地上下を宇と曰い、往古来今を宙と秤す」。
六　敞き　底本「敝」。補註11参照。
七　恵風　底本「慧風」。智慧を風に喩えたもの。ただし『疏』では「恵風」で、春風（おだやかな恵みの風）とする。『疏』は『中論』は智慧の風で扇いで、凡夫に利益を得させると説明しているから、「恵風」を智慧の風による恵みと解釈していると取ることができる。補註11参照。
八　陳枚　陳は古い、枯れかけた。枚は小枝。凡夫を喩える。　（大）一中
九　甘露　天が降らせるという生物を育くむ甘いつゆ。インド・仏教ではamṛta（不死）の別訳で、飲むと不死になる神々の飲物。仙酒、霊薬。
一〇　枯悴　生気なくひからびやせ衰えたもの、『疏』は「陳枚」を凡夫とし、これを聖者（小乗等の、時に菩薩）とするが、要するにどちらも所化の衆生であろう。

〔三　中論の功能〕

[11][一]蕩蕩焉《とうとうえん》たり。真に謂《い》つ可《べ》し、[二]夷路《いろ》を[三]沖階《ちゅうかい》に坦《たい》らかにし、[四]玄門《げんもん》を[五]宇《う》内《だい》に[六]敞《ひら》き、[七]恵風《けいふう》を[八]陳枚《ちんまい》に扇《あお》ぎ、[九]甘露《かんろ》を[一〇]枯悴《こすい》に流す者なり、と。

夫《そ》れ[12][一一]百樑《りょう》の搆興《こうおこ》るときは、則ち[一二]茅茨《ぼうじ》の[一三]仄陋《そくろう》なるを[一四]鄙《いや》しむ。斯《こ》の論の[一五]宏曠《こうこう》なるを観《み》るときは、則ち偏悟《へんご》の[一六]鄙倍《ひばい》なるを知る。

幸いなる哉《かな》。[一七]此《こ》の区《く》の赤県《せきけん》、忽《たちま》ちに[一八]霊鷲《りょうじゅ》を移して、以って[一九]鎮《ちん》と作《な》すことを得、[二〇]険陂《けんぴ》の[二一]辺情《へんじょう》、乃ち[二二]流《る》光《こう》の余《よ》恵《けい》を蒙《こう》むる。[二三]而今而後《じこんじご》、[二四]談道《だんどう》の賢《けん》始めて与《とも》に実《じつ》を論ず可《べ》し。

〔四　註釈書〕

云わく、天竺《てんじく》の諸国、[二五]敢《あ》えて学に預《あず》かる者の流《る》は、斯の論を[二六]翫味《がんみ》して以って[二七]喉衿《こうきん》と為《な》さざるは無く、其《そ》の[二八]翰《ふで》を染めて釈《しゃく》を申《の》ぶる者は、甚だ亦《ま》た少なからず。今《い》出だす所は、是《こ》れ天竺の[二九]梵志《ぼんし》、[三〇]賓伽羅《ぴんがら》と名づけ、秦《しん》に[三一]青目《しょうもく》と言うものの所釈《しょしゃく》なり。其の人、[三二]深法《じんほう》を[三三]信解《しんげ》すと雖《いえど》も、而《しか》も[三四]辞《じ》は雅中《がちゅう》ならず。其の中、[三五]乖闕煩重《かいけつはんちょう》なる者は、[三六]法師《ほっし》皆《みな》裁《た》って而して之《こ》れを裨《おぎ》ない、[三七]経《きょう》に於いて之れを通じて、理《り》尽《つく》せり。[三八]文は或いは[三九]左右し、未だ善を尽さざるなり。

恵み（『疏』の取意）。
二三　而今而後　今から後。
二四　談道の賢　『疏』は「道を論ずるの賢」（者）とも言い換えている。羅什の『中論』等が訳出されて始めて実相を論求道心。
三一　青目　僧叡は賓伽羅の漢訳名とする。『中論』の「釈」の著者の名。
三二　深法　深遠な中の教え。
三三　信解　強い宗教的関心（adhimukti）、求道心。

一一　百樑の搆　漢の武帝が築いた楼台の名。樑は「はり」、搆は家のかまえ。大乗の興起に喩える。補註12参照。『疏』は百樑を柏梁。

一二　茅茨　かやぶきの屋根の家。

一三　仄陋　みすぼらしい。

一四　鄙しむ　いやしむ、みさげる、かろんじる。

一五　宏曠　ひろく大きいこと。

一六　鄙倍　見解がせまく、実相にそむくこと。

一七　此の区の赤県　区は区域・地域。ここでは中国を指す。赤県も中国のこと。

一八　霊鷲　霊鷲山（Gṛdhrakūṭa）。釈尊の時代のマガダ国の首都、王舎城の東北にある山で、釈尊が『法華経』などの法を説かれたところとして名高い。

一九　鎮　しずめとなる山。『疏』は「赤県」は「五岳（泰山、華山、衡山、恒山、嵩山か）を以って鎮と為す」と。

二〇　険陂　心がねじけて、よこしまなこと。険は「けわしい」「むずかしい」「はらぐろい」。陂は「ななめ」「かたむいている」。『疏』は陂を「偏見の心」とする。

二一　辺情　辺地（辺境）の有情か。『疏』には「険陂の人」という表現も見える。辺地はインド（天竺）に対して中国（支那）のこと。

二二　流光の余恵　インドで成立した中道正観の光が中国にこの『中論』として流れ射し込んできて、この地の人々にまでも恵みをもたらすという余りの、残余のずることができたという考えは僧叡の持論ともいうべきもので、中国仏教史などにも引用・言及される、彼の『維摩経義疏序』の、羅什以前には「格義〔仏教〕は迂（あざむく）にして本に乖（そむ）き…誰と与（とも）にか之れを正さん。前匠は章を輟めて遐かに慨き、言を弥勒に決せんと思う」を『疏』も引用している。

二五　敢えて学に預かる者の流　すすんで（果敢に）学問にかかわる（学問をたのしむ）者のたぐい。『疏』には「敢えて是の天竺の大乗を学ぶことに預かるの流（たぐい）」という表現も見られる。諸国訳のように「学者に預かるの流」と読むべきか。『疏』は次の「斯の論」を龍樹の『中の頌』でなく、羅什訳『中論』ととっているようで、中国にきた天竺の人々などが羅什を高く評価していたという伝説を伝えている。

二六　翫味　意味などをめで、よく考えて味わうこと。

二七　喉衿　のどとえり首。『中論』を最も重要なものとすること。『疏』は要宗の事。

二八　翰　筆のこと。鳥のはね。昔は羽毛で筆を作った。『疏』に「古人は鶏の勒毛（つよい毛）を以って筆と為す」と。

二九　梵志　婆羅門とも仏教以外の遊行者（parivrājaka）ともいう。

三〇　賓伽羅　Piṅgala か。『中論』の註釈の部分の著者といわれる。ここに出るだけである。

三四　辞は雅中ならず　「辞」は「ことば」、文章、「雅」は「みやびやか」、優雅、「中」は「まんなか」、的中で、偏りのない適正さ。この評価は、羅什訳は羅什が改めているのだから、青目のサンスクリット原本に対するものとなろう。また他に評価できる人はいないのだから、羅什から聞いた伝聞ということになろう。

三五　乖闕煩重　青目の註釈の四種の誤り、欠点（失）。青目の註釈は偈に対して、一、乖、偈の意味に乖いている。二、闕、偈の註釈として足りないところがある。三、煩、ごたごたと多すぎて煩雑であるので簡潔に文意が通じるようにすべきである。四、重、前の章で説いたことを後に繰り返している（以上『疏』による）。『無畏』と羅什訳を比較したとき、これらの事は言えないでもないであろう。

三六　法師皆…裨ない　法師は羅什。煩重をたって、乖闕をおぎなう。

三七　経に於いて…尽せり　『疏』では「於通経（之）理尽」（通経の理に於いて尽す）。『疏』は経を『中論』とする。『中論』を貫ぬき通す道理をきわめ尽していること。論でなく経を用いたのは、経は、もとはたていと、線の意味（梵語の sūtra（経）も糸、紐の意味である）であるから、「通す」に合うからであろうか。

三八　文　羅什の文章。

三九　左右し　羅什の訳文も右にそれ、左にそれて的中していないこと。雅中に対して左右といったのであろう。

〔五　中観の四論〕

[一]『百論』は外《げ》[二]を治《おさ》めて以って邪《よこしま》を閑《しず》め、斯《こ》[三]の文は内を祛《ひら》いて以って滞《とどこ》[四]おりを流す。『大智[五]釈論』の淵博《えんぱく》[六]なる、『十二門観』[七]の精詣《しょうけい》[八][13]なる、斯の四を尋ぬれば、真に日月《にちがつ》が懐《ふところ》に入りて朗然《ろうねん》として鑑徹《かんてつ》[九]ならざること無きが若《ごと》し。

〔六　僧叡の自謙〕

予、之《こ》れを翫《がん》[一〇]し之れを味わいて、手[一一]を釈《はな》つこと能《あた》わず。遂《つい》に復《ま》た其《そ》の鄙《ひ》拙《せつ》[一二]を忘れて、悟《ご》[一三]懐《かい》を一[一四]序に託《たく》す。[14]并《なら》びに目品《もくほん》[一五]の義、之れを首《はじめ》に題す。豈《あ》に能《よ》く釈《しゃく》することを期《き》せんや。蓋《けだ》し是《こ》れ[一六]自《じ》同《どう》を欣《よろこ》ぶの懐《おも》いのみ。

一　『百論』　聖提婆（Āryadeva）著、羅什訳。漢訳のみしか現存しないが、中国（日本）では『中論』と共に重視され研究された。『疏』でも「中百二論」と表現されてもいる。特に異教の見解の論破を主題としている。

二　外を治め…閑め　外道を破り、退け、正す。閑むを『疏』は静めるの意味に特定する。

三　斯の文…流す　『中論』。『中論』は内道、仏教内の小乗の諸派を論破する。祛は「はらいきよめる」。次の「流す」と結びつけて、「ひらく」と読むか。『疏』は「壅滞（ふさがりとどこおる）を祛いて」と註する。

四　滞　二頁註五、補註5参照。

五　『大智釈論』　龍樹著と伝えられる、『摩訶般若波羅蜜経』の註釈で、羅什訳のみ存在する。著者に諸説あるが、不明。大著で、いわゆる四論の一。

六　淵博　内容などが深くて広いこと。

七　『十二門観』　『十二門論』のこと。『疏』は「理深、文博」。観は十二門が禅観の門だからであろう。

八　精詣　精は論述がすっきりしてすぐれている（文、精（『疏』））、詣は論旨が意味深い、源底にまで達している（理、詣）。

九　鑑徹　鑑は鏡にうつす、考察する。徹はあきらかに深底まで貫く。朗然（二頁註三参照）として鏡に映すように実相の奥底まで明らかにする。

一〇　翫し之れを味わいて　翫味、五頁註二六参照。

一一　手を釈つ…能わず　この論を手放すことができない。座右の書ということ。

一二　鄙拙　鄙は「ひなびた、いやしい」。拙は「つたない」。謙遜のことば。

一三　悟懐　自分が理解したおもい、心のうち。

一四　一序　この序文。

一五　目品の義　二七の各々の章（品）の主題・意味を簡潔に記した目次。『疏』で吉蔵はその目品を、昔、江南で、京にきてからも探し求めたが、得られなかったという。『十二門論』には現存するから散佚したのであろう。

一六　自同　『十二門論序』の末尾の「目品の義、之を首に題す。豈に能く益することを期せんや。庶くば此の心を以って自ら進むの路を開かんのみ」と同じ心境の吐露であろう。『十二門論序』の方は利他を願うほどのものでなく、自分の進む路を確立しようとするだけだという。『中論序』の方は『中論』全体の註釈をしようなどという大それたことを願いはしない。そもそも思うに自分で同意・納得することをよろこびとするおもいのみであるという。

中論 観因縁品《かんいんねんぼん》[1][一] 第一 十六偈《げ》[二]

龍樹菩薩《りゆうじゆぼさつ》[三]造 梵志青目《ぼんししようもく》[四]釈
姚秦《ようしん》[五]三蔵鳩摩羅什《さんぞうくまらじゆう》[六]訳

〔一 総論 帰敬偈《ききようげ》[七]—八不《はつぷ》[八]の縁起《えんぎ》—〕

〔一—一 帰敬偈〕

[2]不生《ふしよう》[九]にして亦《ま》た不滅《ふめつ》 不常《ふじよう》にして亦た不断《ふだん》
不一《ふいつ》にして亦た不異《ふい》 不来《ふらい》にして亦た不出《ふしゆつ》なる （一）
能《よ》く是《こ》の因縁《いんねん》[一〇]を説き 善《よ》く諸《もろもろ》の戯論《けろん》[一一]を滅《めつ》したまう
我れ稽首《けいしゆ》[一二]して仏に礼《らい》す 諸説[一三]中の第一なりと （二）

〔一—二 中論著述の理由〕

〔一—二—一 創造の諸説〕

[3]問うて曰く、何が故に此《こ》の論を造るや。

一 観因縁品 梵名は「縁の考察という第一章」。因縁は縁（pratyaya）の訳。
二 十六偈 この章の偈数を一六と数えることは、帰敬偈の二偈をも含めていることになる。
三 菩薩 インドでも龍樹を菩薩地の初地に登った菩薩と考えていた人もいた。羅什も龍樹を単なる大乗の修行者でなく、仏に近い聖者としての菩薩と認めていた。
四 梵志 梵志は婆羅門の異訳であるとされるが、遊行者（parivrājaka）の訳でもある。
五 姚秦 姚秦は姚萇が興した後秦（四〇一—四一三）のこと。
六 三蔵 三蔵は経、律、論の三種の仏教聖典の集成（蔵）を意味するが、ここではその翻訳僧。
七 帰敬偈 帰敬偈は論書の冒頭に置かれる「礼拝の詩頌」のことで、maṅgala-śloka といわれるが、龍樹も註釈者もこの語を用いていない。
八 八不 「不生」等の四対をなす相対的な八句の否定。
九 不生…不出なる 不生等は、生と滅、恒常と断絶、単一のもの（ekārtha）と多数のもの（nānārtha）、来ることと行く（去る）ことという八種の否定。
一〇 因縁 この因縁は縁起の訳。
一一 戯論 戯論はことばによる認識への執着、ことばが実在を示すという妄信に立脚したすべての言説・陳述。
一二 稽首して仏に礼す 稽首礼は頭を地面につけて礼拝する最も鄭重な敬礼の一。
一三 諸説 梵偈は「説法者たち」。羅什は具体的には次節の生起（創造）を説く諸見解（『無畏』は諸論者）を指すと考えていたようである。

答えて曰く、有《あ》る人は「万物《ばんぶつ》は[一]大自在天《だいじざいてん》より生《しょう》ず」と言い、有るは「[二]韋紐天《いちゅうてん》より生ず」と言い、有るは「[三]和合《わごう》より生ず」と言い、有るは「[四]時《じ》より生ず」と言い、有るは「[五]世性《せしょう》より生ず」と言い、有るは「[六]変《へん》より生ず」と言い、有るは「[七]自然《じねん》より生ず」と言い、有るは「[八]微塵《みじん》より生ず」と言う。

〔一―二―二　八不の縁起のインド仏教思想史上に占める位置〕

[4]是《か》くの如き等《とう》の[九]謬《びょう》有るが故に、[一〇]無因《むいん》、[一一]邪因《じゃいん》、[一二]断常《だんじょう》等の[一三]邪見《じゃけん》に堕《だ》し、種種《しゅじゅ》に[一四]我《が》と我所《がしょ》を説き、[一五]正法《しょうぼう》を知らず。

仏は是くの如き等の諸の邪見を断《だん》じて、[一六]仏法《ぶっぽう》を知らしめんと欲するが故に、先《さき》に[一七]声聞《しょうもん》の法の中に於いて[一八]十二因縁《じゅうにいんねん》を説き、又《ま》た已《すで》に[一九]行《ぎょう》を習い[二〇]大心《だいしん》有りて[二一]深法《じんぽう》を受《う》くるに堪《た》うる者の為《た》めに、[二二]大乗の法を以って[二三]因縁の相《そう》を、所謂《いうところの》、一切法《いっさいほう》は不生不滅《ふしょうふめつ》、不一不異《ふいつふい》等にして[二四]畢竟《ひっきょう》空《くう》、[二五]無所有《むしょう》なりと説きたまう。[5][二六]『般若波羅蜜《はんにゃはらみつ》』の中に、「仏は[二七]須菩提《しゅぼだい》に告ぐ。[二八]菩薩は[二九]道場《どうじょう》に坐《ざ》する時、十二因縁を観《かん》ずるに虚空《こくう》の如く[三〇]不可尽なり」と説くが如し。

仏の滅度《めつど》の後、[6][三一]後の五百歳の[三二]像法《ぞうほう》の中には、[三三]人根《にんこん》転《うた》た鈍《どん》にして深く[三四]諸法《しょほう》に[三五]著《じゃく》し、十二因

一　大自在天　以下の創造主等は『無畏』の訳であるので、それらを挙げる。大自在天はĪśvara。バラモン教の宇宙創造神。

二　韋紐天　韋紐天はヴィシュヌ（Viṣṇu）神、『無畏』はプルシャ（puruṣa・原人）。いずれも宇宙創造神。

三　和合　自在天とプルシャの両者。『疏』は二天。

四　時　kāla（時）。時論師・時外道は生滅流転の原因を時とする。「時来りて衆生熟し、時至れば則ち催促す（時去れば則ち摧朽す）」（『大智度論』巻一、「時経」）。

五　世性　原質（prakṛti）。サーンキヤ学派の質料因で自性とも訳される。

六　変　『無畏』は変化（hgyur ba, vipariṇāma, vikāra）。変化（へんか）が万物の生滅変化の原因であるという見解。『疏』は変化（へんげ）を含めている。

七　自然　自性（svabhāva）、創造者も原因もなく、万物の生滅は自然にそうなるという主張（補註3参照）。　(大)一下

八　微塵　原子（aṇu）。原子の結合によって複合体が形成され、それが認識されるというヴァイシェーシカ学派の見解を指すのであろう。

九　謬　創造・生起に関する上述の自在天などの誤った見解。

一〇　無因　無因（ahetu）。無因論は因果関係を撥無する虚無論としてインドでも

一八　十二因縁　「無明に縁って行がある」に始まる十二支縁起（第二六章参照）。

一九　行を習い　『無畏』は「浄化の準備行をなしおえた」。

二〇　大心　『無畏』は「広大な智慧」。

二一　深法を受くるに堪うる　『無畏』は

三〇　不可尽　尽きないこと（akṣaya）。『八千頌』では不可尽は空を意味すると明らかに説かれ、十二支縁起の観察は無明によって行ありと観察する順観と無明滅すれば行滅すと観察する逆観でなく、十二支のすべての支分が尽きないことを

愚劣で論外の思想とする。

一一　邪因　正しくない、不適切な、悪因（viṣamahetu）。清弁は上述の自在天等を悪因とし、無因に含める。月称は自在天等は自生、他生、共生のいづれかになるとする。

一二　断常等　八不の中の断絶と恒常、「等」は一と異、来と去となろうが、『無畏』では等はない。

一三　邪見　見解（dṛṣṭi）。見解はすべて誤り、邪見である。

一四　我と我所　我は自我（ātman）、「私は」という観念（ahaṃkāra）、我所は自我の所有（物）（ātmīya）、「私の〔もの〕」という観念（mamakāra）で、対として用いられることが多く、迷い・輪廻の根源、根本原因とされている。自我の概念は学派ごとに異なる。『無畏』では「自我の見解（ātmadṛṣṭi）に執着している」で、次の「正法を知らず」の後にくる。

一五　正法を知らず　『無畏』は「法身の知見の圏域の外にある」。羅什は dharma-kāya を仏の法身でなく、「教え（法）の蔵（kāya）」とも訳しているので、正法と訳したのであろう。補註4参照。

一六　仏法を知らしめん　法身をさとらせる。ここでも羅什は法身（dharmakāya）を「仏の法」と訳す。

一七　声聞の法　声聞は原始仏教以来の仏弟子で、声聞法は仏が彼らのために説かれた十二因縁や四諦の教え。この文以後は羅什自身の解釈が加わる。

「甚深の教説の器となれる」。

二一　大乗の法　声聞の法に対する大乗の法・教え。以下は羅什の註釈。『無畏』にはない。

二二　因縁の相　縁起の実相。実相は十二支縁起でなく、八不の縁起となろう。

二四　畢竟空　絶対に空であること。十八空などの一として、『般若経』や中観派では断滅と恒常等の二辺を越えた空と語義解釈されるが、ここでは羅什は特定の術語としてでなく、すべてのものは絶対に空であると、空を強調しただけであろう。

二五　無所有　無所有は戒の一として倫理的な意味で無一物などを意味することもあり、禅定では無所有処などの境地を示すが、ここでは無取得空、即ち何ものにも執着しないという空の真意の主体的実現の意味であろう。

二六　『般若波羅蜜』　『般若経』のこと、出典については補註5参照。

二七　須菩提　スブーティ（Subhūti）。釈尊の十大弟子の一人。『維摩経』では十大弟子の第四位。弟子の中で無諍の点で第一人者とされもするが、解空第一、空の理解の点で第一人者ともいわれ、『般若経』などでは空の説法の座で活躍する。

二八　菩薩　この菩薩は成道以前の仏の呼称。

二九　道場　菩提・さとりの座（bodhimaṇ-ḍa）。ここでは釈尊がさとりを開いたブッダガヤーの菩提樹下の座。

観察することとする。

三一　後の五百歳　釈尊が涅槃されると正法が行なわれる時代が五百年続き、その後に五百年続くとされる像法の時代をいう。龍樹はこの時代に入っていると羅什は考えていたことになる。

三二　像法　正しい教えに似た教えの時代。教えが説かれ、修行する人々はいるが、悟る人はいない時代という。

三三　人根　人間の機根・能力・資質（in-driya）。ここでは宗教上の資質をいう。

三四　諸法　いわゆる実体、属性、運動等のすべての存在するもの。十二支縁起や五蘊以下のアビダルマの範疇。法の体系を構成する法は、アビダルマでは任持自相（自性）、すなわち実体と考えられている。

三五　著　執着すること、単に存在するものにとらわれ、執着するだけでなく、執着によって存在するものが存在するものとしか考えられなくなっている状態。存在とは執着のことである。

縁、[一]五陰《ごおん》、[二]十二入《じゅうににゅう》、[三]十八界《じゅうはちかい》等の[四]決定相《けつじょうそう》を求めて、[五]仏意《ぶつい》を知らず、但《た》だ文字《もんじ》に著《じゃく》するのみにして、大乗《だいじょう》の法の中に畢竟空《ひっきょうくう》を説くを聞きて、何の[六]因縁《いんねん》の故に空《くう》なるやを知らずして即ち[七]疑見《ぎけん》を生《しょう》ず。「若《も》し都《す》べて畢竟《ひっきょう》して空ならば、云何《いか》んが[八]罪福報応《ざいふくほうおう》等有《あ》ることを[九]分別《ふんべつ》せん」と。是《か》くの如くならば、則ち[一〇]世諦《せたい》と第一義諦《だいいちぎたい》と無く、是《こ》の[一一]空相《くうそう》を取りて、而《しか》して[一二]貪著《とんじゃく》を起こし、畢竟空の中に於いて種種《しゅじゅ》の[一三]過《とが》を生ず。

龍樹菩薩は是《こ》れ等の為《た》めの故に、此《こ》の中論を造る。

7 不生《ふしょう》にして亦《ま》た不滅《ふめつ》　不常《ふじょう》にして亦た不断《ふだん》
不一《ふいつ》にして亦た不異《ふい》　不来《ふらい》にして亦た不出《ふしゅつ》なる　（一）
能《よ》く是の因縁を説き　善《よ》く諸の戯論《けろん》を滅《めつ》したまう
我れ稽首《けいしゅ》して仏に礼《らい》す　諸説の中の第一なりと　（二）

此の二偈《げ》を以って仏を讃《たた》えれば、則ち已《すで》に略して第一義を説く。

〔一―三　縁起の八不―中論の根本思想―〕

〔一―三―一　八不の意義―一切法の否定―〕

8 問うて曰く、[一四]諸法《しょほう》は無量《むりょう》なり。何が故に但だ此の[一五]八事《はちじ》を以ってのみ破するや。

答えて曰く、法は無量なりと雖《いえど》も、略して八事を説かば、則ち総じて一切法《いっさいほう》を破すと為《な》す。

不生とは、諸の論師は種種に[一六]生相《しょうそう》を説く。或るは因果《いんが》一なりと謂《い》い、或るは因果異《い》なりと謂う。或るは因の中に先《さき》に果有《あ》りと謂い、或るは因の中に先に果無しと謂う。或るは[一七]自

一　五陰　新訳では五蘊。陰の語義は「集り」。自己と自己を中心として成立する経験を構成する一切法を、色という物体的現象と受想行識という精神的な四種の現象の集りとして捉えた範疇。

二　十二入　十二処とも訳される。入の語義は「よりどころ」。経験を認識論的に解明した一切法の範範の一。十二入は色、声、香、味、触、法という認識の対象（六境）と、それらに対応する眼、耳、鼻、舌、身、意という六種の認識機能・器官（六根）。それらをよりどころとして経験、即ち心と心作用は生ずる。

三　十八界　界は種類、要素の意味。十二入の結果としての眼識、乃至、意識の六識（知識・経験）をも十二入に加えた一切法の範疇の一。これら五蘊、十二入、十八界は原始仏教の存在論の基本的範疇。

四　決定相　個々のもの（法）に決まった独自の相・自相。決定相は自性が各々の法に固有である面を強調した表現。

五　仏意　衆生済度のために本来自性のない、実体を示すものでない言葉を用いて、教えを説かれた仏の真意は、却って語句の無自性を悟らせることにある。

六　因縁　因縁はこの場合は縁起でなく、理由を意味する。

七　疑見　疑見は七見の一で、真実を疑うことであるが、ここでは空という事物の実相を知らず、それを疑うこと。

八　罪福報応　倫理上の概念の場合、羅

体《たい》より生ずと謂い、或るは他《た》より生ずと謂い、或るは共《ぐう》より生ずと謂う。或るは有《う》より生ずと謂い、或るは無《む》より生ずと謂う。

是くの如き等は、生相を説くも皆然《みなしか》らず。此の事は後に当《まさ》に広く説くべし。生相は決定《けつじょう》して[一八]不《ふ》可《か》得《とく》なるが故に不生なり。

不滅とは、若し生無くば、何ぞ滅有ることを得ん。生無く滅無きを以っての故に、余の[一九]六事《ろくじ》も亦た無し。

〔一―三―二　不常不断等の後の六事否定の必要性〕

問うて曰く、不生不滅は已に総じて一切法を破す。何が故に復《ま》た六事を説くや。

答えて曰く、不生不滅の義を成《じょう》ぜんが為めの故なり。有る人は不生不滅を受けずして而も不常不断《ふじょうふだん》を信ず[二〇]。若し深く不常不断を求めば、即ち是れ不生不滅なり。何を以っての故

什は非法（adharma）を罪、法（dharma）を福と訳す。罪は悪業の報いであり、福は善行（善なる業）の果報である。報応は応報と同義で、業のむくい。

九　分別　ここでは善悪の因果応報の倫理的判断。

一〇　世諦と第一義諦　世諦は一般的には世間の慣用の真理（世俗諦）、第一義諦は最高の真実在という真実（勝義諦）である。宗教では聖と俗といわれるように、世間の健全な常識や真理と宗教的真実とは乖離し逆倒していると主張する。その乖離、逆倒を存在論的に最も根本的にまで徹底したものが、中観派の二諦の区別である。その区別は聖即ち聖地、聖者等、さらに科学は勿論、哲学の真理も俗の真理に過ぎないことを明らかにする。そういう世俗諦の根底的な真性が、言葉によって解釈された言説の世界の真実であり、それに対する宗教的真実、勝義は世間、即ち自己の真実在であって、世俗の実相である。

一一　空相　空を誤って空というもの（存在）と考え、そのものの特徴（相）を妄想して、その相を空と理解する。

一二　貪著　執着を意味する羅什の造語。貪欲によって執着すること。

一三　過　過失、誤謬。

一四　諸法　諸法も法も一切法、即ちすべての存在するもの（事物）。

一五　八事　八事は八不によって否定される生等の物事。

一六　生相　生相は普通は生住（異）滅という有為の三（四）相の一であるが、ここでは諸派が主張する様々な生の特徴・定義。

一七　自体より…無より生ず　龍樹は第一五章で「自性がなければ、他性がどうしてあろうか」（第三偈ａｂ）、さらに「自性と他性（＝共）がなければ、有がどうしてあろうか（第四偈ａｂ）。有が成立しなければ、無は決して成立しない（第五偈ａｂ）」という論理的展開を説いている。羅什はここでそれを念頭に、それら四種の見解を主張する者を列挙したのであろう。自体性は第三偈註釈の「従自体生」と同じであろう。有生と無生は従有（無）生の省略。或いは「生有り、生無し」（『疏』三六上中参照）か。

一八　不可得　ここでは認識論的に生相が認識されないこと。

一九　六事　八事（註一五）から生と滅を除いた六事。

二〇　信ず　信仰するという意味でなく、確信する、真理とする。

に。法若し[一]実有《じつう》ならば、則ち応《まさ》に無《む》なるべからず。[二]先《さき》に有《う》にして今無《な》ければ、是《こ》れ即ち断《だん》と為《な》す。[三]若し先に性《しょう》有らば、是れ則ち常《じょう》と為す。是《こ》の故に不常不断《ふじょうふだん》を説かば、即ち不生不《ふしょうふ》滅《めつ》の義に入る。

有る人は[四]四種に諸法《しょほう》を破するを聞くと雖《いえど》も、猶《な》お[五]四門を以って諸法を成《じょう》ず。是れ亦《ま》た然《しか》らず。[六]若し一ならば則ち縁《えん》無し。若し異ならば則ち相続《そうぞく》無し。後に当《まさ》に種種《しゅじゅ》に破すべし。是の故に復《ま》た不一不異《ふいつふい》を説く。

有る人は六種に諸法を破するを聞くと雖も、猶お来《らい》と出《しゅっ》とを以って諸法を成ず。[七]来とは諸法の、自在天《じざいてん》、世性《せしょう》、微塵《みじん》等より来《きた》るを言い、出とは還《かえ》り去りて[八]本処《ほんしょ》に至るなり。

〔一―三―三　世間現見による八不の論証―『無畏』の論証法―〕

〔不生〕

9 復た次に、万物《ばんぶつ》は生《しょう》ずること無し。何を以っての故に。[九]世間の現見《げんけん》の故に。[一〇]世間は劫《こう》[一二]の初めの穀《こく》[一一]は生ぜざるを眼見《げんけん》す。何を以っての故に。劫の初めの穀を離れて今の穀は得《う》可《べ》からず。若し劫の初めの穀を離れて今の穀有らば、則ち応に生有るべし。而《しか》も実《じつ》には爾《しか》らず。是の故に不生なり。

〔不滅〕

問うて曰く、若し不生ならば、則ち応に滅《めつ》すべし。

答えて曰く、不滅なり。何を以っての故に。世間の現見の故に。世間は劫の初めの穀は滅せざるを眼見す。若し滅せば、今応に穀有るべからず。而も実には穀有り。是の故に不

一　実有…無なるべからず　実有は実体として存在すること。自性であること。(大)二上第一五章第一一偈ａｂ（註三参照）。

二　先に有…無ければ　第一五章第一一偈ｃｄの龍樹の断滅の定義。

三　若し先…常と為す　羅什訳第一五章第一一偈ａｂの異訳。梵偈「自性として存在するもの、それは存在しないことはないので常である」の取意。「性」（第一五章の本偈の訳では定性）は自性。

四　四種　八不の前半の、生滅、常断の四種の見解。

五　四門　八不後半の所破である一、異、来、去の四種。

六　若し一…相続無し　一切法が同一であれば法、事物には生起のための四縁等がない、縁起しない。別異であれば、相続・連続性がない。

七　来とは…出とは…　自在天・世性・微塵（八頁註一、五、八参照）からの去（出）と来を説くのは羅什だけである。

八　本処　本処は創造の前の本来の状態。世性でいえば、未展開の世性（原質）の状態に戻ること。

九　世間の現見　『無畏』は「世間で見られている故に」(lokasya darśanatvāt)、「世間は眼見す」(lokaḥ…paśyati)。

一〇　世間は…眼見す　『無畏』は世間では諸事物が不生であることが見られるからだとし、その理由を説いて、先ず、劫初の稲（米）なしで現在の稲はない。劫

滅なり。

〔不常〕

問うて曰く、若し不滅ならば、則ち応に常なるべし。

答えて曰く、不常なり。何を以っての故に。世間の現見の故に。世間は万物の常ならざるを眼見す。穀の芽《が》の時に種《たね》は則ち[一三]変壊《へんね》するが如し。是の故に不常なり。

〔不断〕

問うて曰く、若し不常ならば、則ち応に断なるべし。

答えて曰く、不断なり。何を以っての故に。世間の現見の故に。世間は万物の断ならざるを眼見す。穀より芽有るが如し。是の故に不断なり。若し断ならば、応に相続すべからず。

〔不一〕

問うて曰く、若し爾らば、万物は是れ一なり。

答えて曰く、不一なり。何を以っての故に。世間の現見の故に。世間は万物の一ならざるを眼見す。穀は芽と作《な》らず、芽は穀と作らざるが如し。若し穀は芽と作り、芽は穀と作らば、応に是れ一なるべし。而も実には爾らず。是の故に不一なり。

〔不異〕

問うて曰く、若し不一ならば、則ち応に異なるべし。

答えて曰く、不異なり。何を以っての故に。世間の現見の故に。世間は万物の異《こと》ならざるを眼見す。[一四]若し異ならば、何が故に穀芽《こくが》、穀茎《こくけい》、穀葉《こくよう》と分別して、樹芽《じゅが》、樹茎《じゅけい》、樹葉《じゅよう》と

初の稲なしで現在の稲が見られるならば「生はある」と言うべきだが、劫初の稲なしで現在の稲は見られない。それ故に不生である、と説明する。このような神話に基づく論理を羅什は認めたのであろうか。

一一　劫　劫は極めて長い時間。劫の初めは世界が空無のままで続く空劫が終って、世界が形成されていく期間である成劫の初めをいう。

一二　穀　『無畏』は米、稲（śāli）。

一三　変壊　『無畏』の ldog pa も壊・消滅と、変変・転・分離の二義を含む。

一四　若し異ならば…説かざるや　意味不明。

説かざるや。是《こ》の故に不異《ふい》なり。

〔不来〕

問うて曰く、若し不異ならば、応《まさ》に来《らい》有るべし。

答えて曰く、無来《むらい》なり。何を以っての故に。世間《せけん》の現見《げんけん》の故に。世間は万物《ばんぶつ》の来《きた》らざるを眼見《げんけん》す。[一]穀子《こくし》の中の芽《が》は従来《じゅうらい》する所無きが如し。若し来らば、芽の応に余処《よしょ》より来るべし。鳥の来りて樹に栖《す》むが如し。而《しか》も実《じつ》には爾《しか》らず。是の故に不来《ふらい》なり。

〔不出〕

問うて曰く、若し不来ならば、応に出《しゅつ》有るべし。

答えて曰く、不出《ふしゅつ》なり。何を以っての故に。世間の現見の故に。世間は万物の出《い》でざるを眼見す。[二]若し出有らば、芽の穀より出づること、蛇の穴より出づるが如くなるを見るべし。而も実には爾らず。是の故に不出なり。

〔二　各論―縁の考察―〕

〔二―一　四句不生〕

〔二―一―一　羅什の四句否定〕

問うて曰く、[三]汝は不生不滅《ふしょうふめつ》の義を釈《しゃく》すと雖《いえど》も、我れは[四]造論者《ぞうろんしゃ》の所説《しょせつ》を聞かんと欲す。

答えて曰く、

[五]諸法《しょほう》は自《じ》より生《しょう》ぜず　亦《ま》た他《た》より生ぜず
[六]共《ぐう》よりならず無因《むいん》ならず　是の故に無生《むしょう》と知る　(三)

一　穀子の中の芽…無きが如し　稲の種子の中の芽（胚芽か）。発芽寸前の種子の中の萌芽は何処からか来て、稲の種子の中に入り込んだのではない。

二　若し出有らば…見るべし　羅什は去を出と訳したので、『無畏』の山中で蛇が去るという比喩を穴から出るに改めたのであろう。

三　汝　羅什が『青目釈』を忠実に訳しただけだとすれば、対論者が青目を指して「汝は」といったことになる。羅什の註釈で、羅什が『無畏』の著者を「汝は」と名指したのか。そうであれば、羅什は『無畏』を龍樹の著作と認めていないことになろう。　㊅二中

四　造論者　『中の頌』の著者、龍樹。

五　諸法　すべての事物（bhāvāḥ）。

六　共　自と他の両者（dvau）。自、他、共は因の細分であるから、有因であり、無因とともに、有無の一対をなす。

七　自体より生ぜば　自より生ずとは或るものの生起の原因がその或るもの自身であること。「自体」はその、自己原因であるそのもの自身。

八　一法に二体有り　自より生ずるという見解を、羅什は「〔自己を〕生ずるもの（生者・janakaḥ）が〔自ら〕生ずる（生・jāyate）」と解釈し、自己自身（自体・svātman）より生ずる事物（一法）には、自分自身を生ずる者（生者）と自分自身が生ずるという二本質・特性

自より生ぜずとは、万物は自体《じたい》より生ずること有ること無し。必ず衆因《しゅいん》を待つ。復《ま》た次に、若し自体より生ぜば、[七]則ち一法に二体有り。[八]一には謂《い》わく生、二には謂わく生者《しょうじゃ》なり。若し余の因《いん》を離れて自体より生ぜば、則ち無因無縁《むいんむえん》なり。又た生に更に生有ら[九]ば、生は則ち無窮《むぐう》なり。

自無きが故に、他も亦た無し。何を以っての故に。自有るが故に他有ればなり。

若し自より生ぜず、亦た他より生ぜず、共より生ぜば、則ち二つの過《とが》有り。自より生じ他より生ずるが故に。

若し因無くして、而も万物有らば、是《こ》れ則ち常《じょう》と為《な》す。是の事然《しか》らず。因無くば則ち果《か》無し。若し因無くして果有らば、[一〇]布施《ふせ》、持戒《じかい》等は応に地獄《じごく》に堕《だ》すべく、[一一]十悪《じゅうあく》、[一二]五逆《ごぎゃく》は応当《まさ》に天《てん》に生ずべし。因無きを以っての故なり。

〔二―一―二　**龍樹の四句否定の論拠**〕

復[11]た次に、

諸法の自性《じしょう》の如きは　[一三]縁《えん》の中に在《あ》らず

自性無きを以っての故に　他性《たしょう》も亦復《ま》た無し　（四）

諸法の自性は衆縁《しゅえん》の中に在らず。但《た》だ[一四]衆縁和合《わごう》するが故に[一五]名字《みょうじ》を得るのみ。

（二体）があるという矛盾・誤謬に堕すと否定する。一九頁註一二参照。

九　生に更に…無窮なり　生者に既に存在する本有の生が生ずる（＝更に生有る）ならば、その更なる生にも更に生があることになるので、生が限りなく生ずることになる。この「自より生じない」という見解を仏護が否定して、「その生が無意味であり、無限遡及になる」と説いたことを契機に、中観派は帰謬論証派と自立論証派に分裂した。

一〇　布施、持戒等　貧しい人や出家者に食物等を与える布施や不殺生等の五戒を守ることは、インドでは一般に昇天の原因として広く認められている。

一一　十悪　十悪は殺生や盗み等の十種の主要な身体、言葉、心の悪業で、十悪業道とも呼ばれ、地獄等の悪趣に堕ちる原因。

一二　五逆　五逆は五つの重罪で、（1）母を殺し、（2）父を殺し、（3）阿羅漢を殺し、（4）仏を傷つけ、（5）僧を破るという五種で、無間地獄に堕ちる原因。

一三　縁　梵偈は縁等。『無畏』は「等」を四（因・所縁・等無間・増上）縁以外の縁や異教の説く縁とするが、この解釈は「第五の縁無し」（第五偈）と矛盾する。「等は多数のものを表わすことば」（『新字源』）であるから、漢訳の四縁等は四縁というだけのことか。

一四　衆縁和合　和合は因と縁の総体・全体（sāmagrī）で、因縁和合生。ここでは四縁の和合であるから因を除いたのであろう。

一五　名字　名字は事物の名称。すべての事物は各々縁起したものであるから、名称（仮名）、概念としてのみあって実有でない。

自性《じしょう》は即ち是《こ》れ自体《じたい》なり。衆縁《しゅえん》の中に自性無し。自性無きが故に自《じ》より生《しょう》ぜず。自性無きが故に他性《たしょう》も亦《ま》た無し。何を以っての故に。自性に因《よ》りて他性有り。[一]他性は他に於いて亦た是れ自性なり。若し自性を破せば、即ち他性を破す。是の故に応《まさ》に他性より生ずべからず。

若し自性と他性とを破せば、即ち[二]共《ぐう》の義を破す。

[三]無《む》因《いん》は則ち大過《だいか》有り。有因《ういん》すら尚《な》お破す可《べ》し。何ぞ況んや無因をや。

四句の中に於いて生は不可得《ふかとく》なり。是の故に不生《ふしょう》なり。

〔二―二　四縁の否定〕

〔二―二―一　四縁の定義〕

12 問うて曰く、[四]阿毘曇人《あびどんにん》は諸法《しょほう》は四縁《しえん》より生ずと言う。[五]云何《いか》んが不生と言わん。[六]何をか四縁と謂《い》う。

因縁《いんねん》、次第縁《しだいえん》　縁縁《えんえん》、増上縁《ぞうじょうえん》にして
四縁は諸法を生ず　更に第五の縁《えん》無し　（五）

一切所有《しょう》の縁は、皆《みな》四縁に摂在《しょうざい》し、是の四縁を以って万物《ばんぶつ》は生ずることを得《う》。

[七]因縁は一切の[八]有為《うい》の法に名づく。

[九]次第縁は過去、現在の阿羅漢《あらかん》の最後の心《しん》と心数法《しんじゅほう》を除いて、余の過去と現在の心と心数法なり。

[一〇]縁縁と[一一]増上縁とは一切法《いっさいほう》なり。

一　他性は…自性なり　これは龍樹の見解。「他性は他の事物の自性である」（第一五章第三偈cd参照）。

二　共　共は自性と他性との両方。四句分別の第三句。

三　無因は則ち大過あり　『無畏』の「無因はまったく取るに足らない（nikṛṣṭa）ものである」に相当する。この章では四句分別の「自性でもなく他性でもない」という不共ではなく、第三句までを有因、第四句を無因とする。第一五章第五偈参照。

四　阿毘曇人　『無畏』では「アビダルマを知る人々」。阿毘曇人は三蔵のなかの論蔵の研究家とでもいうことになろうが、羅什の念頭にあったのは、カシミールなどの説一切有部の煩瑣哲学の学者であったであろう。羅什の説く四縁説は、『倶舎論』の四縁の要約ともいえるものである。

五　云何んが不生と言わん　前偈の結論である不生に対して、阿毘曇人が加え(大)二下た反駁。「問うて曰く」という阿毘曇人の質疑の中に、「阿毘曇の人は…言う」と自身を客観化したような文言がある。羅什訳にはこのような混乱が少なくない。

六　何をか四縁と謂う　龍樹、中観派の質問。

七　因縁　この因縁は因即縁。結果を生ずる直接の原因を、四縁説では「因〔なる〕縁」という。『無畏』は bskyed pa

〔二―二―二　縁と非縁の否定〕

[13]答えて曰く、

一二果《か》は縁より生ずと為《な》すや　一三非縁《ひえん》より生ずと為すや

一四是の縁に果有りと為すや　是の縁に果無しと為すや　（六）

若し果有りと謂わば、是の果は縁より生ずと為すや、非縁より生ずと為すや。若し縁有りと謂わば、是の縁に果有りと為すや、果無しと為すや。二つ倶《とも》に然《しか》らず。[14]何を以っての故に。

一五是の法に因りて果を生ずる　是の法を名づけて縁と為す

若し是の果が未だ生ぜずば　何ぞ非縁と名づけざる　（七）

諸縁《しょえん》には決定《けつじょう》無し。何を以っての故に。若し果が未だ生ぜずば、是の時は名づけて縁と為さず。但《た》だ縁より果を生ずるを眼見《げんけん》するが故に、之《こ》れを名づけて縁と為すのみ。縁の成《じょう》ずるは果に由《よ》る。果は後《あと》にして縁は先《さき》なるを以っての故に、若し未だ果有らずば、何ぞ名づけて縁と為すことを得ん。

（utpādaka か・結果を生ぜしめるもの）。

八　有為　有為は samskrta（つくられたもの）。「因果関係の上にあるもの」といわれるように、有為の法（事物）はすべて因縁である。

九　次第縁　等無間縁（等しく無間に、因と果の間に何も介在することなく直接、直前にある縁）。精神的現象の因果関係で、前の刹那の心と心数法（心の作用）とは、後の刹那の心と心の作用を生ずるために、場所をあけ（開避）、導き入れる（引導）という意味で原因となるので、前の刹那の心と心作用とを次第縁という。ただし阿羅漢（小乗仏教で修行を完成した者）の最後の心と心の作用とは、後の心と心の作用を生じないので除かれる。

一〇　縁縁　所縁縁。色等の所縁（対象）は眼識等が生ずるための縁となるので所縁縁という。『倶舎論』は「すべての法が所縁（縁）である」（第二章第六二偈c参照）とする。

一一　増上縁　自己自身を除いたすべての有為法は、そのものの生起のために積極的に力を与え、或いは消極的にであるが妨げないという意味で縁・原因となるので増上縁である。六因中の能作因。

一二　果は縁より生ずと為すや　梵偈は縁と作用（kriyā）の関係であるが、羅什は縁と結果の関係としている。

一三　非縁　非縁は「縁でないもの」。

一四　是の縁…為すや　この偈のcdは第八偈で否定される。

一五　是の法…名づけざる　梵偈は「事物がこれらのものに縁って生ずるとき、これらのものを諸縁と〔対論者は〕言う」であるが、羅什は「縁から果が生ずるといった見解は世間の一般的了解（眼見、一二頁註九参照）にすぎないので、「縁から」といっても縁という事物が果より先に実有・自性として存在するということは確定していない（決定無し）」としている。本来縁（因）と果は相対（待）概念であるので、縁は果との相対・相待によってのみ縁となる。そこで果が成立したとき縁も成立する。

瓶《びょう》の如きは、[一]水土《すいど》の和合《わごう》を以っての故に、瓶の生《しょう》ずる有り。瓶を見るが故[二]に、水土等は是《こ》れ瓶の縁《えん》なりと知る。

若し瓶の未だ生ぜざる時は、何を以ってか水土等を名づけて非縁《ひえん》と為《な》さざる。是《こ》の故に果《か》は縁より生ぜず。縁すら尚《な》お生ぜざるに、何ぞ況んや非縁をや。

〔二―二―三　縁（因）中有果無果論の否定〕

[15]復《ま》た次に、

果は先《さき》に縁の中に於いて　[三]有無倶《うむとも》に不可なり
先に無《む》ならば誰が為《た》めに縁ならん　先に有《う》ならば何ぞ縁を用いん　（八）

縁の中に先に果有るに非らず、果無きに非らず。若し先に果有らば、名づけて縁と為さず。果先に有るが故なり。若し先に果無くば、亦《ま》た名づけて縁と為さず。[四]余物《よもつ》を生ぜざるが故なり。

〔二―三　個々の縁の否定〕

〔二―三―一　因縁の否定〕

[16]問うて曰く、已《すで》に総じて[五]一切の因縁《いんねん》を破したり。今一一に諸縁《しょえん》を破することを聞かんと欲す。

答えて曰く、

[六]若し果有にして生ずるに非らず　亦《ま》た無にして生ずるに非らず

一　水土の和合　粘土のことか。次に水土等とあるから水や土や轆轤などの総体か。一五頁註一四参照。

二　故　底本は縁。三枝訳上、九五頁註一の指摘による。

三　有無倶に不可なり　梵偈は「存在していない（asataḥ）事物にも（arthasya）、存在している（sataḥ）事物にも縁は妥当しない」。

四　余物　果という縁より別の物。

五　一切の因縁　すべての縁・四縁。

六　若し果有…を得ん　梵偈は「法は存在するものも、存在しないものも、存在し存在していないものも生じないとき、そうであるとき、いったいどうして生ぜしめるものである因が成り立つであろうか」。　(大)三上

七　先の偈　前偈、第八偈。

亦た有無にして生ずるに非らずば　何ぞ縁有りと言うことを得ん　（九）

若し縁が能《よ》く果を生ぜば、応《まさ》に三種有るべし。若しくは有、若しくは無、若しくは有無なり。[七]先の偈《げ》の中に説けるが如し。

縁の中に若し先に果有らば、応に生ずと言うべからず、先に有なるを以っての故に。

若し先に果無くも、応に生ずと言うべからず、先に無なるを以っての故に、亦た[八]応に非縁と同なるが故なり。

有無も亦た生ぜずとは、有無は名づけて[九]半有《はんう》半無《はんむ》と為す。[一〇]二つ倶に過《とが》有り。又た有は無と[一一]相違《そうい》し、無は有と相違す。何ぞ[一二]一法に二相有ることを得ん。

是《か》くの如く、三種に果の[一三]生相を求むるに不可得《ふかとく》なるが故に云何《いか》んが[一四]因縁有りと言わん。

〔二―三―二　次第縁の否定〕

[17]次第縁《しだいえん》は、

[一五]果が若し未だ生ぜざる時には　則ち応に滅《めつ》有るべからず

[一六]滅法《めっぽう》は何ぞ能く縁たらん　故に次第縁無し　（一〇）

諸の心《しん》と心数法《しんじゅほう》は、[一七]三世《さんぜ》の中に於いて次第に生ず。現在の心と心数法は滅して、未来の心の与《た》めに次第縁を作《な》す。（一）未来の法は未だ生ぜずば、誰れが与めに次第縁を作さん。（二）若し未来の法が已に有らば、即ち是れ生じたるなり。何ぞ次第縁を用いん。

現在の心、心数法は[一八]住《じゅう》の時有ること無し。（一）若し住せずば、何ぞ能く次第縁と為らん。（二）若し住有らば、則ち有為法《ういほう》に非らず。何を以っての故に。一切の有為法は常《つね》に

八　応に非縁…故なり　第二の果が無である見解は縁は「縁でないもの」（非縁）と同じことになるということ。

九　半有半無　四句分別の第三句。『無畏』は有無一体（yod med gcig）。半分は有で半分は無であるは羅什の解釈。

一〇　二つ倶に　有の部分には有の、無の部分には無の誤謬がある。

一一　相違　有と無との矛盾。

一二　一法に二相…得ん　一つの事物に有と無という相容れない二種の性質・特徴（相）はあり得ないこと。一四頁註八参照。

一三　生相　羅什は第九偈ではcの「生じさせるもの」（nirvartaka）を省いているが、『無畏』の「その時生ぜしめるものは因であると、どうしていえようか」をここでは意訳して「生ぜしめるもの」を因の生相即ち、生ぜしめるという特性としたのではなかろうか。

一四　因縁　四縁の中の因縁。

一五　果が…次第縁無し　梵偈は「諸法が生じていないとき、〔縁の〕滅はあり得ない。それ故に等無間〔縁＝次第縁〕は成り立たない。〔等無間縁が〕滅しているとき、何が縁であろうか」。羅什は「諸法」（すべての事物）が果であることを明す。

一六　滅法　梵偈は「滅したもの」。

一七　三世　過去、現在、未来の三時。

一八　住　生・住・滅の有為の三相のうちの住。

滅相《めつそう》有るが故なり。

（三）若し滅し已《おわ》らば、則ち与《た》めに次第縁《しだいえん》と作《な》ること能《あた》わず。（四）若し滅法《めつぽう》猶《な》お有りと言わば、則ち是《こ》れ常《じょう》なり。若し常ならば、則ち罪福《ざいふく》等無し。（五）若し滅時《一めつじ》は能《よ》く与めに次第縁と作ると謂《い》わば、滅時は半滅半未滅《二はんめつはんみめつ》なり。更に第三の法の名づけて滅時と為《な》すもの無し。

又た仏は、「一切の有為法《うぃほう》は念念《三ねんねん》に滅して、一念《いちねん》の時も住《じゅう》すること無し」と説きたまう。云何《いか》んが現在の法に欲滅《四よくめつ》、未欲滅《みよくめつ》有りと言わん。

汝が一念の中に是《こ》の欲滅、未欲滅無しと謂わば、則ち自法《五じほう》を破す。汝の阿毘曇《六あびどん》に「滅法有り、不滅法有り、欲滅法有り、不欲滅法有り」と説けばなり。欲滅法とは現在の法の将《まさ》に滅せんと欲するなり。未欲滅法とは現在の将に滅せんと欲する法を除いて、余の現在の法と及び過去と未来の無為法《七むいほう》なり。是れを不欲滅法と名づく。

是の故に次第縁無し。

〔二―三―三　縁縁の否定〕

18 縁縁《えんえん》は、

諸仏《八》の所説《しょせつ》の　真実微妙《しんじつみみょう》の法の如き
此《こ》の無縁《九むえん》の法に於いて　云何んが縁縁有らん　（一一）

一〇 仏は大乗《だいじょう》の諸法《しょほう》を説いて、「若しくは有色《うしき》、無色《むしき》、有形《うぎょう》、無形《むぎょう》、有漏《うろ》、無漏《むろ》、有為《うい》、無《む》為《い》等の諸法の相《そう》は法性《二ほっしょう》に入り、一切は皆空《かいくう》にして無相《むそう》、無縁なり。譬《たと》えば衆流《一二しゅる》は海に入り、

一　滅時　「現に滅しつつあるもの」。第二章「観去来品」の第一偈の去時参照。

二　半滅半未滅　半分は滅で半分は未滅。一九頁註九参照。

三　念念　念は刹那。念念は「各々の刹那毎に」。

四　欲滅　「将に滅せんと欲する」法。滅時の異訳。未（不）欲滅はその反対概念。

五　自法を破す　次の阿毘曇の引用文から見れば、欲滅法と不（未）欲滅法が有るという自らの教えと矛盾すること。

六　阿毘曇　アビダルマ（abhidharma）の音写。対論者の部派の経律論の三蔵の中の「論蔵」。典拠不明。

七　無為法　つくられたもの（有為・saṃskṛta）に対し、因果関係を離れ、常住するもの（法）。

八　諸仏の…法の如き　龍樹は所縁縁を「この存在する法は無所縁である」という仏説を教証として所縁縁を否定している。彼の言う「この存在する法」はアビダルマの自性をもつ法であろう。羅什はこの存在する法（san dharmaḥ）を正法・妙法（saddharma）と取る。微妙（sūkṣma）は玄妙で認識の対象として存在するものでないことを意味する。羅什の附加。

(大)三中

九　無縁の法…縁縁有らん　梵偈は「法が無〔所〕縁であるとき、どうして〔所〕縁縁があろうか」。表現は同じであるが、龍樹は四縁の中の所縁縁の否定を説くが、

同じく一味と為るが如し」と。[一三]実法《じっぽう》は信ず可《べ》し。[一四]随宜《ずいぎ》の所説は実《じつ》と為す可からず。是の故に縁縁無し。

〔一―三―四　増上縁の否定〕

[19]増上縁《ぞうじょうえん》は、
[一五]諸法は無自性《むじしょう》なり　故に有相《うそう》有ること無し
是の事有るが故に　是の事有りと説くは然《しか》らず　（一二）
経《きょう》に十二因縁《じゅうにいんねん》を説いて、是の事有るが故に是の事有りと。此れ則ち然らず。何を以って

羅什は全く異なり、一切法の無相、無縁の法性を説いている。

一〇　仏は大乗…無縁なり　羅什はこの註釈でも自己の独自の大乗の立場での諸法の実相・真実在を説いている。有色・無色等の範疇で有無に二分されるが、それらすべての事物の実相（諸法の相）は法性（実相）としては空であって、自相などがない無相であり、無所縁（無縁）である。

一一　法性　羅什は『法華経』の「譬喩品」で dharmadhātupraveśa（KN, p.60, ll.8–9）を「入法性」と訳す。彼は法界を法性と訳していることになる。「入る」はこの場合も法性＝実相（dharmatā）よりも法界の方が理解し易いが、海の比喩に合わせただけのものであろう。

一二　衆流は…為るが如し　衆流は文字通り多くの河川の流れで、川の水は海に流れ込むと、すべては同じ塩辛い一味の海水となる。仏法が無差別・平等であることの比喩として好んで用いられる。

一三　実法　羅什訳『法華経』の第三章第九九偈では buddhanetrī（仏の指導）が諸仏の実法、第七章の第八一偈の bhūtam が真実法、第一〇五偈の bhūtārtham が真実法、第一三章（「安楽行品」）の第一六偈の bhūtābhūte が実不実法である。この箇所の「実法」は信、即ち信解の対象である真実在（実）の教え（法）であろう。

一四　随宜の所説　羅什は『法華経』では「深密な意味を秘めた教え」（saṃdhābhāṣya）を（方便）随宜所説（法）と訳している。『法華経』での原語の意味は、仏の説くすべての教えは、深遠で玄妙な意味、即ち白蓮のような妙法を内に秘めているという意味であるが、羅什はこの密教的な用語に暗かったのか、嫌ったのか、この『中の頌』の註釈では実法と随宜所説とに分けて、対機説法という意味のみを採っている。因みに「方便品」では「随宜の所説は意趣解し難し」と原文に沿って深密であることを含めているともいえる。ここでは随宜の所説は実法でないから、言葉に執着してはならないという中観の教説観と結びつけられている。

一五　諸法は…然らず　梵偈は「無自性の事物には存在性がないので、「これが存在するとき、かれが存在する」ということは全くあり得ない」。龍樹は縁起の定式と呼ばれる「これが存在するとき、かれが存在する」の「これが存在するとき」（sati）という縁は「これ」が無自性の事物であるとき、これには存在するものであること（存在性・sattā）がないことを論拠にして「かれがある」ことはない。そこで「これがあるとき」という増上縁はありはしないと説く。羅什がこの縁起の定式を十二支縁起の定式と認めていることは、中観思想の縁起の定式とは認めていないことを暗示するであろう。『中の頌』の註釈者の中でこの定式を縁起とするのは清弁だけである。補註19参照。

の故に。[一]諸法《しょほう》は衆縁《しゅえん》より生《しょう》ずるが故に、自《みずか》ら[二]定性《じょうしょう》無し。自ら定性無きが故に、有相《うそう》有ること無し。有相無きが故に、何ぞ是《こ》の事有るが故に是の事有りと言うことを得ん。是の故に増上縁《ぞうじょうえん》無し。

仏は凡夫《ぼんぶ》が有無《うむ》を分別《ふんべつ》するに随《したが》うが故に説きたまう。

〔三　縁の考察の結論〕

〔三―一　縁にない果は縁より生じない〕

[20]復《ま》た次に、

[三]略《りゃく》と広《こう》との[四]因縁《いんねん》の中に　果《か》を求むるに不可得《ふかとく》なり
因縁の中に若し無くば　云何《いか》んが縁《えん》より出でん　（一三）

略とは、[五]和合《わごう》の因縁の中に果無きなり。広とは、一一の縁の中に於いて亦《ま》た果無きなり。若し略と広の因縁の中に果無くば、云何んが果は因縁より出《い》づと言わん。

〔三―二　無果の縁は非縁と同じ〕

[21]復た次に、

若し縁に果無くして　而《しか》も縁の中より出《い》づと謂《い》わば
是の果は何ぞ　[六]非縁《ひえん》の中よりして而も出でざるや　（一四）

若し因縁の中に果を求めて不可得ならば、何が故に非縁より出でざるや。泥の中に瓶《びょう》無きが如くならば、何が故に乳《にゅう》の中より出でざるや。

一　諸法は衆縁…有相有ること無し　羅什はここで「これあれば、かれあり」という増上縁の定義・論理があり得ないことを立証する論拠が「諸法は衆縁より生ずる」（＝衆因縁和合生）という縁起であることを説く。縁起は無自性空であるから、「これ」も「かれ」も有相（存在性、即ち存在するものであること・sattā）がないからである。

二　定性無し　偈aの「無自性なり」。定性は自性の異訳語。

三　略と広　梵偈は「個別的と総括的」（vyastasamasta）。「略」は「総括的」で第六―八偈、「広」は「個別的」で第九―一二偈に当る。

四　因縁　梵偈は「諸縁」。七頁註一参照。

五　和合　羅什は衆縁の集り全体（sāmagrī）を和合と訳す。

六　非縁　「縁でないもの」（apratyayāḥ）。

〔三—三　無自性の縁と非縁より果は不生〕

[22]復た次に、

若し果は縁[七]より生ずるも　是の縁は無自性《むじしょう》[八]なり
[九]無自性より生ずるに　何ぞ縁より生ずるを得ん　（一五）
果は縁より生ぜず　[一〇]非縁よりも生ぜず
果有ること無きを以っての故に　縁と非縁と亦た無し　（一六）

果は衆縁より生ずるも、是の縁は無自性なり。若し無自性ならば則ち法無[一一]し。法無ければ何ぞ能《よ》く生ぜん。

是の故に果は縁より生ぜず。非縁より生ぜずとは、縁を破するが故に非[一二]縁を説くも、実《じっ》には非縁の法無し。是の故に非縁よりも生ぜざるなり。若し二より生ぜずば、是《こ》れ則ち果無し。果無きが故に、縁と非縁と亦た無し。

七　縁より生ずる　梵語は「縁からなる・縁よりつくられた」(pratyayamaya)。羅什はこの梵語を今までと同じ「縁より生ずる」と意訳するが、仏護以下は「縁の変化」と解釈する。

八　無自性　梵語は「自身よりなるものでない」(asvayaṃmaya)。月称は「縁の自性のないもの」であるから羅什と同じ解釈。㊅三下

九　無自性「自身よりなるものでない」(asvamaya)。註八の語の同義語。この第一五偈で何故このように日常語で生起や自性を表現したのであろうか。

一〇　非縁よりも生ぜず「縁でないものからなるものも存在しない」(nāpratyayamayaṃ saṃvidyate)。

一一　法無し　法は任持自性の法。自性がないことはその事物・法がないことである。

一二　非縁　単なる縁の否定概念。或いは反対概念で非縁という名称で語られるが、非縁という実有な事物があるのではないということか。

中論　[1]観去来品《かんこらいほん》　第二　二十五偈

〔一　過去、現在、未来の去の否定〕

〔一―一　総論―三時に去なし―〕

[2]問うて曰く、[3]世間《せけん》は[4][一]三時《さんじ》に[二]作《さ》有るを[三]眼見《げんけん》す。[四]已去《いこ》と[五]未去《みこ》と[六]去時《こじ》となり。作有るを以っての故に、当《まさ》に知るべし、[七]諸法《しょほう》の有ることを。

[5]答えて曰く、

[八]已去に去《こ》有ること無し　未去にも亦《ま》た去無し
已去と未去とを離れて　[九]去時にも亦た去無し　(一)

已去は去有ること無し。已《すで》に去《さ》れるが故なり。若し去を離れて[一〇]去業《こごう》有らば、是《こ》の事は然《しか》らず。

未去にも亦た去無し。未だ[一一]去法《こほう》有らざるが故なり。

去時とは[一二]半去《はんこ》半未去《はんみこ》に名づく。已去と未去とを離れざるが故なり。

〔一―二　対論者の主張―去時にこそ去はある―〕

[6]問うて曰く、

[一三]動《どう》ある[一四]処《ところ》に則ち去有り　[一五]此《こ》の中に去時有りて
已去と未去とには非らず　是の故に去時に去あり　(二)

一　三時　『無畏』は三世・三道程の機会・状態。三世は過去世・現世・来世という輪廻の生存を意味するが、羅什は過去・現在・未来の三時という時間上の概念としている。

二　作　作は行為（kriyā）。この章では「去る・行く」という行動。

三　眼見す　『無畏』の「見られる」に当る。一二頁註九参照。

四　已去　去るという作が既に行なわれた状態。梵語は「去られた」（gata）。羅什は「去った」とする。

五　未去　「去られていない」（agata）。已去（gata）の否定（a-）形である。羅什は已の反対概念の未を用いて、未来に関する行為であることを明確にしている。彼は「未だ去法有らざるが故に」未去だとする。

六　去時　「去られつつあるもの」（gamyamāna・動詞「去る」√gam の受動形の現在分詞）の訳。去るという作が現在行なわれている道程であるが、羅什は去る時、去りつつある時と取る。

七　諸法　『無畏』の対論者は去るという作の存在を主張するが、羅什訳ではその作の存在を論拠にして、諸法が存在すると主張する。「諸法」はアビダルマの一切法でもあろうが、すべての事物であろう。

八　已去に去有ること無し　梵偈は「去られた〔道程〕は去られない」。「去有ること無し」は「去られない」（na gamya-

te・「去る」の受動形の三単現）。羅什は受動形であることを無視して、去ること ㊅四上
の有無だけを論じている。

九　去時にも亦た去無し　「去無し」は註八と同じ gamyate の別訳。『無畏』は去時が存在しないことを理由にして「去時は去られない」とするが、仏護以下は「知られない」という gamyate の別の意味で解釈している。彼らは「去られつつあるもの」は存在しないし、存在しないものに去られるも去られないもないので、去時そのものが知られないと読んだのであろう。

一〇　去を離れて…然らず　『無畏』は「作を離れたものに作はあり得ない故に」。『無畏』は一般論としての作を論拠にして、特定の作である去を否定しているのに対して、羅什は「已去に作有り」という主張を否定された対論者が、去なしで去という作（去業）が有ると主張するならば、それはあり得ないと否定する。論拠は説くまでもないと考えていたのであろう。

一一　去法　『無畏』は「去・去ること」（gati, gamana）。「去法」は去、強いて言えば去というもの（法）。

一二　半去半未去　「半分は已去で半分は未去」。羅什は去時を四句分別の第三句とする。已去が第一句、未去が第一句の否定である第二句、第三句は「已去でもあり未去でもある」共であるが、否定の対象となる共は別々に存在する已去と未去の共在にすぎないので、結局は第一句と第二句の否定によって否定される。

一三　動　運動（ceṣṭā）。ceṣṭā は手足を動かすこと。

一四　処　「或るところに…そのところに」（yatra...tatra）。場所・道程を示す依格の意訳。

一五　去　梵偈の gati（註一一参照）。羅什は「去法は身の動に名づく」（本文三五頁二行目参照）とする。

一六　此の中に去時有りて　梵偈は「その運動は去時に在る」。羅什訳では運動の中に去時があることになる。「此は去時の中に有り」の誤記か。註釈では羅什も「去時の中に作業有る」であるから梵偈と同じ。

一七　作業　『無畏』の運動に相当する。

一八　云何んが…不可得なればなり　梵偈は「去時に去がどうしてあり得るであろうか。去のない去時が全くあり得ないときに」。「去時は去られる」という命題では、賓辞として「去られる」、即ち去が結びつけられる以前には、主語の去時は去のないものである。そうであれば、主語の「去時」は去時でない。去時でない去時は存在しない。存在しない去時に去は存在し得ない。従って、「去時は去られる」という命題は否定される。

一七作業《さごう》有る処に随《したが》いて、是の中に応《まさ》に去有るべし。去時の中に作業有るを眼見す。已去の中に作業は已に滅《めつ》し、未去の中には未だ作業有らざるなり。是の故に当に知るべし、去時に去有り、と。

〔一—三　去時の去の否定（一）—去のない去時はあり得ない—〕

7 答えて曰く、

一八云何《いか》んが去時に於いて　而《しか》も当に去法有るべき

若し去法を離れば　去時は不可得《ふかとく》なればなり　（三）

去時に去法有るは、是の事は然らず。何を以っての故に。去法を離るれば、去時は不可

得なればなり。

若し去法《こほう》を離れて去時《こじ》有らば、応《まさ》に去時の中に去《こ》有ること、[一]器《き》の中に果《か》有るが如くなるべし。

〔一—四　去時の去の否定（二）—去なしで去時が去ることになる—〕

8 復《ま》た次に、

　若し[二]去時に去ありと言わば　是《こ》の人は則ち[三]咎《とが》有り

　去を離れて去時有らば　去時は[四]独り去《こ》するが故に　（四）

若し已去《いこ》と未去《みこ》との中に去無く、去時に実《じつ》に去有りと謂《い》わば、是の人は則ち咎有り。若し去法を離れて去時有らば、則ち[五]相《あ》い因待《いんだい》せず。何を以っての故に。若し去時に去有りと説かば、是《こ》れ則ち[六]二と為《な》す。而《しか》も実には爾《しか》らず。是の故に[七]去を離れて去時有りと言うことを得ず。

〔一—五　去時の去の否定（三）—去も去者も二種あることになる—〕

9 復た次に、

　若し去時に去有らば　則ち[八]二種の去有らん

　一には去時と為すを謂い　二には謂わく去時の去なり　（五）

若し去時に去有りと謂わば、是れ則ち過《とが》有り。所謂《いわゆる》二去有ればなり。一には去に因《よ》りて去時有り。二には去時の中に去有り。

一　器の中…如くなるべし　器と盛られた果実とが本性的には関係のない別々のものであるように、別のものであれば、去時とその去時にある去は、本性としては無関係のものとなる。

二　去時に去あり…去を離れて　偈のaの「去あり」の去は、「去られる」gamyate の示す去である。梵偈はそれが「去られつつある道程（去時）に生がある」と主張する人の誤謬であることを明言する。偈のcの「去を離れて」の去は去時を去時たらしめる、去時という名称がよってきたるところの去時に本具の去。

三　咎　梵偈は「去時には去がないこと（＝c）になる」（prasajyate）が、誤謬（doṣa・咎）になることであることを明示したことになる。

四　独り去するが故に　独りは去時は去がなくても去時だけで、という意味。従って偈のdは対論者の立場では「去のない去時（去られつつある道程）が去られることになるからである」という意味になる。

五　相い因待せず　『無畏』の「相待しないで（anapekṣya）成立する」の訳。去と去時は本来縁起、相互に相待して成立しているが、去時が去なしで成立することを認めることは、去時が去に相待しないで、実有・自性として存在することを認めることになるので、縁起という実相に背く。

問うて曰く、若し二去有らば、何の咎有りや。

[10]答えて曰く、

若し二の去法有らば　則ち二の[九]去者《こしゃ》有らん

去者を離れて　去法は不可得《ふかとく》なるを以ってなり　(六)

若し二の去法有らば、則ち二の去者有らん。何を以っての故に。[一〇]去法に因りて去者有るが故なり。一人に二の去と二の去者と有るは、此《こ》れ則ち然《しか》らず。是の故に去時にも亦た去無し。

〔一―六　去と去者は一方がなければ他方もない〕

[11]問[一一]うて曰く、去者を離れて去法無きは爾る可《べ》し。今[一二]三時《さんじ》の中に[一三]定《さだ》んで去者有り。

答えて曰く、

[一四]若し去者を離れば　去法は不可得なり

去法無きを以っての故に　何ぞ去者有ることを得ん　(七)

若し去者を離れば、則ち去法は不可得なり。今云何《いか》んが去法無き中に於いて、三時に定んで去者有りと言わん。

〔二　「去者は去る」という命題の否定〕

〔二―一　結論の先取り〕

[12]復た次に、

六　二と為す　去と去時とが各々別の二つの実有のものとなること。

七　去を離れて去時有り　この文は偈のcである。羅什は咎の内容であるこの主張の否定を結論とする。『無畏』は対論者の「去時に去がある」という主張(＝偈a)の否定を結論とする。

八　二種の去　次偈では「二の去法」。(一)は主語の示す去時を去時たらしめているところの、去時に本有の去。(二)は「去られる」という述語によって主語の去時に結びつけられる去。

九　去者　去り行く者(gantṛ)。去るという行為を行なう主体。第六偈以下では主題が道程から主体(去者)へ移る。

一〇　去法に因りて去者有る　『無畏』は偈cdの「去者なしで去はあり得ない」である。羅什は偈・『無畏』の文章を換質換位したことになる。

一一　問うて曰く…去者有りと言わん　この問答は『無畏』の直訳。

一二　三時　已去・未去・去時。二四頁註一参照。

一三　定んで　『無畏』のṅes par gnas pa(必ず存在する〔去者〕)の訳。

一四　若し去者…不可得なり　偈abの『無畏』註は「去者なしで去があり得ないとき」である。羅什訳も「若し去者を離れて去法不可得ならば」とも読めるが、註釈の羅什訳は「則ち」を加えているので、彼は「去者を離れば」と読んでいたことになる。

去者《こしゃ》は則ち去《こ》せず　不去者《ふこしゃ》も去せず
去〔者〕と不去者とを離れて　第三の去者無し　（八）

㊅四中
去者有ること無し。何を以っての故に。若し[一]去者有らば、則ち二種有り。若しくは去者、若しくは不去者なり。若し是《こ》の二を離れれば、第三の去者無し。

〔二―二　「去る」と結合しない去者は存在しない〕

問うて曰く、若し去者が去せば何の咎《とが》有らん。

[13]答えて曰く、

若し「去者が去す」と言わば　云何《いか》んが[二]此《こ》の義有らん
若し[三]去法《こほう》を離れれば　去者は不可得《ふかとく》なればなり　（九）

若し[四]定《さだ》んで去者有りて去法を用うと謂《い》わば、是の事は然《しか》らず。何を以っての故に。去法を離れて、去者は不可得なるが故なり。

若し[五]去者を離れて定んで去法有らば、則ち去者は能《よ》く去法を用いんも、而《しか》も実《じつ》には爾《しか》らず。

〔二―三　二種の去があることになる〕

[14]復《ま》た次に、

若し[六]去者に去《こ》有らば　則ち二種の去有らん
一には謂わく[七]去者の去　二には謂わく[八]去法の去なり　（一〇）

一　去者有らば　『無畏』は「或るものが存在するとき、そのものは去者か非去者である」と註釈している。羅什は主題である去者を、去者（＝自己）か否かの二律排反によって否定する。

二　此の義有らん　梵偈は「どうしてあり得るであろうか」。

三　去法　この去法は二去（二七頁註八参照）の（二）に当たる、去者を去者たらしめている去者に本有の去。

四　定んで去者有りて　定有去者は「去者は定有にして」と読めば、去者が自性として存在するという意味がより強くなるであろう。この註釈は偈の「去者は去る」に当るので、「定んで去者は去法を用いること有り」と読むべきか。

五　若し去者…爾らず　偈cdの註釈であるこの節は『無畏』に欠く。羅什の自身の註釈で、偈とは無関係。

六　若し去者…去なり　この偈は他の註釈書では第一一偈になる。羅什訳のabは第五偈の去時を去者に変えただけ。内容の上では梵偈も同じ

七　去者の去　梵偈の「それ（去）によって〔去者が〕去者と言われる去」。二七頁註八の第一の去。

八　去法の去　「去者が存在していて、それが「去る」と言われる去」。二七頁註八の第二の去。

若し[九]去者が去法を用うと言わば、則ち二[一〇]の過《とが》有り。一《ひとり》の去者の中に於いて、而も二つの去有り。一は去法を以って去者を成《じょう》じ、二は去者を以って去法を成ず。去者が成じ已《おわ》りて然うして後に去法を用うるは、是の事は然らず。是の故に先《さき》に「三時《さんじ》の中に定んで去者有りて去法を用う」と謂うは、是の事は然らず。

〔二―四　去者の否定〕

復[15]た次に、

若し[一一]「去者が去す」と謂わば　是の人は則ち咎有り
去を離れて去者有り　去者に去有りと説けばなり　（一一）

若し人、去者は能く去法を用うと説かば、是の人は則ち咎有り。去法を離れて去者有ればなり。何を以っての故に。去者が去法を用うと説かば、是《こ》れ先に去者有りて後に去法有りと為《な》すなり。是の事は然らず。是の故に三[一二]時の中に去者有ること無し。

〔三　去の開始（発）は三時に成立しない〕

復た次に、若し決定《けつじょう》して去有り去者有らば、応《まさ》に初[一三]発《しょほつ》有るべし。而れども三時の中に於いて、発《ほつ》を求むるに不可得なり。何[16]を以っての故に。

已去《いこ》の中に発無[一四]し　未去《みこ》の中にも発無し
去時《こじ》の中にも発無し　何処《いずこ》にか当《まさ》に発有るべき　（一二）

何[17]を以っての故に三時の中に発無きや。

九　若し去者…然らず　この節は『無畏』の訳。

一〇　二の過　二種の去があることになるという過失・誤謬。

一一　若し「去者…説けばなり　この羅什訳偈のabは第四偈の去時を去者に変えただけのもの。他の註釈書では第一〇偈。梵偈は「或る人に「去者が去る」という主張がある、その人には去なしで去者があることになる。去者に去〔があること〕を認めている人には」。羅什訳偈cは去者は去るという作がないものになるという偈bの咎の内容。偈のdは「去者が去る」という主張に、去者は去のない（去者といえない）去者となるという咎が結びつく理由。「去者が去る」とは、去のない去者があって、それ（主語）に「去る」という述語の示す「去」が結びつくことを示すからだという意味。

一二　三時の…無し　三時に存在する去者の否定をこの偈の結論とするのは、『無畏』と羅什だけである。

一三　初発　初発は去という作の開始。この初は、初発心のような最初のという意味ではない。

一四　発無し　梵偈は「去ることが始められない」。

未だ発《ほっ》せずば去時《こじ》無く　亦《ま》た已去《いこ》も有ること無し
一是《こ》の二に応《まさ》に発有るべし　未去《みこ》に何ぞ発有らん　（一三）
二〔已〕去無く未去無く　亦復《ま》た去時も無し
一切に発有ること無きに　何が故に而《しか》も分別《ふんべつ》せん　（一四）

若し人、未だ発せずば、則ち去時無く、亦た已去も無し。三若し発有らば、当《まさ》に二処に在《あ》るべし。去時と已去の中なり。二つ倶《とも》に然《しか》らず。未去の時には、未だ発有らざるが故に、未去の中に何ぞ発有らん。

四発無きが故に去《こ》無く、去無きが故に去者《こしゃ》無し。何ぞ已去と未去と去時有ることを得ん。

〔四　住の否定〕

〔四―一　去者と不去者の不住によって住者を否定する〕

18
問うて曰く、若し去無く去者無くば、応に五住《じゅう》と住者《じゅうしゃ》有るべし。

答えて曰く、

去者は則ち住せず　不去者《ふこしゃ》も住せず
去〔者〕と不去者とを離れて　六何ぞ第三の住有らん　（一五）

若し住有り住者有らば、応に去者の住か、若しくは不去者の住なるべし。若し此《こ》の二を離れて応に第三の住有るべしとは、是の事は然らず。去者は住せず、去は未だ息《や》まざるが故なり。七去と相違《そうい》するを名づけて住と為《な》す。不去者も亦た住せず。何を以っての故に。八去《こ》法《ほう》の滅《めつ》するに因《よ》るが故に住有り。去無くば、則ち住

一　是の二に応に発有るべし　梵偈は「去が始められるでもあろうところ〔の已去と去時〕」。
二　〔已〕去無く…去時も無し　梵偈は「已去が去時が未去がどうして分別されるであろうか」。㊅四下
三　若し発…有らん　去るという行動の開始があると考えられるのは、去られつつある道・時（去時）か、去られた道・時（已去）のいずれかであって、未去には未だ去はないので、去の開始はない。第一三偈の註釈。
四　発無き…得ん　この節は第一四偈の註釈。羅什は、去るという行為がないことから、去るという行為をする者が存在しないことを導き、行為者が存在しないことから「去られた道・時、去られつつある道・時等の三時が存在しないことが説かれた」とする。
五　住と住者有るべし　『無畏』は「去者の住は存在する（去者は停止する）」。羅什の対論者は已去等の三時の否定の論拠である「去無く去者無し」を存在の否定でなく、去という作の停止と理解して反論する。
六　何ぞ第三の住有らん　梵偈は「第三の誰が停止しようか」。羅什訳偈の「第三の住」は「第三の住者の住」の省略。
七　去と相違…住と為す　『無畏』は「去　㊅五上

無し。

去者と不去者とを離れて、更に第三の住者無し。若し第三の住者有らば、即ち去者と不去者との中に在り。是《こ》れを以っての故に、「去者は住す」と言うことを得ず。

〔四―二　去と住は矛盾する〕

復[19]た次に、

[九]去者が若し当に住すべくば　云何《いか》んが此の義有らん
若し当に去を離るべくば　去者は不《ふ》可《か》得《とく》なればなり　（一六）

汝が去者が住すと謂《い》うは、是の事は然らず。何を以っての故に。去法を離れて去者は不可得なればなり。

若し去者は[一〇]去《こ》相《そう》[一一]に在らば、云何んが当に住有るべき。去と住とは相違するが故なり。

〔四―三　十二支縁起の流転（行）と還滅（止）は去者が三時に不住・不去であることと同じ〕

復[20]た次に、

〔已〕去と未去とに住無し　去時にも亦た住無し
[一二]所有《あらゆる》行[一三]と止《し》との法は　皆《みな》去の義に同じ　（一七）

若し去者が住すと謂わば、是の人は応に去時か、已去か、未去の中に在りて住すべし。[一四]三処に皆《みな》住無し。是の故に汝が去者に住有りと言うは、是れ則ち然らず。去法と住法《じゅうほう》とを破するが如く行《ぎょう》と止とも亦た是《か》くの如し。

の反対者（vipakṣa）が停止である」。
八　去法の滅するに…則ち住無し　去という作・行動が消滅することが停止であるが、そもそも不去者とは本来去が存在しない者であるから、存在しない去の滅もないし、停止もない。
九　去者が…不可得なればなり　梵偈は簡潔で明瞭である。「去者が停止するということがどうしてあり得よう。去なしで去者があり得ないときに」。
一〇　去者は…故なり　この節は『無畏』にない。去と住の相違は、第一五偈の註釈の第二節に見える。註七参照。
一一　去相　本性として去であること。対論者の立場では、去者とは去を自相・自性とするので去るのであって、住することはあり得ない。
一二　所有行…義に同じ　梵偈は「去とその開始・生起と停止・消滅は去と同じ」。羅什はｃｄで去の否定の方法が実質上すべての作と作の滅に適用され得ることを説いていると解釈する。
一三　行と止　開始・生起（saṃpravṛtti・流転（pravṛtti）であろう）と停止・消滅（nivṛtti）。
一四　三処　三処は『無畏』では三部分（char, kalā か）。已去等の三道程・時。

行《ぎょう》とは[一]穀子《こくし》より[二]相続《そうぞく》して芽《が》、茎《けい》、葉《よう》等に至るが如し。止《し》とは穀子の滅《めつ》するが故に、芽、茎、葉が滅するなり。相続するが故に行と名づけ、断《だん》ずるが故に止と名づく。又た[三]無明《むみょう》に縁《よ》りて諸行《しょぎょう》、乃至《ないし》、老死《ろうし》あり、是《こ》れを[四]行と名づけ、無明滅するが故に諸行等は滅す、是れを[五]止と名づくるが如し。

〔五　去も去者も存在しない（空である）〕

〔五—一　去と去者は同一でもないし別異でもない〕

[21]問うて曰く、汝は[六]種種《しゅじゅ》の門にて、去《こ》と去者《こしゃ》と住《じゅう》と住者《じゅうしゃ》とを破すと雖《いえど》も、而《しか》も去と住と有るを[七]眼見《げんけん》す。

答えて曰く、[八]肉眼《にくげん》の所見《しょけん》は信ず可《べ》からず。若し実《じつ》に去と去者と有らば、[九]一法を以って成《じょう》ずと為《な》すや、二法を以って成ずと為すや。二つ倶《とも》に過《とが》有り。[22]何を以っての故に。

去法《こほう》が去者と[一〇]即《そく》なるは　是《こ》の事は則ち然《しか》らず
去法が去者と[一一]異《い》なるは　是の事も亦《ま》た然らず　（一八）

若し去法と去者と一なるは、是れ則ち然らず。異なるも亦た然らず。

[23]問うて曰く、一と異とに何の過有りや。

答えて曰く、

若し去法に於いて　即ち是れ去者と為すと謂《い》わば
作者《さしゃ》と及び作業《さごう》とは　是の事は則ち一と為す　（一九）
若し去法を　去者より異有りと謂わば

一　穀子　穀物の種子。十二支縁起の例として示される日常の因果関係の開始・出発点となる事物。

二　相続　因果の連続。種子から芽等の生起は縁起ともいわれるが、十二支のように存在の根拠・条件の論理的関係でなく、生成の時間的継起の因果関係である。この場合、逆観に当る滅の場合は、単なる論理的な存在の否定。第二六章第一〇偈参照。

三　無明　無明は十二支縁起の第一支。

四　行　ここでは第一七偈の行（三一頁註一三参照）を「無明によって諸行あり」等という十二支縁起の順観といわれる十二支の流転で例示する。

五　止　羅什は十二支の逆観の内容である「縁って滅する」還滅を止の一例とする。

六　種種の…を破す　第一偈からの論題は多項目に分けることができるが、『疏』ではこれまでを三時門とし、その中を、「三時門を以って、(一) 去法を破す、(二) 去者を破す、(三) 初発を破す、(四) 住住者を破す」、と分類し、以下を一異門の破とする。

七　眼見す　この眼見は文字通り眼で目の当りに見る。

八　肉眼の所見　羅什は対論者が去と住との存在の論拠として挙げた日常の現見・眼見を、殊更に肉眼の所見とし、それが信ずるに足らないものであると断じ、龍樹の第一八偈の否定に導く。

去者を離れて去有り　去を離れて去者有らん　（二〇）

是《か》くの如き二は倶に過有り。何を以っての故に。

若し去法が即ち是れ去者ならば、是れ則ち錯乱《さくらん》[一二]して因縁《いんねん》[一三]を破す。去に因《よ》りて去者有り、去者に因りて去有ればなり。又た去を名づけて法と為し[一四]、去者を名づけて人《にん》と為す。人は常《じょう》にして法は無常《むじょう》なり。若し一ならば、則ち二は倶に応《まさ》に常なるべく、二は倶に無常なるべし。一の中には是くの如き等の過有り。

若し異ならば、則ち相違《そうい》[一五]す。未だ去法有らざるに、応に去者有るべく、未だ去者有らざるに、応に去法有るべし。相《あ》[一六]い因待《いんだい》せずして、一法滅するも、応に一法在《あ》るべし。異の中には是くの如き等の過有り。

[24]復《ま》た次に、

去と去者との是の二に　若し一と異との法を成ぜんとするに
二門[一七]は倶に成ぜず　云何《いか》んが当《まさ》に成ずること有るべけん　（二一）

若し去者と去法と、若しくは一法を以って成じ、若しくは異法《いほう》を以って成ずること有らんに、二つは倶に不可得《ふかとく》なり。

先《さき》に已《すで》に第三[一八]の法の成ずること無きを説けり。若し成ずること有りと謂わば、応に説くべし、因縁[一九]に去無く去者無きことを。

九　一法を…過有り　去と去者が同一（一法）か別異（二法）かというディレンマによる否定。㊅五中

一〇　即　註九の一法や一と同じ意味。

一一　異　異は別異（＝二法）。

一二　錯乱　入りみだれる（『新字源』）。去と去者とを混同、取り違え、無区別・同一であることによる混乱。

一三　因縁　去と去者が相互に相待して成立している縁起。

一四　去を名づけて…人と為す　法は去法（二五頁註一一参照）の法であらゆる事物（一切法）の中で去という行為の概念に属する事物であるのに対して、去者は行為する主体である人、自我である。この人は pudgala ではないであろう。

一五　相違　相互に矛盾（第八章第七偈参照）すること。異は去と去者が各々別の自性・実有で、何ら関係を持たずに存在することであるからである。

一六　相い因待せず　去と去者とは相互に相待しないで存在する。

一七　二門　去と去者が一（同一）か異（別異）かという二者択一の二門。梵偈は単に tayoḥ（両方のものの）。

一八　第三の…説けり　説かれているのは第八偈と第一五偈。三〇頁註六参照。

一九　因縁に去無く去者無きことを　因縁は縁起であり、相互相待して成立する去も去者も無自性空であること。

〔五―二　去者は二つの去を去らない〕

25 [一]今当《まさ》に更に説くべし。

　去《こ》に因りて去者《こしゃ》を知るに[二]　[三]是《こ》の去を用うること能《あた》わず

　先《さき》に去法《こほう》有ること無し　故に去者の去すること無し　（一一二）

何《いず》れの去法に随《したが》いて以って去者を知るとも、是の去者は是の去法を用うること能わず。何を以っての故に。是の去法の未だ有らざる時に、去者有ること無し。[四]亦《ま》た去時《こじ》と已去《いこ》と未去《みこ》も無し。先に人有《あ》り城邑《じょうい》有りて[五]所趣《しょしゅ》有ることを得るが如くには、[六]去法と去者とは則ち然《しか》らず。去者は去法に因りて成《じょう》じ、去法は去者に因りて成ずるが故なり。

26 復《ま》た次に、

　[七]去に因りて去者を知るに　異《い》の去を用うること能わず

　一の去者の中に於いて　二の去を得ざるが故なり　（一一三）

何《いず》れの去法に随いて以って去者を知るとも、是の去者は異の去法を用うること能わず。何を以っての故に。一の去者の中に二の去法は不可得《ふかとく》の故なり。

〔六　結論―去と去者と所去処（去られるもの）は存在しない（空である）―〕

27 復た次に、

　[八]決定有《けつじょうう》の去者は　[九]三去を用うること能わず

　[一〇]不《ふ》決定《けつじょう》の去者も　亦た三法を用いず　（一一四）

　[一一]去法の定《じょう》なるも不定《ふじょう》なるも　去者は三を用いず

一　今当に更に説くべし　『無畏』は「去はまさにあり得ない故に。今や去者も成り立たない。どのようにか」。

二　知る　羅什が去者を知ると訳したajyateは、去者が「去に因りて・去に相待することによって、去者として明言される」と「去者という名称で表示される」という二義をもつ。

三　是の去を用うること能わず　梵偈は「その去をそ〔の去者〕は去らない」。註釈では「是の去法の未だ有らざる時に、去者有ること無し」。『無畏』は「その去以前には去者は存在しないからである」。この去は去者を去者として知らしめる去。

四　亦た去時と已去と未去も無し　ここで三時の否定に言及するのは羅什のみ。文脈の上では意味がないが、先立つ「去者」から三時を導く点は第一七偈の註釈にも見える羅什の論証法である。

五　所趣　所趣は「おもむく所・目的地」とも取れるが、ここは「おもむくこと」であろう。日常、有の立場では「行く人が存在し、目的地があって、人は城邑（都市）へ行く」という理解も言説も行動（所趣）も成り立つと考えられている。底本の所起は趣の誤記であろう。

六　去法と…然らず　梵偈のd「或る人が或る所へ（を）行く」を『無畏』が「男か女が村か町へ（を）行くようにではない」と例示したので、羅什はその喩の、ようにではない理由が相互相待であることを加えた。

是の故に去と去者と　一二所去処《しょこしょ》とは皆《みな》無し　(二五)
(大)五下 一三決定《けつじょう》とは本実有《ほんじつう》に名づく。一四去法に因りて生《しょう》ぜざるなり。去法は身《しん》の動《どう》に名づく。三種は未去、已去、去時に名づく。一五若し決定して去者有らば、去法を離れて応《まさ》に去者有るべく、応に住《じゅう》有るべからず。是の故に、「決定有の去者は　三去を用うること能わず」と説く。

若し去者が不決定ならば、不決定とは本実無《ほんじつむ》に名づく。去法に因るを以って去者と名づくることを得るも、去法無きを以っての故に、三去を用うること能わず。去法に因るが故に去者有り。若し先に去法無くば、則ち去者無からん。云何《いか》んが不決定の去者が三去を用うと言わん。

去者の如く、去法も亦た是《か》くの如し。若し先に去者を離れて決定して去法有らば、則ち去者に因りて去法有るにあらず。是の故に去者は三の去法を用うること能わず。若し決定して去法無くば、去者は何の用うる所ぞ。

是くの如く思惟観察《しゆいかんさつ》すれば、去法と去者と所去処と、是の法は皆相《みなあ》い因待《いんだい》す。去法に因りて去者有り、去者に因りて去法有り。是の二法に因りて、則ち可去処《かこしょ》有り。一六定有《じょうう》と言

七　去に因りて…得ざるが故なり　第二一偈と対をなす。去者が去者と認識され、表現される原因である去るという特定の去る行動とは別の、去るという行動を去ることはない。

八　決定有の去者　実有な、即ち有自性の去者。

九　三去　三種の去るという行動。三種は已去・未去・去時の三時。この去を羅什は「身の動」と解釈する。動については第二偈とその註参照。

一〇　不決定の去者　実有でない去者。決定有の反対概念。実質上は『無畏』の註釈のように「存在しない・無」を意味する。

一一　去法の…三を用いず　梵偈は「実有(定なる)で実有でない(不定なる)〔去者〕は三種の去を去らない」。

一二　所去処　註釈では可去処。「去られるべきもの」(gantavya)。

一三　決定とは本実有　『無畏』は「実有とは相待しないで成立(存在)している」。

一四　去法に因りて生ぜざるなり　『無畏』にない羅什の註釈で、註一三の本実有を「去によって生じないで存在する」こととする。

一五　若し決定…有るべからず　羅什の註釈。去者が実有であれば、去者は去なしであるべきであり、去なしで本性として去者であるから住はない。

一六　定有…言うを得ず　羅什の註釈。「実有でもないし実無でもない」という四句否定の第四肢「不共」の立場を中観とする。

うを得ず、定無《じょうむ》と言うを得ず。是の故に決定《けつじょう》して、「三法は虚妄《こもう》、空《くう》、無所有《むしょう》、但《た》だ仮名《けみょう》有るのみにして、幻《げん》の如く、化《け》の如し」と知る。一

一　三法は…化の如し　龍樹の結論は「去と去者と去られるべきもの〔という〕三〔要員〕も存在しない」であるが、『無畏』はそれが無ではなく旋火輪のように実体ではないが幻のようなものとする。羅什はそれを敷衍して、「去等の三法は虚妄であり、無自性（空）で実有でなく（無所有）、概念（仮名）として存在するだけであるので、無でなく、幻や化作物のようである」とする。このように龍樹は対論者の有の否定に徹しているのに対して羅什は『般若経』は否定が無でなく空であり、空が「幻の如く」であることを説いているとし、そのことが成立する論理が相互相待の縁起であり仮名であることを説いている。龍樹と羅什の思想の違いはこの点にある。

中論 観六情品《かんろくじょうほん》[1] 第三　八偈

〔一　対論者の見解〕

[2]問うて曰く、経《きょう》の中に[一]六情《ろくじょう》有りと説く。所謂《いわゆる》、
[二]眼《げん》と耳《に》と及び鼻《び》と舌《ぜつ》と　[三]身《しん》と[四]意《い》等は六情なり
此《こ》の眼等の六情は　色《しき》等の[五]六塵《ろくじん》に行《ぎょう》ず　（一）
此の中に眼を[六]内情《ないじょう》と為《な》し、色を[七]外塵《げじん》と為す。眼は能《よ》く色を見る。乃至《ないし》、意を内情と為し、[八]法を外塵と為す。意は能く法を知る。

〔二　答破〕

〔二―一　答破一　眼（見・視覚）は見ない（機能を欠く）〕

[3]答えて曰く、[九]無《む》なり。何を以っての故に。
[一〇]是《こ》の眼は則ち　自《みずか》ら其《そ》の己体《こたい》を見ること能《あた》わず
若し自ら見ること能わずば　云何《いか》んが余物《よもつ》を見ん　（二）
是の眼は自体《じたい》を見ること能わず。何を以っての故に。灯《とう》の能く自ら照らし亦《ま》た能く他《た》を

一　六情　六根（indriya）の異訳。「情」は心のはたらきを意味するので、羅什は根を物質的器管とか機能でなく、心の機能と考えていたことになろう。

二　眼と耳…と舌と　眼は darśana、耳は śravaṇa、鼻は ghrāṇa、舌は rasana、身は sparśana、意は manas であって、龍樹はいわゆる眼、cakṣus 等の事物ではなく、「見る」等の機能を六根としている。㊅六上龍樹はこの章全体では六根の否定を眼の否定を代表例として論じている。この冒頭の偈では六根と六境を一切法とする十二処（入）説を前提としている。T2の章題である āyatana（入）は、六入（＝根）であろうが、十二入とも取れる。

三　身　皮膚の感触機能。

四　意　心の認識・思考機能。

五　六塵　六境の異訳語。六根によって認識される対象。色、声、香、味、触（可触物）、法の六。

六　内情　『無畏』は「色を見る機能」（rūpadarśana）。視覚機能等は主観を構成し、色等の客観に対するので、視覚機能等を内、色等を外と相対化して呼ぶ。

七　外塵　六境のこと。

八　法　この法は第六根の意の対象。

九　無なり　冒頭の「六情有り」という対論者の主張の否定。

一〇　是の眼は…余物を見ん　梵偈は「実に視覚はその同じ自己自身（自ら其の己体）を見ない。自身の見ないもの、それがどうして他のもの（余物、自己自身以外の別のもの）を見るであろうか」。

照らすが如く、眼《げん》が若し是《こ》れ[一]見相《けんそう》ならば、亦《ま》た応《まさ》に自《みずか》ら見るべく、亦た応に他《た》をも見るべし。而《しか》も実《じつ》には爾《しか》らず。是の故に偈《げ》の中に「[二]若し眼は自ら見ずば何ぞ能く余物《よもつ》を見ん」と説く。

〔二―二　答破二　火の比喩の否定〕

4 問うて曰く、眼は自ら見ること能《あた》わずと雖《いえど》も、而も能く他を見る。火の能く他を焼きて、自ら焼くこと能わざるが如し。

答えて曰く、

火の喩《たとえ》は則ち　[三]眼見《げんけん》の法を成《じょう》ずること能わず
[四]〔已《い》〕去と未去《みこ》と去時《こじ》にて　已《すで》に総じて是の事を答えたり　（三）

汝は火の喩を作《な》すと雖も、眼見の法を成ずること能わず。是の事は[五]去来品《こらいほん》の中に已に答えたり。已去の中に去《こ》無く、未去の中に去無く、去時の中に去無きが如く、[六]已焼《いしょう》と未焼《みしょう》と焼時《しょうじ》とに、倶《とも》に焼《しょう》有ること無きが如く、是《か》くの如く、[七]已見《いけん》と未見《みけん》と見時《けんじ》とに、倶に見相無し。

〔二―三　答破三　未見の見は見でない〕

5 復《ま》た次に、

[八]見《けん》が若し未見[九]の時には　則ち名づけて見と為《な》さず
[一〇]而も見が能く見ると言わば　是の事は則ち然《しか》らず　（四）

一　見相　見相は『無畏』の「見る行為・作用（作）」に相当するので、羅什もこの相を『起信論』の（能）見相と同じように、見る主体の作用・心の働きの意味で用いていたものと考えられる。

二　若し眼は…余物を見ん　偈cd。『無畏』の註釈は偈を散文に改めたもの。しばしば見られるように、ここでも羅什はそれを偈の引用としている。

三　眼見　梵偈は見（視覚）。羅什は今までは眼と訳してきたが、ここでは「火が自と他を焼く」という比喩が、「眼が見る」場合の認識上の構造（法）を解明するものでない、という構造の問題と取り、意訳したのであろう。法は喩に対して dārṣṭāntika（比喩で説明されたところの主題）の意味であろう。

四　〔已〕去と未去と去時　第二章第一偈以下の、去（去る）を過去・現在・未来の三時に分析して否定する、龍樹の重要な否定の論理。

五　去来品　羅什は偈cの「已去と未去と去時に」を論理的方法でなく第二章の章名としている。

六　已焼と未焼と焼時　已去、未去、去時に合わせて、燃焼を「焼かれたもの・焼かれたものでないもの・焼かれつつあるもの」に分ける。

七　已見と…見相無し　「見る」を過去等の三時によって三分した「見られたもの」等に見る作用（見相）はない。

八　見　羅什は視覚機能・darśana をこ

一一眼は未だ色《しき》に対《たい》せずば、則ち見ること能わず。爾《そ》の時には名づけて見と為さず。色に対するに因《よ》りて、名づけて見と為す。是の故に偈の中に、「未見の時には見無し、云何《いか》んが見を以って能く見ん」と説く。

〔二―四　答破四　見も非見も見ない〕

6 復た次に、一二二《に》処《しょ》に倶に見法《けんぽう》無し。何を以っての故に。

一三見に見有ること能わず　一四非《ひ》見《けん》も亦た見ず

若し已に見を破せば　則ち見者《けんじゃ》をも破すと為す　（五）

見は見ること能わず、一五先《さき》に已に過《とが》を説けるが故なり。非見も亦た見ず、一六見相無きが故なり。若し見相無くば、云何んが能く見ん。

れまでは眼（三七頁註二参照）、眼見（註三参照）と訳してきたが、以下見と訳す。

九　未見の…為さず　梵偈は「見ていないものは全く見ではないとき」。

一〇　而も見…然らず　現に見ていない見は見でない、そういう見ではない見が見ることはない。ただし、「見るから見である」という文法学的見の定義が成立しない、という解釈もある。

一一　眼は未だ…能わず　『無畏』（＝偈a）は「何ものも見ていない」。羅什は、「眼」を主語として、「眼が色を対象としていない」状態を見ることができない、見ることがないこととする。

一二　二処に倶に見法無し　『無畏』では前偈の註釈の末尾に加えられ、そこで前の偈の註釈が終るので、T訳はこの偈と関連付けていないように見える。そうであれば、「両方共にあり得ない」は第四偈の前半と後半の所述は共に、という意味になる。しかしTは gñi ga ltar yaṅ である。この yaṅ は ca の訳であろうから、梵文は「そして両方共にあり得ない」となるので、羅什のように第五偈を導入する註釈となろう。羅什訳の「復た次に」は、明確にするために彼が加えたものであろう。この場合、二処は見と非見の両方となる。

一三　見に見…能わず　梵偈は「見は決して見ない」。註釈では「見は見ること能わず」。

一四　非見　「視覚でないもの」。

一五　先に已に…故なり　『無畏』は偈aの「見は見ない」とbの「非見は見ない」を主張とし、前の主張の証因として、この文言に当る「上述の誤謬に堕するが故に」を説き、次にその上述の誤謬が、第二章の已去等の三時の考察で、「去者が去る」という主張が堕する誤謬と同じものである、という説明を加えている。この三時の考察の際の「見は見る」の否定が第三、四偈で説かれているので、羅什は「先に已に」を直前のその箇所と取って説明を省いたのであろう。

一六　見相無きが故なり　『無畏』は偈aの命題「見は見ない」と、bの「非見は見ない」という命題を、同じ論述形式を踏んで説明している。この理由句は『無畏』のそれに当る「見るという機能（作・kriyā）を欠く故に」の訳である。この理由句の『無畏』の説明を、羅什も「若し見相無くば、云何んが能く見ん」と訳出している。見相は註一参照。

[一]見法《けんぽう》無きが故に、見者《けんじゃ》も亦《ま》た無し。何を以っての故に。若し見《けん》を離れて見者有らば、眼《げん》無き者も亦た応《まさ》に[二]余情《よじょう》を以って見るべし。若し見《けん》を以って見ば、則ち[三]見の中に見相《けんそう》有りて見者には見相無し。是《こ》の故に偈《げ》の中に、「若し已《すで》に見を破せば、則ち見者をも破すと為《な》す」と説く。

〔二—五　答破五　見者と見と可見の不可得〕

[7]復《ま》た次に、

見を離るるも見を離れざるも　見者は[四]不可得《ふかとく》なり
見者無きを以っての故に　何ぞ[五]見と可見《かけん》と有らん　（六）

若しくは見有るも見者は則ち成《じょう》ぜず。若しくは見無きも見者は亦た成ぜず。見者無きが故に、云何《いか》んが見と可見と有らん。若し見者無くば、誰れか能《よ》く見法を用いて[六]外色《げしき》を分別《ふんべつ》せん。

是の故に偈の中に「見者無きを以っての故に、何ぞ見と可見と有らん」と説く。

〔二—六　答破六　十二支の存在の否定〕

[8]復た次に、

見と可見と無きが故に　[七]識《しき》等の四法《しほう》は無し
[八]四取《ししゅ》等の諸縁《しょえん》　云何んが当《まさ》に有ることを得べき　（七）

見と可見との法無きが故に、識、触《そく》、受《じゅ》、愛《あい》の四法は皆《みな》無し。愛等無きを以っての故に、

一　見法無き…見相無し　以下は偈cdに対する羅什の註釈。『無畏』では偈bの「非見も見ず」の註釈。　(大)六中

二　余情　眼以外の耳鼻等の五情（根）、五認識機能。

三　見の中…見相無し　見、即ち視覚に見る機能があって、見る者には見る機能はないということ。

四　不可得　梵偈は「存在しない」。

五　見と可見　視覚と見られるべき対象。この偈は第二章の最後の結論を説く第二四、二五偈と同じことを「見」について説いている。従って「見」に関する論述は実質的にはここで終る。

六　外色　相対的に視覚に対して外界に在ると理解されている視覚の対象、すなわち色（色形・物体的存在）。

七　識等の四法　識は十二支縁起の第三支で、他の三法は第六支の触、第七支の受、第八支の（渇）愛である。この縁起観はこの章を著述した時期の龍樹自身の見解であろう。そのことは偈のcdの「さらに取（＝第九支）等は存在しようか」から明らかである。十二支縁起では、識を根拠・条件として名色（＝境）、名色を根拠として六処（根）が成立するという。これは十八界説でいえば、結果である識を根拠として識の構成要素である境と根の成立を説いていることになるが、龍樹はその関係を逆転し、さらに根（見）と境（可見）の相互相待の縁起に

四取等の十二因縁《じゅうにいんねん》の分《ぶん》[九]も亦た無し。

〔三　五根と五境と五主体（作者）への適用〕

9 復た次に、

耳《に》と鼻《び》と舌《ぜつ》と身《しん》と意《い》と　声《しょう》と及び聞者《もんじゃ》等と
当に知るべし、是《か》くの如き義は　皆上《かみ》の説に同じ　（八）

見と可見との法は空《くう》にして衆縁《しゅえん》に属するが故に決定《けつじょう》無きが如く、余の耳等の五情《ごじょう》と声等の五塵《ごじん》も、当に知るべし、亦た見と可見との法に同じ、と。義同じきが故に、別に説かざるなり。

よって識が成立するという縁起説を説いたことになる。従って無明（第一支）と行（業・第二支）はここでは直接的に根拠・条件であることは無視されることになった。このような縁起、特に識と触（月称は有漏（sāsrava）の触とする）の関係や意味など不明の点が多いが、これが第二六章の十二支縁起から帰敬偈の八不の縁起へという思想展開の過渡期の見解であると考えられないであろうか。そうであれば、帰敬偈は龍樹が中論頌を著述した後で、最後に加えた結論であり、彼の思想の要旨を示す偈ということになろう。

八　四取等　梵偈は upādānādīni（取等）。四取は通常、欲取、見取、戒禁取、我語取。清弁はこの四取を挙げる。第二六章第九偈参照。

九　分　十二支縁起の支分。取、有、生、老死の第九支から第十二支の四支。

中論 [1]観五《かんご》陰品《おんぽん》 第四　九偈

〔一　五蘊（色）とその因の不可得〕

[2]問うて曰く、経《きょう》に[一]五陰《ごおん》有りと説く。是《こ》の事は云何《いか》ん。

答えて曰く、

若し[二]色《しき》の因《いん》を離れれば　色は則ち[三]得可《うべ》からず
若し当《まさ》に色を離るべくば　色の因は得可からず　（一）

色の因とは、布《ぬの》の縷《いと》に因《よ》るが如し。縷を除けば則ち布無し。布を除けば則ち縷無し。布は色の如く、縷は因の如し。

〔二　有自性の色の否定―色は無因となる―〕

[3]問うて曰く、若し色の因を離れて色有らば、何の過《とが》有りや。

答えて曰く、

色の因を離れて色有らば　[四]是の色は則ち無因《むいん》なり
[五]無因にして而《しか》も法有りとは　是の事は則ち然《しか》らず　（二）

縷を離れて布有らば、布は則ち無因なるが如し。

無因にして而も法有るは、[六]世間《せけん》に有ること無き所なり。

一　五陰　一切法の一類。陰は蘊。色（物質）、受（感覚）、想（表象）、行（意欲）、識（心）、それぞれの現象の集り。色蘊は身体、受蘊等の四蘊は心・心作用で、全体で人間存在と環境世界を構成する。

二　色の因　rūpakārana。物体（色）をつくる地・水・火・風の四種の要素（大種・mahābhūta）。

三　得可からず　梵偈は「認識されない」（na... upalabhyate）。偈dのそれは「見られない」（na... dṛśyate）。

四　是の色は則ち無因なり　梵偈は「色は因のないものになる」（āhetukaṃ prasajyate）。

五　無因に…然らず　梵偈は「因のない事物（artha・法）は何処にも何も存在しない」。

六　世間に有ること無き所なり　これは梵偈の「何処にも」（註五参照）に対する羅什の解釈で、彼は次の傍論でそれを立証する。

〔三　**羅什の傍論―無因の法は世間に存在しない―**〕

問うて曰く、仏法《ぶっぽう》と外道《げどう》の法と世間の法の中に皆《みな》、無因の法有り。仏法には三無為《さんむい》[七]有り。無為は常《じょう》なるが故に無因なり。外道[八]の法の中には虚空《こくう》、時《じ》、方《ほう》、神《じん》、微塵《みじん》、涅槃《ねはん》等あり。世間の法には虚空、時、方等あり。是の三法は処《ところ》として有らざること無きが故に、名づけて常と為《な》す。常なるが故に無因なり。汝は何を以ってか「無因の法は世間に無き所なり」と説く。

答えて曰く、此《こ》の無因の法は但《た》だ言説《ごんぜつ》[九]有るのみにして、思惟分別《しゆいふんべつ》すれば則ち皆無し。若し法が因縁《いんねん》[一〇]よりして有らば、応《まさ》に無因と言うべからず。若し因縁無くば、則ち我が説[一一]の如し。

問うて曰く、二種の因有り。一には作因《さいん》[一二]、二には言説因《ごんぜついん》[一三]なり。是の無因の法には作因無く、但だ言説因有るのみ。人をして知らしむるが故なり。

答えて曰く、言説因有りと雖《いえど》も、是の事は然らず。虚空は六種[一四]の中に破するが如し。余[一五]の事は後に当に破すべし。

復《ま》た次に、現事《げんじ》[一六]すら尚《な》お皆破す可し。何ぞ況んや微塵等の不可見[一七]の法をや。是の故に「無因の法は世間に無き所なり」と説く。

〔四　**有自性の因の否定―因は無果となる―**〕

[4]問うて曰く、若し色を離れて色の因有らば、何の過有りや。

答えて曰く、

七　三無為　三無為は択滅（涅槃）・非択滅・虚空の三で、有部等の学説。

八　外道の法　仏教以外の異教の範疇。　(大)六下

「虚空・時・方（方角・方位）」は世間と共通。「神」は我。「微塵」は原子（aṇu）。

九　言説有るのみ　「因のない事物（法）」は存在しないのだから、この「因のない事物」は言葉だけであって、実有ではない。

一〇　因縁　縁起のこと。

一一　我が説　「無因の法は世間に無き所なり」、即ち直前の「言説有るのみ」で「思惟分別すれば、則ち皆無し」という中観派の説。

一二　作因　実有な事物を生ずる因。生因ともいう。

一三　言説因　無因の法は存在しないので、それを生ずる作因はないが、「無因の法」という名称・言葉を知らせる因である言説因はある（『大辞典』「言説因」参照）。

一四　六種　次章、「観六種品」第五のこと。同章は六種、即ち地、水、火、風、空、識の六界の内の空・虚空を代表例として六種を否定する。

一五　余の事は後に　『疏』は「時」は第一九章「時の考察」、「涅槃」は第二五章「涅槃の考察」、「識」は第一三章「行の考察」で否定されるとする。

一六　現事　目の当りに実際にある事物。

一七　不可見の法　経験を超えた形而上学的な事物。

[一]若し色《しき》を離れて因《いん》有らば　則ち是《こ》れ無果《むか》の因なり
[二]若し無果の因〔あり〕と言わば　則ち是の処《ことわり》有ること無し　(三)

若し色の果《か》を除いて但《た》だ色の因有るのみならば、即ち是れ無果の因なり。

問うて曰く、若し無果にして因有らば、何の咎《とが》有りや。

答えて曰く、無果にして因有るは、世間《せけん》に無き所なり。何を以っての故に。[三]果を以っての故に名づけて因と為《な》す。若し無果ならば、云何《いか》んが因と名づけん。復《ま》た次に、若し因の中に果無くば[四]、物は何を以ってか非因《ひいん》より生《しょう》ぜざる。是の事は破因[五]縁品の中に説くが如し。是の故に無果の因有ること無し。

〔五　**色の因は色が存在してもしなくても存在しない**〕

5 復た次に、

若し已《すで》に色有らば　則ち色の因を用いず
若し色有ること無くば　亦《ま》た色の因を用いず　(四)

[六]二処《にしょ》に色の因有るは、是れ則ち然《しか》らず。若し先《さき》に因の中に色有らば、名づけて色の因と為さず。

若し先に因の中に色無くば、亦た名づけて色の因と為さず。

〔六　**無因の色は存在しない**〕

6 問うて曰く、若し二処は倶《とも》に然らず、[七]但だ無因の色有るのみならば、何の咎有りや。

一　若し色…因なり　梵偈のａｂｃは「色の因が色なしであるならば、因は結果のないものであろう」。

二　若し無果…有ること無し　梵偈のｄは「しかし因は果なしでは存在しない」。羅什はｄの「果のない因はない」を無有是処（nedaṃ sthānaṃ vidyate）という慣用句を用いて意訳している。sthāna（場所）には道理・ことわりという意味があるので、「処」と訳し、「ことわり」と慣用的に読んでいる。

三　果を以って…因と為す　因は果の相待概念であって、果があって始めて因は因となる。

四　因の中…生ぜざる　因の中に果がない（因中無果）ということは、因が果と相待しないことを意味するので、因といえない。果のない因は無因と同じであるから、そういう因から果が生ずるならば、事物がどうして非因（因でないもの）から生じないことがあろうか。生ずるという誤謬になる。

五　破因縁品　第一章「観因縁品第一」。同章の第一三偈以下に詳しい。『疏』は第一四偈ａｂ「若謂縁無果　而従縁中出」を挙げる。

六　二処に…然らず　『無畏』は「両方共に色の因はあり得ない」。二処は色（果）が存在する場合と存在しない場合。

七　但だ無因の色有るのみならば　『無畏』は「色は因のないものであるとこう考えるならば」。

答えて曰く、

[八]無因にして而《しか》も色有るは　是の事は終《つい》に然らず
[九]是の故に智《ち》有る者は　応《まさ》に色を分別《ふんべつ》すべからず　（五）

若し因の中に果有るも、因の中に果無きも、此《こ》の事すら尚《な》お得可《うべ》からず。何ぞ況んや無因にして色有るをや。是の故に「無因にして而も色有るは、是の事は終に然らず。是の故に智有る者は、応に色を分別すべからず」と言う。[一〇]分別は凡夫《ぼんぶ》に名づく。無明《むみょう》、愛染《あいぜん》を以って色に貪著《とんじゃく》し、然る後に邪見《じゃけん》を以って分別と戯《け》論《ろん》を生じ、因の中に果有り、果無し等と説く。今此の中に色を求むるに得可からず。「是の故に智者《ちしゃ》は応に分別すべからず」。

〔七　果は因に似ていても似ていなくてもない〕

[7]復た次に、

[一一]若し果は因に似るといわば　是の事は則ち然らず
果は若し因に似ずといわば　是の事も亦た然らず　（六）

若し果と因と相似《そうじ》すといわば、是の事は然らず。[一二]因は細《さい》にして果は麁《そ》なるが故なり。因と果との色と力《りき》等は各《おのおの》異なり。布《ぬの》は縷《いと》に似れば則ち布と名づけざるが如し。縷は多にして布は一なればなり。故に因と果と相似すと言うことを得ず。

八　無因に…然らず　梵偈は「因のない色は全くあり得ない、決してない」。

九　是の故に…分別すべからず　梵偈は「それ故に色に関するいかなる分別も分別すべきではない」。羅什は「いかなる分別も」を「分別すべきでない」の主語として「有智者」と読んだことになる。（大）七上

偈に分別があったことは次註参照。

一〇　分別は…得可からず　この節は羅什の註釈。「分別は…」は「分別すれば凡夫と名づく」とも読めよう。「無明、愛染」は、貪瞋癡でいえば、貪欲（第六章の冒頭参照）と愚癡となろう。羅什はここでは無知と煩悩によって物体（色）に執着し、邪見（見解）によって思惟分別して、因中有果とか無果といった戯論を弄するが、思惟や戯論では色の実相は認識できないという自論を展開している。これは龍樹の「空性において戯論・分別が滅せられる」（一八・五）や「貪瞋癡は思惟分別から生ず」（二三・一）等とは相容れない論理である。

一一　若し果…然らず　因中有果論のサーンキヤ学派では現象界の根源である原質（世性、八頁註五参照）とそれが開展した果である現象界の万物とには類似点と相異点があるという。そういう見解を龍樹は否定したのであろう。

一二　因は細…果は麁…　因である四大種は微細で、果である物体的存在（色）は粗大であり、形や色彩（色）や能力、はたらき（力）などが異なる。

若し因《いん》と果《か》と相似《そうじ》せずといわば、是《こ》れ亦《ま》た然《しか》らず。麻縷《あさいと》は絹《きぬ》を成ぜず、麁《そ》の縷《いと》は細《さい》の布《ぬの》を出《い》だすこと無きが如し。是《こ》の故に因と果は相似せずと言うことを得ず。二義は然《しか》らず。故に色《しき》も無く色の因も無し。

〔八　上述の色陰の否定は他の四陰にも適用される〕

[8]受陰《じゅおん》と及び想陰《そうおん》と　行陰《ぎょうおん》と識陰《しきおん》等と
[一]其《そ》の余の一切法《いっさいほう》は　皆色陰《みなしきおん》に同じ　（七）

四陰《しおん》と及び一切法も亦た応《まさ》に是《か》くの如く思惟《しゆい》して破すべし。

〔九　空性による否定の無謬性〕

又《ま》た今、[9]造論者《[二]ぞうろんしゃ》は空《くう》の義を讃美《[三]さんび》せんと欲するが故に、而《しか》して偈《げ》を説く。

[四]若し人、問う者有らんに　空を離れて而して答えんと欲せば
是れ則ち答えを成ぜず　倶《とも》に彼れの疑に同ず　（八）
若し人、難問《なんもん》すること有らんに　空を離れて其の過《とが》を説かば
是れ難問を成ぜず　倶に彼れの疑に同ず　（九）

若し人の論議する時に、各所執《[五]しょしゅう》有り、空の義を離れて而して問答《もんどう》する者有らば、皆問答を成ぜず、倶に亦た疑に同ず。人が「瓶《びょう》は是れ無常《むじょう》なり」と言うが如し。問者《もんじゃ》は「何を以っての故に無常なるや」と言う。答えて「無常な因より生ずるが故なり」と言う。此《こ》れは答えと名づけず。何を以っての故に。[六]因縁《いんねん》の中にも亦た疑ありて、常為《じょうた》るや無常為るや

一　其の余の…色陰に同じ　梵偈は「すべての事物〔の否定の方法〕は色の〔否定の〕論証方法と同じである」。
二　造論者　龍樹。
三　讃美　ほめたたえること。『無畏』はこの二偈を空性の体得者（羅什は造論者・龍樹）のすべての言説（kathā）の精髄（sāra）であると讃美している。
四　若し人…疑に同ず　梵偈の第八、九偈は補註9参照。また羅什のこの二偈の解釈は彼の註釈の第一、二節で明解であるので、ここでは羅什訳偈の梵偈との相違を簡略に説明する。羅什は訳偈では二偈共に実有論者同士の対論と解釈する。第八偈では梵偈の論争（vigraha）を論戦を交えることでなく、問答、文字通り質疑応答とし、矛盾する見解を主張する質問者も返答者も共に質問の論拠と解答の論拠となる事物が論拠でなく主張と同じ、即ち所証相似となることが説かれたとする。第九偈では梵偈が空論者の自説の説明・説法に対する実有論者の批評・批判であるのに対して、羅什は批評・批判を実有論者の主張に対する他の実有論の難問（疑って問う・責め問う）、即ち「過を説く」こととする。従って羅什はこの偈を、実有論者間の論戦と取っているように見える。この場合も論争者は共に所証相似になるとする。ただし彼は梵偈の「空であることに依って」を意識しており、註釈の第三節で「空に依りて」否定すれば無謬であり、それは空に依って説

を知らざればなり。是れを彼れの[七]所疑《しょぎ》に同ずと為す。
問者が若し其の過を説かんと欲して、空に依《よ》らずして、而《しか》も諸法《しょほう》の無常を説かば、則ち[八]問難と名づけず。何を以っての故に。汝は無常に因《よ》りて我が常を破するも、我れも亦た常に因りて汝の無常を破せん。若し実に無常ならば、則ち業報《ごうほう》無し。眼《げん》、耳《に》等の諸法は念念に滅《めつ》して、亦た分別《ふんべつ》有ること無からん、と。是くの如き等の過有りて、皆問難を成ぜず。彼れの所疑に同ず。

若し空に依りて常を破せば、則ち過有ること無し。何を以っての故に。此の人は空相《くうそう》を取らざるが故なり。是の故に若し問答せんと欲するすら尚《な》お応に空法《くうほう》に依るべし。何ぞ況んや[九]離《り》苦寂滅《くじゃくめつ》の相《そう》を求めんと欲するをや。

く人は空相を取らないからだ、と無謬の論拠を無相としている。

五 所執　見解（dṛṣṭi）のこと。有の立場では各々の論者は自己の主張・見解に執着する。

六 因縁　論拠。「瓶は無常な因より生ずるが故なり」という推論式の証因に相当する。

(大)七中

七 所疑　偈の「疑に同ず」の疑で、所証相似の所証（論証されるべきもの）。

八 問難　問難は「たがいに議論してやりこめ合う」（『新字源』）であるが、ここでは難問（疑って問う、責め問う）の誤記であろう。

九 離苦寂滅の相を求めんと欲するをや　羅什は最後に論争の問題よりも宗教的な求道心の重要性を説く。

中論　[1]観六種品《かんろくしゅほん》　第五　八偈

〔一　虚空の相・色無き処のない虚空はあり得ない〕

[2]問うて曰く、[一]六種《ろくしゅ》に各《おのおの》[二]定相有り。定相《じょうそう》有るが故に則ち六種有り。

答えて曰く、

[三]空相《くうそう》の未だ有らざる時には　則ち虚空《こくう》の法無し
[四]若し先《さき》に虚空有らば　即ち是《こ》れ無相《むそう》と為《な》す　（一）

若し未だ虚空の相《そう》有らざるに、先に虚空の法有らば、虚空は則ち無相なり。[五]何を以っての故に。[六]色無き処《ところ》を虚空の相と名づく。色は是れ[七]作法《さほう》にして無常《むじょう》なり。若し色が未だ生ぜずば、[八]未だ生ぜざるは則ち滅《めつ》無きなり。爾《そ》の時には虚空の相無し。色に因《よ》るが故に色無き処有り。色無き処を虚空の相と名づく。

〔二　すべての事物は相を有す〕

[3]問うて曰く、若し無相にして虚空有らば、何の咎《とが》有りや。

答えて曰く、

是《こ》の無相の法は　一切の処に有ること無し
[九]無相の法の中に於いて　相は則ち所相《しょそう》無し　（二）

若し常《じょう》と無常との法の中に於いて、無相の法を求むるも不可得《ふかとく》なり。[一〇]論者は「是れは有《う》、

一　六種　六種は六界（dhātu）。地水火風空識の六要素で、通常、身心と理解されている人間存在を構成している要素。この章ではその六界（六種）の中の空、即ち虚空（ākāśa）を取り上げて否定する。

二　定相　『無畏』では「各々の事物に決まっている特相」。地の「堅性」、水の「湿性」など、各々の事物の固有の個別相・自相であり、実質的には自性を意味する。

三　空相　空相は虚空の相（ākāśalakṣaṇa・虚空の固有の特徴）で、空性（śūnyatā）の相ではない。

四　若し先に…無相と為す　梵偈は「虚空の相よりも前に虚空が存在するならば、虚空は相のないもの（無相）〔という誤謬〕に堕すであろう」。

五　何を以って…相と名づく　以下この節は羅什の独自の註釈。

六　色無き処　羅什はこれを虚空の相とするが、虚空の相は一般には「無障礙」、時には「場所を与えること」とされる。障礙（障害、妨げ）は実際には色（物質的な事物）であるから、虚空が無障礙を相とするということは、虚空の本来の姿（相）は物質的な事物のない場所・空間ということになる。従って、無色処は無障礙と変らないというよりも、より適切な虚空の規定ともいえる。

七　作法　作法は第一五章第一偈では「つくられたもの」（kṛtaka）の訳語。羅什は他にkaraṇaの訳にも所用の作法（八・

是れは無《む》なるを、云何《いか》んが知らん。各相有るが故に」と言うが如し。生《しょう》、住《じゅう》、滅は是れ有《う》為《い》の相にして、無生住滅は是れ無為《むい》の相なり。虚空若し無相ならば、則ち虚空無し。

〔三　**相（特徴）のないものとは特徴付けられるものがないことである**〕

4 若し先に無相にして後に一一相が来りて相《そう》すと謂《い》わば、是れ亦た然《しか》らず。若し先に無相ならば、則ち法の相す可《べ》きもの無し。何を以っての故に。

一二有相《うそう》と無相との中に　相は則ち一三住する所無し
有相と無相とを離れて　余処《よしょ》にも亦た住せず　（三）

峰《みね》有り、角《つの》有り、尾端《びたん》に毛有り、頸下《けいか》に頡垂《こた》る、是れを一四牛の相と名づくるが如し。若し是の相を離れば、則ち牛無し。若し牛無くば、是の諸相《しょそう》は住する所無し。是の故に無相の法の中に於いて「相は則ち所相無し」と説く。

有相の中にも相は亦た住せず。先に相有るが故なり。一五水の相の中に火の相は住せざるが如し。先に自相《じそう》有るが故なり。

四)、作法（又は作）（二四・一七）を用いている。

八　未だ生ぜざる　未生は「つくられたもの」（kṛtaka）が生じていないことである。生じていないものは存在しない。存在しないものは滅しない。

九　無相の法…所相無し　梵偈は「相のない事物が存在しないとき、相は何処に近づこうか・何ものに入り・何ものに帰属し・何ものを特徴付けようか」。

一〇　論者　英訳は the authors（p.148, the authors に加えられた註 113（p.429）参照）とする。この論者は「常（無生住滅の無為の相）と無常（生住滅の有為の相）の一切法は各々が相を所有する」とするので、説一切有部を指すのであろう（九九頁註九参照）。

一一　相が来りて相す　羅什は梵偈 d の「相（特徴）は何処に近づくのか・何に特徴として入るのか・相するのか」を「相が来りて相す」と表現したことになる。相のないものは存在しないので、特徴づけられるもの（所相）は存在しない。

一二　有相と無相　梵偈では「相のあるもの」と「相のないもの」。羅什訳もこの意味であることは、註釈の「無相の法（＝事物）」、「有相と無相の法」という表現からも明らかである。

一三　住する所無し　梵偈は「相の活動はない」、「別のものにおいても活動しない」。梵語の pravṛtti には「起る」（発生・活動）と「存在する」という意味がある。羅什は「余処にも住せず」というように、「存在する」という意味を採る。

一四　牛の相　『無畏』は象と馬の特徴を挙げる。因みに『十二門論』では象と馬の相（「観有相無相門第五」参照）を挙げている。

一五　水の相　水の相は「水の相のあるものの」の意味。『無畏』の「相のあるものにさらに相が…」の、相のあるものにある相は「先に自相がある」ことであるから、羅什はさらに起る相は自相でないと解し、「火の相」としたのであろう。インドでは同じ自相（この場合は水の相）が二つあることになると帰謬するのが常である。

復《ま》た次に、若し[一]無《む》相《そう》の中に相《そう》が住《じゅう》せば、則ち無《む》因《いん》と為《な》す。無因を名づけて無《む》法《ほう》と為す。而《しか》して有《う》相《そう》の相と可《か》相《そう》とは常《つね》に相《あ》い因《いん》待《だい》するが故に、有相と無相との法を離れて更に第三の処の可相無し。是《こ》の故に偈《げ》の中に「有相と無相とを離れて余《よ》処《しょ》にも亦《ま》た住せず」と説く。

〔四　相（特性）と可相（特性付けられるもの）の相互依存的成立の真意〕

[5]復た次に、

[二]相《そう》法《ほう》は有ること無きが故に　可《か》相《そう》法《ほう》も亦た無し
可相法は無きが故に　相法も亦《ま》復た無し　（四）

[三]相は住する所無きが故に、則ち可相法無し。可相法無きが故に、相法も亦た無し。何を[6]以っての故に。相に因《よ》りて可相有り、可相に因りて相有り、共に相い因待するが故なり。

是の故に今《いま》相も無く　亦た可相も有ること無し
相と可相とを離れ已《おわ》りては　更に亦た物[四]有ること無し　（五）

[五]因《いん》縁《ねん》の中に於いて[六]本末《ほんまつ》を推求《すいぐ》するに、相と可相とは[七]決定《けつじょう》して不可得《ふかとく》なり。是《こ》の二は不可得なるが故に、一切の法は皆《みな》無し。一切の法は皆相と可相との二法の中に摂在《しょうざい》す。或いは相を可相と為し、或いは可相を相と為す。火は[八]烟《けむり》を以って相と為し、烟も亦《ま》復た火を以って相と為すが如し。

〔五　有無も有無を知る者も存在しない〕

[7]問うて曰く、若し有《う》が有ること無くば、応当《まさ》に無《む》は有るべし。

一　無相の中…第三の処の可相無し　(大)七下　「相がないもの」の中に相が住する（生起する・存在する）原因はない（無因）。原因のないものは無（無法）である。そして「相があるもの」（有相）の相と可相（底本は有相・相・可相と「・」を加えている。有相と相と可相か）は偈cの「有相と無相とを離れて」の中の「相のあるもの」（有相）に関して、相と可相とは常に相待（因待）して成立しているので、相が住する余処である、「相のあるもの」と「相のないもの」とは別の、第三の住処である存在はない。

二　相法…可相法…　梵偈は特徴（相）と特徴づけられるもの（可相）。

三　相は住する…因待するが故なり　羅什の註釈。偈では相と可相の一方がなければ他方もないという否定的随伴を説いているだけなので、羅什はその否定が成立する論拠が、両者の相互相待的成立である縁起の論理であることを加えた。

四　物　事物（bhāva・存在するもの・法・有）。羅什以下では無の対である有だけでなく、物をも用いている。

五　因縁　この因縁を『疏』は、一説では相と可相の相い因待・相互相待のことと言われるが、ここでは「所以」（理由、原因）の意味だとする。

六　本末　『疏』は同じく、可相を本、相を末とするか、可相と相との相互因待によって相互に本と末とになるという説

答えて曰く、

若《も》使し有の有ること無くば　云何《いか》んが当《まさ》に無[九]有《あ》るべけん
[一〇]有と無と既已《すで》に無し　有無《うむ》を知る者は誰れぞ　（六）

凡《およ》そ物が、若しくは自《みずか》ら壊《え》し、若しくは他に壊せらるるを、名づけて無と為す。無は自ら有らず、有によりて而して有るなり。是の故に「若《も》使し有の有ること無くば、云何んが当に無有るべけん」と言う。眼見《げんけん》し耳聞するものすら尚《な》お不可得なり。何ぞ況んや無物《むもつ》[一一]をや。

問うて曰く、有有《うあ》ること無きを以っての故に、無も亦た無きも、応当《まさ》に有無を知る者は有るべし。

答えて曰く、若し知る者有らば、応《まさ》に有の中に在るべく、応に無の中に在るべし。有無は既に破したり。知る者も亦た同じく破す。

〔六　結論――六界は非有・非無・非相・非可相である――〕

8 是の故に知る、虚空《こくう》は　有に非らず亦た無に非らず
相に非らず可相に非らず　[一二]余の五は虚空に同じ　（七）

を紹介した上で、この章の始めから終りまで相と可相を推求しても得られないという意味で、始終を意味する語（目）であるという。この『疏』の解釈は、次の「相と可相とは決定して不可得なり」に沿った解釈である。

七　決定　羅什は第二七章第八偈では niścaya, nes（確実、確定）を決定義と訳す。不可得であることは確定・決定しているということ。

八　火は烟を…為すが如し　インド論理学の有名な推論式である「この山に火がある。煙がある故に」では、煙は能証の法、火は所証の法である。ただ羅什は論理学に関心がなかったのか、能証と所証の法を相と可相の存在の関係と混同し、相を能証、可相を所証の意味としたので、相互相待性に基いて、一方が相であれば他方が可相となるとする。『疏』によれば、白昼では煙が相（能証）で、火が可相（所証）、夜には火が相（能証）で、煙（所証）の存在を知ることになるようなものだとする。

九　無有るべけん　梵偈bは「無は何もののものであろうか」。羅什は註釈で、無を事物が自壊（自らくずれ、こわれる）か、為他壊（他によってくずされ、こわされる）かのいずれかとし、自ら存在するものではないとする。

一〇　有と無と…誰れぞ　梵偈は「有と無と異質の誰が有と無を知るであろうか」。『疏』は今までを「法の無生」（法無我）、以下を「人、即ち衆生の無生」とし、この二無生を具して「無生忍」を得るとする。

一一　無物　偈bの無（註九参照）。無というもの。

一二　余の五　六界（六種）の中の虚空（空）を除く、他の五界、即ち地、水、火、風、識。

虚空《こくう》は種種《しゅじゅ》に相《そう》を求むるに不可得《ふかとく》なるが如く、余の五種《ごしゅ》も亦《ま》た是《か》くの如し。

〔七　羅什の傍論──六界の代表として虚空を取り上げた理由──〕

問うて曰く、[一]虚空は初に在らず、後にも在らず、何を以ってか先《さき》に破する。

答えて曰く、地、水、火、風は[二]衆縁和《しゅえんわ》合《ごう》の故に、破し易し。識《しき》は[三]苦楽《くらく》の因《いん》を以っての故に、無常《むじょう》にして変異《へんい》するを知るが故に、破し易し。虚空は是くの如き[四]相無し、但《た》だ凡夫《ぼんぷ》は悕《け》望《もう》して[五]有《う》と為《な》す。是《こ》の故に先に破す。

復《ま》た次に、[六]虚空は能《よ》く四大《しだい》を持し、四大の因縁《いんねん》にて識有り。是の故に先に根本《こんぽん》を破せば、余は自《おのずか》ら破す。

〔八　有無の中道は一切の事物が見られるべきものが寂静し安隠であることを見る中観である〕

問うて曰く、[七]世《せ》間《けん》の人は尽《ことごと》く諸法《しょほう》を「是れは有なり」「是れは無《む》なり」と見る。汝は何を以ってか独り世間と相違《そうい》して、[八]所見《しょけん》無しと言う。

9
答えて曰く、

[九]浅智《せんち》は諸法の　若しくは有、若しくは無相《むそう》を見る

是れ則ち[一〇]滅見《めっけん》の安隠《あんのん》の法を見ること能《あた》わず　(八)

若し人が未だ道《どう》を得ずば、[一一]諸法実相《しょほうじっそう》を見ずして、[一二]愛《あい》と見《けん》との因縁の故に、種種に戯論《けろん》す。法の生《しょう》ずるを見る時には之《こ》れを謂《い》いて有と為し、相を取りて有と言う。法の滅《めつ》するを見る時には、之れを謂いて断《だん》と為し、相を取りて無と言う。

一　虚空　虚空・空は六界の中で第五番目に挙げられている。

二　衆縁和合の故に、破し易し　「諸の因と縁の全体（和合）に縁っている」は羅什の縁起の定義。六界の内、地、水、火、風の四大は衆縁和合して縁起したものであるから空であると否定し易い、というのであろう。

三　苦楽の因　六界の第六番目の識は
(大)八上
前の地等とは異なって、苦や楽を因（因縁）として苦や楽を感受するので、識は無常であり、変異、即ち変化するものであることが知られるので、縁起の相待性によって否定し易いというのであろう。

四　相無し…先に破す　虚空は無為法に分類されたりするように、上述の地等の和合生とか、識のような変化という否定の手懸りとなる性質・特徴（相）が無いので、否定し易くはないが、凡夫（実有論者）は虚空が実有であることを悕望する（こいねがう）ので、例として取り上げて他の五界よりも先に否定した。

五　有と為す　虚空も中観の立場では非有非無・空である。虚空を有とするのは凡夫の執着にすぎない。

六　虚空は…自ら破す　虚空は地水火風の四大がそこに在る場所という意味で、四大を保持する。虚空を依り所とする四大を対象（根・境）として識が縁起するので、虚空は地等の四大と識との五界の根本である。本を断てば、余の五界は自

智者《ちしゃ》は、諸法の生ずるを見て、即ち無の見を滅し、諸法の滅するを見て、即ち有の見を滅す。是の故に、一切の法に於いて所見有りと雖《いえど》も、皆幻《みなげん》の如く夢《む》の如し。乃至《ないし》、無漏《むろ》の道の見すら尚《な》お滅す。何ぞ況んや余の見をや。

是の故に、若し滅見の安隠の法を見ずば、則ち有を見、無を見る。

ずから滅するので、虚空を取り上げたとする。

七　世間の人…無なり」と見る　『疏』は世間の人は地水火風識の五種を有、虚空を無と見るといった解釈を与えているが、「諸法を是れ有なり、是れ無なりと見る」ということは、異教や小乗を含む世間の人々の或る者は「一切法は有である」、また或る者は「一切法は無である」という、実有論者と虚無論者であるというのであろう。このように羅什の世間人の概念が一般の意味と異なる（凡夫も（註四参照）同じ）。

八　所見無し　「所見」は次偈の梵偈の draṣṭavya（見られるべきもの）である。「所見無し」というのは対論者が「所見の寂静」を所見の無と誤解していることを示す。

九　浅智は…無相を見る　梵偈ａｂは「諸事物が存在すること（astitva）と存在しないこと（無）を見る知恵劣る者たちは」。

一〇　滅見の…見ること能わず　梵偈は「見られるべきもの（＝所見）が寂静しており、安穏なもの・諸法実相を見ることはない」。この中の寂静と安穏は龍樹が実相、真の実在のあり方を示すために用いた根本語である。帰敬偈の戯論寂静で安穏な縁起は仏の教説が戯論（哲学）でないことである。ここでは智者（仏）の悟りは所見の寂静であると説くので、戯論・ことばのあり方よりも寧ろ、分別・知の実相を示す。最後に龍樹は知とことばの両方の寂静で安穏なあり方を結論として、第二五章第二四偈で、仏はあらゆる取得・認識が寂静し、戯論が寂静し吉祥であると説いている。この「あらゆる取得・認識の寂静」は所見の寂静（滅見）よりもより明確に実相の意味を表現している（七頁註一一、下巻一三一頁註三参照）。滅見は六十二見等の哲学的見解の否定でもあろうが、より普遍的にはあらゆる知的・認識的営みの否定である。否定・滅は無でなく寂静である。寂静は愛と見（註一二参照）とを滅却して事物を見ることである。

一一　諸法実相　諸法実相はあらゆるものの真実の相、悟りの内容。ここで羅什は実相が「一切の法に於いて所見有りと雖も、皆幻の如く夢の如し」という様相であって、所見より別に実相というものがあるのではなく、所見が幻や夢のようなものであること以外に実相はないことと明確に示している。

一二　愛と見　仏教では愛は渇愛（tṛṣṇā）や愛欲（kāma）などの煩悩をいい、見は理論的な思考である分別・見解（dṛṣṭi）をいう。この愛と見を範疇として明白に自覚して用いたのは羅什ではなかろうか。彼は第一八章（下巻本文四八頁）で戯論を愛論と見論の二論とする。彼は戯論（prapañca）を「煩悩や分別に基づいて言葉をもてあそぶこと」と理解していたのであろう。これは後の煩悩障と所知障の先駆となる範疇といえるが、ここでは彼は見に焦点を合わせて、浅智の者は有と無の見によって有とか無とか語るのに対して、智者は、有無の見を滅して（＝滅見）、安穏の実相を悟ると説く。

中論　[1][一]観《かん》染《ぜん》染《ぜん》者《しゃ》品《ほん》　第六　十偈

〔一　貪・瞋・癡の三毒の否定〕

〔一―一　対論者の主張―世間・三界の根本は貪・瞋・癡の三毒である―〕

[2]問うて曰く、[二]経《きよう》に「[三]貪欲《とんよく》と瞋恚《しんに》と愚癡《ぐち》とは、是《こ》れ世間《せけん》の根本《こんぽん》なり」と説く。貪欲に種種《しゅじゅ》の名有り。初めは[四]愛《あい》と名づけ、次は[五]著《じゃく》と名づけ、次は[六]染《ぜん》と名づけ、次は[七]婬欲《いんよく》と名づけ、次は[八]貪欲と名づく。是《か》くの如き等の名字《みょうじ》有り。

此《こ》れは是れ[九]結使《けつし》にして、衆生《しゅじょう》に[一〇]依止《えし》す。衆生を染者《ぜんしゃ》と名づけ、貪欲を染法《ぜんぽう》と名づく。染法と染者と有るが故に、則ち貪欲有り。余の二も亦《ま》た是くの如し。瞋《しん》有らば、則ち瞋者《しんじゃ》有り。癡《ち》有らば、則ち癡者《ちしゃ》有り。

[一一]此の三毒《さんどく》の因縁《いんねん》を以って三業《さんごう》を起こし、三業の因縁もて三界《さんがい》を起こす。是《こ》の故に一切法《いっさいほう》有り。

〔一―二　答破―実相としては三毒は名のみで実有ではない―〕

答えて曰く、[一二]経に三毒の名字有りと説くと雖《いえど》も、実《じつ》を求むれば不可得《ふかとく》なり。何を以っての故に。

[一三]若し染法を離れて　先《さき》に自《おのずか》ら染者有らば
是の[一四]染欲者《ぜんよくしゃ》に因《よ》りて　応《まさ》に染法を生《しょう》ずべし　（一）

一　染　染は人を煩らわせ悩ます煩悩の一つである、貪・貪欲（rāga）の異訳語。貪欲は染められる（√raj, √rañj）という動詞の派生語であり、貪り、愛着し、それに染められ、魅惑されること。染者は染められた者で、貪欲を生じ、その充足を求める衆生。この章はすべての煩悩と煩悩に支配された衆生の代表例として染と染者を論じる。

二　経　特定の経典ではないであろう。大乗経典では貪欲などの煩悩が世間・輪廻の根本であることは屢々説かれている。

三　貪欲と瞋恚と愚癡　苦の原因となる煩悩の中の基本的な三種の煩悩で、悪の根本であるので三毒といわれる。

四　愛　渇愛（tṛṣṇā）を念頭に置いていたであろう。喉が渇いた者を水を求めて駆り立てしめるような激しい欲求。飽くことなく求めて止まない我欲。また kāma も愛と漢訳されている場合がある。

五　著　執着（abhiniveśa）などを指すであろう。存在への執着。所有への執着。根本的には存在は執着であり、所有も執着以外の何ものでもない。

六　染　貪欲の異訳語。註一参照。

七　婬欲　三毒は婬・怒・癡とも訳されるように、婬欲は貪欲の異訳語。また kāma の異訳語。中国では情・色・食・婬の四欲の一ともする。『疏』は「愛」以下を欲心の高まりとし、婬欲を狂心の発動とする。

八　次は貪欲と名づく　貪欲の種種の

若し染者有ること無くば　云何《いか》んが当《まさ》に染有るべき
若しくは〔染〕有るも若しくは染無きも　染者も亦た是くの如し　（二）

若し先に定《さだ》んで染者有らば、則ち更に染を須《もち》いず。染者は先に已《すで》に染せるが故なり。若し先に定んで染者無くば、亦復《ま》た応に染を起こすべからず。要《かな》らず当に先に染者有りて、然《しか》る後に染を起こすべし。若し先に染者無くば、則ち[一五]染を受くる者無し。染法も亦た是くの如し。若し先に人を離れて定んで染法有らば、此れ則ち[一六]無因《むいん》なり。云何んが起こることを得ん。薪無き火の似如《ごと》し。若し先に定んで染法無くば、則ち染者有ること無し。是の故に偈《げ》の中に「若しくは〔染〕有るも若しくは染無きも、染者も亦た是くの如し」と説く。

〔二　染者と染の否定〕

〔二―一　否定（一）―染者と染との同時性の否定―〕

[3]問うて曰く、若し染法と染者と先後に相待《そうだい》して生ずること、是の事不可得ならば、若し[一七]一時に生ぜば、何の咎《とが》有りや。

答えて曰く、

染者と及び染法を　倶《とも》に成《じょう》ずるは則ち然らず

名の中に貪欲を加えた意図は不明。

九　結使　煩悩が衆生を迷界に結びつけるものであることを強調した概念。

一〇　依止　煩悩・結使は衆生を依り所（依止）として、衆生を染める。

一一　此の三毒…一切法有り　この節は煩悩（惑）・業・生（苦）の三道を説く。(大)八中

煩悩・三毒から身口意の三業が生じ、その業報としての三界・六道の生存が成立する。このことによってすべての事物は存在する。

一二　経に…不可得なり　経典には三毒という名称が説かれているが、その名称に対応する三毒という事物が実有か否かを探求しても得られない。

一三　若し染法…染者有らば　梵偈では「貪欲なしで貪欲者があれば」。「自ら」は、相待しないで、自性として存在すること。

一四　染欲者　染者（rakta）の異訳。貪欲に汚染された者。

一五　染を受くる者　受染者は染者のこと。染（貪欲）より以前に染者（貪欲者）が存在しないことは染（貪欲）を起す者がいないことであるが、羅什はそれを貪欲が起ったとしても、受け取る者がいないと、貪欲者を受動的に言い換えている。

一六　無因　貪欲があるのは、貪欲者に貪るという作・心のはたらきが起ることを原因とするが、貪欲者がないことは、その原因がないことになる。

一七　一時に　羅什は偈では倶、註釈では一時と訳す。原語の saha は「共に、一緒に」、時間的には「同時に」を意味する。

[一]染者《ぜんしゃ》と染法《ぜんぽう》と倶《とも》ならば　則ち相待《そうだい》有ること無し　（三）

若し染法と染者と一時に成《じょう》ぜば、則ち相待せず。染者に因《よ》らずして染法有り、染法に因らずして染者有らば、是《こ》の二は応《まさ》に常《じょう》なるべし。無因《むいん》にして成ずるを已《も》っての故なり。若し常ならば則ち過《とが》多し。解脱《げだつ》の法有ること無し。

〔二―二　否定（二）―染者と染の同一と別異による否定―〕

4 復《ま》た次に、今当《いままさ》に[二]一と異《い》との法を以って染法と染者を破すべし。何を以っての故に。

[三]染者と染法と一ならば　一法が云何《いか》んが[四]合《がっ》せん
染者と染法と[五]異ならば　異法《いほう》が如何《いか》んが合せん　（四）

染法と染者とは、若しくは一法を以って合するや、若しくは異法を以って合するや。若し一ならば、則ち合すること無し。何を以っての故に。一法ならば云何んが自《みずか》ら合せん。指端《したん》は自ら触ること能《あた》わざるが如し。

若し異法を以って合するも、是《こ》れ亦た不可なり。何を以っての故に。異を以って成ずるが故に、若し各《おのおの》成ぜば、竟《つい》に復《ふたた》び合することを須《もち》いず。[六]合すと雖《いえど》も猶《な》お異なり。

〔二―三　否定（三）―同伴者なしで同時・共在があることになる―〕

5 復た次に、一と異とは倶に不可なり。何を以っての故に。

[七]若し一にして合《ごう》有らば　伴《はん》を離れて応に合有るべし
若し異にして合有らば　伴を離れて亦た応《ま》に合すべし　（五）

一　染者と…無し　梵偈は「というのは、貪欲と貪欲者は相互に相待しないものとなろうからである」。

二　一と異との法を以って　この場合は、同一と別異の二者択一の方法・論理によって。

三　染者と…合せん　梵偈は「〔染と染者が〕同一（一）であるとき、共在（saha-bhāva）はない。そのものがその同じもの（一法）と共〔在〕することはないからである」。

四　合　合の原語はsahabhāva（同時に、同処に倶有・共在していること、共在関係）。共在は二者の一性ではなく、別々の二者の存在を前提する。

五　異ならば…合せん　同一か別異かという二者択一の第二の別異の場合。梵偈は「別異であるとき、共在〔関係〕がどうしてあるであろうか」。

六　合すと雖も猶お異なり　染者と染は、実体である染者に染という属性というか、性質が内属している、という関係で合して共在しているとしても、染者と染は一緒に同時に存在（合）していても各々別の自性として本性的には別異のものである。

七　若し一…合有るべし　梵偈は「もし同一であるとき、共在関係があるとするならば、同伴者（sahāya）なしでも、それは存在するであろう」。伴は仲間、伴侶。染は染者に伴って存在するもの、逆に染者も染に伴って存在する伴侶。共若し[八]染《ぜん》と染者と一にして、強いて名づけて合と為《な》さば、応に余[九]の因縁《いんねん》を離れて而《しか》も染と染者と有るべし。

復た次に、若し一ならば、亦た応に染と染者との二つの名有るべからず。染は是れ法にして染者は是れ人なり。若し人と法とを一と為さば、是れ則ち大乱[一〇]なり。

若し染と染者と各《おのおの》異にして而も合すと言わば、則ち余の因縁を須いずして而も合有らん。

若し異にして而も合せば、遠[一一]しと雖も亦た応に合すべし。

〔三　別異性と共在との矛盾による否定〕

〔三―一　別異であることと共在関係にあることとの矛盾―世間の現見の否定―〕

6 問うて曰く、一にして合せざるは爾《しか》る可《べ》し。眼見《げんけん》[一二]には異法は共に合す。

答えて曰く、

[一三]若し異にして而して合有らば　染と染者とは何事ぞ

是の二相《そう》は先《さき》に異にして　然《しか》して後に合相《ごうそう》を説けばなり　（六）

在関係の二つの関係項は一方が他方を伴っていること。

八　染と染者と一にして　染と染者は事物としては本来は一、即ち同一の事物であって別のものでないが、一を言語表現上、「染と染者」という別々の二者の「合」即ち併存・共在という言説で強いて表現したというのであれば。

九　余の因縁…有るべし　偈では「伴を離れて」。梵偈の「同伴者なしで」に当る。英訳は separate from any other causes と直訳するが、『疏』は（一）「人は是れ染の余、染は是れ人の余」とするので、染と染者は各々他法を「余の因縁」とする。（二）「内の根と外の塵（対象）を仮るが故に、染を生ず」というので、根と境を「余の因縁」として識（染）が生ずるという縁起説で解釈している。

一〇　大乱　対論者の体系の根幹をなす人と法の区別を否定することは、体系の崩壊・大混乱をもたらす。

一一　遠しと雖も　時間的空間的に離れていても、という意味で、同時・同処性と矛盾する。

一二　眼見…共に合す　日常経験では（眼見、一二頁註九参照）別々のものが共在（合）することが見られる。異法は一法（註三参照）の対。

一三　若し異に…説けばなり　梵偈は「別異の場合に共在があるとするならば、それによって両者の共在があるであろうところの、染と染者が別々であることがどうして成立するであろうか」。羅什は傍線で示した kim rāgaraktayoḥ（偈b）を「染と染者とは何事ぞ」と独立した主節と読み、後半は「別々であること」（pṛthakpṛthagbhāva）を「是の二相は先に異にして」、「それによって共在（sahabhāva）がある」を「然して後に合相（共在）を説けばなり」という理由を説く文に改めている。『疏』は、染（染者）が自ら有るのでなく、染者（染）を須（もちい・まっ）て染（染者）を起すならば、染者（染）には「染を起す事（染者を起す事）がある」、と解釈する。

若し染《ぜん》と染者《ぜんしゃ》と、先《さき》に決定《けつじょう》して異相《いそう》有りて、而《しか》して後に合《がっ》せば、是れ則ち合《ごう》ならず。何を以っての故に。是《こ》の二相《にそう》は先に已《すで》に異《い》にして、而して後に強《し》いて合を説けばなり。

[7]復《ま》た次に、

一若し染と及び染者と　先に各《おのおの》異相を成《じょう》ぜば
既《すで》に異相を成ずるに　云何《いか》んが而《しか》も合を言わん　（七）

若し染と染者と先に各《おのおの》別相《べっそう》を成ぜば、汝は今何を以って強いて合相《ごうそう》を説くや。

〔三―二　対論者の弁証の否定〕

[8]復た次に、

異相は成ずること有ること無し　是の故に汝は合を欲す
合相は竟《つい》に成ずること無し　而して復た異相を説く　（八）

汝は已に染と染者との異相は成ぜざるが故に、復た合相を説くも、合相の中に過《とが》有りて、染と染者とは成ぜず。汝は合相を成ぜんが為《た》めの故に、復た異相を説く。二汝は自《みず》ら已に定《じょう》と為《な》すも、而も説く所は定ならず。[9]何を以っての故に。

三異相は成ぜざるが故に　合相は則ち成ぜず
何の異相の中に於いて　而も合相を説かんと欲するや　（九）

此《こ》の中に染と染者との異相は成ぜざるを以っての故に、合相も亦《ま》た成ぜず。汝は何《いず》れの異相の中に於いて而も合相を説かんと欲するや。

一　若し染…合を言わん　梵偈は「もし染と染者が全く別々のものであることが成立するならば（＝先に各異相を成ぜば）、あなたは何のために両者の共在を想定するのか」。直前の註釈中の「先に決定して異相有り」も第六偈cの「先に異にして」も梵文は同じである。

二　汝は自ら…定ならず　この一文は『無畏』にない。羅什自身の註釈。羅什は自性（svabhāva）や実有（sadbhūta）等を定・定性・定有性とも訳し、事物が各々特定の本質・性質である面を強調する。ここは対論者が染も染者もそういう特定の事物（定）であると主張しているのに実際に説いていることは異相だとか合相だとかと特定の本質とは異なる。或いは「説く所は定ならず」は主張を次々に変えるので一定していないということか。

三　何の…欲するや　梵偈は「どのような別異性が存在するとき、あなたは共在関係を認めるのか」。『無畏』と同じように、羅什の原本には「存在するとき」（sati）がなく、どのような別異性において（＝何の異相の中に於いて）、あなたは共在関係を認めるのか（＝合相を説かんと欲するや）。別異性とは各々別のものであること（異相）、共在関係とは各々別のものが同時・同所に「あわさる」・「あつまる」（合相）こと。

〔三―三　結論〕

10 復た次に、

是《か》くの如く染と染者とは　合も不合《ふごう》も成ずるに非らず
諸法《しょほう》も亦た是くの如し　合も不合も成ずるに非らず　（一〇）

染の如く恚《い》と癡《ち》も亦た是くの如し。三毒《さんどく》の如く、一切の煩悩《ぼんのう》も一切の法も亦た是くの如し。四先に非らず、後に非らず、合に非らず、五散《さん》に非らず、六等しく因縁《いんねん》の成ずる所なり。

中論　巻第一

四　先に非らず、後に非らず　共在（saha）は時間的には同時であることを意味する。不合（asaha）は時間的には月称が註釈で示すように、前後関係・継起（paurvāparya）として成立しないことである。

五　散に非らず　合に非らずの対として、合が同一場所に共在するのに対して、場所的に散らばって別々の場所に在ることの否定。

六　等しく因縁の成ずる所なり　このようにすべての事物（一切法）が縁起によって成立することを結論として羅什が加えたのは『無畏』の註釈の末尾の蘆束の喩によるのでもあろうが、羅什は章全体を通して縁起を論拠として貪欲の否定を論じている。

中論　巻第二

龍樹菩薩造　梵志青目釈
姚秦三蔵鳩摩羅什訳

(大)九上

[一]中論　[1]観三相品《かんさんそうほん》第七　三十五偈

〔一　有為の三相の否定〕

〔一―一　生（三相）は有為でもないし無為でもない〕

[2]問うて曰く、[二]経《きょう》に、「[三]有為法《ういほう》に三相《さんそう》有り、生《しょう》と住《じゅう》と滅《めつ》となり」と説く。[四]万物《ばんぶつ》は[五]生法《しょうほう》を以って生じ、住法《じゅうほう》を以って住し、滅法《めっぽう》を以って滅す。是《こ》の故に[六]諸法《しょほう》有り。

答えて曰く、爾《しか》らず。何を以っての故に。三相は[七]決定《けつじょう》無きが故なり。是の三相は、是れ有為《うい》にして能《よ》く有為の相と作《な》ると為《な》すや、是れ無為《むい》にして能く有為の相と作ると為すや。二つ倶《とも》に然《しか》らず。何を以っての故に。

[八]若し生が是れ有為ならば　則ち応《まさ》に三相有るべし
若し生が是れ無為ならば　何ぞ有為の相と名づけん　（一）

若し生が是れ有為ならば、応に三相の生と住と滅と有るべし。是の事は然らず。何を以っての故に。[九]共に相違《そうい》するが故なり。相違とは、[一〇]生は生法に相応《そうおう》し、住は住法に相応し、滅は滅法に相応す。若し法の生ずる時には、応に住と滅とは有るべからず。相違法《そういほう》の一時

一　中論　底本には無く、(宋)(元)には「中観論」とあるが、他品に揃えて補う。
二　経　経は *Aṅguttara-Nikāya*（I, p.152）、『増一阿含』巻一二（大正二、六〇七下）。
三　有為法　諸行無常というように、仏教は有為（つくられたもの）、総じて存在するもの・事物は無常であると説く。アビダルマの説一切有部は無常を「有為の三相」とする。三相とは有為法が一刹那に、生じ、住し、滅するという相（すがた・かたち・外観）を推移することである。有部は冒頭の経文を教証にして、この三相というもの（法）を実有とし、更にその三相を持つ所相である五蘊等の一切法の実有を主張する。龍樹は、この章では、このような有部の存在論の根拠となる三相を否定する。龍樹は冒頭の経典等によって三相説を採ったのであろうが、生・住・異・滅の有為の四相説が一般的である。
四　万物は…滅す　『無畏』の「そうである〔即ち生住滅は有為相である〕故に」に相当する。仏護は「無（＝空）に相を説くことはあり得ない故に」として、空に対する反論であることを鮮明にする。
五　生法を以って生じ　事物はすべて、有為の三相の中の生、即ち生相によって生ずる。住法も滅法も同様である。
六　諸法有り　『無畏』の「有為は存在する」に相当する。「諸法」は有為法。
七　決定無き　『無畏』の「成立（＝存

なるは則ち然らず。明《みょう》と闇《あん》の倶ならざるが如し。是れを以っての故に、生は応に是れ有為の法なるべからず。住と滅との相も亦た応《ま》に是《か》くの如くなるべし。

問うて曰く、若し生は有為に非らざるも、若し是れ無為ならば、何の咎《とが》有りや。

答えて曰く、若し生が是れ無為ならば、云何《いか》んが能く有為法の為《た》めに相と作らん。何を以っての故に。[一一]無為法は無性《むしょう》なるが故なり。有為を滅するに因《よ》りて、無為と名づく。是の故に、不生不滅《ふしょうふめつ》を説きて、無為相《むいそう》と名づくるも、更に自相《じそう》無し。是の故に無法《むほう》は法の為めに相と作ること能《あた》わず。兎角《とかく》、亀毛《きもう》等が法の為めに相と作ること能わざるが如し。是の故に生は無為に非らず。住と滅とも亦た是くの如し。

〔一一―二　三相は各別でも総体（和合）でも所相があり得ない〕

3復《ま》た次に、

在）しない」(asiddha) に相当する。生等の三相の存在が自性として確立・決定していないこと。

八　若し生が…名づけん　梵偈は「三相の中の生相（生）がつくられたもの（有為）であるならば、それ（生相）にも（tatra）三相（trilakṣaṇī）が適合・結合する（yukta・有るべし）。或いは生相がつくられないもの・有為でないもの（無為）であるならば、どうして［生相は］有為相であろうか」。

九　共に相違する　「共に」はsaha（同一処に、同一時に）であろう。「相違する」は三相の中の生相も有為ならば、それにも三相があることになるが、生にあるべき生住滅の三相の内の住と滅とは生と矛盾するので、同処に同時にあることはできない。従って生に三相があることは否定される。『無畏』では生に三相があれば、その三相にも三相があることになるので、無限遡及の誤謬になる。

一〇　生は生法に相応し　生相応生法は英訳のように「生相は応に法を生ずべし」とも読むことができる。今は梵偈のyuktāを羅什は、生の場合は生法にだけ「適合する」（相応）という意味に限定して用いたと解釈した。

一一　無為法は無性なるが故なり　偈cdの、生が無為であるという主張の誤謬の論拠。羅什―有為を滅することを無為と名づけただけ、名のみであって、無為というものがあるのではない。それ故に不生不滅であることを無為相と名づけても、無為相という自性（自相）がある訳ではない。自性がないことは無ということであり、無いものは事物（法）の相となり得ない。従って無為であるならば、三相の生相である「生」は有為相であり得ない。『無畏』―「どうして生・住・滅なしで「生」であると分別できようか」、或いは「生・住・滅がないとき、「生」は無為であるので、涅槃に等しいか、涅槃そのものであろう。涅槃は有為相でない」。

一三相《さんそう》は若しくは聚《じゅ》なるも散《さん》なるも　所相《しょそう》有ること能《あた》わず
二云何《いか》んが一処《いっしょ》に於いて　一時《いちじ》に三相有らん　(二)

是《こ》の生住滅《しょうじゅうめつ》の相は、若しくは一一にして能《よ》く有為法《ういほう》の為《た》めに相と作《な》るや、若しくは和合《わごう》して能く有為法の与《た》めに相と作るや。二つ倶《とも》に然《しか》らず。何を以っての故に。若し一一と謂《い》わば、一処の中に於いて、或いは有相《うそう》有り、或いは無相《むそう》有り。生《しょう》の時には住滅《じゅうめつ》無く、住《じゅう》の時には生滅《しょうめつ》無く、滅《めつ》の時には生住《しょうじゅう》無し。若し和合ならば、共に相違《そうい》の法なり。云何んが一時に倶ならん。

〔一―三　三相にあるディレンマによる別の三相の有と無の否定〕

若し三相に更に三相有りと謂わば、是れも亦《ま》た然らず。[4]何を以っての故に。

若し生住滅に　更に有為《うい》の相有りと謂わば
三是れ即ち無窮《むぐう》と為《な》る　無ければ即ち有為に非らず　(三)

若し生住滅に更に有為相《ういそう》有りと謂わば、生に更に生有り、住有り、滅有り。是《か》くの如く三相に復《ま》た応《まさ》に更に相有るべし。若し爾《しか》らば則ち無窮なり。若し更に相無くば、是の三相は則ち有為法と名づけず、四亦た有為法の為めに相と作ること能わず。

〔二　本生と生生の否定〕

〔二―一　対論者の主張―本生と生生が相互に他を生じる―〕

[5]問うて曰く、汝は三相を説きて無窮と為すも、是の事は然らず。生住滅は是れ有為なり

一　三相は…能わず　梵偈は「生等の三〔相〕は各々個別的には、〔有為〕相の〔特徴づけるという〕はたらきに適していない（はたらきをなし得ない）」。「聚」は「集められた・共にある」（sa-masta）で、註釈では「和合」。「散」は「分離された・個々の」（vyasta）で、註釈では「一一」。第一章第一三偈では前者を「略」、註釈「和合」、後者を「広」、註釈「一一」。羅什は「相のはたらき」を裏から見て「所相有ること能わず」と訳したのであろう。

(大)九中

二　云何んが…有らん　梵偈は「共にあるとき〔三相〕はどうして同一の場所に同一時にあり得るであろうか」。龍樹は偈abを「個々」の場合、ここcdを「共にある場合」とするが、羅什は個々にも共にある三相にも両方共に、「相のはたらき」も「同一処に同一時にあること」もあり得ないと解釈する。『無畏』は三相が個々に相のはたらきをなし得ないのは、有為の一部分には相があり、一部分は相を欠くことになるからだとする。

三　是れ即ち…非らず　無窮は無限遡及（anavasthā）。有為相の生住滅にも三相があるならば、その三相にも三相があると、限りなく遡ることになるという誤謬。「無ければ」は、有為相の各々にも有為の三相がなければ、各々は有為でないことになる。

と雖《いえど》も、而《しか》も無窮に非らず。何を以っての故に。

[五]生生《しょうしょう》の所生《しょしょう》は　彼の本生《ほんしょう》を生じ
本生の所生は　還って生生を生ず　(四)

法の生ずる時に、自体《じたい》を通《まと》めて七法[六]が共に生ず。一には法、二には生、三には住、四には滅、五には生生、六には住住《じゅうじゅう》、七には滅滅《めつめつ》なり。是の七法の中、本生は自体を除いて、能く六法を生ず。生生は能く本生を生じ、本生は能く生生を生ず。是の故に、三相は是れ有為なりと雖も、而も無窮に非らず。

〔二—二　龍樹の答破（一）—本生と生生の相互因果性の否定—〕

[6]答えて曰く、

若し是の生生が　能く本生を生ずと謂わば
[七]生生は本より生じたるに　何ぞ能く本生を生ぜん　(五)

若し是の生生は能く本生を生ぜば、是の生生は則ち本生より生ずとは名づけず。何を以っての故に。是の生生は本生より生ずるに、云何んが能く本生を生ぜん。

[7]復た次に、

[八]若し是の本生が　能く生生を生ずと謂わば
本生は彼れより生じたるに　何ぞ能く生生を生ぜん　(六)

若し本生が能く生生を生ずと謂わば、是の本性は生生より生ずとは名づけず。何を以っての故に。是の本生は生生より生じたるに、云何んが能く生生を生ぜん。

四　有為法の…能わず　『無畏』の「〔有為でなければ〕有為相であることは成り立たない」に当る。

五　生生の…本生を生じ　梵偈は「生生は本（mūla）生の生だけである（だけを生ずる）」。「生生」は「三有為相の中の生を生じさせる生」で、その生生を生じさせる生を、その生生によって生ぜしめられたもとの生とし、それを「本生」と呼ぶ。有部の理論。

六　七法　一切の事物が生ずるときに、羅什は、その法・事物と生住滅の三相と生生等の三随相の七種の事物（七法）が生ずるとする。有部は、その法自体と四相と四随相の九法（cf. AKBh, II, K.45, 46, pp.75–76）が生ずるとする。『無畏』等は一五法が生ずるという別の見解を紹介している点は注目すべきである。

七　生生は本より生じたるに　次偈のcの「本生従彼生」（本生は彼れより生じ）に合わせて、「生生は本〔生〕より生じ」と読む。「生生は本よりするに」と読むこともできる。

八　若し是の…生生を生ぜん　羅什訳偈と註釈は意味だけでなく、表現でも前偈と、本生と生生を入れ替えただけといえる。

(大)九下

生生《しょうしょう》の法は応《まさ》に本生《ほんしょう》を生《しょう》ずべきなるも、而《しか》も今、生生は本生を生ずること能《あた》わず。生生は未だ自体《じたい》有らざるに、何ぞ能《よ》く本生を生ぜん。是《こ》の故に本生は生生を生ずること能わず。

〔二―三　龍樹の答破（二）―生じつつある生生と本生の否定―〕

問うて曰く、是の生生の[一]生時《しょうじ》は、先にも非らず後にも非らずして能く本生を生ず。[二]但《た》だ生生の生時のみに能く本生を生ず。

答えて曰く、然《しか》らず。[8]何を以っての故に。

　若し生生の生時は　能く本生を生ぜば
　生生すら尚《な》お未だ有らざるに　何ぞ能く本生を生ぜん　（七）

若し生生の生時が、能く本生を生ずることは爾《しか》る可《べ》しと謂《い》わんも、而も実《じつ》には未だ有らざるなり。是の故に、生生の生時は本生を生ずること能わず。

復《ま》た次に、

　若し本生の生時は　能く生生を生ぜば
　本生すら尚お未だ有らざるに　何ぞ能く生生を生ぜん　（八）

若し是の本生の生時が、能く生生を生ずることは爾る可しと謂わんも、而も実には未だ有らざるなり。是の故に、本生の生時は生生を生ずること能わず。

〔三　灯火の比喩とその否定〕

〔三―一　対論者の喩例―灯火の比喩―〕

一　生時　羅什は第二章で gamyamāna（現に去られつつあるもの）を去時と訳している。ここでも同じであろう。六六頁註一―四参照。羅什はここで生生と本生が同一時に生ずることを強調している。

二　但だ生生の…本生を生ず　梵偈は「もし生じていないこれがかれを生じさせることができるならば（梵偈cd）、あなたには生じつつあるこれがかれを確かに生じさせるでもあろう」。この偈のキーワードは「生じつつあるもの」である。龍樹は「生じつつあるもの」を「生じていない」即ち「存在しない」（『無畏』は生が完成していない）ことだと定義して、生じつつあるものが生じさせることはあり得ないと説く。「これあればかれあり」という縁起の定式と同じように、同じ idam という指示代名詞でこれとかれの区別を示したことは、龍樹自身が「これがかれを」が、「本生が生生を」と、逆の「生生が本生を」という二見解を説くためであったと考えられる。『無畏』は註釈でその二見解を並記し、羅什はその二見解を第七偈と第八偈と偈に持ち込んで二偈に分けた。

[9]問うて曰く、

　灯《とう》[三]の能く自《みずか》ら照らし　亦《ま》た能く彼れを照らすが如く
　生法《しょうぼう》も亦た是《か》くの如し　自ら生じ亦た彼れを生ず[四]　（九）

灯が闇室《あんしつ》に入りて諸物《しょもつ》を照了《しょうりょう》[五]し、亦た能く自ら照らすが如く、生《しょう》も亦た是くの如し。能く彼れを生じ、亦た能く自ら生ず。

〔三—二　**龍樹の答破（一）—闇も闇の破壊者である照明もない—**〕

答えて曰く、然らず。[10]何を以っての故に。

　[六]灯の中には自ら闇《あん》無く　住《じゅう》する処《ところ》にも亦た闇無し
　闇を破するを乃ち照《しょう》と名づく　闇無くば照は無し　（一〇）

灯の体《たい》には自ら闇無く、明《みょう》の及ぶ所の処にも亦た闇は無し。明と闇とは相違《そうい》するが故なり。

闇を破するが故に照と名づく。闇が無《な》ければ則ち照は無し。何ぞ灯は自ら照らし亦た彼れを照らすと言うことを得ん。

〔三—三　**龍樹の答破（二）—生時の灯火は照明でない—**〕

[11]問うて曰く、是の灯は未だ生ぜずして照有るに非らず、亦た生じ已《おわ》りて照有るに非らず。但だ灯の生時のみは、能く自ら照らし亦た彼れを照らす。

答えて曰く、

三　灯の能く…照らすが如く　対論者は、本生が本生自身と生生を生ずる論拠として、灯火の照明が自他を共に照らすことを例示する。

四　彼れ　梵偈は「他」（para）。

五　了　了は完了の意味でなく瞭の意味。

六　灯の中には…照は無し　偈意は前半では灯火そのものにも灯火のある場所（羅什は、「灯火の照（明）が及ぶ処・灯火が照らす空間」）にも闇はない、という経験上の事実を説く。その上で龍樹は照明・照らすということは「闇の殺害者・闇を破滅する行為」（tamovadha）であるという世間一般の慣用を論拠に、「闇が存在しないのであるから、灯火は何を照らすのか」と反論する。『無畏』は、それを灯火は自も他も何も照らさないこととする。羅什は一歩進めて、闇がないことは闇を破滅する手段もないと、照明の存在をも否定する。

一云何《いか》んが灯《とう》の生時《しょうじ》は　而《しか》も能《よ》く闇《あん》を破《は》せん
二此《ここ》の灯の初の生時は　闇に及ぶこと能《あた》わず　（一一）

灯の生時は三半生半未生《はんしょうはんみしょう》と名づく。四灯の体《たい》は未だ成就《じょうじゅ》せず。云何んが能く闇を破せん。五又た灯は闇に及ぶこと能わず。人が六賊《ぞく》を得たるを乃ち名づけて破と為《な》すが如し。

〔三―四　**龍樹の答破（三）―一灯火が全世界の闇を破壊する―**〕

若し灯は闇に到らずと雖《いえど》も、而も能く闇を破すと謂わば、是《こ》れ亦た然《しか》らず。何を以って[12]の故に。

灯が若し未だ闇に及ばずして　而も能く闇を破せば
七灯は此の間に在《あ》りて　則ち一切の闇を破せん　（一二）

若し灯に八力《ちから》有りて、闇に到らずして而も能く闇を破せば、此の処《ところ》に灯を燃じて、応《まさ》に一《いっ》切処《さいしょ》の闇を破すべし。九俱《とも》に及ばざるが故なり。

〔三―五　**龍樹の答破（四）―闇も自他を蔽い隠す―**〕

復《ま》た次に、灯は応に自ら照《みずか》らし彼れを照らすべからず。何を以っての故に。[13]

若し灯は能く自ら照らし　亦た能く一〇彼れを照らさば
闇も亦た応に自ら闇にし　亦た能く彼れを闇にすべし　（一三）

若し灯は闇と相違《そうい》するが故に、能く自ら照らし亦た彼れを照らさば、闇も灯と相違するが故に、亦た応に自ら蔽《おお》い彼れを蔽うべし。若し闇は灯と相違するも、自ら蔽い彼れを蔽

一　云何んが…闇を破せん　「灯の生時」は未生と已生でない第三の「生じつつある灯火」。梵偈は「どうして生時の灯火によって闇は破滅されようか」。

二　此の灯の…能わず　梵偈は「灯火が生じつつあるとき、闇に到達（闇を獲得）していないからである」。「初の」は生じ始めるという面の強調。

三　半生半未生　「生じつつあるもの」とは一部（半ば）は生じ（已生）、一部（半ば）は生じていない（未生）ので、生じたものとして完成していない。事物が生じつつあるときには存在していないことの理由として用いられる。

四　灯の体は未だ成就せず　灯火が生じつつあるときには、灯火そのものは未だ存在していないので、存在していない灯火は闇を破滅することはない。

㊅一〇上

五　又た　羅什は偈のabとcdを、別の論破の並記とする。註二参照。

六　賊を得たる…為すが如し　賊を得る、即ち到達し捕えたことが、賊を破す、即ち殺害したことである。到達することが破滅させることであることの比喩。『無畏』は猫と鼠の比喩（補註10参照）を説く。

七　灯は此の…闇を破せん　梵偈は「ここにあるそれ（灯火）が全世界にある闇を破滅するであろう」。

八　力有りて　羅什の補訳。『無畏』は偈と同文の「灯火は闇に到達しないで

うこと能わずば、灯も闇と相違するも、亦た応に自ら照らし亦た彼れを照らすべからず。

是の故に灯の喩《たとえ》は非なり。

〔四　三時による生相の否定〕

〔四―一　已生と身生の自生の否定〕

[一一]生《しょう》を破すの因縁《いんねん》未だ尽《つく》さざるが故に、[14]今当《まさ》に更に説くべし。

此の生が若し未だ生ぜずば　云何んが能く自ら生ぜん
若し生じ已《おわ》りて自ら生ぜば　生じ已りて何ぞ生を用いん　（一四）

是の生が自ら生ずる時に、生じ已りて生ずと為すや、未だ生ぜずして生ずと為すや。若し未だ生ぜずして生ぜば、則ち是れ法[一二]無《な》きなり。法無くして何ぞ能く自ら生ぜん。若し生じ已りて生ずと謂わば、則ち[一三]已成《いじょう》と為す。復《ふたた》び生ずるを須《もち》いず。[一四]已作《いさ》は応に更に作すべからざるが如し。若しくは已《すで》に生じたるも、若しくは未だ生ぜざるも、是の二つは倶に生ぜざるが故に生無し。汝が先に、「[一五]生は灯が能く自ら生じ、亦た彼れを生ずるが如し」と説けるは、是の事は然らず。住《じゅう》と滅《めつ》とも亦た是《か》くの如し。

〔四―二　三時の無生〕

[15]復た次に、

[一六]生は生じ已りて生ずるに非らず　亦た未だ生ぜずして生ずるに非らず
生時にも亦た生ぜず　[一七]去来《こらい》の中に已に答えたり　（一五）

も」。
九　倶に　ここに在る闇とすべての世間の闇の両方は、到達しない点では同じである。『無畏』は、「到達しない点は同じである」。
一〇　彼れ　梵偈は「他のものそのもの・他の自体」。
一一　生を破す…が故に　底本は破㆓生因縁㆒未㆑尽故。しかし、底本一一下二一（七九頁註六参照）では、当㆔更説㆓破㆑滅因縁㆒。今は「因縁」を生や滅を否定する理由・論証の意味と解した。
一二　法無き　『無畏』は「まさに無であるので」。「無法なり」か。
一三　已成　「生じ終った」（utpanna, jāta, skyes ṣin pa）。Tは ṣin pa を加えて完了したことを強調している。羅什の已成も同じである。
一四　已作　「なしおえた」（kṛta, byas ṣin pa）。已成の喩例。註一三参照。
一五　生は灯が…生ずるが如し　第九偈のab。『無畏』は同偈の自生の部分だけを引用している。
一六　生は生じ…答えたり　この偈は上来説いてきた生時と已生と未生の三時の生の否定の一応の結論でもある。三時の生の否定は第一八偈以下で再度論じられる。
一七　去来の中に　梵偈は「去時と已去と未去によって」。羅什は註釈の中での偈の引用では「去と未去と去時の中に已に答えたり」と訳す。彼は第二章の章名を去来とするので、この箇所の「去時と已生《しょう》とは[一]衆縁和合《しゅえんわごう》して生有るに名づく。[二]已生《いしょう》の中には作《さ》無きが故に生無し。未生《みしょう》の中にも作無きが故に生無し。生時《しょうじ》にも亦《ま》た然《しか》らず。[三]生法《しょうぼう》を離れて、生時は不可得《ふかとく》なり。生時を離れて、生法も亦た不可得なり。云何《いか》んが生時に生ぜん。是《こ》の事は去来《こらい》の中に已《すで》に答えたり。

〔五　『無畏』の傍論〕

〔五―一　已生の否定〕

〔一〕已生の法は生ず可《べ》からず。何を以っての故に。生じ已《おわ》りて復《ふたた》び生じ、是《か》くの如く[四]展《てん》転《でん》すれば、則ち[五]無窮《むぐう》と為《な》す。[六]作《な》し已りて復び作すが如し。

〔二〕復《ま》た次に、若し生じ已りて更に生ぜば、何の生法を以って生ぜん。是の生相《しょうそう》未だ生ぜずして、而《しか》も生じ已りて生ずと言わば、則ち自ら[七]所説《しょせつ》に違《たが》う。何を以っての故に。生相未だ生ぜざるに、而も汝は生と謂《い》う。若し未だ生ぜざるに、生を謂わば、[八]法は或いは生じ已りて而も生ず可く、或いは未だ生ぜずして而も生ず可し。汝は先に「生じ已りて生ず」と説く。是れ則ち[九]不定《ふじょう》なり。

〔三〕[一〇]復た次に、焼き已りて応《まさ》に復た焼くべからず、去り已りて応に復た去るべからざるが如し。是くの如き等の因縁《いんねん》の故に、生じ已りて応に生ずべからず。

〔五―二　未生の否定〕

〔四〕未生の法も亦た生ぜず。何を以っての故に。法が若し未だ生ぜずば、則ち生の[一一]縁《えん》と和合せず。若し[一二]生の縁と和合せずば、則ち法の生ずること無し。若し法の未だ生の縁と

去と未去によって」が論理的方法によってでなく、第二章の中で、と読んでいたことになる。換言すれば、彼は去時、已去、未去をも章名と認めていたことになる。

…………

一　衆縁和合　諸の原因や条件の全体に縁って生ずること。羅什の縁起観であり、生は縁起（縁生）であるという仏教の基本的考え方。『無畏』等は前の偈が自生の否定を説くのに対して、この偈では偈に沿って、已生、未生、生時の三を「他」とし、生が他を生じるという見解が否定されたとする。

二　已生の中…生ぜん　羅什は第二章の已去、未去、去時に合せて、ここでは「生じたもの」を已生、「生じていないもの」を未生、「生じつつあるもの」を生時とする。彼は「已生等が生じない」論拠として、已生等に生という作用が存在しないことを挙げる。

(大)一〇中

三　生法　生というもの・事物とも、生という生時にある特性（法）とも取れる。生時は「生じつつあるもの」であるから已生、未生とは異なって、それには生があるという見解に対して、衆縁和合の立場に立つ羅什は、生と生時との相互相待の縁起によって、「生時が生ずる」という反論を否定する。

四　展転　展転は順次に連続する（して生ずる）こと（paramparā）。『無畏』

は展転という語は用いていないが、再度、再三、再四と繰り返すことによって具体的に説明している。
五 無窮　無限遡及という誤謬のこと。
六 作し已りて復び作すが如し　この比喩は『無畏』では、「作されたもの（kṛta）に作す作用（kriyā）はない故に」と、無窮と共に不生の理由とする。
七 所説に違う　主張の否定（壊宗・pratijñāhāni か）。論理学上の誤謬の第一。
八 法は或いは…生ず可し　『無畏』は「或るものは已生を生じ、或るものは未生を生ずるので矛盾である」。
九 不定　anaikāntika。誤謬の第二。
一〇 復た次に　『無畏』では前註の「不定なり」の次にも、「作されたものになす作用はない」（六七頁註一四、六九頁註六参照）が来、それに直接「焼かれたもの…」が続く。羅什訳の原文が古く、『無畏』のそれは後に増広されたものか。補註15参照。
一一 生の縁と和合せず　『無畏』は「生を備えていない」。羅什は縁起の立場で、生というものを所有しているのでなく、未だ生じていない事物（法）は、生ずるための因縁と結び付いていないと改めたのであろう。
一二 若し生の縁と…生ずること無し　『無畏』は「すべての未生のものが生ずることに堕す」という帰謬を説く。羅什はここも、因縁との和合・結合がなければ生はないことに改めている。

和合せずして而も生ぜば、応に一三作法《さほう》無くして而も作し、去法《こほう》無くして而も去り、一四染法《ぜんぽう》無くして而も染《ぜん》し、恚法《いほう》無くして而も恚《い》し、癡法《ちほう》無くして而も癡《ち》すべし。是くの如きは則ち皆一五世間《せけん》の法を破す。是の故に未生の法は生ぜず。

〔五〕復た次に、若し未生の法が生ぜば、世間の未生の法は皆《みな》応に生ずべし。一切の凡《ぼん》夫《ぶ》は未だ菩提《ぼだい》を生ぜざるに、今応に菩提を生ずべし。一六不壊法《ふえほう》の阿羅漢《あらかん》は煩悩《ぼんのう》有ること無きも、今応に煩悩を生ずべし。兎《うさぎ》等は角《つの》無きも、今皆応に生ずべし。但《た》だ是の事は然らず。是の故に、未生の法も亦た生ぜず。

〔六〕問うて曰く、未生の法は生ぜずとは、未だ一七縁有らず、作無く、作者《さしゃ》無く、時《じ》無く、方《ほう》等無きを以っての故に生ぜざるなり。若し縁有り、作有り、作者有り、時有り、方等有らば、和合するが故に、未生の法は生ず。是の故に、若し一切の未生の法は皆生ぜずと説くは、是の事は爾《しか》らず。

〔七〕答えて曰く、若し法は縁有り、時有り、方等有りて和合するとき、則ち生ずとは、先に有《う》なるものも亦た生ぜず、先に無《む》なるものも亦た生ぜず、有無《うむ》なるものも亦た生ぜず。三種は先に已に破したり。是の故に生じ已るも生ぜず、未だ生ぜざるも亦た生ぜず。

一三 作法　作法は行為・作用（kriyā）という特性、又は、もの。
一四 染法　貪欲（rāga）。以下恚法は瞋恚、癡法は愚癡の三毒。
一五 世間の法を破す　『無畏』は「言説と矛盾する」（vyavahāravirodha）。
一六 不壊法の阿羅漢　『無畏』は「不動の法を備えた（mi gyo bal̥i chos can）阿羅漢」。
一七 縁・作・作者・時・方　『無畏』は因縁全体と場所（yul）と時と行為者と手段。

〔五―三　生時の否定〕

〔八―一〕生時《しょうじ》も亦《ま》た生《しょう》ぜず。何を以っての故に。已生《いしょう》の分《ぶん》は生ぜず、未生《みしょう》の分も亦た生ぜず。先に答えたるが如し。

〔八―二〕復《ま》た次に、若し[一]生《しょう》を離れて生時有らば、応《まさ》に生時は生ずべし。但《た》だ生を離れては生時無し。是《こ》の故に生時も亦た生ぜず。

〔八―三〕復た次に、若し生時は生ずと言わば、則ち二生の過《とが》有り。一は[二]生を以っての故に生時と名づけ、二は[三]生時の中の生を以ってす。二は皆然《しか》らず。[四]二法有ること無し。云何《いか》んが二生有らん。是の故に生時も亦た生ぜず。

〔八―四〕復た次に、生法《しょうぼう》が未だ発せざれば、則ち生時無し。生時無きが故に、[五]生は何の所依《しょえ》かあらん。是の故に生時は生ずと言うことを得ず。

〔九〕是《か》くの如く推求《すいぐ》するに、生已《しょうい》に生無く、未生に生無く、生時に生無し。生無きが故に、生は成《じょう》ぜず。生が成ぜざるが故に、住《じゅう》と滅《めつ》とも亦た成ぜず。生住滅が成ぜざるが故に、有為法《ういほう》は成ぜず。是の故に、偈《げ》の中に「去《こ》と未去《みこ》と去時《こじ》の中に已《すで》に答えたり」と説く。

〔六　縁起〕

〔六―一　衆縁和合生の否定〕

問うて曰く、我れは定《さだ》んで「生已が生じ、未生が生じ、生時が生ず」と言わず。但だ衆《しゅ》縁《えん》が和合《わごう》するが故に生有り〔という〕のみ。

答えて曰く、汝に是の説有りと雖《いえど》も、此《こ》れは則ち然らず。何を以っての故に。[16]

一　若し生を…生ずべし　「生時は生ず」ということは、生時に生がないので「生ず」という生が加えられて、生ずることになる。しかし生のない生時は生時でないから、存在しない生時は生じない。

二　生を以っての故に生時と名づけ　『無畏』は「それによって生じつつあるものが生じつつあるものであること（utpadyamānatva）になる生」。

三　生時の中の生を以ってす　『無畏』は「生じつつあるものが生じるところの生」。

四　二法　『無畏』では二つの生によって「生じた二つの事物〔は存在しない〕」。

五　生は何の所依あらん　羅什の註釈。(大)一〇下　生じつつあるものは、生じるという行為が行なわれる依り所である。

六　若し生時…を得ん　梵偈は「この生時が〔生じつつある状態のままで〕生に行かない〔即ち生が実現しない〕とき、〔その未だ存在していない〕生に縁って、どうして生じつつある（生時）と言われようか」。

七　合　衆縁和合の略。梵偈の「生に縁って」を、羅什はここでも「衆縁和合して」と解釈する。

八　具足するも具足せざるも　衆縁全

[六]若し生時は生ずと謂《い》わば　是の事は已に成ぜず
云何んが衆縁が[七]合《がっ》して　爾《そ》の時に而《しか》も生ずることを得ん　（一六）

生時の生は已に種種《しゅじゅ》の因縁《いんねん》もて破せり。汝は今、何を以って更に衆縁が和合するが故に生有りと説くや。若し衆縁は[八]具足《ぐそく》するも具足せざるも、皆生と同じく破す。

〔六―二　衆縁和合生の実相は寂滅である〕

復[17]た次に、
[九]若し法が衆縁より生ぜば　即ち是れ寂滅性《じゃくめっしょう》なり
是の故に生と生時と　是の二つは倶《とも》に寂滅《じゃくめつ》なり　（一七）

衆縁所生《しゅえんしょしょう》の法は自性《じしょう》無きが故に寂滅なり。寂滅とは名づけて、[一〇]此れ無く、彼れ無く、相《そう》無しと為す。言語《ごんご》の道断《どうた》え、諸《もろもろ》の戯論《けろん》を滅す。[一一]衆縁は、縷《いと》に因《よ》りて布有り、蒲《かば》に因りて席《むしろ》有るが如きに名づく。若し縷が自ら[一二]定相《じょうそう》有らば、応に麻《あさ》より出《い》づべからず。若し布が自ら定相有らば、応に縷より出づべからず。而も実《じつ》には、縷より布有り、麻より縷有り。是の故に縷も亦た定性《じょうしょう》無し。布も亦た定性無し。[一三]燃《ねん》と可燃《かねん》とが、因縁和合《いんねんわごう》して成じ、自性有ること無し。可燃が無《む》なるが故に、燃も亦た無く、燃が無なるが故に、可燃も亦た無し。一切の法も亦た是くの如し。

是の故に衆縁より生ずる法は自性無し。自性無きが故に空《くう》なり。[一四]野馬《やば》に実《じつ》無きが如し。是の故に、偈の中に「生と生時と二つ倶に寂滅なり」と説く。応に「生時は生ず」と説くべからず。汝は種種の因縁もて生相《しょうそう》を成ぜんと欲すと雖も、皆是れ戯論にして寂滅相《じゃくめつそう》に非

体（和合）を完備していても、していなくても。梵偈や註釈は「生に縁る生時の存在の否定」であるが、羅什は、衆縁和合の縁起は不生であるから、衆縁を具足する場合も、具足しない場合も、両方共に同じように否定されるとする。

九　若し法が…寂滅なり　梵偈は「或るものに縁って或るものがあるそれ（tat）とそれ（tat）は自性として寂静である。それ故に生時も生そのものも寂静である」。

一〇　此れ無く…相無しと為す　前註の梵偈の二つのtatで表示された「此れ」と「彼れ」も「自性として」という、それらの「相」即ち実相もないこと・空であることが寂滅・寂静である。羅什はそれを第一八章第七偈の言語道断、第五偈の空性における戯論の寂静であるとする。

一一　衆縁　布の縁は縷、蓆の縁は蒲とするので、彼はここでは縁を一般的には質料因とされるものを縁と考えていたことになる。

一二　定相　自性（svabhāva）の異訳語。自性が固定し一定した本性であることを強調した訳語。

一三　燃と可燃　時間的な前後の因果関係でなく、同時に成立する二者も、縁起、即ち相互相待的成立であることを、羅什は「因縁和合して成ずる」こととする。燃と可燃はその代表例。「観燃可燃品第十」参照。

一四　野馬　かげろう・陽炎のこと。

らず。

〔七　三時による三相の否定〕

〔七―一　未来世の未生の事物の生の否定〕

[18]問うて曰く、定《さだ》んで三世《さんぜ》の別異有り。未来世《みらいせ》の法は生《しょう》の因縁《いんねん》を得て、即ち生ず。何が故に生ずること無しと言うや。

答えて曰く、

[一]若し未生《みしょう》の法有りて　説いて生ずること有りと言わば
此《こ》の法は先に已《すで》に有るに　更に復《ま》た何ぞ生ずるを用いん　（一八）

若し未来世の中に未生の法有りて生ぜば、是《こ》の法は先に已《すで》に有り。何ぞ更に生ずるを用いん。法有らば応《まさ》に更に生ずべからず。

〔七―二　羅什の傍論―未来の事物が現在に生ずることの否定―〕

[二]問うて曰く、未来に有りと雖《いえど》も、現在相《げんざいそう》の如くには非らず。現在相を以っての故に生ずと説く。

答えて曰く、現在相は未来の中に無し。若し無くば、云何《いか》んが未来の生法《しょうぼう》が生ずと言わん。若し有らば、未来とは名づけず、応に現在と名づくべし。現在は応に更に生ずべからず。[三]二つは倶《とも》に生無きが故に生ぜず。

一　若し未生…生ずるを用いん　梵偈は「生じていない何か或る事物が何処かに存在するならば、それが生ずるでもあろう。その事物が存在しないとき、何が生ずるであろうか」。羅什は「未だ生じていない（未生の）もの（法）が存在し、そのものが生ずると言うのであれば、この未だ生じていないものは既に未生のものとして生ずるより以前に存在することになるので、どうして更に生ずる必要があろうか」と読む。

二　問うて曰く…　『無畏』は三時が確定している立場の対論者の主張を「未来の或るときに存在するものは、現在のその時に生じない」と、アビダルマの三世実有の立場によって否定するのに対して、羅什の対論者は「未来に法が存在することは、現在相をもって存在するのではないので、未生の法は現在相（現在という特徴のかたち）を持って生ずる」と主張する。羅什は現在相は未来法にないし、あれば未来でないと答破する。　(大)一一上

三　二つ　未来と現在の法。

〔七―三　生じつつあるもの〔生時〕の生の否定〕

[19]復た次に、[四]汝は生時《しょうじ》の生は亦た能《よ》く彼れを生ずと謂《い》わば、今当に更に説くべし。

[五]若し生時の生は　是れ能く所生《しょしょう》有りと言わば
何ぞ更に生有りて　而《しか》も能く是の生を生ずるを得ん　（一九）

[20]若し[六]生が生時に能く彼れを生ぜば、是の生を誰れか復た能く生ぜん。

[七]若し更に生有りて生ずと謂わば　生は則ち無《む》窮《ぐう》なり
生を離れて生に生ずること有らば　法は皆能く自ら生ぜん　（二〇）

若し生に更に生有らば、生は則ち無窮なり。若し是の生に更に生無くして而も自ら生ぜば、一切の法も亦た皆能く自ら生ぜん。而も実には爾《しか》らず。

〔七―四　有、無、有無のすべての事物の生の否定〕

[21]復た次に、

有《う》なる法は応に生ずべからず　無《む》も亦た生ずべからず
有無《うむ》も亦た生ぜず　此の義は先に已に説きたり[八]　（二一）

凡そ所有《あらゆる》生は、有なる法に生有りと為《な》すか、無なる法に生有りと為すか、有無なる法に生有りと為すかなり。是れ皆然《しか》らず。是の事は先に已に説きたり。此の三事を離れて更に生有ること無し。是の故に無生《むしょう》[九]なり。

四　汝は生時…生ずと謂わば　『無畏』は「あなたが前に生が生じつつあるものを生ずると主張したこと」。「前に」は第七、八偈。

五　若し生時…有りと言わば　梵偈は「もしこの生が生じつつあるものを生じさせる（utpādayati）ならば」。「所生」は「生ず」の体言。

六　生が生時に能く彼れを生ぜば　「生が生時に」は「生が生ずる時」という生時の漢語としての意味で、その時に「彼れを生ず」が「生じつつあるものを生ず」である。そこで生が生ずる時にその生を生ずるものは誰か。誰もいない。生を生ずる生はない。

七　若し更に…自ら生ぜん　この偈は前の偈のｃｄ「どの生がその生を生じるであろうか」の「どの生」を、別の生か生なしで生じるのか、の二種の見解を仮定して各々の誤謬を説く。（一）無窮、（二）自ら生ずる。

八　先に已に説きたり　『無畏』、仏護、清弁は第一章第七偈とし、月称は第一章第六偈と第七偈のａｂとする。

九　無生　羅什は偈が説く三種の否定がすべての生の否定であるので、中観思想の「無生」が立証されたとする。

〔七―五　滅時の生も不滅時の存在もあり得ない〕

[22]復《ま》た次に、

若し[一]諸法《しょほう》の[二]滅時《めつじ》には　是《こ》の時には応《まさ》に生《しょう》ずべからず
法が若し[三]不滅《ふめつ》ならば　終《つい》に是の事有ること無し　（一二二）

[四]若し法は滅相《めつそう》ならば、是の法は応に生ずべからず。何を以っての故に。[五]二相《にそう》は相違《そうい》するが故なり。一は是れ滅相にして、法は是れ滅《めつ》すと知る。一は是れ生相《しょうそう》にして、法は是れ生ずと知る。二相は相違の法にして、一時なるは則ち然《しか》らず。是の故に、滅相の法は応に生ずべからず。

問うて曰く、若し滅相の法は応に生ずべからずば、不滅相《ふめつそう》の法は応に生ずべし。

答えて曰く、一切の有為法《ういほう》は[六]念念に滅するが故に、不滅の法無し。有為《うい》を離れて[七]決定《けつじょう》なる無為法《むいほう》は有ること無し。無為法は但《た》だ名字《みょうじ》有るのみ。是の故に「不滅の法は終に是の事有ること無し」と説く。

〔八　有為相の第二相・住相の否定〕

〔八―一　三時の無住〕

[23]問うて曰く、[八]若し法に生無くば、応に住《じゅう》有るべし。

答えて曰く、

[九]不住《ふじゅう》の法は住せず　住の法も亦《ま》た住せず
住時《じゅうじ》も亦た住せず　[一〇]無生《むしょう》が云何《いか》んが住せん　（一二三）

一　諸法の滅時…生ずべからず　梵偈は「滅しつつある（滅時の）事物の生はあり得ない」。ここで龍樹は無常を本質とする有為の一切の事物は「滅しつつある事物であるので、三相の生相はあり得ない」と説いている。『無畏』は生じつつある事物は滅の性質をもつので、滅しつつあるものでもあるが、この生と滅は矛盾するので、滅しつつあるものは生じないとする。羅什はその滅しつつあるものを、滅時という時と捉え、その時には生じないと解釈する。

二　滅時　梵偈では「滅しつつあるもの」（nirudhyamāna）であるが、羅什は「是の時には」が示すように「滅する時」と読んでいる。

三　不滅　梵偈は「滅しつつあるものでないもの」（anirudhyamāna）。註釈では「不滅〔相〕の法」。

四　若し法は…生ずべからず　この節は『無畏』の訳である。『無畏』は龍樹がこの偈で「滅しつつあるもの」の否定を取り上げた理由を説く（註一参照）が、羅什はそれを略して冒頭の一文を偈のａｂにしている。「何を以っての故に」以下は『無畏』の訳。

五　二相は相違する　『無畏』は「相互に矛盾する行為（kriyā）」。即ち生と滅。

六　念念に滅する　瞬間毎に滅する刹那滅。

七　決定　ここでは有為とは独立した、別の自性として確定した無為法。そもそ

(大)一一中

[一一]不住の法は住せず。住相《じゅうそう》無きが故なり。住の法も亦た住せず。何を以っての故に。已に住有るが故なり。[一二]去に因《よ》るが故に住有り。若し住法《じゅうほう》が先に有らば、応に更に住すべからず。住時も亦た住せず。住と不住とを離れて更に住時無し。是の故に住時も亦た住せず。是《か》くの如く一切処《いっさいしょ》に住を求むるに不可得《ふかとく》なるが故に、即ち是れ無生なり。若し無生ならば、云何んが住有らん。

〔八―二　滅しつつあるものの住の否定〕

[24]復た次に、

　[一三]若し諸法の滅時は　是れ則ち応に住すべからず
法が若し不滅ならば　終に是の事有ること無し　（二四）

若し法は滅相ならば、是の法は住相有ること無し。何を以っての故に。一法の中に[一四]二相の相違が有るが故なり。一は是れ滅相、二は是れ住相なり。一時一処に住と滅との相有るは、是の事は然らず。是の故に、滅相の法は住有りと言うことを得ず。

〔八―三　不滅の事物の住の否定〕

[一五]問うて曰く、若し法が不滅ならば、応に住有るべし。

も中観の立場では無為法は名のみで実体はない。

八　若し法に…有るべし　『無畏』は第二三偈を「事物（有）を容認しても、事物の住（存続・存在）はあり得ない」という中観思想の命題の成立の根拠の提示であるとする。羅什は「事物が生じなければ、当然住があるであろう（応に住有るべし）」という反論に対する解答とする。

九　不住の法　「住していない事物」(asthito bhāvaḥ)。住の法は「住している事物」(sthito bhāvaḥ)。住時は「住しつつあるもの」(tiṣṭhamāna)。

一〇　無生　「生じていないもの」(anutpanna)。生じていないものは存在しないから、住することはない。

一一　不住の法は…住有らん　梵本も底本も不住法、住法の順に論じているが、㊂はT訳と同じように住、不住の順序に改めている。底本一一頁の脚註八、九、一〇はそのことを示す。

一二　去　前の刹那が去ることによって次の刹那の存在が成立する。

一三　若し諸法の…有ること無し　梵偈も第二二偈の生（utpatti）を住（sthiti）に替えただけである。

一四　二相の相違　『無畏』は「相互に矛盾する二つの状態・分位（avasthā）」。二相は滅相と住相。

一五　問うて曰く…住有るべし　直前の第二四偈の羅什訳の註釈は『無畏』ではａｂの註釈である。『無畏』はｃｄを別に挙げ、その前にこの対論者の反論を想定する。ただしｃｄの『無畏』註は偈の繰返し。

答えて曰く、[一]不滅《ふめつ》の法は有ること無し。何[25]を以っての故に。

所有《しょう》の一切法《いっさいほう》は　皆是《こ》れ老死《ろうし》の相《そう》なり
[二]終《つい》に法有りて　老死を離れて住《じゅう》有るを見ず　（二五）

一切法の生時《しょうじ》は無常《むじょう》が常《つね》に随逐《ずいちく》す。[三]無常に二有り。老《ろう》及び死《し》と名づく。是《か》くの如く、一切法は常に老と死と有るが故に、住時《じゅうじ》は無し。

〔八―四　住の住は住自身にも他の住によっても可能でない〕

復《ま》[26]た次に、

[四]住は自相《じそう》によりて住せず　亦《ま》た異相《いそう》によりて住せず
生《しょう》の自《みずか》ら生ぜず　亦た異相によりても生ぜざるが如し　（二六）

若し住法《じゅうほう》有らば、自相によりて住すと為《な》すや、[五]他相によりて住すと為すや。二つ倶《とも》に然《しか》らず。

若し自相によりて住せば、則ち是れ常《じょう》と為す。一切の有為法《ういほう》は衆縁《しゅえん》より生ず。若し住法が自ら住せば、則ち有為《うい》と名づけず。住が若し自相によりて住せば、[六]法も亦た応《まさ》に自相によりて住すべし。眼《げん》の自ら見ること能《あた》わざるが如く、住も亦た是くの如し。[七]若し異相によりて住せば、則ち住に更に住有り。是れ則ち無窮《むぐう》なり。[八]復た次に、異法《いほう》が異相を生ずるを見る。異法に因《よ》らずして而《しか》も異相有ることを得ず。異相は不定《ふじょう》なるが故に、異相に因りて而して住するとは、是の事は然らず。

一　不滅の法　『無畏』は「滅しつつある性質（dharma）のない事物（bhāva）」。
二　終に…有るを見ず　梵偈は「老死なしで住するものは何ものであろうか」。
三　無常　この場合は生の後に随逐する無常であるから、老と死を指すのであろう。「生に縁って老死あり」という立場では、三相の住相はあり得ない。
四　住は…住せず　梵偈は「他の住（異相）によっても、そ〔の住〕自身（自相）によっても住が住することはあり得ない」。
五　他相　ここだけは「異相」でなく「他相」を用いている。
六　法　住相だけでなく一切法も。
七　若し異相…住有り　この文の所説は第二〇偈ａｂの生を住に替えただけのものと言える。住相というものが、自分自身でなく、別の住相によって住するならば、その住相も別の住相によって住することになるので、無限遡及になる。別の住相による否定の論証の第一。
八　復た次に…然らず　羅什による異相（別の住）による住の否定の論証の第二。補註26参照。

〔九　有為相の第三相・滅相の否定〕

〔九―一　三時の不滅〕

問うて曰く、[九]若し住無くば、応に滅《めつ》有るべし。
答えて曰く、無し。[27]何を以っての故に。

[一〇]法は已滅《いめつ》も滅せず　未滅《みめつ》も亦た滅せず
滅時《めつじ》も亦た滅せず　無生《むしょう》に何ぞ滅有らん　（二七）

若し法が已滅ならば則ち滅せず。先に滅せるを以っての故なり。未滅も亦た滅せず。滅《めつ》相《そう》を離るるが故なり。滅時も亦た滅せず。二を離れて更に滅時無ければなり。是くの如く推求《すいぐ》するに、滅法は即ち是れ無生なり。無生に何ぞ滅有らん。

〔九―二　住相と滅相の矛盾に基づく否定〕

[28]復た次に、

[一一]法が若し住有らば　是れ則ち応に滅すべからず
法が若し住せずば　是れ亦た応に滅すべからず　（二八）

若し法が定《さだ》んで住せば、則ち滅有ること無し。何を以っての故に。住相《じゅうそう》有るに由《よ》るが故なり。若し住法が滅せば、則ち二相有り。[一二]住相と滅相となり。是の故に、住の中に滅有りと言うことを得ず。生と死と一時に有ることを得ざるが如し。

若し法が住せずば、亦た滅有ること無し。何を以っての故に。住相を離るるが故なり。若し住相を離れば、則ち[一三]法無し。無法《むほう》が云何《いか》んが滅せん。

九　若し住…滅有るべし　『無畏』は別の主題である滅の否定の開始とする。羅什は住の否定が滅の存在の肯定になるという対論者を想定する。

一〇　法は已滅…滅有らん　梵偈も羅什訳も表現は異なるが、第二三偈の住を滅に替えただけのもの。

（大）一一下

一一　法が若し…滅すべからず　梵偈は「住している事物の滅はあり得ず、住していない事物の滅もあり得ない」。

一二　住相と滅相　「住法が滅す」という主張には、住法の住と「滅す」の滅の二相がある。

一三　法無し　住相のない法、即ち事物は無い。無いものは滅しない。

〔九―三　或る状態はその状態によっても別の状態によっても滅しない〕

[29]復《ま》た次に、

[一]是《こ》の法の是の時に於けるは　是の時に於いて滅《めっ》せず
是の法の[二]異時《いじ》に於けるは　異時に於いて滅せず　（二九）

若し法に滅相《めっそう》有らば、是の法は[三]自相《じそう》によりて滅すと為《な》すや、異相《いそう》によりて滅すと為すや。二は俱《とも》に然《しか》らず。何を以っての故に。乳《にゅう》は乳の時に於いては滅せず、乳有る時に随《したが》って乳《にゅう》相《そう》は定《さだ》んで住《じゅう》するが故に。乳に非ざる時にも亦《ま》た滅せず。若し乳に非ずば、乳が滅すと言うことを得ざるが如し。

〔九―四　生相があり得ないことによる滅相の否定〕

[30]復た次に、

一切諸法《いっさいしょほう》の　生相《しょうそう》は不可得《ふかとく》なるが如く[四]
生相無きを以っての故に　即ち亦た滅相無し　（三〇）

先に推求《すいぐ》せるが如く、一切法《いっさいほう》の生相は不可得なり。爾《そ》の時には即ち滅相無し。生《しょう》を破するが故に生無し。無生《むしょう》に云何《いか》んが滅有らん。

〔九―五　事物は有でも無でも滅しない〕

[31][五]若し汝の意、猶《な》お未だ已《や》まずば、今当《まさ》に更に滅[六]を破すの因縁《いんねん》を説くべし。

若し法[七]が是れ有《う》ならば　是れ即ち滅有ること無し

一　是の法…滅せず　梵偈は「その（羅什は「是の」）、状態がその同じ状態によって（tayaivāvasthayā）滅せられることはない」。月称はそのことを「自己自身に向けられた行為は矛盾する」（svātmani kriyāvirodhaḥ）こととする。従って「その同じ状態によって」の「よって」（具格）は作具を意味する。『無畏』はその「よって」を「乳が乳である間（限り）、その間（限り）」（yāvat…tāvat）と解釈するので、期限を示すと取っているようである。羅什が「是の時に於いて」と訳したのはその意訳ではなかろうか。彼が註釈で「乳は乳時に於いて」、「乳時有るに随って」と訳していることもその事を示すであろう。「於是時不於是時滅」と是を繰返すのは、梵偈の sā と tayā の機械的直訳であろう。これは同一のものであることを示すだけである。

二　異時に…滅せず　偈ａｂの「是時」を「異時」（anya・別）に替えたものである。「異時…異時」は二者が別のものであることを示すだけである。

三　自相・異相　自相は「その同じ状態によって」。そのもの自身がまさにその同じものによって、ということ。異相は「別の状態によって。別のものによって」。七六頁註四参照。

四　如く　羅什は「先に推求（推し究め求める＝推究）せるが如く」と註釈しているように、梵偈の yadaiva（まさにそのときに）を特に第四偈以下で、一切

応《まさ》に一法に於いて　而《しか》も有無《うむ》の相《そう》有るべからず　（三一）

諸法の有なる時には、滅相を推求するも不可得なり。何を以っての故に。云何んが一法の中に亦有亦無《やくうやくむ》の相あらん。光《ひかり》と影《かげ》とは処を同じうせざるが如し。

復[32]た次に、

若し法[八]が是れ無《む》ならば　是れ即ち滅有ること無し
譬《たと》えば第二の頭は　無なるが故に断《だん》ず可《べ》からざるが如し　（三二）

法が若し無ならば、則ち滅相無し。第二の頭、第三の手は無なるが故に断《た》つ可からざるが如し。

〔**九―六　滅は自身によっても他の滅によっても滅しない**〕

復[33]た次に、

[九]法は自相によりても滅せず　他相《たそう》によりても亦た滅せず
自相によりても生ぜず　他相によりても亦た生ぜざるが如し　（三三）

先に生相を説けるが如し。生は自ら生ぜず、亦た他より生ぜず。若し[一〇]自体《じたい》を以って生ぜば、是れ則ち然らず。一切の物は皆衆縁《しゅえん》より生ず。[一一]指の端が自ら触るること能《あた》わざるが如く、是《か》くの如く生は自ら生ずること能わず。

他より生ずるも亦た然らず。何を以っての故に。生は未だ有らざるが故に、応に他より

法の生があり得ないことを説いたように、と生との類似・同一の意味で「如く」と訳している。その相関詞を叶本はtadaivaとするが、LVPやdJはtadaivam（そのとき、同様に）とする。羅什訳はこのevamの意訳と思われるが、しかし註釈では彼は「爾の時には（tadā）即ち（eva）滅相無し」と訳している。

(大)一二上

五　若し汝…説くべし　羅什が次の二偈を説いた理由を羅什が忖度したもの。

六　滅を破すの因縁　六七頁註一一参照。

七　法が…有るべからず　梵偈は「存在している事物の（sato bhāvasya）滅はあり得ない。同一であるとき、有（存在）でも無でもあることはあり得ないからである」。梵偈は、存在する事物・有に滅即ち無はあり得ないと説くが、羅什は一つの法、即ち事物に有相と無相（亦有亦無の相）はあり得ないとする。

八　法が是れ無ならば　「存在していない事物の」（asato bhāvasya）。前偈の有と対をなす。

九　法は…滅せず　梵偈は「〔有為相である〕滅は自己自身によって（svātmanā）もないし、滅は他者の自身（他の滅相）によっても（parātmanā）滅はない」。

一〇　自体　「〔生相が〕自己自身（svātman）〔を以って〕」であろう。

一一　指の端が自ら触るる　「自己自身に向けられた行為の矛盾」の羅什の比喩。

註一参照。

生《しょう》ずべからず。是《こ》の生《しょう》は無《む》なるが故に自体《じたい》無し。自体無きが故に他《た》も亦《ま》た無なり。是の故に、他より生ずるも亦た然《しか》らず。

滅法《めっぽう》も亦た是くの如し。自相《じそう》によりて滅《めつ》せず、他相《たそう》によりても滅せず。

〔一〇　結論――三相が不成立であるので有為も無為もない――〕

[34]復《ま》た次に、

生と住《じゅう》と滅と成《じょう》ぜざるが故に　有為《うい》有《あ》ること無し
有為法《ういほう》無きが故に　何ぞ無為《むい》有ることを得ん　（三四）

汝は先に「[一]生と住と滅との相《そう》有るが故に有為有り、有為有るを以っての故に無為有り」と説けり。今、理を以って推求《すいぐ》するに、三相《さんそう》は不可得《ふかとく》なり。云何《いか》んが有為有ることを得ん。先に「無相《むそう》の法有ること無し」と説けるが如し。

有為法無きが故に、何ぞ無為有ることを得ん。[二]無為の相は不生《ふしょう》と不住《ふじゅう》と不滅《ふめつ》と名づく。有為の相を止《とど》むるが故に無為の相と名づく。無為は自ら[三]別相《べっそう》無し。是の三相に因《よ》りて無為の相有り。火は熱相《ねっそう》と為《な》し、地は堅相《けんそう》と為し、水は冷相《れいそう》と為すが如くには、無為は則ち然らず。

[35]問うて曰く、若し是の生と住と滅とが畢竟《ひっきょう》して無ならば、[四]云何んが論の中に名字《みょうじ》を説くことを得ん。

答えて曰く、

[五]幻《げん》の如く亦た夢《む》の如く　[六]乾闥婆城《けんだつばじょう》の如し

一　生と住と…無為有り　特定の偈や註釈の中に該当箇所は見当らない。この章のこれまでの論述の取意であろう。
二　無為の…名づく　生、住、滅の各々の単なる否定態によってのみ無為相は語られるということ。
三　別相無し　無為には、不生等とは別の自相、即ち独自の肯定的で積極的な特徴・個性はないということ。
四　云何んが…説くことを得ん　この『中論』のなかで生等の言葉やその他の様々な言葉、概念を用いて説くことができるのか。
五　幻　māyā・幻影、幻術。註一五参照。
六　乾闥婆城　gandharvanagara の音訳。蜃気楼のこと。註釈中に「日出づる時に現じる」というのは羅什の実体験であろう。
七　所説　梵偈は「〔幻の如く〕その如くに生も、その如くに住も…と〔仏によって〕説かれた（udāhṛtam）」。
八　貪著　むさぼり執着する。

[七]所説《しょせつ》の生と住と滅とは　其《そ》の相も亦た是くの如し　(三五)

生と住と滅との相は決定《けつじょう》有ること無し。凡人《ぼんにん》は[八]貪著《とんじゃく》して決定有りと謂《い》う。諸《もろもろ》の[九]賢聖《げんじょう》は[一〇]憐《れん》愍《みん》して其の[一一]顛倒《てんどう》を止めんと欲して、還って[一二]其の所著《しょじゃく》の名字を以って説を為す。[一三]語《ご》言《ごん》は同じと雖《いえど》も、其の心は則ち異なり。是くの如く生と住と滅との相を説かば、応《まさ》に[一四]難《なん》有るべからず。

[一五]幻化《げんけ》の所作《しょさ》の如く、応に其の[一六]所由《しょゆう》を責むべからず。応に[一七]中《うち》に於いて憂喜《うき》の想《そう》有るべからず。但《た》だ応に眼見《げんけん》すべきのみ。

夢中の所見《しょけん》は応に実《じつ》を求むべからざるが如く、乾闥婆城は日出《い》づる時に現じて而《しか》も実有ること無きが如し。但だ仮に名字を為すのみにして、久しからずして則ち滅す。

生と住と滅とも亦た是くの如し。凡夫《ぼんぶ》は分別《ふんべつ》して有《う》と為し、智《ち》者《しゃ》は推求すれば則ち不可得なり。

九　賢聖　ここでは凡夫に対して仏教の賢人・聖人一般の意味であろう。

一〇　憐愍　憐愍は anukampā（二七・三〇）の訳であるから、宗教的な大悲の心。

一一　顛倒　無明・無知の構造としての四顛倒（無常なのに常、苦なのに楽、不浄なのに浄、無我なのに有我と確信する心の逆倒）。

一二　其の所著…説を為す　凡夫、衆生が真理として執着している言葉を用いて、「説を為す」、即ち言葉によって説く。㊅一二中

一三　語言は…異なり　同じ言葉を使っても、凡人は言葉に執着しているのに反して、賢聖は無執着であり、積極的には大悲の現われであるから、全く異なる。

一四　難　非難、異議、論難。賢聖が三相を説いても非難されるべきでない。

一五　幻化の所作の如く　幻術によって現わしだされた化人の行為のように。偈の「幻」を羅什はこのように理解していることになる。

一六　所由を責むべからず　理由、依り所、基づくところ。「責むべからず」は理由を明らかにするように追求・詮索すべきでない。

一七　中に於いて…すべきのみ　無執着な賢聖の心には憂いや喜びといった想いはなく、ただあるがままの姿を目の当りに見るだけである。次に来る「如夢中所見…」、「如乾闥婆城…」は順に偈の「夢の如く」等の羅什の解説。

中論　[1]一観作作者品《かんささしゃほん》　第八　十二偈

〔一　羅什の傍論—この章は改めて論じる必要はない—〕

[2]問うて曰く、現に二作《さ》有り、作者《さしゃ》有り、所用《しょゆう》の作法《さほう》有り。三事《さんじ》の和合《わごう》するが故に果報《かほう》有り。是《こ》の故に応《まさ》に作者と作業《さごう》と有るべし。

答えて曰く、三上来《じょうらい》の品品《ほんぼん》の中に一切法《いっさいほう》を破して皆余り有ること無し。三相《さんそう》を破するが如し。三相無きが故に、有為《うい》有ること無し。有為無きが故に、無為《むい》無し。有為と無為と無きが故に、一切の法は尽《ことごと》く無し。作と作者とは、若し是れ有為ならば、四有為の中に已《すで》に破したり。若し是れ無為ならば、無為の中に已に破したり。応に復《ま》た問うべからず。

〔二　実有・非実有・実有非実有の三句の作者と業を合せた九組合せの否定〕

〔二—一　第一の組合せ—実有の作者は実有の業を作さない—〕

汝は五著心《じゃくしん》深きが故に、而《しか》も復た更に問う。今当《まさ》に復た答うべし。

六決定有《けつじょうう》の作者は　決定《けつじょう》の業《ごう》を作《な》さず
七決定無《けつじょうむ》の作者は　無《む》定《じょう》の業を作さず　（一）

若し先に八定《さだ》んで作者有り、定んで作業有らば、則ち応に作すべからず。若し先に定んで作者無く、定んで作業無くば、亦《ま》た応に作すべからず。[3]何を以っての故

一　観作作者品　章題の「作作者」は、kartā karma karoti（行為者（作者）は行為の対象（作）を行う（為す））という文章を前提とする（これは対論者（文法学者）の作者と作の存在の論拠）。この文章は業輪廻思想が定着していたインドでは、龍樹も認めるように輪廻の因である善悪の業という倫理的な因果応報を説いていることになる（第五、六偈参照）。しかし龍樹はこの章ではこの文章を単に善悪の業の問題だけでなく、人間の様々な行為、行動のすべてを集約したすべての行為を貫く基本的な命題を説く文章表現とする。そこで龍樹は、そもそも作者が存在して、存在する業を為すことがあり得るか否かを課題として考察すべきだとし、彼はこの章では作者と業とを実有か、非実有か、実有非実有（共）か、という四句分別の内の、有、無、有無の三句に分け、それらを組合せた都合九組の各々の場合に、「作者は業と為す」という命題を否定する。

二　作有り…果報有り　作は行為（kriyā）、作者は行為者（kāraka）、所用の作法は行為の手段（karaṇa）。第四偈ｃｄ参照。この三要素（三事）の集合・協同によって果報が生じる。

三　上来の品品　今までの諸章（品々）の中で完全に一切法を否定した。前の章の有為の三相の否定がその好個の例である。

四　有為の中に已に破したり　今まで

に。

九決定せる業には作は無し　是の業は無作者《むさしゃ》ならん
定《じょう》なる作者には作は無し　作者も亦た無業《むごう》ならん　(一一)

若し先に決定して作業有らば、応に更に作者有るべからず。又た作者を離れて応に作業有るべし。但《た》だ是の事は然《しか》らず。若し先に決定して作者有らば、応に更に作業有るべからず。又た作業を離れて応に作者有るべし。但だ是の事は然らず。是の故に、決定せる作者と決定せる作業とには、応に作有るべからず。

〔一一—二　第二の組合せ—非実有の作者は非実有の業を作さない—〕

一〇不決定《ふけつじょう》なる作者と不決定なる作業とにも、亦た応に作有るべからず。何を以っての故に。本来《ほんらい》無なるが故なり。作者有り作業有るも、尚《な》お作《な》すこと能《あた》わず。何ぞ況んや作者無く作業無きをや。

〔一一—三　羅什の読み変え—第一の組合せの再説—〕

[4]復た次に、

一一若し定んで作者有り　亦た定んで作業有らば

の諸章、特に前章で「有為」を論じた箇所で既に否定した。

五　著心深き　執着の心が強いこと。

六　決定有…業を作さず　偈のａｂは第一の組合せ。実有の作者と業の否定。決定有も決定も「実有の」(sadbhūta) の訳。

七　決定無　非実有な (asadbhūta)。決定有でないもの。「無定」は決定無の略。仏護以下は「行為を欠いた」(kriyārahita) という意味とする。第二の組合せの否定。

八　定んで作者有り　偈ａｂでは梵偈の「実有の行為者」に合わせて「決定有の作者」と読んだが、「決定して作者有れば」とも読むことができる。

九　決定せる…無業ならん　梵偈は「実有な〔行為者〕には行為（作）は存在しない〔ので〕、行為の対象（業）は行為者のないものとなろう。実有な〔業〕には行為がない〔ので〕行為者も業のないもの (akarmaka) となろう」。

一〇　不決定…業無きをや　龍樹は第一偈で第一と第二の組合せを取り上げ、第二偈では後者の誤りを説く。『無畏』はそれに従うが、羅什はここ、第二偈の註釈の最後に第二の組合せの誤りをも加えている。

一一　若し定んで…無因に堕す　龍樹は第二の組合せを、作者と業とが共に非実有であれば作者も業も「原因のないもの」(ahetuka・無因) になるという理由で否定する。それに反して羅什は第一の組合せの第二の誤謬を説く偈に改めている。

作者《さしゃ》と及び作業《さごう》とは　即ち無因《むいん》に堕《だ》す　(三)

若し先に定《さだ》んで作者有り定んで作業有りて、汝は作者に作《さ》有りと謂《い》わば、即ち無因と為す。作業を離れて作者有り、作者を離れて作業有らば、則ち[一]因縁《いんねん》に従《よ》らずして有るなり。

〔二—四　第一の組合せの誤り〕

問うて曰く、若し因縁に従らずして作者有り作業有らば、何の咎《とが》有りや。

答えて曰く、

若し[二]無因に堕せば　則ち因《いん》無く果《か》無く
作無く作者無く　所用《しょゆう》の作法《さほう》無し　(四)
若し作等の法無くば　則ち[三]罪福《ざいふく》有ること無し
罪福等無きが故に　罪福の報《ほう》も亦《ま》た無し　(五)
若し罪福の報無くば　亦た[四]天《てん》と涅槃《ねはん》と無し
[五]諸《もろもろ》の有る可《べ》き所作《しょさ》は　[六]皆空《くう》にして果有ること無し　(六)

若し無因に堕せば、一切法《いっさいほう》は則ち因無く果無し。能生《のうしょう》の法を名づけて因と為し、所生《しょしょう》の法を名づけて果と為す。是の二は即ち無し。是の二無きが故に、作無く作者無く、亦た所用の作法無く、亦た罪福無し。罪福無きが故に、亦た罪福の果報と及び天と涅槃との道無し。是の故に、無因より生《しょう》ずることを得ず。

〔二—五　羅什の傍論—第二の組合せの誤り—〕

一　因縁に従らずして有る　縁起しないで存在する。羅什の無因の意味。(大)一二下

二　無因に堕せば…作法無し　原因が存在しないとき、結果（kārya）と作因（kāraṇa）と、作と作者と所用の作法はない（八二頁註二参照）。

三　罪福　法非法（dharmādharma）。罪は悪業、福は善業。

四　天と涅槃　㊂は偈の有涅槃が「大涅槃」、註釈では大涅槃道。『疏』は論の文は天涅槃か大涅槃かであるが、どちらが正しいかという質問に「大涅槃」が正しいとし、天の報は直前の「罪福の報」で説き終ったからだとするが、梵偈は「解脱と昇天とへの道はあり得ない」であるから、㊂の大は天の誤記か。「罪福の報」と昇天や涅槃の道は一応区別できる。

五　諸の有る可き所作は　梵偈では「すべての行為は」。底本は可レ有二所作一と返り点を付している。それを採れば、「所作有るべきもの」。龍樹も羅什も「業と行為者」を章題とするが、行為者が業をなす（karoti）の「なす」働きである行為（所作・kriyā）が真の主題であることを示しているとも取れる。

六　空にして果有ること無し　「無意味になる」（nairarthakyam）。空は「むなしい」という無意味の意味で空観の空ではない。「果有ること無し」は無意味の訳か。

問うて曰く、若し作者[七]不定《ふじょう》にして而《しか》も不定の業《ごう》を作さば、何の咎有りや。

答えて曰く、[八]一事の無きすら尚《な》お作業を起すこと能《あた》わず。何ぞ況んや二事都《すべ》て無きをや。譬《たと》えば[九]化人《けにん》が虚空《こくう》を以って舎《しゃ》と為し、但《た》だ[一〇]言説有るのみにして、而も作者と作業無きが如し。

〔二―六　**第三の組合せ―共（実有・非実）の作者は共の業を作さない―**〕

[6][一一]問うて曰く、若し作者無く作業無くば、所作有ること能《あた》わず。今作者有り作業有り。応《まさ》に作有るべし。

答えて曰く、

[一二]作者は定《じょう》にして不定なるも　[一三]二業を作《な》すこと能わず

[一四]有と無《む》とは相違《そうい》するが故に　[一五]一処《いっしょ》には則ち二無《な》し　（七）

作者の定にして不定なるは、定にして不定の業を作すこと能わず。何を以っての故に。有と無とは相違するが故に、一処に応に二有るべからず、[一六]有は是《こ》れ決定《けつじょう》、無は是れ不決定《ふけつじょう》

七　不定　非実有の別訳。羅什は非実有を決定無、無定、不決定、定んで…無し、等と訳している。

八　一事の…無きをや　一事は作者と業のどちらか。二事は両方。

九　化人が…無きが如し　化人は仏の神通力によって化作された人。この比喩を恐らく羅什は『維摩経』の「弟子品」の「アーナンダの病気見舞い」の節などに見られる「空中の声」を念頭に置いていたのではなかろうか。「空中」、即ち虚空を住舎とし、声だけが聞こえるが、作者も作業も見られないからである。

一〇　言説　これは世俗を意味する言説（ごんぜつ・vyavahāra）でなく、言説（げんせつ）、話すとか、そのことば、話し声であろう。

一一　問うて…有るべし　『無畏』は「実有・非実有の行為者は実有・非実有の業を行なう」という第七偈で否定される見解を反論とする。羅什の対論者の反論は直前の第二の組合せの誤りを認めた上で、理論的に如何に完全に否定されたとしても、「今」、現実には作者も業も有り、作が行なわれているではないか、という中観派に対する素朴な反論となっているので、第七偈の解答と直接関係のない問いになってしまっている。仏護もこの章の結論を説く第一一偈に先立って「この作者がこの業を「なす」とか「なさない」ということが我々に何になろう。とにかく作者と業はある」という反論を述べているように、この反論は中観派の空に対する日常の素朴な、それ故に、抜き難い疑惑の表白であろう。

一二　作者は定にして不定なるも　梵偈のaは「実有でもあり非実有でもある作者は」。

一三　二業　実有でもあり非実有でもある（即ち実有と非実有という共の）業。

一四　有と無とは相違するが故に「実有（有）と非実有（無）とは相互に矛盾する」。

一五　一処　ekataḥ（一つのものとして）。同一のもの（場所）に有と無の二つは同時にあり得ない。

一六　有は是れ…不決定なり　偈の有（sat）は実有（sadbhūta）、無（asat）は非実有（asadbhūta）であるという羅什の解説。

なり。[一]一人の一事に、云何《いか》んが有《う》と無《む》と有《あ》らん。

〔二―七　第四とその逆の第五の組合せ―実有（非実有）の作者は非実有（実有）の業を作さない―〕

7 復《ま》た次に、

　[二]有は無を作《な》すこと能《あた》わず　[三]無は有を作すこと能わず
　[四]若し作《さ》と作《さ》者《しゃ》と有らば　其《そ》の過《とが》は先に説けるが如し　（八）

[五]若し作者有りて而《しか》も業《ごう》無くば、何ぞ能《よ》く所作《しょさ》有らん。若し作者無くして而も業有るも、亦《ま》た所作有ること能わず。何を以っての故に。先に説けるが如し。

有の中に若し先に業有らば、作者は復た何の所作かあらん。若し先に業無くば、云何んが作すことを得可《うべ》けん。是《か》くの如くならば、則ち罪福《ざいふく》等の因縁《いんねん》と果報《かほう》とを破す。是《こ》の故に偈《げ》の中に「有は無を作すこと能わず、無は有を作すこと能わず、若し作と作者と有らば、其の過は先に説けるが如し」と説く。

〔二―八　第六の組合せ―実有の作者は共の業を作さない（三種の業の一括否定）―〕

8 復た次に、

　[六]作者は定《じょう》を作さず　亦た不定《ふじょう》を作さず
　及び定にして不定の業を〔作さず〕　其の過は先に説けるが如し[七]　（九）

定なる業は已《すで》に破したり。不定なる業も亦た破したり。定にして不定の業も亦た破したり。今、一時に総じて破せんと欲するが故に、是の偈を説く。是の故に、作者は[八]三種の業

一　一人の…有らん　羅什の一処の説明。一処とは同一人の同一行為。
二　有は無を作すこと能わず　梵偈 a は「有（実有）の行為者は無（非実有）の業を行なわない」。第四の組合せ。
三　無は有を作すこと能わず　梵偈 b は、「無（非実有）の作為者は有（実有）の業を行なわない」。第五の組合せ。
四　若し作と…説けるが如し　梵偈は「そこに」即ち第四、第五の組合せの場合には、「かの同じ」第二偈以下に説いた「誤りが結果として生じる」（prasajyante）である。一方、羅什は「作と作者有らば」即ち、本来業があって作者は(大)一三上作者であるが、作者に業があってもなくても、作者が業を「作す」（karoti）ことはない（羅什の註釈である註釈の第二節の取意。この節は第三偈の所説の言い替え）。そこで羅什は「その過」を第五偈の罪福等の因果応報を破すこととする。
五　若し作者…説けるが如し　この節は『無畏』の註釈の訳。
六　作者は定を…説けるが如し　羅什は、「今一時に総じて破せんと欲す」と註釈するように、行為者が、実有、非実有、実有非実有の業を行なわないという上来の論述を、この偈で纏めている。梵偈は実有な作者は（一）非実有な業と（二）実有非実有な業という二組の業の否定である。有、無、共の行為者と業の組合せは九組であるが、龍樹は第一偈以

を作すこと能わず。

〔二—九　実有、非実有、共の作者は業を作らない（作者の一括否定）〕

9 今、三種の作者も亦た業を作すこと能わず。何を以っての故に。

[九]作者は定なるも不定なるも　亦定亦不定《やくじょうやくふじょう》なるも
業を作すこと能わず　其の過は先に説けるが如し　（一〇）

作者は定も、不定も、亦定亦不定も、業を作すこと能わず。何を以っての故に。先の三種の過の[一〇]因縁の如し。此《こ》の中に応《まさ》に広く説くべし。是くの如く、[一一]一切処に作者と作業《さごう》とを求むるに、皆不可得《ふかとく》なり。

〔三　結論—作者と業は縁起によってのみ成立する—〕

10 問うて曰く、[一二]若し作無く作者無しと言わば、則ち復た無因《むいん》に堕《だ》せん。

答えて曰く、是の業は衆縁《しゅえん》より生《しょう》じ、[一三]名《みょう》を仮りて有と為す。[一四]決定《けつじょう》有ること無し。汝の所

来、この九組を整った形で論じてこなかったので、この偈で残りの組合せを、一括処理したように見える。羅什はこの偈と次偈とで一応整理された形で九組の否定を説いている。

七　如し　梵偈は eva。第八偈の d の「如し」も原偈では eva。

八　三種の業　実有、非実有、実有非実有の三種。三種の作者、三種の過の場合も同じ。羅什は註釈では実有の業が既に否定したものの再録であることを認めている。

九　作者は定なるも…説けるが如し　羅什は前偈の業を作者に替えて、三種の作者が業を作さないと、一括して否定する偈に改めている。梵偈は二偈からなり、梵偈第一〇は非実有の作者が、（一）実有の業（二）実有非実有の業という二組の、梵偈第一一は、実有非実有の作者が、（一）実有の業、（二）非実有の業という組合せの二組の業の否定を説く。註六参照。

一〇　因縁　理由（hetu）。否定の論拠。

一一　一切処…不可得なり　『無畏』は「これらあらゆるあり方・種類（sarvākāra）で、行為者と業の成立はありえない」。「一切処に」は定等の三句。

一二　若し作無く…無因に堕せん　『無畏』は有の立場では行為者と業は否定されるが、「そうであっても」、相互相待の縁起によってのみ業も行為者も成立すると解釈する。羅什は業と行為者の否定を逆手に取って、業と行為者を「無し」と否定する龍樹の立場では、業も行為者も再び第三偈の「因のないもの」になるという対論者の反論を想定する。羅什は「因のないもの」を非実有の場合だけでなく、すべての場合の誤謬としている。

一三　名を仮りて有と為す　「名を仮りて」は「仮りに名づけて」か。業という名を仮りに用いて「業有り」というが、実有でなく仮有だというのである。

一四　決定　決定義（niścaya）や決定性（svabhāva）から見て、自性が概念的に明確に決定・確定していること。

説の如くならず。何を以っての故に。

業《ごう》に因《よ》りて作者《さしゃ》有り　作者に因りて業有り
[一]業を成《じょう》ずるの義は是《か》くの如し　更に余事《よじ》有ること無《な》し　（一一）

[二]業は先に決定《けつじょう》無し。人に因りて業を起し、業に因りて作者有り。作者も亦《ま》た決定無し。作業《さごう》有るに因りて名づけて作者と為す。[三]二事が和合《わごう》するが故に、作《さ》と作者とを成ずることを得《う》。若し和合より生ぜば、則ち自性《じしょう》無し。自性無きが故に空《くう》なり。空なれば則ち所生《しょしょう》無し。但《た》だ凡夫《ぼんぶ》の[四]憶想分別《おくそうふんべつ》に随《したが》うが故に、作業有り作者有りと説くのみ。[五]第一義の中には作業無く作者無し。

〔四　他の一切法への適用〕

復《ま》[11]た次に、

[六]作と作者とを破するが如く　受《じゅ》と受者《じゅしゃ》とも亦た爾《しか》り
及び[七]一切の諸法《しょほう》も　亦た応《まさ》に是《か》くの如くに破すべし　（一二）

作と作者とは[八]相《あ》い離るることを得ず、相い離れざるが故に決定せず。決定無きが故に自性無きが如く、受と受者とも亦た是くの如し。受を[九]五陰身《ごおんしん》と名づけ、受者は是《こ》れ[一〇]人なり。是くの如く、人を離れて五陰《ごおん》無く、五陰を離れて人無し。但だ衆縁《しゅえん》より生ず。受と受者との如く、余の一切の法も亦た応に是くの如くに破すべし。

一　業を成ずる…有ること無し　梵偈は「私は別の成立の因由を見ない」。業と行為者の相互相待の縁起より別の成立の論理（余事）を見ない。

二　業は先に…作者と為す　相互相待を言語で説明する順序、思惟の過程か。業は自性として存在していないし、人も自性として実有ではない人（pudgala）である。その人が行なうことによって業が業となり、業を行なうことによって人は行為者となる。

三　二事が和合　業と行為者が相互相待的に結合し、作者は作者となり、業は業となる。

四　憶想分別　saṃkalpa。煩悩や顚倒の根本である無明が様々に思いめぐらす虚妄な思惟。

五　第一義　勝義（paramārtha）の羅什訳。

六　作と作者…亦た爾り　梵本は「以上のように（iti）業（作）と行為者（作者）とが否定されたので、取（受）〔と取者（受者）〕も同じように〔否定されることが〕知られるべきである」。梵偈は「取」（upādāna）のみ。龍樹は「取者」を省略しただけ。

(大)一三中

七　一切の諸法　「残余の事物・関係」（śesā bhāvāḥ）。註釈者は「生」とか、「見」等に関して、見者と見られる物等の主客等の事物・関係を挙げる。

八　相い離るる…是くの如し　相互相待

して成立する行為者と業は、各々が独立した自性として存在することはできない。

九　五陰身　五陰は五蘊、五蘊は自我に対する身体（kāya）を意味する。

一〇　人　人は実有（自性）としての自我でなく、世俗や言語活動の上で認められる主体、プドガラ（pudgala）のこと。

……………………

中論 [1]観《かん》[一]本住品《ほんじゅうほん》 第九　十二偈

〔一　犢子部の本住論〕

問[2]うて曰く、[二]有る人は言う。

眼耳《げんに》等の[三]諸根《しょこん》と　[四]苦《く》楽《らく》等の諸法《しょほう》とは　是れ則ち本住《ほんじゅう》と名づく　（一）

[五]誰《たれ》にか是《か》くの如き事有る　[六]若し本住有ること無くば　誰にか眼等の法有らん

是れを以っての故に当《まさ》に知るべし　先に已《すで》に本住有り　（二）

眼、耳、鼻《び》、舌《ぜつ》、身《しん》、[七]命《みょう》等の諸根を、名づけて眼耳等の根《こん》と為《な》し、苦受《くじゅ》、楽受《らくじゅ》、不苦不《ふくふ》楽受《らくじゅ》、想《そう》、思《し》、憶念《おくねん》等の心《しん》・[八]心数法《しんじゅほう》を、名づけて苦楽等の法と為す。

一　本住　前以って確立され、存在するもの（pūrvaṃ vyavasthita）。アビダルマの犢子部（正量部）は眼等の認識機能や苦楽等の感受よりも以前にそれらを所有する輪廻する主体が存在すると主張し、それをプドガラと名づけている。本章はその存在を否定する。

二　有る人は言う　この「有る人は言う」は龍樹の偈dの一部。龍樹自身が本住の問題を主題としていることを示す。漢訳偈に入りきらないのでここに出したのであろう。

三　諸根　羅什は眼根、耳根等と訳すが、龍樹は視覚（darśana）等を使用する。何故彼は一般的な眼等の語でなく、視覚等を用いたのであろうか。観誓は省略せずに眼耳鼻舌身意の六根を挙げる（cf. D, 192b4）が、羅什は第六の意根の替りに命根とする。

四　苦楽等の諸法　羅什は梵偈の「感受等」を「苦楽等の諸法」と訳し、註釈ではその「苦楽」が苦の感受等の三受、「等」は想・思等の心・心作用（心数法）とする。

五　誰にか…本住と名づく　梵偈は「或る者に根等と受等が存在するその（或る）者が、それら（根等と受等）よりも前に存在する」。

六　若し本住有る…本住有り　梵偈は「現に存在していない事物にどうして視覚等があろうか。それ故にそれらよりも以前にその事物（人・プドガラ）は確立されて存在する」。

七　命　命（jīva）は生命を維持し生命としてはたらく機能。寿命。

八　心数法　心数法は心所の羅什訳。心と共に存在してはたらく心の作用。

[一]有《あ》る論師《ろんじ》は「先に未だ眼《げん》等の法有らざるとき、応《まさ》に本住《ほんじゅう》有るべし。是《こ》の本住に因《よ》りて、眼等の諸根《しょこん》は[二]増長《ぞうじょう》することを得《う》。若し本住無くば、身《しん》及び眼等の諸根は、何に因りて生《しょう》じて而《しか》して増長することを得ると為《な》さんや」と言う。

〔二　本住論の否定〕

〔二―一　本住は不可知・不可説である〕

3答えて曰く、

若し眼等の根《こん》　及び苦楽《くらく》等の法を離れて
先に本住有らば　何を以って而して知る[三]可《べ》き　（三）

若し眼耳《げんに》等の根と苦楽等の法を離れて、先に本住有らば、何を以ってか説く[三]可く、何を以ってか知る可き。外の法の瓶《びょう》と衣《え》等の如きは、眼等の根を以って知ることを得。内の法は苦楽等の根を以って知ることを得。[四]経《きょう》の中に「可壊《かえ》は是れ色《しき》の相《そう》、能受《のうじゅ》は是れ受《じゅ》の相、能識《のうしき》は是れ識《しき》の相なり」と説くが如し。汝が眼、耳、苦《く》、楽《らく》等を離れて、先に本住有りと説かば、何を以ってか知りて是の法有りと説く可き。

〔二―二　羅什の傍論―本住である自我（神）の諸説の否定―〕

問うて曰く、[五]有る論師は「出入《しゅつにゅう》の息《そく》、視《し》、眴《じゅん》、寿命《じゅみょう》、思惟《しゆい》、苦楽、憎愛《ぞうあい》、動発《どうほつ》等は是

一　有る論師　清弁や月称は犢子部＝正量部の論師とする。この所説は論書の引用ではなく、犢子部の学説の要約であろう。月称は「或る者、即ち取者に見等と受等が存在する、その（或る）者は、それらの取よりも前に存在する」という学説とする。この月称の註釈は第一偈の解説であるように、羅什の註釈は第一、二偈の解説。

二　増長　羅什はこの『中論』では語根 ni √sic の語を増長と訳す。梵語は注入、充満、出現、活動を意味する。

三　知る可き・説く可く　梵偈では「知らしめられる・名づけられる」（prajñapyate）。犢子部の用語であろう。

四　経の中に…説くが如し　五蘊の相（lakṣaṇa・特徴）の内の、色の相は「こわれること（可壊）」、受の相は「感覚（態受）」、識の相は「対象の各々の認識（能識）」。羅什は想と行の二蘊を省略したのであろう。

五　有る論師　ヴァイシェーシカ（勝論派の創始者カナーダ（Kaṇāda）、『疏』は別名、優楼迦（Ulūka）を挙げる）。同派の根本経典ヴァイシェーシカ・スートラの著者。この引用はVS, III, 2,4。

六　神　自我（ātman）の羅什の異訳（第一八章の註釈に頻出する）。ウパニシャッドの超越的なアートマン・我でなくヴァイシェーシカやニヤーヤ学派の、経験界の主体・霊魂を意味するアートマンの訳。

れ六神《じん》の相なり。若し神有ること無くば、云何《いか》んが出入の息等の相有らん」と言う。是の故に当《まさ》に知るべし。眼、耳等の根と苦、楽等の法を離れて、先に本住有り。

答えて曰く、是の神が若し有《う》ならば、応に七身の内に在《あ》るべし。壁の中に柱の有るが如し。若し身の外に在らば、人の鎧《よろい》を被《き》るが如し。若し身の内に在らば、身は則ち八壊《え》す可からず。神が常に内に在るが故なり。是の故に「神が身の内に在り」と言うは、但《た》だ言説《ごんぜつ》有るのみにして、虚妄《こもう》にして実《じつ》無し。

若し身の外に在りて、身を覆うこと鎧の如くならば、身は応に見る可からざるべし。神は九細密《さいみつ》に覆うが故なり。亦《ま》た応に壊す可からざるべし。而も一〇今、実に身の壊するを見る。是の故に当に知るべし、苦楽等を離れて先に一一余法無し、と。

一二若し臂《ひ》を断《だん》ずる時に神が縮んで内に在りて断ず可からずと謂わば、頭《とう》を断ずる時も亦た応に縮みて、内に在りて応に死すべからざるべし。而も実には死有り。是の故に、「苦と楽等を離れて先に神有りとは、但だ言説有るのみにして、虚妄にして実無し」と知る。

一三復《ま》た次に、若し「身が大ならば則ち神は大なり、身が小ならば則ち神は小なること、灯《とう》が大ならば則ち明《みょう》は大にして、灯が小ならば則ち明は小なるが如し」と言わば、是《か》くの如くならば、神は則ち身に随《したが》いて、応に常《じょう》なるべからず。若し身に随わば、身が無ならば則ち神も無ならん。灯が滅《めっ》すれば則ち明が滅するが如し。若し神が無常《むじょう》ならば、則ち眼耳と苦楽等と同じ。是の故に当に知るべし。眼耳等を離れて先に別の神無きことを。

七 身　日常一般に心身といわれる中の物体的な身体・肉体。

八 壊す可からず　㊂可破壊。「身の内に在る」ことが「常に在ること」になるのか、内に自我が常に在るので、身が破壊され得ないという論証は説得力に乏しい。「破壊す可し」ならば、内在する神が常に身を破壊することになるので、内在はあり得ないことになる。羅什はこの後では「可し」でなく、「見る・壊す・断ず可からず」等と、否定的な説き方をしているので、㊂の「破壊す可し」は、後代の改変かとも考えられる。

㊅一三下

九 細密　細かくくわしい。綿密（『新字源』）。独訳は「細と密」（fein und dicht）とする。

一〇 今、実に…を見る　ここでも日常経験を論拠に否定している。

一一 余法無し　視覚等や苦楽等のない、それらより先に（以前に）存在する別のもの（余法）即ち本住、アートマンは存在しない。

一二 若し臂を…断ず可からず　白楽天に臂を折って軍役を免がれて長生きした翁を主人公にした「新豊折臂翁」という詩があるが、臂を折ると弩が引けないからであろう。羅什の頃にも特に戦乱の西域では、故意か事故で腕を失っても命永らえた人がいたであろう。

一三 復た次に…と言わば　自我と身体が同じ大きさとするジャイナ教の主張を念頭に置いていたものと思われる。

復《ま》た次に、一風狂病人《ふうきょうびょうにん》の如きは、二自在《じざい》を得ず、応《まさ》に作《な》すべからずして而《しか》も作す。若し神《じん》が有りて是《こ》れ諸《もろもろ》の作《さ》の三主《しゅ》ならば、云何《いか》んが自在を得ずと言わん。若し四風狂病は神を悩まさずば、応に神を離れて別に所作《しょさ》有るべし。

是《か》くの如く種種《しゅじゅ》に推求《すいぐ》するに、眼耳《げんに》等の根《こん》と苦楽《くらく》等の法を離れて、先に本住《ほんじゅう》無し。

〔二―三　相互相待しないで成立する根等と本住は自性として存在する〕

4 若し必ず「眼耳等の根と苦楽等の法を離れて本住有り」と謂《い》わば、是《こ》の事有ること無し。何を以っての故に。

若し眼耳等を離れて　而も本住有らば
亦た応に本住を離れて　而も眼耳等有るべし　(四)

若し本住が眼耳等の根と苦楽等の法を離れて先に有らば、今、眼耳等の根と苦楽等の法も亦た応に本住を離れて、而も有るべし。

〔二―四　相互相待的にのみ成立する根等と本住は無自性である〕

5 問うて曰く、五二事《にじ》の相《あ》い離るるは爾《しか》る可《べ》し。但《た》だ本住を有らしむるのみ。

答えて曰く、

法を以って六人の有ることを七知り　人を以って法の有ることを知る
法を離れて何ぞ人有らん　人を離れて何ぞ法有らん　(五)

法とは眼耳と苦楽等なり。人とは是れ本住なり。汝は、法有るを以っての故に人有るを

一　風狂病人　風狂病人は狂人。独訳は風狂人と病人（Verrückte（und）Kranke）。
二　自在　自分が意のままに行為すること。英訳はThe man is not responsible for himself.
三　主　自我がすべての行為を統べ司どる主体的存在・統御者であること。自我はすべての行為を統御するので、自我が存在すれば為すべきでないことを為してしまうような不自然なことはない。
四　風狂病…有るべし　狂気が自我を苦しめ悩まさないならば、即ち、影響を及ぼさないならば、狂気に基づく行為は、自我とは離れたものとなるが、そういうことはあり得ない。
五　二事の…有らしむるのみ　『無畏』の対論者は「見聞等の以前に確立された（存在する）事物（＝本住）は、〔見聞等と〕相互に明らかにさせないままに存在する」。羅什の対論者は前偈を認めて、「眼等の根や苦等の感受と本住という二事が別のものであることはその通りである。ここでは本住があることだけを論じているのだ」と主張している。
六　人　羅什は梵偈の或る者（不定代名詞の男性形）を人、「或る物」（中性形）を法と意訳する。法は眼耳苦楽等、人は本住。『無畏』は事物、仏護は見者等という事物。
七　有ることを知り　明らかにされる。理解される、定立される（ajyate）。

知り、人有るを以っての故に法有るを知ると謂わば、今、眼耳等の法を離れて、何ぞ人有らん。人を離れて何ぞ眼耳等の法有らん。

〔二—五　羅什の解読—本住は所在せず諸根が縁起によって各々識知する—〕

6 復た次に、

八 一切の眼等の根には　実に本住有ること無し
眼耳等の諸根《しょこん》は　異相《いそう》にして而して分別《ふんべつ》す　（六）

眼耳等の諸根と苦楽等の諸法《しょほう》には、実に本住有ること無し。九眼に因《よ》り色に縁《よ》りて眼識《げんしき》を生《しょう》ず。和合《わごう》の因縁《いんねん》を以って眼耳等の諸根有るを知る。本住を以っての故に知るにあらず。是の故に偈《げ》の中に「一切の眼等の根には、実に本住有ること無し。眼耳等の諸根は、各自《おのおの》ら能《よ》く分別す」と説く。

〔三　見者、聞者等は本住か否か〕

〔三—一　対論者—見等の根とは別に見者等が存在する—〕

7 一〇 問うて曰く、

一一 若し眼等の諸根に　本住有ること無くば
眼等の一一の根は　云何んが能く塵《じん》を知らん　（七）

若し一切の眼耳等の諸根と苦楽等の諸法とに本住無くば、今、一一の根は云何んが能く塵を知らん。

八　一切の…而して分別す　梵偈は「視覚等の全体よりも以前にある何もの（本住）も存在しないが、しかし〔その人は〕個々の視覚等の或る〔根〕によって（anyena・異相）異なる時に明らかにされる（分別す）」。羅什以外は反論者の主張と解釈する。羅什は中観者による論駁とする。その論拠は九四頁註一参照。

九　眼に因り…眼識を生ず　羅什の論拠（註一一参照）は本住である人が根等を知るのでなく、根と境の縁起によって生じる識が、眼等の根を知るという縁起である。　(大)一四上

一〇　問うて曰く…塵を知らん　羅什はこの第七偈を対論者の反駁と解釈するが、『無畏』以下は逆に第六偈の反論に対する答破と解釈する。梵偈は『無畏』以下の注釈に合う。

一一　若し眼等の…塵を知らん　梵偈のabは「根等のすべてより以前にある何もの（本住）も存在しないならば、目等の一つ一つよりも以前にどうしてそれは存在するであろうか」（これは第六偈のabの「何も」を「もし」に変えただけのもの）。羅什訳では「本住がなければ個々の眼等が「塵」、即ち対象を知ることはない」。羅什の原本が異なっていたのか。これが羅什がこの偈を対論者の反論と解釈した理由なのか。註九参照。

眼耳《げんに》等の諸根《しょこん》には[一]思惟《しゆい》無ければ、応《まさ》に知ること有るべからず。而《しか》も実《じつ》に塵《じん》を知る。当《まさ》に知るべし、眼耳等の諸根を離れて更に能《よ》く塵を知る者有ることを。

〔三―二　龍樹―見者、聞者等は同一の主体でも別異の主体でも不合理である―〕

[8]答えて曰く、若し爾《しか》らば、一一の根《こん》の中に各《おのおの》知者《ちしゃ》有りと為すや、一の知者が諸根の中に在りと為すや。二は倶《とも》に過《とが》有り。何を以っての故に。

　[二]見者《けんじゃ》が即ち聞者《もんじゃ》にして　聞者が即ち受者《じゅしゃ》ならば
　是《か》くの如き等の諸根には　則ち応に本住《ほんじゅう》有るべし　（八）

若し見者が即ち是《こ》れ聞者にして、聞者が即ち是れ受者ならば、則ち是れ一神《じん》なり。是くの如くならば、眼等の諸根には応に先に本住有るべし。

[三]色声香《しきしょうこう》等には定《さだ》んで知者有ること無し。或いは眼《げん》を以《もち》いて声を聞く可《べ》し。人に[四]六向《ろっこう》有りて、意《い》に随《したが》いて見聞《けんもん》するが如し。若し聞者と見者と是れ一ならば、眼等の根に於いて意に随って見聞せん。但《た》だ是の事は然《しか》らず。

　[9]若し見〔者〕と聞〔者〕と各《おのおの》異なり　受者も亦《ま》た各《おのおの》異ならば
　[五]見時《けんじ》にも亦た応に聞くべし　是くの如くならば則ち神は多ならん　（九）

若し見者と聞者と受者と各《おのおの》異ならば、則ち見時にも亦た応に聞くべし。何を以っての故に。見者を離れて聞者有るが故なり。是くの如く、鼻《び》、舌《ぜっ》、身《しん》の中に神は応に一時に行《ぎょう》ずべし。

若し爾らば、人は一にして而も神は多ならん。一切の根が一時に諸塵《しょじん》を知るを以ってな

一　思惟…塵を知る　認識器官（根）には対象を認識する知的能力（思惟）はないが、実際には我々には対象の認識という経験があるので、根とは別に対象を知る者、見者等が存在する。

二　見者が…本住有るべし　梵偈は「もし見者こそがまさに聞者であり、その同じものが受者ならば、〔同一の本住が〕一つ一つの根よりも以前に存在するであろう。しかしそれはそうはならない」。羅什は見者等が同一であることを「一神」と明説し、梵偈dの「そうはならない」を註釈で「但だ是の事は然らず」と補っている。

三　色声香等…然らず　この節は羅什自身の註釈。彼は（一）色声香味触法の各々にきまった知者が存在しない、（二）眼（別の根）で声（別の対象）を聞く、（三）見者と聞者が同一であれば、心のはたらきのままに眼根で見と聞等を同時にすることができる、という誤りを挙げる。

四　六向　向は高窓で、六向は眼耳鼻舌身意の六根を外界を知る窓に譬えたものであろう。

五　見時にも…多ならん　梵偈は「見者が存在するとき、聞者も存在することになろうし、自我も多数になろう」。羅什は神を見者聞者等とし、本住である人（プドガラ）とは別のものになるとしている。

六　倶に用あるべからず　一緒に同時

り。而も実には爾らず。是の故に、見者と聞者と受者とは応に倶[六]に用あるべからず。

〔三—三　根や感受の因である四大種にも本住・自我は存在しない—本住の否定終了—〕

[10]復《ま》た次に、

眼耳[七]等の諸根と　苦楽《くらく》等の諸法《しょほう》とが
従《よ》りて生ずる所の諸《もろもろ》の大[八]《だい》　彼の大にも亦た神無し（一〇）

若し人[九]が眼耳等の諸根と苦楽等の諸法とを離れて、別に本住有りと言わば、是の事は已《すで》に破したり。今、眼耳等の因[一〇]《よ》る所の四大に於いて、是の四大の中にも亦た本[一一]住は無し。

〔四　結論〕

〔四—一　本生がなければ根や心作用もない〕

[11]問[一二]うて曰く、若し眼耳等の諸根と苦楽等の諸法に本住有ること無きは、爾る可し。眼耳等の諸根と苦楽等の諸法は応に有るべし。

答えて曰く、

若[一三]し眼耳等の根と　苦楽等の諸法とに
本住有ること無くば　眼等も亦た応に無かるべし（一一）

若し眼耳と苦楽等の諸法に本住有ること無くば、誰[一四]にか此《こ》の眼耳等有らん。何[一五]に縁《よ》りて

に作用はあり得ない。

七　眼耳等の…神無し　梵偈は「眼耳等や感受等が、或るものたちより存在する、それ〔或るものたちである四大〕種にもこれ（アートマン・神・本住）は存在しない」。偈のａｂは梵偈も羅什訳も共に、第一偈ａｂと同文。

八　大　あらゆる物質の質料因（＝種）である四大種、地水火風の四種の元素。

九　人　この人は対論者である或る説者。

一〇　因る所　偈の所従生（従りて生ずる所）。註一五参照。

㊅一四中

一一　本住　本住は偈の神、即ちアートマン（プドガラ）。

一二　問うて曰く…有るべし　第一一偈は、第一偈で説かれた対論者の主張の否定であるので、この章の結論といえる。『無畏』の対論者の主張は実質的には第一偈の再説である。この反論は反論者が中観者の論駁を論理的には承認しても、日常経験上の事実としては自説は否定されないという、羅什の註釈の中に時に見られる反論の論法であろう。このことは、龍樹が偈で本住がなければ、根や感受等もないと説いたことは、単なる論理的否定でなく、日常性の根本である存在という執着を断つことを意図したものであることを示している。

一三　若し眼耳等…諸法とに　梵偈のａｂは第一偈と第一〇偈のａｂと同文。

一四　誰　偈の本住が、梵偈では所有者であるから「誰にか有らん」と誰を用いたのであろう。

一五　何に縁りて　所従生、所因と羅什が

か而《しか》も有らん。是《こ》の故に一眼耳《げんに》等も亦《ま》た無し。

〔四―二　本生と根や心作用の否定の真意―無分別空―〕

12復《ま》た次に、

二眼等に本住《ほんじゅう》無し　今《いま》にも後《のち》にも亦《ま》た無し
三世《さんぜ》に無きを以っての故に　有無《うむ》の分別《ふんべつ》も無し　（一二）

三思惟《しゆい》して推求《すいぐ》するに、本住は眼等に於いて先に無く、今にも後にも亦た無し。若し三世に無くば、即ち是れ四無生《むしょう》にして寂滅《じゃくめつ》なり。応《まさ》に難《なん》有るべからず。若し本住無くば、云何《いか》んが眼等有らん。

是《か》くの如く問答《もんどう》すれば、五戯論《けろん》は則ち滅《めつ》す。戯論滅するが故に、諸法《しょほう》は則ち空《くう》なり。

理解した（九五頁註一〇参照）第一〇偈の「或るものによって」に示された「大」を念頭に置いて、加えたものであろう。

一　眼耳等　底本の「眼等」を、㊂によって改める。

二　眼等に…有無の分別も無し　梵偈は「眼等より以前に（prāk）、同時に・今（sāmpratam）、以後（ūrdhvam）に存在しないもの（yaḥ）、そのものに（tatra）「［本住は］存在する」、「存在しない」という分別・判断（asti nāstīti kalpanāḥ）は滅している」。

三　思惟して推求する　『無畏』は「論理によって考察される」（yuktyā parīkṣyamāṇaḥ）」。

四　無生にして寂滅なり　羅什は、三世に存在しないことを、無でなく、無生であり寂滅であるとする。

五　戯論　本住の有無の分別がなくなることは、有無の分別に基づき、有無を論ずる様々な主義主張である戯論が止むことであり、そのことはすべてのものが空であることが示されたということである。戯論については第一章帰敬偈参照。

中論 観燃可燃品《かんねんかねんぼん》[1] 第十　十六偈

〔一　燃（取者、自我）と可燃（取、五蘊）の否定〕

[2][一]問うて曰く、応《まさ》に受《じゅ》[二]と受者《じゅしゃ》と有るべし。[三]燃《ねん》と可燃《かねん》との如し。燃は是《こ》れ受者、可燃は是れ受にして、所謂《いわゆる》[四]五陰《ごおん》なり。

答えて曰く、是の事は然《しか》らず。何を以っての故に。燃と可燃とは倶《とも》に成《じょう》ぜざるが故なり。燃と可燃とは、若しくは[五]一法を以って成ぜんも、若しくは二法を以って成ぜんも、二は倶に成ぜず。

〔二　羅什の傍論―中観派の否定の言説―〕

[3][六]問うて曰く、且《しばら》く[七]一異《いちい》の法を置け。若し燃と可燃と無しと言わば、今、云何《いか》んが[八]一異の相《そう》を以って破せん。[九]兎角《とかく》と亀毛《きもう》は無《む》なるが故に破す可《べ》からざるが如し。

[一〇]世間《せけん》は実《じつ》に事有るを眼見《げんけん》し、而《しか》る後に思惟《しゆい》す可し。金《きん》有りて然る後に焼く可く鍛《きた》う可きが如し。

若し燃と可燃と無くば、応に一異の法を以って思惟すべからず。若し汝が一異の法有り

一　問うて…故なり　この問答、特に答は『無畏』の直訳である。
二　受と受者　『無畏』の upādāna（わがものという執着・取）と upādātṛ（わがものと執着する主体・取者）。
三　燃と可燃　『無畏』ではこの章の題名が火（agni）と薪（indhana）であるように、ここでも火と薪を用いている。羅什は受者と受に合わせて、火を燃（燃える、燃やす、焼く）、薪を可燃（燃えるもの、燃やされるもの、焼かれるもの）と意訳したのであろう。
四　五陰　色、受、想、行、識の五蘊。一切法。五蘊は執取するもの（取）であると共に、執取されるもの（所取）でもある。
五　一法　『無畏』では一法は燃と可燃が同一のものであること。二法は別々のものであること。
六　問うて曰く…が如し　対論者は同一か別異かのディレンマによる論争に入る前に、中観派の立場ではそもそも燃も可燃も存在しない、無なのだから、無いものを同一とか別異かに分けて否定すること自身があり得ないと批判する。
七　一異の法　同一と別異という事物・あり方。
八　一異の相　同一と別異という特徴・様相。相は実質的には前註の法と同義であろう。
九　兎角　底本の「兔」を『疏』によって改める。
一〇　世間は…思惟す可し　世間では普通、事物を直接知覚（眼見）し、その事実を思惟、判断し、言葉で表現することができると理解している。

と許[一]さば、当《まさ》に知るべし、燃《ねん》と可燃《かねん》と有ることを。若し有りと許さば[二]、則ち已《すで》に有ると為《な》すなり。

答えて曰く、[三]世俗《せぞく》の法に随《したが》いて言説[四]せば、応《まさ》に過《とが》[五]有るべからず。燃[六]と可燃とは、若しくは一と説き、若しくは異《い》と説くも、名づけて受《じゅ》と為さず。若し世俗[七]の言説《ごんぜつ》を離れれば、則ち論ずる所無し。若し燃と可燃とを説かずば、[八]云何《いか》んが能《よ》く所破有らん。若し説く所無くば、則ち義は明《あき》らかなる可《べ》からず。論者[九]有りて、有無《うむ》を破せんと欲せば、[一〇]必ず応に有無を言うべきが如し。有無を称するを以っての故に而《しか》も有無を受《う》くるにはあらず。是《こ》れ世間《せけん》に随《したが》いて言説するを以っての故に咎《とが》[五]無し。

若し口[一一]に言《ごん》有るは便ち是れ受ならば、汝が破を言わば、即ち自《みずか》ら破すと為さん。燃と可燃とも亦《ま》た是《か》くの如し。言説有りと雖《いえど》も、亦復《ま》た受け[一二]ず。

〔三　同一と別異のディレンマによる否定〕

〔三―一　総説〕

[一三]是の故に、一異《いちい》の法を以って燃と可燃とを思惟《しゆい》するに、二つ倶《とも》に成《じょう》ぜず。[4]何を以っての故に。

若し燃が是れ可燃ならば　作《さ》と作者《さしゃ》とは則ち一ならん
若し燃が可燃と異ならば　可燃を離れて燃あらん　(一)

燃は是れ火、可燃は是れ薪なり。[一四]作者は是れ人、作は是れ業《ごう》なり。若し燃と可燃とが一

一 許　『疏』は「許」。『疏』の註釈文では許を多用している。
二 若し有り…為すなり　若し燃と可燃が一度有ると認めたからには、その時已に有ることを肯定しているのであるから有るのだという意味。
三 世俗の法に随いて　五行後では「世間に随いて」。従ってこの世間の法の法には積極的な特別の意味はない。強いて言えば世間の人々の間で認められている事物・名称・概念、さらに言葉や言語を用いる上での用法・きまりとか論理といった意味。
四 言説　ここでは世俗と同義の言説(ごんぜつ)でなく、中国語の言説(げんせつ)即ち、言葉で語るというだけのことであろう。(大)一四下
五 過・咎　過も咎もどちらもあやまち・過失・誤謬などを意味するdoṣaの訳語。
六 燃と可燃…為さず　燃、可燃、一、異と説いても、それらのものを実有と取得・執着(受・取)しているのでない。
七 世俗の言説　世間の慣用に従った言語の使用。世間の言語の使用法に従った言語表現。
八 云何んが…有らん　燃と可燃という言葉で表現されなければ、そもそも否定されるべき事物が何か、燃とか可燃という義・意味が明らかでないから、否定される対象がないことになる。

ならば、則ち作と作者とも亦た応に一なるべし。若し作と作者と一ならば、則ち陶師《とうし》と瓶《びょう》とは一ならん。作者は是れ陶師、作は是れ瓶なり。陶師は瓶に非らず、瓶は陶師に非らず。云何んが一と為さん。是れ作と作者とは一ならざるを以っての故に、燃と可燃とも亦た一ならず。

若し「一は不可ならば、則ち応に異なるべし」と謂《い》わば、是れ亦た然《しか》らず。何を以っての故に。若し燃が可燃と異ならば、応に可燃を離れて別に燃有るべし。是れは可燃、是れは燃と分別《ふんべつ》すれば、処処に可燃を離れて応に燃有るべし。而も実《じつ》には爾《しか》らず。是の故に異も亦た不可なり。

〔三―二　別異の場合の四種の誤謬〕

復た次に、

[一五]是くの如くならば[一六]常《つね》に応に燃ずべく　可燃に因《よ》らずして生《しょう》ぜん

九 論者　論者は論書を著す者（独訳は ein Śāstra-Lehrer）であろうが、羅什はここでも（四九頁註一〇参照）実質的には「空を論ずる者」を念頭に置いていたと思われる。有も無も否定しようとする空論者は、有や無という言葉を語らないでは有も無も否定することはできないので、有や無という語を使用するが、だからといって、語った有や無を実有として執着しているのではない。因みに『疏』では次節に関連して羅什（龍樹か）を論主として論者（英訳 a commentator）と区別している。

一〇 欲　底本の「破」を、三枝訳中、三〇九頁註三によって「欲」に改める。

一一 口に言有るは…為さん　言葉を用いることが、その言葉の対象を実有とすることであれば、否定するという言葉を用いたならば、用いた人自身を否定することになる。『論理』一〇七頁参照。

一二 受けず　註六参照。

一三 是の故に…成ぜず　この一節は見出し（一）の要約。『無畏』は（二）に直接次の「何を以っての故に」が続く。

一四 作者は是れ人、作は是れ業なり　羅什はここでは作者を日常的な仕事・行為をする人、陶師（陶器を造る人）、作（karman・業）を瓶（陶器）とする。従って作＝業は、行為の対象である「作られるもの」を意味する（解題上、九九―一〇二頁、第八章の項参照）。

一五 是くの如くならば　梵偈の d にある「そのようであるとき」。羅什は偈の冒頭に置き、「燃と可燃とが別々であるならば」と理解している。『無畏』以下は偈と同じく「偈の a b c のようであるとき」と解釈する。

一六 常に応に…と名づく　梵偈は「（一）常に燃えるであろう。（二）燃えさせる原因のないものであろう。（三）再び開始すること（再点火）が無意味である。（四）そうであるとき、〔燃焼〕行為の対象のないもの（akarmaka）となろう」。羅什はこの再び開始することを「功」、「人功」、人のはたらき、努力とする。次偈でも同じ梵語（開始・着手）を人功と訳し、無作の karman を『無畏』は焼く、煮るという火の行為（はたらき）、要するに火の燃焼というはたらきとする。しかし羅什の註釈などはここでも karman を業・作だけでなく、可燃・対象の意味とも取っている。註一四参照。

則ち火を燃ずるの功《く》無く　亦《ま》た無作《むさ》の火と名づく　（二）

若し燃《ねん》と可燃《かねん》と異《い》ならば、則ち燃は可燃を待たずして而《しか》も常《つね》に燃ぜん。若し常に燃ぜば、則ち自《みずか》ら其《そ》の体《たい》に住《じゅう》して、因縁《いんねん》を待たず。人功《にんく》は則ち空《むな》し。人功とは火を[一]将護して燃ぜしむるなり。是《こ》の功は現に有り。是の故に、火は可燃に異ならざるを知る。

復《ま》た次に、若し燃が可燃に異ならば、燃は即ち無作なり。可燃を離れて、火は何れの所にか[二]然《ねん》ぜん。若し爾《しか》らば、火は則ち無作なり。無作の火とは是の事有ること無し。

〔三—三　**別異であれば火は縁生でなく人功も空しい理由**〕

[6]問うて曰く、云何《いか》んが火は因縁より生《しょう》ぜず、人功も亦た空しきや。

答えて曰く、

[三]燃が可燃を待たざれば　則ち縁《えん》より生ぜず

[四]火が若し常に燃ぜば　人功は則ち応《まさ》に空しかるべし　（三）

燃と可燃とが若し異ならば、則ち可燃を待たずして燃有り。若し可燃を待たずして然有らば、則ち[五]相因法《そういんほう》無し。是の故に、因縁より生ぜず。

復た次に、若し燃が可燃に異ならば、則ち応に常に燃ずべし。若し常に燃ぜば、応に可燃を離れて別に燃有るを見るべし。更に人功を須《もち》いず。[7]何を以っての故に。

若し汝が[六]燃時《ねんじ》を　名づけて可燃と為《な》すと謂《い》わば

[七]爾《そ》の時は但《た》だ薪有るのみ　何物《なにもの》か可燃を燃ぜん　（四）

若し先に薪有りて[八]焼時を可燃と名づくと謂わば、是の事は爾らず。[九]若し燃を離れて別に

一　将護　将は助ける、養う。将護は助け守ること。『疏』には「将護令火得燃」（大正四二、九六下一一—一二）、「何仮将護」（同下一二と九七上一）。

二　然　然は燃。「火何所然」は『無畏』の「それ（火）の焼く、煮る等の行為であるもの、それらは存在しないであろう」という文に相当する。

三　燃が可燃…生ぜず　梵偈では「他のものに相待していないので、燃やす原因のないものとなろう（bは前偈のbと同文）」。羅什は「燃やす原因」を「縁」と取り、それがaの待（apekṣa）と同義語であるから「則ち」としたのであろう。

四　火が若し…空しかるべし　梵偈は「常に燃えているものが、再び〔燃え〕始めることは無意味になる」。梵偈のcは前偈のcと同文。九九頁註一六参照。

五　相因法　相い因るもの、依存するもの（『大辞典』「相因法」参照）。『疏』は偈の前半は「因」（可燃）を失ない、後半は「縁」（人功）を失なうことによる過失を説くとする。

六　燃時　燃時は現に「燃やされているもの」（idhyamāna）、√idh の受動形の現在分詞。第二章の去時（gamyamāna）、二四頁註六参照。

七　爾の時は…燃ぜん　梵偈は「これ（薪）がただその限り・それ程だけのもの（＝現に燃やされているもの）であるとき、何ものによって薪が燃やされるで

（大）一五上

可燃有らば、云何んが燃時を可燃と名づくと言わん。

〔三—四　別異であれば火は薪に到達せず常に燃え続ける〕

8 復た次に、

　[一〇]若し異ならば則ち至らず　至らざれば則ち焼かず[一一]
　焼かざれば則ち滅《めつ》せず[一二]　滅せざれば[一三]則ち常に住《じゅう》す　（五）

若し燃が可燃に異ならば、則ち燃は応に可燃に至るべからず。何を以っての故に。[一四]相待《そうだい》せずして成《じょう》ずるが故なり。[一五]若し燃が相待せずして成ぜば、則ち[一六]自ら其の体に住す。何ぞ可燃を用いん。是の故に至らず。[一七]若し至らずば、則ち可燃を燃ぜず。何を以っての故に。至らずして而も能《よ》く焼くこと有ること無きが故なり。若し焼かずば、則ち滅すること無く、応に常に[一八]自相《じそう》に住すべし。是の事は爾らず。

あろうか」。
八　焼時を可燃と名づく　『無畏』ではこの註釈文は偈ａｂの繰り返しであるから、焼時は燃時の異訳。
九　若し燃を…言わん　もし火（燃）を離れて別に薪（可燃）が有るならば、どうして「現に燃やされているもの」（燃時）を薪（可燃）と名づけるというのか。
一〇　若し異…至らず　梵偈ａは「別のもの〔である火〕は〔薪に〕到達しないであろう」。Ｔ１のａは「別のものであるから、到達しない」と、火が薪と別のものであることを到達しない理由を説くと訳している。
一一　焼かず　ここでは梵偈は今まで「燃」と訳されてきた√idh の変化形でなく、√dah の変化形を用いているので、羅什も燃やさずでなく、焼かずと訳し分けたのであろう。
一二　滅せず　梵偈は「消えないであろう」(na nirvāsyati)。次の「滅せざれば」は「消えないもの」(anirvāṇa)。nirvāṇa は言うまでもなく、宗教的な用語としては涅槃を意味する。涅槃は火の消えた状態に喩えられる。
一三　滅せざれば則ち常に住す　梵偈は「消えないで固有の相を具備したものは存続する」。
一四　相待せず…故なり　『無畏』の直訳。底本は「不㆓相待成㆒」と返点をつけている。
一五　若し燃が…至らず　この一節は羅什の註釈。
一六　自ら其の体に住す　偈ｄ（註一三参照）の異訳。
一七　若し至らずば…爾らず　偈ｂ以下の註釈。『無畏』の意訳。
一八　自相　自相は梵偈の「固有の相」(svaliṅga)。偈ｄの「常に住す」は「常に自相に住す」の省略形。

〔三―五　別異だからこそ到達するという反論とその否定〕

9 問うて曰く、

一燃《ねん》は可燃《かねん》と異《い》にして　而《しか》して能《よ》く可燃に至る

此《こ》〔の人〕が彼の人に至り　彼の人が此の人に至るが如し　(六)

燃は可燃と異にして、而して能く可燃に至る。男が女に至るが如く、女が男に至るが如し。

10 答えて曰く、

若し燃と可燃との　二二は倶《とも》に相《あ》い離《はな》ると謂《い》わば

是《か》くの如くならば燃は則ち能く　彼の可燃に至らん　(七)

若しくは燃を離れて可燃有り、若しくは可燃を離れて燃有りて、各《おのおの》三自ら成《じょう》ぜば、是くの如くならば、則ち応《まさ》に燃は可燃に至るべし。而も実《じつ》には爾《しか》らず。何を以っての故に。燃を離れて可燃無く、可燃を離れて燃無きが故なり。

今、男を離れて女有り、女を離れて男有り。是《こ》の故に汝の喩《たとえ》は非なり。喩が成ぜざるが故に、燃は可燃に至らず。

〔四　有の立場では相互相待性はあり得ない〕

〔四―一　相互相待して存在する燃と可燃には前後関係は成立しない〕

11 問うて曰く、燃と可燃とは相待《そうだい》して而して有り。可燃に因《よ》りて燃有り、燃に因りて可燃

一　燃は可燃と…に至る　梵偈は「もし女が男に、男が女に到達する（合う）ことができるように、薪と全く別の火が薪に到達できる〔という〕のであれば」。訳偈bの「而」はT訳偈や『無畏』の読み方に従えば逆説の意味、「而も」となる。

二　倶に相い離る　梵偈は「もし火と薪が互いに離れているならば（cd）、薪より全く別の火は薪に確かに（kāmam）到達するであろう（ab）」。abは第六偈abの「もし」を「確かに」に変えただけ。

三　自ら成ぜば　前（一〇一頁註一八参照）の「自相に住す」といったあり方を一般化して各々が自分で存在（成立）すること、自性であることが、「別のもの」、「相い離れてある」もののあり方であることを念押ししたものであろう。

四　二法　二法は燃と可燃、即ち火と薪。

五　因りて　梵偈は「相待して」。

有り。[四]二法は相待して成ず。

答えて曰く、

若し可燃に因りて[五]燃　燃に因りて可燃有らば
[六]先に定《さだ》んで何の法有りて　而して燃と可燃と有らん　（八）

[七]若し可燃に因りて而して燃が成ぜば、亦《ま》た応に燃に因りて可燃が成ずべし。是の中に若し先に定んで可燃有らば、則ち可燃に因りて、而して燃は成じ、若し先に定んで燃有らば、則ち燃に因りて可燃は成ぜん。

今若し可燃に因りて而して燃が成ぜば、則ち先に可燃有りて、而後《じご》に燃有らん。応に燃に待して而して可燃有るべからず。何を以っての故に。可燃は先に在《あ》り、燃は後に在るが故なり。若し燃が可燃を燃ぜずば、是れ則ち可燃は成ぜず。

[八]又た可燃は余処に在らず。燃を離るるが故に。若し可燃が成ぜずば、燃も亦た成ぜず。若し先に燃あり後に可燃有らば、燃も亦た是くの如き過《とが》有り。是の故に、燃と可燃との二は倶に成ぜず。

〔四―二　前後関係があれば、二種の誤謬に堕す〕

[12]復《ま》た次に、

[九]若し可燃に因りて燃あらば　則ち燃は[一〇]成じて復た成ぜん
是れ[一一]可燃の中と為《な》さば　則ち燃有ること無しと為す　（九）

若し[一二]可燃に因りて而して燃を成ぜんと欲せば、則ち燃は成じ已《おわ》りて復た成ぜん。[一三]何を

六　先に定んで…有らん　梵偈は「先に成立しているのはどちらで、それに相待して火か薪があるであろうか」。T訳は「それに相待して火か薪があるであろう、先に成立するものはどちらか」。

七　若し可燃に…成ぜん　以下の註釈は羅什の解説。『無畏』は偈の繰返し。

八　可燃は余処に在らず　可燃（薪）が別の場所にあれば、燃（火）と離れていることになるので、燃も可燃もありはしない。

九　若し可燃に因りて燃あらば　偈のaは梵偈も第八偈aと同文。

一〇　成じて　梵偈は成立（存在）している火の成立、即ち既に成立せる火を、さらに成就実現するという誤りとなる。

（大）一五中

一一　可燃の中…と為す　梵偈cdは「またそうであるとき〔即ち火が薪に相待しているとき〕、薪は火のないものであろう」。羅什は「火が薪に依存して」を火が薪の中に在ると解釈し、そうであれば、火と薪は別のものであるから、薪は火のないものとなると否定する。五種の否定の第四（本章第一四偈参照）に当る。

一二　可燃に因りて　『無畏』はこの前に「薪が先に成立していて」を加えている。

一三　何を以って…過有り　以下は羅什の註釈。火が火そのものの中にあるということは、「成じ已りて」（成已にしてか）即ち既に成立している火が、さらに火として成立することになる。

以っての故に。燃《ねん》は自《みずか》ら燃の中に住《じゅう》すればなり。若し燃が自ら其《そ》の体《たい》に住せずして、可燃《かねん》に従《よ》りて成《じょう》ぜば、是《こ》の事は有ること無し。是の故に、是の燃が可燃に従りて成ずること有らば、今、則ち燃は成じて復《ま》た成ぜん。是《か》くの如きの過《とが》有り。

復た可燃に燃無きの過有り。何を以っての故に。可燃は燃を離れて自ら其の体に住するが故なり。是の故に、燃と可燃とが相《あ》い因待《いんだい》するは、是の事は有ること無し。

〔四―三　相互に相待（因待）する二者も実有でない〕

[13]復た次に、

[一]若し法が因待して成じ　是の法が還って待《たい》を成ぜば
今則ち因待無く　亦《ま》た所成《しょじょう》の法も無し　（一〇）

若し法が因待して成じ、是の法が還って本《もと》の因待を成ぜば、是くの如く決定《けつじょう》すれば、則ち[二]二事無し。可燃に因《よ》りて而して燃を成じ、還って燃に因りて而して可燃を成ずるが如し。是れ則ち二は倶《とも》に[三]定《じょう》無し。定無きが故に不可得《ふかとく》なり。

〔四―四　相待以前が未成であっても、成已であっても相待はあり得ない〕

[14]何を以っての故に。

[四]若し法が待有りて成ぜば　[五]未成《みじょう》は云何《いか》んが待あらん
[六]若し成じ已《おわ》りて待有らば　成已《じょうい》は[七]何ぞ待を用いん　（一一）

若し法が因待して成ぜば、是の法は先には未だ成ぜざるなり。未だ成ぜざれば則ち無《む》な

一　若し法が…法も無し　梵偈は「或る事物（甲）が〔或るもの・乙に〕相待して成立するとき、もしそれ（甲）に相待して、相待されるもの（乙）が成立するならば、何に相待して何が成立しようか」。この偈では、有の立場では相待があり得ないことを、相互相待が成立しないことによって論証する。「還って待を成ず」は相待するものが逆に相待されるものになること。羅什は「何に相待して」という反語を「今則ち因待無く」、同じく「何が成立しようか」を「所成の法も無し」と、反語の真意に改めている。
二　二事　相待するものとされるもの、例えば燃と可燃等。
三　定　定有、自性。
四　若し法が待有りて成ぜば　梵偈のaは第一〇偈aと同文。
五　未成　asiddha（未だ成立・存在していないもの）。
六　成じ已りて　既に成立しているもの。「未成」と同様「成じ已りて」でもあり、「成じ已りたるもの」でもあろう。

り。無ならば則ち云何んが因待有らん。

若し是の法が先に已《すで》に成ぜば、已に成ぜるに、何ぞ因待を用いん。是の二は倶に相い因待せず。是の故に汝[八]が先に「燃と可燃と相い因待して成ず」と説けるは、是の事は有ること無し。

〔四—五　結論—燃と可燃は相待してもしなくても存在しない—〕

是[15]の故に、

可燃に因るも燃無く　因らざるも亦た燃無し
燃に因るも可燃無く　因らざるも可燃無し　（一二）

今、可燃に因待するも、燃は成ぜず。可燃に因待せざるも、燃は亦た成ぜず。可燃も亦た是くの如し。燃に因るも、燃に因らざるも、二は倶に成ぜず。是の過は先に已に説けり。

〔五　燃・火の在所〕

復[16]た次に、

燃[九]は余処より来《きた》らず　燃処《ねんしょ》にも亦た燃無し
可燃も亦た是くの如し　余《よ》は去来《こらい》に説けるが如し　（一三）

燃は余《よ》方《ほう》於《よ》り来りて可燃に入るにあらず。可燃の中にも亦た燃無し。薪を析《さ》きて燃を求むるに不可得なるが故なり。

可燃も亦た是くの如し。余処より来りて燃の中に入るにあらず。燃の中にも亦た可燃無

七　何ぞ待を用いん　梵偈は「それ（既に成立しているもの）に相待は妥当しない」。羅什は反語に意訳している。

八　汝が先に…と説ける　本文一〇二頁一八行—一〇三頁一行。第八偈の前の対論者の主張。

九　燃は…説けるが如し　梵偈は「火は〔火以外の〕別のもの（余処・余方）（大）一五下から来ることはない。火は薪（燃処）に存在しない。同じく〔火と〕薪に関する残余〔の論項〕は〔第二章の〕去時・已去・未去〔の否定〕によって説かれている」。龍樹は第八章第一三偈でも「取者」を省略しているように、ここでも「火」を省略していると考えられる。しかし『無畏』以下は、薪だけの残りの議論を註釈で説く。月称は「同じく」でなく、atra（ここ）とする（補註16参照）。羅什は「可燃も亦た是くの如し」と、燃について a と b で否定したのと同じ方法で否定する、というのであるから、「同じく」の意味は全く異なる。

し。

[一]燃《ねん》じ已《おわ》れば燃ぜず、未だ燃ぜざるも燃ぜず、燃時《ねんじ》も燃ぜざるが如きは、是《こ》の義は去来《こらい》の中に説けるが如し。

〔六　燃と可燃との五種の関係の否定〕

是[17]の故に、

[二]可燃《かねん》は即ち燃に非らず　[三]可燃を離れて燃無し
[四]燃にも可燃有ること無く　[五]燃の中にも可燃無し
可燃の中にも燃無し　（一四）

[六]可燃は即ち燃に非らず。何を以っての故に。[七]先に已《すで》に作《さ》と作者《さしゃ》と一なるの過《とが》を説けるが故なり。可燃を離れて燃無し。[八]常《つね》に燃ずる等の過有るが故なり。燃には可燃有ること無く、燃の中には可燃無く、可燃の中には燃無し。[九]異《い》の過有るを以っての故に、[一〇]三は皆成《じょう》ぜず。

〔七　燃と可燃の否定の真意は受者・人と受・五蘊（身体）の否定にある〕

問[18]うて曰く、何が故に燃と可燃とを説くや。

答えて曰く、可燃に因《よ》りて燃有るが如く、是《か》くの如く受《じゅ》に因りて受者《じゅしゃ》有り。受は五陰《ごおん》に名づけ、受者は人に名づく。燃と可燃と成ぜざるが故に、受と受者とも亦た成ぜず。何を以っての故に。

一　燃じ已れば…如し　偈dの註釈。已去、未去、去時に合せて、燃已、未燃、燃時の否定を「残余」とする。『無畏』、仏護はそれを詳述する。

二　可燃は即ち燃に非らず　この偈は五種の否定を説く。梵偈aは「火は決して薪ではない」。偈のaは第一の火と薪の同一性の否定。㊂と『疏』（大正四二、九九中一六、二九参照）では「若可燃無燃」（若しくは（punar の訳か）可燃は無燃なりか）。『疏』は「陰（蘊）に即して我無きことを明す」と「即」を説く句とする。

三　可燃を離れて燃無し　偈bは第二の別異を説く句。「離」は「火は薪より別のところにはない」。

四　燃にも可燃有ること無く　五種の関係の内の第五の関係とされる（第二二章第一偈参照）所有（-vat）を説く句。梵偈は「火は薪を所有するものでない」。

五　燃の中にも可燃無し　梵偈の「火に薪はなく、それら（薪）にそれ（火）はない」。これは五種の関係のうちの第三と第四に当る。羅什はこれら五種の関係を明確にするために、偈に第五句を加えたのであろう。

六　可燃は…皆成ぜず　以下の註釈は殆ど『無畏』と同じ。

七　先に已に…説ける　本章第一偈のa。

八　常に燃ずる等の過　第二偈a。『無畏』は第三偈aの「別のものに依存しな

燃[11]と可燃との法を以って　受と受者との法を説き
及び以《とも》に瓶《びょう》と衣《え》と　一切等《いっさいとう》の諸法《しょほう》を説く　（一五）

[12]可燃は燃に非らざるが如く、是くの如く、受は受者に非らず。[13]作と作者との一なるの過あるが故なり。[14]又た受を離れて受者無し。[15]異ならば不可得《ふかとく》なるが故なり。異の過を以っての故に、[16]三は皆、成ぜず。受と受者との如く、外《そと》の瓶と衣等の一切法《いっさいほう》は、皆、[17]上の説に同じ。[18]無生《むしょう》にして畢竟空《ひっきょうくう》なり。

〔八　アビダルマの部派仏教は仏の教えではない〕

19　是の故に、
若し人[19]が「我[20]《が》有り　諸法は各異相《おのおのいそう》なり」と説かば
[21]当《まさ》に知るべし、是くの如き人は　仏法《ぶっぽう》の味《み》を得ざることを　（一六）

いこと」等の誤りとする。

九　異の過有るを以っての故に　『無畏』の「別異性の誤りになる故に」の訳。

一〇　三　三は五種の関係の内、この節で説く同一と別異を除く三種の関係。

一一　燃と可燃…諸法を説く　梵偈は「自我と取に関するあらゆる論証方法は火と薪によって余すところなく、瓶や衣等と共に、詳述された」。「燃と可燃の法」の法は事物であろう。英・独訳は共に dharma とする。羅什は論述・否定の方法を漠然と「法」と言ったのか。「及び以に」の「以」は sārdham（共に）の訳と取った。「以って」か。

一二　可燃は…受者に非らず　同一の場合を受と受者に適用しただけのもの。第一四偈の a（註二）参照。

一三　作と作者との一なるの過　第一偈 a b 参照。

一四　受を離れて受者無し　別異の場合。

一五　異　燃と可燃の場合は常燃の過を挙げるが、この場合に適用できないので、別々のものであれば、受の中に受者は不可得（認識できない）・存在しないことを論拠としたのであろう。第一三偈の註釈、「薪を析きて燃を求むるに不可得なるが故」を適用したのであろう。

一六　三　羅什訳第一五偈が説く（一）受と受者、（二）瓶と衣、（三）一切等の諸法の三。しかし註釈では（二）と（三）を「外の瓶衣等の一切法」とする。

一七　上の説　上来燃と可燃について論じてきた論説。

一八　無生にして畢竟空　燃も可燃も一切法も不生で空であることが、この章の結論であることを示す。畢竟空は畢竟寂滅。

一九　人　梵偈の「自我と諸事物の…と説く者たち」を指す。具体的には註釈が示す犢子部や薩婆多部の論者。

二〇　我有り…異相なり　梵偈では「自我と諸事物との同一性と別異性」。羅什は自我と諸事物の同一性を「我有り」と改めて、犢子部の主張とし、別異性を「諸法は各異相なり」と改めて、説一切有部の学説と読む。

二一　当に知るべし…得ざることを　梵偈は「私（龍樹）は彼らを〔仏の〕教えの真意に通暁している者とは考えない」。羅什は「教えの真実を会得している者でないと考えなさい」。仏法の味は醍醐味・真意。

諸法《しょほう》は本《もと》より已来《このかた》無生《むしょう》にして畢竟《ひっきょう》して寂滅《じゃくめつ》の相《そう》なり。是《こ》の故に、一品末《ほんまつ》に是の偈《げ》を説く。

若し人が我《が》相《そう》を説くこと、二犢子《とくし》部《ぶ》の衆《しゅ》の如きは、「色《しき》は即ち是れ我《が》なりと言うことを得ず、色を離れて是れ我なりと言うことを得ず、三我は第五不《ふ》可《か》説蔵《せつぞう》の中に在り」と説く。四薩婆多《さつばた》部《ぶ》の衆の如きは、「諸法は各各相《おのおのそう》あり、是れは善《ぜん》、是れは不《ふ》善《ぜん》、是れは無記《むき》、是れは有漏《うろ》、無漏《むろ》、有為《うい》、無為《むい》等の別異《べつい》あり」と説く。是《か》くの如き等の人は諸法の寂滅の相を得ずして、五仏語《ぶつご》を以《もち》いて種種《しゅじゅ》の戯論《けろん》を作《な》す。

一　品末　章の最後に。

二　犢子部　Vātsīputrīya。五蘊（身体）と同一とも別異とも言うことができない（不可説）、輪廻転生する主体である人＝プドガラの存在を認める部派。解題下、仏護の項、三四頁以下参照。　㊅一六上

三　我は第五不可説蔵の中に在り　羅什は我とするが、犢子部の説く人（プドガラ）は実有な我（アートマン）ではなく、いわば仮有の我である。犢子部は一切の法を、（一）過去、（二）現在、（三）未来の有為法と（四）無為法の他に、このプドガラを（五）不可説の法蔵に分けて五法蔵論を主張した。

四　薩婆多部　説一切有部 Sarvāstivāda、有部と略称する。一切法を七十五法に分類する法の体系を提唱する。部派仏教の最大の部派。

五　仏語…戯論を作す　仏の教えの言葉・経の文言を使用して、部派の人々は様々な教理の体系を虚構（戯論）する。

中論 観本際品《かんほんざいほん》[1] 第十一 八偈

〔一 「本際は不可得」という仏説の真意は無始（無終）である〕

問うて曰く、[2]『無本際経《むほんざいぎょう》』[一]に「衆生《しゅじょう》は生死往来《しょうじおうらい》[二]して本際《ほんざい》[三]は不可得《ふかとく》[四]なり」と説く。是《こ》の中に、衆生有り、生死有りと説く。何の因縁《いんねん》[五]を以っての故に、而《しか》も是[六]の説を作《な》すや。

答えて曰く、

大聖《だいしょう》[七]の所説《しょせつ》は「本際は不可得なり」

生死に始有ること無く　亦復《ま》た終有ること無し　(一)

聖人《しょうにん》[八]に三種有り。一は外道《げどう》の五神通《ごじんずう》[九]、二は阿羅漢《あらかん》と辟支仏《びゃくしぶつ》、三は神通を得たる大菩薩《だいぼさつ》なり。仏は三種の中に於いて最上なるが故に、大聖と言う。[一〇]仏の言説《ごんぜつ》する所は、是れ実説ならざるは無し。生死は無始《むし》[一一]なり。何を以っての故に。生死の初《しょ》と後《ご》とは不可得なればなり。是の故に無始と言う。

〔二 初中後と先・後・共（同時）の否定〕

汝が[3]「若し初[一二]と後と無くば、応《まさ》に中《ちゅう》[一三]有るべし」と謂《い》わば、是れ亦《ま》た然《しか》らず。何を以って

一 『無本際経』 補註2参照。
二 生死 輪廻（saṃsāra）の異訳。
三 本際 前際、過去世のこと。
四 不可得 知られない（na prajñāyate）。龍樹は般若の智慧によって不可得空と理解するが、対論者は世間の分別知によって「認識されない」と誤解する。
五 因縁 『無畏』は趣旨・意図（abhiprāya）。
六 是の説を作すや 『無畏』は「説かれた〔教え〕（gsuṅs pa = ukta, bhāṣita, udāhṛta）が解説されるべきである」。
七 大聖 梵偈は偉大な牟尼（mahāmuni）、釈迦牟尼世尊のこと。
八 聖人 ここで羅什が伝える阿羅漢と独覚、大菩薩（仏をも含む）という仏教内の三聖人に、外道の五神通を得た者を加えた三種の聖人説。これは我が国でも紹介されている（『大辞典』七二八d―七二九a参照）。
九 五神通 神足・天眼・天耳・他心・宿命の五種の超能力。この能力は凡夫でも得られるという。『大智度論』では菩薩は五神通、仏は漏尽通（煩悩を断ち切って二度と迷界に生れないことを実現する神通力）を加えた六神通を備える。
一〇 仏の言説…実説… 仏の教えは、すべて実説、即ち真実であるという。羅什は「方便（言教）は真実である」という『法華経』の教説観によったのであろう。
一一 生死は無始なり 偈aの「本際は知られない」よりも、偈cの輪廻の anavarāgra を、無終始でなく、無始と読んでいたことを示す。
一二 初と後 偈では始と終、初と後は梵偈dの ādi と paścima の訳。
一三 中 madhya（中間・中央・真中）。始・初と終・後がなくても、それらの中間である輪廻はあるという対論者の救釈。

の故に。

若し始と終と有ること無くば　中《ちゅう》の当《まさ》に云何《いか》んが有るべけん
是《こ》の故に[一]此《こ》の中《うち》に於いて　[二]先《せん》も後《ご》も共《ぐう》も亦《ま》た無し　(二)

中と後とに因《よ》るが故に初《しょ》有り。初と中とに因るが故に後有り。若し初無く後無くば、云何んが中有らん。生死《しょうじ》の中には初と中と後と無し。是の故に「先と後と共とは不可得《ふかとく》なり」と説く。

〔三　生と老死との二支の前後関係の否定〕

[4]何を以っての故に。

[三]若《も》使し先に生《しょう》有り　後《のち》に老死《ろうし》有らば
[四]不老死《ふろうし》にして生有らん　不生《ふしょう》にして老死有らん　(三)
若し先に老死有りて　而後《じご》に生有らば
[五]是れ則ち無因《むいん》と為《な》す　不生にして老死有らん　(四)

[六]生死の衆生《しゅじょう》は、若し先に生じ漸《ようや》く老有り、而《しか》して後に死有らば、則ち生に老死無し。[七]法として応《まさ》に生に老死有り、老死に生有るべし。又た不老死にして而も生あるは、是れ亦た然《しか》らず。又た生に因らずして老死有らん。若し先に老死ありて後に生あらば、老死は則ち無因ならん。生が後に在《あ》るが故なり。又た不生にして何ぞ老死有らん。

一　此の中　梵偈は atra。註釈のように、生死の中に。
二　先も後も共も　pūrvāparasahakrama（前と後と同時という順序）。共（saha）は前後関係のなかでは前と後との中間であり、同時にあること。過去（前）と未来（後）に対していえば現在。
三　若使し…有らば　偈の前半は先（pūrva）を生（jāti）、後（ここでは uttara を老死（jarāmaraṇa）。龍樹はここでは前後を十二支縁起の「生（第十一支）によって、老死（第十二支）あり」によって、輪廻の前際と後際の存在を主張する対論者を想定している。このことはこの章の著述が第二六章の「「十二支」の考察」の著述の時期に近いことを示すか。
四　不老死に…老死有らん　梵偈は「老死のない生があろう。死んでいないものが生じよう」。
五　是れ則ち…有らん　梵偈は「生れていないものに原因のない老死がどうしてあろうか」。
六　生死の…生有るべし　この節は第三偈abcの羅什の註釈。彼は輪廻する衆生が、生れ、老い、死ぬという日常経験の現実相が、論理的には生に老死がないことになるという誤りを指摘する。
七　法として　法はここでは縁起の相互相待の論理であり、生・老死の真実相。
八　一時に成ず　梵偈は saha（註二参照）。羅什は saha をここでは同一時に一緒にあると、時間的にも空間的にも共在

〔四　生と老死との共（同時）の否定〕

5若し生と老死との先後《せんご》は不可得なるも八一時に成《じょう》ずと謂《い》わば、是れ亦た過《とが》有り。何を以っての故に。

生と及び老死とは　一時に共《とも》なるを得ず
九生時《しょうじ》に則ち死有り　一〇是の二は倶《とも》に無因ならん　（五）

若し生と老死と一時なるは、則ち然らず。何を以っての故に。生時に即ち死有るが故なり。一一法として応に生時は有にして一二死時は無《む》なるべし。若し生時に死有らば、是の事は然らず。若し一時に生ぜば、一三則ち相《あ》い因ること有ること無し。牛の角が一時に出《い》でて、則ち相い因らざるが如し。

〔五　結論――生と老死の戯論寂静――〕

6是の故に、

一四若《も》し初と後と共は　是れ皆然らずば
何が故に而も一五戯論《けろん》して　生と老死と有りと謂うや　（六）

生と老死とを思惟《しゆい》するに、一六三は皆過有るが故に、一七即ち無生《むしょう》にして畢竟空《ひっきょうくう》なり。汝は今何が故に貪著《とんじゃく》して生と老死とを戯論し、決定《けつじょう》の相《そう》有りと謂うや。

〔六　結論を他の一切法へ適用する〕

7復《ま》た次に、

することとする。　（大）一六中

九　生時　jayamāna（生まれつつあるもの）。第二章第二偈等の gamyamāna・去時参照。

一〇　是の二　生と老死。

一一　法　この場合の法は縁起の法（註七参照）でなく、日常の有無の理法。独・英訳はこの法を事物・アビダルマの法と取り、「法は生ずるときに存在すべき」云々と訳す。

一二　死時　生時に対して「死につつあるもの」（mriyamāṇa）。

一三　相い因る　ここでも羅什は相互依存の論理によって「一時・共」を否定する。他の註釈者の見解は補註5参照。

一四　若使し…謂うや　この偈は第二偈の「前・後・共（同時）の順序があり得ない」ことを論じた結論を説く。

一五　戯論して…謂うや　梵偈は「それを生、それを老死とどうして戯論（prapañcayanti）するのか」。この「戯論する」は「生と老死と有りと謂う」だけの意味。そう謂うことが戯論である。

一六　三　羅什は「老死」を老と死と分けて生と老と死としている。本文一一〇頁一三行参照。

一七　過　生と老死の誤りは第三、四偈のcdに説かれているが、ここでは生も老も死も実有・自性であることを過といったのであろう。「決定の相」は自性・自相のこと。

諸《もろもろ》の[一]所有《しょう》の因《いん》と果《か》と　[二]相《そう》と及び可相法《かそうほう》と
[三]受《じゅ》と及び受者《じゅしゃ》等の　所有の一切法《いっさいほう》は　（七）
但《た》だ生死《しょうじ》に於いて　本際《ほんざい》が不可得《ふかとく》なるのみに非らず
是《か》くの如き一切法に　本際は皆亦《ま》た無し　（八）

一切法とは、所謂《いわゆる》因と果、相と可相、受と及び受者等なり。皆本際無し。但だ生死に本際無きのみに非らず。略して開示《かいじ》するを以っての故に、生死に本際無しと説く。

一　所有「すべての」。羅什の付加。第四章第七偈以下参照。
二　相・可相法　梵偈は lakṣaṇa（相）と lakṣya（所相）。
三　受・受者　vedanā（感受・感覚）と vedaka（感受・感覚する者）。

中論 [1]観《かん》[一]苦品《くほん》 第十二 十偈

〔一 総説―自作等の四作の否定―〕

[2]有る人は説いて曰く、

[二]自作《じさ》と及び他作《たさ》と　共作《ぐうさ》と[三]無因作《むいんさ》と
是《か》くの如くに[四]諸苦《しょく》を説くも　[五]果《か》に於いては則ち然《しか》らず　（一）

有る人は「苦悩《くのう》は自作なり」と言い、或るは「他作なり」と言い、或るは「亦自《やくじ》作《さ》亦他《やくた》作《さ》なり」と言い、或るは「無因作なり」と言う。果に於いて皆然らず。果に於いて皆然らずとは、衆生《しゅじょう》は衆縁《しゅえん》を以って[六]苦《く》を致《いた》し、苦を厭《いと》いて滅《めつ》を求めんと欲するも、[七]苦悩の実《じつ》の因縁《いんねん》を知らずして[八]四種の謬《びょう》有り。是《こ》の故に果に於いて皆然らずと説く。

〔二 自作の否定A〕

[3]何を以っての故に。

一 苦　この苦は苦痛とか苦悩といった感覚や感情でなく、五取蘊という現実に生きている人間存在そのもの。第二六章第九偈参照。この章ではそういう苦を苦しむ人間存在は、実有、実体である自我（アートマン）として存在しないが、身体と同一でも別異でもない実有でない主体を認めて、それをプドガラと名づける犢子部の思想を否定する。

二 自作・他作・共作　「自作」は自ら・自身によって作られた、「他作」は他者によって、「共作」は自と他の両者によって作られた。

三 無因作　因のないもの（ahetuka）。自作等の四句の第四句で、形式的に言えば、「両方でないものによって作られた〔もの〕」。第一章第三偈の「不無因」（ahetutas）参照。同じ考えの時期の著作か。

四 諸苦　梵偈は duḥkham（単数）、羅什は自作の苦等に分けて複数形にした。

五 果に於いては則ち然らず　偈意は苦は苦そのものによって作られたもの（kṛta）等の、自作、他作等の四作という誤った見解に立って、苦を滅却しようとする者に対して、龍樹は縁起即空の立場でそもそも苦は「作られる〔べき〕」もの（果）に適さない、苦は作られるものでない」と説く。羅什はそのことを、対論者は「苦悩の実の因縁（＝縁起）を知らずして、四種の謬有り」と明説する。

六 苦を致し　苦をまねきよせる。

七 苦悩の実の因縁を知らず　苦が縁起したものであるという成立・存在の真の理由・論理を知らない。

八 四種の謬　苦の存在の原因として説かれた自作等の四作は、苦の成立の偽りの原因、誤った見解である。

苦《く》が若し自作《じさ》ならば　則ち[一]縁《えん》より生《しょう》ぜず
[二]此《こ》の陰《おん》有るに因《よ》るが故に　而《しか》も彼の陰の生ずる有り　（二）

若し苦が自作ならば、則ち衆縁《しゅえん》より生ぜず。[三]自《じ》とは自性《じしょう》より生ずるに名づく。是《こ》の事は然《しか》らず。何を以っての故に。前の五陰《ごおん》に因《よ》りて後の五陰の生有ればなり。是の故に苦は自作なるを得ず。

〔三　他作の否定A〕

4 問うて曰く、若し此の五陰が彼の五陰を作《つく》ると言わば、則ち是れ他作《たさ》ならん。

答えて曰く、是の事は然らず。何を以っての故に。

若し此の五陰は　彼の五陰に異なりと謂《い》わば
是《か》くの如くならば則ち応《まさ》に　他《た》よりして苦を作ると言うべし　（三）

若し此の五陰は彼の五陰と異なり、彼の五陰は此の五陰と異ならば、応に他より作らるべし。縷《いと》と布《ぬの》と異ならば、応に縷を離《はな》れて布有るべく、若し縷を離れて布無くば、則ち布は縷に異ならざるが如し。是くの如く、彼の五陰は此の五陰に異ならば、則ち応に此の五陰を離れて彼の五陰有るべし。若し此の五陰を離れて彼の五陰無くば、則ち此の五陰は彼の五陰に異ならず。是の故に、応に苦は他より作らると言うべからず。

〔四　自作の否定B──人・補特伽羅の自作の否定──〕

5 問うて曰く、自作とは是れ人[四]なり。人自《みずか》ら苦を作りて自ら苦を受《う》く。

一　縁より生ぜず　縁って（pratītya）生じ（存在し）ない。

㊅一六下

二　此の陰・彼の陰　羅什は前の陰と後の陰とする。諸註釈は此のを現世の五蘊、彼のを未来世の五蘊（『無畏』、仏護）。前の五蘊と後の五蘊（清弁）。月称は臨終の五蘊と誕生に属する五蘊とする。

三　自とは自性より生ずる　自身によって作られるという場合の自・自身を羅什は自性とする。自性は恒常不変であるから作り作られることはない。

四　人　補特伽羅（pudgala）の異訳で、生まれかわり死にかわる主体のことで、異教では実有の自我ātman の異名でもある。仏教は無我の立場であるから、実有の人は認めないが、身体である五取蘊に依拠して人という名称で知られ、人という概念で認識され、世俗の営みをする限りの存在と認める。仏教内でその存在を認める部派は犢子部・正量部。

答えて曰く、
若し[五]人が自ら苦を作らば　苦を離れて何ぞ人有りて
而して彼の人に於いて　而も能《よ》く自ら苦を作ると謂わん　（四）
若し人が自ら苦を作ると謂わば、五陰の苦を離れて何処《いずこ》にか別に人有りて而も能く自ら苦を作らん。応に是[六]の人を説くべくして而も説く可《べ》からず。是の故に苦は人自ら作るにあらず。

〔五　他作の否定Ｂ1―他作の苦を受ける人の否定―〕

[6]若し人自ら苦を作らず、他の人が苦を作りて此の人に与《あた》うと謂わば、是れ亦《ま》た然らず。何を以っての故に。
若し苦は他の人が作りて　而して此の人に与えば
[七]若し当《まさ》に苦を離るべきに　何ぞ此の人の受くること有らん　（五）
若し他の人が苦を作りて此の人に与えば、五陰を離れて、此の人の受くること有ること無し。

〔六　他作の否定Ｂ2―他作の苦を作る他の人の否定―〕

[7]復《ま》た次に、
苦は若し彼[八]の人が作り　持[九]して此の人に与えば
苦を離れて何ぞ人有りて　而も能く此れを授《さず》けん　（六）

五　人が自ら苦を作らば　梵偈は「苦は〔その苦を作る人で、その苦にとっては〕苦自身が属する人によって作られたのであれば」（svapudgalakṛta）。羅什は svapudgala を「人が自ら」と訳す。

六　是の人…可からず　『無畏』の「〔苦のない人〕「それはこれである」と説くべきであるのに、それさえも〔説かれ〕ない」の訳。

七　若し当に…有らん　梵偈は「若し苦が他のプドガラによって生じるのであれば、作った上で、その苦が或る者に与えられるその〔与えられる或る者〕は〔与えられる以前に〕苦なしでどうして〔存在して〕いたのであろうか」。羅什は苦が五蘊（身体）であることを否定の論拠とする。

八　彼の人　梵偈は他の人。

九　持して　羅什の付加。「〔苦を作り〕たもち・保持して〔他に与える〕」。

若し彼の人が苦《く》を作《つく》りて此《こ》の人に授与《じゅよ》すと謂《い》わば、五陰《ごおん》の苦を離れて、何ぞ彼の人が苦を作りて持して此の人に与《あた》うること有らん。若し有らば[一]応《まさ》に其《そ》の相《そう》を説くべし。

〔七　他作の否定C―他者の自作になるという誤謬―〕

8 復《ま》た次に、

[二]自作《じさ》が若し成《じょう》ぜずば　云何《いか》んが彼れ苦を作らん
若し彼の人が苦を作らば　即ち亦《ま》た自作と名づく（七）

[三]種種《しゅじゅ》の因縁《いんねん》にて彼の自作の苦は成ぜず。而《しか》して他作《たさ》の苦を言うは、是《こ》れ亦た然《しか》らず。何を以っての故に。[四]此れと彼れとは相待《そうだい》するが故なり。若し彼れ苦を作らば、彼れに於いても亦た自作の苦と名づく。自作の苦は先に[五]已《すで》に破したり。[六]汝が自作の苦を受《う》くるは成ぜざるが故に、他作も亦た成ぜず。

〔八　縁起とは別の論拠による自作と他作の否定〕

9 復た次に、

[七]苦は自作と名づけず　法は自《みずか》ら法を作らず
彼れは自体《じたい》有ること無し　何ぞ彼れが苦を作ること有らん（八）

自作の苦は然らず。何を以っての故に。刀が自ら割《さ》くこと能《あた》わざるが如く、是《か》くの如く、法は自ら法を作ること能わず、是の故に自作なること能わず。他作も亦た然らず。何を以っての故に。苦を離れて彼れの自性《じしょう》無し。若し苦を離れて彼

一　有らば応に其の相を説くべし　苦を作って他に与える苦のない人が存在するならば、その人の特徴・定義を説くべきである。　(大)一七上

二　自作が…名づく　梵偈は「自身によって作られたもの（自作）が成立していないのであるから、どうして苦は他者（彼れ）によって作られたもの（他作）であろうか。というのは、他者（彼の人）が作ることになるでもあろう苦は、そ〔の他者〕にとっては自作であろうからである」。

三　種々の…成ぜず　この文は『無畏』の「自作の苦は存在しないので」という偈aの繰返しの部分に相当する。「種々の因縁」は一般に「様々な理由」を意味する。しかしこの章ではこれまでに自作の不成立の理由としては第二偈で苦が縁起であると説くだけである（ただし仏護は多くの理由を挙げる。補註2参照）。或いは羅什は縁起を衆因縁和合生とするので、それを種々の因縁と言い換えて、自作の苦の不成立の理由としたのか。

四　此れと彼れとは相待する　『無畏』にない。羅什が此れ即ち自と、彼れ即ち他は相依相待・縁起であるという自己の見解を加えた。

五　已に破したり　第二偈aの縁起であることによる自作の否定。

六　汝が自作…他作も亦た成ぜず　自己自身によって作られた苦は前に否定さ

れの自性有らば、応に彼れが苦を作ると言うべし。彼れも亦た即ち是れ苦なり。云何んが苦が自ら苦を作らん。

〔九　共作と無因作の否定〕

[10]問うて曰く、若し自作と他作と然らずば、応に共作《ぐうさ》有るべし。

答えて曰く、

若し[八]此彼《しひ》の苦が成ぜば　応に共作の苦有るべし
[九]此彼すら尚《な》お作ること無し　何ぞ況んや無因作《むいんさ》をや　（九）

[一〇]自作と他作とすら猶尚《な》お過《とが》有るに、何ぞ況んや無因作をや。無因《むいん》は過多し。[一一]破作作者品《はささしゃほん》中に説けるが如し。

〔一〇　外界のすべての事物への四種不作の適用〕

[11]復た次に、

但《た》だ苦に於いて　四種の義《ぎ》の成ぜざるを説くのみに非らず
[一二]一切の外《げ》の万物《ばんぶつ》に　四義も亦た成ぜず　（一〇）

[一三]仏法《ぶつぽう》の中に五受陰《ごじゅおん》を苦と為《な》すと説くと雖《いえど》も、外道人《げどうにん》有りて苦受《くじゅ》を苦と為すと謂う。是の故に、但だ苦に於いて四種の義の成ぜざるを説くのみにあらず、外の万物、地水山木等の一切法《いっさいほう》にも皆亦た成ぜずと説く。

れたので対論者が自作の苦を感受することは成立しない（本文一一六頁九行目参照）。それ故に他作も成立しない。羅什は偈cを「他者」（彼の人）と対論者と解釈して「汝」と呼んでいる。

七　苦は…作ること有らん　梵偈は「先ず苦は自作でない。それ（法）自身によって、それ（法）が作られることはないからである。他者（彼れ）が自作（自体）でないとしたならば、どうして苦は他作であろうか」。羅什は代名詞それが事物（法）であることを明示し、自作（ātma-kṛta）を自己原因という自体（自性）と解釈し、龍樹がcで他者が自作、即ち他者の自作でないならば（＝b）、苦は他作でない（＝a）と説くのに対して、羅什は他者は自性がない（＝c）から苦を作ることはない。他者の苦を自性とするならば、苦は苦を作らない（＝a）と解釈する。

八　此彼の苦が成ぜば　梵偈は「各々によって作られた（ekaikakṛta）のであれば」。羅什は今までのように自と他とを此と彼とし、その各々によって作られた苦があればと訳す。

九　此彼すら尚お作ること無し　この偈cは四句否定の観点からいえば、第三句の共作の否定であるが、直後の註釈文「自作と他作とすら」が示すように、第一句と第二句の否定となっている。それが龍樹自身の見解でもある。

一〇　自作と…無因作をや　この註釈は

中論　観行品《かんぎょうほん》[1][一]第十三　九偈

〔一　**諸行虚誑の仏説は空の教示を目的とする**〕

問うて曰く、[2]
　[二]仏経《ぶっきょう》の所説《しょせつ》の如きは　[三]虚誑《こおう》は[四]妄取相《もうしゅそう》なりと
　諸行《しょぎょう》は妄取《もうしゅ》の故に　是《こ》れを名づけて虚誑と為《な》す　（一）

[五]仏の経の中に「虚誑とは即ち是れ妄取相なり。[六]第一の実《じつ》とは所謂涅槃《いわゆるねはん》にして妄取相に非らず」と説く。[七]是の経説《きょうせつ》を以っての故に、当《まさ》に知るべし、諸行は虚誑にして妄取相有ることを。

答えて曰く、[3]
　虚誑は妄取ならば　是の中に何の[八]所取《しょしゅ》かあらん
　仏が是《か》くの如き事を説くは　以って[九]空《くう》の義を示さんと欲するなり　（二）

[一〇]若し妄取相の法が即ち是れ虚誑ならば、是の諸行の中に何の所取ありと為すや。仏が是くの如く説くは、当に知るべし、[九]空の義を説く、と。

〔二　**羅什の傍論―諸行即五蘊―**〕

〔二―一A　**色・身体（五蘊の第一）の空**〕

[4][一一]問うて曰く、云何《いか》んが一切の諸行は皆是れ空なりと知る。

『無畏』の訳。

二　破作作者品中　第八章「観作作者品」の第三―六偈。

三　一切の外の万物　梵偈は内の五蘊の苦に対する色等の外界の諸事物、羅什は地水山木等とする。

亖　仏法の…と説く　羅什は一切法である五取蘊の苦は、仏教の中だけのことで、異教徒は苦を苦の感覚や感情とするので、苦だけでなく、外界のすべての事物も自作等の四作でないことを龍樹は説かれたという。

（大）一七中

⋯⋯⋯⋯⋯⋯⋯⋯⋯⋯⋯⋯

一　行　章題は註釈書によって二種。羅什、安慧、月称は諸行（saṃskāra）とし、T2の『無畏』、仏護、清弁は真実（tattva）とする。

二　仏経の所説　梵偈は「世尊が説かれた」である。羅什が殊更に仏の経としたのは、羅什がそれを訳した『無畏』註で「経で説かれた」となっていたからであろうし、彼がこの偈を対論者の主張と解釈したからであろう。対論者は自説が仏説であることを、単に「仏が説かれた」というだけでなく、現実に経に説かれてあることによって強調したと彼は考えたのであろう。因みに『無畏』を尊重する清弁も「世尊はこう説かれた（＝偈b）とは経においてである」と経説に拘っている。彼は偈bのitiをde skad（このように）と取り、itiは「欺惑を本質と

答えて曰く、一切の諸行は[一二]虚妄相《こもうそう》の故に空なり。諸行は生滅《しょうめつ》して住《じゅう》せず。自性《じしょう》無きが故に空なり。諸行を[一三]五陰《ごおん》と名づく。行《ぎょう》より生《しょう》ずるが故なり。五陰を行と名づく。是の五陰は皆虚妄《こもう》にして[一四]定相《じょうそう》有ること無し。何を以っての故に。嬰児《ようじ》の時の[一五]色《しき》は[一六]匍匐《ほふく》の時の色に非ら

するものは虚妄である」ことを暗黙裏に指示する（upalakṣaṇa）とする。

三　虚誑（mṛṣā）は虚言、偽り、欺瞞を意味する。虚妄とも漢訳されるが、虚妄が非実在（abhūta・実有でない）という意味で一般に理解され、用いられているので、羅什訳の欺く・偽る・騙す・誑かすを意味する誑を加えた虚誑の方がこの場合は適訳であろう。諸註釈は非実在・虚妄と取っているが、それは空と結びつけた解釈である。しかし単に非実在の意味では、この章を龍樹が取り上げた意味はなくなるであろう。

四　妄取相　moṣadharma（欺く性質のある）の訳。moṣa は強盗・略奪・盗品などを意味するが、仏教語としては欺く・騙す・誑かすを意味する。羅什は妄取相（みだりに、でたらめに、いつわって取る・取得する本質・性質を持つもの）と訳す。

五　仏の経　『無畏』では「世尊は経で」。月称は唯「経で」（sūtre）。この経文は羅什、『無畏』、仏護は同文である。仏護は別の経文も引くが、清弁はそれをもこの経文に含めるなど、仏護、清弁、月称では同一経典の同一箇所か別の経典なのか、扱い方が異なる。

六　第一の実　梵語は paramaṃ satyam（最高の諦）。羅什は勝義諦（paramārtha-satya）を第一義諦と訳す。ここでは義（artha）がないので「第一の」。彼は時に satya を実と訳す（第二四章〔二―二二諦の区別の無知〕の項、下巻本文一〇六頁参照）。この経文は未だ勝義諦という概念が確立していない時代の作品なのか。

七　是の経説を以っての故に　羅什が経に説かれていることを重視したことは、この文言からも窺える。註二参照。

八　所取　「そこにおいて何が欺かれ・惑わされるのか」（kiṃ muṣyate）。諸註釈はすべてここでは欺惑を本質とする虚誑（虚妄）を非存在、無と解釈し、「そこにおいて」即ち存在しないものは、欺かれるものでないと解釈する。羅什は「そこ（虚誑）において何がみだりに（妄）わがものと取得されるのか」と存在論的に解釈する。彼が次の「傍論」以下で虚誑でなく虚妄を用いているのは、この解釈によるのであろう。

九　空の義を示さん　梵偈は「空性を教示するものである」（śūnyatāparidīpaka）。第二四章第七偈の空義（śūnyatārtha）とは一応異なる。註釈中の引用偈では「空の義を説く」。

一〇　妄取相の法　『無畏』の「欺惑を本質とするもの（moṣadharma）と説かれた或るもの（ṣes gsuṅs pa gaṅ yin pa）」に相当する。相は本質、法は所有複合詞で本質とするもの。

一一　問うて…不可得なり　以下は諸行が虚誑であることが空の教示のためであることに関する、羅什自身の見解を説く。彼は一切の諸行を一切法の代表的範疇である五蘊によって、諸行虚誑が空であることを論証しようとする。用語には翻訳文の中に見られない彼の好みというか、適切と考えたであろう用語も見られるが、彼が漢文に熟達していないからか、口述のようなものであったからか、本来漢訳し難いものであるからでもあろうが、時に論理的な不整合や舌足らずの陳述も見られる。

一二　虚妄相　前節の妄取相、虚誑（の相）に当る。註八と一〇参照。

一三　五陰　色・受・想・行・識の五種の各々の諸事象・事物の集り。

一四　定相　自相・自性のこと。

一五　色　身体。

一六　匍匐　嬰児は「胸に抱きかかえられる」時期の幼児であるのに対して、匍匐時は這う時期の幼児。

ず、匍匐《ほふく》の時の色《しき》は[一]行時《ぎょうじ》の色に非らず、行時の色は童子《どうじ》の時の色に非らず、童子の時の色は壮年《そうねん》の時の色に非らず、壮年の時の色は老年《ろうねん》の時の色に非らざるが如し。色の如きは[二]念念に住《じゅう》せざるが故に、[三]決定性《けつじょうしょう》を分別《ふんべつ》するに不可得《ふかとく》なり。

嬰児《ようじ》の色は、即ち是《こ》れ匍匐の色、乃至《ないし》、老年の色と為《な》すや、異《い》と為すや。[四]二は倶《とも》に過《とが》有り。何を以っての故に。若し嬰児の色が即ち是れ匍匐の色、乃至、老年の色ならば、是《か》くの如くならば、則ち是れ[五]一の色にして皆嬰児と為し、匍匐、乃至、老年有ること無し。又た[六]泥団《でいだん》は常《つね》に是れ泥団にして終《つい》に瓶《びょう》と作《な》らざるが如し。何を以っての故に。色は常に定《じょう》なるが故なり。

若し嬰児の色は匍匐の色に異《こと》ならば、則ち嬰児は匍匐と作らず、[七]匍匐は嬰児と作らず。何を以っての故に。二の色は異なるが故なり。是くの如く、童子、少年、壮年、老年の色は応《まさ》に相続《そうぞく》すべからず。[八]親属《しんぞく》の法を失うこと有りて、父無く子無からん。若し爾《しか》らば、唯だ嬰児有るのみにして応に父を得《う》べく、余の則ち匍匐、乃至、老年に応に[九]分《ぶん》有るべからず。是の故に二は倶に過有り。

問うて曰く、色は[一〇]不定《ふじょう》なりと雖《いえど》も、嬰児の色が滅《めつ》し已《おわ》り、[一一]相続して更に生《しょう》じて、乃ち老年の色に至らば、上の如き過有ること無し。

答えて曰く、嬰児の色が相続して生ずとせば、滅し已りて相続して生ずと為すや、滅せずして相続して生ずと為すや。若し嬰児の色が滅せば、云何《いか》んが相続有らん。[一二]因《いん》無きを以っての故なり。薪の可燃《かねん》なる有りと雖も、火は滅するが故に、相続有ること無きが如し。若し嬰児の色は滅せずして而《しか》も相続せば、則ち嬰児の色は滅せずして、常に[一三]本相《ほんそう》に住して

一　行時　行時はよちよち歩きの時期の幼児。

二　念念に住せざる　各刹那にとどまらない。一刹那も特定の決った身体として存続しない。

三　決定性　自性の異訳語。

四　二　嬰児等の各々の時期の色・身体が同一でも別異でも誤りがあることを先取りして説いている。結論でこの文を繰返している。口述の記録のように感じられる。

五　一の色　あらゆる時期の身体が全く同一であること。

六　泥団　どろのかたまり。粘土。

七　匍匐は嬰児と作らず　ここでは嬰児から匍匐へという相続、即ち成長の順序とは逆に、嬰児と匍匐を相互依存の関係として処理するので解り難い。

八　親属　親戚・親族・親類の同義語で、法は親子・兄弟といった人倫関係の秩序。

九　分　嬰児から老人までの各時期の区分。部分。

一〇　不定　各々の時期の身体にはそれを示す特定のかたち・自性がないこと。註一二参照。

一一　相続　この場合は各時期の身体の生滅の背後に、常に生滅変化する連続体としてある身体が、いわば変化する主体の恒常性（pariṇāminitya）が考えられているのであろう。

一二　因無き　嬰児の身体は匍匐の身体の

亦《ま》た相続無し。

〔二―一B　相続生は相似生という反論の否定〕

問うて曰く、我れは[一四]滅と不滅《ふめつ》との故に相続して生ずとは説かず。[一五]但《た》だ住せずして相似《そうじ》に生ずるが故に、相続して生ずと言うと説くのみ。

答えて曰く、若し爾らば、則ち[一六]定色《じょうしき》有りて而も更に生ぜん。是くの如くならば、応に[一七]千万種の色有るべし。但だ是の事は然《しか》らず。[一八]是くの如きも亦た相続無し。

是くの如く、[一九]一切処に色を求むるに定相《じょうそう》有ること無し。但だ[二〇]世俗《せぞく》の言説《ごんぜつ》を以っての故に有るのみ。芭蕉《ばしょう》の樹は[二一]実《じつ》を求むるに不可得にして、但だ皮葉《ひよう》有るのみなるが如し。是くの如く、智者《ちしゃ》は色相《しきそう》を求むるに、念念に滅して更に[二二]実の色の得可《うべ》きもの無し。住せざる[二三]色《しき》形《ぎょう》、色相は[二四]相《あ》い似て次第に生じて分別す可きこと難《かた》し。灯炎《とうえん》は[二五]定色を分別するに不可得な

㊅一七下 因であるので、嬰児の身体が滅することは匍匐の身体には因がないことになる。

一三　本相　この本相は「もとの嬰児の身体の姿・形（相）」。

一四　滅と不滅と…説かず　直前のように、嬰児の身体が滅して相続するか、滅せずしてかを論じているのではない。

一五　但だ住せず…生ずるが故に　この箇所だけであれば、「但不住の相、生に似るが故に」（宇井訳）、即ち、特定の相で留まらないで存続することは生ずることではないが、生ずるという事象に似ている、と読むことは、寧ろ適切な読み方と思える。底本は「但説㆓不㆑住相似㆑生故言㆓相続生㆒」（「但だ住せずして、相は生に似るが故に…」）。今暫く嬰児の身体が相似しているのを「相続して生ず」と表現しているだけだということと取る。相似については註二四、一二二頁註四参照。

一六　定色有りて而も更に生ぜん　特定の身体に留まることがないのに、相続して生ずると言うのであれば、それは特定の身体（定色）が刹那毎に「更に」繰返して限りなく生ずることと同じである。

一七　千万種の色有るべし　繰返し限りなく生ずるのであれば、無数（千万種）の身体があることになる。

一八　是くの如きも亦た相続無し　身体が相い似て生ずるというあり方にも相続は成り立たない。

一九　一切処に　この「処」は身体の相続のすべてのところ、嬰児の時等のすべての時期で。

二〇　世俗の言説　日常の言語表現としては、身体の特定の相（定相）、即ち嬰児の特定の身体等が有る、ということ。世俗（saṃvṛti）の言説という表現は『中の頌』の梵文には見られない。梵語では loka (laukika) -vyavahāra（世間の言説）が一般的である。羅什も偈や『無畏』の翻訳の場合には世俗言説という表現を用いていない。

二一　実　この実は木の果実ではなく、木の幹の堅い木質部のこと。芭蕉の幹は芯まで軟らかい。

二二　実の色　実有の身体。

二三　色形、色相　一刹那もとどまり存続することのない色（いろ）や形を、羅什は身体の特質・色相と同義と取る。

二四　相い似て…難し　色形は刹那毎に似た色や形で生ずるので、識別し難い。

二五　定色を…如し　灯火の炎は絶えず揺れ動くので、決まった色や形・特定の物体（定色）として認識し判断することが

るが如し。是《こ》の定色《じょうしき》より更に色《しき》の生《しょう》ずること有るは不可得《ふかとく》なり。是の故に、色は[一]無性《むしょう》なるが故に空《くう》なり。[二]但《た》だ世《せ》俗《ぞく》の言説《ごんぜつ》を以っての故に有るのみ。

〔二―二　受（五蘊の第二）の空〕

[三]受《じゅ》も亦《ま》た是《か》くの如し。智《ち》者《しゃ》は種種《しゅじゅ》に観察《かんさつ》するに、[四]次第に相似《そうじ》するが故に生滅《しょうめつ》して別知《べっち》す可《べ》きこと難《かた》し。水流《すいる》の相続《そうぞく》の如し。但だ[五]覚《かく》を以っての故に、[六]三受《さんじゅ》は身《しん》に在《あ》りと説くのみ。是の故に当《まさ》に知るべし、受は色の説と同じきことを。

〔二―三　想（五蘊の第三）の空〕

[七]想《そう》は[八]名相《みょうそう》に因《よ》りて生ず。若し名相を離れば則ち生ぜず。是の故に仏は「分別《ふんべつ》して名字《みょうじ》の相《そう》を知るが故に、名づけて想と為《な》す」と説く。[九]決定《けつじょう》して先に有るに非らず。衆縁《しゅえん》より生じて定性《じょうしょう》無し。定性無きが故に、影の形に随《したが》うが如し。形に因りて影有り。形無ければ則ち影無し。影に[一〇]決定性《けつじょうしょう》無し。若し定《さだ》んで有《う》ならば、形を離れて応《まさ》に影有るべし。而《しか》も実《じつ》には爾《しか》らず。是の故に衆縁より生じて、自性《じしょう》無きが故に不可得なり。想も亦た是くの如し。但だ[一一]外《げ》の名相に因りて、[一二]世俗の言説を以っての故に有るのみ。

〔二―四　識（五蘊の第五）の空〕

[一三]識《しき》は色声香味触《しきしょうこうみそく》等と眼耳鼻舌身《げんにびぜっしん》等とに因りて生ず。眼等の諸根《しょこん》は別異《べつい》なるを以っての故に、識に[一四]別異有り。是の識は[一五]色に在りと為すや、眼に在りと為すや、中間《ちゅうげん》に在りと為すや。

できない。

……………………………

一　無性　無性は無自性・無定性。

二　但だ世俗…有るのみ　一二一頁註二〇の箇所と同文。

三　受　五蘊の第二。感受・感覚（vedanā）。ここでは受をも身体・色と同じように、観察しても自性として存在しないことを明す。

四　次第に…相続の如し　各々の感受の相続も、水の流れのように順次に相い似ているので、生滅して別の感受として知ることができない。

五　覚　尋が世俗的な事物・事象の構造や意味を尋ね推しはかる心の作用であるのに対して、覚は真実の考察・観察。この覚によって別知し難い受を身体に在ると知って説く。英訳は覚を単なる知覚とする。

六　三受　苦しみの感受（苦受）、愛らしいものの感受（楽受）、不苦不楽の感受（捨受）に分けて、それらが身体に備っていると智者＝仏（次節〔二―三　想の空〕の一行目の「仏は「…名づけて想と為す」」による）は説く。

七　想　五蘊の第三。想（saṃjñā）は表象、観念、知覚に近い意味で、感受の次に起る心の作用。対象のすがた・かたちを心に想い描く作用。

八　名相　名相は名称と名称が示す事物の形状（相）とされる（『大辞典』一三〇〇頁d）が、『疏』も「善悪の名に決定有ること無し。但だ生じ[一六]已《おわ》りて塵《じん》を識り、[一七]此《し》の人を識り、彼の人を識る。此の人を知るの識は、即ち是れ彼の人を知るの識と為すや、異《い》と為すや。是の二は分別す可きこと難し。[一八]眼識《げんしき》の如く耳識《にしき》も亦た分別す可きこと難し。分別し難きを以っての故に、或いは[一九]一と言い、或いは異と言い、決定の分別有ること無し。但だ衆縁より生ずるが故なり。[二〇]眼等の分別は故《もと》より空にして自性無し。[二一]伎人《ぎにん》の一[二二]珠《じゅ》を含み、出《い》だし已りて復《ま》た人に示せば、則ち疑《ぎ》を生ずるが如し、是れ本《もと》の珠と為すや、更に異有りと為すや、と。識も亦た是くの如し。生じ已りて更に生ぜば、是れ本の識と為すや、是れ異の識と為すや。是の故に当に知るべし、識は住《じゅう》せざるが故に、自性無く、[二三]虚誑《こおう》にして幻《げん》の如し、と。

因りて好醜の相を取る」とか、「耳に因りて名を聞き、眼に因りて相を取る」とも註釈するので「名と相」である。羅什は名と相も心に描かれる想も、衆縁和合生であるから、相依相待して成立するとする。

九　決定して…非らず　想が決して名相よりも前に存在しているのではない。

一〇　決定性　一二〇頁註三参照。

一一　外の名相…有るのみ　想も縁起した(大)一八上ものであり、無自性で認識できないが、日常の言語表現を介して理解された限りでは、外界にあるとされる名称と形状（名相）に相待して、内なる心にその事物を描く心の作用として想はある。

一二　世俗の…有るのみ　「外の名相に因りて」を除けば、一二一頁註二〇、一二二頁註二の箇所と同文。

一三　識　五蘊の第五。根と境とによって生じる対象を識別する作用。

一四　別異　識は、六根に合せて眼識（視覚）、耳識（聴覚）等の六識に区別される。

一五　色　この色は眼の対象。眼識は視覚の対象にあるのか、視覚機能（器官）にあるのか、その二者の中間にあるのか。羅什は決まっていないとする。

一六　已　『疏』は以。「但だ生じ以（おわ）りて塵（対象）を識る」（大正四二、一〇六上二一）。

一七　此の人を識り、彼の人を識る　『疏』によれば「此の人を識り、彼の人を知る」の彼此は自他という意味でなく、同じ人と考えられている相続の中で、今日は此の人、明日は彼の人と認識するということのようである。しかし羅什自身は

「此の人」と「彼の人」の異同でなく、その二人を識る識が、同じ識か別の識か、換言すれば、知識内容が異なる識は各々別の識か、識は内容にかかわりなく識一般として成立するか、分別、区別を明確にし難いとする。知識が有形象か無形象かという問題にもなろう。

一八　眼識の…難し　底本の読み方に従った。英訳のように「眼識と耳識も亦た分別す可きこと難きが如し」と読めれば、眼、耳等の六識の区別も分別できないこと、六識説が成立しないことが通念として認められていたことを「如し」が示すのか。

一九　一と言い…有ること無し　諸眼識や諸耳識も識としては同一であるとか別異であるとかを決定する判断はなし得ない。

二〇　眼等の分別は故より　「眼等分別するが故に」（宇井訳）。眼等が妄想（分別）するので空にして自性無し。

二一　伎人　芸人。

二二　珠　真珠。

二三　虚誑　この節の終りに当って羅什は「無自性即虚誑即如幻」と説いている。

〔二―五　諸行（五蘊の第四）の空〕

[一]諸行《しょぎょう》も亦《ま》た是《か》くの如し。諸行とは[二]身口意《しんくい》なり。行《ぎょう》に二種有り。[三]浄《じょう》と不浄《ふじょう》となり。何等《なんら》をか不浄と為《な》す。衆生《しゅじょう》を悩ます[四]貪著《とんじゃく》等を不浄と名づく。衆生を悩まさざる[五]実語《じつご》、不貪著《ふとんじゃく》等を浄と名づく。[六]或いは増《ぞう》し或いは減《げん》ず。浄行《じょうぎょう》の者は、[七]人中《にんちゅう》、欲天《よくてん》、色天《しきてん》、無色天《むしきてん》に在りて、果報《かほう》を受《う》け已《おわ》れば則ち減じ、還《ま》た作《な》すが故に増と名づく。不浄行《ふじょうぎょう》の者も亦た是くの如し。地獄《じごく》、畜生《ちくしょう》、餓鬼《がき》、阿修羅《あしゅら》の中に在りて、果報を受け已れば則ち減じ、還た作すが故に増と名づく。是《こ》の故に、諸行には増有り減有るが故に住せず。人に病有りて宜《よろしき》に随いて[八]将適すれば、病は則ち除癒《じょゆ》し、将適せざれば、病は則ち還た集まるが如く、諸行も亦た是くの如し。増有り減有るが故に決定《けつじょう》せず。但《た》だ世俗《せぞく》の言説《ごんぜつ》を以っての故に有るのみ。

[九]世諦《せたい》に因《よ》るが故に第一義諦《だいいちぎたい》を見ることを得《う》。所謂無明《いわゆるむみょう》は諸行を縁《えん》じ、諸行より[一〇]識著《しきじゃく》有り、識著の故に名色《みょうしき》有り、名色より六入《ろくにゅう》有り、六入より触《そく》有り、触より受《じゅ》有り、受より愛《あい》有り、愛より取《しゅ》有り、取より有《う》有《あ》り、有より生《しょう》有り、生より老死《ろうし》、[一一]憂《う》、悲《ひ》、苦《く》、悩《のう》、[一二]恩愛別苦《おんあいべっく》、怨憎会苦《おんぞうえく》等有り。是くの如く諸《もろもろ》の苦は皆《みな》[一三]行を以って本《もと》と為す。仏は世諦を以っての故に説く。若し第一義諦を得て真の智慧を生ぜば、則ち無明息《や》む。無明息むが故に、諸行も亦た[一四]集《じゅう》せず。諸行が集せざるが故に、[一五]見諦所断《けんたいしょだん》の身見《しんけん》、疑《ぎ》、戒取《かいしゅ》等は断たれ、及び[一六]思惟《しゆい》所断の貪《とん》、恚《い》、色染《しきぜん》、無色染《むしきぜん》、[一七]調戯《じょうげ》、無明も亦た断《た》たる。是の断《だん》を以っての故に、一一の[一八]分《ぶん》は滅《めっ》す。所謂、無明、諸行、識《しき》、名色、六入、触、受、愛、取、有、生、老死、憂、悲、苦、悩、恩愛別苦、怨憎会苦等は皆滅す。是の滅を以っての故に、[一九]五陰身《ごおんしん》は[二〇]畢竟《ひっきょう》して滅し、更に余《よ》有ること無く、唯《た》だ空《くう》有るのみ。是の故に仏は空義《くうぎ》を示さんと欲するが故に、諸行

一　諸行　五蘊の第四の行。羅什は有為を意味する諸行と十二支縁起の第二支の行と五蘊の第四の行蘊を同じものとしている。ここで第五の識蘊より後に第四の行蘊を置いたのは、この傍論の主題の諸行と同一視していたからであろう。

二　身口意　龍樹は十二支縁起の第二支の行を業と同義としている（二六・一）。羅什はその註釈で「身口意の業を以って…六趣の諸行を起す」と、龍樹の「三行」が身口意の三業であるとする。

三　浄と不浄　羅什は第二三章等で常楽我浄の四顛倒や浄不浄顛倒の中に、浄と不浄の訳語を用いているが、この場合の浄と不浄はそれらとは意味が異なり、寧ろ善悪・法非法の意味で用いられている。意味は以下に説かれるように、浄行は楽果、不浄行は苦果をもたらす倫理的な善悪の行為である。

四　貪著　貪ぼり執着すること。羅什は十二支の第三支の識（vijñāna）を識著とも訳すように、貪（rāga）は貪著を意味すると考えていたのであろう。註一〇参照。因みに四顛倒などの場合の不浄は、貪の因。

五　実語　実語はまことのことば、真実の話。羅什は『法華経』では satyavāda の訳として用いている。

六　或いは増し或いは減ず　この場合は善業でも悪業でも果報を受ける、即ち結果を享受すれば、積まれた善・悪行が減り、ふたたび善・悪業を行なえば増え

るということ。

七　人中、欲天、色天、無色天　羅什は輪廻の六道の内、天上と人間（人中）を浄行者の果報の境遇とし、天上を欲界の天等に三分する。

八　将適すれば　治療や薬が病気にあわせて（随宜に）適合すれば。因みに英訳は if he is given suitable treatment。本章第九偈の註釈参照。

九　世諦に…見ることを得　第二四章第一〇偈「俗諦（言説）に依らざれば、第一義（勝義）を得ず（は教示されない）」の真意を説いたもので、羅什は、世諦・俗諦・言説に依って仏が説かれたのは、十二支縁起の順観であり、その教えはこの章の主題であり、十二支の第二支である「行」が、第二六章の梵偈第一〇偈で説かれているように、苦・輪廻の根本であることである。「世諦による」とはこの十二支縁起の論理という世俗の真実の教示によることである。

一〇　識著　十二支の定型では識のみ。羅什は識が執着でもあると考えていたのか。前後が無明、諸行、名色と二字語であるし、二字の熟語を好む傾向があるから著を加えたのか（『大辞典』の「著」の項の②の⑴参照）。羅什訳第二六章第二偈とその註釈部にも見える。

一一　憂、悲、苦、悩　憂悲苦悩については、梵偈の第二六章第八偈ｃｄ・第九偈ａｂ、羅什訳第六偈とその註釈参照。そこでは老死と共に説かれ、梵偈では悶が加えられている。羅什はこれら十二支の流転門を世諦とするので、世諦は苦諦と集諦とからなる。

の虚誑《こおう》を説く。

一二　恩愛別苦、怨憎会苦　八苦の後半の四苦中の二苦。「恩愛別苦」は一般に「愛別離苦」。他の二苦は求めて得られない「求不得苦」と身体に執着する「五盛陰苦・五取蘊苦」。

一三　行を以って本と為す　「苦はすべて行を根本とする」という主張は、梵本の第二六章第一〇偈のａ「輪廻の根本である諸行を行なう」に依っているのであろう。

一四　集せず　集まるは集諦の集を動詞化したものであろう。諸行が集まるということは、苦が集まり生ずることである。

一五　見諦所断…は断たれ　見諦は見道。見は煩悩のない智で苦・集・滅・道の四諦を明らかに見る現観。それ以後は聖者である。見諦所断は、見道で断たれる煩悩で、羅什は三結、有身見結、疑結、戒禁取見結を挙げている。

一六　思惟所断…亦た断たる　思惟は修道。断たれる煩悩を羅什は、衆生を欲界（下分）に結びつける五下分結の内の有身見結等の三結を除いた貪（欲貪）と恚（瞋恚）の二結と、衆生を色界と無色界（上分）とに結縛する色染（色貪）、無色染（無色貪）、調戯（掉挙）、無明という五上分結の内の慢結を欠いた四結としている（宇井訳一一二頁註一三七参照）。

一七　調戯　調戯はあざけりたわむれる・からかう。心の軽躁・昂奮を意味する掉挙（auddhatya）の異訳。この梵語には傲慢・軽侮の意味もあるので、羅什は五上分結の第四の「慢」を省いたのか。

一八　分　十二支縁起の支分。

一九　五陰身…空有るのみ　煩悩に纏われた身体（五陰身）は畢竟して、完全に尽きはてて、余（有余涅槃という場合の余）即ち身体がないが、無余の真意はアビダルマの無余涅槃ではなく、中観思想では空のみである。

二〇　畢竟　畢竟（終極・結局）は仏教語としては atyanta の訳で、「絶対の・絶対的に」の意味が強いが、ここは畢は「おわる・おわり・ことごとく」、竟は「つきる・おわる」であるから、「完全にことごとく尽き果てて」といった意味で、余有ること無く、即ち身体は空である。

〔三　空も亦た空〕

[5]復《ま》た次に、諸法《しょほう》は無性《むしょう》なるが故に虚誑《こおう》なり、虚誑なるが故に空《くう》なり。偈《げ》に説くが如し。

[一]諸法は異《い》有るが故に　皆是《こ》れ無性なりと知る
無性の法も亦《ま》た無し　一切法《いっさいほう》は空なるが故に　（三）

諸法には性《しょう》有ること無し。何を以っての故に。[二]諸法は生《しょう》ずと雖《いえど》も自性《じしょう》に住《じゅう》せず。是の故に無性なり。嬰児《ようじ》が定《さだ》んで自性に住すれば、終《つい》に匍匐《ほふく》、乃至《ないし》、老年《ろうねん》と作《な》らず、而《しか》も嬰児は次第に相続《そうぞく》し、異相《いそう》有りて匍匐、乃至、老年を現ずるが如し。是の故に、「[三]諸法に異相を見るが故に無性なりと知る」と説く。

問うて曰く、若し諸法は異相にして無性ならば、即ち無性の法有り。何の咎《とが》有りや。

答えて曰く、若し無性ならば、云何《いか》んが法有らん。云何んが相《そう》有らん。何を以っての故に。[四]根本《こんぽん》有ること無きが故なり。但《た》だ性を破せんが為《た》めの故に無性と説くのみ。是の無性の法が若し有らば、一切法は空なりと名づけず。若し一切法が空ならば、如何んが無性の法有らん。

〔四　自性の有と無のディレンマによる変化の空〕

[6]問うて曰く、

[五]諸法が若し無性ならば　云何んが嬰児
乃至は老年に於いて　而も種種《しゅじゅ》の異有りと説かん　（四）

諸法が若し無性ならば、則ち異相有ること無し。而も汝は異相有りと説く。是の故に諸

一　諸法は…空なるが故に　梵偈は「諸事物（諸法）は無自性（無性）である。変化（異）が見られるからである。無自性の事物（無性の法）は存在しない。諸事物には空性があるからである」。この偈を羅什は龍樹の解答とするが、『無畏』等は反論者の主張とする。偈の中の
㊅一八中
「異」は別のもの（anya-）ではなく、変化（anyathābhāva）である。龍樹はこの偈では変化を存在する事物の状態の変化という、変化という語の日常的に理解されている語義で用いている（一五・五参照）。また龍樹は羅什が無性と訳したniḥsvabhāvatva　asvabhāvaをこの偈以外では用いていない。偈cdを『無畏』等は「自性のない事物はない。一切の事物には空性という自性があるから」と解釈するのに、羅什は「一切法は空であるから、無（自）性も法もない」と読む。これらのことはこの偈自身が不明確であること、延いてはこの章の著述時期の龍樹の空観が未成熟であったことを物語るであろう。

二　諸法は…住せず　この文は羅什の無性の定義であり、変化の意味。

三　諸法に…無性なりと知る　偈abの引用で異訳。訳偈よりも梵偈の直訳といえる。異相は変化、異と同じ。

四　根本　法（事物）やその事物の相の存在の根本・基体である事物の自性。

五　諸法が…説かん　この偈は龍樹の

法の性有り。若し諸法の性無くば、云何んが異相有らん。

答えて曰く、[7]

[六]若し諸法に性有らば　云何んが而も異を得ん

若し諸法に性無くば　云何んが而も異有らん　（五）

若し諸法に決定《けつじょう》して性有らば、云何んが異を得可《うべ》き。性は[七]決定有《けつじょうう》にして変異《へんい》す可からざるに名づく。真金《しんこん》の変《へん》ず可からざるが如く、又た暗性《あんしょう》は変じて明《みょう》と為《な》らず、明性《みょうしょう》は変じて暗《あん》と為らざるが如し。

〔五　変化の否定〕

復た次に、[8]

[八]是の法に則ち異無く　異の法にも亦《ま》た異無し

[九]壮《そう》は老《ろう》と作らず　老も亦た壮と作らざるが如し　（六）

[一〇]若し法に異有らば、則ち応《まさ》に異相有るべし。即ち是の法の異と為すや、異の法の異と為すや。是の二は然《しか》らず。若し即ち是の法の異ならば、則ち老が応に老と作るべし。而も老は実《じつ》には老と作らず。若し異の法の異ならば、老は壮と異なれば、壮が応に老と作るべきに、而も壮は実には老と作らず。二は倶《とも》に過《とが》有り。[一一]

『中の頌』の偈ではなく、対論者の問いを羅什が偈の形で表現したもの。

六　若し諸法…異有らん　梵偈は「もし自性が存在しないならば、変化は何ものにあろうか。もし自性が存在するならば変化は何ものにあろうか」。梵偈は前半と後半が逆であって、註釈者は前半を対論者の反論、後半を中観者による対論者の自性論の否定と解釈する。「性」は自性、「異」は変化。自性は不変の実体であるから変化はあり得ないし、自性がないことは無であるから、無には変化はない。

七　決定有　『中の頌』の二一・二四、八・一では実有の訳。有であることが決って いて変異即ち変化しないこと。

八　是の法に…異無し　梵偈は「そのもの自身にも変化はなく、別のものにも〔変化は〕理に合わない」。

九　壮は…如し　梵偈は「何となれば、若者は老いないし、老人は老いないからである」。漢語の「壮」はわかもの・としざかり。「老」は老人・老衰した（jīrṇa）。羅什は偈では壮と老とを相互に否定しているが、註釈では梵偈と同じく「老は老と作らず」。

一〇　若し法…有るべし　事物（法・諸行）に変化（異）があるならば、別の形状（異相）があるべきである。

一一　是の法…作るべし　羅什は「是の法」を「老」とし、「異の法」（別のもの）を「壮」とするが、他の註釈は文の順序に合わせて、そのもの自身を「壮」、壮とは異なる「老」を「別のもの」とする。

9 問《と》うて曰く、若し[一]法にして即ち異《い》あらば、何の咎《とが》有りや。今、年少が[二]日月歳数《にちがっさいしゅ》を経《へ》て則ち老《ろう》となるを眼見《げんけん》するが如し。

答えて曰く、

若し[三]是《こ》の法にして即ち異あらば　乳《にゅう》は応《まさ》に即ち是れ[四]酪《らく》なるべし
乳を離れて何の[五]法有りて　而《しか》も能《よ》く酪と作《な》るや　（七）

若し是の法にして即ち異あらば、乳は応に即ち是れ酪なるべく、更に因縁《いんねん》を須《もち》いず。是の事は然《しか》らず。何を以っての故に。乳と酪とは種種《しゅじゅ》の[六]異有るが故なり。乳は即ち是れ酪ならず。是の故に法は即ち異ならず。

若し異の法にして異を為《な》すと謂《い》わば、是れも亦《ま》た然らず。乳を離れて更に何物有りて酪と為るや。

是《か》くの如く思惟《しゆい》するに、是の法は異《こと》ならず。異の法も亦た異ならず。是の故に応に[七]偏《ひと》えに所執《しょしゅう》有るべからず。

〔六　空も絶待でなく相待（縁起）である〕

10 問うて曰く、[八]是れを破し異を破すとも、猶《な》お空《くう》の在ること有らん。[九]空は即ち是れ法なり。

答えて曰く、

若し[一〇]不空《ふくう》の法有らば　則ち応に空の法有るべし
実《じつ》には不空の法無し　何ぞ空の法有ることを得ん　（八）

若し不空の法有らば、[一一]相《あ》い因《よ》るが故に、応に空の法有るべし。而《しか》も上来、種種の因縁も

一　法　㊂は是法。ここでは是法と異法の区別に入らないで、法、即ち事物一般を取り上げているのであろう。
二　日月歳数を経て　「日数、月数、年数を経て」。即ち月日、歳月を重ねて。
三　是の法にして即ち異あらば　梵偈は「もしその同じものの変化（異）であるならば」。
四　酪　dadhi（酸乳・凝乳）。　(大)一八下
五　何の法…酪と作るや　「牛乳でない何ものに酪の状態・酪性があろうか」。
六　異　この場合は違い・相違点。
七　偏　ひとえに・かたよる。是の法と別（異）の法の一方に偏執してはならないことか。羅什の註釈のみに見られる結論。
八　是れを破し…有らん　是れ、この同じものと異、別のものとの二辺を否定しても、二辺を離れた「中」に空というものが存在するという主張。
九　空は即ち是れ法なり　空は空という事物・存在である。
一〇　不空の法…有るべし　梵偈は「空でないもの（aśūnya）が、何か存在するならば、空なるもの（śūnya）も何か存在するであろう」。羅什は不空の法、空の法を加えて、「空でないもの」も「空なもの」も事物・存在であることを明確にしている。
一一　相い因るが…相待無し　相い因るも相待も相依相待・縁起を意味する。強い

て不空の法を破す。不空の法無きが故に、則ち相待《そうだい》無し。相待無きが故に、何ぞ空の法有らん。

〔七　空は見解の否定と、空ありという見解を懐く者は教化できないこと〕

11 問うて曰く、汝は一二「不空の法無きが故に、空の法も亦た無し」と説く。若し爾《しか》らば、一三即ち是れ空を説くなり。但《た》だ相待無きが故に、応に執《しゅう》有るべからず。若し一四対《たい》有らば、応に相待有るべし。若し対無くば、則ち相待無し。相待無きが故に則ち一五相《そう》無し。相無きが故に則ち執無し。是くの如きを即ち空を説くと為す。

答えて曰く、

一六大聖《だいしょう》が一七空の法を説けるは　諸の見《けん》を離れんが為《た》めの故なり
若し復《ま》た空《くう》有りと見ば　諸仏の化《け》せざる所なり　（九）

大聖は一八六十二の諸見《しょけん》、及び無明《むみょう》、愛《あい》等の諸の煩悩《ぼんのう》を破せんが為めの故に、空を説く。若し人が空に於いて復た見を生《しょう》ぜば、是の人は化す可《べ》からず。譬《たと》えば病《やまい》有りて薬を服《ふく》するを

ていえば、ここの相待は依存する反対の項。『無畏』以下は対立項（pratipakṣa）とするので、相待でなく相対。

一二　汝　龍樹。以下に続く「　」内は第八偈cdの取意。

一三　即ち是れ空を説くなり　対論者は「不空の法無きが故に、空の法も亦た無し」（第八偈cdの異訳）を、龍樹の空論として、次のように解釈する。「龍樹の空の意味がこのようなものであれば、それはまさしく、取りも直さず空即ちなにもないこと・虚無を説くことである」、即ち対立項（対）である「不空法」がないので、不空に相待して存在する「空法」もない。不空と空という相待がないのであるから、空という事物の自相（相）もないし、空というもの（法）があるという執着の対象的根拠である相がないので執着がない。恐らく相も執着もないということは、無執着ということで、それが龍樹の空の教えだというのであろうか。

一四　対　『無畏』がこの偈の註釈で対立者（pratipakṣa）を用いていることなどから見て、この「対」は対立者・反対項であろう。

一五　相　相対的に区別された事物の特徴・すがた。ここでは執着される空法という事物の自相であろう。

一六　大聖　梵偈では勝利者。『無畏』註では諸仏世尊。

一七　空の法を…所なり　梵偈は「空性はすべての見解からの出離の手立てであると説かれた。しかし空性という見解を懐く者たち、彼らを不治の人と呼ばれた」。羅什は「不治の」（asādhya）を医学の用語でなく、宗教上の「教化されない」という意味と取るが、註釈では医薬を比喩に用いている。仏典では医学の比喩は広く見られる。

一八　六十二の諸見　異教の見解を六十二種に分類したもので『梵網経』に見える。

須《もち》うれば[一]治《じ》す可《べ》く、若し薬《くすり》復《ま》た病《やまい》と為《な》らば則ち治す可からざるが如し。火は薪より出《い》でて水を以って滅《めつ》す可きが如し。若し水より生《しょう》ぜば何を用《も》って滅することを為すや。空《くう》の如きは是《こ》れ水にして能《よ》く諸の煩悩《ぼんのう》の火を滅す。有る人は罪重《つみおも》く、貪著《とんじゃく》の心深く、智慧《ちえ》鈍《にぶ》きが故に、空に於いて見《けん》を生じて、或いは空有りと謂《い》い、或いは空無しと謂いて、有無《うむ》に因《よ》りて還《かえ》って煩悩を起こす。[二]若し空を以って此《こ》の人を化《け》せば、則ち我れは久しく是の空を知ると言わん。若し是の空を離れば、則ち涅槃《ねはん》の道《どう》無し。経《きょう》に「[三]空、無相《むそう》、無作《むさ》の門《もん》を離れて解《げ》脱《だつ》を得《う》とは、但《た》だ言説《ごんぜつ》有るのみ」と説くが如し。

一　治す可く　直前の「是の人は化す可からず」や次の火の比喩の構文に合わせれば、「治す可きが如し」で、次が「可からず」となる。今は底本の返り点を採った。

二　若し空を…言わん　もし空によってこの智慧鈍き者を教化しようとするならば、「自分はとっくに昔から空を知っている」と言うであろう。

三　空、無相…有るのみ　修道の観点から見れば、空は三解脱門の空門である。羅什は経を引くが　月称もここで三解脱門を取り上げている。

中論 [1]観《かん》[一]合品《ごうほん》 第十四　八偈

〔一　結合の否定〕

〔一―一　見・可見・見者の結合の否定〕

[2]説いて曰く、上の[二]破根品《はこんぼん》の中に、[三]見《けん》と所見《しょけん》と見者《けんじゃ》とは皆成《じょう》ぜずと説けり。[四]此《こ》の三事は異《い》法《ほう》無きが故に則ち合《ごう》無し。合無きの義を今当《まさ》に説くべし。

問うて曰く、何が故に眼《げん》等の三事は合無きや。

答えて曰く、

見と可見《かけん》と見者と　是《こ》の三は各《おのおの》[五]異方《いほう》なり
是《か》くの如く[六]三法異なれば　終《つい》に[七]合の時《じ》有ること無し　（一）

見は是れ[八]眼根《げんこん》、[九]可見は是れ色塵《しきじん》、見者は是れ我《が》なり。是の三事は各《おのおの》異処《いしょ》に在りて終に

一　合　章題の合（saṃsarga）は認識が成立するために必須とされる認識の基本的構造である認識手段（根）と認識の対象（境）と認識する主体（識・我）の三構成要素が結合すること。

二　破根品　第三章の題名の異訳。第三章は梵語では「眼等の indriya（認識機能・根）の考察」であるが、T1は単に「indriya の考察」である。羅什は第三章の章題では indriya を六情と訳しているが、ここでは一般的な漢訳語の「根」を用いている。後（本文一三三頁一一行目）では「根品」と略称している。「観察」でなく、「破」とすることは漢訳に頻出するが、この書では観察することは否定することである。㊅一九上

三　見と所見と見者　見る機能（darśana）と見られる対象（draṣṭavya）と見る者（draṣṭṛ）。視覚を構成すると考えられている三構成要素。

四　此の三事は異法無き　見と所見と見者という三種の事物は、異なる別々の存在ではない。

五　異方　梵偈のｂは「各々二つずつ」（dviśo dviśaḥ）。龍樹は見等の三事の中の二つずつの組み合せの場合を説いているが、羅什はその「二つずつ」（dviśas）を diśas、方向・方位・場所（diś の pl. N.）と読み、「この三事は各々別の場所にある」と訳す。彼の原本がそうなっていたのか、二つずつの場合を論ずる意味がないと考えて、羅什が意図的に改めたのか。異方は註釈では異処・別の場所。

六　三法異なれば　梵偈は「［三事が］すべてでも」。梵偈は「二事ずつ」の場合と対にしている。羅什は三事が異なった場所にあるので「三事物（法）が別々であれば」と改めている。

七　合の時　梵偈は「相互に結合に行かない・しない」。羅什は「別々の場所にある三事が結合する時・機会はない・結合しない」。

八　眼根　視覚機能。cakṣurindriya の訳語に当る。

九　可見　所見（註三参照）の異訳語。見られるものは色（色形）である。塵は対象（境）の羅什訳。

合《ごう》の時《じ》無し。異処《いしょ》とは、眼《げん》は身《しん》の内に在り、色《しき》は身の外に在り、[一]我《が》は、或いは身の内に在りと言い、或いは一切処《いっさいしょ》に遍《へん》すと言う。是《こ》の故に合無し。

復《ま》た次に、若し見法《けんぽう》有りと謂《い》わば、合《がっ》して而《しか》して見ると為《な》すや、合せずして而して見るや。[二]二は倶《とも》に然《しか》らず。何を以っての故に。若し合して而して見ば、[三]塵《じん》有る処に随《したが》いて応《まさ》に根《こん》有り我有るべし。但《た》だ是の事は然らず。是の故に合せず。若し合せずして而して見ば、[四]眼と我と塵とは各《おのおの》異処《いしょ》に在るも亦《ま》た応に見《けん》有るべし。而も見ず。何を以っての故に。眼《げん》根《こん》は[五]此《ここ》に在りて遠処《おんしょ》の瓶《びょう》を見ざるが如し。是の故に二は倶に見ず。

〔一—二　**羅什の傍論—我・意・根・塵の四事の結合の否定—**〕

問うて曰く、[六]我と意《い》と根と塵の四事合するが故に知《ち》の生《しょう》ずること有りて、能《よ》く瓶衣《びょうえ》等の万物《ばんぶつ》を知る。是の故に見と可見《かけん》と見者《けんじゃ》と有り。

答えて曰く、是の事は[七]根品《こんぼん》の中に已《すで》に破するも、今当《まさ》に更に説くべし。汝は四事が合するが故に知が生ずと説くも、是の知は、瓶衣等の物を見已《おわ》りて生ずと為すや、未だ見ずして而も生ずと為すや。若し見已りて生ぜば、知は則ち無用《むゆう》なり。若し未だ見ずして而も生ぜば、是れ則ち未だ合せず。云何《いか》んが知の生ずること有らん。若し四事が一時に合して而して知が生ずと謂わば、是れ亦た然らず。若し一時に生ぜば則ち[八]相待《そうだい》無し。何を以っての故に。先に瓶《びょう》有りて、次に見、後に知が生ず。一時ならば則ち先後《せんご》無し。知無きが故に見と可見と見者も亦た無し。

是《か》くの如く諸法《しょほう》は幻《げん》の如く夢の如く[九]定相《じょうそう》有ること無し。何ぞ合有ることを得ん。合無き

一　我は、或いは…遍すと言う　我（at-man）の存在場所や大きさはインド諸哲学派によって異なる。

二　二　見が対象と結合して見るという見解と、対象と結合しないで見るという見解の二。

三　塵有る処…然らず　対象と結合して見るという見解では、結合するためには、認識機能（根）も我も対象が存在する外界の場所にいかなければならないが、そういうことはない。

四　眼と我と…而も見ず　三事が結合しないで見るという見解では、別々の場所に在って結合していなくても対象の知覚・認識があるべきである。しかし実際にはその場合には視覚はあり得ない。

五　此に在りて…見ざるが如し　「此に」は「眼は身の内に在り」の身の内部に在ること。「遠処」は遠く離れて視覚領域外・認識できない遠方に在る場合。

六　我と意と根と塵の四事　認識・知識の成立の必須要件である自我と心と感覚器官（根）と対象（塵）の四つの事物。

七　根品…破するも　第三章「観六情品」。一三一頁註二参照。第三章は実質的には六根と六境の否定であるが、龍樹はその否定が「見る者」の否定であり、第七偈ではそれが十二支縁起の第三支である「識」等の無となると説く。羅什はこの龍樹の所説から、龍樹は第三章では根・境・我・意（識）の四要因（四事）が説かれたと考えたのであろう。しかし

が故に[一〇]空《くう》なり。

〔一―三　聴覚等と煩悩の三構成要素の結合の否定〕

復た次に、[3]

[一一]染《ぜん》と可染《かぜん》と　染者《ぜんしゃ》とも亦復《ま》た然り
[一二]余《よ》の入《にゅう》と余の[一三]煩悩《ぼんのう》も　皆亦復《ま》た是くの如し　（一一）

見と可見と見者とは合無きが如く、故に染と可染と染者とも亦た応に合無かるべし。見と可見と見者との三法を説けるが如く、則ち聞《もん》と可聞《かもん》と聞者《もんじゃ》の余の入等を説き、染と可染と染者とを説けるが如く、則ち瞋《しん》と可瞋《かしん》と瞋者《しんじゃ》の余の煩悩等を説く。

〔二　結合の前提条件である別異性の否定〕

〔二―一　見・可見・見者の別異性の否定〕

復た次に、[4]

[一四]異《い》法《ほう》には当に合有るべし　[一五]見等には異有ること無し

実際には彼は第一偈と同じ視覚・対象・見者の三事の結合の否定を論じているだけで、四事の結合ではない。羅什の註釈にはここでも論理的飛躍や矛盾が見られる（一一九頁註一一参照）。

八　相待　縁起。ここでは瓶（対象）があって、それに相い待って見（視覚）が生じ、それに相い待って知識が生ずるという順序の認識過程をいうようである。

九　定相　自相・自性。各々の事物に固有の特徴・相（すがた）。

一〇　空　実有な我・意・根・塵の結合がないことは、それら四事が無自性で空であるということである。羅什は見・可見・見者の三事や四事（註六参照）を否定すると、ここで合の否定は実質的には終ったとする。

一一　染と可染…亦復た然り　梵偈は「貪欲も貪欲する者も貪欲の対象も同じように見られるべきである・考察されるべきである」。

一二　余の入　六根と六境からなる十二処（十二入とも訳される dvādaśāyatanāni）の内、見・可見を除いた残りの十処（入）。

（大）一九中

一三　余の煩悩　ここで取り上げた貪欲以外の残りの瞋恚等のすべての煩悩。

一四　異法には当に合有るべし　梵偈は「別のものと別のもの・別々のもの（の間）に結合はある」（anyena anyasya saṃsargaḥ）。結合が成り立つための基本的条件を説く。「別のものは別のものに縁って（pratītya）、別のものである（第五偈）。別のものと（anyasmāt）別のものである（第六偈）」という文章表現、特に「別のもの」（anyat）が主題となる。

一五　見等には異有ること無し　梵偈は「見られるべきもの等に、別々の存在であること（別異性）は存在しない」（anyatvaṃ na vidyate）。

一異《い》相成《そうじょう》ぜざるが故に　見《けん》等は云何《いか》んが合《がっ》せん　（三）
凡《およ》そ物は皆異《い》を以っての故に合《ごう》有り。而《しか》るに見等の異相は不可得《ふかとく》なり。是《こ》の故に合無し。
5 復《ま》た次に、
但《た》だ二見等の法の　三異相の不可得なるのみに非らず
四所有一切法《しょういっさいほう》も　皆亦た異相無し　（四）
但だ見《けん》と可見《かけん》と見者《けんじゃ》等の三事の異相が不可得なるのみに非らず。一切法も皆異相無し。

〔二―二　別異性が存在しない理由〕

6 問うて曰く、何故に異相有ること無きや。
答えて曰く、
五異は異に因《よ》りて異有り　異は異を離れて異無し
六若し法が七因《いん》より出《い》でば　八是の法は因に異《こと》ならず　（五）
汝の所謂《いわゆる》異とは、是の異は異法《いほう》に因るが故に、名づけて異と為《な》す。異法を離れては、名づけて異と為さず。何を以っての故に。
若し法が衆縁《しゅえん》より生《しょう》ぜば、是の法は因に異ならず。因が壊《え》すれば、果《か》も亦《ま》た壊するが故なり。樑《りょう》・椽《てん》等に因りて舎《しゃ》有り。舎は樑・椽に異ならず。樑・椽等が壊すれば、舎も亦た壊するが如くなるが故に。
7 問うて曰く、若し九定《じょう》の異法有らば、何の咎《とが》有りや。
答えて曰く、

一　異相成ぜざるが故に　羅什訳偈bの「無有異」は梵偈の「別異性がない故に」の意味を充分に伝えていないと感じたのか、彼は見等には「別々の相（異相は別異性の異訳であろう）が成立していない故に」（偈dのyan-を羅什も他の註釈者と同じく、d末のataḥの相関詞と読み、「不成故」と訳して、意味を補ったのであろう）。
二　見等の法　底本一九頁脚註八には、「見等法＝作可見㊂」とあるが、宇井訳一二〇頁註一六二は「非但可見等は三本の文にして麗蔵は非但見等法とし版本亦之を取る。されど梵文より見れば三本の文正し。般若灯論も非独可見等とし、蕃本も見とせずして可見となす」と註記する。恐らく見の対象と龍樹がしたのは、偈の韻律等の制約によるのではなかろうか。羅什が可見でなく見としたのは、この章の今までの語順等から見て、可見よりも自然だと考えたからではなかろうか。『釈論』の「非唯見等法」は漢訳者の知る羅什訳が「可見等」でなく「見等法」であり、それに従ったことを示すものと思われる。『釈論』の漢訳時期には現行底本のような「非但見等法」という羅什訳があったことになろう。
三　異相の不可得…に非ず　梵偈は「別異性が存在しないだけでない」。
四　所有一切法…異相無し　梵偈は「何ものも「他の」或るものと共に・との間に別異性はあり得ない」（kasyacit kenacit

一〇　若し異より離れて異あらば　応《まさ》に余《よ》の異に異有るべし
異より離れて異無し　是の故に異有ること無し　(六)

若し異より離れて異法有らば、則ち応に余の異を離れて異法有るべし。而も実には異より離れては異法有ること無し。是の故に余の異無し。

sārdhaṃ nānyatvam upapadyate)。月称も羅什と同じように「瓶衣等のすべての事物にも〔別異性は〕全く存在しない」と註釈している。『無畏』、仏護は偈の繰り返し。清弁は「すべての事物」まで徹底せず、「所聞等と所瞋等の三事にも（…la sogs paḥi)〔別異性があり得ない〕」という意味であると註釈するだけである。

五　異は…因に異ならず　梵偈は「別のもの〔甲・異1〕は別のもの〔乙・異2〕に縁って別のもの〔異3〕であり、別のもの〔甲・異4〕は別のもの〔乙・異5〕がなければ、別のもの〔異6〕ではない。そして或るもの〔法〕が或るものに縁って〔従因〕ある、それ〔或るもの・是法〕はそれ〔或るもの・因〕より別のもの〔異7〕ではあり得ない」。〔　〕内の「異1」等は相当する羅什訳偈の中に用いられている異の順序を示す。

六　若し法が因より出でば　梵偈は「或るものが或るものに縁って〔ある〕」(yat pratītya yat〔bhavati〕)。羅什は縁起を「因より生ずる」と解釈するが、見、可見、見者の関係を、月称も「因果関係にあるもの」(kāryakāraṇabhāvasthita) と規定している。羅什は「或るものに縁って」の或るものを因、縁ってある或るものを法、即ち或る事物と表現していることになる。

七　因より出でば　㊂は所因出。『釈論』は偈cを、「若法従因出」とするので、底本を支持する。

八　是の法は因に異ならず　梵偈は「或るものが或る〔他の〕ものに縁っているものそのものは〔縁られている（＝因）〕より別のものであり得ない」。

九　定の異法　『無畏』の「別のもの〔であるならば〕」に相当する。羅什は「定」を加えることによって「別のもの」が実有であることを強調したのであろう。

一〇　若し異より…異有ること無し　梵偈は「別のもの〔甲・或るもの・異2〕が、別のもの〔乙・異1〕より別のもの〔異2〕であるならば、〔別のもの（甲）は〕別のもの（乙）なしでも〔別のものとして〕あるべきである。〔しかし〕別のもの〔異5〕なしでは、その別のもの〔異6か〕は別のもの〔異6か〕ではない。それ故に〔別のもの〔異7〕は〕存在しない〔異6はどちらか不明〕」。この「別のもの（anya）は別のもの（anya）より（に縁って）別のもの（anya）である」という anya を用いた梵語の文章表現は縁起の因果の一方が他方によるということで、「或るもの（anya）がそれより別のもの（anya）とは別のもの（anya）である」というだけのこと。梵偈のａｂは二者が別異であることは、二者が各々縁起したものでなく、単独で独立して存在するものになるという誤謬の指摘である。羅什訳ａは梵偈のａを実質的には梵偈ｂの「別のものなしで〔別のものは、又は別のもので〕ある」と同じ意味とし、それを仮定して、訳偈ｂで「応に余の異に異有るべし」と説いている。このａの条件とｂの帰結には論理的な整合性は全く認められない。或いは羅什の原本はｂの「別のものなしで（anyasmādapyṛte）有るべし（bhavet）」の「別のものなしで」が、異なった語句であったのであろうか。しかし註釈では「余の異に」でなく、「余の異を離れて」であるから、梵偈のｂと一致する。この「余の異」を羅什は註釈の主題とするが、詳細は補註7に譲る。

五指《ごし》の異《い》を離れて拳《こぶし》の異有らば、拳の異は応《まさ》に瓶《びょう》等の異物《いもつ》に於いて異有るべきが如し。今五指の異を離れては拳の異は不可得《ふかとく》なり。是《こ》の故に拳の異は瓶等に於いて異法《いほう》有ること無し。

〔二―三　**縁起する一切法には此彼の区別も此彼の法もない**〕

8 問うて曰く、二我が経《きょう》に「異相《いそう》は衆縁《しゅえん》より生《しょう》ぜず。三分別《ふんべつ》と総相《そうそう》との故に異相有り。異相に因《よ》るが故に異法有り」と説く。

答えて曰く、

四異の中に異相無く　五不異《ふい》の中にも亦《ま》た無し
異相有ること無きが故に　則ち六此《こ》れと彼れの異無し　（七）

汝は「総相に分別するが故に異相有り、異相に因るが故に異法有り」と言う。若し爾《しか》らば、異相は衆縁より生ず。是《か》くの如くならば、即ち衆縁の法を説くなり。是の異相は異法を離れては不可得なるが故なり。異相は異法に因りて而《しか》して有り。独り成《じょう》ずること能《あた》わず。今異法の中に異相無し。何を以っての故に。先に異法有るが故に、何ぞ異相を用いん。不異の法の中にも亦た異相無し。何を以っての故に。若し異相が不異の法の中に在らば、不異の法と名づけず。若し二処に倶《とも》に無くば、即ち異相無し。異相無きが故に、此れと彼れの法も亦た無し。

〔三　**結論―結合は存在しない―**〕

一　五指の異　五本の指が異なるものであること以外に、五指をまるめたこぶし（拳）が異なるものであることはない。そうでなければ、拳の異は瓶が五指と異なるのと同じことになる。これは一三五頁註一〇の「余の異」の否定。

二　我が経に…と説く　以下の対論者の反論は、『無畏』では経文の引用ではない。我が経というのは、対論者が自派の依り所とする経典。

三　分別と総相との故に…　今暫く、宇井訳に依る（一二一頁註一六五参照）。『無畏』は「あなたは別異性という普遍（sāmānya）であるものに相待して、それは別のもの（この場合の gṣan ñid は anyatva でなく、羅什が「異法」とするように別のもの（anya eva）と読む）である」。「分別」は個別相であろう。そうであればここでそれを分別と表現したのか。

四　異の中に異相無く　梵偈は「別のものに別異性は存在しない」。　(大)一九下

五　不異　梵偈は「別のものでないもの」。そのもの自身。

六　此れと彼れの異無し　梵偈は「別のものも「別のものでない」そのもの自身も存在しない」。

9 復《ま》た次に、異法無きが故に亦た合《ごう》無し。

七 是の法は自《みずか》ら合《がっ》せず　八 異法も亦た合せず
九 合者《ごうしゃ》と及び合時《ごうじ》と　合法《ごうほう》とも亦た皆無し　（八）

是の法は自体《じたい》にて合せず。一なるを以っての故なり。一指は自ら合せざるが如し。異法も亦た合せず。異なるを以っての故なり。一〇 異事《いじ》が已《すで》に成ずれば、合を須《もち》いざるが故なり。是くの如く思惟《しゆい》すれば、一一 合法は不可得なり。是の故に「合者と合時と合法とは皆不可得なり」と説く。

中論　巻第二

七　是の法は自ら合せず　梵偈は「そのもののそのものとの結合はない」。

八　異法も亦た合せず　「別のものの別のものと〔の結合〕も妥当しない」。

九　合者・合時・合法　合者は結合するもの（saṃsraṣṭṛ）。合時は現に結合されつつあるもの（saṃsṛjyamāna）。合法は結合されたもの（saṃsṛṣṭa）。

一〇　異事が已に…故なり　この文は『無畏』の挙げる別々のものに結合のない理由の（二）、別々のものの結合は認められない、を別々のもの（異事）が成立している、という仮定の条件文に改めて、（三）の合を須いざるが故にを帰結とする。

一一　合法は不可得　『無畏』の「諸事物に結合はあり得ない」に当る。

補　註

中論巻第一

釈僧叡序

1　中論　底本（大正一五六四）ではこの序をも「中論巻第一」に含め、釈僧叡序を龍樹菩薩造・梵志青目釈・姚秦三蔵鳩摩羅什訳と同等に扱い、序の文の前の下部に置いているので、『中論』は序・造・釈・訳から成ることになる。中国におけるこの序の重視を反映している。㊂は中論巻第一が中論序、釈僧叡序が釈僧叡撰になっているので、撰・造・釈・訳である。『疏』では中論序疏、(明)は姚秦沙門釈僧叡撰である。

2　中論に五百偈有り　僧叡は『中論』を龍樹の偈だけに限定している。羅什も「龍樹菩薩は…此の中論を造る」（本文一〇頁）というので、原則的には偈だけを『中論』とする。インドでは龍樹の偈だけを『根本中の諸頌』（*Mūlamadhyamakakārikāḥ*）と呼ぶ。根本は後に加えられたものであろうし、恐らく様々な主題に関して中であることを説く、龍樹の偈の形式で説かれた二七篇の小論文を、一括して『中の諸頌』（以下、『中の頌』）と名づけただけのものであろう。インドでも後になると、『中論』という名称に相当する*Madhyamakaśāstra*（中の論書）を書名として使用するようになる。或いは羅什の頃にもこれが書名として用いられていたのでそれの訳語として中論という書名を用いたのかも知れない。

「中」は基本的には有無という存在論上の二元性を主とする、有か無かという二辺を否定する排中律を逆転した、非有非無によって開示された、有無が真に成立する悟り（道）であり立場である。僧叡はこの序ではさらに根源に立ち帰って、中と論という二語の語義解釈という形を通して中論の真意を解明しようとしている。それらは書き下し本文一頁註四—七、二頁註一—二に説明したが、ここでは『十二門論序』などと比較検討を加えながら、要旨を整理する。

　僧叡は『序』の前半で中論を論じているが、その主題は実、即ち実相である。彼は序文の中で「之れ」という代名詞を多用（書き下し本文一頁註七、二頁註二、三頁註一七、二〇、二六、三〇等）しているが、これらがすべて実相を指していることからも窺えるであろう。その実相とは何か。彼の関心が実相と中という名称、語に絞られていることは「中を以って名と為すは其の実を照すなり」（書き下し本文一頁註四参照）から明らかである。

　この実相観は彼の『十二門論序』にも見られる。彼は序の冒頭で「十二門論は蓋し是れ実相の折中、道場の要軌なり」（大正三〇、一五九中四—五）と述べて、十二門という名称こそ中ではないが、論の真意は中論と同じく、実相が折中であることを説いていると理解していることを示しているからである。折中は『十二門論序疏』が引くように『論語』の「折獄」（獄《うったえ》を折《さだ》む・顔淵第十二、『十二門論序疏』は折玉（大正四二、一七一上一五））と同じ用法で「中をさだむ」と読むべきであろう（折については補註8参照）。「実相が中であることを折（＝定）む」という意味であろう。同時に『十二門論序疏』は漢語の熟語である折衷（＝折中）の意味である「定めて」、諸説を調整して、「中」中間をとるという意味をも含めて解釈している。世俗の道や異教、小乗等は「皆明二実相一並折而不レ中」（皆実相を明して並びに折めて中らず（大正四二、一七一上一六—一七））と評し、『十二門論』について「秤歎龍樹此論明実相而是折中」（此論は実相を明して折めて中ることを秤歎す（大正四二、一七一上二五））と解説しているからである。僧叡も吉蔵と同じく漢字の文化の中で生きていたのであるから、折中を「折めて中る」とも読んでいたと考えるのが寧ろ自然であろう。

　『序』の「中を以って名と為すは、其の実を照すなり」という文意は、中という言葉は隠れている実相を顕わし出す、明らかにするということである。実相の折中はその同じ実相と中との構造を実相の側から規定した表現であろう。「中を折《さだ》める」ということは実相が中であることを定める・確定することであろう。僧叡は後述するように「之れ（実相）を折《さだ》むるに中道を以ってす」とも言い替えている。意味は明快である。龍樹は実相を中道であると確定したといった意味に取ってよいであろう。『疏』では「中道の理を将《も》って二際を折《お》って斉しからしむ」（大正四二、三下一九）ことだとする。「中を折《さだ》む」の「中」は、言うまでもなく有無等の二辺に対する。中を折《さだ》む、確定するということは、有無等の二際を否定し、非有非無を確定することである。「折二際」の折は同じ折でも、おる、断ち切る或いはくじくという意味であり、それが中をさだむということなのであろう。『疏』は「実を照らす」を「理実を顕わす」（大正四二、二中八）とするので、中道の実相そのものである中の理《ことわり》（道理・論理）は二辺を否定した不二の実現であるとする。『疏』は「之れ（実相）を折むるに」について、「折之言斉」（「之れ（実相）を折むるを斉《ひとし》と言う」大正四二、三下一七―一八）とし、その斉《ひとしい》とは「生死と涅槃との不二」、「衆生と仏との平等」ということで、これが「中道を以ってす」の中道だとする。『十二門論序疏』では吉蔵は折中を「生死と涅槃と、万化の法即ち是れ実相なり」（大正四二、一七一上一五―一六）と明すことだとする。

　僧叡が説く実相と中との関係がこのようなものであれば、中という名・言葉は仮りの名で、実相を指し示す手段・方便として言葉を使用することでは決してない。実相を実相たらしめる実相そのもの、実相の本性とでもいうべきものである。僧叡の序文の中には、名称や言葉は仮りのものであるという意味を伝える表現があることは確かである。『中論』という論名の説明のなかだけでも、「中を以って名と為す」とか、「実〔相〕は〔中という〕名に非らずば」といった表現にも仮りのものという見解が見え隠れするし、「寄りて」「仮りて」には特に顕著である。龍樹が説く実相（法性・dharmatā　一八・七）は言葉の対象、概念に対応する外界の実体ではないので、その限りにおいて言亡であり言語道断である。しかし言葉は実相とは別の存在で単なる手段といったものではない。言葉はたとえ悟りのため、人生の究極のためであっても効用性の立場で解釈されてはならない。その間の消息を伝えるものが、「実相は中でない。それ故に実相は中である」という所謂、即非の論理であろう。僧叡が実相の理というのはこの即非の論理であり、その論理によって実相と中は同事として成立する。

3　龍樹菩薩　菩薩（bodhisattva・菩提薩埵）は大まかにいえば、「菩提・悟り（bodhi）を求める衆生（sattva）」とか、「菩提を得ている衆生」という意味で理解され、インドでは（一）釈尊が仏になるまでの呼称、（二）観世音菩薩などの、いわば霊性的な救済者、（三）仏に成ることを求めて修行する大乗仏教の修行者、（四）菩薩地の菩薩などに大別される。中国や我が国では、龍樹などのインドの大乗仏教思想史上の重要な歴史上の人物とされる論師にも菩薩という尊称を用いる。龍樹については羅什が菩薩としているし、彼の訳とされる『龍樹菩薩伝』等も菩薩としており、中国では菩薩であることが定着している。漢訳の資料では『入楞伽経』に「大徳の比丘有りて龍樹菩薩と名づく。…歓喜地を証得して安楽国に往生す」（十巻本、大正一六、五六九上。七巻本、大正一六、六二七下）、「高貴にして名声高いNāgāhvayaがいる。彼は…歓喜地（bhūmiṃ muditā）を獲得し」（LA, p.286, ll.12–15, k.165, 166）がある。中観系の論書の中では『入中論』で龍樹を菩薩とするし、観誓も清弁が龍樹を初地の菩薩としていたとする（解題上、七頁、解題下、六二頁参照）。それらは皆同じ伝承によるのであろう。ちなみに我が国では行基のように利他の菩薩行を行なった者を「知識」とし、「菩薩」と呼んでいる。これは語の本来の意味を的確に捉えているともいえる。その他、宗派の開祖となる程の歴史上の聖人を呼ぶ場合もある。

4　菩薩の行…朗然として懸解す　宇井訳と羽渓訳は共に「菩薩の行、道場の照に於いて」、三枝訳は「菩薩の行ずる道場の照に於いて」と訳す。英訳は、then in the bodhisattva's course the intuition of the bodhimaṇḍa shines brilliantly, and "the suspension-cords are untied". であるから、「於いて」を「菩薩の行」のみに掛けている。『疏』は「其の実既に宣べられ、其の言既に明らかなり」（大正四二、六下二二）とは、龍樹が既に『中の頌』を著述しおえているのであるから、実相である中の理（補註2参照）は顕われているし、言である言葉で論じられた教えは明瞭であるから、『中論』の教えを因として『中論』が顕にする実相という理の悟りが朗然として懸解するという。朗然は「明らか」とか「朗らか」を意味するから、悟りの解放感の明るさ、心が晴々とした心境にあることを示し、悟りがそのようなものであることを、荘子のいう懸解がよく示しているというのであろう。荘子は懸解を「時に安んじて順に処《お》らば、哀楽入《い》る能《あた》わざるなり。（古者《いにしえ》）是れを帝の懸解と謂うなり」（『荘子』養生主第三。大宗師第六にもあるが後半が異なる）と説く。懸解の語義は天の逆吊しの縄が解けることである。吉蔵が指摘するまでもなく、僧叡自身がこの懸解という語を用いたことは、荘子の思想を念頭に置いていたであろう。人の誕生は適《たまたま》生れる時であったから生れたのであり、死もそうである。運命というよりも自然に従い自然のままである。そういう時に逆らわず安んじ、自然に順《した》がう朗らかな心境というか自由な境地に立つならば、喜怒哀楽を離れるという荘子の所説は、情念、煩悩のレヴェルではあるが、中道や自然法爾（法性・実相）の思想と同じである。自然法爾は煩悩の根源である分別、思惟を離れることによって実現される点で懸解よりもより根源的ともいえるが、そういう理論的な考察に入るまでもなく、懸解は分別を越えているともいえるであろう。

「菩薩の行」を『疏』や書き下しなどの訳者は、大乗仏教の修行者である菩薩の修行と解釈している。しかし僧叡の時代に中観思想の研究者の間で、菩薩の修行の過程の順序が明確にされ、課程とか階梯といえるものが成立していたかについては詳しくない。この『序』の文章でいえば、今取り上げている「朗然として懸解す」や、後に説かれる「朝徹」（補註10参照）といった表現は順次に階位を登る課程を認める漸悟でなく、修行道を否定した道なき道の頓悟を説いているとしか思えない。

この『序』の中で僧叡は菩薩の語を三回、同義語の大士を一度用いている。龍樹菩薩、龍樹大士は元より「菩薩之憂也」の菩薩も龍樹である。『序』のこのような用法から見ても、この「菩薩の行」も龍樹菩薩の行と解釈する方が自然ではないかと思われる。龍樹の行とは何か。『中の頌』の著述である。「道場の照」は「実〔相〕を照す」ものが道場であることを示すであろう。道場は釈尊がブッダガヤーの菩提樹の下で成道した金剛座という悟りの座（bodhimaṇḍa）であるが、僧叡は『十二門論序』では、先に引用したように『十二門論』を実相の折中であると共に、「道場の要軌」であると説く。『十二門論序疏』によれば、実相は所観の境であり中道であるのに対して、道場は能照の慧であり正観である。『中論』は羅什の弟子達の頃から、『中観論』とも『正観論』とも呼ばれていたという。羅什の弟子の曇影は彼の『中論序』の最後に「亦た中観と云うは、直ちに観を以って心を辯じ、論じて口に宣ぶ」（大正五五、七七中七―八）るからだと、『中観論』でもあることを認めている。吉蔵も自らの『疏』を『中観論疏』と名づけ、略を『中論』、広を『中観論』とする。このような中観とか正観という観の重視が、道場を菩提の座といった場所を示す語義ではなく、禅定の正しい観察、中という実相を観察し照らす智慧という真意、精神的な意味に深化させたのではなかろうか。『十二門論序疏』が、龍樹が実相の理を尽しているから道場と僧叡は言ったとする。「此の区の赤県、忽ちに霊鷲を移して以って鎮を作すことを得」といった発想を懐き、言い切る僧叡が、道場を場所でなく正観であると論ずることなどは至極当然のことであったであろう。

『十二門論序』の「実相の折中」は元より「道場の要軌」も本来『中論』について説かれるべき定義であることは『十二門論序疏』だけでなく、僧叡自身の見解である。軌はアビダルマの法（dharma）の定義の一部の「軌生物解」（人に一定の事物の理解を生じさせる軌範・きまり）の軌であるから、この場合は人に実相を理解させる軌範である。『十二門論序疏』が「実相を明すの軌」（大正四二、一七一中一七―一八）というのはそのことである。その軌範となるものが論である。『十二門論序疏』は正観即ち道場を「口に宣ぶる、之れを論と謂う」（大正四二、一七一中七）と説き、曇影も先に引用した文の中で「論じて口に宣ぶ」といっているのは、『中観論』の論の意味である。軌は具体的にいえば、『中論』であり、『十二門論』である。

インドでは論という漢語に相当する śāstra を語根 śās（懲らす）と語根 trā（守る）から成るという擬似語源論によって説明する。僧肇は『百論序』で「正を防り邪を閑める」（大正三〇、一六七下二一）と述べてこの語義を採用している。それは『百論』が特に破邪（即顕正）の書だからであろう。中国では後に法蔵が『大乗起信論』の書名の語義釈で、「論とは是れ集議論なり。謂わく、仮に賓主（即ち客・対論者と主・論者）を立て往復折徴し、正理を論量するが故に名づけて論と為す」（『義記』大正四四、二四五下）と説く。曇影も彼の『中論序』で「問答析微す。故に論と為す」（大正五五、七七中七）という。問答形式で自性を否定していくのが論だというのであろう。吉蔵も僧叡の「論を仮りて」を「問答を仮りて」と解釈しているが、問答形式を採る青目釈の釈を「言は釈に非ずば」の釈と解釈する余地は全くない。

5　滞惑は倒見於り…淪溺し　英訳（cf. EMIC, p.295, Document 5, n.2）は滞惑を craving and delusion と訳し、「滞（滞著・attachment）は愛（lust）を生じ、迷惑は見（false views）を生ず」という『疏』の解釈を紹介し、さらに羽渓訳では「滞著の惑、凡夫の惑」（the attachment of the deluded）と、限定複合詞として解釈していると註記している。『疏』は、滞は在家の起愛、惑は出家の起見に配して、「滞と惑」とに分けているが、この「滞惑」はそうでなく、「滞即惑」であろう。滞惑の惑は煩悩の異訳である。滞は仏教用語としては定着していないようであるが、煩悩が迷界に繋ぎ留めるものであることを強調し、住する、留まる（√sthā）が住著などとも訳されるように迷界に固執・執着することで、『疏』は滞著とする。この滞惑によって三界は淪溺するという。三界を場所として捉え、海に譬えて淪溺というのであろうが、三界は本来は迷いの生存（有）を意味し、『疏』が滞著と補うように、普通仏教では迷い・惑いを自我とか生存への執着・住著とする。僧叡が執着でなく、滞としたのは生存そのものが凝滞・停滞であり、悟りに向わずに踏み留まって動かない沈滞の状態であると理解したことになろう。そういう迷いは単に凡夫のあり方だけでなく、後に「内を祛いて以って滞を流す」というように、小乗の有部等の法我の迷いも同じである。この場合には『疏』は壅滞、さえぎる、ふさぐ、ふせぐ、ふさがるという煩悩障や所知障という場合の障の意味を加えて、伝統的仏教の理解と会通している。僧叡が執著とか障でなく、滞を迷いの本質としたのは、迷いこそが悟りを前にして停滞させるものであり、「中」の学習・修行によって滞が流れ、おのずから悟りが実現されるというのであろう。この僧叡の思想が適切か否かは今は問わないが、その背景には老荘の無為自然の哲学があることは疑えない。

僧叡は「滞惑は倒見より生ず」という。『疏』は『維摩経』の「観衆生品」第七の「（前略）虚妄分別は顛倒（想）を本と為す」（大正一四、五四七下）、*abhūtaparikalpasya viparyastā saṃjñā mūlam/*（VKN, p.268）を典拠とする。滞惑は究極的には無明のことである。この『中論』の「観顛倒品第二十三」の第二二偈にも説かれている。

6　耿介は…乖を致す　『新字源』では耿介は、「（一）かたくみさおを守ること。（二）徳がかがやいて偉大なこと」という。『疏』は「外典の文言不同にして、衆師の釈も亦た異なり」（大正四二、三上二〇）という。恐らく中国古典の使用例はこの場合と合わないというのであろう。『疏』はそこでこの語を「猶し志節のごとし」（大正四二、三上二一）とする。志節は「かたく守って変らないみさお、志ざし」というから（一）の意味であり、要するに意楽、直心であり、求道心、宗教的要求のことである。それは宗教的には不可欠で、善といえるが、しかし小乗の修行者の場合は、志節は「小乗に対執して自《みずか》らを究竟と謂い、永く小心を廻して大道を進求せず。故に耿介と名づく」（大正四二、三上二一―二三）という。だからそういう求道心も偏悟によって実相に違い、背くことになるというのである。恐らく耿介には「かたい、変らない」だけでなく「頑な」という意味が含まれるのであろう。

7　道俗の夷かならず…龍樹大士…　この『序』の構文は『十二門論序』と特に並行している。『十二門論序』の「殊致の夷かならず、乖趣の泯びざるは大士の憂いなり。是を以って龍樹菩薩…」（大正三〇、一五九中九―一〇）は菩薩と大士を入れ替えただけである。『中論序』は「中」を主題とするから「道俗」と「二際」という二元性と二辺を取り上げ、『十二門論序』では「十二門」を念頭に置いて、殊致（異なる宗旨）と乖趣（矛盾した趣旨）のあることを龍樹の憂いとする。恐らく十二門でそれらを個別的に説き伏せるというのであろう。憂いは『疏』の説くように「大悲内に充つ」（大正四二、三中二九）ることであろう。仏護、清弁、月称も龍樹は悲（*karuṇā*）によって『中の頌』を著したとする（解題下、二〇―二二頁参照）。因みにこの『中論序』では龍樹菩薩が惑趣の徒（二乗）と玄悟の賓（異教）を否定する（補註9参照）というのは、『中論』の要旨「内を祛いて滞を流す」（本文〔五　中観の四論〕の項参照）と同じ解釈である。それに対して『十二門論序』では様々な異見の人々を十二門で救うという意味、さらに特に十二門も唯言教として仮に成立しているだけであって、一源に帰すれば、言教、即ち、筌（魚を捕える道具）も捨てられるという同論の真意・要軌を説いている。これは彼の十二門論観である「精詣」（五　中観の四論）を少しく詳述したものといえる。

8　折　底本は「析」。(明)も他の関連文献、『疏』や『出三蔵記集』所載の序も「折」。「折」は「おる、おれる、くじく、せめる、やぶる、わける、さだめる」、「析」は「さく。わける。分解する。そむきはなれる」（『新字源』）。宇井訳「之れを折《ひとし》うするに」、羽渓訳「之を折《わか》つに」、三枝訳「之を析《わか》つに」、林屋訳「之を折《ひら》くに」（二九四頁）、英訳は、Nāgārjuna equalized them with the Middle Path. 宇井訳と英訳は『疏』の「折の言は斉なり」（大正四二、三下一七—一八）による。『疏』は斉を「生死と涅槃との不二、衆生と仏との平等」（大正四二、三下一八）とする。この序では少し前に真の悟りを「有無を夷《たいら》げ、道俗を一にする」こととしている。しかし「夷《たいら》ぐ」は有無だけでなく、直前では「道俗の夷かならず、二際の泯びざる」と、道俗にも用い、「有無を夷ぐ」を「二際の泯びる」こととする。「夷」には「平らにする」と「平定する」の二義があり、「道俗」の場合は「一にする」であるから、「平らにする」、二際の場合は「泯」であるから「平定する」（『疏』は「滅する」（大正四二、三中二一）ことという）といえる。経典には相矛盾するものの平等の教説は屢々見られるが、有無等を『中論』では主とし、有無等の二辺（anta）の否定、非有非無が空であり、中であるとする。しかし有無等を二際（koṭi・辺の異訳でもあり得る）とすることは余り見られない。それらのことは吉蔵も意識していたようで、彼は「道俗」を第二五章「涅槃品」の第一九偈の「涅槃と生死の無分別」、「二際」を同品第二〇偈の「生死の実際と涅槃の実際の無区別」とする。このように『疏』は泯を滅とするが、無区別、平等の意味を盛り込んでいる。それが折を斉《ひとしくする》とする解釈となったのであろう。しかし『疏』も折が直ちに斉であるとは考えていなかったようである。次に「又た中道の理を将《も》って二際を折《さだ》めて斉しからしむ」（大正四二、三下一九）と説明し、『十二門論序疏』でも「折中とは物を折めて斉しからしむ」（大正四二、一七一上一四—一五）と説くので、斉は寧ろ中という語が意味する「かたよりのない平等」を表現していると思われる。因みに法蔵は『大乗起信論義記』の冒頭で、「真俗双融し、生死と涅槃も夷斉同貫す」（大正四四、二四〇下二七—二八）という。真俗は道俗であり、夷と斉は同義語であろう。こういう理解が中国仏教思想史の根幹をなすものと思われる。

9　惑趣の徒をして…一変せしむ　「惑趣」の趣は趣旨、真意であり、「玄指」の指も旨であろうから、意味深遠な趣旨、仏教の真意であろう。そうであれば、中道によって道俗、二際を否定することによって、仏の真意に惑える者をして深遠な実相を望み見させて一変させるということになる。一変の一は『疏』が示すように「不二」（大正四二、三下二四）であり、一道に帰することであろう。しかし『疏』に従って、玄指の指は禅門で説く指月の比喩が示す指、すなわち言葉で説かれた教え、具体的には深遠な教えであるこの『中論』を意味すると解釈すべきかも知れない。指が遠く指し示す深遠な（玄）実相（指＝旨）と取るか、同じ指（教）でも意味深い教え（指）と取るかの違いとなる。前にも触れたが、このように僧叡の論述には言葉を仮りの単なる手段としているような表現が見られる。

10　之れを括るに…喪わしむ　『出三蔵記集』では「括」は「恬《やす》んずる」（大正五五、七六下二五）である。恐らく玄悟の賓をやすらかにするというのであろう。『疏』は「括」（大正四二、三下二七―二八）で撿括のこととする。撿（＝検）括は、とりしまる、しめくくる、まとめるといった意味であろう。道俗、二際の立場を即化を以ってしらべる、とりしまるということになるのかも知れないが、むしろ前に「折」すなわち否定の面を説いたので、ここでは即化を以って玄悟の賓をも一まとめにしてくるということか。即化は英訳者が注記する『涅槃無名論』（「通古第十七」、『肇論』八六頁）の「蔵冥運於即化」（冥運を万象に即して蔵《ひそ》む）の化、万化、万物、一切法に即することである。『疏』が説くように『中論』は「一切法は即ち是れ無生なり」を命題とし、空・中は無生という実相が内在的超越であること、事象・経験の外にでなく中に超越することによって求められる。そういう意味で色即是空の即でもあるが、同時に『疏』がいうように『不真空論』の末尾（『肇論』二二頁。大正四五、一五三上四―五）の「道遠乎哉。触事而真。聖遠乎哉。体之即神」（道遠からんや。事に触れて真なり。聖遠からんや。之れを体とすれば即ち神なり）、というように即には頓悟に通じる「直ちに」という意味が含意されているようである。

「玄悟」の玄は「同じきもの之れを玄と謂う。玄の又た玄…」というように、『老子』は玄を多用し、名（言葉）によって多とされるが、玄は名・言葉を超えた深遠な理法で、玄悟とはそれを悟ることであろう。そういう老荘の徒を僧叡は外道、異教徒と呼ばず、賓と呼んでいる。客を意味する「賓」と呼んだことは、彼が老荘の徒を仏教徒ではないが、敵とか対立者でもない者と見ていることを示すのではなかろうか。賓（客）とは思想的な親近性を示すのであろう。「諮詢」を英訳は their plans and deliberations と訳すが、『新字源』

では諮も詢も諮詢も「はかる」「問う」であり、『疏』も「善道を問うの辞」（大正四二、四上五）とする。「朝徹」という語は英訳が註記するように『荘子』「内篇大宗師第六」では道を守る修行の過程で体験される宗教的体験で、朝日がさっと照らす（射し込む）ような、悟りの体験をいうようである。英訳は the morning's clear rays とする。『疏』は恐らくこの箇所の郭象の註釈「死生を遣れ内外を亡じて豁然として滞なく機を見て作す」を挙げている。『疏』が『荘子』の文言でなく、郭象の註釈文を引用したのは、朝の陽光といった語義や『荘子』の守道の修行の過程の中の術語としてでなく、その体験の本質を示していると解釈したからであろう。死生を遣れ、内外を亡ずるのは、『荘子』の説く朝徹の起る前の過程で三日で天下を忘れ、七日間の修行で物を、さらに九日かけて生を忘れるという境地である。朝徹の本質は「豁然として滞なく」であろう。「機を見て作す」は『荘子』の「独（＝道）を見る」に当り、「豁然として大悟する」といった宗教的体験をも超えた自由な境地であろう。このことは『疏』が「朝徹」をさらに「朝は旦（あした）、徹は達なり」（大正四二、四上七―八）とか、「一旦に能く理を達す」（大正四二、四上八）、「崇朝（崇を『疏』は重という。朝を重ねることか）せずして理に徹す」（大正四二、四上九）と分析して、「一朝にして達するのみ」（大正四二、四上九―一〇）であることを意味すると解釈していることからも窺える。このことから僧叡は、即化を説く『中論』を学ぶことで、老荘の徒は一朝にして大悟し、老荘の書を問い尋ねる」という言語道を「喪《うしな》う」、「亡じ」「忘れる」というのであろう。

『疏』は「之れを折る」方を仏教内の小乗とし、この「之れを括る」方を「外惑」とし、インドの六師外道等をも含めて否定しているという。そう取ることも可能であろうが、漢訳された『中論』を前にして、訳者羅什の主要な門下生であった僧叡は、インドにおいて、龍樹が『中論』を著して中道を説いて小乗の徒を一変させたことも重要な事件と認めたであろうが、むしろそれ以上に自分のいる現実の中国の思想界に与えたし、与えるであろう大きな影響、衝撃に思いを馳せていたであろう。そういう意味では前者はインド、後者は中国の思想界を念頭に置いていると見るべきであろう。

11　蕩蕩焉たり…幸いなる哉　この構文も補註7と同じく、『十二門論序』の「恢恢焉たり、真に謂つ可し、…遇《さいわ》いなる哉」（大正三〇、一五九中一七―一九）と同じである。恢恢焉もゆったり伸び伸びとした広大なさまをいう。「真に謂つ可し」に続く四句は、表現形式だけでなく内容も相通ずるところがあるので次に対称させると、

『中論序』

（一）夷路を沖階に坦らかにし

（二）玄門を宇内に敞き

（三）恵風を陳枚に扇ぎ

（四）甘露を枯悴に流す

『十二門論序』

（一）虚刃を無間に運らし

（二）希声を宇内に奏し

（三）溺喪を玄津に済い

（四）有無を域外に出す

（一）と（二）を『疏』は「顕道嘆」とし、（三）と（四）を「益物嘆」とし、『十二門論序疏』では（一）（二）を「嘆論主智諦」、（三）（四）を「明群生得益」とするように、（一）（二）と（三）（四）は各々同じ「嘆」を説いていると理解できる。（一）は「路を沖階に坦夷《たいらか》にし」とも読める。英訳はそのようである。しかし『疏』は「夷路《たいらなみち》」と読む。夷路は中道のことであり、中道は既に仏によって説かれたが、それを龍樹はさらに『中の頌』で明確に整理したというのであろう。「沖階」の沖は老荘の沖虚、沖漠、沖寞の意味で「空なる階位（梯）」を意味しよう。『疏』は前の「菩薩の行、道場の照」を受けて、「菩薩の因道場の果、階位登る可し」（大正四二、四上二一―二二）という。英訳は the "hollow stairs" と訳し、この句は諸菩薩地の昇進を容易にしたことを意味するという。要するに「空なる階位」は無階位の階位であり、頓悟である。夷路、中道はそういう階位を進むことによって夷路を真に坦かにしたというのであろう。（二）の「玄門」を『疏』は補註10で触れた『老子』の「玄の又た玄、衆妙の門なり」（「体道第一」）とする。宇井訳や羽渓訳は「敞《ひらき》」を底本が「敝」（やぶれる・つかれる・おおう）であることからか、「蔽《おおう》」と読み、それに合せて「玄門」を「深奥の妙理」「幽玄の理」と解し、理・真（実相）が世界を蔽うと解釈するが、門を単純に理と解釈するのは無理であろう。『出三蔵記集』は「敞」で林屋訳は「ひらく」である。三枝訳はこれを採り、諸橋辞典の「敞」の語釈の第七に「ひらく」があると論拠を示す。因みに『疏』も「敞」であるが、国訳は「ひらく」と読む。これら二句は『十二門論序』でも後に後代の学者がうける法・教えにあう利益を説く四句の中の最初の二句、（一）「夷路既に坦かに」、（二）「幽関（大正蔵は幽塗㊂と『十二門論序疏』は関）既に開《ひら》き」、からしても「敞」（ひらく）は開と同義であろう。ただし『疏』は玄門を衆妙の門とするのに、幽関を「二乗等の幽隠（世を避けて隠れ住む、奥深く隠れた所、暗くてはっきり見えないさま）の関」（大正四二、一七四上一七―一八）だというが、しかしこの二つの序の対応から見て玄門も幽関も深遠で幽玄な実相への門であろう。『疏』は第二句に「前の化は一方に及び、此れは遐かに六合に宣《ひろ》めることを明す」（大正四二、四上二三）と註釈を加えている。「前の化」は龍樹以前の教化かも知れないが、序で前に述べられた「即化」の「化」ではないかとも考えられる。「玄門を宇内に敞く」とは、教化が上下東西南北という空間的に捉えられた世界、宇宙全体に拡がることになる。このようにこの二句は『中論』という書名を念頭においた中道と論述の称嘆となっている。それに対して『十二門論序』の場合は十二門という語義でなく、十二門を通って一源を究めるというあり方が（一）では空の論理であるから、十二門は皆な実相を傷つけることなく明らかにすることができ、（二）では『十二門論序疏』によれば、空の教説は希声すなわち声なき声、沈黙即教説で、黙は雷の如く世界中に鳴り渡るということになる。このように二序の最初の二句は根底において通ずるものがある。第三句の「恵風」は底本も『出三蔵記集』でも「慧風」であり、三枝訳、英訳もこれを採る。しかし『疏』は「恵風」（大正四二、四上二六）であり、これを「春風」（春のおだやかな風、恩恵の深いもの、万物を育むものの比喩）とするが、それを「〔中〕論は智慧の風を以って扇ぎ、凡夫の流をして以って益を得しむ」（大正四二、四上二九―中一）と、実質的には慧風とする。宇井訳、羽渓訳は「恵風」に改めているが、前者は慧風を非とし、恵を慧としたのであろうと註記し、後者は「恵風の方善からん」とし、恵風は慧風と喩えたものとする。『中論』は般若の智慧の書であるから、恵風を慧風と解することも当然といえば当然であるが、しかし前の「菩薩の憂い」の註釈で『疏』が「大悲」「慈悲」「無縁の大悲」が根本に在ることを示したように、ここも前二句で智慧を説いたので、第三・四句は『中論』の根本、従って智慧の根源にある「大悲」を説いているのではなかろうか。恵風、恵みの風は大悲の風ではなかろうか。『法華経』の「薬草喩品第五」ではインドの風土に合せて「慈雨」を説くが、僧叡は中国の風土、文化に合せて「恵風」や「甘露」を説いたのではなかろうか。（四）の甘露は『新字源』では天下大平のしるしとして天が降らせる「あまい露」、「生物のためによいつゆ」であり、仏教では不死（amṛta）の訳語で、飲むと不老不死になるという天の飲物である。生命を育む大悲の水であろう。『十二門論序』の第三句の「溺喪を済う」は明らかに大悲の力を示すし、第四句の「有無を域外に出す」は『十二門論』の説く空の否定の力が有無の立場を除くという意味では智慧の面が強い。『中論序』はさらに大乗を称嘆する「夫れ百樑…」がくるが、『十二門論序』にはそれに対応する文言はない。

12　百樑の構　『疏』では「柏梁の構」（大正四二、四中三）で、柏梁は漢の武帝の柏梁台という楼台の名であるという。名の由縁には二説があり、一は柏木（ひのきなどの常緑樹）を梁（はりのこと）としたからであるという。第二説はその楼台は梁が百数あるので「百梁」というと。百梁の構《かまえ》の楼台。

13　精詣　英訳は concise and to the point。僧叡は『中論』を偈のみとし、『十二門論』を偈と註釈文全体とする。『十二門論』は漢訳の青目釈を含んだ『中論』の四分の一であるが、青目釈の部分を除くならば、決して concise ではなく、寧ろ註釈文を含むから「精しい」詳細な論と云える。僧叡はそう取ったのであろう。

14　并びに目品の義、之れを首に題す　僧叡はこの序の外に、各品すなわち二七の各章に、品目の意味を要約して巻頭に書き記したという。『疏』で吉蔵は、それを江南にいたときも尋ね探したが、得られなかったし、京に来て処々を訪れ問うたが、なかったという。吉蔵の頃にはすでに散佚していたのであろう。

観因縁品第一

1　観因縁品　第一章の場合、帰敬偈を章に含めるか否かで註釈者の見解は分れている。羅什は帰敬偈を第一章に含めている。『無畏』も同じであるが、ただ『無畏』には帰敬偈の註釈の末尾に、羅什にない「最初の考察」（prathamaparīkṣā）という語が加えられている（T訳で加えられたものかとも考えられる）。これは第一章の縁の考察のなかの第一の考察の意味であろうから、一応区別しながらも、第一章の一部と解釈していたことを示すのではなかろうか。仏護は帰敬偈を経のようなもの（補註2参照）として特別視しているが、「残余の論（avaśeṣaśāstra、即ち、帰敬偈以外の『中の頌』全体）によってそれ（帰敬偈）を説明するであろう」という。残余といっていることは『中論』に帰敬偈をも含めていることを示すであろう。清弁は註釈書の冒頭で仏に礼拝すると、龍樹は「般若波羅蜜の論理・説き方（nīti）で偈を説いたが、それを理解できない者のために、阿含のように（yathāgamam）『中論』（*Madhyamakaśāstra*）を解釈するであろう」と、帰敬偈の註釈に入るより前に述べているから、帰敬偈を『中の頌』に含めている。それに対して月称だけは「自より〔生ぜ〕ず」で始まる第三偈以下を、『中の頌』とするので、帰敬偈は『中の頌』でなく、『中の頌』の礼拝の詩頌ということになる。月称が帰敬偈を何故『中の頌』に含めなかったのかは明らかでないが、恐らく仏護が帰敬偈を『中の頌』の主文として別扱いにしたのを受けて、仏護とは逆に帰敬偈を『中の頌』から除いたとも考えられる。或いは月称は第二七章第三〇偈の帰敬偈を、第二七章から除くので、それと共に『中の頌』から除いたとも考えられる（下巻第二七章補註20参照）。

羅什訳以外の他の註釈書では、章題はすべて「縁の考察」（pratyayaparīkṣā）である。この縁は仏教独自の四縁説の縁である。しかし羅什は、インドでも四縁説が実質的には六因説に解消され、実際には縁起でなく、因果律に過ぎないし、縁起の語義解釈でも、「因と縁とに縁って生ずる」ことと分析して、因を主因とし、縁は補助的な条件と解釈するようになっているので、因縁を pratyaya の訳語として用いたのであろう。特に中国の読者には、縁起より因縁の因果律の方が親しみやすいし、理解しやすいと考えたのであろう。

2　―第一、二偈（帰敬偈）―

不生亦不滅　不常亦不断　不一亦不異　不来亦不出（一）
能説是因縁　善滅諸戯論　我稽首礼仏　諸説中第一（二）

anirodham anutpādam anucchedam aśāśvatam/ anekārtham anānārtham anāgamam anirgamam// （一）
yaḥ pratītyasamutpādaṃ prapañcopaśamaṃ śivam/ deśayāmāsa saṃbuddhas taṃ vande vadatāṃ varam// （二）

消滅なく、生起なく、断絶なく、恒常なく、単一のものなく、種種のものなく、来ることなく、去ることなき、（一）
戯論寂静で安穏である縁起を等覚者が説かれた、その方、説法者たちのなかの第一人者に私は礼拝したてまつる。（二）

第一偈 a は羅什訳では「不生不滅」と生の否定が先行する。『無畏』は「不滅」が先である理由を論じている（補註8参照）。しかし不滅を先にするのは解題に述べたように龍樹の初期の論述の順序を踏襲したもので、それが慣習となったのであろう。T は c と d の順序が入れ替り、c の不一、不異の順序も逆で不来不去不異不一となり、註釈でもこの順序が守られている。しかし註釈は偈に合せて順序を変えているとも考えられる（『無畏』が梵偈の順序であったことは補註9参照）。

第二偈 b の安穏を羅什は善と訳す。この善は、めでたい、とうとい（『新字源』）を含む究極的な善で、単なる善悪の相対的な倫理的善ではないであろう。c の saṃbuddhas は、T 訳と羅什訳では偈 d の taṃ と同格の saṃbuddhaṃ である。これを採るべきか。d の「説法者たちのなかの第一人者」(vadatām varam)を羅什は説法者でなく、説法の最高のものと訳している。『疏』はその最高の説法を不生の大乗法とする。諸註釈者も八不にこだわりながらも、不生こそが縁起の、仏法の実相であるとする点では一致している。羅什はその意味を順序に込めて、不生を最初にしたのであろうか。

この二偈は帰敬偈(maṅgalaśloka)と呼ばれるものであって、仏を讃え、仏に礼拝を述べる詩頌である(『ことば』I、九九頁註一九参照)。月称以外は、第一章の第一、二偈としているようである。仏護は先に触れたように、この二偈を経(sūtra)のようなものとする。この場合の経とは仏の教えの精髄、教えを要約した短い文言の意味で、『宝性論』の根本句(mūlapada)に当たるであろう。清弁は「論の関係(saṃbandha)」のなかで実質的にそのことを認め、月称はさらに「関係と論全体の主題と目的を説いた」と理解している(解題下参照)。dJ にこの二偈がないのは、月称の解釈に従って第一章から除いたからであろうか。リントナーの『改訂本』にはある。

3　問うて曰く…「微塵より生ず」と言う　『無畏』は帰敬偈に直接続く、次に示す註釈の最初の一節で、仏がその人々のために、八不の縁起を説かれた聴法者である所化の衆生の精神的境位を解説している。羅什の〔一―二　中論著述の理由〕は、その『無畏』註に彼自身の見解を加えたものである。

【無畏釈】〔帰敬偈(省略)〕とは、或る方〔第二偈aの冒頭の yaḥ、補註2参照〕が、〔すべてのものは〕自在、原人、〔その〕両者、時、原質、宿命、自然、変化、原子を原因としている(=本文〔一―二―一　創造の諸説〕)と誤解し、無因、邪因、断絶と恒常の見解に執着し、法身の見〔証〕の圏域外にあり、あれこれの自我の見解に執着している、あれこれの人々の無因、邪因、断絶と恒常の見解を除くために、法身を悟らせるために、あれこれの自我の見解を除くために、極めて充分に浄化の準備行をなしおえ、広大な智慧をそなえ、甚深な教え〔を聞くことができる〕器となった所化の衆生たちに対して、上述の「不滅、不生、不断、不常、不来、不去、不異、不一で、すべての戯論寂静で安穏である縁起を説かれた、その〔或る方〕、説法者たちのなかの第一人者である等覚者に礼拝したてまつる」という〔偈頌〕である。この如来の讃嘆の表明、尊崇〔の念を表明するという言葉で語る〕行為を伴った礼拝〔という身体〕の行為によって〔八不の縁起が〕勝義諦〔であること〕が説かれたのである。

【解説】　羅什訳では万物を創造する第一原因に関する当時の諸説として八種を挙げている。(一)大自在天、(二)韋紐天、(三)和合、（四）時、（五）世性、（六）変化、（七）自然、（八）微塵。一方『無畏』では（一）自在天、（二）原人（puruṣa）、（三）両方、（四）時、（五）原質（prakṛti）、（六）決定（ṅes pa）、（七）自然、（八）変変（㊂は変化）、（九）原子である。羅什訳の八種は順序は若干異なるが、『無畏』の（六）決定以外の八種と同じである。決定は羅什以後の付加ではなかろうか。

『無畏』の（二）の puruṣa はヴェーダ神話の宇宙の創造神である原人を意味しよう。サーンキヤ学派の精神原理も puruṣa であるが、これは創造神とは言いがたい。羅什では原人でなく韋紐天（Viṣṇu）である。羅什訳『大智度論』第八などには、千の頭、二千の手足のある韋紐天から万物が生ずるといった記述がある。これは原人からの生起とほぼ同じであるので、羅什は韋紐天に改めたのであろう（『疏』大正四二、一四下参照）。（三）の和合は、結合（saṃsarga または saṃyoga）、または胎（yoni）から万物が生ずると説く説ではないかとも考えられているようである（羽溪訳三頁註六、『大辞典』一四六六頁b参照）。しかし、『無畏』では両者（gñi ga, ubhaya, ubha）であるから、自在天と原人（韋紐天）の両者から、両者が和合して生ずるという見解であろう。『疏』は「二天より生ず」（大正四二、一四下二八）と註釈している。二天生を説く学派があり、『無畏』はそれを知っていたということになる。『無畏』にある決定・宿命が、もし六師外道の一人、ゴーサーラ（Gosāla）の宿命論であれば、次にくる（七）の自然（ṅo bo ñid, svabhāva）はゴーサーラの見解（『大辞典』五五八頁a）でなくなる。自然はローカーヤタ（Lokāyata・順世外道）の見解となる。『疏』で「外道の諸法は無因にして而も生ずと謂うを名づけて自然と為す」（大正四二、一五中八—九）というように、自然生論は実際は無因生論である。

同じような万物の根本原因の諸説は、龍樹著と伝えられる『因縁心論』や『勧誡王頌』（以下『王頌』）の第五〇偈にも説かれている。『因縁心論』のギルギット本では、（一）原人、（二）原質、（三）自在、（四）時、（五）自然、（六）原子であるが、ラサ本には「決定」と「方角」が（三）自在の後に加えられ、八種となる。しかしT訳と敦煌本では一〇種で順序もかなり異なる。（一）原質、（二）決定、（三）原人、（四）他への依存（仮相）、（五）自在、（六）時、（七）自然、（八）随欲、（九）化主、（一〇）偶然性（āgantukatva）。（四）と（九）と（一〇）は他の諸本や版本には見られない。この論書の場合、単純にギルギット本の六種が原形で、ラサ本、T訳等の順で次第に増広されたと考えることはできないであろう。後代になって消えた学説が淘汰され、一覧表から外された可能性もないではないように思われるからである。例えば、羅什になく、『無畏』にある「決定」は、ギルギット本になく、ラサ本、T訳等にあるが、これも後代の竄入とばかりはいえないであろう。『因縁心論』については梶山「十二支縁起解釈」に詳しい。

『王頌』は、(一)随欲(yadṛcchā, hdod rgyal)、(二)時(kāla)、(三)原質(prakṛti, raṅ bźin)、(四)自然(svabhāva, ṅo bo ñid)、(五)自在(Īśvara, dbaṅ phyug)、(六)無因(ahetu)の六種を挙げる。この論書の場合は偈に説かれているので、後代の竄入や脱落などはないと考えられるが、同時に偈という制約があるので、当時の学説を網羅していない可能性もあろう。すべてに共通するものは(一)自在、(四)時、(五)世性(原質)、(七)自然の四種で、(八)原子は『王頌』と『因縁心論』のT訳等にない。生起・創造者と考えにくかったからであろうか。(二)原人(韋紐)は『王頌』にない。変化は『因縁心論』、『王頌』に欠く。これも根本原因とは考えにくいからであろうが、『因縁心論』のT訳等の「化主」と関係があるのではなかろうか。『王頌』を龍樹に帰する論拠については詳しくないが、『因縁心論』が龍樹の著作であるという見解の論拠は、一つには『因縁心論』の第五偈を、中観派の有力な論師である月称が、『中の頌』の註釈書である『明句』のなかで引用していることである。しかし引用されている二箇所は、月称自身の引用でなく、後代の付加に過ぎないし、月称はその偈に説かれた『因縁心論』の縁起説を認めていない。従って月称は『因縁心論』を龍樹著の権威ある論書と認めていなかったことになる。そもそも『中の頌』の著者、龍樹はアビダルマの法の否定に専念し、異教徒の学説には殆ど言及していない。そういう点からも『因縁心論』は龍樹の真撰と認めにくいように思われる。

それらの論書が龍樹の真撰か否かは別にして、彼の時代の(前)後には、大乗仏教界にはこれらの根本原因説が異教の学説として認められていたことは確かであろう。

4 是くの如き等の…正法を知らず 『無畏』は具体的なこれらの創造の原因を、無因、邪因であるとする。無因は異教の自然《じねん》の立場などであろうが、帰敬偈に続く最初の偈(第三偈)の無因生であり、邪因は自在天等で、それを同じ偈で自生、他生、共生に大別したと解釈したのであろう。それだけでなく、八不のなかの不常不断等の六種の否定の対象である常等の見解への執着も、生の見解に基づくとする。換言すれば、『無畏』も不生が中観思想の中心概念であることを認めていたことになる。「生」の立場は仏教の説く自我の実相である法身を見ることなく、各々が別の自我観を提唱して、それを自我の実有であるとする。

羅什はこの『無畏』の註釈を全面的に受け入れているが、ただ羅什は『小品』で、dharmakāya(法身)を諸仏法蔵(大正八、五七七下二五）と訳しているように、仏身論のなかの法身の法が、悟りそのものを意味しているのに対して、ここでも書き下し本文九頁註一五や一六に示したように、正法、仏法と訳して、法を教えの意味で理解している。『無畏』では法身の知見の圏域外にある（dharmakāya-darśanaparokṣa）や法身を証得させる（dharmakāyādhigantavya, -pratipattavya, -avabodhāya）などから見て、恐らく悟りを意味すると思われるが、どのような法身観をいだいていたか、正確には明らかでない。ただし『無畏』も法身を教えの集り（-kāya）（その真髄が帰敬偈の八不の縁起）を悟らせるという意味で、法身の語を用いていたと考えることもできなくはない。羅什は仏身論の法身を認めなかったのか、『般若経』や『中論』の思想にはなかったと考えていたのかも知れない。『無畏』で法身の次に「自我の見解」がくるのは、いわば法身の無を自我の見解で埋めるとでもいうのであろう。羅什が順序を逆にしたのは、悟りという法身でなく、正法という意味での法身だからであろう。

ここまでは羅什は一応、『無畏』に従うが、これ以後に、彼はインドの『中の頌』の註釈者に見られない、彼自身の独自のインド仏教思想の歴史的変遷に関する大乗仏教的歴史観を展開している。『無畏』の著者・青目にないスケールの大きな思想家であったことを如実に示しているといえるであろう。

先ず大乗仏教史の第一期は『無畏』の註釈で次にくる、無因等の見解を除き、正法を知らしめるために、仏が十二支縁起等の、原始仏教の教えを説かれた時期。

第二期は浄化の準備行をなしおえ、智を備え、大乗法の器となった所化の衆生に、仏が『般若経』等で実質上すでに八不の縁起・空を説かれた時期。

さらに第三期『無畏』が引用した帰敬偈を、像法に入って知力が愚鈍になった所化の衆生が、十二支縁起やアビダルマの法をも有自性であると執着し、大乗の空を無としか理解できなくなった時代で、龍樹が改めて『中の頌』を説いて、八不の縁起を説く仏を讃える帰敬偈を著した時期。

『無畏』の註釈では所化の衆生が曖昧である。「無因等に執着する等の衆生」と「浄化の準備行をなしおえた等の衆生」が、同じであっても別であっても矛盾しているように見える。今は「自我の見解に執着しているあれこれの人々の無因等を除くために」（... mion par śon pa/ de daṅ de gi rgyu med pa…）と訳したが、これは無因等に執着する衆生（異教徒）と浄化の準備行をなしおえた衆生（仏弟子）とを区別した場合である。そうすると、仏は器となった衆生にだけ対機説法として八不の縁起を説いたことになり、異教徒でなくても無因生等を確信する衆生は除外されることになる。もし上述の箇所を「自我の見解に執着しており、あれこれの無因等を除くために」云々と読むならば、無因等の見解に執着しつつも、それらの見解を除くために努力している衆生ということになる。こちらの読み方を採るべきであろうか。いずれにしても『無畏』は龍樹の『中の頌』の器を説いているだけとなる（解題上、一二三頁参照）。

5　『般若波羅蜜』の中に…と説くが如し　『小品』「阿閦仏品」第二五（大正八、五七八下）の取意。「須菩提。般若波羅蜜無尽。虚空無尽故。（中略）菩薩坐道場時。如是観十二因縁。離於二辺（中略）云何以無尽法観十二因縁（後略）」（AP, pp.230–232、『八千頌』Ⅱ、二九五―三〇〇頁）。又、『摩訶般若』（大正八、三六四中以下）。これが羅什の十二支縁起観といえる。

6　後の五百歳の像法　羅什が紹介する「後の五百年」（即ち仏滅後五百年から千年の間）観は大略次の三種に分けられる。

（一）『金剛般若』などに見られるもので、『金剛般若』などの提唱者の意識のなかでは、彼らの時代こそが仏滅後の「後の五百年」であり、彼らが主張した般若波羅蜜思想こそが、釈尊がスブーティなどの直弟子に説かれた仏の教えの真意、真の仏説であり、しかもその仏説のなかに彼ら自身の宗教運動が、後の五百年の出来事として予言され、保証されていることを示す。従ってこの後の五百年は像法ではなく、正、像、末といった歴史観、いわゆる末法思想とは無縁である。

（二）羅什も訳した『法華経』の見解で、後の五百年はまさに像法の時代であって、声聞法も大乗法も正法に似て非なる教えとなるが、まさにそういう像法の時代、さらにそれに続く末法の時代の正しい教え、正法は、他ならぬ『法華経』の法、妙法だという。

（三）この『中論』において羅什は、声聞の法と大乗の法とは、機根の優劣によって説き分けられただけのものとする。彼は龍樹が活躍した時代は、後の五百年に入ってからで、像法の時代であるから、人の能力が劣り、鈍根となっているので、声聞の法が空の立場で仮に説かれたものであるという真意を知らず、大乗の法である空をも正しく理解せず、空見として執着する時代である。そこで『般若経』などとは別に、『中の頌』といった論書が必要となってくるという（『中論解釈』六九頁註一三六参照）。因みに仏護は、（一）仏は縁起を世間の言説に従って生等の言葉で説かれたので、言葉に執着する者のために龍樹はこの論を説いた、（二）世間の論書の場合でも、師が説いたことを弟子が解説するように、仏が説いた縁起を龍樹が解説するのは当然だとする。

7　不生にして…第一なりと　この帰敬偈は註釈のなかで引用したものであって、『中の頌』の本文の提示ではない。羅什は補註3の冒頭に訳出した『無畏』に従っている。『無畏』の当該箇所の帰敬偈が『中の頌』の本文でないことは、冒頭に帰敬偈の第二偈の始めにある yaḥ, gaṅ gis を引き、他の部分との間に聴法者の資質の説明を加えていること、さらに他の部分の引用に先立って「上述の」といっていることからも明らかである。この箇所の帰敬偈のT訳が若干異なるのは、T訳の訳者が偈・詩頌と見ず、長行・散文として訳したからであろう。羅什が偈として訳していることは、むしろこの箇所の原梵本では帰敬偈の忠実な引用であったことを物語るであろう。ただし彼は帰敬偈の引用の前に、既に彼が述べた像法の衆生のために龍樹は『中の頌』を著したとするので、この帰敬偈の引用は意味がなくなり、前文と無関係となる。それにも拘らず、ここに帰敬偈、即ち「此の二偈を以って仏を讃えれば、（中略）第一義を説く」という註釈を加えている。この註釈は『無畏』の「この、如来の讃嘆の表明、（中略）勝義諦が説かれた」の訳と見做すことができるので、羅什が『無畏』を訳していたことを示す。

8　問うて曰く…六事も亦た無し【無畏釈】　〔そこで不滅とはこれ〕この縁起〔には滅が存在しないことである。〕どういう理由でか。不生である故に。不生とは不滅である故に。不断とは種子と芽のように。不常とは種子と芽の期間の状態のように。不来不去とは虚空のように。不異とは稲の実のように。不一は稲の種子のように。

〔残余の語にも同じように適宜に適用された語句が語られるべきである。適用されるべきである。〕（『無畏』、D, Tsa, 29b7–30a3、仏護、D, Tsa, 159a1）

〔ここで〔対論者は〕問う。どうして滅等のそれら八種が否定されるのか。〕

ここで答える。この縁起は言説諦として説かれるが、勝義諦に向う者たちが、その滅等の八種の語への執着を除くために、不滅等の八種の言葉を説かれたのである。

ここで問う。ではどうして不滅という語が先に説かれたのか。

ここで答える（以下、『無畏』の解答を便宜上、分類して（一）—（一六）の符号を付した。解答の始めの（一）（二）は『無畏』の註釈であろうが、その後はすべて後代の付加であろう）。

（一） 何となれば先ず第一に生という語を先に述べることは決っていることであるが、そうであっても、詩頌（śloka, gāthā）の配列の規則に従って不滅という語を先に使用することは〔決りと〕抵触しない。

（二） 或いは又、滅という名称・概念（saṃjñā, nāman）を存在するものとして執着する者達のその執着を除くためである。

（三）『仏母般若波羅蜜多〔経〕』に、

「スブーティよ、お前はこれをどう思うか。消滅した心は、いったい、それは再び生ずるであろうか」。

お答えした。「世尊よ、そうはなりません」。

お尋ねになる。「スブーティよ、お前はこれをどう思うか。生じた心は、いったい滅する性質のあるものなのか」。

お答えした。「世尊よ、滅する性質のあるものです」。

お尋ねになった。「スブーティよ、これをどう思うか。滅する性質のあるものは、いったい、滅するであろうか」。

お答えした。「世尊よ、そうではありません」。

お尋ねになった。「スブーティよ、お前はこれをどう思うか。生じていない心は、いったい、滅する性質のあるものなのか」。

お答えした。「世尊よ、そうではありません」。

お尋ねになった。「スブーティよ、お前はこれをどう思うか。滅する性質のあるものは、いったい、生ずるであろうか」。

お答えした。「世尊よ、そうではありません」。

お尋ねになった。「スブーティよ、お前はこれをどう思うか。滅する性質のある心は、いったい、滅するであろうか」。

お答えした。「世尊よ、そうではありません」。

お尋ねになった。「スブーティよ、お前はこれをどう思うか。本性として自性なく、滅している法は、いったい、滅するであろうか」。

お答えした。「世尊よ、そうではありません」。

と説かれているように。

このようにまさに『般若波羅蜜多〔経〕』に「滅する性質のあるものに滅がある」という言説（世俗）の説明方法が説かれているのであるから、それ故に、不滅という語の使用が先に語られたのである（『無畏』、D, Tsa, 30b3）。

（四）或いは又、不滅という語の意味は、断（『無畏』の独訳、p.3, fn.2 参照）という語の否定を含むことが見られるので、不滅の語の使用が先に説かれたのである。不断なものは不滅であり、この世において断じられるもの、それは滅せられるが、そうではない故に、それ故に不断である。

不生という語の意味は、常（『無畏』の独訳、p.3, fn.3）という語の否定を含むことが見られるので、不滅の語の〔直〕後に不生が説かれたのである。不滅なものは不断であり、この世で滅せられるもの、それは断じられるが、そうではない故に、それ故に不断である。不生の故に不常である。この世で生ずるもの、それは常であるが、そうでない故に、それ故に不常である。

（五）次に別に考察される。不滅とは已滅と未滅には滅があり得ないからであり、不生とは〔生の〕転移（saṃkrama）なしではあり得ないからである。

またそのうちの前〔即ち、不滅〕の別の言い換え（paryāya）〔がある〕。不滅はそれより別の状態の滅があり得ないからである。

（六）また別の考察（parīkṣā, vicāra, kalpanā）。不滅は身体と名称とがあり得ないからであり、不生にも身体と名称はまさにあり得ないからである。

（七）また別の言い換え。不滅は自性があり得ないからであり、不生も自性がまさにあり得ないからである。

（八）また別の考察。不滅は自性が空である（自性を欠く）からであり、不生もまさに自性空であるからである。

（九）また別の言い換え。不断は不滅であるからであり、不常は不生であるからである。不異は不生であるからであり、不一は不滅であるからである。不来は不生であるからであり、不去は不滅であるからである。

（一〇）また別の考察。〔不〕生は不滅である故に、残余のすべてのものへの執着も同じように存在しない。

（一一）また別の考察。或るものに縁って生ずるところの、そのものは、同一でもないし、別異でもないので、それ故に〔過去、現在、未来の〕三種によっても、それに生はあり得ないので、それ故に不生である。それ故に不生である故に、不来であり、不来である故に不去である。

（一二）　また別の言い換え。或るものに縁って生ずるところのそのものは同一でない故に、それ故に不常であり、別異でない故に、それ故に不断である。

（一三）　これは別の考察である。或るものに縁って或るものが生ずる〔その両者は〕、同一でない故に、それ故に不一であるし、別異でない故に、それ故に不異である。

（一四）　これは別の言い換えである。或るものに縁って生ずるところの、そのものは無自性である。無自性である故に不生であり、不生である故に不一であり、不異である。その同じ不生である故に不来と不去である。

（一五）　これは別の言い換えである。或るものに縁って生ずるところの、そのものは無自性である。無自性であるので、滅等のすべての特定の名称によって執着されない（D, Tsa, 31a7）。

（一六）　これは別の言い換えである。こ〔の八句〕のなかで、不滅を始めとし不常に終る前〔半〕の四句は、より多く自〔宗・仏教〕の教理の中に在るので、それらが解説された。後〔半〕のもの、それらは他〔宗・異教〕の教理の中に含まれているので、それらが〔次に〕解説される。

（一六―一）　サーンキヤの徒は、「因と果は一である」と認めているので、それを否定するために、不一〔と説かれた〕。

（一六―二）　ヴァイシェーシカの徒は、「因と果は別である」と認めているので、それを否定するために、不異〔と説かれた〕。彼らは両者共に諸事物に多種類の行為（kriyā）があると執着するので、それらを二つの行く〔行為〕に一括して、それらを除くために、不去と不来が説かれた。

ここで〔対論者は〕主張する。「対象（artha）がないとき、滅等の特定の名称は生じない。それ故に或るものがあるとき、滅等の特定の名称が生ずると考えられる〔その〕事物（bhāva）は存在する」。

ここで答える。「名称（saṃjñā）と名称をもつもの（saṃjñaka）が成立（実在）しているときには、これら滅等の特定の名称も成立

〔実在〕するであろう。しかしその両者はあり得ない。どうしてか。この世で名称と名称をもつものという二者は一性として成立するか別異性としてかであるが、両方の場合はどちらもあり得ない。どういう理由でか。先ずもし名称なるもの、それこそが名称をもつものであるならば、そうであれば、〔それは〕名称をもつもの〔と〕一性であろう。このように一性であるとき、「火」と言われたとき、口が焼ける筈であるが焼けはしない」。

（一六―三）　さらにまた、この世で文法学者（śābdika）は主格（行為者・kartṛ）と対格（行為の対象・karman）を語尾変化によってあらゆる場合に確定している。それ故に、その二者は一性ではない。

（一六―四）　或いは名称と名称をもつものが別々であるならば、そうであるならば別異性であり、その二者は無因性（ahetukatva）であるので、それは認められない。

（一六―五）　また名称をもつものの名称があり得るならば、名称をもつものが存在しないとき、それは何ものの名称であろうか。名称なしでも名称をもつものということはあり得ない。そこに名称が仮に説かれるものは何か。それ故にそれら二者には別異性もない。

（一六―六）　このように名称と名称をもつもののその二者には、同一性と別異性が成立することはあり得ない。それ故に滅等の特定の名称も成立しない。

（一六―七）　さらにまた別に、阿含という論拠（pramāṇa）よりしても。経に「名称は蜃気楼のようなものであり、もし蜃気楼のようなものであれば、顚倒であり、顚倒なるもの、それは実有（bhūta）でない。非実有（虚妄）なるものの名称として分別によって述べられたもの、それ（名称）が実有であることは成り立たない」と説かれている。それ故に、阿含という論拠によっても、名称と名称をもつものは〔同一と別異の〕両方の場合ともに成立しない。その二者が成立しないとき、滅等の名称の分別も成立しない。

【解説】　この箇所は全体として見るならば、羅什訳と『無畏』とは全く異なる。羅什は第一偈aの「不滅不生」を「不生不滅」と入れ換えて訳しているので、生と滅との順序を論じていないことがその主たる理由である。羅什が何故八事のみを否定するのかという問題を取り上げ、八不がすべての事物（法）の否定になるからだと説くのは、『無畏』の説明が八事だけを否定したことの理由になっていないからであろう。

『無畏』は先ず八不の語句を順に解説している。［　］で示したように、仏護は本補註の最初の不滅の説明と最後の残余の語句の文を採用していることになる。この残余の語句は『無畏』では八不以外の範疇ということになる。仏護では不滅以外の他の七不であり、不滅の「この縁起には滅が存在しないことである」の滅を、不生の場合は生、不断の場合は断に適宜に改めるべきだと説いていることになる。

しかし【無畏釈】の冒頭において［　］で示した仏護註と重なる部分が『無畏』の原型であって、それ以外の七不の、比喩などによる不統一で意味不明の説明は、仏護以後の後代の付加であろう。羅什は『無畏』の「そこで不滅とはこの縁起に滅が存在しないことである」という無意味な語義説明の代りに、不生は生を説く諸見解の否定であり、この論で詳述されていると言い、他の七不については、『無畏』・仏護と同様に省略している。清弁は八不にトートロジカルな説明と常識的な解説を加え、月称はその解説を適宜改めているだけである。

次に『無畏』も仏護も八種の否定の理由を問う。『無畏』は縁起が、言説諦として生滅等であると肯定的に説かれてきた（仏護は言説諦として説かれたのは如来であり、仏説の真意を理解できない者のために、龍樹が八不の縁起を説いたとする）が、「浄化の準備行を為しおえた」といった勝義へ向う器になった衆生が、滅等の八種の言葉への執着を断ち切るために八不が説かれたとする。しかしこれでは何故八種だけを否定したかに答えたことにならないからか、羅什は先に触れたように、何故八種のみを否定したかに問いを改め、一方仏護は八種でなく、滅生断常の四種否定で充分ではないか、という問いだとする。しかし両者共に八種の否定がすべてを否定したことになるという。清弁は八不の数よりも、八不の否定が勝義としての否定であるから、縁起は不生と矛盾しないことを強調する。月称はこの八種が主たる論争点となるからだとする。

次に『無畏』は不滅が不生より先に説かれた理由を三種説く。第一は偈の規則の問題で、anutpādam-anirodham（不生不滅）が作偈の規則と抵触するので、順序を入れ替えたということであると考えられる。従って不滅が先に説かれたことは、特に思想的に意味があることではないことになる。仏護は作偈の規則でなく、文章に通暁する人（akṣarakuśala）には作文の上で前後の決った関係があるが、他の人にはないという。龍樹は文法学者でないから文法学の規則に縛られないというのであろうか。それに対して対論者は「生があれば滅はあるし、なければない」という日常の順序、或いは因果関係に従って生が、従って不生が先であるべきだとする。羅什が不生不滅の順序に改めたのはこの主張を受け入れたのかも知れない。

『無畏』の第二の解釈では、滅という概念の対象を実有と執着する者の執着の否定のためとするが、これでは何故不滅が先かに答えたことにならない。『無畏』はその実例として『仏母般若波羅蜜』(*Bhagavatī Prajñāpāramitā*)を引用する(増広の著しい『般若経』群の中に占めるこの引用文の時代的位置については斎藤「成立年代」参照)。この引用文もその後の解説文も、不滅が不生より前にある理由を明示するものとなっていない。『般若経』の引用は他にもあるが、ここだけは書名に「仏母」、Bhagavatī が加えられている。この附加は『中の頌』の註釈書の中では他にないように思われる。『大乗集菩薩学論』(*Śikṣāsamuccaya*)では Bhagavatī だけで『般若経』を意味する(cf. BHSD, s.v. bhagavatī, p.405)。『般若経』が Bhagavatī であることは古くから認められていたであろうが、実際に書名に加えられるようになったのは、比較的に後ではないかと思われる(漢訳でいえば、施護(九八〇年以降)訳の『仏母出生三法蔵』等の後代の訳に用いられている)。ここで『般若経』を引用した者は、Bhagavatī だけで『般若経』を表示するまでに徹底していないが、それを附加するようになった時代か、そうするようになった思想集団の一員であったのではなかろうか。羅什訳にも仏護註にも見られないことは、この引用文等が羅什、仏護より後で附加されたことを示すであろう。たまたまこの経文が不滅が不生に先行すると説くので、それに飛び付いて加えられたのであろう。

第三の解釈も不滅を不断、不生を不常と関連づけて説明するだけで、不滅が不生より先であるべき理由となっていない。或いはこの「或いは又」以下は不滅と不生の前後の問題でなく、以下に続く八不間の関係の考察の出発点と見るべきかも知れないが、いずれにしても、T訳の原文は文意が不明の部分があるだけでなく、無意味な陳述としか思えない。最初の二節は不滅と不生を対にして説く。しかし最後の一節は前節の後半と対をなすようにも見えるが、不生について説くだけで、対となる不滅に触れていないので、中途半端で終っているとも取れる。文章も「語を妨げるものとの関連」(sgraḥi bar du gcod pa (antarāyakara?) daṅ ḥbrel bar)とか、「滅せられるが、そうではない、滅することと相容れない」(ḥgag par ḥgyur ba de lta ma yin pa)など、『無畏』の他の部分には見られないような、生硬な感じを与える表現が用いられている。それらを合わせ考えるならば、後代の不用意で無意味な附加と考えるべきであろう。

『無畏』で次にくる（四）から（一五）は「別の考察」（anyaśca vicāraḥ 又は anyā ca parīkṣā, kalpanā）と「別の言い換え（異門、同義語）」（anyaśca paryāyaḥ）が並ぶ。経典には同じ主題について種々の視座、法相による解釈が列挙されることが屢々あり、論書にも見られるが、各々に「別の考察」等の断り書きを加えることは見られないように思う。「考察」と「言い換え」の違いも、何故いちいち繰り返すのかも明らかでないが、『無畏』の原型では一つか二つであったのに、後代に次々に別の考察、別の異門として書き加えられていったのではなかろうか。

（四）から（九）までは不滅と不生との解説であり、（八）と（九）は八不と関連づけた説明である。（九）の執着は『無畏』が空を無執着空と解釈しているからであろうが、後代の付加でないともいいきれない。（一〇）から（一四）は縁起を論拠にした八不の中の任意の一対（一一）、（一二）、（一三）は一異）の否定等の成立を主張する。最後の（一四）は（九）よりも鮮明に無執着空の立場を示す。

このように『無畏』では不滅が先であることを説きながら、次第に曖昧になって、そのテーマそのものが立ち消えになってしまっている。それに反して仏護はさらに生が先であるという日常漠然と認められた順序を示す討論者の挙げる実例やその理由を次々に批判し、結論として生と滅とには前後の順序は確立されないとする。龍樹が殊更に不滅不生という自然の順序と逆の順序で示したのは、まさに生と滅に前後の順序がないことを示すためだとする。この最後の見解は月称もそのまま採用する。

さらに『無畏』は（一五）で八不の中の前の四句、滅生断常の否定は、主として仏教の教理、一異去来という後の四句の否定は、異教の教理の否定であるとし、一異に関して具体的にサーンキヤ学派の因と果の一性、ヴァイシェーシカ学派の因と果の別性を挙げて、それらを否定するためであると説く。仏護が前の四句で充分ではないかという反論を想定する（SB, pp.4–5）のは、この『無畏』の所説（仏護の時代には『無畏』に付加されていたのであろう）を念頭に置いたものであろう。仏護は有自性論者は殆ど、言説を用いてこの八主題によって自性の存在を主張するからだとする（p.5）が、この点だけは月称も「これら八種だけが論点（vivādāṅga）である」といって受け容れている。仏護はさらに、「生滅」については仏教の一切の事物は生滅を性質とし、刹那滅であるという見解を挙げ、「常」については、サーンキヤ学派の原質とプルシャとが常、ヴァイシェーシカ学派の九句義、ジャイナ教の法等の六実体、「去来」についてもそれら三派の見解を紹介する。これらは『無畏』の所説を進展させ、具体的に述べたものであろう。羅什は〔一—三—二〕に説くように、八不は不生不滅を成ずるためであり、機根の相違によって不生不滅だけで、前の四不にだけで、前の六不だけで、八不によって始めて、不生不滅を成ずることができる者がいるから八不が説かれたとする。清弁、月称ではこのことは問題として取り上げられていない。

次に『無畏』には、形式的には滅等の八句を否定するための問答が続くが、実質的には名称・言語表示（nāman, saṃjñā, abhidhāna）が存在することを論拠に、名称・表示の対象（artha）の存在を主張する反論の否定に過ぎない。この否定は名称と名称をもつものとが同一か別異かというディレンマによる否定であって、同一であることは、火という語を発声すれば、口が焼けるという屢々述べられた批判によって否定され、文法学者が主格と対格の区別が、格の変化によって確立されているとすることによっても否定され、別異の場合も、両者が各々独立して存在するので無因性に堕するし、一方が存在しないとき、他方も存在しないことになると否定される。最後に「名称は蜃気楼のようなもので虚妄である」という教証によっても、名称と名称をもつものは同一でも別異でもないと答破する。もしこの問答が『無畏』に本来存在していたならば、名称（言語表示）と対象としてすべての事物を捉えて論ずるのが、『無畏』の一特徴とも見做し得るが、しかしこの問答も羅什になく、仏護以下にも見られないし、名称（miṅ）と名称をもつもの（miṅ can）といった範疇は、『無畏』の他の部分にも他の註釈書にも見られないようであるので、後代の付加である可能性が高いのではなかろうか。

9　復た次に…是の故に不出なり　【無畏釈】　また次の理由で滅はあり得ない。どういう理由でか。世間で見ら（経験さ）れるからである。というのは世間において諸事物は滅しないものということ、そのことが見られるからである。即ち既に滅した〔とされる〕世界の成立する最初（劫初・prāthamakalpika）の稲（śāli）等の個物（bheda, dbye ba・区別）、それらがもし〔本当に〕滅したのであれば、現在時において稲等は見られない筈だが、見られる。それ故に不滅である。

そこで〔対論者は〕主張する。では生はある。

ここで答える。生はない。どういう理由でか。世間で見られるからである。というのは世間では諸事物が不生という、このことが見られるからである。即ち劫初の稲等であるもの、それらなしで、現在の稲等は何もない。もしそれらなしで現在時の稲等が見られるとしたならば、「生は存在する」と言うべきであろうが、見られない。それ故に不生である。

ここで〔対論者は〕主張する。断はある。

ここで答える。断はない。どういう理由でか。世間で見られるからである。というのは世間では、諸事物が不断というこのことが見られるからである。稲の種子から稲の芽等が生ずることが見られる。もし断であるならば、〔稲の芽等が〕生ずることそのことが認識されない筈であるが、生ずることが認識される。それ故に不断である。

ここで〔対論者は〕主張する。常はある。

ここで答える。常はない。どういう理由でか。世間で見られるからである。というのは世間では、諸事物が常であり得ないというこのことが見られるからである。稲の種子は芽の時には認識されない。同じように芽の時には種子は消滅する故に、それ故に常でない。稲の種子のようにそのようにすべての事物も考察されるべきである。

ここで〔対論者は〕主張する。もしそうであれば、それ故に諸事物は同一のもの（ekārtha）であることになろう。

ここで答える。同一のものではない。どういう理由でか。世間で見られるからである。というのは世間では諸事物が同一のものでないというこのことが見られるからである。この世では稲の種子は芽ではない。もし同一のものであるならば、種子と芽というこれらを区別して語らない筈であるが、それらを区別して語る。それ故に同一のものではない。

ここで〔対論者は〕主張する。もし同一のものであることが認められないならば、では諸事物は種々異なったもの（nānārtha）であろう。

ここで答える。種々異なったものではない。どういう理由でか。世間で見られるからである。というのは世間では諸事物が種々異なったものでないことが見られるからである。この世では稲の種子と稲の芽と稲の葉等々が見られる。そこでもし異なったものであることを認めるならば、稲の種子と稲の芽と稲の葉という〔稲のと〕限定（決定）されたものとしてのみ、これ（種々異なったもの）がどうして述べられるのだろうか。コードラヴァの種子、コードラヴァの芽、コードラヴァの葉ともどうして〔述べられ〕ないのだろうか。そのように〔述べられ〕ない故に、それ故に種々異なったものではない。

ここで〔対論者は〕主張する。来はある。

ここで答える。来はない。どういう理由でか。世間で見られるからである。というのは世間では、諸事物が何処からも来ないというこのことが見られるからである。この世では稲の芽が或る所から来て、稲の種子の中に安住することはしない。もし芽が別の或る場所から来て、種子の中に安住するとするならば、木の中に鳥が住むように見られる筈であるが、そのように見られはしない。それ故に不来である。

ここで〔対論者は〕主張する。去はある。

ここで答える。去はない。どういう理由でか。世間で見られるからである。というのは世間では、諸事物が不去というこのことが見られるからである。この世では稲の芽が種子から去らないことが見られる。もし去があるとするならば、山の中で蛇が〔去る〕ように、見られる筈であるが、見られない。それ故に不去である。

このようにこの方法によっても滅等はあり得ない。第一の考察。

【解説】　この世間の眼見に基づく八不の各句の説明は、『無畏』の八不の註釈の中では最もまとまった解説であり、羅什訳にもあるので、『無畏』に本来あった註釈であろう。この箇所での『無畏』の八不の説明の順序は補註2にも触れたように、梵偈の語順に従っている。羅什はここでも不生不滅の順序を採る。『無畏』は各句を、前句と関係付けていないが、羅什は前句と論理的に結びつけている。しかし「不生であれば滅すべし」や「不来であれば出有るべし」等という対論者の主張は意味をなさない。羅什訳は『無畏』のほぼ忠実な直訳であり、相違点は頭註で示した。

この世間における現見は、認識論上の知覚（pratyakṣa）といったものでない。認識論以前の神話的知識に過ぎない。『無畏』の著者はいざ知らず、羅什は最初期の正理派の知覚や推理は一応知っていたようである（第一八章第一偈の註釈（下巻書き下し本文三七―三八頁）参照）。その認識論・論理学というものも厳密にいえば、認識論とか論理学といえるものでない。日常経験に基づく認識に過ぎない。しかしこの八不の現見は、日常の健全な常識以前の、いわば古代人が自明とする神話や伝承に基づく、空想でしかあり得ない劫初の稲などを実有として認める認識である。そういう意味では羅什なども、広義での世俗の事象に関しては、現代から見れば、無知であるとしかいいようがない。しかしだからといって、彼らの人生の実相という勝義の探究や体験が意味深いことは否定できない。それが古代人の精神生活の特徴なのであろう。

この世間現見説は仏護以下の註釈者によって採用されていない。彼らは帰謬論証とか自立論証といった各々独自の論証法を確立したと確信していたからであろうが、この世間現見説が論証にならないことを見抜いていたからであろう。

10　問うて曰く…答えて曰く—第三偈—

諸法不自生　亦不従他生　不共不無因　是故知無生（三）

na svato nāpi parato na dvābhyāṃ nāpy ahetutaḥ/ utpannā jātu vidyante bhāvāḥ kvacana kecana//（三）

自よりでもなく、他よりでもなく、両方よりでもなく、無因よりでも、生じた事物は何処でも如何なるものも決して存在はしない。

（三）

羅什訳のdの「知無生」の知はvidyanteを「知る」の意味と理解したのであろう。羅什は「いつでもどこでもいかなるものも」を訳していない。訳すまでもないと考えたのであろう。

【無畏釈】 ここで〔対論者は〕問う。では別の〔論証方法〕でならば、どのように不生なのか。ここで答える。—第三偈—

《〈自よりでない〉とは、自体よりでない。》〈他よりでない〉とは他の自体よりでまさにない。〈両方よりでない〉とは自と他よりでない。〈無因よりもない〉とは原因でないものよりでない。

〈事物〉とは諸法（dharma）であって、事物（bhāva）という語、こ〔の語〕はすべての異教徒と共通であるので用いられた。〈如何なるものも〉とは事物は何でも、〈何処でも〉とは如何なる時でも、と、如何なる所でもであり、〈生じた〉とは生起した、出現したであり、〈決して〉という語は如何なるときも（kadācit）という意味である。〈ありはしない〉とは存在しないである。そしてこれら四種類の順序・方法によって諸事物が生ずることはあり得ないので、それ故に、〔滅等という〕対立する主張を否定する不滅等の語が述べられるべきである。

【解説】 龍樹は、帰敬偈で不生等の縁起を説くと、この偈で先ずその不生を立証するために、自生等の四句の命題を否定することによって生の全否定を示し、次偈でその四句不生の論証を行なっていると解釈することができる。それが造論者である龍樹自身の意図を示すであろう。

『無畏』は帰敬偈の註釈の末尾で、『無畏』自身が展開した論証、阿含、現見などを、八不の論証の最初の考察・分別（prathama-parīkṣā, -kalpanā）とし、第三偈以下の龍樹の否定の方法を「では別の〔論証方法〕でならば、どのように不生なのか」と、単に別の論証としている。羅什は現見等による否定を、龍樹の方法でないことを意識していた。或いは彼自身も時に用いている（「去来品」の冒頭等）が、その『無畏』の方法が余り説得力のあるものでないことを感じていたのか、対論者に龍樹自身の否定の論証を聴きたいと言わせている。

この偈は四句の各々の否定命題を説いているだけである。『無畏』はそういう龍樹の意図に忠実に従って、偈の語句を同義語などで簡単に解説するだけである。僅かに事物（bhāva）は法（dharma）と同義語であるが、事物の方は仏教以外の異教と共通する術語であるので、龍樹が用いたとする。このことは、『無畏』が羅什の訳した『青目釈』の原文（のチベット訳）であるならば、青目が梵志であることを窺わせる発言と考えることができる。梵志は一般に婆羅門の異訳であるか、梵行者（brahmacārin）や遊行者（parivrājaka）の訳語の可能性も指摘されている。いずれにしても、異教徒であった者が、或いは異教徒のままで、『中の頌』の註釈を著したことになるので、bhāva（事物・存在するもの）という最も基本的で一般的な語の使用にも、龍樹が異教を含めて論じようとしているという意図を読み込んでいる。

羅什は註釈文の中のトートロジカルな語義解釈は、サンスクリットの言語学の上では意味があろうが、意味をもたせて漢訳することは殆ど不可能であるからでもあろうし、それよりもむしろ漢訳することに意味がないと考えてであろう、無視し省略していることが多い。ここでも『無畏』を採らず、自分自身の理解を述べて偈を解説している。「衆因を待つ」とか、「無因無縁なり」は、次偈の縁起に基づく四句不生の論拠を先取りしているだけともいえるが、インドの註釈者が理論的、論理的に否定しようとしているのに対して、第四句の無因生の否定の論拠として「布施、持戒等は応に地獄に堕すべく、十悪、五逆は応当に天に生ずべし」というように、倫理的な善悪の因果関係、要するに道徳の崩壊になると訴えている。この点に羅什の註釈の特徴が見られる。このことは他にも、例えば、帰敬偈の註釈の中にも罪福応報を取り上げている（本文一〇頁）など多く見られる。儒教の教養を身につけた中国の読者には、その方が説得力があると考えたのであろうが、彼自身の関心も論理、論証よりも倫理、道徳、要するに仏教的人間存在、人格にあったのであろう。

仏護は彼の帰敬偈の註釈からも窺えるように、対論者の要求を籍りて、生を論ずる言語表現は「唯言説のみ」（vyavahāramātra）として成立し、勝義としては不生であることを明らかにするためにこの偈が説かれたとする。これは梵偈のc（T偈のd）の「生は決して存在しない」を予想したもので、生は存在しないから、生を語る言葉は唯言説のみで、仮名であって、生という言葉に対応する生という事実があるのではないというのであろう。清弁、月称は不滅よりも不生の方が論じやすいとし、他者達の考える四種の生を否定するという。彼らも自より等の語義説明では『無畏』と殆ど変らないが、周知のように、仏護以下はここで四句否定の命題だけでなく、その論証をも詳述している。自生に関していえば、仏護は「事物は自己の自体より生じない。それらの生は無意味である故に、生は無限遡及になる故に。↓というのは自己の自体として存在する事物には更に生ずる必要はない。もし存在していてもさらに生ずるならば、いつでも生じないことはない↑（↓↑の部分は月称が用いている）」と、いわゆる帰謬論証によって論じている。

他、共、無因生についての仏護の所説を要約すれば、「（一）、〈他〉―すべてからすべてが生ずる〔誤り〕に堕す。（二）、〈共〉―両方の誤りに堕す。（三）、〈無因〉―常にすべてからすべてが生ずる〔誤り〕に堕すし、すべての努力が無意味となる」である。

これらの仏護の論証方法を清弁が批判し、月称がその清弁を批判し、仏護を擁護して、自立論証派と帰謬論証派に分裂し、中観派の中期は、論証方法の視点で分ければ、チベット仏教が強調する二派対立の時代となる。それらは既に多くの研究や紹介がなされていることは周知の通りである。ここではその論証上の方法論等には触れない。

11　復た次に―第四偈―

如諸法自性　不在於縁中　以無自性故　他性亦復無（四）

na hi svabhāvo bhāvānāṃ pratyayādiṣu vidyate/　avidyamāne svabhāve parabhāvo na vidyate//（四）

というのは事物の自性は縁等に存在しないし、自性が存在しないとき、他性は存在しないからである。（四）

仏護、清弁、月称のいわゆる中期中観派といわれる註釈者は、この偈と次の四縁を説く偈の順序を入れ替えている。従ってこの偈の解釈も異なる。仏護が入れ替え、清弁らが継承したのは、先に触れたように彼らは第三偈の註釈で各自が自己の立場で四句否定の論証を論じていて、この偈の、縁生による自性の否定等を四句否定の論証と認めることができなかったからであろう。この点では彼らは龍樹の否定の方法を認めていなかったことになる。この自性と縁の矛盾の論理は、第一五章では自性の視座に立って論じられ、ここと表裏一体をなす。この否定の論理が龍樹の論理の根幹をなす。

Tはａのsvabhāvaをraṅ bṣin、ｃのそれをbdag gi dṅos po、ｄのparabhāvaをgṣan〔gyi〕dṅos po/。

【無畏釈】　ここで〔対論者は〕主張する。君が四種の方法（順序）によって事物は生じないと考察するところの、そ〔の四種の方法〕があり得ないことを、どのような論理によってどう知るのであろうか。

ここに答える。—第四偈—

〈事物の〉とは諸法のである。〈実に自性は〉とは、実に自己の存在（svo bhāvaḥ）が自性であって、自己自身という意味である。〈縁等に〉とは因等に、という意味である。〈等に〉という語が説かれたのは、異教徒たちによって説かれたすべての縁が含まれているからである。〈存在しない〉とは、因の教えは前に放棄されて、〈存在しない〉という否定を意味する。〈自性が〉とは、自己自身の存在が、という意味である。

〈存在しないとき〉とは、存在していないときという意味である。〈他性〉とは、他のものの自性は他性であって、自分自身の存在でないという意味である。〈存在しない〉とは、存在しないという意味である。〈事物の自性が縁等に存在しない〉故に、それ故に事物の自よりの生はあり得ない。

〈自性が存在しないとき、他性は存在しない〉故に、それ故に事物の他よりの生はあり得ない。

自性と他性が存在しないので、事物の両方よりの生はあり得ない。

無因はまったく取るに足らぬものであるから、それよりしても事物の生はあり得ない。

【解説】　前偈を四句の否定命題の列挙だけを説く、と解釈した『無畏』は、龍樹がこの偈でその否定の論拠や方法を説いたと解釈している。そのことは対論者の冒頭の質問から明らかである。羅什がその質問を採らないのは、前偈の註釈ですでに論拠を説いているからで、彼は「復た次に」とこの偈が別の論拠、方法を並記すると解釈する。

『無畏』は偈の註釈の前半では、この場合も偈の語句をT訳の語順（T訳の梵語の原文では、梵偈の語順であったと思われる）で語義を説明し、次に偈のａｂとｃｄで各々自性と他性の存在を否定するのは、自生と他生の否定であることを指摘し、さらに『無畏』は共生と無因生の否定が含意・省略されていることを示す。四句の否定命題の論拠を説くのであれば、当然のことである。語義解釈の中のｂの「存在しない」（(na) vidyate）の註釈、「因の教えは前に（既に）放棄されて（されたあとでは）」は第三偈で「自より生じない」等と、自等の因より生じないことが説かれているので、という意味であろう。

羅什は縁に自性がない理由として衆縁和合生である事物は、仮名だからだ、と補う以外は『無畏』の意訳といえる。「無因」を「大過」というのは、『無畏』の「取るに足らぬ、低劣な」(nikṛṣṭa) の訳である。この用語は仏護や月称も採用しているが、無因論の評価は異なる。

「縁等」の「等」に関して『無畏』は、前偈で事物（bhāva）という語の使用は異教徒をも含むためとしたように、この「等」も異教徒の縁の見解を含んでいるからだとする。単なる仏教というコップの中の論争でなく、普遍的な問題であるというのであろう。この点は仏護も同じで、他者（para）の学説（mata）とし、清弁は第一説では「〔因と縁の〕全体（和合）と自在天〔を因と認める者たちによって分別されたもの〕」、第二説では「先ず個別の〔縁〕と全体の縁において。「等」とは共通と非共通の因と能作因（kāraṇa）（観誓では縁）の和合と他のもの（観誓は、これをナーラーヤナ、自在天、原質）において」とし、自在天等をも含める。これは無因に悪因である自在天等を含める彼の見解からすれば当然であり、異教徒の立場を捲き込んで否定を論ずる彼の註釈を一貫して貫ぬく特色といえるし、彼が『無畏』を重視するのは、『無畏』が異教を視野に入れている点にもよるものと考えられる。

月称は「因縁等の四縁の全体か、個別か、全体で個別かの場合に」と、清弁の第二説に近いが、彼は四縁を説く次偈（月称等の偈順では前の偈）の五縁の説明の中で、自在天などは縁でさえもない（cf. LVP, p.77, ll.5–6）と、清弁とは全く別の立場に立っている。この月称の見解も彼の註釈書を貫ぬいている。因みにこのことも月称よりも観誓は前（か同期）であることを思わせる。月称のこの解釈を知っていたら、観誓は清弁の「悪因」説を擁護したのではないかと考えられるからである。

仏護以下は第三偈の註釈で四句不生を論じ終ると、仏が縁生を説いているので、「縁よりの生」という意味での他よりの生はあるというアビダルマの反論を想定し、四縁を説く偈を第四偈に移し、先ず四縁を解説すると、次にこの偈を縁生という特定の他生の否定の論拠を説く偈として解釈する。この偈は直接的には自性と他性とのみに言及しているだけなので、自性があり得ないことによって他性、他生を否定することを説く偈と見做し得ると考えたのであろう。龍樹自身の他性の否定は『無畏』、羅什に見られるように、他性を「他の事物の自性」（parabhāvasya svabhāvaḥ）とする（一五・三参照）。他性は別のものの自性に他ならないので、自性の否定と他性の否定は同じことであり、同時である。龍樹はさらに事物（bhāva・有）の否定も無（abhāva）の否定も、要するに四句否定は同事で同時である（一五・四、五参照）と説く。

しかしこの偈を他生の否定を説くと解釈する仏護以下には、龍樹の論理的展開をそのまま受け入れることができなかったであろうが、さりとて他生の否定を説くと解釈するには無理があると感じていたのであろうか、二説を並記している。仏護の第一説は、自他の概念の相対性は、時間的に同時でない因果関係においては成立しない、即ち因の状態に果の自性は存在しないから、因には果が存在しないので、存在しない果の自性と相対的にのみ成立する「他」ではない。そこで縁という他より生じない、という。月称の第二説は、この説を整理し、明確にしたものである。仏護の第二説は偈の縁等の「等」を、（一）「縁より別のもの」、（二）「縁と別のものとの両方」と分別しても、そういう縁の想定そのものが無意味である。「果の自性」がそれら、縁か、縁より別のものか、縁と別のものとの両方という、広義の縁に存在するならば、生は無用となるからだ、とする。月称の第一説は、基本的にはこの説を踏まえて論理的に展開したものである。仏護は偈のｃｄをそのまま用いて、他性がないので他よりの生はない、というだけであるが、月称はその「他性」（parabhāva）の性（bhāva）を「生ずること」（bhavana）、「生起」（utpāda）とし、「他よりの生起」（parebhya utpādaḥ）と改めているのは、「縁」の解釈ともども、清弁の解釈を採用したと考えられる。

清弁の第一説は彼の論証学の立場での否定の論証になっているが、偈のｃｄで、他性が他より生ずること、いわば性が生起であるという解釈を初めて示している。第二説は仏護の註釈を、縁に関して大幅に改めているほか、偈ｃｄでは「他性」を「他相」（parasya nimittaḥ）とするが、基本的には変らない。

12　問うて曰く…謂う―第五偈―

因縁次第縁　縁縁増上縁　四縁生諸法　更無第五縁（五）

catvāraḥ pratyayā hetur ārambaṇam anantaram/　tathaivādhipateyaṃ ca pratyayo nāsti pañcamaḥ//（五）

縁は四種、因〔縁〕と、所縁〔縁〕と、等無間〔縁〕と、同じく増上〔縁〕とである。第五の縁は存在しない。（五）

LVPのａｂはhetuścālambanamである。羅什訳は縁縁と次第縁の順序が梵偈等とは逆。後に各々を説く偈の順序も入れ替えている。羅什の順序は五言に合わせて縁縁にしたからであろうが、『倶舎論』の順序（cf. AKBh, 2.61cd–62）と合致する。

【無畏釈】　ここでアビダルマに通暁せる者たちは主張する。―第五偈―

『プラカラナ』の著者たち（prakaraṇapraṇetṛ）によってあれこれの同義語で列挙され、名付けられた程の諸の縁なるもの、そのすべてはまさにこの四縁に含まれるので、第五の縁は存在しない。四縁のどれに含まれるのか。因縁には生起させるものという意味で、所縁縁には依り所という意味で、等無間縁には無間断という意味で、増上縁には支配するという意味によってである。それら四縁によって諸事物の作用と生起と出現と原因との同義異語（paryāyaśabda）が説かれた。

【解説】　羅什の対論者の質問は、『無畏』の対論者に、『無畏』の第五縁に関する註釈の直後の質問「どの〔ような〕四縁に含まれるのか」を加えたものといえる。彼が「一切所有の縁は四縁に含まれる」とだけ述べて、第五縁の註釈を省いているのは、当時の中国では二四縁説などを改めてあげつらうまでもなかったのであろう。

『無畏』は『プラカラナ』の著者たち（独訳は prakaraṇa-praṇetṛ。rtsom pa は多く ā√rabh の派生語の訳であるが、『明句』では praṇayana の訳としても用いられている（cf. LVP, p.3, l.7））が、四縁以外の縁を説いたとする。『プラカラナ』は二四縁を説く『品類足論』（*Abhidharmaprakaraṇapāda*）などを指すのではなかろうか。『発趣論』（*Paṭṭhāna-pakaraṇa*）にも二四縁が説かれているとのことである（『木村泰賢全集』第五巻、六二五頁）。四縁以外の縁として清弁は（『清浄道論』の）二四縁中の一〇、二一、二二を例示し、月称は一〇、六、一一を例としてあげている。仏護は偈ｄの「第五縁は存在しない」に註釈するだけであるが、その註釈「或る論師がこの四縁より別であり、言説として説かれている或る〔諸縁〕、それらすべて〔の縁〕もこの四縁に含まれる」と限定するのは、『無畏』の註釈を下敷にしたものであろう。羅什の四縁説は『倶舎論』の因縁＝能作因以外の五因、等無間縁＝生起した心・心所で最後のものでないもの、所縁縁＝一切法、増上縁＝能作因〔で一切法〕と一致する。清弁と月称の『入中論』の第一説も同じである。仏護が四縁を説明していないのは、改めて説明するまでもないと考えたからであろう。月称のこの箇所での四縁説は縁の名称に即した定義で、『無畏』の四縁の各々の意味を簡明に解説したものといえる。また仏護の対論者は、「他から決して生じない」という「決して」（naiva）という強調（avadhāraṇa）と、そう限定して陳述すること（bśad pa）に反論すべきだと言い、清弁はそれを受けて、対論者に「他より必ず生ずる」と限定するのでなく、「他よりのみ生ずるのであって、自より〔生ずるの〕ではない」とevaを使い分けている。他であっても縁ではないと、「他」と「縁」との概念の範囲の違いをもevaで説明しようとするが、余り意味はないであろう。註釈者は皆、当然のことといえば当然のことながら、この偈を対論者の偈と解釈する。しかし偈の文言だけからいえば、この偈は縁の数と名称を述べているだけであるから、世俗としては四縁を認める中観派の偈と見做すこともできないではないであろう。『無畏』はこの場合も、偈に従って縁の種類と名称の意味を簡単に解説するだけである。アビダルマの四縁生の主張であることは言うまでもないというのであろうが、最後の一文で、縁の同義語として（一）作用、（二）生起、（三）出現、（四）因（六因説の六因か）を説いているのは、順に因、縁、次の第六偈の生起、第七偈以下の生、第一四偈等の現出が、縁の否定、換言すれば、この偈の説く縁生の否定であることを示すことにあったのではなかろうか。それに反して羅什はそもそも偈のcで「四縁にて諸法を生ず」と言い、註釈でも「四縁を以って万物は生ずることを得」と、この偈がアビダルマの縁生の主張を説いたものであることを明らかにしている。

13　答えて曰く（ここで答える）――第六偈――

果為従縁生　為従非縁生　是縁為有果　是縁為無果（六）

kriyā na pratyayavatī nāpratyayavatī kriyā/　pratyayā nākriyāvantaḥ kriyāvantaś ca santy uta/（六）

縁をもつ作用は存在しない。縁をもたない作用は存在しない。作用をもたない諸縁は存在しないし、作用をもつ〔諸縁〕も存在しない。（六）

偈のcdは「諸縁（pratyayā）は作用をもたないものでない（na）」と「〔諸縁は〕作用をもつもので〔ない〕」という二つの否定命題

に共通する〔　〕で示したpratyayāとnaを省略して、等位接続詞caで結びつけたものである。d句末のutaを、月称は強調（ava-dhāraṇa）とするので、「諸縁は作用をもたないものでも作用をもつものでも決してない」といった意味となろう。仏護、清弁の第一説は、dを「諸縁は作用をもつものでない」（dのT訳はutaを「或いは作用をもつであろうか」（nam hon te na）という意味と取る）。このことは、叙事詩では行の末尾で詩節を満たす為にのみ用いられるというので、このutaもその意味と取ったのか。月称はutaが、itiか動詞の後の行末で強調の為に用いられるというので、その意味に改めたのか。清弁は第二説ではutaを選言的判断（mam par brtag pa）の意味とする。偈cとdとを選言詞とするもので、『無畏』と羅什も同じ解釈をしていたことになる。utaは一般的に選択的二重疑問の第二の疑問の前に置かれるというが、観誓はdのutaの後にnaを、第二の疑問として補って、「縁は作用をもつか、もたないか」と読む。偈のT訳はすべてそう訳しているといえる。観誓は更に「ない」という解答を加えている（SB, pp.224–226, n.16）。

【無畏釈】　君が四縁で語った、事物の作用であるもの、それ（作用）は縁をもつか、縁をもたないか。それ（作用）はあってもなくても、両方の場合に共に、諸縁は必要でないので存在しない。

諸縁も作用をもつか、もたないか、それら（諸縁）もあってもなくても、両方の場合共に作用は存在しない。作用のようにか、或いは焼けたものと焼けていないもののようにか、であるので、ここで「四縁によって事物の作用が語られた」という所説なるもの、それは成り立たない。

【解説】　『無畏』、羅什の偈の順序に従えば、一見唐突に龍樹はこの偈で「作用」を取り上げて、ディレンマによってそれを否定している。ディレンマによる否定であることは、『無畏』で多少曖昧であるが、「作用は縁をもつか、もたないか」という二つの選言肢を立て、「それ（de・作用）があってもなくても、諸縁は必要がないので、〔作用は〕存在しない」と結論を下していることから窺える。偈文はその結論である否定命題の列挙である。羅什は偈そのものを「縁生か無縁生か」という小前提となる肯定的な選言肢を質問形式として読む。このことは彼もこの偈をディレンマによる否定を主題とすると解釈していたことを示すが、恐らく彼は上記の『無畏』の論証方法をアレンジしたのであろう。このように論証（表現）方法は実質的には同じであるが、内容は異なっているように見える。羅什は果の縁生、非縁生であって、作用のではないように見えるからである。ロビンソンは「果」は梵偈ではkriyāよりもkārya（男性形）

に当り、そうであれば、（非）縁をもつ、(a)pratyayavatī（女性形）に合わなくなるという（EMIC, p.84）が、羽渓訳（九頁註一七参照）が註記するように、「果」は梵偈の kriyā の訳でも、kārya という variant の訳でもないであろう（ロビンソンは果を variant の訳としながらも、梵偈よりも恐らくよりよいとしている（EMIC, p.87））。羽渓訳はその理由を明説していないが、羅什は先述のように前偈を四縁の名称の列挙だけでなく、「四縁は諸法を生ず」という対論者の主張を読み込んでいる。その主張の論破として、この偈は「果は縁より生ずるか」等を説くとするのであるから、彼はこの偈の作用を生起と解釈したのではなかろうか。果は補訳であって、諸法に当る。作用が生起であることは、『無畏』も曖昧ではあるが認めていたようである。『無畏』の冒頭と末尾に繰り返された対論者の主張「四縁によって事物（四縁によって生ずるもの、果）の作用が説かれた」は、作用が生ずるものである果の作用であることを示すのでなかろうか。その生ずるもの、果の作用は生ずるという作用に他ならないであろう。そこで龍樹は作用、生起は、四縁によるのか非縁によるのかというディレンマによって対論者の主張を否定したと解釈したのであろう。このことは次偈によってさらに明らかになる。

それに対して仏護以下は、偈順が逆であるので、前偈で先ず「縁生論」(pratyayebhya utpādavādaḥ、月称による)、次いでこの偈では「作用より生ずる（作用生）論」(kriyāta utpādavādaḥ) を否定すると解釈する。縁起に関して、「作用」をその構成要員とする理論は『中論釈』I（一一二頁註二）に詳述されているように、『中辺分別論』の「真実品」の「善巧真実」の「縁起の実相（artha）」に見える。そこでは十二支の「無明に縁って行あり（生ず）」を例に、縁起は一般に理解されているように、無明（因）の存在を条件に行（果）が生ずるということではなく、無明（因）の作用・活動よりして行が生ずることだ、という対論者の主張を否定し、それを通して縁起の真意・実相を明らかにする。対論者は無明（因、縁）と作用と行（果）は別々の存在（自性）であると主張する。それに対し『中辺分別論』では因、作用、果の三要員の存在は、無いものを有ると執着する増益に他ならず、三要員を存在しない、無とするのは、有るものを無いと妄執する損減であり、三要員が皆、有でも無でもない空において、「因の作用によって果が生ずる」という縁起が成立するという。このように対論者は有の立場で縁の作用を縁とは別のものと考えるのに対して、唯識派は仮名として認める。

龍樹のこの偈の作用もこのような縁の作用であったかも知れない。仏護以下はそう理解している。彼らは縁起を十二支縁起でなく、「根と境とに縁って識が生ずる」という認識論上の構造として論ずる。この偈の註釈でも対論者は、縁である眼、色等は、「〔眼〕識を生ずる作用を実現するもの」（vijñānajanikriyāniṣpādaka）であって、直接、識を「生ずるもの」（janaka）でないとして、作用に意味を認めている。仏護以下は龍樹がこの作用生論の作用を否定したと解釈する。その場合でも龍樹は前と同じくディレンマによって否定したであろうが、仏護以下は四種の否定命題とし、仏護は帰謬論証により、清弁は対論者の主張を紹介し、龍樹がそれの否定としてａｂ等の否定命題を説かれたとし、対論者の論証式等の誤謬を指摘し、仏護等の註釈の誤りを論じ、さらに都合三回に亘って、繰返し対論者の主張を想定して論証形式の不備、喩例の欠除等、余り意味のない論証式上の誤謬を指摘する。月称の註釈は已生、未生、生時の三時の識に作用は不必要という仏護の方法を簡潔にしたものである。彼は偈ｂでは「草葉でできた」を喩例とするので「縁をもたない」でなく「縁でないものをもった」と理解していたことになる。ｃｄでは仏護以下は再び縁を主題としているが、これは次偈を意識したものであろう。

14　何を以っての故に―第七偈―

因是法生果　是法名為縁　若是果未生　何不名非縁（七）

utpadyate pratītyemān itīme pratyayāḥ kila/ yāvan notpadyata ime tāvan nāpratyayāḥ katham/ （七）

これらのものに縁って〔事物・果〕が生ずるので、それ故に〔その〕これらのものが縁であるといわれている。〔事物・果が〕生じない限り、その限りこれらのものは、どうして縁でないものでないであろうか。（七）

【無畏釈】　さらにまた、―第七偈ａｂ―

〈これらのものに縁って事物が生ずるので、それ故に〔その〕これらのものが縁と名づけられるといわれている。〉

それに答えられる。―第七偈ｃｄ―

〈事物が生じない限り、その限りこれらのものは、どうして縁でないものでないであろうか。〉消滅したものと消滅していないもののように。

【解説】　偈のｂのkila（といわれている）は、「他宗を説く為」であり、「信ぜざることを顕す場合」に用いられるという（『中論釈』Ⅰ、一二五頁註一による）。清弁は後の「信じない、認めない（aniṣṭa）」という意味を採っている。不生を説く龍樹は縁生を事実として認めないから、この意味もあるであろうが、しかしここではむしろ対論者の縁の語義、定義を確認することが主たる目的で、確認した上で、後半で対論者の縁の定義に潜む矛盾を顕在化しているから、彼の否定の常套的な論証方法に他ならない。偈の内容はａｂでは、対論者の主張は時間的に先に存在する縁という事物から、後に存在する果という事物が生ずる、という存在の因果関係であるとする。ｃｄはそれに対して龍樹が論理的には果が先行し、それによって縁という概念が形成されるという、概念形成上の論理的な根拠づけの因果関係によって否定するだけである。『無畏』はａｂとｃｄを分けて註釈し、対論者の主張と解答であることを明説する以外は実質上、偈の繰り返し。羅什は第一、二節では偈の所説を繰り返すが、第一節では縁より果が生ずるというのは日常の経験、現見にすぎないことを加え、第二節では『無畏』が加えた「名づけられる」を用いた形で、「何ぞ名づけて縁と為すを得ん」と名称、概念の否定であることを加えている。第三節は瓶の比喩による説明であり、実質的には同じことの繰り返しである。一般にインドでは瓶の因縁は粘土（泥団）、轆轤（転縄）、陶工などであり、羅什も『十二門論』（第一門）ではそうである。この場合はどうして水土等を縁とするとしたのか不明。第四節で彼は縁でないものからの生の否定を加えている。

仏護、月称は、ａｂを作用を介在させる必要がないと主張する対論者の主張と解釈し、再度、別の論証方法で「縁生」を否定するとする。仏護は縁でないものが縁となるという反論には、すべてのものからすべてが生ずる、仏護と月称はその場合、縁となるために別の縁が考えられるならば、無限遡及（anavasthā）になる、といった帰謬論証を説く。月称も羅什同様、縁でないものからの生もないことを付け加えている。

清弁は偈のａｂを、龍樹は「果の生ずるまさにその時に、作用をもつ諸縁は相互に支援することによって縁と承認される」という経量部の主張を提示し、ｂ末の kila によって彼がその学説を認めていないことを表明し、偈ｃｄでその学説を否定したと解釈する。否定の内容は偈と同じで、果が生じていない限りは縁は縁でないというだけであるが、彼も「果が生ずるまでは縁であることを認めない」という反論を想定し、龍樹はｃｄの「果が生じない間は縁でない」ということに、「果が生ずるときにも縁でない」という意味を含めていると解釈し、「生ずるときも縁の自生はない」ことを、種子を考察しても芽が見られないので、「種子は芽である」と、両者は同一とも言えないし、「種子から芽が生ずる」と、両者は別異であるとも言えないという、因と果が同一とも別異とも不可説であることを証因、即ち論拠にして否定していると解釈する。さらにこの否定の論証は解りきったことの論証（siddhasādhana）で、不可説であっても諸縁は果を生ずるという反論にも、この証因による否定の論証は有効であるとする。

15　復た次に—第八偈—

果先於縁中　有無倶不可　先無為誰縁　先有何用縁（八）

naivāsato naiva sataḥ pratyayo 'rthasya yujyate/　asataḥ pratyayaḥ kasya sataś ca pratyayena kim//（八）

存在しない事物（artha）についても、存在するものについても縁は成り立たない。存在しない何に縁があろうか。存在するものに縁が何になろうか。（八）

【無畏釈】　さらにまた、—第八偈ab—

〈縁は存在しない事物（bhāva）についても存在する〔事物〕についても、両方の場合に共にあり得ない〉。生じないものと生じるもの〔にあり得ない〕ように。どのようにか。

答える。—第八偈cd—

生まれつき眼の見えない人〔に眼等の縁がないように〕、或いは全知者〔に縁が必要がない〕ように。

【解説】　羅什は第六偈abの質問に前偈で答え、この偈を第六偈cdの縁中有果か無果かの疑問に対する解答と解釈している。訳偈は事物（artha）を果と意訳した以外は梵偈に忠実であり、有果の場合、偈では縁は不必要、註釈では既に果が存在するのだから、縁は「名づけて縁と為さず」、縁でない。無果の場合、偈では何もののためにも縁でない、註釈では何ものをも生じないので、縁でない、と縁を否定する。

『無畏』は偈のartha（対象・物）を事物（bhāva）の同義語とし、「存在していないもの」（asat）等を「生じていないもの」に喩えている。生じていない等は生れつき眼の見えない者に識は生じないし、全智者には識が生じているから縁はないし、不必要だというのである。この比喩から『無畏』が、ここでは眼と色とに縁って識が生ずるという縁起を念頭に置いていたことが窺える。

仏護は偈の縁を「これに縁ってかれが生ずる」という縁起の縁とし、糸は存在していない布の縁でないという、糸と布の比喩によって否定する。彼はさらに布が糸から後で生ずるという理論で、糸は布の縁だという反論を想定し、「産れていない子という財産と共に、産まれていない子の母を娶ろうと欲するのか」という、曖昧な比喩を用いて、その主張の否定にも偈ｃが用いられるとする。ｄの「存在しているもの」の場合も、生じているものに縁の作用があるというのでなく、言説における仮名として「糸はそれの布の縁である」のだという反論を想定し、これまた余り適切とも思えない、「自分の妻を、娶っていないのに、〔産れていない〕子の妻をもらおうと考えている」とか、「先ず糸を縒りなさい。その後で「あれの縁がこれである」ということがあり得るであろう」という比喩で、対論者の主張を「つまらぬ（屁理屈）」（gyi na）とするが、彼の比喩も『無畏』に比べれば、同じくつまらない。

清弁は、不生を説く中観派に対して、この章の対論者を広く「生を説く者」とし、具体的には主として、仏教内では経量部、異教ではサーンキヤ学派の反論を論破している。第六偈では先ず「生を説く者」が各々のものには、そのものを生ずる特定の縁がある（観誓は内処の縁は業、煩悩、胎児（mer mer po）等とする）という立場で、そもそも内処を生ずるものを、内処の縁とするのであるから、「縁であること」を証因として、「内処の縁は内処を生ずる」という主張が立証されるとする。清弁はそれに対して、第六偈で「存在する果の縁か存在しない〔果の縁〕か」という恐らく（syāt）二者選択のディレンマによって、龍樹は、否定したとする。「存在しない果」の場合は、縁の存在は果の無を証因にして否定され、空華のように畢竟無でなく、芽のように生ずる前にはない「生をもつもの」も、偈ｃによって否定されたとする。「存在する果」の場合は、自体をもって存在する果は、生という作用に依存しないから、「縁は何にもならない」。清弁は次にサーンキヤ学派の、「存在するもの」を縁が顕現し粗大（sthula）にするという学説をも、顕現は既に否定したし、粗大が存在してもしなくても、前と同じ仕方で否定されるとし、さらに経量部の反論、果が存在してもしなくても、縁はないが、「果がまさに生じようとする（abhimukha）とき、相互に支援し合うことによって果を生じさせる能力という縁の自体を得るもの、それが勝義の縁であり、果は生じつつあるので無でなく、未だ生じていないので有でない。それ故に中観派の否定は当らない」という反論に対しても、偈ａｂが解答であるとし、「存在するとも存在しないとも不可説である」ことを証因として、「眼等はそれらの果である眼識等の縁でない」ことが立証されるとする。最後に清弁は、有と無の二相論者であるジャイナ教の主張も、この偈によって同じ仕方で否定されるとする。

月称も偈の事物（artha）を識とし、識があってもなくても眼等は縁に妥当しないと否定し、「未来にある」であろうから、縁の名称が用いられよう、という反論を、能力（śakti）なしで未来の識はない、と否定する。これは清弁の「芽のように生ずる前にない」（十行前）や「果を生じさせる能力」（七行前）と同じものかとも考えられる。

16　問うて曰く…答えて曰く（ここで〔対論者は〕主張する。諸縁が総じて否定されたとき、それらはどのように個別的に否定されるべきか。ここで答える）―第九偈―

若果非有生　亦復非無生　亦非有無生　何得言有縁（九）

na san nāsan na sadasan dharmo nirvartate yadā/　kathaṃ nirvartako hetur evaṃ sati hi yujyate//　（九）

法は存在していても、存在していなくても、存在し存在していなくても、生じないとき、そうであるとき、いったいどのように生じさせる因が成り立つであろうか。（九）

偈 b の nirvartate は『灯論』では nirvartyate であったようである。清弁は偈 c の nirvartaka によって「生じさせられる」と読んだことになる。このことに伴って『無畏』と仏護のT訳には偈では nirvartate、註訳では nirvartyate の訳になっているという混乱が見られる。その混乱については、斎藤「根本中論」八〇―八一頁参照。

Tの c は nirvartako heturiti（因は生じさせるものであると〔どうしていえようか。〕）と、iti が加えられ、d は evaṃ sati na yujyate（mi rigs so）である。『無畏』の註釈はT訳を採る。羅什は梵偈の意訳。

【無畏釈】［この世で或る法が因〔縁〕によって生じさせられるとするとき、存在しているか、存在していないか、存在と非存在が一体であるそ〔の法〕が生じさせられるかである。］そのうちで存在している〔それ〕も生じさせられないし、存在していない〔それ〕も生じさせられないし、存在し存在していない〔それ〕も生じさせられないとき、そのとき「因は生じさせるものである」ということがどうしていえようか。そうであるとき、成り立たない。このように先ず因〔縁〕は否定された。

【解説】『無畏』は実質的には偈の繰返しである。仏護と月称は、改めて個別的に四縁を否定するのは、各々の縁に特徴（lakṣaṇa）があるので成立する、と主張する対論者を想定しているからだとする。

仏護の答破は、『無畏』の借用の後は、存在している法等の三命題を、常套的な帰謬論証によって否定している。月称は仏護註を簡潔に整理し、結果として羅什に近い解答となっている。

羅什は既述のように、因縁という訳語を原語が縁起や縁の場合にも用いている。この場合も『無畏』の「総じて諸縁を破す」を「総じて一切の因縁を破したり」と訳している。この「因縁」を『無畏』のように、諸縁と取るか、一切の親・内因と疎・外縁と解釈すれば、一応意味は通じる。しかしこの因縁は広義の因縁か四縁中の因縁か、そもそもその区別が成り立つのかは判然としなかったようで、『疏』によれば、曇影は、因縁に総別の区別なく、この偈までの四偈で因縁を破し、次の三偈で各々他の三縁を破す、という解釈をしていたとのことである。羅什のこの偈の解釈の特異点は、梵偈中の法（dharma）を果と訳し、偈が因の相（特徴）とし、インドの諸註釈者が重視した「生じさせるもの」（nirvartaka）を無視し除去してしまった点である。因果関係では殊更、因を「生じさせるもの」と定義するまでもないからでもあろう。否定の方法はインドの帰謬論と基本的には変らない。

この偈の解釈で清弁が他の註釈者と異なる点は、彼が因縁とその特性である「生じさせるもの」を、言説としては中観派も容認しているとしている点である。これは彼の二諦観の当然の帰結であるが、このことが彼が偈bの「生ずる」（nirvartate）を「生じさせられる」（nirvartyate）と改めた理由であろう。龍樹が「法は生じないので、生じさせる因（縁）は妥当しない、無効である」と説いている偈の意味を、清弁は、「〈生じさせられる法（果）〉が〈生じさせられない〉とき、〈因は生じさせるもの〉といえない」と改め、因果を特に能所関係として、所生の否定によって必然的に所生の因が否定されることを説く、と解釈している。

彼は語義に副った一般的な因縁の否定に次いで、四縁の実有を主張する仏教の諸派（能仁「ともしび」（四）三六頁註五参照）の反論を否定する。アビダルマの部派と中観派の根本的、全面的対決として当然の論争である。対論者は四縁や「生じさせる」といった特性が「涅槃は寂静である」と同じように、仏説であることを証因として、その実有を主張する。この論証を清弁は世俗としてか勝義としてかのディレンマによって否定する。世俗ならば、対論者である仏教諸派は仏説を勝義とするのだから、彼ら自身に証因の意味が不成立（asiddhārthatā）となり、勝義ならば、まさにこの第九偈で龍樹が否定したとする。

この清弁の論難を逆手にとって、月称は清弁の自立論証の証因も同じ誤謬を犯していると批判する。要するに月称は空は論証（式）

で論証できず、勝義（真実在）に適合する言語表現上の真理という清弁のいわゆる異門勝義を否定している。

清弁は次に彼に先立つ中観派のデーヴァシャルマン（Devaśarman）と仏護の解釈を紹介し、前者の立場を是認し（『展開』一六一―一六五頁参照）、仏護の場合はこの偈の仏護註の取意を述べて、この場合も、仏護は主張するだけで、証因と喩例を欠くという論証形式の不備を難ずるのみである（「ともしび」（四）二一頁及び三六―三七頁の註一二、一三参照）。

17　次第縁は―第一〇偈（『無畏』第一一偈）―

果若未生時　則不応有滅　滅法何能縁　故無次第縁（一〇）

anutpanneṣu dharmeṣu nirodho nopapadyate/ nānantaram ato yuktaṃ niruddhe pratyayaś ca kaḥ//（羅什訳は第一〇偈、他は第一一偈）

諸法が生じていないとき、滅はあり得ない。それ故に無間は成り立たない。また滅しているものに、何が縁であろうか。（一一）

『無畏』はaのpa ma yin naをpas ma ...と誤記。先に述べたように、『中の頌』や他の註釈書では羅什とは逆に、所縁縁が第一〇偈、等無間縁が第一一偈とする。

仏護、月称は偈のcとdの順序を入れ替えるべきだとする。従って偈bcdは「滅はあり得ないし、滅しているものに何か縁があろうか。それ故に等無間縁は成り立たない」となり、羅什訳と合致する。月称は偈のdのcaを、文法学上の通常の位置であるniruddheの次に移すべきだとする。

【無畏釈】　等無間はどのように否定されるのか。

答える。―第一一偈―

諸法の生起を説くので、〈生じていない諸法に滅はあり得ない。〉生じる［諸法に滅は］あり得るのである。そうであるので、〈それ故に［生じている諸法の滅は］等無間〉縁であるといわれるならば、それ〈は成り立たない。滅しているものに縁〉を説くことはあり得ない。縁として説かれるべき無、それは〈何か。〉これは等無間縁の否定である。

【解説】　このように『無畏』は偈のabを、法の生起を主張する対論者の承認事項と見做す。このことは裏からいえば、法生起論には法の滅が成り立つので、等無間縁が存在することになる。『無畏』は偈のdを、その対論者の論破を取り、滅しているものは縁といえないので、等無間はないと否定する。ただ『無畏』は、T訳が的確でないのか、曖昧で解りにくい。同書は偈のcとdの入れ替えに言及していないが、最後に「これこそが等無間縁の否定である」といっている。このことは実質的には入れ替えて解釈していたことを示すのかも知れない。そうであれば、仏護がcとdの入れ替えを主張したのは、『無畏』の註釈にヒントを得たからと取ることもできなくはない。

仏護は「A（月称では因）の無間の滅が、B（果）の生の縁である」という等無間縁の定義の否定に終始している。彼は因の滅と果の生を前、後、同時の三時に分け、㈠、滅が前（已滅）、㈡、滅が後（未滅）、㈢、滅と生が同時（滅しつつある滅時）に、因の滅にも果の生にも縁があり得ないことを、常套の帰謬論証で論証するだけである。月称もcとdの入れ替えを説くと、仏護と同じ等無間縁の定義を述べた上で、三種の考察によって等無間縁を否定している。第一説は入れ替えとは関係のない、偈のabcの順序に忠実な偈の単なる祖述に過ぎない。第二説は入れ替えを認めた場合で、仏護の㈠滅が前の場合に当る。仏護はこれら三時の否定を偈の文言と結びつけるために、dの「caという語は「生じていない」(anutpanna)という語に言及する」と解釈し、dを「滅してしまったものに何が縁であろうか。〈生じていないもの〉(caが表示するaの「生じていない法」)の縁で何があろうか」ということだとするようである。月称はこのcaの意味(anutpannaśabdāpekṣa)を受け入れて、「芽（果）が生じていないとき、種子等（因）の滅を認めても、果の生と因の滅は共に原因（縁）のないものに堕す」と適切にパラフレーズする。月称の第三説は仏護の第二説であるが、月称はこれを偈aの法の不生をこの章の第三偈の四句不生以来の不生と結びつけた解釈で、彼の第一説と同じくabcで一応完結するとする。dは別の否定で、仏護では前述の滅と生の三時の否定、月称では第二説と同じ否定という。このように彼らは偈のcとdの入れ替えを主張するが、実際には偈の順序にも従っている。

清弁は入れ替えを認めず、dのcaを「まさに等無間縁でもないし、総じて縁全体(sāmānyapratyaya)でもないという〔両方の〕否定が含まれるからである」と解釈する。これは仏護に対抗した、余り意味のないcaという語の意味付けでしかないと思われる。彼は仏護註の偈の入れ替えやcaの説明の部分を引用しながら、種子の滅と芽の生が共に原因（縁）なしであることになるという仏護の帰謬論証を、帰謬の結果の換質によって仏護が指摘した誤謬はないし、帰謬の余地のある論述(sāvakāśarākya)であると、批判する以外は、主として反論者の論証の論証学上の誤謬を論じている。

羅什は次第縁を現在の心・心所の滅が未来の心・心所の生の縁であることとする。心・心所に触れているのは、他には清弁だけである。羅什の註釈は四節からなる。

第一節　未来の心・心所　（a）未生　（b）已生、どちらにも次第縁はない。

第二節　現在の心・心所　（a）不住　（b）住　（c）滅已　（d）滅法有　（e）滅時に次第縁があり得ないことを説く理証。

第三節　第二節の理証に対する教証に当る。第二節の冒頭の「住する時有ること無し」が経の所説でもあることを説く。『疏』は第二節の（e）滅時を点同破、この教証を滅時の徴経破とする。

第四節　滅時の防退破とする。

このように解釈できないでもないであろうが、第三節中の欲滅と未欲滅は、欲滅が「将に滅せんと欲する〔法〕」であり、未欲滅は「欲滅を除く余の現在法等」であるから、半滅半未滅ではない。ここでは第二説では否定した第三法の滅時、すなわち欲滅も、それ以外の第二節の（a）―（d）を含めた未欲滅も存在しないと説いているのではなかろうか。羅什は未欲滅を不欲滅とも言い替えているから已滅も住も、要するに欲滅以外の法はすべて含まれ、それらが存在しないから次第縁はないというのである。第四節は経証を認めたとき、自らアビダルマの煩瑣哲学の体系を否定することになるというが、彼はそれを、カテゴリーとしての法を列挙して、それらの否定になることを強調している。

18　縁縁は―第一一偈（『無畏』第一〇偈）―

如諸仏所説　真実微妙法　於此無縁法　云何有縁縁（一一）

anārambaṇa evāyaṃ san dharma upadiśyate/　athānārambaṇe dharme kuta ārambaṇaṃ punaḥ//　（羅什訳は第一一偈、他は第一〇偈）

この存在する法はまさに無所縁であると説かれている。或いはもし法が無所縁であるとき、どうしてなお所縁があろうか。（一〇）

LVP は三箇所共に (an)ārambaṇa が (an)ālambana。b の san をＴ１では yod pa、Ｔ２では yin pa と訳すが、同じＴ２でも『無畏』ではＴ１と同じ yod pa である。Ｔ２は『無畏』、仏護、清弁の三註釈書の解釈が異なる場合でも、c の atha の訳のように、偈の訳は同じである。何故この場合異なるのかは不明。ｂの upadiśyate の主語は、仏護は対論者、『無畏』は『般若経』を説く仏、月称は āgama を説く仏。ｃの atha はＴ１は ci ste、Ｔ２の de ltar は一見 tathā を思わせるが、清弁、『無畏』の註の解釈に沿った atha の訳なのであろう。

【無畏釈】　所縁はどのように否定されるのか。

答える。―第一〇偈―

世尊は『般若波羅蜜』に「八万四千の法蔵において説かれている〈法〉なるもの、それ〈は〉一味、〈無所縁に他ならない〉」と〈説かれている。〉このように無所縁と説かれたその法において、どうして所縁があると君は主張するのか。その所縁はあり得ない。虚空のように。

【解説】　龍樹はａｂの idam san dharma を第八、九偈の「有、無、有無の法」のなかの「この有・存在する法」とする。『無畏』は〈　〉で示したことから窺えるように、八万四千の法蔵のなかで説かれているすべての法と解釈する。『般若経』は小乗（原始）仏教の説く法が、アビダルマのように有の立場でなく、空の立場で真に成立することを説くと考えられるが、存在する法を無所縁であると世尊は upa-diśyate（説かれた）という。その upa- には「さらに改めて〔真実を〕説かれた」という気持が込められているように思える。この場合の所縁は狭義の所縁でなく、すべての法の知識とすべての法を表示する言葉との対象を意味するであろう。知識や言葉に対応する外界の対象がないことを所縁縁の否定としている。『無畏』を採用し、知識と言葉の同事性をさらに徹底し明確にしたのが羅什訳である。彼は偈の「この存在する法」を「真実微妙法」と訳す。訳註者（宇井訳一四頁註四〇、羽渓訳一二頁註三四）が言うように、この法を saddharma（正法）と取って意訳したのであろう。彼はこの偈で仏が説いた法は大乗法で、有色・無色等の種種の法相を挙げ、それらの法の相は法性（羅什は dharmadhātu（法界）を法性とも訳す）に入れば、一切皆空、無相、無縁であるので、無縁の法（偈ｃ）に所縁縁はないとする。これは『無畏』を下敷にして、彼の『法華経』等に基づく考え方によっているといえよう。「真実微妙法」や「随宜の所説」等の用語がそのことを窺わせるであろう。

仏護以下はこの偈をアビダルマの四縁説の中の所縁縁の否定と取る。仏護は先ずこの偈は有所縁（sārambaṇa）を補い（vākyaśeṣa）、「この存在する法は無所縁なのに、有所縁であると〔対論者、〕君は説く」という意味の偈だとする。彼は他の註釈者が「仏が説く」と解する偈 b の upadiśyate を、対論者が自己自身の考えを開陳したと読む。彼も月称のように、存在する法は既に存在するので改めて所縁を必要としないから、無所縁であることは仏説によるまでもなく成立している（LVP, p.84, ll.5–6）と考えたのであろう。

そこで仏護は、何故か法と所縁の関係を資産家と財産に喩え、「何か或るものがあるとき、財産（所縁）の所有者であるが、ないときは〔所有者で〕ない。財産（所縁）を所有する以前には財産（所縁）はないので、無産者（無所縁）である」と、比喩によって示す。この財産の比喩に従えば、有所縁は「所縁の所有」の意味となるが、仏護は実際には有所縁を「所縁の存在」と理解していたようである。彼は偈に補った sārambaṇa を、偈の語句と同等に扱い、「sārambaṇa とは所縁が存在することだ」と語義を註記するが、そのT訳語の dmigs pa yod pa は梵偈 d の ārambaṇam の訳語でもある。そもそも語の使用はその語が表示するものが存在することを意味する。偈 d の ārambaṇam という語も、所縁が存在することを意味して用いられている。T訳はその存在を言葉として訳に加えて表現したのであろう。偈の後半は前半の批判を裏返して見せただけであるが、仏護はそれを「そこで法が無所縁であることが成立しているとき、君は無意味な所縁の存在を、どういう理由で分別（妄想）するのか」という中観派の対論者への質問と読む。この質問に対論者は、有所縁を財産の所有に喩えるのは、仏護の無知に基づく誤解であって、有所縁は所縁の所有ではなく、「法が生ずる際に法を生じさせる或る依り所（gṣi）なるもの、それが法の所縁であり、そのことを「法は有所縁である」と言うのだ」と答える。その限りではこの質疑応答は極めて自然な論議の展開といえる。しかしこの問答の文面による限り、財産の比喩は仏護が自ら用いたもので、対論者が用いていたものを、仏護が紹介したというようには取れないし、そうであれば、何故仏護は誤解だと論駁されるような比喩を用いたのかが疑問として残る。このように註釈者が自ら註釈で加えた比喩や用語が、対論者の批判・論難の的になるような問答は、他に余り例がないように思われる。恐らく仏護の問答形式の説法の実体験を伝えているのではなかろうか。

この対論者の見解と財産の比喩の否定は清弁の註釈にも見られる。清弁は識が勝義として無所縁であることを論証式で示すと、唐突に「有所縁とは言説諦の説明方法を確立するためである」（D, Tsha, 59b1）という。彼は勝義諦だけでなく、世俗諦も認めるから、有所縁に言及したともいえなくはないが、しかしここでは仏護の「有所縁」の補いが、対論者の妄想であるという解釈に対する批判と取るべきではなかろうか。そこで彼は有所縁の意味を、「或る所縁によって識（法）が生じるとき、その所縁において、識にもそれの形象として顕現（表象）が生ずるから、有所縁といわれるのであるが、資産家〔と財産〕のように、〔識と所縁は〕同一時に共在するから〔いわれるの〕ではない」（D, Tsha, 59b1–2）と解説する。清弁の解釈では、法を識と特定するので、極言すれば、有所縁とは識が表象をもって成立することであるから、法と所縁は資産家と財産という別の存在が同じ時に共在するような関係ではないということになる。この清弁の解釈は仏護の対論者の解答よりも遥かに明確で内容も充実しているので、清弁が仏護のそれを、批判的に改めたと解釈するのが自然であるが、もし逆に清弁の説く財産の比喩の不適確性の指摘や有所縁の認識論的構造を是認した後代の研究者が、仏護註を補強するために対論者の解答とその論破とを付加したと取るならば、先述の仏護註の不自然さは解消する。そうすると、仏護は質問で終ることになるので、尻切れ蜻蛉にならないかという疑念が生ずるが、月称は有所縁の補いと質問と理由という仏護の語義解釈の文を借用した上で、「そこでこういう意味となる」といって、偈のdを反語の意味に取る註釈を加えているだけで、仏護の対論者の解答以下には全く言及していない。月称はそれらを採用しなかったのか、もしそれらが後代の付加ならば、月称の時代には未だ付加されていなかったのか。いずれにしても質問といっても、月称も仏護も解答を前提としたものでなく、対論者の自覚を促すためだけの語り掛けとでもいったものではなかろうか。

清弁は先ず偈cを、偈のabで勝義として認識するもの（識）が存在しないことを明かにしたので、「そこで法が無所縁であるとき」に併せて、その認識するものの無を逆手に取って、認識するものでないものは有所縁であるという分別も成り立たないので、「法が無所縁であるとき」を併せ含めて、龍樹は「どうして所縁があろうか」（偈d）を、「ありはしない」と反語の意味で述べたとする。

清弁は偈bのupadiśyateを『善勇猛般若経』（SPPS, p.94, l.19–p.95, l.21, p.29, ll.12–18）を教証として、般若波羅蜜の説き方である否定の教示とし、否定される「この存在する法」を当然のことながら、アビダルマの自相任持の六識、その所縁を縁じられるもの・認識されるものと、認識論的な構造で語義を説明した上で、彼は偈の$\sqrt{as}$の現在分詞、「存在する」（san）を、同義語の「生ずる」の現在分詞「生じつつある（以下、生時）」（utpadyamāna）に改めて、生時であることを証因として、色に所縁がないように、生時の法（識）にも所縁がないことを、ここでも彼の勝義の論証式を提示し、教証と理証とする。それ以後の仏護批判等は既に述べた。彼は最後にアビダルマの法相を採用したことに関連する言い掛りとでもいうべき、余り意味のない反駁に答えた上で『般若経』を引くだけである。

月称は仏護の「或る法が存在するとき所縁があり、存在しないときにはない」（補註五一頁三―四行参照）という論理を中心に据えて、所縁の存在を否定する。「存在しないときにはない」については既に述べた。彼は存在しているときについては、（一）法の生起に必要な所縁より前に既に法が存在している、（二）法が無所縁である、即ち法が自己自身で独立して成立しているときは、所縁との結合の想定は役に立たない、と否定し、対論者が自己の判断で「有所縁」というだけであると、仏護の解釈（補註五〇頁一九行―五一頁二行参照）を採用している。ただし同時に彼は「有所縁の法は心と心作用である」という所説を阿含（āgama）とするので、大乗の教えではないが、原始仏教の教えと認めているから、対論者が自己の判断で有所縁とするという見解とは抵触する。月称が註釈の末尾に有所縁の心と心作用について、「この定義は世俗的なもので勝義的なものでないから誤りはない」と断っているのは、それが阿含の教えだからであろう。

19　増上縁は―第一二偈―

諸法無自性　故無有有相　説有是事故　是事有不然（一二）

bhāvānāṃ niḥsvabhāvānāṃ na sattā vidyate yataḥ/ satīdam asmin bhavatīty etan naivopapadyate//（一二）

自性のない事物には存在性（sattā・存在すること・状態）は存在しない故に、「これがあるとき、かれはある」ということは全くあり得ない。（一二）

増上縁は『倶舎論』等では一般に能作因で一切法であるといわれている。龍樹もその解釈を認めていたのではないかと考えられる。彼はこの場合仏教の法相としての一切法でなく、一切の事物とする。事物（bhāva）を用いるのは、この章では四句不生を説く第三偈とここだけであり、彼は不生と増上縁は特に日常的事物を含んだ「すべての事物」、換言すれば法有だけでなく人有をも含んだ問題と考えたのであろう（補註10参照）。空の立場ではすべての事物は空・無自性である。そのことを彼は事物には「存在する性質（sattā）がない」ことだとし、そうであれば、縁起の定式である「これあればかれあり」があり得ないと、縁起と抵触することによって否定しているということになろう。少しく分析すると、定式の中の条件文の「これ」（asmin）は増上縁である一切の事物であり、「あるとき」（sati）は「存在するもの（sat）であるとき」（依格）であるから、すべての事物が存在するものであって縁起は成立するが、一切の

「事物は存在するもの（sat）でない」から、増上縁は成立しないというのであろう。恐らく龍樹自身は仮名としては一切の事物がsatであることを認めるので、縁起は空であっても成立するとするのであろう。羅什や仏護以下の註釈者はこの定式を増上縁の定義とする。因みにこの章で法（dharma）を用いているのは所縁縁と等無間縁を説く第一〇、一一偈だけである。

【無畏釈】　増上〔縁〕はどのように否定されるか。

答える。―第一二偈―

〈自性のない事物の存在するものであること〉といわれるもの〈は存在しない故に、〉それ故に〈「これがあるとき、かれはある」というこのことはあり得ない。〉これが増上〔縁〕の否定である。

【解説】　『無畏』は偈の繰り返し。羅什はcの「これがあるとき、かれがある」を、一般に認められているように、仏（経）説で、十二支縁起の定式であることを確認し、この定式は「これがあるとき」を増上縁とし、「かれ」を果とする因果関係とする。従って「無明」は「行」の増上縁ということになる。彼は縁起を十二支でなく、「衆縁和合生」とする（第一、二偈註釈参照）が、ここでも「衆縁生」であるから存在するものは無自性であり、無自性であるから実有（sat・有相）でありはしない、と偈のabを衆縁生の縁起に基礎づけ、有相がないことは、「これがあるとき」の「ある」、増上縁の存在の否定であり、必然的にかれもないから、増上縁の因果関係はないという結論になるというが、実質的には後半は偈の反復に過ぎない。このように仏説の十二支縁起を否定したからであろうが、彼は註釈の末尾に、仏は凡夫の有無の分別に随って、「これがある（ない）とき、かれはある（ない）」と、十二支縁起を説かれたと加筆する。彼は帰敬偈の註釈（書き下し本文八頁八―九行参照）で仏は先ず声聞法として十二支縁起を説かれたとするが、この加筆は仏が十二支縁起を説かれた理由が対機説法であることを明かしているといえよう。

仏護以下のインドの註釈者たちは、この縁起の定式を対論者の増上縁の定義というだけで、十二支縁起や仏説については沈黙を守っている。恐らくこの定義は、アビダルマの増上縁の語義や内容とは異なるが、ただ龍樹の所説であるから受け入れただけのように見える。註釈は簡略で、仏護は、偈aで「無自性な〈事物〉（bhāva）」が恰も自明であるかのように説かれているのに、違和感を覚えたのであろうか、無自性はこの論のこの偈の前後で詳述している既成の事実だとし、偈の文言のなかで「無自性な事物が存在する」というのは「存在するもの（sat）であること・状態・性質（bhāva）であり、それが「これがあるとき」の「これ」、増上縁である」とするだけである。清弁も偈aの「無自性」が唐突だと感じたのであろう、これを中観派の思想では勝義として不生であるから、事物の実有性はないこととし、さらにそれだけではなく、世間の言説としても「これあれば」のように、単一の原因があるだけでは果の生起は認められないので増上縁は成り立たないのだという。従前と同じ証因の誤謬がここにも当てはまるという従前の誤謬は、観誓によれば、四縁のみであることを説く第五偈の不成立の誤謬とするが、清弁は第九偈の因縁の実有を説く論証式（能仁「ともしび」（四）一八—一九頁）の、〔証因〕「そう如来が教示された故に」と〔喩例〕「涅槃は寂静である」というように、を念頭に置いていたようである。因みに清弁のこの論証式の否定は月称も注目し、清弁の論証の矛盾の例とする（LVP, pp.31–32）。

月称は、羅什と同じく縁起だから無自性とする以外は、増上縁の定式の「これ」と「かれ」を因果関係として規定するだけである。増上を龍樹はādhipateyaと表現するが、『倶舎論』等、一般にはadhipatiで広大（adhika）であるからだと語義解釈し、能作因（kāraṇa-hetu）とする。

20　復た次に—第一三偈—

略広因縁中　求果不可得　因縁中若無　云何従縁出（一三）

na ca vyastasamasteṣu pratyayeṣv asti tat phalam/　pratyayebhyaḥ katham tac ca bhaven na pratyayeṣu yat//（一三）

そして個別的にも全体としての諸縁にもそれの結果は存在しない。諸縁に存在しないものがどうして諸縁からあろうか。（一三）

Tはdを「生ずるであろうか」（skye）と訳す。仏護はTのbのḥbras bu de ni med pa ñidのñidを註釈でkho na（eva）とする。仏護が「caとはevaである」と註釈を加えたとも、T訳者が偈の七字に収めるためにñidと訳したが、med pa ñidはnāstitvaなどと誤解されるのを恐れて、註釈の冒頭に加えたようにも見える。

【無畏釈】　このようにこれらの縁は総体的にも個別的にも否定されたので、—第一三偈—

〈個別的〔な諸縁〕にも全体としての（hdus pa = saṃnipatita = samasta）諸縁にもその結果は存在しない。〉個別的にも全体としても〈諸縁に存在しないもの、〉それ〈が諸縁より生ずる〉ことは妥当しない。

【解説】『無畏』の偈前の註釈は、この偈が今までの縁の否定の結論であると解釈していることを示す。龍樹はこの偈で始めて果（phala）という語を用いているので、果の否定が縁の否定の結論ということになるが、この否定は実質的には第四偈の縁に自性がないという否定と同じ、というよりも第四偈の方が、本質的な否定の解明となっているといえる。この『無畏』の解釈では、a の ca（そして、また）が無視されているように見える。羅什は偈の導入をただ「復た次に」としているのは、彼が今までの偈の註釈で果の否定を繰り返し説いてきたからでもあろうが、この偈を前の偈と並列的に説かれた果の不成立による縁の否定と取っているからであろう。彼の訳偈の冒頭の「略と広」は vyastasamasta の語順に従った訳とすれば、ロビンソン（EMIC, p.87）の言うように不注意な誤訳であろうが、語順を逆にして漢訳したとすれば、適訳とはいえないが、誤訳とまでは言い切れないであろう。彼自身がそのことを充分意識していたことは、註釈の冒頭に略と広の意味を説明していることから窺える。略は和合、衆縁を一括して、という意味であり、広は個々の縁を別々に取り上げるという意味を「広く」と表現したとも取れる。インドの註釈者たちがこの二語に註釈を加えていないのは、註釈するまでもなく自明だったからであろう。註釈の後半は偈や『無畏』註を若干簡略にしただけのものである。

仏護は上来の否定によって論理的には縁の存在が否定し尽されたので、種子から芽という日常経験上の因果関係の存在に基づく果の存在から縁の存在を主張する対論者を想定する。na ca を「決して〔果は〕存在しない」と強調としたのは対論者の日常経験の否定をも含めるというのであろう。彼の偈の解釈の第一説は偈が説く要旨の詳述であるが、いわば紛飾に過ぎない。彼は次に縁に果のある場合をも取り上げるが、存在する果には縁は無用である等の帰謬論証を適用しただけのものである。第二説は第四偈と同じ縁中有果論の否定で、個々の縁に果があるならば、多くの縁がある必要はないし、各縁に果の一部があれば、ばらばらの縁からばらばらに果の部分が生ずることになる等の、常套的帰謬を説くだけである。月称はこの仏護の所説を簡潔に整理して、第一説を省略し、第二説のみを説く。彼の糸と布の比喩は、仏護の種子と芽の比喩よりもこの場合には適切である。清弁は個別的に四縁を否定しおえると、ここで、補註16（四五頁）に触れたように、中観派は世俗として縁を認めるのだから、「涅槃は寂静である」という教えのように、縁も涅槃同様、勝義としても存在することになるという反論を想定し、涅槃寂静も対機説法にすぎないと答える。彼がこのように勝義としての縁の存在を否定すると、次に反論者は、芽を成就する種子（dhānya）のように（喩例）、結果を生ずるから（証因）、眼等を生ずる縁は勝義として存在する（主張）と反論する。この喩は仏護が日常経験とした因果関係を喩例としたといえる。これに対して清弁は結果の有無のディレンマによって第六偈のdで「有」、cで「無」を否定したとし、この第六偈cの「無」を重ねて説いたものがこの偈であり、「果は勝義として生じない」という意味だとする。このように彼もこの偈を余り重視していない。

21　復た次に―第一四偈―

若謂縁無果　而従縁中出　是果何不従　非縁中而出（一四）

athāsad api tat tebhyaḥ pratyayebhyaḥ pravartate/　apratyayebhyo 'pi kasmān nābhipravartate phalam//（一四）

或いは存在しなくても、それがそれらの諸縁より現われるならば、諸の縁でないものからも、果はどうして現われないだろうか。

（一四）

リントナーの『改訂本』と叶本ではphalamはd末でなく、cの最初に置かれている。LVP, p.88, n.1 等によって「〈或いはそれ（果）が存在しなくてもそれらの縁から果が現われる〉（ab）という趣旨であるとするならば、縁でないものにおいても果は存在しないので、〈縁でない〉草葉等の〈ものからも〉（c）布が〈どうして現われないであろうか。〉」（LVP, p.87, l.13–p.88, l.4）となる（SB, p.230, n.41）。ここで「趣旨」というのはこの偈の趣旨でなく、前偈のそれでもなく、前偈の対論者の糸から布の生起という経験に基づく主張の趣旨である。しかし、Tは「趣旨であるならば」と仮定と訳すが、syātを可能、命令等の意味にとり、T1のPは「果」をaとcに訳し込み、偈全体を「趣旨」とするので、梵本とDは、偈のbcを脱落したと考え、「趣旨」を前偈のcdの趣旨と解して「或いはそ〔の果〕が存在しなくても〔諸縁から現われるならば、縁でないものからもどうして〕果が現われないだろうか」という趣旨であるかも知れない（であるべきであろう。でありうるであろう。）と解釈できないでもないように思われる。そうであれば、梵偈のphalamは底本のようにdの末尾でもよいであろう。

【無畏釈】　―第一四偈―

〈或いはその果が存在してなくても、諸縁より現われる〉と考えるならば、ではそれは存在しない点では同じである〈縁でないものからもどうして現われないだろうか。〉

【解説】　龍樹も『無畏』も羅什も、前偈ｃｄの批判に対して対論者が「無い果が縁生する」と、いわば、強弁したと想定し、縁でないものから果が生ずることになると再批判する。『無畏』は「縁にないもの」と「縁でないもの」は無という点で同じであるという理由を加えている。

仏護はこの偈を対論者の「縁より生じたその果に相待して縁が成立する」という相待論の否定と取る。仏護は縁と縁でないものとの区別は果の有無によるとするが、彼は『無畏』を受けてこの場合、その両者は果がない点では同じであるから、縁から生じ、「縁でないもの」からは生じないということは願望にすぎず、両方から果は生じないから、相待による縁の成立もない、と偈を若干逸脱した議論を展開している。

清弁は前偈では仏護の日常経験の立場を受けながら余り明確に示さなかったが、この偈では種子に存在しない芽が種子から生ずるのは、言説の一部であり、普通の凡夫の智を持つ者、いわば健全な常識、正常な認識を持つ人の経験であるから、勝義であるという対論者を想定する。彼も仏護のように、存在しない果が「縁でないもの」からも縁からも生じないことになるので、対論者の見解は帰謬の余地のある論述だと否定する。彼は最後に、〔主張〕勝義として芽を欠く空な種子等からそれ（芽）は生じない。〔証因〕果である故に、〔喩例〕酸乳のように、という論証式によって対論者の誤謬を再確認する。羅什は「泥の中に瓶無きが如くならば、何が故に乳の中より出でざるや」と、乳を因とするが、意味は同じ。恐らくインド仏教内では周知の例であったのであろう。月称の解釈は前補註を出ない。彼がいう「趣旨」（abhiprāya・意図、真意）は龍樹が無意識であったそれを自覚的に取り出したといってよいではなかろうか。

22　復た次に――第一五、一六偈――

若果従縁生　是縁無自性　従無自性生　何得従縁生（一五）

phalaṃ ca pratyayamayaṃ pratyayāś cāsvayaṃmayāḥ/　phalam asvamayebhyo yat tat pratyayamayaṃ katham//（一五）

そして果は「縁からなるが、諸縁は「自身からなるもの」ではない。「自身からなるものでない」〔縁〕からなるところの果なるもの、それがどうして「縁からなるもの」であろうか。（一五）

pratyayamaya をＴ１は rkyen（gyi） raṅ bṣin、Ｔ２は rkyen las ḥbyuṅ、asvayaṃmaya をＴ１は bdag gi raṅ bṣin min、Ｔ２は raṅ las byuṅ ma yin˙、asvamaya をＴ１は bdag dṅos min˙、Ｔ２は raṅ byuṅ min˙、raṅ bṣin はＴ１では svabhāva（自性）の訳語（Ｔ２では ṅo bo ñid）。Ｔ１は pratyayamaya を縁の自性、asvayaṃmaya を自己の自性でないもの、asvamaya を anātmabhāva と訳している。

果不従縁生　不従非縁生　以果無有故　縁非縁亦無（一六）

tasmān na pratyayamayaṃ nāpratyayamayaṃ phalam/ saṃvidyate phalābhāvāt pratyayāpratyayāḥ kutaḥ//（一六）

それ故に「縁からなる」〔果も存在し〕ないし、「縁でないものからなる」果も存在しない。果が存在しない故に、縁と「縁でないもの」がどうして〔あろう〕か。（一六）

ｂの apratyayamaya を、Ｔ１は rkyen min raṅ bṣin、Ｔ２は rkyen min las byuṅ。ｄの pratyayāpratyayāḥ を、Ｔはどちらも rkyen min rkyen du ga la ḥgyur/ と訳す。清弁はｄの「用語の用法の分析（yogavibhāga）をして」と断って、pratyayo 'pratyayaḥ kutaḥ/ と分析している（BP, p.127）。ということは、彼の原本も pratyayāpratyayāḥ kutaḥ// であり、それを改めたということになろう。Ｔ訳は清弁の註釈、rkyen ma yin pa rnams rkyen gyi ṅo bo ñid du mi ḥgyur ro/ から見て「諸縁でないものが縁でどうしてあろうか」という意味であろう。この註釈文から見れば、改められた清弁の原本は、pratyayāpratya yāḥ を改めた pratyayo 'pratyayāḥ であったのか。月称等は「縁と縁でないものが」という並列複合詞と取るが、Ｔ訳者は清弁の解釈の訳文を、他の註釈者（『無畏』の著者と仏護）にも機械的に適用したのであろう。（斎藤「根本中論」七六〇―七五九頁参照）。

【無畏釈】　ここで〔対論者は〕主張する。君が縁と「縁でないもの」と述べたもの、それらは存在する。

ここで答える。―第一五、一六偈―

君が縁と「縁でないもの」は存在すると主張したところの、それに答えるべきである。こ〔の箇所〕で君が前に〈果は縁からなるものである〉と、このように考えたそれを、論理によって熟考したとき、〈諸縁は〉果とまったく同じように、〈「自身からなるもの」ではない。「自身からなるものでない」〉縁〈から〉現われる〈果なるもの、それがどうして「縁からなるもの」であろうか〉というべきである。

〈それ故に、「縁からなる」果もなく、「縁でないものからなる」〉果も〈存在しない。果が存在しない故に「縁でないもの」と縁と〉

も、果とまったく同じように、自性として存在しない。蜃気楼のように。

【解説】前の二偈で龍樹は果が縁とは別のものである場合を論じた。果が縁と同一の場合、単純に同一であれば、果は果でなく縁にすぎない。恐らくそれ故に龍樹は、この二偈では果を縁とは別のものではないが、まったく同一でもない「縁からなるもの」としたと考えられる。偈の内容からも明らかなように、『無畏』も羅什もこの二偈を一括して挙げる。『無畏』が「縁と非縁が存在する」という反論を想定するのは第一六偈dの結論を先取りしただけのもので、羅什は採らない。果が「縁からなる」ということは、「自身からなるものでない」ことであるから、『無畏』は第一五偈のbの「縁」と第一六偈dの「縁と非縁」について、「果とまったく同じように」を加えただけであるが、偈の最後の「どうして〔あろう〕か」を、「自性として存在しない。蜃気楼のように」と解釈して、無自性空で仮名として、縁、非縁、果が成立することを第一章の結論とする。これは明確な形で仏護に受け継がれている。仏護以下は「縁からなるもの」を「縁の変化」(pratyayavikāra)とし、「自身からなるもの」を「自性」とする。「変化」の概念をこの「からなるもの」(maya)に導入した仏護は、「縁の変化」、「縁の本質(縁を本質とする)」(pratyayātman)、「縁からなる」という同義語をこの順序で繰り返し、また「自己自身からなるものでない」については「自己自身の変化でない、自己自身で成立していない、自己自身の本質のない、自己自身からなるものでない、すなわち無自性である」と同義語を挙げる。これらの列挙の順序の意味は色々に穿鑿することができるが、確実にいえることは、仏護が「縁からなる」を「縁の変化」「自身からなるものでない」を無自性と言い切るのに躊躇を感じていたということではなかろうか。「からなる」といった日常語を変化とか自性という哲学用語と結びつけるために、結びつける意味を含む同義語を列挙したのであろう。仏護らしい説法の仕方といえよう。「非縁」を仏護は縁でない別のものとし、布が糸という縁でない草からなるということは、世間と相容れないと一蹴し、第一六偈cdを縁と非縁の区別は日常経験上決定している事実だという反論に対して、果が存在しないとき、果に相待して成立する縁も非縁も存在しないことを説くとする。月称は「縁からなる」を「縁の変化」、「自己自身からなる」を自性と断言する以外は、仏護を若干整理し論旨を明確にしただけであるが、最後に第一章の結論は「不生」であることを説く。この点は清弁と同じである。清弁も第一五偈では「変化」と「自性」とによって解釈し、同偈のcdを、「「果は勝義として縁からなるものでない」という語義である」と、第一六偈のaの意味だとし、彼は同偈bの「非縁」は、仏護のように

「縁でないもの」の肯定ではなく、縁の自性の否定だけをする単純否定（prasajyapratiṣedha）であるとする（詳しくは『展開』一一三―一二五頁参照）。そこで非縁を縁と対等の存在と認めることができないので、既述のように「どうして非縁が縁であろうか」と強引に読みかえているが、果が存在しないことを理由に、縁の自性の単純否定が縁でないという趣旨になるので、厳密にいえば、文脈的にも意味をなさないであろう。

羅什は『無畏』の結論の「自性としての無」、無自性を、偈の段階から「自身からなるもの」の訳語とし、「縁よりなる」を「縁より生ずる」という一般的な命題と訳し変えるなど、章の一般的結論を説く偈としては意味があるが、梵偈の意図とは異なる内容になっている。第一五偈cdの註「無自性ならば即ち法無し、法無ければ何ぞ能く生ぜん」は、縁が無自性であれば、縁は事物（bhāva）でない。事物がなければ、生起はないという中観派の原則的論理展開を説いているだけとなる。第一六偈の非縁の場合、「縁を破するが故に非縁を説くも、実には非縁の法無し」は清弁の上述の単純否定と同じことを言っていることになる。

縁に自性等がないことを説く第四偈と四縁の名称を説く第五偈を入れ換えたのは仏護であるが、その入れ替えによって、この章の構成を意識的に論じた者は清弁である。彼は帰敬の二偈と四句不生偈で縁起が不生等に限定されたものであることを説き、この章の註釈の最後に、改めて四縁の名称を説く偈を挙げて、その偈以下を縁の自性や特殊性（viśeṣa）の否定を説くとする。彼は帰敬偈を含めて第一章の「縁の考察」とするが、四縁等の「縁・pratyaya の考察」は四縁の偈以下とする。この構成は月称も受け継いでいる。清弁は四句不生の註釈では自生等に相当するインド諸哲学派の見解だけでなく、イーシュヴァラを原因とする見解等の諸思想の否定を展開している。このような否定が清弁の特色であることは解題下（五一頁参照）で述べた通りである。

月称は四句不生の偈の註釈を終ると、傍論として不生の縁起がすべての事物の真の成立であることを、原始経典だけでなく大乗経典も教証として挙げ、さらに清弁の論理主義の源泉となったディグナーガの認識手段をも否定している。これらは恐らく清弁の註釈に対する対抗意識から著述されたものであろう。

観去来品第二

1　観去来品　第一章はすべての事物の自性・実有性を否定して、不生不滅の縁起という仏教の基本的な存在論・空論を展開している。それに対して、この章では八不の中の不去不来の縁起を説いていることになる。羅什の章題の「去来」はそのことを示すといえる。この章題は、月称の梵本の gatāgata-(parīkṣā) の訳となろう。gatāgata は「已去」(gata) と「非・已去」(=未去・agata) とも分析できるが、月称も「去」(gata) と「来」(āgata) と読んでいる。彼が「世間で解りきった去来 (gamanāgamana) という行 (kriyā・作) を否定するため」と説き（これは仏護・清弁の継承）、章末で教証の第一に『無尽意所説経』の「去」(gati) と「来」(āgati) の否定を説く一節（清弁もその一部分を章末に挙げてその経文が論証されたとする）を挙げているし、八不の中の不去不来の縁起の論証のためであることを明言しているからである（この点でも彼は清弁を踏襲している）。T1はより明確に章題を ḥgro ba daṅ ḥoṅ ba（去と来）と訳し（過去分詞としての āgata の訳語は普通は ḥoṅ ba であるが、ここでは名詞と解したのであろう）、羅什は八不の中では anāgamam-anirgamam（不来不去）を「不来亦不出」と別の訳語で訳しているが、T1は章題と同じ ḥgro ba と ḥoṅ ba との否定である。

「何処から来て何処へ去るのか」という去来の問いは、大疑といってよい人生の根本問題である。この疑問はインドでは輪廻転生の問いでもある。この問いに対する龍樹の解答が不去不来である。不去不来の縁起は、去来が如来 (Tathā-āgata) でも如去 (Tathā-gata) でもある仏の去来である。如来の去来こそは、縁起の実相である不去不来の現実相としての去来である。龍樹は第二二章の「如来品」で論じているように、如来を衆生（凡夫）を超越した特別の神的な存在とはしていない。仏と衆生の間には、一神教の神と人間の間に認められているような存在上の、階層の断絶はない。仏とは衆生の実相に他ならない。如来の去来が凡夫の去来と異なるのは、如来の去来は不去不来の縁起、いわば、還相の去来であるのに反して、凡夫は去来を自己同一性を保つ実体（自性）である衆生の動作・行動 (kriyā) と執着し、理解している点にある。

この章題の「去来」が輪廻にも深く関わっていることは、龍樹も輪廻の同義語と認める慣用語、ājavaṃjavībhāva を、月称が āgama-nagamanabhāva と、先に引用した「世間で解りきった去来」の去来と同じ語で解説していることからも、さらにT1がこの両方の語句を、章題と同じ hgro ba と hoṅ ba と訳していることからも窺えるであろう。輪廻の思想はこの去来を善悪の業とその果報との因果の法則と結びつけて、倫理的には希望の人生観となるが、宗教的には、人間はただひたすら無限に生死を繰り返すだけの存在に過ぎない、という絶望の人生観となる。果して我々はこのような生死流転する存在であろうか。この章で去来が取り上げられたのは、このような宗教的な大疑に答えるためであった。そのときには、善・悪の業による善趣や悪趣への転生といったことは最早、意味を失う。

それだけではない。そもそも我々が「何処から来て何処へ行くのか」と問う問いそのものが、暗黙のうちに去来が存在することを前提とした問いに過ぎない。この章はその問いを「去来は存在するのか」という、より根源的な問いに返して問い、不去不来・空こそがその去来の真実相・真実在であることを明す。しかしその不去不来は、決して去来と断絶した超越的な何ものかであるのではない。我々が自明とし日常経験している去来の実相であり、それが上述の如来の去来である。何処へ行くのでもなく何処から来るのでもないこの世界が浄土の真実相である。

この『中の頌』の二七の章題の命名者が誰であるかについては詳しくないが、この章の題目の漢訳は『灯論』も『釈論』も「去来」である。恐らくどちらも羅什訳を採用したのであろう。少くとも『灯論』はそうであろう。『無畏』、仏護、清弁のT2では章題は「已去・未去・去時」(gatāgatagamyamāna) に統一されている。しかし仏護の冒頭の対論者は「世間が直接経験 (pratyakṣa) する去来がどうしてあり得ないかを説け」と言い、清弁も冒頭で「不去不来と限定された縁起を説く」ことを目的としていることからいえば、彼らの原典の章題は、「去来」であったかも知れない。『無畏』は冒頭で去来に言及していないが、羅什訳から見て、原典は「去来」品であった、と考えることもできなくはないであろう。その場合、現在の『無畏』の章名は、T訳者による改名と考えられないだろうか。T2の章題の順序は第一偈の陳述の順序と一致するが、龍樹のこの『中の頌』の中には、偈のdを gamyamānagatāgataiḥ (去時・已去・未去によって) とする偈が四偈 (三・三、七・一五、一〇・一三、一六・七) ある。これらは「去時・已去・未去〔の否定と同じ方法〕によって」という意味であって、章題を「去来」とする月称だけでなく、『無畏』や仏護、清弁もそう解釈するが、羅什は第三章第三偈の場合だけは、恐らくその偈では「見る」という作用を取り上げているが、偈で「見時・已見・未見」という三時を具体的に表示していないからか、「去と未去と去時とに」と直訳している。しかしその偈の註釈や他の三偈とそれらの註釈とでは「去来〔品〕の中に」と訳している。これら四偈のdを「去時・已去・未去〔の章で説いた否定と同じ方法〕によって」と読めば、龍樹は第二章の章名を「去時・已去・未去」と名づけていたと取ることができるであろう。また『疏』はこの章の第一七偈までを三時門破とし、後の八偈を一異門破、因縁門破等とする。吉蔵はその中の三時門破を利根のための略破、一異門破等を鈍根のための広破とする。或る意味ではこの解釈は的を射ており、この章は三時の考察を主題としているということができる。これらのことから、T2として伝えられている「已去・未去・去時」という章題は、章の実際の内容にあわせた後代の改題と考えるべきかとも思われる。その場合、原典の去来(gata-āgata)を、前に触れたように已去(gata)と未去(agata)と取り、それに後で去時を加えたのではなかろうか。本来去時もあったが、それが脱落したとは、三時の中で去時が最も多く論じられているので、考えにくい。ただし三時の中で「去時は知られない」、すなわち考察以前に存在が否定されていると仏護以下は解釈しているので、去時が脱落し、梵本の章題がgatāgataとなったということも単なる可能性としてはあり得ないではないかも知れない。

このように『中の頌』は、第一章は「法無我」の論究で涅槃を形而上学的に解明し、第二章では「人無我」の探究で輪廻を人間存在の、行動・去来として追究し、合せてこの論の総論としていると見做すことができるし、そしてそれが最後に第二四章の四諦と第二五章の涅槃の考察において、結論に導かれていると解釈することもできるであろう。

この章では三時の表現などが受動形で表現されており、直訳すると、却って読みづらく理解しにくいので、羅什訳の已去・未去・去時などを、今後も頭註でも補註でも用いる。そこで各々の原語の直訳的な意味を示し、各々に若干の解説を加えておく。

(一)已去(已に去ったもの)——gataは、去る・行くという意味の動詞√gamの過去分詞で「去られた〔もの〕・行かれた〔もの〕」。自動詞の過去分詞として「去った〔もの〕・行った〔もの〕」という意味で用いられもする。羅什は能動の意味で「已に去った」と訳す。

(二)未去(未だ去っていない)——agataは、「已去(gata)の否定(=a)」(非・已去)。論理学者は「去られるべきもの」(gantavya・所去処・可去処)のなかのgata以外のものと限定すべきとするようである。しかし龍樹や中観派では已去以外のすべてのもの・一切法を指す。存在論的にはそうであるべきである。羅什が未去と訳しているのは、過去、現在、未来という三時を強く意識したからであろう。

（三）去時（去る時）――gamyamāna は、動詞√gam の受動形の現在分詞で「去られつつある〔道程〕」、「現に去られている〔道程〕」、「去るという動作がなされている〔道程〕」。もしこれも（一）の gata のように自動詞の現在分詞で能動の意味を示すと取ることができれば、羅什のように「去っている・現に去りつつあるもの・時」となろう。

（四）第一偈等では「去られる」（gamyate・有去）が頻出する。第一偈の a の gataṃ na gamyate/（已去無有去）は、直訳すれば、「去られたものは去られない」となる。羅什は偈 a では「已去は去有ること無し」、b と d では「去無し」、第四偈 d では「独り去る」と訳すので、已去等に去が存在しないと存在の否定として訳す。因みに第一六章第八偈では「束縛されたもの」（baddha）、「束縛されていないもの」（abaddha）について「解き放たれない」（na mucyate）を「縛者」、「無縛」と「無（有）解」と訳し、受動形を解の存在無しと存在の否定と訳す。ただし羅什は第五、六偈では「束縛されない」（na badhyate）、「解脱されない」（na mucyate）を「不縛」、「不解」と訳す。この不縛、不解は「縛されず」「解き放たれず」と受動形と解すべきであろう。このように受動形を繰り返した、持って回った表現を用いているのを、清弁は文法学者の言葉への執着を除くためだとするが、表面上は能動形で示される「去者が去る（行く者が行く）」（gantā gacchati）と区別するためであったであろう。しかし羅什のように「已去に去がない」等と解釈すると、去者に焦点が合わされて、輪廻の「道」の問題は背景に押しやられてしまう。輪廻の「道」は六道、三塗、三途などと漢訳され、漠然と境遇といった意味で、人間界といった空間的な場所、世界と理解されがちである。六趣は死後趣むく所といった意味であろう。六道等の gati はまさに去、去ること、去るという作を意味し、人ならば人が人の世に生を享けることは人の死に向って休むことなく去り行くことである。このような去が、場所的存在と考えられている去られたもの・場所（gata）等にあり得ないことを論じて、不去を論証しようとするのが本章である。

2　問うて曰く…有ることを　【無畏釈】　ここで〔対論者は〕主張する。この世では三世（時）の状態（分位）の作（kriyā、この語は動作、作用、行為を意味するが、以下この章では作とする）が見られる。三世の分位に割り当てて（又は、分位を論拠となして・prāmāṇīkṛtya）、已去、未去、去時というこれらを始めとするものが詳述されている。それ故に作は存在する。

【解説】『無畏』の対論者は、三世の作を日常経験上の事実として認め、三時を論拠にして「已去」等が詳述されているという。この詳述はアビダルマの法論、時間論のことであろう。羅什は『無畏』によりつつも独自の見解に改めている。彼は過去、未来、現在の三時の作が已去等である。すなわち已去等は時であると解釈し、後半は『無畏』が、已去等の詳説があることを論拠に、作の存在を主張するのに対して、羅什は作の存在を論拠に諸法が存在することを、対論者は主張するという。書き下し本文二四頁註七の「諸法」はアビダルマの一切法であり、それが『無畏』の詳述の内容であるというのであろう。

仏護は対論者を、前章の不生の教えを聞いて、心が驚嘆・稀有の想いにつつまれた（āścaryagarbhita）者で、そういう者が世間で直接経験される去来があり得ない理由を問うとする。恐らく大乗経典に頻出する驚嘆とか稀有（adbhūtaprāpta）という讃辞を、念頭に置いたのであろう。それに対して清弁は弟子（śiṣya）は、心が顚倒しているとか、無知であるので、質問などということはあり得ないという、余り意味のない言い掛かりをつけている。僅かに意味があるとしたら、この章は愚者にも解る世間周知の去来の否定であることを示すためであり、偈aの已去を〔喩例〕としてbの未去を論証する、という彼の解釈を正当化するためであるという点である。しかし意地悪くいえば、第一章を説いたことは弟子に何の影響も与えず、無意味であることになろう。

3 世間は三時に…眼見す　眼見は書き下し本文第一章一二頁に loke dṛṣṭam の訳語として用いられている。『無畏』はここでは「この世では（ḥdi la, iha）…見られる（snaṅ ste）」。この『無畏』の解釈は羅什だけでなく、仏護以下にも受け継がれ、仏護は「世間の直接経験」（loka-pratyakṣa）とする。眼見に近い解釈で、この pratyakṣa は後の認識論の「知覚」とまでは認識論的に熟していないであろう。清弁と月称は lokapratyakṣa を lokaprasiddha（世間周知の、広く認められた）に改めている。

4 三時　『無畏』の「三世の分位」の三世（adhvatraya）に当る。adhvan を『無畏』では「時」（dus）と訳す。これはTの定訳といえる。因みに avasthā は住・静止を原意とするが、Tは gnas（場所・依り所）skabs（時・機会）と時の要素を加えて訳している。

仏護は、三時という範疇をここに適用していないので、adhvan という語は見られないが、彼は第四偈で「村が去ら（行か）れる」（grāmo gamyate）という比喩を用いている。これは「村を去る（行く）」（grāmaṃ gacchati）であるから「道」の比喩であろう。この比喩は grāmaṃ を目的を示す対格ととって「村へ行く」とも読めるが、文脈からいっても「村を通って」という道の比喩であろう。清弁は「已去（未去）は去られない」という〔主張〕の〔証因〕として「道である故に」（lam yin paḥi phyir）を用いている。この道（lam）

は mārga（道路）等でなく、adhvan（道程・世路・時）であろう。月称は已去、未去、去時を各々 adhvajāta（道程に属するもの）とし、deśa（場所）であると明言する。T1訳もこの adhvan を lam（道）と訳している。

羅什が「三時の分位に割り当て（割り振）る」のでなく、「三時」としたのは、彼が「去られたもの」等を已去、未去、去時と、時と解釈したからである。時が何かについては詳しくないし、羅什がこの章全体を貫いて已去等を時と解釈しているか否かには、若干疑点もないわけではないが、時は道のように去と本質的に異なる存在ではなく、去等の作の本質的契機・要素をなす。従って去という作の否定は三時・時の否定であり、時の否定は対論者の主張する諸法の否定となるというのであろう。

5　答えて曰く（ここで答える）―第一偈―

已去無有去　未去亦無去　離已去未去　去時亦無去（一）

gataṃ na gamyate tāvad agataṃ naiva gamyate/ gatāgatavinirmuktaṃ gamyamānaṃ na gamyate//（一）

先ず已去は去られない。未去は決して去られない。已去と未去を離れた去時は去られない。（一）

動詞√gam には「去る・行く」と「知る」という二義がある。偈 d の去時の gamyate を、T は共に śes par (mi) hgyur ro/（知られる（ない））と訳す。仏護以下は註釈で prajñāyate（知られる）等の同義語を挙げて、この gamyate が「知られる」という意味であると解釈する。この解釈では c d は、「已去と未去を離れた（すなわち、以外に、別の）去時は知られない」となる。換言すれば、「已去と未去以外の去時というものは存在しない」という意味となる。月称は第一〇章の註釈でこの偈を「焼かれる」（dahyate）に応用した偈を説くが、その際は第四句は「焼かれつつあるものは焼かれない」（dahyamānaṃ na dahyate）としているから、この偈も「去りつつあるものは去られない」と読んでいたことになる（LVP, p.211, l.11）。

【無畏釈】　この世では先ず、已去は去られない。（一）已去である故に。（二）作を欠いたものに作はあり得ない故に。未去も去られない。去が存在しない故に。

去時も去られない。已去と未去を離れた去時は存在しない故に。灯火と光のように。

【解説】　羅什訳の前半は『無畏』と同じである。『無畏』の偈 d は T2 であるから「去時は知られない」であるが、註釈では「去時も去られない」（yaṅ hgro ba med de）となっているので、T訳による限り、『無畏』の著者は「知られない」とは理解していなかったことになる。ただし已去と未去を離れた去時の存在は否定している。灯火と光の比喩は、已去と未去と去時（＝去）の本性的な結合を示すのであろう。羅什はそれを受けて、已去と未去を離れた去時の非存在でなく、去時が已去と未去を離れては存在しないことを論拠として、去時を、「半ば去り半ば未だ去らざるもの」として認めている（七・一一註釈参照）。従って偈はそういう「去時にも亦た去無し」と説いていることになる。仏護は已去の理由として（一）の「已去である故に」のみを挙げている。（二）は挙げるまでもないと取ったのであろう。未去の理由は「去が存在しない」ではなく、「作が始まっていない」とする。agata を文字通りの「未去」の意味で理解していたことになる。清弁は「已去」が去られないことは対論者も認めるので、a の已去の否定の〔主張〕は必要がないが、龍樹は b の未去の〔主張〕の〔喩例〕という意図で説いたとする。月称は「已去」、「未去」、「去られる」という表現が、過去、未来、現在と各々別の時を示すので、時の異なる主語と述語からなる主張はあり得ないと論ずる。清弁は「未去」の命題について、ヴァイシェーシカ学派、経量部、サーンキヤ学派の学説を紹介して否定する。それらは後（補註25参照）にも同じ学説を説いているので、その際に触れる。cd の「去時」に関して、仏護以下は na gamyate を「知られない」と取る。これは『無畏』の「去時が去られない」理由である「存在しない」の、さらなる理由として「去られない」を「知られない」と解釈し直したことになる。彼らは已去と未去以外の去時の存在を認めないので、「已去・未去・去時」の三時の範疇を用いていないことになるが、結論としては「去時も去られない」ことを認めている。清弁と月称は、羅什と同じように「半去半未去」にも言及しているので、対論者が三時の範疇を認めていることまでは無視できなかったのであろう。

6　問うて曰く〔ここで〔対論者は〕主張する〕—第二偈—

動処則有去　此中有去時　非已去未已　是故去時去（二）

ceṣṭā yatra gatis tatra gamyamāne ca sā yataḥ/　na gate nāgate ceṣṭā gamyamāne gatis tataḥ//（二）

運動があるところ、そこに去があり、それ（身体の運動）は去時に在り、已去になく、未去にないので、それ故に去時に去は存在する。（二）

羅什訳のｂ「此の中に去時有り」（独、英二訳は共に機械的に直訳するだけ）は、梵偈の「去時にそれがある」に相当するのであるので誤りであるが、註釈では「去時の中に作業有り」である。或いは偈ｂの「此の中に」は「運動があるところ」を指すのか。

梵偈ｂの yataḥ はＴ１では gaṅ phyir であるが、Ｔ２では gaṅ gi であり、仏護はそれを「去者の」（gantuḥ）と解釈する。Ｔの gaṅ gi（yasya）は「何の、或るものの」を意味するので、yataḥ を語根√i（行く・去る）の現在分詞 yat の属格 yataḥ の意味で訳していないことになる。Ｔ２が何によって gaṅ gi と訳したのかは不明。この yataḥ については立川 SBM, p.10, n.6, p.16 参照。

この対論者の主張は次のような論証式を想定させる。〔主張〕去時に去は存在する（偈ｄ）。〔証因〕去時に身体の運動がある故に（偈ｂ）。〔喩体〕運動があるところには去がある（偈ａ）。

【無畏釈】　この世では《〈運動が〉見られる〈ところ、そこに去が〉存在する。〈そしてそれ〈身体の運動〉は去時に〉見られるが、運動は〈已去に〉見られ〈ず、未去にも〉見られ〈ないので、それ故に去時には去は存在する。〉》

【解説】　羅什は『無畏』の「見られる」（snaṅ ba）を、ここでも第一章以来の眼見と取り、已去と未去に「作業は已に滅し」と「未だ作業有らず」という解りきった説明を加えただけである。

仏護は前述のように yataḥ を「去者の」と解釈するが、註釈では『無畏』と同じように、ｄの tataḥ の相関詞とも取っている。月称は yataḥ を「去者の」という仏護の解釈を採り、注意深く yataḥ を相関詞として取ることを避けて註釈する。そうすると、Ｔ１の訳者は月称の解釈を無視して、偈を直訳したことになる。清弁の註釈は《 》に示したように、実質的には『無畏』の採用。その直前に清弁は運動を「足の上げ下げ」と説明するが、これは月称が採用している。清弁は仏護の yataḥ を「去者の」と読む解釈を、tataḥ の相関詞がなくなる、「去者の」を加える必要がない等の理由で否定する。

７　答えて曰く（ここで答える）―第三偈―

云何於去時　而当有去法　若離於去法　去時不可得（三）

gamyamānasya gamanaṃ kathaṃ nāmopapatsyate/　gamyamānaṃ vigamanaṃ yadā naivopapadyate//（三）

去時に去が、いったいどうしてあり得るであろうか。去のない去時がまったくあり得ないときに。（三）

龍樹の論駁は先ず、対論者が前偈で、已去や未去にではなく、去時に去という作が存在すると主張しているのを受けて、その主張は去時と作を意味する去という二語、二概念からなり、従ってそれらが示す去時と去は別々のものとして存在することを認めていることになる。そこで去と無関係の、去のない去時があることになるという帰謬論証を行なっているのである。

LVP では偈 c は gamyamāne dvigamanaṃ（去時には二つの去〔という作〕がある）である。月称の c の註釈の冒頭は「去時とは去られているという意味である」で始まる。T 1 ではその前に hgro ba med pa ni hgro ba daṅ bral baḥo/（vigamanaṃ gamanarahitam・去のないとは去を離れている）が来る（校訂者は agamanaṃ gamanarahitam/ と還元するが、この場合は羅什訳から見ても agamana ではなく、vigamana の方がよいであろう）。この註釈文が梵本にないのは、偈の c が dvigamanam でなく、vigamanam であったことを裏付けるであろう。LVP の梵本のように dvigamana（二去）と誤写されたとき、それは削除され、その代りに、T にない dvigataṃ gamanaṃ dvigamanaṃ/ に改められて、偈の語順通りに、gamyamānamiti gamyate ityarthaḥ/ の後に置かれたのであろう。これは一見、偈の dvigamanaṃ を支持するように見えるが、むしろこのように文言を改めた者が、偈の vigamana をも dvi- と改めたと考えることもできるであろう。月称もここでは「二つの去」に言及しているが、「第二の去はない」と否定しているだけである（恐らくこの「第二の去」への言及が二去の誤解を惹起したのであろう）。「二去」という表現は、龍樹が第五、六偈で gamanadvaya を用いていることも、この箇所が dvigamana でないことを窺わせるであろう。

偈 d の yadā を T は gaṅ tshe ... phyir/ と訳す。LVP の校訂者は ... hy, agamanam yadā と hy（= phyir）を加えて再構成するが、gaṅ tshe は yadā の直訳形で、phyir は、偈 c d が a b の理由であることになることを示そうとして、T 訳者が加えたのであろう。

【無畏釈】 この世では〈去時に去はあり得ない。〉どういう理由でか。というのは〈去を欠いた去時は〉絶対に〈あり得ないからである。〉石女の子のように。

【解説】 偈の d の eva は T には訳出されていないが、『無畏』の註釈では、絶対に（ṅes par gzuṅ ba, avadhāraṇam）と強調であることを訳出している。

羅什訳の前半は『無畏』の直訳。後半は対論者の主張「去を欠く去時に去がある」の誤謬を器と果物の比喩で示す（書き下し本文二六頁註一参照）。『無畏』の「石女の子」の「石女」は去を欠いた去時、「子」は去の比喩。第一七偈ａｂの註釈には「石女の子の死」という比喩が見える。

仏護と月称は「去時が去られる」という言説によって考察する。「去時」とは「去と結合しているときだけ去時」という名称が認められ、「去」は一個だけである。その「去」は去時と結合しているので、「去られる」という表現、概念には「去」はない。それ故に、去られないことになると否定する。清弁は偈の論述が論理学的に適切でないと考えたのであろう、ａｂを三種の「趣旨」として解釈する。第一の趣旨は、「去時に去がない」という命題が、第一偈ｂの「未去は去られない」と同じ〔証因〕道である故に、〔喩例〕已去の道のように、によって論証されることを含意すること。第二の趣旨は、否定の方法が、已去や未去の否定の方法と同じであること。これは実際には第一の趣旨と同じである。第三の趣旨は去時の否定は勝義としての否定であること。已去や未去は言説・世俗としても否定されるからであろう。彼はａｂの、「去時に去がない」という命題の論拠としてｃｄを認めるが、それを繋がれた馬（rta bcin ba）と等しい故に、という趣旨だとする。この比喩は、或る人（Ａ）が或る人（Ｂ）に、「この繋がれた馬は誰のものか」と問うと、「この〔別の〕馬が或る人のものである〔その人〕のものである」と答え、「この〔別の〕馬は誰のものか」と問うと、「この繋がれた馬が或る人のものである〔その人〕のものである」と答えるというものである（ウィリアムは「この別の馬」と「別」を加えて明確にするが、ここも縁起の公式の「これあれば、これあり」の場合と同じように、「繋がれた馬」を指して「これは」と問い、別の馬を指して「これは」と答えているのである（William, Ch.2, p.340, n.45)）。要するに「去時は何か」と問うと、「去（作）があるところ」と答え、「去（作）はどこに」と問うと、「去時に」と一種の循環論証になるから、と対論者の主張を否定することのようである。清弁は次に仏護（月称）と同じ否定を彼の勝義としての論証式の形式に改めて行なっている。

8　復た次に（さらに別〔の批判がある〕）―第四偈―

若言去時去　是人則有咎　離去有去時　去時独出故（四）

gamyamānasya gamanaṃ yasya tasya prasajyate/　rte gater gamyamānaṃ gamyamānaṃ hi gamyate//（四）

去られつつある〔道程〕（去時）に去があるという人には、去時が去なしであることになる。というのは去時は去られているから

である。（四）

偈のｃを、梵偈とＴ訳とでは〈去なくして去時があること（＝ｃ）になる〉（＝ｂ）と、対論者の誤謬（doṣa）の内容として前に掛けて読むが、羅什はｃをｄの条件節を示す副文章と取る。ｃとｄが各の内容と理由であることには変わりはない。

第一偈のｄの場合と同じように、ｄの gamyate を、Ｔ１は羅什と同じように「去られている」と訳すが、Ｔ２は khoṅ du chud pa（認められる、知られる）である。

【無畏釈】 この点で、或る人の立場（pakṣa）では、「去時に去がある」と望まれる〔ので〕、その人にとっては、去時〔という事物〕には去が〔内在し〕ないことになる。相待しないで（nirapekṣa）成立する〔ことになる〕という意味である。どういう理由でか。何となれば、〈去時を〔存在すると〕認めているからである。〉すなわち、この〔去時という〕言葉に執着しているからである。そしてそれは望ましくない。それ故に「去時に去がある」ということは正しくない。手足に障害のある人のように。

【解説】 羅什訳は「何を以っての故に」までは、『無畏』と同じである。偈のｄの gamyate を羅什は「独り去る」と取るのに、『無畏』は「認められる」と解釈する点や結論が別である（本文二七頁註七参照）点を除けば、註釈の後半でも羅什訳は意外に『無畏』に近い。偈ｄの gamyate を「認められる」と解釈するのはＴ訳者の恣意ではない。『無畏』そのものが、「この〔去時という〕言葉に執着している」という意味だと註釈しているからである（執着という心理学的用語が註釈で用いられているので、Ｔ訳者は gamyate を第一偈ｄの śes par (mi) hgyur ro でなく khoṅ du chud pa（ava-, adhi-gamyate）と訳したのであろうか）。この執着は、去とは別に去時が実有としてある（＝執着する）ことであるから、羅什が去時と去とを「二と為す」（本文二七頁註六参照）といっていることと、実質的には同じことであるし、羅什がｄの「去時は独り去る」に、註釈では全く触れていないし、さらに『無畏』の「それは望ましくない」を、「而も実には爾らず」とするからである。

仏護では偈はＴ２であるから、ｄの gamyate を「認められる」と訳しているが、註釈では羅什のように、ｄには一切触れず、ｃまでの偈の語句の間に註釈を加える形で自己の見解を示す。「〈或る人は〉〔省略〕「去られている」（gamyate）というこれが去を所有するので〈去（gamanam, Ｔは「去がある」（hgro yod pa）（＝ａ））〉と考える。〈その人に〉は去は gamyate というこれに結合しているので、

〈去時は〉村や町のように〈去ることなしに〉去を欠いたものに〈なる〉」。要するに彼も「去時は去られる」という命題では、去は「去られる」に結合し、「去時」には存在しないので、『無畏』同様、aの「去時に去がある」という対論者の主張があり得ないという結論を下す。「村が去られる」(grāmo gamyate)という比喩は、「村へ(または、村を)去る(行く)」(grāmam gacchati)で、いずれにしても、村が「去」という作を所有していないことを、去時の比喩としただけのものである。清弁や月称は採用していない。

清弁の対論者は「去時は去られる」という主張を、「去時」という語では「去」という作が完全(paripūrṇatā・円満)に表示されていないし、「去時は去られる」とこのように「それ(去という作)を我々はgamyateという語で表現する」のだ、と解釈する。この「去時が去られる」という命題の場合、「去時」(去られつつあるもの)では、去るという作が完全に表示されていると言い難いので、「去られる」という語を加えることによって、去という作があることを確認するということのようである。

この円満という概念・用語は、月称も前偈の註釈(LVP, p.95, l.1)から用いている。彼は「去時は去られる」という文章の意味が円満か否かを論じる。文章の意味の円満ということは、文を構成する「去時」も「去られる」も意味をもち、各々の語の示す事実が存在するということであろう。月称も仏護と同じことを同じように、「〈或る〉論者の〈去時に去がある(Tは「去時が去られる」)〉という主張(pakṣa)は、去という作を欠き、名称〔だけ〕となった去時(Tは「去時という名称をもつものであるもの」)、〔その〕基体に置かれた(ādheya)去という作〔の存在〕を認める者、〈彼の〉主張は〈去時は去なしである〉という〔誤謬〕に〈なる、〉すなわち去時は去を欠いたものになるであろう」と、偈のabcを解釈する。ただ彼はdを「去られる」と取り、羅什や仏護のように註釈で触れないのではなく、積極的に「〈何となれば〉その論者には、「去られる」と〔いわれる〕そのものに作が結合しているのであるから、去をまさに欠いた〈去時が〉あって、〈去られる〉ことになる」と解釈し、羅什と同じように、偈のcの「去時が去を欠く」ことを結論とする。

清弁は『無畏』を受けて、dのgamyateを「認められる」と取る。彼は、『無畏』が「去時が認められる」とは、去時という言葉への執着であるとするのに対して、対論者が去時においては去が円満でないこと、つまり、生起(実現・存在)していないことを認めていることだとする。清弁は最後に、対論者が去時に去が円満していないのでなく、存在することを認めるという立場を想定し、その場合は去時において去は目的を果した（kṛtārtha）ことになるし、去は一つだけであるから、「去られる」に作はないことになるから、中観派を否定したことにはならないと、次偈を予想した問答を展開している。

9　復た次に（さらに別〔の批判がある〕）―第五偈―

若去時有去　則有二種去　一謂為去時　二謂去時去（五）

gamyamānasya gamane prasaktaṃ gamanadvayam/ yena tad gamyamānaṃ ca yac cātra gamanaṃ punaḥ//（五）

去時に去があるときには、二つの去〔があること〕になる。（一）それによってそれ（去時）が去時であるところ〔の去〕と、（二）加えてここ（去時）に〔存在する〕ところ〔の去〕とである。（五）

c の tad gamyamānaṃ は偈では「それが去時となる」であろうが、『無畏』は「それが去時と名づけられる、名称」（vyapadeśa）と解釈する。tad を清弁は「去時」、月称は「道程」（adhvan・世路）とより明確にする。仏護以下も「名づけられる」…

【無畏釈】 この世では〈去時に去〉という作〈がある〉と認められる〈ならば、二つの法〔があること〕になる。〉どうしてか。或る去によって、去時と名づけられるそれ（去）と、加えてここ（去時）に去として存在するところの〔去〕とである。

【解説】 仏護以下の対論者は、去時と「去られる」とが去という作と結合していると主張する。清弁はさらに、その同じ去時の去が「去る」（hgro ba ñid hgro ba yin no）のであると主張する。仏護はaの「去時に」（gamyamānasya）を「去と結合（去を所有）している去時」と規定し、その規定「去と結合している」ことを論拠として、二去の誤謬があることになると否定する。月称は仏護を簡略にしただけである。清弁はこの偈では珍しく論証式などを示さず、二諦説を用いて、次のように偈と『無畏』とを解説するだけである。「勝義の去を所有する〈去時に去がある（＝a）〉と分別する〈ならば、二つの去があることになる（＝b）。〉〈或るもの〉去〈によって、それ〉去時〈が去時〉と名づけられる〈ところ〔の去〕（＝c）〉と、或る去によって〈ここ〉去時〈に〉存在するでもあろう「去られる」という言葉で表現される（vyāvahārika）去であるところの〔二去である〕」。観誓は勝義と言説を、対論者の反論にも用いて解説しているが、ここでは二諦というよりも対論者が、実有と認める（一）の去と「去られる」と表現される（二）の去とが、別に実有として存在することになるから、（一）の去が「去られる」のではないというのである。

10　答えて曰く―第六偈―

若有二去法　則有二去者　以離於去者　去法不可得（六）

dvau gantārau prasajyete prasakte gamanadvaye/　gantāraṃ hi tiraskṛtya gamanaṃ nopapadyate//（六）

二つの去になったとき、二人の去者〔がいるという誤謬〕になる。というのは去者なしで去はあり得ないからである。（六）

この偈で始めて去者（gantṛ・去り行く行為の主体）の概念が登場する。

【無畏釈】　さらに別〔の否定がある〕。―第六偈―

ここで〈二つの去に堕するならば、去者も二人になる。〉どういう理由でか。〈というのは去者なしで去はあり得ないからである。〉二つの去と二人の去者になることは認められない。それ故に「去時に去がある」（第三偈a）ということは成り立たない。切り落された首のように。

【解説】『無畏』は偈の繰返しであるが、理由が不充分であると感じたのか、実質はabと同じ意味の「二去と二去者に堕することは認められない」を加えて、「去時に去がある」ことの否定を結論とする。羅什も全体は『無畏』と変らないが、理由であるcdだけを「去に因りて去者有り」に改めている。これは偈（＝『無畏』）の「去者がなければ去はない」を換質換位しただけのものに過ぎないし、abの主張の二去と二去者の二を除いたことになるだけである。羅什は恐らく「去ごとに去者がある」という意味を含めて論拠になると考えていたのであろう。仏護は「次の別の誤謬もある」として、第六偈全体を龍樹の答破とし、次にabと同文の註釈を説くが、清弁、月称の註釈文から見て、第六偈全体でなく、abだけで、cdは後代の竄入と取るべきとも考えられる。彼はcdを「去者があれば去があり、なければない」ことと解釈し、それを理由にabという誤謬になると説くが、これは理由として不完全である。

清弁の註釈は直接は「こ（第五偈）のように、〈二つの去になる（第六偈b＝第五偈b）とき、二人の去者になる。〉どういう理由でか。〈というのは去者なしで去はあり得ないからである〉というのが、文言の補い（iti vākyaśeṣaḥ, ṣes bya baḥi tshig gi lhag ma）である」だけである。iti vākyaśeṣaḥ/ は LVP では ṣes bya ba ni … であるが、AKBh では清弁のT訳と同じである（cf. vākya-śeṣa,『索引』一、三一九頁）。それらでは iti の前の文言が「偈に補なわれるべき、言外の意」とでもいった意味である。その点で清弁註の場合は、iti の前が偈ｃｄであるから一般的な意味と合わないし、或いは観誓に見える、「どうして去者も二つになるのか」という問いに対して、「ｃｄと説かれた。君は勝義の（pāramārthika）と言説の（vyavahārika）との二去を認めるが、一去者に二去はあり得ない故に（ｃｄ）、それ故に勝義の一去者と言説の一去者という二つになる（ａｂ）誤謬があるというのが、文の補いであるとは（iti vākyaśeṣaḥ iti）、ｃｄというこの文の補いが（iti tasya vākyasya śeṣaḥ）、ａｂであると、順序を逆転して結合されるべきであるという意味である」という註釈から、傍線の部分（観誓の加筆の文言もあろうが）が清弁の註から脱落しているのではなかろうか。ａｂとｃｄを入れ替えるだけならば、他の偈の場合もあることであって、特に論ずるまでもないことである。もしそう解釈できれば、ｃｄの補いがａｂというのは観誓の苦肉の策で、傍線のようにｃｄを（或いはａｂも）補なわないと、ｃｄだけでは理由にならない、というのであろう。要するに龍樹の権威を傷つけないで偈の訂正をするために、持って回った註釈を加えたのであろう。

清弁は次に言説の一去だけを認める、すなわち、去者とか去時に本具（実有・勝義）の去を認めないで、「去者は去る」等の「去る」という言語で表現される言説有の一去や、それに相待する去者や去時だけが成立すると主張する対論者を想定し、勝義の去があり得ないことによって否定する。

勝義を言説の実相以外の何ものでもないとする月称は恐らくこの対論者を念頭に置いていたのであろう、二去者の存在に堕するというａｂの論拠であるｃｄを、文法学的構文によって、作（動詞）が作者（主語）や対象（目的語・去時）と相待（主語等を必要と）することから、作の一種である去も去者と相待するとし、「唯一人しかいないデーヴァダッタが去りつつあるとき、第二の作者（デーヴァダッタ）はいない。そこで作者がいないから〔第〕二の去はあり得ない」とし、他の註釈者同様「去時に去はない」という結論を下す。彼の対論者は冒頭で「二去は有るべし（実際に有る（yod mod））。いったい何が誤りなのか」と強気の反論をしているが、それは第二の反論「この立っているデーヴァダッタが語ったり見たりしているとき、一人が多くの作をもつことが経験される。このように、一人の去者に二去があろう」という日常周知の経験に基づく反論を予定していたからであろう。彼はそれに答えて、作者（kartṛ）という日常語には物質（dravya）という身体面と「作すもの」（kāraka）という作を実現する能力（śakti）の面があり、身体は唯一であったとしても、作ごとに能力は異なるから一去者に二去があることはないと論ずる。

11　問うて曰く…答えて曰く（ここで〔対論者は〕主張する。去者なしで去があり得ないこと、それはそのとおりである。それ故に、三時に必ず存在する去者を依り所・基体とする去は存在する。ここで答える）―第七偈―

若離於去者　去法不可得　以無去法故　何得有去者（七）

gantāraṃ cet tiraskṛtya gamanaṃ nopapadyate/　gamane 'sati gantātha kuta eva bhaviṣyati//（七）

もし去者なしで去はあり得ないならば、そうであれば、去が存在しないとき、いったいどうして去者が存在するであろうか。（七）

この偈のａｂは前の第六偈のｃｄの「というのは」（hi）を「もし…ならば」（cet）に変え、理由を条件にしただけのものである。ｃのathaはＴではda（＝adya・今や次に）であり、羅什の註釈にも「今」が見えるので、adyaに改めるべきか。「今や次に」は屢々主題が別のものに移る場合に用いられる。そうであれば、ａｂとｃｄは一応別の主張を示すと考えられるので、龍樹も、羅什と同じように、「もし去者がなければ、去はあり得ない」と、ａを仮定を示す従属節としたことになろう。一方、『無畏』は註釈では「ａｂであるとき（yadā）、そのとき（tadā）ｃｄ」と解釈しているので、ａｂが「もし去者なしで去があり得ないならば」となり、ｃｄの従属節となるが、羅什は採らない。仏護、清弁はatha（da）に触れていないが、ａｂとｃｄを別の主題の論述とする。月称もＴ訳では仏護等と同じであるが、梵偈は偈の訳として示したように、ａｂを『無畏』のように従属節と読んでいたのではないかと思われる。偈ａを、「もし去者がなければ」（... med par gyur na）と、Ｔ１もＴ２も註釈でも訳しているのは、清弁の「理由が述べられないならば、去は成立しない」によるのであろう。或いはこれもＴ訳の解釈に過ぎないのかも知れないが。

【無畏釈】〈去者なしで去があり得ない〉とき、そのとき、〈今や（da、Ｄはde）どうして去なしで、去者が存在するであろうか。〉そこで去者は三時に必ず存在するという所説、それは正しくない。

【解説】『無畏』と羅什の対論者は、去者がなければ、去はないことを認めながらも、三時に去者が有ることを主張する。従って彼らはこの偈を「三時に存在する去者の否定を説く偈」と解釈する。このように三時と関係づけるのは『無畏』と羅什（観誓も含めてよいかも知れない）だけである。羅什は註釈では「去者なき去の無の承認」と「三時の去者の有の主張」という対論者の二見解の矛盾を指摘している偈であると解釈している。

仏護の対論者は『無畏』とは逆に三時に去の無いことを承認しながらも、日常認識されることを論拠に、去者を依り所とする去の存在を主張する。この方がこの章の今までの展開からすれば適切である。

彼は、ａｂを「去者が去る」の去るが示す去の否定、ｃｄを第五偈、第一〇偈に見える、去者を去者たらしめる去者に本有の去の否定を論ずると解釈する。彼も『無畏』同様、ａｂ全体を条件節と読む。このことは去者と去とが相待して成立すること・仮名であって、絶待、即ち自性、実体でないことであるから、「去者を依り所とし、去者において活動する（に入る）去は何か」。そのような去はありはしない、という否定を説く主文を省略していると解釈する。

偈の後半では、ｃの「去が存在しないとき」の去を、依り所のない去とする。去者とは別のもので、去者なしで存在する「去る」というこの去は、もし存在すれば、それの依り所―それは去者であろうとなかろうと―がその去を所有するでもあろうが、そういう去は存在しないから、このｃｄは去者もないし去もないことを説いていると解釈する。

偈のａｂをＴ訳が羅什のようにａを条件節、ｂを主節と訳しているのは、清弁の解釈によるのであろう。彼は対論者の「去は存在する」という主張に対して、龍樹がａで去者がなければ、即ち証因がなければ、対論者の主張する去はあり得ないことを、ｂで説いたと解釈するからである。この龍樹の批判に対して清弁は、対論者が「〔それの〕依り所が存在する故に」という証因等を説いたとする。彼はａｂとｃｄの関係を示す「今や次に」（da, atha）に言及していないが、次に龍樹の批判が成り立たないのではないか、という対論者の反論を予想して、ｃｄを龍樹が説かれたと解釈する（その場合のｃの「去がないとき」を、観誓はｂの「去があり得ない」の去でなく、第一偈で既に去が否定されているからだと、已去、未去、去時の三時の去の否定を、仏護の第一偈の註釈を、三時の去者の去にアレンジし、『無畏』の三時の去者の否定を採用している）。清弁はｃｄの趣旨を、去者の因がないからだとする。その点では仏護と同じ、「或る去によって去者が去者と表示される、去者の仮名の因である去が去者の因であるので、この去者の否定によって、対論者の「去の依り所である去者が存在する故に」という証因が、勝義としては、その事実が存在しない（不成）し、言説としては意味が矛盾する」と論理学的に否定されるとする。

月称の対論者は仏護のそれを採用して若干敷衍しただけである。彼はａｂでは去者を去の依り所、ｃｄでは去を去者の原因とするだけで実質は偈の繰返しで、前半と後半の関係を示す adya, atha に言及していないので、偈の前半と後半の関係は不明である。

12　復た次に（さらに別〔の批判がある〕）――第八偈――

去者則不去　不去者不去　離去不去者　無第三去者（八）

gantā na gacchate tāvad agantā naiva gacchati/　anyo gantur agantuś ca kas tṛtīyo 'tha gacchati//（八）

LVP, dJ は a が gantā na gacchati（cf. RM, pp.32-33）。

まず、去者は去らない。不去者も決して去らない。しかも去者と不去者とより別の第三の誰が去るであろうか。（八）

LVP は偈の d が kas tṛtīyo hi gacchati/。第一五偈はこの偈の gacchati（三箇所）を tiṣṭhati(-te) に改めただけのものである。又この偈は第一偈の gata, agata を gantṛ, agantṛ に、gamyate を gacchati に、即ち、受動形を能動形に改めたものといえる。cd が存在の否定を明確にしているのは、去時のように去者には、三時の要素が入り得ないからであろう。

【無畏釈】 ここで去者が去るのか、不去者が去るのか、それら両者より別の第三のものが去るのか。そのうちで先ず去者は去らない。去が〔既に〕存在しているからである。不去者も去らない。去が存在しないからである。それら〔去者と不去者という〕両者より別の第三のもの（以下、羅什によって去者とする）も去らない。〔別の第三の去者は〕存在しないからである。或るものが存在するとき、そのものは去者か、不去者かであるが、それら両者には共に去ることがあり得ない。それ故にそれは成り立たない。

【解説】 『無畏』は偈を逐語的に説明するだけである。a の去者の場合は、去が既に存在しており、b の不去者には去が存在しない。cd の第三の去者の場合は、この去者そのものが存在しない。存在するもの（羅什では去者）は去者か不去者であるが、両方共に去らないので、第三の去者は成り立たないと註釈するだけである。

羅什は去者がいるならば、それは去者か不去者であるとし、（恐らく偈 a と b で両者が否定されたので）去者は存在しない、すなわち、この両者以外に第三の去者は存在しないことを説くとする。論述は異なるが、『無畏』の意訳といえる。仏護は、或るものに相待（縁起）して「去る」（gacchati）といわれる、その或るものが去であると主張する対論者を想定し、「去る」が成立しないから去が成立しないことを、龍樹が偈で去者等が去らないことによって教示された、とし、その理由が次偈で示されたという。

月称は「依り所の去者が存在するので、去は存在する」という反論に対して、龍樹はこの偈を説かれたとし、aの去者の否定は次の三偈に譲り、bの不去者は去と矛盾し、cdの第三の去者は存在しないと、実質上『無畏』と同じ理由で否定している。

清弁はaの「去者は去らない」を彼の勝義としての論証で否定するが、この「去らない」という能動形の表現に関連して、第一偈以来用いてきた受動形 gamyate（去られる）を文法学者（vaiyākaraṇa）の言葉（文法）への執着を断つためとし、関連する文法学の基本書である『マハーバーシュヤ』等の見解を紹介して批判している。また世俗としてもあり得ないbの不去者の場合も、論証学的な誤りに関連して去者と不去者を他学派の見解に割り当てて、cdの第三の去者の場合も、同じようにして否定している。

13　答えて曰く—第九偈—

若言去者去　云何有此義　若離於去法　去者不可得（九）

gantā tāvad gacchatīti katham evopapatsyate/　gamanena vinā gantā yadā naivopapadyate//（九）

まず「去者が去る」ということが、実際、どうしてあり得るであろうか。去なしでは、去者がまったくあり得ないときに。（九）

『無畏』は註釈ではcdを理由句 nam yaṅ ... baḥi phyir ro/ と訳し、仏護は gaṅ gi tshe（yadā）... nam yaṅ ... deḥi tshe（tadā）gantā tāvad …（ab）と相関詞を加えている。月称も註釈では tadā という相関詞を加えて、cdが条件節であることを明示している。T1が偈のabとcdを入れ替えているのもそのことを強調したからであろう。T2は恐らく yadā ... eva を nam yaṅ（kadācit, jātu）と訳しているので、相関関係は訳出されていない。

【無畏釈】　さらに別〔の否定がある。〕—第九偈—

この世では〈「去者が去る」ということ〉そのことへの執着はあり得ない。どういう理由でか。〈去なしでは、去者はまったくあり得ない〉からである。

【解説】　羅什の註釈の第一節は、『無畏』の訳であると認められるが、第二節を加えたのは（書き下し本文二八頁註五参照）、『無畏』の前半の「その執着はあり得ない」（tadabhiniveśaḥ nopapadyate）の意味が曖昧で説明不足と考えたからであろう。清弁が偈bの katham evopapa-dyate/ が、疑問でなく反語であることを、「「あり得ない」という意味である」と殊更に註記しているのは、この表現には疑問文と理解される恐れがあるからかも知れない。羅什もこの場合は「云何んが此の義有らん」と訳している（第三偈ab参照）。『無畏』の「去者は去る」という命題への執着とは、「去者」と「去る」という別々の語への執着である。要するに、執着とは去を所有する去者の存在と「去る」という去の存在への執着である。存在論の上では執着は存在に他ならない。

仏護と、月称は「去者が去る」という言語表現の問題とし、この文には二つの去という表現があるが、去は一つであり、それは主語の「去者」でなく、述語の「去る」に表現されるので、「去のない去者が去る」ということになるが、それはあり得ないとする。羅什が偈aの註釈で「去者が去る」を殊更に「去者有りて去法を用う」と訳しているのは、言語表現の問題とはしていないが、同じことを説明しているといえる。清弁も「去者は去る」という言語表現を取り上げる。対論者はそれが「見られる」と、認識の問題に移し、「見られる」すなわち直接的な認識が認識の中で最も有力な手段であり、それがこの命題の真理性の論拠であると主張する。それに対して清弁はここでも二諦の区別の立場で答える。「世俗言説に属する知によって見られている」その命題は、「勝義として考察されるべきである」。即ち、「去者」とか「去る」という言説の対象が真実在であるか否かを考察すべきであるとする。彼は龍樹がこの偈のabで「去者が去る」ことはあり得ないとし、cdで第一偈等で「去」が否定されたので去者はあり得ない、という理由を説いているのは、その考察であるとする。

14　復た次に（さらに別〔の否定が説かれている〕）―第一〇偈（『無畏』第一一偈）―

若去者有去　則有二種去　一謂去者去　二謂去法去（一〇）

gamane dve prasajyete gantā yady uta gacchati/　ganteti cājyate yena gantā san yac ca gacchati//（羅什訳は第一〇偈、他は第一一偈）

或いはもし去者が去るならば、二つの去があることになるであろう。（一）それによって去者と言われるところの〔去〕と、（二）去者が存在していて、そ〔の人〕が「去る」ところの〔去〕とである。（一一）

羅什訳偈は第五偈の訳偈と殆ど同文。「去時」を「去者」に変えただけといってよいほどである。

偈cのcājyate（vājyate）はLVPではcocyateと解読する。Tは共にmion pa。LVPは註釈で同義語としてvyapadiśyate（説示される）をあげる。羅什訳偈のdの「謂」はそれを支持する。羅什は「去者」だけでなく、「去る」についてもajyate（ucyate）を補っているといえる。なお ajyate については第二二、二三偈、補註25参照。

この偈は羅什訳と他の諸註釈とでは次の第一一偈と順序が入れ換っている。今は羅什訳に従う。上述のようにこの偈は第五偈と同じ論述方法で説いているが、次の第一一偈は第四偈と同じ方法で誤謬に導くので、偈の本来の順序は、他の註釈のように、この偈が第一一偈であったものと思われる。『無畏』も羅什もどちらの偈をも「さらに別に」（復た次に）で始めているので、順序を重視してはいない。

【無畏釈】「去者が去る」というこの主張（pakṣa）では、二つの去〔があること〕になる。どのようにしてか。或る去によって去者として知られる（言い表される）去と、去者として〔既に〕存在しているものが、或る別の去によって後時に去るであろう去とである。それは望まれないので、そこで「去者は三時に必ず存在する」という所説、それは正しくない。石女の子供のように。

【解説】 偈は二去の誤りの指摘に留まるのに、『無畏』と羅什は第七偈のd、特にその註釈の「去者の三時における非存在」を結論とする。仏護も偈のcまでは『無畏』同様、偈の簡略な敷衍であるが、偈dの「第二の去」については「それ（第二の義）に就いて（相待して）「去る」といわれるところの去である」と説明し、結論は『無畏』を採らず、対論者の主張である「去者は去る」の否定とする。

清弁と月称は偈の解説は『無畏』等と変らないが、第六、七偈の思想を再度用いて、去のない去者、二去、二去者の誤謬になることに導く。清弁の説明が歯切れが悪いのは、それが帰謬論と取られるのを嫌ったからかも知れない。彼は第七偈の否定の対象として示した対論者の、去の依り所である去者の存在を論拠（証因）とする去の存在の主張を、彼の二諦の区別に基づく論証方法に引き入れて、世俗としては認める。しかし、勝義としては論証は成立しないので、『無畏』が述べ、対論者が異類喩とした「石女の子」はないし、対論者が、「デーヴァシャルマンは存在する〔とか〕去る」という表現が用いられていることに基づく、同類喩として挙げた「デーヴァシャルマンの存在も去も存在しないから対論者の論証は成立しない」、と論理学的に否定する。清弁では二諦と論証が前面に出て、「去者が去る」が言語表現であることは背景に押し遣られているが、月称は特に第六偈から表現（vyapadeśa）の問題として去者と「去る」とを考察する。「去者が去る」と表現することは、対論者の立場では、表現された去者も「去る」も有自性、即ち実有であることである。「デーヴァダッタは去る」という表現があることから、「去」の存在を主張する対論者に対して、月称は世俗とか勝義に引き摺り込むのでなく、対論者の立場で、「デーヴァダッタは去る」に第八偈の去者が存在していて去るのか、非去者がか、両者でない者がか、という考察方法を適用して否定するという帰謬論証を説いている。

偈dのgantā sanをTは「去者となった上で（註釈はさらに「後時に」を加えて）」と訳す。羅什も同じく「成じ已《おわ》りて然うして後に」と訳す。月称はgantā bhavan（LVP, p.99, l.7）とも表示している。

『無畏』の文末の比喩、「石女の子」を清弁は対論者の「異類喩」として用いている（第三偈の註釈（補註7）及び『無畏』の第一七偈abの註釈の末尾参照）。

15　復た次に（さらに別〔の否定がある〕）―第一一偈（『無畏』第一〇偈）―

若謂去者去　是人則有咎　離去有去者　脱去者有去（一一）

pakṣo gantā gacchatīti yasya tasya prasajyate/　gamanena vinā gantā gantur gamanam icchataḥ//（羅什訳は第一一偈、他は第一〇偈）

或る人に、「去者が去る」という主張がある（或る人の命題が「去者が去る」である）、その人は、去なしで去者があることになる。去者に去〔がある〕（去者が去る）と認めている〔その人には〕。（一〇）

月称以外は偈（T1、T2共に）も註釈でもaのpakṣoをgaṅ gi phyogs laと訳す。そこで「或る人の命題においては「去者は去る」、その人には」（pakṣe gantā gacchati（itiを欠く）yasya tasya）となる。この偈の主題（pakṣa）が「去者は去る」という概念的理解、表現の問題であることを示す。

Tは共にdのicchataḥを理由を示す従格と読んでいる。『無畏』、仏護、清弁は註釈でも従格と訳す。それを採るべきか。月称はT訳もdをbのtasyaと同格とするので、今はこれに従った。羅什はicchataḥを「説」と訳し、理由句と読むようである。

【無畏釈】　ここで《〈或る人が「去者に去がある」という主張〉を認めている。〈その人は、去なしで去者があることになる。〉どういう理由でか。というのは〈去者に去〔がある〕と認めているからである。〉》

【解説】　『無畏』は〈　〉が示すように偈と殆ど同じ、清弁の註釈の前半は、《　》内であるから『無畏』の採用。羅什訳の前半も同じ。後半は「去者が去る」という命題の解説。この命題が真であるためには、賓辞の「去る」が真でなければならない。そうであれば、去は「去る」にあって、主辞の表示する去者は「去のない去者」（偈c）となる。しかし去のない去者は去者といえない。羅什が「先に去者有りて後に去法有りと為す」というのは、この否定の論理の説明である。彼が第一一偈とこの偈を入れ替えて、先に二種の去を論じたのは、その方がこの否定の論理を理解させ易いと考えたからではなかろうか。一方仏護、清弁、月称は註釈の後半で、この命題が真であるためには命題の主辞の表示する去者が真でなければならないが、去者は去と結合し、去を所有していて始めて去者といえるとする。そこで去を本来有する去者は去なしで、即ち「去る」という賓辞を俟つまでもなく、去るのであるから、「去者は去る」という命題は真でない。

16　何を以っての故に―第一二偈―

已去中無発　未去中無発　去時中無発　何処当有発（一二）

gate nārabhyate gantuṃ gantuṃ nārabhyate 'gate/ nārabhyate gamyamāne gantuṃ ārabhyate kuha//（一二）

已去に去ることは始められない。未去に去ることは始められない。去時に去ることは始められない。何処で始められるであろうか。

（一二）

偈bのgantuṃはLVPもR等の写本でもgantam。

【無畏釈】　それ故にこのように考察されたとき、―第一二偈―

【解説】　『無畏』も羅什も偈を解説していないのは、第一偈以下の去の否定の単なる繰返しだからであろう。去の開始が実質上は「去る」の別の表現に過ぎないことを自覚していたのは仏護である。彼は対論者がそのことに気付かないことを、自分の子を、別の名前に誤魔化されて、自分の子と認めることができないようなものと揶揄している。これは突き詰めていえば、龍樹もそのことに気付いていなかったのか、ということにも成り兼ねない。清弁は対論者の主張をここでも論証式によって示すが、解答でこの点に触れて、愚直というか生真面目というか、龍樹は既に答破し終えたことを、別の言葉を用いて再度否定したと説き、多彩な鳥が別の色に変えられて別の鳥として扱われるという比喩によって正当化している。仏護は偈のabcの各句に、aでは「《去という動作は既に終っている故に》」と簡単な理由を与えている。ｂｃも同じであり、ｄの「何処に去の開始があるか」という問いに対しては、「《〔その問いの〕解答を今述べよ》」と詰め寄るだけである。清弁は仏護のこの偈の註釈法を踏襲し、《　》に示したように二箇所を採用し、ｂｃは既出の別の理由に改めただけである。このように清弁は仏護を採用してもいる。月称も清弁を受けて、対論者が「去はまさに存在する」という主張を、「それの開始が実有である故に」という論証で示し、同類喩と異類喩を清弁とは別の例で示すが、第一偈の「已去は去られない」等の否定と実質的に同じ問題の繰返しになるという点には触れず、三時の各々の否定の論拠を挙げるだけである。

17　何を以っての故に三時の中に発無きや―第一三、一四偈―

未発無去時　亦無有已去　是二応有発　未去何有発（一三）

prāg asti gamanārambhād gamyamānaṃ na no gatam/　yatrārabhyeta gamanam agate gamanaṃ kutaḥ//（一三）

LVP, dJ のａｂは、na pūrvaṃ gamanārambhād gamyamānaṃ na vā gatam/ (cf. RM, p.36)。

去の開始（発）よりも以前に、そこにおいて去が始められるでもあろうところの、去時も存在しないし、已去も存在しない。未去に、どうして去が〔存在するであろうか〕。（一三）

龍樹は去が始まる可能性があると考えられるものとして已去と去時を挙げ、未去には可能性も考えられないとする。このようにこの偈では已去と去時を一括し、未去を別に否定している。この否定は仏護以下も同じ。仏護の対論者は、去時を「去を備える」、已去を「去の終点に到達した」（niṣṭhāgata）、未去を仏護自身が「空中に立って行くのか」と批判するように、意味のない正当化だからであろう。

無去無未去　亦復無去時　一切無有発　何故而分別（一四）

gataṃ kiṃ gamyamānaṃ kim agataṃ kiṃ vikalpyate/　adṛśyamāna ārambhe gamanasyaiva sarvathā//（一四）

去の開始が、あらゆる場合に決して経験されないとき、どうして已去が、去時が、未去が、分別されるであろうか。（一四）

清弁はｄの eva を強調（avadhāraṇa）の意味であるという。一般に eva は直前の語にかかるが、清弁はこの場合は adṛśyamāne にかかるとする。

【無畏釈】　さらに別〔の否定がある。〕―第一三、一四偈―

〈去の開始よりも以前に、そこにおいて去が始められるでもあろうところの、去時も存在しないし、已去も存在しない。〉

未去において去が始められる、と考えるならば、それも正しくない。どういう理由でか。未去そのものが存在しないからである。

〈未去に去が、どうして〉始められるであろうか。

それ故に〈去の開始は、あらゆる場合に、決して経験されないとき、〉已去と去時と未去という三〔世〕の分別なるもの、それがどうして〈分別されるであろうか。〉心を分別〔できない〕ように。

【解説】　二偈を一組にしている点は『無畏』も羅什も同じ。『無畏』註の〈　〉の中は偈（第一三偈と第一四偈ｃｄ）そのものである。そこで羅什は自ら解説を施したのであろう。彼の解説は偈を手際よく適切に説明している。仏護も偈の繰返しであるが、彼は未去の存在を主張する反論を別に想定し、未去は已去の対治（pratipakṣa）、すなわち単なる相対概念に過ぎないので、已去が存在しないとき、未去もないと答える。清弁は eva の説明の後に加えて、已去等を眼翳の毛髪等のような非実有とし、去という已去等の原因がないという誤謬が君を追いまわすという。眼翳の比喩は月称の好んで用いる比喩と思っていたが、清弁の比喩を修正して採用したもののようである。清弁は勝義としてのみ認めるだけである。月称は清弁の説明の要旨を簡略にして、「已去等の表現の原因である去がどうしてあろうか」と説くのみである。

18　問うて曰く…答えて曰く―第一五偈―

去者則不住　不去者不住　離去不去者　何有第三住（一五）

gantā na tiṣṭhate tāvad agantā naiva tiṣṭhati/　anyo gantur agantuś ca kas tṛtīyo 'tha tiṣṭhati//（一五）

LVP, dJ の a は gantā na tiṣṭhati …（cf. RM, p.29）。

先ず去者は住しない。不去者も決して住しない。しかも去者と不去者とは別の、第三の誰が住するであろうか。（一五）

この偈は第八偈で三回使用されている gacchati(-te)（去る）を、tiṣṭhati(-te)（住する）に変えただけである。住すると訳した tiṣṭhati(-te)

（√sthā）は「立つ、静止する、停止する、止まる、留まる」等を意味する。

【無畏釈】 ここで〔対論者は〕主張する。去者の住は存在する。ここで答える。―第一五偈―

ここで去者が住するか、不去者が住するか、その両者とは別の、第三の者が住するかである。

そのうちで〈先ず、去者は住しない。〉去があるからである。〈不去者も住しない。〉去がないからである。去の相対概念（対治・vipakṣa）が住であるからである。

その両者〈とは別の第三の者も住しない。〉存在していないからである。或る者が存在するとき、その〔或る〕者は去者が、不去者かであるが、両者ともに否定（pratiṣedha）された。それ故に去者の住は存在するということ〔の立場〕は正しくない。砂（vāluka）の中に胡麻油（taila）〔が存在しない〕ように。

【解説】『無畏』では対論者は偈aで否定される「去者の住」を主張する。羅什が、去と去者が無くても住と住者がある、という反論に改めたのは去の否定が無でなく、去の停止、すなわち住であるし、住するならば、去者はもう去者でなく住者であると考えたからでもあろうか。しかし註釈は全体としては『無畏』と変らない。

仏護は「去」の存在を主張する対論者を想定する。対論者は去の対立関係項（pratidvandva, virodha）である住の存在を論拠として、去を主張する。清弁はそれを五支の論証式に整理しただけである。月称は清弁の第五支「結論」を省くが、他は清弁と殆ど同文である。ただし月称は仏護、清弁の「対立関係項」を「対治」（否定的反対関係項・pratipakṣa）とする。殆ど同義語と見做してよいが、仏護は両者を使い分け、已去（A）と未去・非已去（非A）を対治（pratipakṣa・gñen po）、「去」と「住」を（肯定的）対立項（pratidvandva・mi mthun pa）とする。月称は『無畏』の解答の中の「去の対治は住である」に従ったのであろう。『無畏』では「対治」は gñen po でなく、mi mthun paḥi phyogs という、時に見られる異訳を用いている。これはT訳者が仏護、清弁の mi mthun pa と同義であることを示そうとしたからであろう。『無畏』は偈の三否定命題の各々の論拠を示す。（一）去者の場合、去があるから。（二）不去者、去がないし、去の対治が住であるから。（三）去者と不去者以外の第三者は存在しないし、存在するものは去者か不去者であるから。羅什は『無畏』の不去者の論拠「去の対治が住である」を（一）「去者」の論拠とし、（二）の不去者の場合は、住は去の滅（仏護の次偈の註の中にも「去の滅が住である」（ḥgro ba log pa ni sdod pa）という住の定義が説かれている）であるから、去がなければ、去の滅・住もないとする。（三）の第三者は、第三の住者であることを明言する外は『無畏』と同じ。仏護は偈で去者等の三者に住がないと説かれているので、住という対治が存在しないから、去は存在しないという結論に導く。清弁は（一）の「去者」の場合は『無畏』の論拠を勝義の論証式に整えただけ、（二）では「去を離れたものには言説としても「去」の住（停止）はあり得ない」と、羅什の「去の滅」に近い論拠で否定する。月称は（一）は次偈で立証され、（二）では不去者そのものが「住している」のだから、第一〇偈（『無畏』第一一偈）の「二重の去」と同じ方法で「二重の住」が否定されるとする（この否定は仏護の次偈の註と殆ど同じ）。（三）は清弁も月称も「存在しない」とするだけである。

19　復た次に（さらにまた）—第一六偈—

去者若当住　云何有此義　若当離於去　去者不可得（一六）

gantā tāvat tiṣṭhatīti katham evopapatsyate/　gamanena vinā gantā yadā naivopapadyate//（一六）

まず「去者が住する」ということが、実際、どうしてあり得るであろうか。去なしでは、去者がまったくあり得ないときに。（一六）

前偈に続いて、この偈も第九偈の gacchati（去る）を tiṣṭhati（住す）に変え、T1もT2も ḥgro ḥo（去る）を sdod do（住す）に変えただけである。dの yadā ... eva をT2ではここでも nam yaṅ（kadācit, jātu・決して）と訳している。

【無畏釈】「去者が住する」ということ、そのことへの執着は無駄である（mi ḥthad de, nopapadyate）。どういう理由でか。去なしでは、去者はまったくあり得ないからである。諸のアトムが存在するということのように。

【解説】『無畏』の「「去者が住する」という命題への執着は無駄である」とは、羅什が「是の事は然らず」というように、命題の真理・実有性（即ち執着）があり得ないことであろう。羅什訳の前半は『無畏』に相当する。「去者は不可得なればなり」は、第九偈の訳や『無畏』によって理由を示すと取った。補註13参照。後半は羅什の付加であろう。「去と住の相違」は第一五偈の註釈（補註18参照）に既に説かれている。

仏護はこの偈が前偈のaの「去者は住しない」という命題の論拠を説いているので、前偈のbとcdの不去者と第三の者を後回しにして、住があり得ない理由のうち、去者の場合を説いたとする。（一）去者の場合は「住が去の停止であるとき、相矛盾する去と住は同時に同一場所に存在しない」(ḥgro ba daṅ sdod pa mi mthun pa de gñis gcig na lhan cig ḥdug pa med do) からだとする。月称は偈の順序を尊重し、かつまた不去者と第三者の否定が以下の偈で説かれていないためか、前偈の註釈で不去者と第三者の住を否定したので、「その両者は住しないが、しかし去者こそは住する」という対論を想定する。月称は仏護の見解を簡潔に要約し、「その（住するといわれる）者には住と矛盾する去はない」(sthitivirodhi gamanamasya nāsti) とする。矛盾すると訳した仏護の mi mthun pa は viruddha であったのか。少なくとも意味の上ではそうなる。ただし mi mthun pa を前偈で多用している清弁は、この偈の趣旨を「二つの動作 (bya ba) は同時には矛盾 (ḥgal ba, virodha) するので存在しない故に」とするので、mi mthun pa は virodhin ではないとも考えられる。仏護は（二）不去者の住の否定も「住が去の停止」であることにより、不去者は本来住しているし、もしさらに住すると考えるならば、二つの住があることになると、去者と同じ方法で否定している。（三）第三者を仏護は「去者であり不去者であるもの」と四句分別の第三句「共」と解釈するが、清弁も月称も採らない。清弁は「何者の住もあり得ない」というのが偈の語義だとする。彼はこの第一六偈ではさらに、「この（偈の）ことばは、住者が去を離れていることが説かれているので、「去者は住す」という言説は存在し得ないことが説かれた」と註釈し、この言説、言語表現の可能性に関する、傍論を加えている。

20　復た次に──第一七偈──

去未去無住　去時亦無住　所有行止法　皆同於去義（一七）

na tiṣṭhate gamyamānān na gatān nāgatād api/　gamanaṃ sampravṛttiś ca nivṛttiś ca gateḥ samā/（一七）

LVP, dJ は a が na tiṣṭhati (cf. RM, p.30)。

去時から停止（住）することはない。已去からもないし、未去からもない。去の開始（行）と停止（止）〔が三時からないの〕は去と同じである。（一七）

羅什以外は梵偈もT訳も皆、偈の前半と後半を分けて別々に註釈を与えている。前半と後半では主題が異なると解釈したからであろう。前半は前偈までの住の否定のなかに含めた方が理解し易い。

この偈ではcのgamanaṃが問題となる。梵偈の写本ではR以外は欠けているようであるからであるし、羅什訳では見当らないだけでなく、相当箇所は所有、すなわち「あらゆる」である。或いはgamanaでなくsakala（あらゆる）などであったのか。『無畏』の「三〔時〕からの」発起と停止となるのか。このgamanaṃを偈の前半の主語と取ることも考えられないではないが、前半の命題の主語は『無畏』、羅什、月称も「去者」と明説する。

【無畏釈】　さらに別〔の否定がある〕。―第一七偈ab―

今や次にその去者が去時から住（停止）するのか、已去からか、未去から住するのか。それら三〔時〕から（de gsum char las）も住しない。どういう理由でか。それら三〔時〕からも住することはあり得ないからである。そこで去者の住があるという所説、それは正しくない。石女の子の死のように。

今や次に、―第一七偈cd―

去が詳しく考察されたように、開始と停止とも去と同じであると考察されるべきである。

【解説】　羅什訳の第一節は、『無畏』のabと同じである。僅かに「それら三〔時〕より住することもあり得ないからである」という無意味なトートロジカルな理由を省いただけである。『無畏』の末尾の「石女の子の死」の「死」は住（停止）、去者が「〔石女の子〕即ち存在しないもの」。第一一偈の『無畏』註参照。

第二節は偈cdの註釈である。『無畏』はcの冒頭のgamanaṃ（去）を「去が詳しく考察されたように」と解釈し、次の「開始と停止」とは区別している。羅什はそれを受けて、「去の詳察」を、第一偈以来の「去と住の破」と解釈したものと思われる。仏護以下はこの開始と停止を「住の」それらとするので、それに合せれば、羅什の註釈は「去法を破するが如く、住法の行と止」となる。『無畏』はそう取れなくもないが、羅什が「所有《あらゆる》」とするように、「住」といった特定のものの開始と停止でなく、すべてのものの開始と停止と取るのが自然であろう。

第三、四節は羅什独自の解釈で、行（開始）と止（停止）を縁起の順観（縁って生ずること・流転）と逆観（縁って滅すること・還滅）、要するに行と止とを「生滅」と解釈する。第三節の穀物の種子から芽等の生滅と第四節の無明以下の十二支の生滅は、『稲芉経』

の外的な縁起と内的な縁起に当る。羅什はこの二種の縁起が「あらゆる開始と停止」「一切法の生滅」を含むと考えていたのであろう。

仏護は偈のａｂの「已去と未去から住しない」理由として、それらに去がないので、無いもの（去）の停止（住）はないと論じる。この否定の理由は清弁、月称も採用する。仏護は「去時が住しない」ことを、そもそも去時が去を具備していることと、彼が前偈の註釈で示した、去と去の停止である住とが矛盾するものであることによって否定する。

清弁は「去を具備するものに住はあり得ない故に」だけで充分だとするようである。そこで彼は第一五偈の対論者の「対立するものの存在」という証因と「光と対立する闇が存在する」という証因と喩との論理学上の誤謬を指摘する。

月称は「去時は知られない」（第一偈ｃｄ）し、認識されない、すなわち存在しない去時に去はないと否定する。去時の存在そのものを認めないので、仏護や清弁の「去時が去を具備している」という論拠を認める必要はないというのであろう。

偈の後半、特にｃの冒頭の gamanaṃ（去）をどう解釈するかについて仏護以下も苦慮している。仏護は第一五偈を用いてこの語の意味を説明している。「去者（第一五偈ａ）、不去者（ｂ）、両者とは別の第三者（ｃｄ）は停止（住）しない」という三命題に対して、「住者、不住者、別の第三者は去らない」という主語と述語を入れ替えた三命題を対応させた上で、「このように先ず去者の住と住者の去は〈同じである〉」（第一七偈ｄ）と説明する。しかしこの説明では、偈のｃの冒頭が何故 gamanaṃ（去）であるかをも、それが偈ｄの「gati（去）と同じである」ことをも説明したことにならないであろう。

次に仏護は「開始」（sampravṛtti）を、第一四偈に説かれた「去の開始（ārambha）」に対応する「住の開始」であるとし、停止（ni-vṛtti）に関しては第一七偈前半の「〔去者が〕住しない」（〔gantā〕na tiṣṭhati）に対応させて、住の停止と解釈している。彼が第一七偈の「住しない」を、註釈の結論では「停止しない」（na nivartate）と言い換え、それを去の停止・滅（gamananivṛtti、月称釈では gatini-vṛtti）としているのは、この解釈のための伏線であろう。

清弁も仏護の解釈を継承発展させ、（一―一）「去」と対立するもの（mi mthun pa, dvandvin）すなわち「住」が去者、不去者、第三の者に存在せず（第一五偈）、（二―一）「去」の開始も「已去」等の三時に存在せず（第一四偈）、（三―一）「去」の消滅も三時に存在しない（第一七偈ａｂ）という龍樹の論述が、去と住を入れ替えて、第一七偈の後半で一括して説かれたと解釈する。（一―二）偈ｃ

の最初の去（gamana）は、住と対立する去、（二―二）開始は住の開始、（三―二）停止は住の停止であり、偈dの「去（gati）と同じである」という場合の去（gati）は、（一・二・三―一）の主題である去であり、それらに住を主題とする（一・二・三―二）が同じであるというのである。彼は（一・二・三―二）の三時、都合九種の場合の論証式の内、三種を例示しているが、省略する。

清弁が第一七偈前半の主題を住の存在の否定とするのに対して、月称は対論者は飽くまでも去の存在を主張し、そのために去の停止である「住」の否定を説いているとする。章の主題に忠実な解釈である。

第一七偈後半の月称の解釈は仏護に従い、（二）の開始は住の開始で、それの否定は去の開始の否定（第一二、一三、一四偈）と同じであり、（三）の停止は、住の停止で、それの否定は去の停止の否定（第一七偈前半）と同じであるという。（一）の去については「住の成立のために説かれた去（gamana）は去（gati）の否定（第一五、一六偈）と同じ〔方法で否定されるの〕である」と註釈している。

21　問うて曰く…信ず可からず　この偈前の対論者の主張は『無畏』では「今や次に、去と去者は同一としても別異としてもあり得ない。どういう理由でか。答える。」だけであり、偈の後の註釈もない（羅什訳の偈の後にある註釈は偈の要約に過ぎない）。従って「肉眼の所見は信ず可からず」という答破までは羅什の独自の註釈である。しかし仏護も去等が日常経験としてあると主張する対論者を想定し、「チャイトラが闊歩するのを見て、チャイトラは去者であるという」という例を挙げている。清弁は仏護の対論者の日常経験の主張を採用し、それを「世間の周知の事実」（lokaprasiddha）として、「兎をもつもの（śaśin）が月を意味することは世間周知であるのに、月でないと否定するのと同じように、「去らない」という否定は「チャイトラが去る」という世間周知の事実の否定であるから〔世間〕周知の事実の侵害である」という反論を想定し、二諦によって勝義として不去、世間言説としては去を認めると答え、さらに不去は「仏教の論書の一般的承認（prasiddha）を否定することになるので、prasiddhaの侵害となる」という反論に、この反論は対論者が仏説を認めたことになるから、自説と違反するという揚げ足取りの論駁を加えている。「世間の周知」を重視する月称はここではこの傍論を無視して、偈の主題に限定した『無畏』の註釈の解説に留めている。

22　何を以っての故に―第一八偈―

去法即去者　是事則不然　去法異去者　是事亦不然（一八）

yad eva gamanaṃ gantā sa eveti na yujyate/　anya eva punar gantā gater iti na yujyate//（一八）

まさにその去そのもの、それが去者である、ということは成り立たない。去者が去よりまさに別のものである、ということも成り立たない。（一八）

偈ａの yad eva gamanaṃ は諸写本やＴ訳（hgro ba de daṅ hgro ba po// de ñid ces ...）では、tad eva gamanaṃ である。Ｔ訳は「その去とその去者は同一である」であろう。諸註釈書は註釈を施していないので、yad か tad か、どちらかを決め難いが、次の第一九偈のａｂは yad eva gamanaṃ gantā sa eva までが一致するし、その方が理解しやすい。Ｔ訳も gal te hgro ba gaṅ yin pa de ñid hgro po yin gyur na/ であるから、明らかに yad で tad でない。羅什の第一八偈ａは「去法即去者」であるのに、第一九偈のａｂは「若謂於去法　即為是法者」であるから、羅什の第一八偈の梵本も tad eva ではなかったかと考えられる。tad eva と sa eva は、色即是空の rūpam eva śūnyatā のように、「去」と「去者」の同一性を強調した表現であろう。yad eva であれば、「「去」であるもの、それこそが去者である」となろう。月称は註釈の中でも yad（cf. LVP, p.104, l.17）とする。

23　問うて曰く…答えて曰く（ここで〔対論者は〕問う。どのような誤謬があるのか。答える）—第一九、二〇偈—

若謂於去法　即為是去者　作者及作業　是事則為一（一九）

yad eva gamanaṃ gantā sa eva hi bhaved yadi/　ekībhāvaḥ prasajyeta kartuḥ karmaṇa eva ca//（一九）

実際にもし去であるところの或るもの、同じそのものが去者であるとするならば、まさに作者と作の対象とが同一の事物であること（一性）になるであろう。（一九）

偈の冒頭の yad を月称は註釈の中でも yad（cf. LVP, p.104, l.17）とする。

若謂於去法　有異於去者　離去者有去　離去有去者（二〇）

anya eva punar gantā gater yadi vikalpyate/　gamanaṃ syād rte gantur gantā syād gamanād rte//（二〇）

それに反して、もし去者が去とまったく別のものであると判断されるならば、去は去者なしで存在するであろうし、去者は去なし

で存在するであろう。（二〇）

Tはcとdを「去者（去）のない去（去者）」（ḥgro po（ḥgro ba）med paḥi ḥgro ba（ḥgro po））と形容句と訳す。『無畏』も羅什のようにこの二偈を一括して並記する。第一九偈は「去」と「去者」の同一性の、第二〇偈は別異性の否定を説いているのであるから、列挙は当然であろう。他の註釈は各々の偈を敷衍するだけである。清弁は各々の否定の精緻な論証式上の論証を行っている（省略）。

【解説】『無畏』の偈の前の対論者の問いは羅什訳と同じである。第一八偈は、二命題の否定だけであるから他の註釈書も簡単で、仏護は「どのようにか」（katham）、清弁も月称も「どうして正しくないのか」（katham（punar）na yujyate（第一八偈のbとd））と理由を問うだけである。

偈に続く羅什の註釈文は『無畏』にない。同一性の否定は二種で、（一）去と去者は相互依存としてのみ成立するが、両者が同一であれば、因縁、縁起、すなわち相互依存を否定することになる。（二）去は法で無常であり、去者は人で常であるから、同一ならば、両者共に常か無常になる。この（二）の帰謬はインドでは見られないし、人がどういう意味で常なのかは説かれていない。

別異性の否定は、相互依存でないから、両者の一方が無であっても（滅しても）、他方があり得る（滅しない）という帰謬である。

偈に従って仏護以下も、第一九偈の去者と去の同一性の否定の理由として、作者と作が同一でないことを提示するのは、それが去とか来とかいう具体的な行為を貫ぬく基本的な構造を示すからであろうか。清弁はその作者と作であることを証因とし、同類喩として切断者と切断を挙げており、月称もそれを用いている。第二〇偈の別異性の場合、cdの「去者なしで（のない）去が、去なしで（のない）去者が存在するであろう」を、仏護は「自立（自己原因の実有）」（raṅ las rab tu grub pa）の面を強調するが、清弁、月称は羅什のように相互依存の面を強調する。ここでも清弁は異教や他派の立場を論証式にして詳しく論破している。

24　復た次に──第二一偈──

去去者是二　若一異法成　二門倶不成　云何当有成（二一）

ekībhāvena vā siddhir nānābhāvena vā yayoḥ/　na vidyate tayoḥ siddhiḥ kathaṃ nu khalu vidyate//（二一）

或る二つのものの成立が、同一のものとしても別異のものとしても、存在しないところの、その二つのものの成立が、いったいど

のようにして存在するであろうか。（二一）

【無畏釈】 父子のように。

【解説】 羅什は二つが去と去者であることを偈の中に訳し入れている。仏護が作者（kartṛ）と作（の対象・karman、第一九偈参照）とする以外は、他の註釈者も去と去者とする。

『無畏』には、偈の前の「復た次に」もなく、前の二偈と共に列挙し、この偈の後に「父と子のように」という比喩を加えるのみである。仏護等は、要約すると、羅什の註釈の前半と同じく、「同一と別異以外の別の種類による成立はない」というだけである。『無畏』の「父と子の比喩」は、父と子は相互相待によってのみ成立する（parasparāpekṣasiddhi）のであって、二人は同一人としても別異人としても成立しはしないことの比喩。羅什は偈cdとこの比喩の意味を第二節で解説していることになる。

25 今当に更に説くべし—第二二偈—

因去知去者　不能用是去　先無有去法　故無去者去（二二）

gatyā yayājyate gantā gatiṃ tāṃ sa na gacchati/ yasmān na gatipūrvo 'sti kaścit kiṃcid dhi gacchati//（二二）

或る去によって去者が明らかに〔言語で表現〕されるところの、その去をそ〔の去者〕は去るのではない。何となれば、去より以前に〔去者は〕存在しないからである。というのは或る者が或るところへ去る（行く）のだからである。（二二）

LVPでは偈aはyayocyateである。ajyateの同義語は次の『無畏』の註釈に与えられている。羅什は「知る」と訳し、月称はここではabhivyajyate（明白に示される）を用いるが、ucyate（LVP, p.106, l.8）をも用いている。偈dのkaścit（LVPと叶本）をdJはkaścid。『無畏』、仏護以下はcのgatipūrvoをgater pūrvaṃと副詞句と解釈する。清弁はさらに「去の生起の前に」とするが、羅什は「去を先とする」と読み、先行する去はないと意訳したようである。しかし註釈では結果としては同じことになっている。dの「去者の去無し」は、仏護が「去者の去が考察されたとき」と明言するように、羅什も「去者の去」をこの偈の主題と取り、それの否定を結論としたのであろう。dをどういう意図で龍樹が述べたのかは解りにくい。羅什は偈では除いている。T訳のgaṅ ṣig gaṅ duは不定代名詞でなく疑問代名詞であろう。この文を疑問文と解釈するのは清弁である。不定代名詞ととれないでもないから、仏護、『無畏』、月称

（T1）のT訳者も『灯論』のT訳偈をそのまま用いたのであろう。

【無畏釈】　さらに別〔の否定がある。〕去がまさにあり得ない故に、今や、去者も成立しない。どのようにか。答える。—第二二偈—

〈或る去によって去者が知られ〉表現され、把握される〈ところの、その去を、その去者は去るのではない。〉どういう理由でか。〈何となれば、その去の以前には、去者は存在しないからである。〉〈或る者が〉例えば、男か女が〈或るところへ、〉村か町へ〔去る〕ようには去りはしないからである。

【解説】『無畏』は主題が去から去者へ移ったことを述べ、偈が去者の不成立の理由を説くと解釈する。羅什の「今更に」は『無畏』の「今や」(da)の痕跡とも言えよう。仏護は「話者は言葉（話）を話す」「作者は作を作す」と同じように、「去者であるので去を去る」と主張する対論者を想定する。月称は仏護を踏襲し、その反論が「世間周知」(lokaprasiddha)であることを加えて、明言するだけである。偈のａｂｃは「去者を去者たらしめている「去」よりも以前には、去者は存在しないので、その存在しない去者が去を去ることはない」という趣旨である。註釈者の解釈は、皆実質的には偈の繰り返しに過ぎない。僅かに清弁は「自己自身で存在（住）している去者は去の原因とならない〔ない〕し、去を行なって「去る」という言語表現の仮名の依り所とも決してならない」という実有論の否定を加えている。彼も羅什や月称のように、縁起によって仮に説かれるという空の立場に立つ点では変りはない。清弁はそれに先立って、彼自身の論証式に対する対論者の批判を紹介し、偈ａｂをその批判に対する解答とする。論証式は「〔主張〕勝義として去者は去らない、〔証因〕作を所有（が内在）する故に、〔喩例〕住者のように」等である。その対論者の批判は二種である。批判（一）論証式が「作を所有する者は別の作を行わない」ことを意味するならば、同類喩がないことになる。批判（二）「或る作を所有している、その作を行なわない」を意味するならば、「話者が言葉を話す」等のような「去者は去を去る」という世間の周知の事実と矛盾する。

作（去）を所有する（〔証因〕）もの（去者）が去る（〔主張〕）が、世間周知の事実である。清弁は批判（一）に対して、「住という別の作を所有する住者は去らない」から住者という喩例はなくはないとする。批判（二）には第二二偈のａｂが解答であるとし、「或る去によって去者として表示されるその去者は、その去（去者・hgro ba po を去・hgro ba に改める）を去らないという意味だとする。その理由は勝義としてはその去者と去は、去者と去者の自己自身とのように、別でないからだという。そしてこのことは対論者が自己自身の推論と矛盾していることを示すとするが、dの「或る者が或る所へ行く」の『無畏』の解釈、「男と女が」「村か町へ」（観誓では「去者、男か女が」「去の目的地（gantavya）、村と町へ」（D, Wa, 274b5）、「デーヴァダッタといった去者が」「村と町へ」となっている）は、どちらも「か」（vā）とする。意味は若干曖昧である。仏護は「男か女か」を捨て、「或る者が別のものであるから、或る所へ、例えば村と町へ去るので、去者である。そこで或る〔去〕を去るところの、その去は去者より、村と町のように、別のものでない」と、「去を去る」の同族目的語とでもいうべき「去」は「村」といった去者と別のものでないことを明らかにする。月称はさらに「〈或る者〉デーヴァダッタが〈或るところ〉別の事物である村か町に行く、ということが見られる」と、日常経験は、主語と目的語が別のものであるとき成立することを偈dは説いているとする。「別のもの」とは明言していないが、羅什の「人有り城邑有り」は日常経験が有の立場であることを最も明確に示している。彼は「去者が去を去らない」理由を、去も去者も有でなく空の立場での相互依存の縁起としてのみ成立するからだとする。縁起によることを明言しているのは、他には月称だけである。このようにdとcまでとの関係は、『無畏』と仏護では曖昧であるが、月称は「去者が去より前に成立しているならば、去者は去を去るでもあろう」という帰謬論証の理由としてdを解釈している。それはその限り明解である。

清弁は、偈abの「去」は経量部の「去」の概念で、偈dはその見解を否定する論拠を説いていると解釈する。同部派も無我の立場に立つから去者は実体として実有ではないが、世間の言説として仮に説かれた仮有の去者は認める。その去者の実質は、行（saṃskāra）（＝地等の四大とその所造、観誓による）の集合体（＝身体）が、心的・内的な風界（大）の力によって、別の場所に時を分かたず（＝間断なく）生を現出していることである。従って「去者」とはいっても、去を行なう行為（作）者として存在するのではない。去も行為者（主語）に内在する動作ではなく、「それ（去者と呼ばれる現象）の前の刹那と類似していない特徴（相・lakṣaṇa）が現出すること」であるという。去者が去の作者でなく、去の原因であるというのは、この「去者」の実質をなす存在の構造を原因とするという意味である。清弁はこの経量部説に対して、真実には（＝勝義としては）原因を行為者と言説で仮に説いたのであるから、それは行為者（＝去者が去る）とは認められないと批判し、その理由として「というのは（hiをここでは訳出している）或る者が或るものを去るからである」と偈dを挙げ、ここではそのdの意味を「自己自身を〔去ら〕ない。自己自身に行為することはあり得ないからだ」とする。清弁はこの論拠によって龍樹は偈ａｂで経量部の去を否定されたとする。

次に彼は表面的には類似したサーンキヤ学派の見解に関説する。同学派も清弁はこの見解を偈のｃｄで龍樹は否定されたと取る。この場合ｃは「去をもち、去そのもの自身である去者は、去以前に存在しない」という意味となる。「去」以前の「住」（の状態）においても「去る」という誤謬になるというのである。さらに去者は去以前に存在しないのでなく、去が現われたときに去者は去の原因であると考えることも成り立たない理由としてｄが説かれたとする。「或る者が或る者を去る」ということは、この場合は「そのもの自身がそのものに行為をしない」という趣旨だと清弁は理解する。

仏護では対論者は、「話者が言葉を話す」等の比喩によって「去者は去を去る」ことを主張するが、仏護はこの比喩を無視し、ｄのｃまでとの関係も曖昧なままにしている。清弁はサーンキヤ学派の否定に続いて、「そのものがそのものを為す」という主張を、「話者」等の例によって立証する反論を取り上げて否定しているが、これは上記の仏護註を念頭に置いたものであろう。経量部は、去者と去の場合と同じ身体や動作観で、話者と言葉を説明し、「話者が話（言葉）を話す」ことが真理であると主張する。それに対して清弁は、偈ｃｄで比喩で説明された（dārṣṭāntika）去者と去の関係を、比喩に適用して、「何となれば、話（言葉）の前に〔話者は〕いないのであるから、或る者が何を話すであろうか」（Ｔのｄは gaṅ sig ci (ji) sig smra bar hgyur/ である。この ci (ji) sig は疑問詞で不定詞ではないように思われる）と答えている。彼はここでは比喩も、主題（dārṣṭāntika、「話者」の比喩によって示された「去者」、「作者」）のように、成立しないので、意味が矛盾するという誤謬の余地が存在しないではないことが成り立つという。

清弁は最後に仏護の偈ａｂｃを簡略に祖述しただけの「去以前の、去を離れた去者は去者であり得ないから「去者が去る」という言説はない」という註釈の所述は、「第八偈のａでその意味は論じ終えている」と批判している。このことは仏護が偈全体の中でのｄの意味を明らかにしていないことへの批判であり、彼はここでは経量部やサーンキヤ学派の否定で行なったような、ｄを論拠とする去者と去の否定を論ずべきだと主張しているのであろう。先に触れた月称の帰謬論証は、清弁のこの批判を念頭に置いたものでもあろう。

26　復た次に（さらにまた）―第二三偈―

因去知去者　不能用異去　於一去者中　不得二去故（二三）

gatyā yayājyate gantā tato 'nyāṃ sa na gacchati/ gatī dve nopapadyete yasmād ekatra gantari/ （二三）

或る去によって去者が現されるところの、その〔の去〕より別〔の去〕をその〔の去者〕は去りはしない。何となれば、一人の去者に二つの去はあり得ないからである。（二三）

LVPでは偈aのyayājyateはyayocyate、また偈dのekatra gantariはeke pragacchati、dJはeke tu gantari。月称は註釈ではna caikasmin gantari（LVP, p.107, ll.2-3）。ekeは単数、依格（cf. CPM, p.72, fn.95）。この偈のabは、前偈のabのgatiṃ tāṃ（是法）を、tato 'nyāṃ（異法）に変えただけである（cf. RM, p.49）。

【無畏釈】〈或る去によって去者〉として現われ、定義され、把握される〈ところのその去より別の〔去〕をも、その去者は去りはしない。〉どういう理由でか。〈何となれば、一人の去者に二つの去はあり得ないからである。〉一粒の種子に二つの芽が〔あり得ない〕ように。

【解説】『無畏』も羅什も偈と変らない。仏護のabも殆ど同じ。仏護は第二二偈の前の対論者の「話者が話を話すように、去者は去を去る」という反論の答破がこの偈で完了したとする。月称は偈を平明に解説するだけであるが、最後に仏護に倣って話者が話を話すという比喩による反論が答破されたという。

清弁は第二二偈の場合と同じように、先ずこの偈では特定のヴァイシェーシカ学派を否定すると解釈する。同学派では去者と去を六範疇（句義）の実（dravya）と業（karman）という全く別の存在とするので、去者を去者たらしめる去を去者は去らない、という前偈の去の否定はその見解と抵触しない。そこで同学派の主張を否定するために、龍樹は第二三偈abを説かれたと清弁は解釈する。彼はこの場合には偈は、（一）それより別であることが否定されるので（観誓は「去者から去」「去から去者」が別、要するに去と去者が別であることが否定されるとする。偈のaで、「或る去によって去者と知ら（言わ）れる、その去者」とは、実質上は或る去であるから「去」である去者は去と別のものではないというのであろう）、清弁は特にヴァイシェーシカ学派の否定としてこの偈を解釈するので、この去者と去の別異性の否定を強調し、さらに（二）別異性を論ずる推論がない、（三）何ものも他の何ものとも別異でありえないことが認められる、（四）喩例も成立しない故に、を列挙する。清弁がこれら四種の理由を偈の「趣旨」だとするのは、彼が去と去者の別異性を言外の意味として読みこんだということであろう。

次に清弁は前偈の場合と同じように、偈のｃｄを含め、ｃｄを「理由」とした、その意味では偈に忠実に従った解釈を与えている。ただし彼は偈のａｂを論証式の〔主張〕、「二つの去はありえない」を「二つの去をもたない」に改めて、〔証因〕としている。こうして清弁は仏護の註釈に対して、(一)「二つの去がありえない」ことは、「去の原因が一つだけはあることを認めたことになる」という揚げ足取りの批判、(二) 去者と去が別であることを否定していない、(三) 前偈の場合、第八偈と同じ否定となってしまうように、この偈も第九偈ａｂの否定と無区別になってしまう、と批判する。これは暗に間接的に、龍樹の偈の、清弁の立場から見た不備を批判したことになろう。さらに清弁は「去が「一つだけはある」ことになる」という批判に関連させて、ヴァイシェーシカ学派の、去者とは別の一つだけの去があって、去者はそれを伴っているので、去者という概念〔言説〕で表現するのが妥当する、去の原因であるから去を行なったとき、「去る」と言われるのだ、という見解を取り上げて否定する。清弁の解答は、〔証因〕「去〔作〕を伴っている」は、対論者が立証すべきもの (pra-)sādhita) である（この部分の観誓註不明）と、月称の、論証式は対論者のみ認めるべきものという考え方と、紙一重の見解に立ち、「勝義として去を否定し、無からの生を否定しているから、ヴァイシェーシカ学派の主張は正しくない」という結論を下し、それを立証する論証式を提示している。

27　復た次に〔さらに別〔の否定がある〕〕—第二四、二五偈—

決定有去者　不能用三去　不決定去者　亦不用三去（二四）

去法定不定　去者不用三　是故去去者　所去処皆無（二五）

sadbhūto gamanaṃ gantā triprakāraṃ na gacchati/ nāsadbhūto 'pi gamanaṃ triprakāraṃ sa gacchati// (二四)

実有な去者は三種の去を去らない。実有でないそれ〔去者〕も三種の去を去らない。(二四)

gamanaṃ sadasadbhūtaḥ triprakāraṃ na gacchati/ tasmād gatiś ca gantā ca gantavyaṃ ca na vidyate// (二五)

実有で実有でない〔去者〕も三種の去を去らない。それ故に、去と去者と去られるべきものも存在しない。(二五)

梵典では第二四偈の前半で実有な去者、後半で実有でない去者、第二五偈の前半で、実有で実有でない去者を否定する。四句分別でいえば、第四句の実有でなく不実有でもない去者も考えられる。いずれにしても四句否定の三、四句の否定は形骸化しているいるように見える。羅什は第二五偈の前半の第三句の否定を去者のでなく、去の実有と不実有のディレンマによる否定と読み変えている。或いは原典のaが、gamanaṃ sadasadbhūtaṃ であったのか。羅什のように、sadasadbhūtaṃ を実有と不実有の二見解とすることも、偈の表現が省略形であると解釈したと見れば許されるであろう。第二五偈bの triprakāraṃ は「三種類共に」といった副詞と解すべきか。

【無畏釈】 蜃気楼のようである。〈実有な〉とは、「相待しないで成立している」(nirapekṣyasiddha)という意味である。〔三種の去の〕〈去を〉とは、「去られるべきものを」(gantavya)という意味である。〈三種(Tはduを加え副詞と訳す)〉とは已去と未去と去時という意味である。〈去らない〉とは、去の否定の意味である。〈実有でないそれ〉とは、「存在していないもの」という意味である。〔偈後半の〕残り〔の語〕は、前に〔前半の語義説明の中で〕説明した通りである。

〈実有で実有でない〔去者〕もとは、上述の二つのあり様を合わせた存在(saṃsṛṣṭa-, saṃbhinna-bhāva)の説示である。〔第二五偈の前半の〕残りの語は、前に説明した通りである。

〈それ故に〉とは結論である。このように考察されたとき、それらはあり得ないので、それ故に、〈去と去者と去られるべきもの〉〔という〕三〔要因〕〈も存在しない。〉松明〔を回転してできる火の〕輪のように。

【解説】 第二四偈の前半の『無畏』は、偈の中の語の簡単な語義説明である。羅什もその註釈法に従う。『無畏』が、gamana を gantavya の意味だと言うのは、この偈では、同じ gamanaṃ を主語でなく、目的語(対格)、「去る」という行為の対象であるというだけのことである。

観六情品第三

1 **観六情品** 「眼等の認識機能(根)」(cakṣurādīndriya-)。T1は「認識機能」(indriya)。T2は「認識の依り所」(āyatana・入)。漢訳二本は「六根」(六認識機能)。

2　問うて曰く（ここで〔対論者は〕主張する）—第一偈—

眼耳及鼻舌　身意等六情　此眼等六情　行色等六塵（一）

darśanaṃ śravaṇaṃ ghrāṇaṃ rasanaṃ sparśanaṃ manaḥ/ indriyāṇi ṣaḍeteṣāṃ draṣṭavyādīni gocaraḥ// （一）

視覚、聴覚、嗅覚、味覚、触覚、思惟が、六種の認識機能（以下、根）である。それらの対象が見られるもの等である。（一）

【無畏釈】これら視覚や聴覚等の六種の根は存在する。それら六〔根〕の対象（gocara, 以下、境）は見られるもの等である。眼（cakṣus）は色を見、乃至、意は法を知る。

【解説】羅什は『無畏』に第一偈が「経の中に六情有りと説く」という教証に基づく主張であることを加えただけである。仏護は仏の教説とは言っていないが、当然のこととして前提し、対論者は、眼が存在しなければ見ることができないと、否定的随伴（vyatireka）によって六根の存在を主張するとする。月称は、前章の末尾の偈のｃｄで、行くこと（去）、行く者（去者）と行かれるべきところ（所去処）が否定されたが、「見ること、見る者」等は「仏の言葉による証明に基づいて」（pravacanasiddhyapekṣayā）存在することが是認されるべきであり、第一偈はアビダルマの所説であるので、「六根と六境は自性として存在する」という対論者を先ず想定する（『中論釈』Ⅱ、二頁の解説参照）。前章と関連付けるこの月称の解釈は、清弁に従ったことになるが、清弁は見者には言及していない。清弁はこの章から章の冒頭にある極まり文句で註釈を始める。この章は先ず「生と抵触する特定の主張の否定によって、諸入が無自性であると説くためである」と、第一章の生の否定と関連づけ、次に生を去に、無自性を空性に変えて第二章とも関連づけている。このように彼は第一章と第二章とを特別扱いにし、従来の論述からも窺えるように、第一章を勝義、第二章を世俗と分けているようである。ここでも前者と関連する対論者の推論式は、〔主張〕勝義として内の諸入はまさに生ずると把握すべきである。〔証因〕対象が各別に決まっている故に。〔喩例〕この世で生のないものには対象が各別に決まっていない。例えば石女の子の諸入には、対象が各別に決まっていないように。〔以下省略〕、という勝義に限定した五支の論証式である。しかし対論者が何故「勝義として」という限定詞を必要とするのかは明らかでない。後者の場合は、第二章の最後の第二五偈のｃｄで、去と去者と所去処の否定が説かれたので、対論者は、〔主張〕去は存在すると知るべきである、〔証因〕作用の結果である故に、〔喩例〕色の視覚機能等のように、と主張する、と想定し、清弁は註釈者の中で唯一人、第一偈をそれらに対する中観派の解答と解釈する。註釈は偈の各語の説明を主とし、対象をもつものと対象が各別に決まっているのは言説においてであって、勝義ではないと答えている。

3　答えて曰く（ここで答える）――第二偈――

是眼則不能　自見其己体　若不能自見　云何見余物（二）

svaṃ ātmānaṃ darśanaṃ hi tat tam eva na paśyati/　na paśyati yad ātmānaṃ kathaṃ drakṣyati tat parān// （二）

実にその見はまさにその同じ自己の自体を見ない。自体を見ないもの、それがどうして他のものを見るであろうか。（二）

偈の前半は羅什訳とＴ１の読み方は同じ。Ｔ２は梵偈の語順に従った機械的な直訳。『無畏』は偈のａに na（me de）を加えて独立した命題とする。あるいは ātmānaṃ を ātmā na と読んだのか。Ｔはｂの eva を naiva paśyati（決して見ない）とする。Ｔ２のａの raṅ gi bdag ñid na は、清弁の註釈の raṅ gi ṅo bo ñid yin na/（自己の自性であるものを）による訳か。また清弁だけは、ｃの yadātman を yadā-ātman と読んでいる。また偈ｂのＴ２（de ni de la mi lta ñid）は、観誓では、de yis de(s) ni mi mthoṅ ñid/。cd（gaṅ tshe bdag la mi lta ba/ de gṣan dag la ji tar lta）は gaṅ tshe bdag ñid mi mthoṅ ba// de yis gṣan ni ji ltar mthoṅ//。

【無畏釈】〈見は自己自体〉をない。どういう理由でか。〈というのはそのものがその同じものを見ることは決してないからである。〉自己〈自体を見ないもの、それがどうして他のものを見るであろう。〉それ故に「眼は見る」ということ、それは妥当しない。生れつき盲目の人のように。

【解説】偈は極めて単純明解で、ａｂでは「見は自己自身を見ない」、ｃｄでは「自身を見ない見は他のものを見ない」と説くだけである。

羅什はここで眼が自他を見るか否かに関連して、「灯の能く自ら照らし亦た能く他を照らすが如く」という比喩を挙げ、灯が明を本性とするように、眼が見という機能（作）を本性とする（見相）ならば、自他を見ることができるという。この比喩は「観三相品」（第七章、第八偈以下参照）で、本生と生生の生に関して、対論者が用いた比喩である。羅什はそれを眼が自他を見る見に転用したのであろう。それ以外の点では『無畏』と変らない。ただ羅什はここでも後半を偈の引用とし、龍樹の権威を借りた教証としている。これは「自身を見ないものは他を見ない」という主張が、常識的にも理論的にも説得力がないと考えたからではなかろうか。

『無畏』の冒頭の〈自己自身をない〉は素直に読めば、paśyati（見る）の省略と取るべきであろう。しかし『無畏』はhi（羅什の「則ち」に当る）を、理由を説明する接続詞「というのは」と訳し、bを理由にしてaを結論とすると解釈する。「自己自身を見ない」と読むならば、理由と結論は共に「自己自身を見ない」というトートロジィになってしまうとも取られかねないであろう。そのためか『無畏』註では偈のaにmedを加えただけ（bdag ñid med de）で、「見る」（paśyati）を加えていない。梵語でいえば、na svam ātmānam（自己自身をない）となる。独訳者はexistiert nicht an sichと訳すから、「見ない」ではなく「存在しない」と理解していたことになる。この解釈では、『無畏』は偈bの「自己自身を見ない」を理由にして、aで「自己自身は存在しない」と結論を下していることになろう。

仏護は、『無畏』の第一偈の註釈末の「眼は色を見る」という対論者の主張を改めた、「色を見るので見である」があり得ない理由を、第二偈は説いていると解釈する。しかし上述のように、この偈のab、特にaが曖昧であるからか、仏護は偈の語句の説明を行なわず、聖提婆の『四百論』の第一三章第一六偈の「すべてのものの自性は最初に（pūrvam）それらのもの自身（ātmani）の中に見られる。眼はどうしてその同じ眼によって認識されないであろうか」を、註釈の最後に教証として引用し、実際はこの聖提婆の第一六偈を解説するという仕方で、この第二偈を註釈している。彼の註釈は先ず「最初に」の解説から始まるといってよい。彼は自己自身と他者とを、論理的前後関係に摩り替えて捉え、「もの（水・火・肉冠花）の自性（湿気・熱・芳香）がそのもの自身に認識されるとき、そ〔の自性〕を具備しているので、他者（地・水・衣）の自身にも認識される」と解釈する。彼は最後の肉冠花の喩の場合、花に芳香があれば、薫習された（しかし仏護も清弁も薫習説に立ち入ってはいない）衣にあり、悪臭がなければ、衣にもないという肯定的随伴（anvaya）と否定的随伴（vyatireka）を説き、水等の対象物と見とに、見られるものと見るものという認識論上の主客という根本的区別を認めつつも、見の自性である見ることが見そのもの自身にあるときには、色という他のものにも見の自性があって色を見ることもあり得るが、見は自己自身を見ないから、色をも見ないという否定的随伴によって「見」を否定できるとするようである。しかしこの仏護の解釈は存在と認識を混同した誤解、無知に基づく論述で、清弁は全否定し、月称は全く無視している。

清弁は「見とは見るので眼根である」と、この偈の見が眼根であることを示し、svam ātmānamを「自己自身を」とは「自己の自性を、であるとき」であるとする。この自性という解釈は、仏護（聖提婆）の採用であろう。さらに彼は偈のｂの「その同じもの」と訳した tam eva を「それだけ〔を見ない〕」の意味であれば、「他のものを見る」ことになるので、「決して見ない」(naiva paśyati) と解釈する。Ｔ２訳の mi lta ñid、Ｔ１の lta ba ma yin ñid はこの解釈によった訳であろう。Ｔ２ではｂの hi は強いて言えば、ni（実に）と訳されているだけであるが、清弁は註釈では、「それはそれを見ない故に」と理由句とし、「それ（ｂの所説）は「一般に知られている」(prasiddha・観誓は「立論者と対論者に共に知られている」）という趣旨である」とする。その限りでは清弁はこの偈を、「見が自性であるとき、そのものがそのものを見ることは決してないし、そのことは周知の事実であるから、自己を見ないもの（又は、見ないとき）、それが他のものをどうして見ようか」という意味と理解していたことになる。ただし観誓は、清弁の「見るので見、すなわち眼根である」(D, Tsha, 76a3) を、「世俗としての眼・入 (āyatana) の定義を説いたもので、眼根が色を見るので、それ故に見であるということだとし、「自己の自性であるものを」とは、その眼根が「勝義として色の自性であるものを」である (D, Sha, 5a3-4) と註釈する。偈のｃｄはそういう勝義の不見に基づいて、世俗としての「見が色を見ることをも否定する」ということのようである。

清弁は偈の語句をこのように説明した上で次のような論証式を説く。〔主張〕勝義として眼根は色を決して見ない。〔証因〕自己自身（眼根）を見ない故に。〔喩例〕耳のように。この後で彼はアビダルマ、有部、経量部、サーンキヤ学派等の内外の論派との論理学上の誤謬の攻防を可成り詳しく展開している。

最後に清弁は、仏護のこの第二偈の註釈の全文を、聖提婆の偈をも含めて引用して批判する。彼は先ず、仏教内の或る者達の「仏護の主張が、色を知覚するその見がもし眼にないようにそのように色にもないというのであれば、証明ずみの証明である」という批判を紹介する。観誓はその色を知覚する見とは、「色の形象の眼識の生起によって眼が色を見るということが知られるのであれば、その色の形象の眼識は、眼にないように色にもないので、眼は色を見ないと仏教の或る者達の教理にも成立しているので、証明ずみの証明にすぎない」とし、同じように、仏教一般に共通の定説で、「それは眼と色にないし、その両方にもない。或る処にそれがあるぞ〔の或る処〕はないし、それはなくもない」と説かれていることも論拠として挙げている。

清弁の批判は「或いはもし自己自身を見る能力がないというのであれば、肉冠花はその例に適合しない。肉冠花には〔自己自身によって芳香はないが、種子や地等の〕全体（和合）によって芳香性が偶有的なもの（ākasmika, āgantuka）として生じる故に、花と接触した胡麻が芳香性を帯びるようなものである。色を見る作も誰によっても認められないので、それの否定もあり得ないからである」(D, Tsha 78b5-6) である。さらに「自身を把握しないように、他をも把握しないことを証明するのであっても、喩例になり得ない」として、「火と肉冠花は自と他の自体を把握しないから」だとする（この場合、何故「水」の喩例が除かれているのか、観誓によっても明らかでない）。観誓はこの批判を清弁の批判とするが、清弁は前の仏教内の或る者達の批判等をも容認していたように思われる。

月称の主釈は極く簡単で、清弁の上述の論証式の喩例の「耳〔等〕のように」(śrotrādivat) を用いて、「耳等のように見は青等を見ない」と否定し、その論拠が偈ｂの「それはそれを見ない」であるとし、それを「自己自身へ向けられた作用・行為は矛盾である」(svātmani kriyāvirodhaḥ) という用語に改めただけである。この用語は月称の註釈に二、三回見られるが、どの程度専門術語として用いられていたかは詳しくない（『中論釈』Ⅱ、三頁註二、TGVS, p.349, fn.2、梶山「廻諍論」三八三頁註三六、『実在』一五四―一五五頁及び本章の第五偈の補註参照）。月称は「見は存在しない」を結論とする。

4　問うて曰く…答えて曰く（ここで〔対論者は〕主張する。眼は自己自身を見なくても、他のものを見る。例えば火は自身を焼かなくても、他のものを焼くように。ここで答える）―第三偈―

火喩則不能　成於眼見法　去未去去時　已総答是事（三）

na paryāpto 'gnidṛṣṭānto darśanasya prasiddhaye/ sadarśanaḥ sa pratyukto gamyamānagatāgataiḥ/ (三)

火の比喩は見の確立のために適切でない。それ（火の比喩）は見共ども、去時・已去・未去〔の論理〕によって答破された。（三）

【無畏釈】見の確立のために用いられた火の比喩なるもの、それは〔適切でない。〔確立することが〕できないし、不充分であるという意味である。」「それは見共ども、答破された」とは、見も一緒に、その火の比喩は非難される。否認されるという意味である。もしどのようにというならば、已去と未去と去時とによってである。例えば、已去と未去と去時において去るという作があり得ないように、そのように已焼と未焼と焼時にも焼くという作はあり得ないし、同じく已見と未見と見時にも見るという作はあり得ない。

【解説】偈の語句で曖昧なものが三点ある。（一）はａのparyāptaで、『無畏』はこの偈の文脈に合った意味を明確に示す同義語を註記する。仏護、月称、観誓もそれに従うが、羅什は偈で「能わず」と訳すので同義語を挙げるまでもなかったのであろう。清弁も同義語を挙げていない。Ｔ訳が始めから偈のparyāptaをnus ma yin（できない）と訳しているのは、清弁によったのであろう。（二）はcのsadarśanaḥで、月称が端的に「喩によって示される（dārṣṭāntika）見も、喩の「火」ともども」と示すような意味であることは、『無畏』以下も簡略に、仏護、清弁は質疑応答の形ではあるが、解説している。羅什は偈の訳の中でも除いているのは、梵語としては曖昧であるが、意味の上では改めて言うまでもないことだからであろう。（三）は前（補註六三頁参照）にも触れたが、偈ｄの「已去・未去・去時によって」である。羅什は第二章の章名と三時に分けて否定する方法という、両方の意味で解釈しているが、『無畏』以下は章名としていない。

　仏護の対論者は「火のように見等は成立する。例えば、火は焼くものであっても、他のものは焼くが、自分自身を焼くことはない。同じように、見も見るものであっても、他のものを見るだけで自分自身を見ることはない」と主張する。それに対して仏護は、偈のａｂが説く火の喩が適切でない理由を四種挙げている。（一）世間では薪が焼かれる（所焼）というでもあろうが、それは火が薪と離れて存在しないからであり、それ故に、火は自己の自体を焼くだけで、他のものを焼くことはない。（二）火と薪が別のものでなくても、火は能焼、薪は所焼と分別するのであれば、逆に火は所焼、薪は能焼とも分別できる。（三）聖提婆（『四百論』第一四章第一六偈）によって、火によって熱（火の自性）が焼かれる（原本では、火だけが熱（自性）である）。熱（自性）のないものがどうして焼かれるであろうか。そうであれば、焼かれるものを意味する薪はないし、それなしでは火も存在しない。（四）火の比喩であるが、火が焼く（燃える）点を比喩とするのでなく、火が自と他を照し出すものであることを比喩とする者に対して、自と他を照らすように火は自と他を焼くべきであり、見も自と他を見ることになるので、自己自身を見ないことは成り立たないし、自分（ātman）が自分を見るということもどうして成り立たないかと答破する。仏護はさらに偈の「見の確立」の確立prasiddhaが「世間で弘く知られている」という意味である点に注目して、見を主語としてはいないが、世間では人は「私には私が解っている」という会話が知られる。それら自分や私という自己自身（svaḥ ātman）の意味に用いられる語によって、「火の比喩は見の確立のために適切でない」（第三偈ａｂ）と答える。このように仏護の答破は帰謬論証派らしく、詭弁的とも思える。

清弁は第二偈の「色を見ない」（a）という主張を、「自己の自体を見ない故に」（b）を、証因として立証する論証式では、証因が不定（anaikāntika）であると論駁する反論者を想定し、その喩体として「火は自己の自体を焼く力はないが、他の自体を焼く力はある」を挙げる。彼の答破は論証式の誤謬に絞られている。（一）火は自体を焼かないが、他の自体を焼くならば、中観派の証因は不定となるが、「勝義としては火は焼くものとして成立しない故に」、また「言説としても〔眼は自己の自体において見の自性として成立しない故に、他の自体においても＝観誓（D, Sha, 19b4–5）〕見の自性として成立しない故に、という〔のが龍樹（sūtrakāra）の趣旨である〕」。（二）仏護の（四）と同じ対論者の否定であって、火の自性が自と他との自体を照らし出すことは自宗でも他宗でもないとし、その理由として「そこには闇がない故に〔観誓〕」を挙げ、「言説としても火は自己の自体を焼く自性として成立していないので、他の自体を焼く自性としても成立していない故に」を、龍樹（sūtrakāra）の偈ａｂの趣旨だとする。（三）最後に清弁は、焼ということは、熱のように火の自性ではなく、火によって行なわれた薪の変化であり、自性は変化しないから、火の喩は見の成立のために適切でない、という結論を下す。

月称は偈ａｂに関しては仏護、清弁を採らず、表現は異なるが、『無畏』と同じ意味の簡単な註釈を加えているだけである。偈のｃｄについては『無畏』は偈の「已去と未去と去時によって」を、去という作があり得ないという前章の否定の方法と取り、それを「焼」と「見」に適用している。羅什はそれを已去等の各々に繰り返しているだけである。仏護も羅什と実質は同じである。清弁は仏護を下敷に、「勝義として」という常套的区別を加え、第二章第一偈註で述べた各々の理由句、「已去である故に」などを加えただけである。月称もその第一偈の去等を、見等に改めた適用偈を示すだけである。恐らく彼は仏護、清弁のように、具体的に各々に適用するまでもないと考えたからであろう。ただ彼は第二章第九偈の「去者の不去」も「焼者の不焼」と「見者の不見」に適用されるべきであるとする。

清弁は最後に仏護の対論者の所説全文を引用し、自己自身を見ることはないという論（者）に対する解答として、第三偈と「それ（火）も他を焼かないからである」（上述の四種の理由の一参照）とによって仏護は答破したとする。清弁はその答破を批判して、「比喩のみ〔を述べただけ〕であるので、対論者の主張（前分・pūrvapakṣa）は全く無価値・不適切（asāra）である。それ故に、それ（存在しない主張）を否定する論理はない故に」と述べている。論理学的に論ずるに価しないということであろう。

5　復た次に（さらにまた）―第四偈―

見若未見時　則不名為見　而言見能見　是事則不然（四）

nāpaśyamānaṃ bhavati yadā kiṃcana darśanam/　darśanaṃ paśyatīty evaṃ katham etat tu yujyate//（四）

同様に、見ていないとき、見では何らない（何ものも見ていない〔ので〕見でないとき）。「見が見る」ということもどうして成り立つであろうか。（四）

ａｂを羅什、『無畏』、清弁に従って訳した。（　）内は仏護、月称。月称の場合、ａｂは（一）何ものをも見ていないものは見でない、（二）見ていない何ものも見でない、（三）何ものも見ていない見はない、（四）見ていないいかなる見もない、という四種の読み方が可能であろう。梵偈のｃのevam（同じように）を羅什もＴも無視するが、月称の註釈の冒頭のyadā caivamが、それであれば、前偈と並列的に、「また同じく」ということになる。或いはyadā … evamという相関関係を示すのであろう。ｃのdarśanam paśyatīti を仏護、月称は註釈ではpaśyatīti darśanamと語順を変えて、「見るので、見である」と読むべきだとする。『無畏』も清弁も註釈は偈と同文（『無畏』の《　》の部分参照）であり、梵本は梵偈の語順であったであろうから、羅什のように「「見が見る」ということが」であり、そう理解していたと思われる。それだからこそ、仏護、月称が殊更に語順を論じたのであろう。Ｔ２はＴ訳者が月称に従ったか、文法学的定義と解釈して訳したかであろう。

【無畏釈】〈何ものも見ていないとき、見ではない。《「見が見る」ということ、それもどうして成り立つであろうか。》〔それは決して成り立たないという語義である。〕（　）内は清弁の文）

【解説】『無畏』は偈の繰り返し。羅什はここでもそれを偈の引用に改め（梵文が梵偈と同文であったからであろう）、その前に簡単に、眼が見といえるか否かは色という境との関係の有無による、という説明を加えただけである。ただし『無畏』は偈のａｂとｃｄを二つの別の見解とするが、羅什は特に引用偈ではｃｄをａｂの帰結とする。

月称は「見は自はもとより、他のものさえも見ない」という結論を受けて、見ていないもの（apaśyat）が見であることは成り立たないので、「見るので、見である」という見の文法学上の定義は成り立たないという。その場合、眼が見でない上述の（一）（二）の場合でも、見が存在しない（三）（四）の読み方でも変らないであろう。

仏護と、この偈の場合は仏護の解釈を踏襲し詳述したといえる清弁とは、「darśana（見）が見る」という表現を問題にし、文法学（śabdaśāstra・声論）で kṛt 語尾（＝kṛtpratyaya＝bya baḥi rkyen、この場合は darśana の ana 語尾）が、主語（kartṛ）の意味で用いられるということを、対論者が主張すると想定する（清弁は対論者が「覚醒する（adhigamana）、或いは覚醒した（adhigata）ので、仏（buddha）である」と、仏という語の文法学的規定を例示したとし、kṛt 語尾の他に過去分詞をも挙げる）。そこで仏護は「見者（draṣṭṛ）でなく、見（darśana）が主語として見るということは、機能が機能しているとき、すなわち、見ているときだけ（paśyamāne eva）見るのであって、見ていないとき（apaśyamāne）には〔見は〕ない（見ない）。そのとき「見が見る」という所説がどうして成り立つであろうか」と註釈する。仏護はここでも「或るものによって見というこのことが成り立つところの、それ（或るもの）である第二の見という作がどうしてあろうか」と言い、二見、二見者となると、対論者の主張を否定する。清弁は文法学の権威を認め、「見は見る」ということを一応認めるが、この文法学的解釈は言説諦としてはあり得ても、勝義では成り立たないとする（彼は仏も勝義として無自性であるから喩は存在しないし、第二二章の最後の第一六偈で如来と世人の同一性を説くので、定説とも矛盾しないと主張する（D, Tsha, 80a2))。

6　復た次に…何を以っての故に—第五偈—

見不能有見　非見亦不見　若已破於見　則為破見者（五）

paśyate darśanaṃ naiva naiva paśyaty adarśanam/ vyākhyāto darśanenaiva draṣṭā cāpy avagamyatām// (五)

見は決して見ないし、見でないものも決して見ない。そして見と同じ〔考察法〕によって、見者も説明されたと理解されるべきである。（五）

LVP, dJ は paśyate が paśyati（cf. RM, pp.31–32）。梵偈 d の avagamyatām は LVP は upagamyatām。

【無畏釈】　両方の仕方でもあり得ない（T訳では前偈の註釈の末尾に置かれているが、羅什訳のようにこの偈の前にあるべきである）。—第五偈—

先ず〈見は見ない。〉どういう理由でか。上述の誤謬に堕する故に。即ち、已去と未去と去時による考察（cintā）で、「去者が去る」という場合に堕する誤謬に堕するであろうところの、その同じ〔誤謬〕に堕するであろう。それ故にそれは成り立たない。〈見でないものも決して見はしない。〉どういう理由でか。見るという作用を欠いている故に。実際、見るという作用のないもの、そのものがどうして見であろうか。原子のように。この論証〈そのものによって、見者も已に説明されたと理解されるべきである。〉

【解説】『無畏』の前の偈の註釈は gñi ga lta（P. D は ltar）yaṅ ... で終るが、羅什ではこの偈の前に「二処に倶に見法無し」がある。『無畏』の原典では lta や ltar でなく、darśana（lta ba）であり、それがＴ訳では誤って lta や ltar とされ、伝えられたのではなかろうか。羅什はａｂの註釈では、『無畏』の「已去と未去」以下の冗漫な繰返しを省略しただけである。ｃｄの註釈は羅什の付加。見るという作（dṛśikriyā）が見にある場合と見者にある場合の誤謬を指摘している。その上で彼は「是の故に偈の中に説く」と、ここでも偈ｃｄの引用とする。

仏護も見るという作が何にあるかを取り上げている点では、羅什と同じ方法を取るが、彼は作が「見は見る」の（一）「見」と（二）「見る」とに在る場合とするので、羅什とはまったく異なる。（一）の見にある場合は、「見る」には見るという作がないから「見は見ない」（偈ａ）となり、（二）の「見る」にある場合は、見は見るという作を欠くので、見でないものとなる。そこで指先のように「見でない〔見〕は見ない」（偈ｂ）ことになる。偈ｃｄの註釈では、kṛt 語尾の ana が、作者（主語）でなく、作具（karaṇa）を意味すると解釈して、「見者が見によって見る」という反論を想定し、見である眼を見者とするか、自我を見者とするかだけであるので、違いはないと論駁する。さらにこの場合は、「見者」と「見」（作具）と「見る」という三者に、「見る」という作がある誤謬になるという。

清弁はこの偈を前の偈の別の考察と解釈し、前偈と同じ文法学的解釈によって、先ず darśana と adarśana の ana を作者とする二者択一としてａｂを解釈する。（一）前者の場合（『灯論』の gal te de lta ba ma yin ba la bya nani（D, Tsha, 80a3–4）は観誓（D, Sha, 23a2）によって ma を除く。恐らく次の文が「何ものも見ていないとき見はない」（第四偈ａｂ）であるから、梵本の写本か、Ｔ訳の際に、誤って否定が加えられたのであろう）は前偈と同じ（観誓（D, Sha, 23a5）は、勝義として文法学的に解釈された見と仏という語が成り立たないことを、即ち、「喩例がない故に」と、前に述べたようなことは成り立たないこと（補註5参照）で、もし見という作の作者であるから「見」であるなら、仏護と同じように、「見る」という第二の「見」は無意味になり、「見は見る」とは言えない。（二）adarśana が作者（主語）であれば、「何も見ていないとき、見はない」（第四偈ａｂ）のであるから、土塊のように見という作を欠くので、「見でないもの（adarśana）は見ない」（第五偈ｂ）。清弁は次に、「見でないものは見ない」の二重否定は義準（arthāpatti）によって「見は見る」となるので、中観派の「見は見ない」（第五偈ａ）と対立するという反論に答えて、第一章で縁は有にも無にも（有れば、縁は無用、無ければ、何の縁か）あり得ないように、見という作は、有っても無くても、見の作因（kāraṇa・『灯論』訳は rgyu ñid（D, Tsha, 80a7）であるが、観誓の byed rgyu ñid による）であり得ないという。さらに彼は、見の自性に見の作はないので見でないが、後に色を見るので、転義的仮説（upacāra）によって「眼は見である」と分別すると釈明する対論者は、自分が認めている（iṣṭa）見の自性を否定することになると批判する。その他に世間で「デーヴァダッタ〔や見者や眼〕が色を見る」といった日常的言語的慣用（言説）があることから、「眼は見を生ずる」と推定して、「眼は見る」という言説の仮名を認める対論者に対して、龍樹は彼らが「勝義として「見という作の生起」を主張していない」と「見という作が生起する前に見は見でない」という趣旨で、「見は決して見ない」と説き、「見でないものは決して見ない」は「見でないもの」が「見を具えるもの」になることは説明しがたいから、証因の事実の不成立、意味の矛盾から主張は斥けられるという結論を下す。偈ｃｄに関して清弁は自我（ātman）を行為者とし、見・darśana の ana 語尾を kartṛ でなく karaṇa（作具）とするサーンキヤ学派とヴァイシェーシカ学派では切るという作を例にし、自我が斧（作具）によって切るという作をなして、切るのであって、斧だけで切ることはないと主張する。そこで彼らは「眼（作具）が見ない」ということは解りきったことの論証（siddhasādhana）であると、反論する。それに対して偈ｂｃｄが説かれたとする。その解答は前の見の場合の繰返しとなるので省略するが、その中の raṅ gi bdag ñid la ḥjug pa ḥgal baḥi phyir（D, Tsha, 80b7）は、月称の svātmani kriyāvirodhāt（補註3、一〇六頁参照、cf. LVP, p.114, l.1）の kriyā が pravṛtti になっているだけと思われる。

　月称は指先の例を用いるなど、仏護の註釈を考慮に入れていたようであるが、彼は文法学的な解釈を採用しないで、前偈の「見るので見である」という規定に関して、眼が「見」を自性とするか否かのディレンマによって論理的に否定する。彼もｃｄの註釈では、見を作具（karaṇa）とし、見者を識（vijñāna）または自我（ātman）とする見解を否定し、cdの「見によって見者も已に説明された」ということを、見の否定を述べたこの章の第二偈の見を、見者に替えた適用偈にしている。

7　復た次に（さらにまた）―第六偈―

離見不離見　見者不可得　以無見者故　何有見可見（六）

draṣṭā nāsty atiraskṛtya tiraskṛtya ca darśanam/ draṣṭavyaṃ darśanaṃ caiva draṣṭary asati te kutaḥ//（六）

見者は見があってもなくても存在しない。見者が存在しないとき、見られるものも見も君にはどうして存在するであろうか。（六）

第四句の te をT1は de dag（それら）、T2は khyod kyi（君に）と訳す。

LVPはab内の語順が異なる。〔tiraskṛtya〕draṣṭā nāsty atiraskṛtya ca darśanam/。Tのabは ma spaṅs lta po yod min te// lta ba spaṅs par gyur kyaṅ ṅo/。T訳は清弁の読み方に従う。清弁はaとbを分けて挙げているので、「〔見が〕あっても見者は存在しない（＝a）。見がなくても（＝b）」となる。

【無畏釈】見があっても、視覚がなくても見者は存在しない。《見を具えていても見なしでも見者の自性は存在しないという意味である。》

〈見者が存在しないとき、君に見られるものも見もどうして存在するであろうか。〉

【解説】羅什訳は『無畏』に「若し見者無くば」以下を加え、『無畏』のcdをここでも偈の引用としているだけである。

仏護は第四偈の註釈の「見るので見である」等を、「見るので見者である」、「見るときだけ見者である」、「見るという作を具えている見者」であると、見を見者に不見を不見者に替えて同じ論法で否定している。清弁の偈abの第一の解釈は、仏護のそれを詳しく明確にしたものといえる。第二の解釈（D, Tsha, 82a2-3）は『無畏』を採用し、《　》の中に「の自性」を加えたものをabの趣旨とする。仏護の対論者は、瓶等の対象があり、それを見る見があるというだけで、「見が見る」のか、「見者が見る」のかという、誰が見るのかはどうでもよいことだと反論する。月称は、対象と見等の根の存在から、見者の存在を主張する対論者を想定し、それに対して根と境とが見者と相互相待であるという縁起の立場で、aでは見者が見に相待している（sāpekṣya）ことを、atiraskṛtya（あって・なくはなく〉と表現し、bは相待していない場合とし、見者が成立している（siddha）か成立していないかのディレンマによって否定する。偈cdについては諸註釈は見者と見と可見が相互に他なしでは無いという常套方法によって否定しているだけである。

8　復た次に（今や次に）—第七偈—

見可見無故　識等四法無　四取等諸縁　云何当得有（七）

draṣṭavyadarśanābhāvād vijñānādicatuṣṭayam/ nāstīty upādānādīni bhaviṣyanti punaḥ katham//（七）

見られるものと見が存在しないので、識等の四〔支〕は存在しない。それ故に、取等がさらにどうして存在するであろうか。（七）

Tはcのnāstītyのitiを欠く。『灯論』もnāstiまでとupādānādīni以下を別々に引用するが、itiはどちらにも訳されていない。

【無畏釈】〈見られるものと見がないので、識、〉触、受、渇愛という〈四〔支〕は存在しない。〉残余の〈取等〉の有支（bhavāṅgāni）も〈どうして存在するであろうか。〉

【解説】『無畏』も羅什も偈の繰返しに過ぎない。仏護の対論者は識の実有に基づいて、六根（入）の実有を主張する。これは十二支の第三支である識が存在すれば、第五支の六入は存在するという十二支縁起を論拠とする主張である。それに対して仏護はこの偈は直前の第六偈cdの「見者がないとき、対象（可見）と見はあり得ない」という認識論的存在構造による答破と解釈し、識の依り所である対象も識が依存する見もあり得ないことが既に説かれたとする。清弁の対論者も仏護のそれと同じであり、清弁の解答も偈のabc「可見と見が存在しないとき、識等の四は存在しない」を「縁（pratyaya）が存在しない故にという趣旨」とするので、仏護と変らない。月称の対論者も同じであるが、その教証として『宝行王正論』（*Ratnāvalī*）の第四章第五五偈の「眼と色とに縁って識の生起がある」を挙げている（この偈を『中論頌』と扱うT訳文献もあってか、LVPでは『中の頌』の本偈に含めている（『中論釈』Ⅱ、一五頁註二参照））。『王正論』を龍樹の真撰とする対論者がいたのか。恐らく月称は中観派の反駁を封ずるためだけに対論者が用いたとし、それを逆手にとってこの偈で「可見と見が無いから識が無い」と否定したと解釈したのであろう。このことから、（一）月称は『王正論』を龍樹の真撰と認めていた。（二）月称（他の註釈者も皆）は十二支の識→名色→六入の条件付けを龍樹がここでは無視し、十八界の認識論的構造である根と境に縁る識の生起を認めていたと解釈していた。（三）龍樹は『王正論』のこの偈の前後では、根、境などが実有でなく虚妄であることを説いているが、月称はその『王正論』の見解が、この『中論』の第六、第七偈の龍樹の見解でもあると取ったのであろう。しかし十二支の順序と整合させるために、月称は根（第五支）と境（第四支）と識（第三支）の結合（saṃnipāta）から第六支の触、さらに順に受→渇愛が生ずると解釈する。偈cの識等の四〔支〕は『無畏』以降すべての註釈が「識（第三支）、触（第六支）、受（第七支）、渇愛（第八支）」とするが、月称はその中の識→触の理由を明らかにしたということもできるであろう。清弁と月称は取以下を偈の表現通りに別に論じているが、このことは取を思想的に重視していたからでもあろう。この偈の所説の、龍樹の縁起観の中での位置については本文四〇頁註七参照。

なお、この偈で根境の否定によって十二支縁起の支分が否定されると説いていることは、その否定が単なる理論的否定に留まるのでなく、縁起の順・逆観が示すような、悟りへの道であることを示しているといえる。その点に言及しているのは仏護で、彼は「聖なる声聞は、様々な色が常性等でなく幻であると禅観する」という経文を引く。清弁、月称の章末の経文もそういう意味のものと取ることができる。

9　復た次に―第八偈―

耳鼻舌身意　声及聞者等　当知如是義　皆同於上説（八）

vyākhyātaṃ śravaṇaṃ ghrāṇaṃ rasanaṃ sparśanaṃ manaḥ/　darśanenaiva jānīyāc chrotṛśrotavyakādi ca//（八）

聴覚、嗅覚、味覚、触覚、思惟はまさに〔この〕視覚（見）〔の説明〕によって説明されたと知るべきである。また聞者と聞かれるもの等も。（八）

Tは次の『無畏』註のように、聞者等も聴覚、等と並べて訳している。

【無畏釈】《まさに〔この〕視覚〔の説明〕によって、聴覚、嗅覚、味覚、触覚、思惟、聴者、聴かれるもの等も説明されたと知るべきである。》海水（tsha chu = lavaṇajala）を飲むように（「〈海の水を飲む如し〉と同じ意味であるので、一処で海の水を味わえば、あらゆるところで味を味わう〔のと同じ〕様に、同様に諸法の行は空性である。同じ相の故に。」（上田『四百論注』一二四―一二五頁の引用）。

【解説】『無畏』は偈をむしろ単純化している。羅什は（一）cの聞者と聞かれるものを根と境とし、（二）前偈のaの可見と見の無を受けて、根と境を空、縁生とし、（三）五根と五境も見と可見と同じであるから説かない、と改めている。仏護は五根や五境等が各々別に見、可見、見者と同じであるから、改めて説かないとし、六根の空を結論とする。清弁は『無畏』の《 》内の「説明された」を「答えられた」に改め、冒頭の「視覚〔の説明〕によって」を引用の後に移し、「何によってか」という問いの解答として、それを強調し、耳等も推理によって否定すべきであることを加えているだけである。彼は章の冒頭との関連を意識し、「去」に触れるが、仏護と同じく六入の空を結論とする。漢訳『灯論』の詳説は漢訳者の増広であろう。月称は何も加えていない。

龍樹が「聞者」等の作者を含めているのは、彼の時代には未だ人無我と法無我の区別が明確に強調されていなかったからであろうか。『無畏』と清弁は偈の機械的反復、仏護だけは聞者や聞かれるもの（対象）をも個別的に否定するが、羅什と月称は聞者等を無視している。

観五陰品第四

1　**観五陰品**　梵本とTは「蘊の考察」（skandhaparīkṣā）。『灯論』、「五陰」。『釈論』、「五蘊」。

2　**問うて曰く…答えて曰く—第一偈—**

若離於色因　色則不可得　若当離於色　色因不可得（一）

rūpakāraṇanirmuktaṃ na rūpam upalabhyate/ rūpeṇāpi na nirmuktaṃ dṛśyate rūpakāraṇam//（一）

色（物質）の因を離れた色は知覚されない。色と離れた色の原因も見られない。（一）

Tはcを「色というものを離れた」と、ṣes bya ba を加えて訳す。字数を七字にするためであろう。bの upalabhyate とdの dṛśyate を清弁は「把握される」（grhyate）。月称はdも upalabhyate、仏護は結局のところ、upapadyate（あり得ない）と解す。dの na dṛśyate は観誓では mi ruṅ ṅo（D, Sha, 44a6）。

【無畏釈】ここで〔対論者は〕主張する。五蘊は存在する。〔人の〕仮名（人の存在を知らしめるものである名辞・prajñapti）が教示されている故に。ここで答える。―第一偈―

〈色の因を離れても色は知覚されないし、色〔というもの〕を離れても色の因は見られない。〉受、想、行、識についてもこの同じ能証が見ら〔説か〕れるべきである。種子と芽のように。

【解説】 対論者は『無畏』では「五取蘊に因る仮名」という仏説、羅什では単に仏説を論拠に五蘊の存在を主張する。仏護も五蘊が仏説であることを五蘊が苦であり、苦は四聖諦の一であるという教理によって主張する。清弁と月称は前章と関連づけ、五根が五蘊に含まれているので、五根は存在するという反論を想定し、それを否定するためにこの章で五蘊を否定するとする。清弁は、〔主張〕勝義として〔根・境の十二〕処はまさに存在する、〔証因〕蘊に含まれている故に、〔喩例〕この世で存在しないもの、それは色等の蘊に含まれない。例えば虚空の華のように（以下省略）、という論証式で反論を示す。

偈は因果の相互相待に基づいて、一方の無を仮定して他方の存在の無認識に導き、因果を共に否定する。『無畏』は種子と芽の喩、羅什は糸と布の喩を挙げる。羅什の方が解り易いであろう。

仏護は偈を二分し、ａｂでは因の四大種がなければ四大種とは別のものである色はない、と色を否定する。次に対論者は「とにかく四大種は存在する」と、その否定の前提である因の無の仮定を攻撃する。とにかく（tāvat）は、論理的考察以前の経験上の事実とか経験の承認を意味しよう。かくして彼は色があり得ないとａｂで説いたので、因もあり得ないという結論を下す。

清弁は色を、（一）偈が色の因とする四大種という色、（二）四大種所造の色とに二分し、偈のａｂは後者、ｃｄは前者の意味の色の否定を説くと解釈する。彼はａｂの語句の註釈に次いて、その総括として、兵士の集団である軍隊や森を喩例にして、〔主張〕勝義として色は実体（rdzas）として存在しない、〔証因〕自己の因が把握されていないとき、それの知は存在しない故に、等という論証式によって否定する。同時に彼は色の知と色という語を命題の主題として、〔主張〕色の知（色という語）は実体としてある事物（語の対象物）を対象としてもっていない、〔証因〕知（語）である故に、等という論証式によっても色を否定できるとする。

3　問うて曰く…答えて曰く―第二偈―

月称は比喩を瓶より布が〔異なる〕ようにとし、第一偈を色が色の因と異なる場合と色の因が色と異なる場合の二命題の提示とする。

離色因有色　是色則無因　無因而有法　是事則不然（二）

rūpakāraṇanirmukte rūpe rūpaṃ prasajyate/ āketukaṃ na cāsty arthaḥ kaścid āhetukaḥ kvacit//（二）

色が色の因と離れているとき、色は因のないものに堕す。そして因のない事物は何も何処にも存在しない。（二）

【無畏釈】　ここで〔対論者は〕主張する。もし色の原因を離れた色が知覚されるならば、どのような誤謬に堕するであろうか。ここで答える。―第二偈ａｂ―

〈色の因を離れて色が〉知覚されるならば、〈色は原因のないものに堕す。〉

そこで〔対論者が〕因のないものであればあるほどより善い、とこう考えるならば、それに答える。―第二偈ｃｄ―

〈因のない事物は何も何処にも存在しない。〉虚空における種子と芽のように。

【解説】『無畏』と羅什の対論者の主張は同じ。偈のｃｄの註釈では羅什は色の因と色を糸と布の比喩に改めただけのものといえる。『無畏』のように対論者の心の忖度をするまでもないので除き、羅什は「何処にも」を世間にはないと解釈したのであろう。

仏護はここでも「依存されるもので存在することが仮定されているもの」が「とにかく」存在するから依存する他方のものも存在するという反論を想定し、（一）色は無因になる、（二）何ものも経験されない、（三）何処においても示されない、（四）〔仏護が帰謬に屢々用いる〕すべてからすべてが生ずる、（五）すべての努力が無意味になる、という帰謬論証による誤謬を列挙する。

清弁は偈のａｂ（ｃ）には「色の因」は、「色の存在の因」という複合詞の中間の語を省略したものであるといった語句の各々に註釈を加え、「色であるとき」（rūpa・偈ａ）は「色の因なしで主張のみからこのような〔四大種所造といった〕様相（ākāra）のそれを認めるならば」と解釈し、「色は無因に堕す」の意味を「あり得ない、認められない」（na upapadyate）とする。彼はｃｄをすべての事物を無因より生ずると認めるので、色もすべての事物に含まれるとする無因論者に対する解答とし、次に「数論派の方法に通暁しようと願う者たち」の、因中有果論を裏から述べた「地等は色等より別のものでない」という立場での論証式、〔主張〕勝義として地等は実有としてあると知られることはできない、〔証因〕色より別でない故に、〔喩例〕色等の自己自身のように、を提示し、他のものであることが成立しないので、証因の意味の不成立と、色等の自己自身が否定されているので喩がない、と否定する。

月称は第一偈のａｂとｃｄの二つの否定的命題の論証のために、第二偈、第三偈が説かれたと解釈する。第二偈については『無畏』の虚空にある種子と芽や羅什の糸と布といった因果関係にあるとされる比喩でなく、瓶と衣という一般に因果関係が認められない比喩を用いている以外は何も加えていない。

羅什訳にはこの直後に、三問答からなる傍論が説かれている。

4　問うて曰く…答えて曰く―第三偈―

若離色有因　則是無果因　若言無果因　則無有是処（三）

rūpeṇa tu vinirmuktaṃ yadi syād rūpakāraṇam/　akāryakaṃ kāraṇaṃ syād nāsty akāryaṃ ca kāraṇam//（三）

一方、もし色の因が色を離れて存在するとするならば、果のない因が存在することになろう。しかし果のない因は存在しない。（三）

【無畏釈】　ここで〔対論者は〕質問する。では今や次に、色といわれるものを離れて色の原因が見られるならば、どのような誤謬に堕するであろうか。

ここで答える。―第三偈ａｂｃ―

〈もし色を離れて色の因が存在するとすれば、〉そうならば、〈果のない因が存在することになろう。〉

そこで果のない因といわれるものへの執着によって「そうであれ！」というならば、それに対して答える。―第三偈ｄ―

〈果のない因は〉何も〈存在しない。〉父と子のように。

【解説】　羅什の対論者の主張と偈ａｂ（ｃ）の註釈は『無畏』と同じ。『無畏』が因の存在を因の執着であるというのは、中観者の見解を押し付けたことになるからか、羅什は対論者の質問に改め、因と果が相対的概念に過ぎないので、無果の因の存在は世間にないと、前偈以来一貫した解答を与えている。『無畏』の父子の比喩は、子（果）が存在して始めて父は父となるという相対的概念の比喩であろう。羅什が次に因中無果論に言及しているのは無果有因との連想によるのであろう。

仏護は偈のｃを帰謬に改め、理由として（一）「これはこれのものである」という言明（言説）もあり得ないし、（二）すべてのものがすべてのものの因に堕す、を挙げ、因もあり得ないし果もあり得ないという結論を下す。清弁は果の存在による地等という因の存在を推理する対論者を想定し、色を離れた（果と関係のないものである）因の存在を認めることになるので、無果の、果の相のない因となる、と偈ａｂｃは説いたとし、ｄの趣旨は「因は色等の集合体そのものであるからである」(D, Tsha, 86a7) とする。積集説の因の定義であろう。月称はこの偈を無果の因が存在しない理由の教示と解釈する。彼は因果を瓶と椀の比喩で、無果の因が果と無関係で全く別のものであることを強調し、無果の因は、果を生起・出現するものという因の本質を欠くので、因でないという結論を下す。

5　復た次に（さらにまた）――第四偈――

若已有色者　則不用色因　若無有色者　亦不用色因（四）

rūpe saty eva rūpasya kāraṇaṃ nopapadyate/　rūpe 'saty eva rūpasya kāraṇaṃ nopapadyate// (四)

色がまさに存在するとき、色の因はあり得ない。色がまさに存在しないとき、色の因はあり得ない。(四)

【無畏釈】後半は前半の saty を asaty に変えただけ。T は eva を nopapadyate の限定 (ḥthad par mi ḥgyur ñid) と取る。

また、両方共に色の因はまさにあり得ない。〈色が存在するときも色の因は決してあり得はないし、色が存在しないときも色の因は決してあり得はしない。〉焼けたものと焼けていないもののように。

【解説】羅什は『無畏』の比喩を除き、前偈でも触れた因中有果論、無果論として解釈する。

仏護は（一）「存在する色」と（二）「存在しない色」による否定とする。（一）存在するものに因の作は無用であるし、作があるならば、作がなされない時はないことになる、（二）存在しないものに因はあり得ない、と帰謬を語り、この否定が第一章「縁の否定 (pratyayapratiṣedha)」＝縁の考察」の第六偈で、縁に関して説かれていることを付記する。

清弁は仏護の有と無のディレンマの文とほぼ同じ文言を用い、偈を二分し、両方共にあり得ないとし、ａｂには「存在するから、例えば存在する瓶と衣〔とにそれの因があり得ない〕ように」、ｃｄには「〔主張〕地等は認められる、〔証因〕生起の前に存在しない故に、〔喩例〕それより別のもののように、という趣旨である」とするだけである。彼は次に「ここで無生の章（第一章）（観誓は第六偈を引用する (D, Sha, 49a5)）で説かれた論駁 (dūṣaṇa) を再説することによって論駁が説かれたと知るべきである」というが、これも仏護の付記を改めたものであろう。月称も先ず清弁と殆ど同じ文言で偈の総括をし、存在する場合も存在しない場合も因は必要としないというだけである。

6　問うて曰く…答えて曰く―第五偈―

無因而有色　是事終不然　是故有智者　不応分別色（五）

niṣkāraṇaṃ punā rūpaṃ naiva naivopapadyate/　tasmād rūpagatān kāṃścin na vikalpān vikalpayet//（五）

さらに因のない色は決してない、決してあり得ない。それ故に、色に関するいかなる分別も分別すべきでない。（五）

【無畏釈】　ここで色は因のないものであるとこう考えるならば、それに答える。―第五偈ａｂ―

〈因のない色は〉あらゆるあり方ですべて〈決してあり得ない、決してない。〉そうであるので、―第五偈ｃｄ―

それ故にとは結論（nigamana）である。色に関する（rūpagata）とは色に向けられた、という意味である。このように分別されるとき、あらゆるあり方で色はあり得ないので、〈それ故に、色に向けられた分別は何ら分別されるべきでない。〉虚空のように。

【解説】『無畏』は本質的には余り意味のない、偈の語句、〈決して〔あり得ない〕、決してない〉（全くない・naiva naiva（ｂ））や〈色に関する〉（色の、色についての・rūpagata（ｃ））の語義説明だけである。要するに無因の色（果）もないことから、色についての一応の結論としてｄが説かれたとする。羅什は対論者の反論に、色の有と無との二処に共に色の因がないという前偈との関連を『無畏』に加え、解答では、ここでも因中有果も無果も認識できないことを加えている。次にくる「何ぞ況んや」や「終に」はnaiva naivaの意訳であろう。第二節では羅什は、専ら分別についての彼の独自の解釈を説く。彼は分別するのは凡夫であり、因中有果とか無果と思考するのが分別であり、そう語るのが戯論とする。その分別＝戯論の生起の因を無明・無知の愛染、愛着による色の存在、すなわち執着とし、その存在を邪見、つまり積極的な有無の判断によって分別、戯論するというのである。この分別の解釈は実質的には仏護以下と同じである。思想史的な関係以前に、中観思想家としてこのｃｄの文脈からすれば、智者が当然為すべきでないことを説いていると解釈するのが自然である。

仏護は「二重否定」については『無畏』と同じ表現を用いる。彼はａｂでは、（一）常にすべてのものが生ずる誤りに堕す、（二）

すべての努力が無意味となるという誤りに堕す、という帰謬論証によって無因の主張を愚劣（nikṛṣṭa）と極め付けているが、これは第一章の無因生の否定とまったく同じである。cdの註釈で彼は先ず今までの整理をし、（一）色の因を離れて色は認識されない（＝第一（二、三）偈）、（二）色が有でも無でも色の因はあり得ない（＝第四偈）、（三）無因の色はあり得ない（＝第五偈ab）を挙げるが、これは『無畏』が第五偈cの「それ故に」を結論とするので、その解釈を解説したのであろう。彼はそれを理由に羅什のように、「分別すべきでない」者を採り上げ、「真実在の証悟を願う、本性として知のある者」とする。「本性として知ある者」は心性本浄論に通じる人間観といえる。真実在の証悟と分別が相容れないことは言うまでもない。

清弁はabを無因論者と未来の色の存在を主張する毘婆沙師に対して「世俗（言説）としても認められない（存在は成立しない）からである」という趣旨で説かれたとし、cdでは「法の真実在が分別とよく離れていることを証悟しようと願い、正しい知の眼を備え、正しく為すべきことを為す〔菩薩（観誓）である〕知者は、「色を実体であり、因より別であるとかないとか」」等の分別を夢から醒めた者のようにすべきでないことが説かれたとする。

月称は、「二重否定」によって無因論がまったく認められないことを示すとし、真実在を見証する瑜伽の修行者が有対（sapratigha）や有見という教理的な分別も未来や青等という日常的分別もすべきでないとする。「有対」等は月称のいう色を対象とした分別、畢竟「色の分別」に他ならない。

7　復た次に（さらにまた）―第六偈―

若果似於因　是事則不然　果若不似因　是事亦不然（六）

na kāraṇasya sadṛśaṃ kāryam ity upapadyate/　na kāraṇasyāsadṛśaṃ kāryam ity upapadyate//（六）

果が因と類似しているということはあり得ない。果が因と類似していないということもあり得ない。（六）

【無畏釈】　論理によって考察されたとき、〈果が因と類似しているというこのことはあり得ないし、果が因と類似していないということもあり得ない。〉種子と芽と果実のように。

【解説】　『無畏』は偈の繰り返しの前後に論理の考察と比喩とを加えただけである。種子と芽は似ていないし、種子と果実は似ているというのであろう。羅什は偈のａｂとｃｄの各々に、第一偈以来の糸と布の比喩によって若干解り易く解説を加えているだけである。

仏護は因を四大種、果を色とし、地水火風は堅等の性質（guṇa）を自性とするが、それらは色には見られないので、色なる果は因と類似しもしないし、しなくもないという。月称はそれを補って、四大種所造の色を眼等の内の（六）処と色等の外の（六）処とし、前者は眼識等の所依で、浄色そのものであり、後者は眼識等の対象（所取）であるので、堅等という地等の自性を自性としない。そこで、因とは相が異なるから類似しないとする。彼はその例として因に当る道とそれとは異質の涅槃とを先ず挙げ、類似したものに、因果関係がない例として相互に似た稲の種子〔と麦の種子〕を挙げている。最後に彼はityまでのｃｄを論証式の主張として、「だからといって（tathāpi）、〔主張〕果は因に類似していない、〔証因〕相が異なる故に、〔喩例〕涅槃のように、ということもあり得ない」ことを龍樹は説いたとする。

清弁は、仏護が「色（果）には因である地等（四大種）の特性（guṇa）は見られない」と断言するだけなのに対して、「類似している」ことを「前にある〔地水等の〕因の、〔堅、湿等の〕特性の順に従って、後の、因（四大種）所造の色という果にも大種のそれらの特性が見られる」と規定して、「果が因に類似している」と主張する対論者を想定して、龍樹は偈のａｂを説かれたとする。

8　―第七偈―

受陰及想陰　行陰識陰等　其余一切法　皆同於色陰（七）

vedanācittasaṃjñānāṃ saṃskārāṇāṃ ca sarvaśaḥ/　sarveṣāṃ eva bhāvānāṃ rūpeṇaiva samaḥ kramaḥ/（七）

受と心と想と行とはどれもみな、すべての事物さえも、それらの〔否定の〕論証法は色〔の否定の論証法〕と全く同じである。（七）

【無畏釈】〈受と想と行と心の蘊とすべての事物も、あらゆるあり方で〉因果〔の関係〕に入ることはあり得ない〔ことを論証する〕論証法は、色があり得ない〔ことを論証した〕その〈論証法〉の教示〈と同じである〉と考えられるべきである。caṇaka（cāṇakya）の金のように。

【解説】このように龍樹は、一事物の否定の方法・論証過程が一切の事物のそれに適用されると説くので、実質的には一即一切の思想を説いていることになるが、彼はここでは直ちに論争や問答における「所証相似」の問題に入っている。註釈者が後述するように、この偈でなく、『四百論』の偈を一即一切の教証としたのはそのためであろう。羅什は偈も註釈も梵偈や『無畏』を簡単明瞭にしただけと言える。仏護は「受の因である触を離れて受はない」等と、色と同じ方法で否定されることを、受について具体的に示すだけであるが、蘊が存在しないことの教証として「色は泡のようなものである」云々という、中観論者が空性の教説と解釈するSN, III（p.142）を教証とする。清弁は彼がこれまで色について説いた「勝義として色は実有として存在しない」で始まる推論式等の色を受に替えて示しているだけである。月称は他の四蘊に同じ論証方法が適用されるべき理由を、中観者が一つの法の空性を立証するために認めた或る方法、その同じ方法がすべての法にも認められるからだとする。

9　今、造論者は…偈を説く—第八、九偈—

若人有問者　離空而欲答　是則不成答　倶同於彼疑（八）

vigrahe yaḥ parihāraṃ kṛte śūnyatayā vadet/　sarvaṃ tasyāparihṛtaṃ samaṃ sādhyena jāyate//（八）

空性によって論争がなされたとき、論駁を語るであろう者、彼の〔論駁〕はすべては論駁ではなく、論証されるべきものと等しく（所証相似）なる。（八）

若人有難問　離空説其過　是不成難問　倶同於彼疑（九）

vyākhyāne ya upālambhaṃ kṛte śūnyatayā vadet/　sarvaṃ tasyānupālabdhaṃ samaṃ sādhyena jāyate//（九）

空性によって説明がなされたとき、非難を語るであろう者、彼の〔非難〕はすべて非難ではなく、論証されるべきものと等しく（所証相似）なる。（九）

この所証相似の論理学上の意味とインド論理学内での特徴・特殊性等については御牧「所証」参照。

【無畏釈】　—第八偈—

或るところで或る人に〈空性によって論争がなされたとき、〉〔空性でない〔立場に立って〕〈論駁を語るであろう者、彼の〔論駁〕はすべて論駁ではない。〉〕それらは〈論証されるべきものと等しくなる〉と知るべきである。

—第九偈—

或るところで或る人に〈空性によって説明がなされたとき、〉〔空性でない〔立場に立って〕〈非難を語るであろう者、彼の〔非難〕はすべて非難ではない。〉〕それらは〈論証されるべきものと等しくなる〉と知るべきである。

この章のこの最後の二偈は空性に関するすべての言説の核心・精髄（sāra）をなすと観ずるべきである。空なガンダルヴァ城のように。

【解説】 この二偈は構文上は同じで、前偈の vigraha と (a-)parihāram、aparihṛtam を、後偈では vyākhyāna と (an-)upālambha、anupālabdham に換えただけである。『無畏』は論駁と非難に「不空性（aśūnyatā）によって」を加えただけである。羅什はそれに引き摺られたのか、或いは原本が śūnyatayā でなく、'śūnyatayā であったと読んだのか、梵偈では空論者が論駁（説明）し、実有論者が論駁（非難）するのに対して、羅什は実有論者同士の対論と取る。そこで彼は争い・論争・論戦を意味する vigraha を論議と訳し、論争というよりも問答形式で議論を交す場面を想定していたようである。抗弁・論破を意味する parihāra を対決色の強くない質疑応答の場合としたのであろう。ここでは立論者（甲）が「瓶は無常」と主張すると、質問者（乙）がその理由を問い、甲が「無常の因より生ずるからだ」と答えるという問答の例を挙げる。この答は答えたことにならず、梵偈では無常な瓶という所証と同じだという。龍樹がどこまでこの表現を論理学上の所証相似として自覚していたかは明らかでないが、羅什は無味の乾いた論理学の用語ととらず、質問者が疑っているもの（所疑）と同じだと質問者の内面に立ち入っている。その方が訴える力が大きいと考えたのであろうか。後の偈も羅什は論議と解していたと考えられる。前偈の註釈中の例から見て、立論者が「諸法の常」を主張すると、質問者が「其の過を説く」、「諸法の無常を説く」ことが説明がなされることなのであろう。この過誤の説明が難問・問難である。羅什の訳偈の「難問」は「疑って問う」、「責め問う」で、註釈中の「問難」は「互いに討論する、議論して遣り込める」ということとされる（『新字源』）が、ここではどちらも批判・非難（upālambha）を意味する同義語として用いられたのであろう。孰れにしても相手の思想を難ずるのであるから、羅什ではこの第九偈の方が第八偈よりも、論争の性格が強い。この問難が問難にならない理由は、常と無常という二つの立場が、いわば二律排反になるからだとする。このように羅什は、不空の実有論に立つ二者の対立命題が成立しないことを明かすことが、いわば、論争（vigraha）の超越として中道空の真理性を示すと理解している。彼は空であることによる否定の無謬性を説くだけでなく、空の立場に立つ人は空相を取らないから、問答においてだけでなく、一歩踏み込んで、離苦寂滅相という宗教上の境地を求めるためにも、空に依る、即ち空の立場に立つべきだと説く。これが空の讃美なのであろう。

梵偈も『無畏』も空論者が行なう論難（vigraha）や説明に対する不空・自性論者の論駁・抗弁や批判・非難が主題となっている。『無畏』は二偈の各々に別に註釈しているが、二偈が本質的には同じことを説いていると理解していたことは、最後の節で「この二偈は空性を体現した人のすべての言説の精髄をなすと観ずべし」といっていることから明らかである。「空なガンダルヴァ城」に譬えられるこの精髄が、何を意味するか明らかでない。蜃気楼の代表例であるこの城は、『般若経』以来、夢、幻などと共に、虚妄即実相の空の比喩として用いられているが、特にここで用いられたのは、この城が敵の攻撃に対して、実体の巨城が難攻不落というのとは異なり、敵が攻めようがないし、論駁や非難という攻撃を加えれば加える程、攻撃する敵自身が傷つき破れるというのであろうか。そういう空な言葉による論争や説明のすべての言説は、やがて仏護では帰謬論証、清弁では自立論証として整理されたのであろう。彼らの場合、論証は未だ空論者が説く言説であるが、月称になると、それが対論者の対論者自身による自己否定の言説となる。空論者にとってはその言説は沈黙そのものの実現である。彼らがこの二偈を『無畏』のように精髄と評価していないのは、彼らの帰謬論証等が、単なる所証相似だけでなく、それよりもより根本的な自性論の否定の言説だと確信していたからであろう。彼らがこの二偈の註釈で強調したのは、聖提婆が説く「一箇の事物〔の実相〕を見る者は一切〔の事物の実相〕を見る者と言われる。一事物の空は一切の空である」（『四百論』第八章第一六偈）という偈であり、これこそが真髄、空論の核心であると考えたのではなかろうか。そうなると、彼らにとっては二偈もその区別も余り重要な意味をもたなくなる。仏護は、前偈の所証相似の例として羅什がこの章の冒頭で用いていた布と糸を使っているが、特に思想史的関係はないであろう。彼は第九偈の所説を対話の状況が異なるだけだとする。

漢訳『灯論』ではこの二偈は偈とは訳されていない。僅かに聖提婆の偈の前の長行の中に、二偈とその註釈と覚しい語句が散見されるだけである。この事は清弁がこの二偈を重視していなかったことを物語ると思われる。T訳ではこの二偈は共に見られるが、註釈は簡略で正確には読解できない。「空性によって」を「真実在の探究」とし、勝義に限定する彼の自立論証による論戦（vivāda）と説明するようである。

月称は第八偈の論駁を他派の主張の論難（dūṣaṇa）とし、論駁が為されたときを、空性を否定の手段として（karaṇabhūtayā）色は無自性空であると有自性論が否定されたときとし、対論者の反駁を、とにかく受等が実有だから色も存在するという反論だとする。こうして彼はこの偈の所証相似を能証である受等の四蘊の実有は所証、即ち色の実有と等しいと認識することとする。彼はその上で五蘊の各々を十二支縁起が示す因と同一か別異かを考察したとき、実有性は否定されるとする。このように一切の事物が所証と等しいことを強調する点で聖提婆の偈に最も近い。彼は第九偈の説明を śiṣyadeśīya に対する空の解説と解釈する。deśīya は或る国・地方の住民とか、似ている、殆ど…に近いといった意味であるから、弟子に似た、恐らく異教徒である対論者を、有自性の立場で師説を批判する弟子に近い、少し欠点のある弟子のような者と名付けたのであろう。仏訳者は vaibhāśikadeśīya という用例があることを指摘し、「vaibhāśika の代りとなるもの」とし、「弟子の役割を果す対論者」とする（cf. CPM, p.94, fn.213）。

観六種品第五

1　**観六種品**　「界の考察」（dhātuparīkṣā）。『灯論』、『釈論』は「観六界品」。

2　**問うて曰く…答えて曰く—第一偈—**

空相未有時　則無虚空法　若先有虚空　即為是無相（一）

nākāśaṃ vidyate kiṃcit pūrvam ākāśalakṣaṇāt/　alakṣaṇaṃ prasajyeta syāt pūrvam yadi lakṣaṇāt//（一）

虚空の相より以前に、虚空は何ら存在しない。もし相より以前に存在するならば、相のないものとなろう。（一）

【無畏釈】　ここで〔対論者は〕主張する。〔六〕界は存在する。各々に決まった（vyavasthita）相が説かれているからである。ここで答える。—第一偈ａｂ—

この世では〈虚空の相より以前に、虚空は何ら存在しない。〉

そこでもし存在するならば、どのような誤りがあるのかとこう考えるならば、それに答える。―第一偈ｃｄ―〈もし虚空の相より以前に虚空が存在するならば、虚空の相のないものになる〉ので、それも成り立たない。

【解説】　羅什の対論者は、六種（以下、六界）の自相の存在を論拠に六界の存在を主張する。『無畏』は六界の各々の自相・自性が仏説であることを論拠とする。仏護では六界も六界の自性も仏説とし、無いものに自性は妥当しないので、六界は存在すると主張する。清弁では *Pitṛputrasamāgama*（『父子合集経』詳しくは『中論釈』Ⅱ、三五頁註二参照）の「大王よ、人間（puruṣa、月称では pudgala が加えられている）はこれら六界である」を教証として、仏護と同じく六界の相が説かれたが、空華のように、無いものは人間の因として説かれていないので、論師が説かれた「地等にも色の因がない」というその主張は、承認しているものの侵害（abhyupetabādha）となると主張する。このように清弁では対論者は「人間は六界である」というこの教証によって、「六界」だけでなく、第四章第一偈ｃｄの「色（人間の肉体・物質面）を離れた色の因も見られない」という龍樹の主張に対して、仏は世俗としても、人間の因、色等の因、要するに六界、五蘊が存在すると説かれたと主張する。月称の対論者は簡潔に、この教証によって六界が存在することから、遡って五蘊（第四章）六根（第三章）も存在することになると主張する。ただ対論者は同時に消極的な理由「六界の否定がない故に」をも説く。この「否定がない」が「未だ為されていない」のか、「あり得ない」のかは未検討。

『無畏』は偈と変らない。羅什は先ず偈をさらに圧縮して述べ、次に、「何を以っての故に」以下でその理由を説明する。この説明は他の註釈と異質で明確でない。先ず偈ａｂの説明で、彼は虚空相を無色処とする。「無色処」は普通は三界の中の「無色界」の同義語として用いられる。その意味ではこの語は宇宙論的神話的概念に過ぎない。しかしここでは六界の中の空界であり、「色無き処」であろう。清弁は第六偈ａｂの註釈で「虚空は有でない。では何か。我々には虚空は唯障害を持つ実有の事物（sapratighātadravyabhāva）がないことだけである」と主張する経量部を名指しで挙げ、それの論破を第六偈とする。月称も第六偈ａｂの註で「『虚空は色の無である」と確立しているので、それ故に、もし色があるならば、「虚空は色の無であるということになろう。しかしその色が存在しないとき虚、空は何ものの無であろうか」」と「虚空が色の無である」ことが通説（詳しくは『中論釈』Ⅱ、三五頁註四、四二頁註三）であると説く。羅什の「無色処」はこれらと同じものであろう。

他の註釈では、『倶舎論』と同じように、虚空の相は無障礙（anāvaraṇa）で、すべてのものが存在する空間である。ただし清弁はavakāśadāna（場所、余地、機会を与える）（AKBh, p.101, l.3 参照）とする。羅什は次に、無色処の色は作られた事物（作法）であり、無常であるといい、次いで偈aの未だ有らざる時には、の註釈に入るが、色が未生ならば、未生は無滅であるから、その時には、と解説する。この無滅は恐らく色が無滅であることで、それが無色処の無色の否定となるので、その時には虚空の相がない（偈d）というのであろうか。しかしこの論理的展開は余り説得力がないし、偈の趣旨と合致していないように思われる。最後の「色に因るが故に、色無き処あり」以下は、色と無色の相待性によってのみ、虚空の相が成立することを説いただけのことであろう。

『無畏』や仏護以下の対論者は六界の存在を仏説とする。清弁、月称では典拠となる経文を引用している。対論者は虚空のみでなく、六界がすべて存在することを主張する。それに対して龍樹は六界中の虚空を代表例として取り上げ、虚空という法（事物）と虚空の相（特徴）という、いわば実体と属性とが相互依存的にのみ成立するという縁起の立場を前提として、虚空という事物と虚空の相とに論理的・時間的な前後関係を導入して、虚空を否定したとする。

3　問うて曰く…答えて曰く――第二偈――

是無相之法　一切処無有　於無相法中　相則無所相　（二）

alakṣaṇo na kaścic ca bhāvaḥ saṃvidyate kva cit/　asaty alakṣaṇe bhāve kramatāṃ kuha lakṣaṇam//　（二）

そして相のない事物は何ものも何処にも存在しない。相のない事物が存在しないとき、相は何ものに近づこうか（入ろうか・帰属しようか・特徴づけようか）。（二）

「そして」と訳したaのcaは、普通は次の文の最初の語の次にくる。それに従えば、alakṣaṇaśca であるべきである。kaścic ca であるので、このcaを仏護はevaと解釈したのであろう。Tはhaṅ。またdのkramatāṃをTはhjug par hgyurと訳し、次偈のpra√vṛt（bとd）も同じhjug paと訳す。因みに『無畏』の独訳はこの偈の√kramをherantreten（近づく）、次偈のpravṛtをanwenden（適用する）と訳す。羅什は「後に相が来りて相す」（書き下し本文四九頁註一一参照）。

【無畏釈】　ここで〔対論者が〕、相はなくても虚空は存在する、とこう考えるならば、ここで答える。――第二偈ab――

考察されるならば、〈相のない事物は何ものも何処にも存在しない。〉〈相のない事物が存在しないとき、その相は何ものに入ろうか。〉砂粒のなかに胡麻油〔が入らない〕ように。―第二偈ｃｄ―

【解説】『無畏』は偈と同じ。仏護は前註で触れたように、ca を eva の意味とする解釈以外は特にない。清弁は「何処にも」を「自宗と他宗にも」と解釈する以外は、偈が説く否定を論理学的に言い換えているだけである。月称の註釈は偈の簡単な敷衍に過ぎない。

羅什の対論者の問いは『無畏』と同じであるが、羅什は、この偈の註釈では、一切法（事物・有）は、いわゆる有為の三相である生住滅を相とする無常な有為法と、無為相である「無生住滅を相とする常なる無為法とからなり、他に無相の法はない」と説くが、前偈の註釈で虚空には「無色処」という相があり、無色とは無常であり、色の未生とは、無滅であることを強調しているのは、この所説の伏線と見做すことができる。このように彼はこの章の主題である虚空が空界であって、同時に無為相をもつ無為法でもあることを認めていたようである。

4　若し先に無相…何を以っての故に―第三偈―

有相無相中　相則無所住　離有相無相　余処亦不住（三）

nālakṣaṇe lakṣaṇasya pravṛttir na salakṣaṇe/ salakṣaṇālakṣaṇābhyāṃ nāpy anyatra pravartate//（三）

相のないものに相の適用・働き（pravṛtti）はないし、相のあるものにもない。相のあるものと相のないものよりも別のものにおいても〔相は〕適用されない（働きがない）。（三）

【無畏釈】　さらにまた、両者に共に、相の適用・働きはない。どのようにか。答える。―第三偈―

先ず相のある対象物に相の適用・働きはない。どういう理由でか。もし相のあるものであるならば、そのものに相の適用・働きは必要ない。もし相のあるものにさらに相が起るならば、相が二つあることに堕するであろう。或る〔相〕によって特徴（相）づけられているところの〔その或る〕相とそれに相の適用・働きがあるであろう相であるものとである。

相のない対象物にも相は起らない。或る対象物に相の適用・働きがあるでもあろうそ〔の対象物〕は何ものなのか。どういう理由でか。この世では象の相は、（一）牙を具えていること、（二）鼻が一つで垂れ下っていること、（三）下唇が真珠貝の形状に似ていること、（四）頭が三頭頂によって飾られていること、（五）耳が箕（śūrpaka）に似ていること、（六）背中が弓のように曲っていること、（七）腹が垂れ下っていること、（八）大食であること、（九）大きくて丸い四本の手足を具えていることであるとき、それら〔の相〕なくして、或るものに象の相の適用・働きがあるでもあろうところの、その象は何ものなのか。

同じように馬の相も（一）顔が長いこと、（二）耳殻が直立していること、（三）鬣があること、（四）単蹄の四本脚を具えていること、（五）密集して生じている尾を具えていることであるとき、それら〔の相〕なくして、或るものに馬の相の適用・働きがあるでもあろうところの、その馬は何ものなのか。

〈相のあるものにも相の適用・働きはないし、相のないものにも相の適用・働きがないとき、相のあるものと相のないものとより別のもの〉で、そのものに相の適用・働きがあるでもあろう第三の種類のものは存在しない。

【解説】『無畏』は相のあるものを先に論ずるが、羅什は他の註釈者と同じく、偈の中の順序に従って相のないものを先に取り上げている。牛の比喩は『無畏』の象と馬の比喩、特に象を中国になじみのある牛に改めたのであろう。『無畏』が象等の比喩を用いたのは、相のないものの場合に、「相の適用・働きがあるでもあろうその対象物は何ものなのか」、と抽象的に論ずるよりも具体例で示す方が対論者を説得し易いと考えたからであろう。

『無畏』はそこで象の相のない、即ち象でない何ものでもない「或るものに、象の相の適用・働きがあるでもあろうところの、その象でない或るものは何ものなのか」と敷衍する。相のないものは無であるのに、もし有って、それに相の適用・働きがあるでもあろうそのものは一体象なのか象でないのか、何ものなのか、何ものでもない、無であるというのであろう。

「相があるもの」の場合、『無畏』では（一）あるものに相の適用・働きは必要ない、（二）二相があることになる、という理由を挙げる。羅什はそれを（一）先に相が有る、（二）先に自相がある、即ち、自相である水相がある水には火相は存在しないように、と『無畏』が今までにも屢々説いている同じ相が二つあることになるという否定を、水と火という別の二相の例に改めて解り易くしている。

羅什の第三節の冒頭の「若し無相の中に相が住せば」云々は、勿論偈ｃｄの有相と無相以外の余処の否定の中の無相であるが、その解釈は直前の無相（相のないもの）の場合、相が起る事物（所相）がないことによって否定したのを、ここでは更に一歩踏み込んで相のないものに相が起るのは無因（原因の無というよりも、よすが・よるべ（処）の無いことであろう）で、無法即ち無、事物の無いこととする。有相の場合、羅什は有相（相のあるもの）は、既に先に相が存在するから相は起らないと否定したのを、ここでは相のあるものにある相と、相のある可相、即ち事物とが、相待して成立しているだけであるので実有ではないし、すべての事物（法）は有相か無相かであって、それ以外に余処はないと論じている。

『無畏』と羅什は相のないものの否定を詳しく述べ、相のあるものは極く簡単に「相が二つあることになる」という帰謬を説くだけであるが、仏護、月称は逆に前者については「ないものはない」という立場で簡潔に否定し、相のあるものには（一）更に相が起る必要はない。（二）更に相が起るならば起ることが無限に繰り返されることになるという、常套的な帰謬を説く。

清弁はこの仏護の相のない事物（偈a）と相のある事物（偈b）の註釈の（一）の、相が起る必要がないまでを引用し、それを批判する。「相があるとき、それを備えるものがないことはあり得ない故に、同じく所相（相の基体）は存在する故に。相を備える事物が成立していても、他人に〔忘れていることを〕思い出させるために〔この所相の相はこれであると教えることによって〕所相に相として起ることは不合理ではないからである」という批判を加えている。

清弁自身は二種の解釈を説くが、実は他の註釈の解釈と大きくは変らない。第一説は実質は偈と同じであり、第二説も「相のないもの」に相が近づかないことは、解りきった（prasiddha）こととし、相のあるものの場合は、相と所相が別のものであることによる常套的否定を出ない。偈ｃｄの解釈はすべての註釈が有相と無相の矛盾によっている。

5　復た次に――第四偈――

相法無有故　可相法亦無　可相法無故　相法亦復無（四）

lakṣaṇāsampravṛttau ca na lakṣyam upapadyate/　lakṣyasyānupapattau ca lakṣaṇasyāpy asaṃbhavaḥ/（四）

そして相が起らないとき、所相はあり得ない。所相があり得ないとき、相もありはしない。（四）

【無畏釈】　このように考察されたとき、両者に共に相は起らないので、――第四偈――

考察されたとき、両方に共に〈相は生起しない〉ので、〈所相はあり得ない。〉所相があり得ないとき相もありはしない。〉

【解説】『無畏』はａｂを相のあるものと相のないものに相がないという第三偈のａｂを論拠とした陳述として解釈する。羅什は自己の訳偈に沿って解釈する。ｃｄの『無畏』の註釈は偈の繰返しであるが、羅什はそれに理由として相と所相との相互相待を加えている。

仏護はａｂでは相の無→相を備えるものの無→所相＝界の無という過程を、ｃｄでは所相の無は相の依り所（āśraya）の無であることによるだけである。月称もｃｄは仏護と同じであるが、ａｂも実質的には偈の反復にすぎない。

清弁はａｂを一応の結論とするが、これは『無畏』の註釈に沿ったものであろう。彼は学識者を願望（自認）する増上慢の者が、指摘された自分の立場の誤りを熟考することに耐えないので「虚空は存在する。相がある故に」〔主張〕勝義として虚空はまさに存在する。〔証因〕相である故に。〔喩体・例〕この世で存在しないものは相であると認められない。空華のように。「大王よ、これら六界はプルシャであると説かれているから、それ故にそれは存在する」という反論に対して、「所相はあり得ない（偈ｂと実質上同じ）と説かれているから、それ故にｃｄである。相も所相の中に含まれているので、同じく成立しない故に、また喩もない故に、という趣旨」だとする。

6　何を以っての故に…共に相い因待するが故なり―第五偈―

是故今無相　亦無有可相　離相可相已　更亦無有物（五）

tasmān na vidyate lakṣyaṃ lakṣaṇaṃ naiva vidyate/　lakṣyalakṣaṇanirmukto naiva bhāvo ʼpi vidyate//（五）

それ故に所相は存在しないし、相も決して存在しない。所相と相を離れた事物も、決して存在しない。（五）

【無畏釈】―第五偈―

〈それ故に〉とは結論である。論理を先として考察されたとき、あらゆるあり方で所相はあり得ない。〈所相があり得ないとき、相もまさに存在しない〉（第四偈ｃｄ）。その二者（ñid, D, gñis）〈を離れた事物は存在しない。〉〔瓶の〕自性（＝相）より別の瓶〔は存在しない〕ように。

【解説】　龍樹はａｂで所相と相とを否定し、ｃｄでは所相と相でない第三の事物をも（api）否定する。羅什は、ａｂの註釈は偈と同じであるが、ｃｄは所相と相以外には事物は存在しないとする。『無畏』もｃｄは羅什と同じである。そのことは「も」（api）がないことから明らかである。ａとｂは所相と相との否定の並列でなく、第四偈ｃｄと同じく、所相の無を条件に相の無を説くと解釈する。仏護のａｂは『無畏』を敷衍したもので、ｃｄは「所相とも相とも不可説なもの、所相でも相でもないものは存在しない」ことを説くとする。月称も同じ。清弁も同じであるが、彼はそれを論理学的に解釈しているだけのようである。『無畏』の註末の比喩 bum pa ṅo bo ñid las gṣan bṣin no/ を独訳者は、bum paḥi ṅo bo ñid la sa bṣin no/（瓶の自性に地が〔存在しない〕ように）と改めている。

7　問うて曰く…答えて曰く―第六偈―

若使無有有　云何当有無　有無既已無　知有無者誰（六）

avidyamāne bhāve ca kasyābhāvo bhaviṣyati/　bhāvābhāvavidharmā ca bhāvābhāvāv avaiti kaḥ//（六）

有が現に存在していないとき、何ものに無があろうか。有と無との性質を持たない誰が有と無とを知るであろうか。（六）

bhāvābhāvāv は LVP では bhāvābhāvam。

【無畏釈】　ここで〔対論者は〕主張する。もし有がないとしても、でも無は存在する。

ここで答える。―第六偈ａｂ―

この世で有が成立するならば、無もあり得るが、考察するとき、〈有〉は存在しない。それ〈が存在しないとき、〉今や次に、かの〈無は何もののものであろうか。〉兎の角のように。

ここで〔対論者は〕〔主張する。それら有と無とを知り、有と無とを分別する或る者、その者はさしあたり（tāvat）存在する。〕

ここで答える。―第六偈ｃｄ―

有と無とを知る者に執着する君は、それら有と無とも異なる事物（法）、それは「これである」と誰によって教示されることができるであろうか。

【解説】　偈ｂの「何ものに無があろうか」は、「ないものに無はない」ということである。羅什はこれを無視する。ａｂの註釈の前半は無の定義である。彼は第一五章第五偈の無の定義である bhāvasyānyathābhāva（有の別の様相の状態・変化）を「有の壊」と訳すから、その偈の定義の敷衍である。因みに月称もこの箇所で同偈を引用しているから、これが中観派の無の基本的定義なのであろう。『無畏』は実質は偈の繰返しである。羅什は偈の引用とし、最後に眼見、耳聞、すなわち六根の境である対象物、すべての有（事物）でさえも不可得であるから、無物、すなわち無は不可得であることを説いたとする。

偈cdに先立つ対論者の主張は、『無畏』と羅什では同じであるが、偈の解釈は異なる。羅什は「有とも無とも異なる性質のもの」（偈c）を認めず、有無を知る者は、有（いる）か無（いない）かの二者択一であるが、両者共に既に否定されたので、「知る者」も否定されたことになるという。『無畏』では「有無を知る者」を、対論者は「有無を分別する者」と解釈するのに、中観派はそういう対論者を、知る者に執着する者とし、「有とも無とも異なる事物（法）」（偈c）を、こういうものと説明することは、誰にも（何ものによっても）できないとする。

仏護は、「有が存在していないとき」（偈a）は「所相と相を離れた有も存在しない」（第五偈cd）を受けている、と解釈する。彼は第一五章の無の定義には言及しないが、有（事物）の無、即ち有が無となることを前提として、或いは有と無の相待性に基づいて、有がないとき、「無は何もののものであろうか」と、偈や『無畏』と同じく、有がないので無もないという結論を下す。月称は上述のように、無は有の変化（一五・五）という定義を用いている点で、仏護よりも明瞭である。彼はさらに第一偈の際に述べたように、虚空は「色（物質的存在物）の無」という定義が確立されていることにも言及し、色がないから虚空は何ものの無でもないとする。偈のcdを『無畏』に従って、仏護も月称も有と無とを知り分別する者（月称は観察者・parīkṣaka）の存在から、有と無との存在を主張する対論者を想定する。月称の対論者は、偈のabをそういう観察者である中観論者の観察の内容であるから、有も無も存在すると反論する。仏護は「有無と異なる性質の者」の「異なる」を「逆倒した」（viparyaya, viparīta, viparyasta）とし、この有と無とも別の、第三のものを「有〔の性質のもの〕でもないし、無〔の性質のもの〕でもないもの」とし、そういう者は存在しないので、有と無を知るものも存在しないとする。月称も同じ論述過程を経て否定するが、彼は「有無と異なる性質」を、穏かに「有とも無とも同じでない性質」（-visadṛśadharmā）とするだけで、第三のものを四句分別の第四句である「有でもなく無でもないもの」とはしない。

8　—第七偈—

是故知虚空　非有亦非無　非相非可相　余五同虚空（七）

tasmān na bhāvo nābhāvo na lakṣyaṃ nāpi lakṣaṇam/　ākāśam ākāśasamā dhātavaḥ pañca ye 'pare// （七）

それ故に虚空は有でもなく無でもなく、所相でもなく相でもない。他の五界は虚空と同じ〔ように観察されるべきである〕。（七）

tasmāt は、月称が註するように、この章の今までの教示の結論を示す。apare は LVP では pare。

【無畏釈】—第七偈—

それ故に考察されたならば、〈虚空は有でもないし無でもない、所相でもないし相でもない。〉〈虚空〉のようにそのように〈他の五界〉なるもの、それらも観察されるべきである。

【解説】羅什の「種種に相を求むる」とは、有、無、相、所相に虚空の相を求める、ということであろう。彼が想定した問いは、虚空が六界のうちで地、水、火、風の次で、識の前に説かれていること。答はどちらも改めて解説するまでもないであろう。この同じ問いを仏護はこの章の末尾で論じ、世間人にとって虚空が「何ものでもない」ということは周知の事実であるから、空であることが理解しやすいので虚空を例として他の界を「虚空と同じ」と説いたとする。

仏護は『無畏』の「考察された」を、この章でこれまでに考察された結果である、(一)所相と相とその両者とは別の〔第三の〕ものもないこと、(二)有がなければ無がないことの二点に要約し、虚空は、所相、相、有、無のどれかであるとき、あるので、第七偈はそれら所相等の四でないことを説いたとする。清弁は論理学者らしく「考察（vicāra）されたとき、虚空は論理（upapatti）に耐えないので「それ故に虚空は有…＝第七偈」と、対論者の説く有等の論証（sādhana）の明快な論駁（dūṣaṇa）によって結論を下す」と註釈する。偈のｃｄでは、仏護は地等に所相等の四がないことを述べるだけであるが、清弁は第一偈から第七偈ａｂ（ｃ）が地等に適用されるべきことを説く。彼は界の意味を鉱山（ākara）の意味で、虚空等も苦と悩（daurmanasya）の源（ākara）ともするが、作なし（akriya, nirvyāpāra）で「自相を把持するもの」（svalakṣaṇadhāraṇāddhātuḥ）という『倶舎論』（AKBh, p.112, l.21）等の説く定義も並記している。月称は章の結論とし、五界も虚空のように所相等の四を離れていると知られるべきであることを説いたとするだけである。

9　答えて曰く——第八偈——

浅智見諸法　若有若無相　是則不能見　滅見安穏法（八）

astitvaṃ ye tu paśyanti nāstitvaṃ cālpabuddhayaḥ/　bhāvānāṃ te na paśyanti draṣṭavyopaśamaṃ śivam//（八）

しかし諸事物（有）のあることとないことを見る知恵劣る者たち、彼らは見られるべきものの寂静と安穏を見ない。（八）

【無畏釈】——第八偈——

〈諸事物のあることとないことを見る知恵劣る者たち、彼らは寂静で安穏な見られるべきもの、涅槃を見ない。〉生れつき目の見えない人のように。

【解説】　偈ｄの draṣṭavyopaśamam の『無畏』註は blta bar bya ba mya ṅan las ḥdas pa ñe bar ṣi ṣin ṣi ba である。仏護では draṣṭavya と nirvāṇa の順序が逆である。仏護の場合は「見られるべきものの寂静である涅槃」となろう。この方が prapañcopaśama（戯論の寂滅）などから見てよいであろう。しかし『無畏』の場合は「見られるべきもの」を涅槃ととっていたようにも見える。羅什は対論者の問いのなかで「無所見」というように、所見を戯論と殆ど同義としている。偈の滅見は「寂滅（upaśama）所見（draṣṭavya）」であろうが、彼は偈ａｂの有の見や無の見や註釈の中の「無漏の道の見を滅す」などからみて、見の滅と所見の寂滅を同一視しているようである。所見の寂滅は所見の無ではなく、所見が幻や夢のようにあることで、彼はそれを積極的に能所を滅した諸法実相の見とする。

『無畏』と月称は偈ａｂの「あること」と「ないこと」を説明していないが、羅什は独自の解釈を加えている。仏護は蘊、界、処がないならば、それらに依って説かれた仏説は無意味でないか、という対論者を想定し、「ある」とは常執、「ない」とは断見であるから、この二辺を離れた立場（一五・一〇）に立って、二辺を離れた縁起を説くのであるから、無を説くのではない。従って仏説は無意味でないとする。清弁も同じで、ローカーヤタに同じでないか、という反論に対して、『入楞伽経』（第三章第九偈）等を引き、特に「処」の自性を否定するが、無であると主張するのでないことを強調し、有であっても無であっても世間も修道も成立しないことを詳述する。清弁は偈を「根が損われて、二つの月等の非実在なものを見る眼翳者のように、〈知恵劣る者たち、諸事物（有）のあることとないことを見るところの彼らは、〉極めて玄妙で聖者の知恵の眼の対象であり、〈見られるべきものの寂滅し安穏〉である勝義〈を見ない〉という意味である。〈見られるべきものの寂滅〉とは、そこにおいてすべての見られるべきもの、形相（nimitta）が見られない故に。〈安穏〉とはあらゆる苦痛と離れている故にである」とする。このように彼は涅槃でなく勝義が説かれたと解釈する。月称は「見られるべきものの寂滅と安穏とを相とし（draṣṭavyopaśamaṃ śivalakṣaṇam（LVP, p.135, l.3）は、T訳から見て、draṣṭavyaśivalakṣaṇam と読む。この点についてはLVP, p.4, l.1 の sarvaprapañcopaśamaśivalakṣaṇam 参照）、すべての分別を離れ、知と所知の滅を自性とし、勝義である空性を自性とする涅槃（または空性を自性とする勝義である涅槃）を〈彼らは見ない〉」と解釈する。

書き下し本文五三頁註一〇に指摘したように、この第八偈の思想は帰敬偈や第二五章第二四偈と共通する。このことはこの章がそれらの章と近い時期に著述されたことを示すとも取れる。

観染染者品第六

1　観染染者品　rāgaraktaparīkṣā。T訳も漢訳『灯論』、『釈論』も同じ。

2　問うて曰く—第一、二偈—

若離於染法　先自有染者　因是染欲者　応生於染法（一）

rāgād yadi bhavet pūrvaṃ rakto rāgatiraskṛtaḥ/　taṃ pratītya bhaved rāgo rakte rāgo bhavet sati//（一）

もし貪欲よりも前に貪欲者が貪欲なしで存在するならば、その（貪欲）者に縁って貪欲は存在す（生じ）るでもあろう。貪欲者が存在しているときも、貪欲は更に存在す（生じ）ることになろう。（一）

若無有染者　云何当有染　若有若無染　染者亦如是（二）

rakte 'sati punā rāgaḥ kuta eva bhaviṣyati/　sati vāsati vā rāge rakte 'py eṣa samaḥ kramaḥ//（二）

しかるに貪欲者が存在しないとき、貪欲は一体どうして存在するであろうか。貪欲が存在するときも存在しないときも、貪欲者にもこの同じ論証方法があるであろう。（二）

第二偈aのʼsatiはT2と漢訳『灯論』、『釈論』ではsatiであるが、羅什訳はʼsati。

【無畏釈】 ここで〔対論者は〕主張する。すべての法は存在する。貪欲と貪欲者が〔仏によって〕教示されているからである。

ここで答える。―第一偈―

ここで〈もし貪欲よりも前に貪欲のない貪欲者が存在するとするならば、その（貪欲）者に縁って貪欲も存在するであろう。〉というのは〈貪欲者が存在しているときも、貪欲は更に存在することになる〉からである。

そこで貪欲者が存在するとき貪欲が存在する、とこう考えるならば、ここで答える。―第二偈ab―

〈さらに貧欲者が存在するとき、貪欲が存在することにどうしてなろうか。〉―第二偈cd―

〈貪欲者に貪欲が存在するときも存在しないときも、まさにこの同じ論証方法がある〉と理解されるべきである。父と子のように。

さらにまた、（以下は第一偈から「父と子のように」までを貪欲と貪欲者を入れ換えただけのものである。）［もし貪欲者よりも前に貪欲者なしで貪欲が存在するとするならば、それ（貪欲）に縁って貪欲者は存在するであろう。貪欲が存在しているとき、貪欲者は更に存在することになろう。］

ここで〈もし貪欲者よりも前に、貪欲者なしで貪欲が存在するとするならば、それ（貪欲）に縁って貪欲者も存在するであろう。〉というのは、貪欲が存在するときも、貪欲者は更に存在するからである。

［そこで貪欲が存在するとき貪欲者が存在する、とこう考えるならば、ここで答える。さらに貪欲が存在するとき、貪欲者はどうして存在するであろうか］（第二偈abの入れ換え）。〈さらに貪欲が存在するとき、貪欲者が存在することにどうしてなろうか。〉

［貪欲の場合にも貪欲者が存在するときも存在しないときも〔否定の論証の〕方法は同じである］（第二偈cdの入れ換え）。〈貪欲の場合にも貪欲者が存在するときも存在しないときも、まさにこの同じ論証方法がある〉と理解されるべきである。父と子のように。

【解説】 『無畏』の対論者は仏説の中に貪欲と貪欲者という言語表現があることを依り所として、一切法が存在すると主張する。仏護以下では一切法を第三、四、五章に関連づけて蘊界処とし、それら三章で蘊等の空が説かれたので、それらの空とは何かを聞きたいが、それには貪欲と貪欲者の考察が適切だと持って回った説明をした上で、貪欲と貪欲者は仏説であるが、それらが無ければ、同じ仏説である貪欲を寂滅させる道理を説くことも成り立たなくなるから、貪欲と貪欲者は存在すると主張する。『無畏』の対論者は貪欲等の仏説が一切法の存在の論拠であると主張するが、それは論拠と成り得ないからであろう、清弁は第三章以来極り文句となった冒頭での章の主目的の表示によってこの章は貪欲と貪欲者等の無自性を説くためとし、これも極り文句の「勝義として」を加えて「蘊界処が存在する」と主張する対論者を想定する。対論者は蘊等に縁って雑染と苦悩（ādīnava）があるという仏説を教証として引用する。月称の解釈も基本的には清弁と同じであるが、彼の対論者は蘊等を依り所（āśraya）として雑染である惑と業と生が経験されるが、その雑染の原因である貪欲等の煩悩は存在すると仏が説かれているので、蘊等はまさに存在すると主張する。

羅什の対論者は一切法の有を主張するも、蘊等に言及していない点は『無畏』と同じである。しかし彼は貪瞋癡の三毒が世間の根本であるという経文を教証とし、月称と同じように、三毒、三業、三界が成立するので一切法は実有であるとする。羅什は貪欲の同義語として（一）愛、（二）著、（三）染、（四）婬欲、さらには衆生を三界に結縛するという（五）結使をも挙げ、結使が依止する衆生を貪欲者とする。貪欲の同義語としては、清弁は（一）着（sakti）、（二）貪著（adhyavasāna）を挙げ、月称はそれらに（三）愛着（saṅga）、（四）執着（abhiniveśa）を加えている。

第一偈を註釈者はすべて、対論者に対する龍樹の答破と解釈するが、偈の内容は貪欲の存在を直接否定するのでなく、本来存在し得ない貪欲のない貪欲者の存在を仮定するならば、貪欲者も貪欲さえも成立することになるが、それは認められないという解答になっているので、貪欲者が存在するとしても、貪欲はあり得ないという解答の真意が明確になっていない。特に第四句のdが曖昧である。羅什訳偈はdを省いてしまっているが、註釈の中では、貪欲者が存在するならば、改めてさらに貪欲と結びつく必要がないという帰謬を説いている。この解釈が最も解り易い。諸註釈の解釈は区区であるが、『無畏』と仏護は第四句を「貪欲者が存在するとき、貪欲はあるからである」と第三句の論拠を示すと解釈する。これも結局は羅什の帰謬と同じことになるであろう。清弁はdに「貪欲者であるとき、それ（既に貪欲がある貪欲者）に貪欲が生ずることは無意味であるので、これは認められない」と註釈し、貪欲のない貪欲者があり得ない論拠とするから、羅什と同じである。月称は「貪欲のない貪欲者に縁って貪欲があるであろうし、同じく〔そうであれば〕、貪欲者が存在するときも貪欲は存在するであろう、ということが妥当する」と註釈するので、偈のcとdを実質同じことを説くと解釈する。しかし彼はその上で、bの貪欲を離れて貪欲者があるとすることは、貪欲のない阿羅漢にも、貪欲を離れた貪欲者として貪欲があることになるという誤謬を指摘する。龍樹自身は恐らく月称のように、偈cで縁起の語義によって「縁って存在する」と説き、dでは縁起の定式である「これあれば、かれあり」によって「あるときある」を説き、両者が同義であることを、列挙することによって示したのであろう。

第二偈を第一偈と一括して挙げているのは、羅什だけであるが、この二偈が同じ論題を論じていることは、すべての註釈者の共通認識である。特に清弁はこの二偈で、貪欲（貪欲者）が貪欲者（貪欲）の前か後か同時か、という都合六種の場合を否定すると解釈する。

第二偈のaの「存在しないとき」（asati）は、T2と漢訳『灯論』、『釈論』では「存在するとき」であるが、月称（梵偈、T1）だけでなく、羅什も「無有染者」であるから、こちらが原形である可能性も充分あり、内容的にも第二偈cdから見ても、この方が首尾一貫している。羅什は貪欲者がなければ、貪欲は「無因」、月称は「無所依」（nirāśraya）になると論難する。『無畏』と清弁は「存在しない」場合には触れていないが、仏護は第一偈の註釈の末尾で言及し、貪欲の所依である貪欲者が存在しないという理由で、貪欲が存在しないと説き、第二偈を、ないときはないとしても、貪欲者があるときは貪欲はあるという開きなおった反論に対して、貪欲者が存在すれば、改めて貪欲を必要としない、という趣旨の答破とする。清弁は「アビダルマの定義では「遍行〔因〕というのは、染汚〔法〕のための〔因となる〕、自地において前に〔生起した〕遍行の〔法〕である」（AKBh, 2.54、櫻部『界・根品』三七〇頁の引用）と説かれている」（要するに強力な遍行の煩悩は同じ種類の煩悩や染汚せるものを生ずる因である）ので、「貪欲者こそが貪欲の因であるから誤りはない」という反論に対する答破とする。これも第二偈aが、貪欲者が存在しないときでなく、存在するときであったことから考えついた苦肉の策であろう。

偈cdの註釈では論証過程・論証方法の順序が同じであることを、『無畏』は偈と註釈との貪欲と貪欲者を入れ替えて、忠実に繰り返しているだけである。偈の反復は仏護、清弁も採用し、それらに註釈を各々別に与えているが、本質的には変りはない。月称は入れ替え偈も、abだけでcdは省略している。羅什は偈cdを註釈中にも引用するだけである。

3　問うて曰く…答えて曰く―第三偈―

染者及染法　倶成則不然　染者染法倶　則無有相待（三）

sahaiva punar udbhūtir na yuktā rāgaraktayoḥ/ bhavetāṃ rāgaraktau hi nirapekṣau parasparam// (三)

さらに貪欲と貪欲者が全く同時に（共在して）生ずることは成り立たない。というのは貪欲と貪欲者とは相互に相待しないものとなるであろうからである。（三）

偈cのhiはcdがabという主張の理由を説くと読んだが、abの主張に伴う帰結、又は事実を述べているとも取れる。

【無畏釈】［ここで〔対論者は〕主張する。貪欲と貪欲者が順次に生ずることはあり得なくても、には前後はない。というのは、それらは全く同時に（共在して）生ずる。］

［ここで答える。―第三偈ab―］

［〈貪欲と貪欲者は全く同時に（共在して）生ずることはあり得ない。〉］

そこで同時に、共在して生ずるとき、どのような誤謬があるのかと、こう考えるならば、それに答える。どういう理由でか。―第三偈cd―

［同時に生ずるとき〈というのは貪欲と貪欲者とは相互に相待しないものとなるであろうからである。〉］そうであれば、その二つは恒常に堕すし、恒常であるとき、まさに大きな誤謬があろう。牛の〔二つの〕角のように。

【解説】『無畏』は偈のcdに、相待しないことが自性として存在することを意味するからであろう、恒常に堕すことを加えるだけである。羅什は対論者の主張も解答も『無畏』と同じであるが、大きな誤謬を具体的に解脱という法が無いことになることとする。仏護の対論者の主張は『無畏』のそれと同じであり、解答も実質的には第三偈の繰返しである［　］までは同じであるが、その後では仏護は恒常の誤謬には触れずに、相互に相待しないことを、貪欲と貪欲者について具体的に「〔相互に相待しないならば、〕「これの貪欲はこれ」、「これによってこれが貪られる」というこれら〔の相互相待〕はあり得ないし、これらがあり得ないときは、貪欲も貪欲者もあり得ない」という結論を下す。

清弁は第三偈の後に、仏護が採用した『無畏』の註釈が、第三偈ｃｄの繰返しに過ぎないからであろう、仏護の［　］の部分を廃し、この仏護の後半の部分を、「この貪欲者の貪欲はこれ、この貪欲によってこれが貪られる」と名詞を補って採用し、その後の仏護の註釈「というこれらはあり得ない」を「という相待がない故に、それは認められない」に改めている。

観誓は、貪欲と貪欲者も共在関係としても生ずることはあり得ないことを、第三偈が説いたとし、その理由として対論者が主張するように、共在関係のある貪欲と貪欲者が生ずるならば、自性として存在し、共に生存しているデーヴァダッタとヤジュナダッタには相互相待がないように、貪欲と貪欲者に相待がないことを説くために、仏護註を改めた上記の「相待がない故に」までを清弁は説いたとする。観誓はそれに「このように相待がないならば、貪欲がなくても貪欲者が、貪欲者がなくても貪欲があることになるので、そうであれば」、という註釈を加え、その後に「これの貪欲はこれ」、以下の註釈を「これらはあり得ない（仏護では「これら〔二言明〕があり得ない」（de dag mi ḥthad do）、観誓では「それら〔貪欲と貪欲者〕にはあり得ない」（de dag gi mi ḥthad do、仏護の文もこの意味か））」とする。観誓はさらにそれに続く仏護の「それらがあり得ないとき、貪欲も貪欲者もあり得ない」を引用して、それに「「あり得ない」ことになるので、それは正しくない」を加え、「〔それ〕故にこれは認められない」と清弁は説いたとする。

清弁はこのように対論者の主張を否定すると、「この二つ（貪欲と貪欲者）には相待性が認められる」と主張し、「この場合、主題所属性（pakṣadharmatva）による推理」を次のように示す。〔主張〕貪欲と貪欲者には共在関係はない。〔証因〕相待するものである故に。〔喩例〕種子と芽のように。清弁はこの論証式の直後に毘婆沙師の説を取り上げるが、観誓はこの論証式の解説に入る前に、前節末の「それ故にこれは認められないと〔清弁は〕説いた」の次に、「実際貪欲（rāga）は貪るもの（貪欲者・rakta）、貪欲者（rakta）は貪らせられるもの（chags par bya ba, rañjanīya）であるとき、共在関係として生じており、相互に相待していない二つのもの（dag）には、それら（貪欲と貪欲者）はあり得ないので、それ故に貪欲と貪欲者には」という仏護の文の主部（仏護、SB, p.77, ll.9-12, 観誓、D, Sha, 103a5-6）を引用し、仏護ではその述部は「共在関係が生ずることも不合理である」（SB, p.77, l.12）であるが、観誓では「相待しない二つのものはすべての言説と矛盾するのであり得ない」（D, Sha, 103a6）と改められている。さらに観誓は「ではどうして認められるのかというならば」と問い、その解答としてこの節の冒頭の清弁の「この二には相待性が認められる。以下主題所属性による推理が」（清弁、D, Tsha, 97b1–2）、「このようになされたと関連づけられる」（観誓、D, Sha, 103a6–7）と説く。観誓も次に簡単に証因と喩例を解説すると、毘婆沙師に入る。

　ここで『無畏』、特に仏護、清弁、観誓の註釈文の冗漫な検討を敢えて行なったのは、それらの諸註釈の関係の一面をこの偈の解釈が極めて如実に示していると考えたからである。『無畏』の註釈中の実質的には偈と同じ文を仏護は採用するのに、清弁は直接偈と結びつけているのは、清弁が偈を自己の註釈の一部に組み込んでいるからであろうし、論理学では仏護を激しく批判する清弁も、仏護の註釈を採用し、自己の註釈に組み入れている。観誓は清弁の註釈を仏護の註釈と結び付け、それを論理的に展開し、内容を深めていると評価しているからであろう。

　毘婆沙師は清弁の上記の論証式の「相待している故に」という証因が不定（anaikāntika）であると指摘する。この反論は、観誓が彼らは『倶舎論』の「倶有〔因〕は互に果となるものである」（AKBh, 2.50b）を教証としているとするように、清弁の対論者は証因を先ず「〔貪欲と貪欲者の〕生は相待している故に」と取り『倶舎論』の同偈が挙げる心と心に随って起るもの（cittacittānuvartin）は倶有であっても倶有因として因である故に、不定であり、灯火と光も倶有である故に、不定であると主張する。それに対して清弁は「〔それら二者の〕総体（sāmagrī・和合）のみから、心と心の随起法も、光を備えた灯火も、生ずるので言説として倶有は認められない」と答える。毘婆沙師はそれと共に、世間の経験では牛の二つの角は実有であっても、「これは左の角である」「これは右の角である」という限定された言語表現に基づく二つのものは相待している故に、「相待している故に」という清弁の証因は不定であると反論する。それに対して清弁は「勝義としては成立しない故に、上述の誤謬はない」と言説諦と勝義の区別によって否定する。

4　復た次に…何を以っての故に——第四偈——

染者染法一　一法云何合　染者染法異　異法云何合（四）

naikatve sahabhāvo 'sti na tenaiva hi tat saha/　pṛthaktve sahabhāvo 'tha kuta eva bhaviṣyati//（四）

同一であるとき、共在関係はない。そのものがそれ自身と共在であることはないから。或いはまた別異であるとき、共在関係が一体どうしてあるであろうか。（四）

【無畏釈】［さらにまた、それら貪欲と貪欲者が共在関係であるとき、同一性か別異性かであるが、］両方共にあり得ない。どういう理由でか。答える。―第四偈―

〈同一であるとき、共在関係は〉あり得〈ない。〉どういう理由でか。〈そのもののそのもの自身との共在関係は〉あり得〈ないからである。〉

〈或いはまた、別異であるときも、一体どうして共在関係があろうか。〉どういう理由でか。別異であるからである。

【解説】羅什訳は『無畏』と実質上は変らない。「指端は自ら触るること能わず」は羅什の付加。共在関係が本来別々の二者の存在を前提としていることを指摘しただけのものである。

仏護は第四偈aの前に『無畏』註の最初の［ ］（若干文章は異なる）を置き、偈bでは一頭の牛を例として、一頭の牛がその同じ牛と共在することはないと論じ、cdでは『無畏』の「別異であるから」という理由を、別異と共在が相矛盾する定立と反定立（vipakṣa）であることを示すことによって明確にしているだけである。清弁はaを命題、bを「共在関係は二つのものにおいてある故に」という趣旨で、同類喩（sādharmyadṛṣṭānta）でもあるとする。そこで推論式は次のようなものであるので、自己の推理を否定する。〔主張〕貪欲には貪欲者との共在関係は生じない。〔証因〕一性である故に。〔喩例〕貪欲そのものの自己自身のように。清弁はここでも龍樹は偈で論証式の支分を欠けることなく説いていない、という屡々指摘されている批判を取り上げて、龍樹の偈は「意味を主とした言明」（arthavākya）であると答えている。そもそも清弁が偈の註釈で多く趣旨を述べているのは、偈の意味を論証学に合うように言い換えているからであろう。月称は偈の忠実で簡単な説明。

5　復た次に…何を以っての故に―第五偈―

若一有合者　離伴応有合　若異有合者　離伴亦応合（五）

ekatve sahabhāvaś cet syāt sahāyaṃ vināpi saḥ/　pṛthaktve sahabhāvaś cet syāt sahāyaṃ vināpi saḥ/（五）

もし同一であるとき共在関係があるとするならば、同伴者なしでもそれは存在するであろう。もし別異であるとき共在関係があるとするならば、同伴者なしでもそれは存在するであろう。（五）

偈のａｂのekatvaを、ｃｄではpṛthaktvaに改めた以外は同文。Ｔはｂとｄのsyāt ... saḥをder hgyur（共存関係がそこ（同一性・別異性）にあるであろう）と訳す。同伴者は共在関係にある二者の内の他方の関係項。同一の場合とは関係二項が同一のものである場合。

【無畏釈】　さらにまた、—第五偈—

〈もし同一であるとき共在関係がある〉と分別するならば、〈同伴者なしでも、そ〉の共在関係〈はあるであろう。もし別異であるとき共在関係がある〉と分別するならば、〈同伴者なしでもそ〉の共在関係〈はあるであろう。〉

【解説】『無畏』は偈の繰返しに過ぎない。仏護は中観派の常套手段といえるが、「同一であるときが、正確には一性（ekatva）であるときであることから、一性は一頭の牛、一頭の馬にもあるので、同伴者のない（即ち、共在関係にある二者の内の片方がない）一頭の牛において共在関係が、別異であるときには、貪欲と貪欲者のようには同伴性がない、無関係な牛と馬や牛と瓶にも共在関係があるという誤りになる」とする。清弁は偈のａｂとｃｄに関する仏護の註釈の全文を引用（D, Za, 98b1–3, D, Za, 98b5–8）し、「仏護の論述は帰謬の余地（sāvakāśa）がある。自宗の論証と他宗の論破が説かれていないからであり、それらを説こうと欲する者によって、説かれるべきときに、説かれていないからである」と批判している。清弁はこの偈を貪欲と貪欲者に関する同一等に限定し、（一）同一のときは貪欲と貪欲者とには同伴者なしでは倶生関係は認められない、（二）別異のときは貪欲、或いは（saṃ、Ｄはdaṅ、Ｐを採る）貪欲者には…（以下（一）と同文）。これらの否定によって、否定される倶生関係の相待を備えているという性質も説かれたのであると説いて、「相待を備える」を証因とする次のような二つの論証式を提示する（（　）内は別異の場合）。〔主張〕勝義として貪欲と（或いは）貪欲者が同一（別異）であるとき共在関係はない（あると認められない）。〔証因〕相待を具える故に。〔喩例〕例えば貪欲の自己自身（因と果）のように。漢訳『灯論』は、ａｂとｃｄの論証式の喩例以外は同文であるので、ａｂを訳し忘れたのであろう。月称は仏護を簡潔で意味を明確にしただけである。

羅什は他の註釈とは異なり、ａｂに三種の否定を読み込んでいる。（一）先ず彼は共在関係（sahabhāva）を合・二者の結合と解釈し、二者の否定である一を二者の結合とするならば、貪欲と貪欲者は相待しない、すなわち同伴しない自性的存在となると論難する。（二）と（三）は明瞭であるので省略する。ただ最後に概念上の別異でなく、「遠」という場所的時間的な距離という通常的別離を取り上げている。これは羅什だけで他には見られない。

6　問うて曰く…答えて曰く―第六偈―

若異而有合　染染者何事　是二相先異　然後説合相（六）

pṛthaktve sahabhāvaś ca yadi kiṃ rāgaraktayoḥ/　siddhaḥ pṛthakpṛthagbhāvaḥ sahabhāvas tatas tayoḥ//（六）

またもし別異性であるとき共在関係があるとするならば、どうして貪欲と貪欲者が各々別異であることが成立するであろうか、そのこと（別異であること）からしてその二者には共在関係があるであろうところの。（六）

aの「別異性において共在がある」ことは、すべての註釈者によって普遍的原則として認められている。dのtatasは底本もLVPも梵偈の諸写本（LVP, p.140, fn.3）もT1もT2もtatasであるが、底本もLVPも月称の註釈によってyatasに改めている。月称がb以下を「それによって貪欲と貪欲者の共在があるであろうところの、貪欲と貪欲者の別異性がどうして成立しているであろうか」と読んでいるからである。しかし、リントナーの『改訂本』はtatasであり、T1（月称釈のT訳）では偈ではdes na（tatas）、註釈ではgaṅ las（yatas）。T2はbをaの原則が貪欲と貪欲者に適用できるか否かという問いと解釈し、cをその解答で別異性が成立している（grub gyur）ならば、そうであれば、dの共在があるであろう（ḥgyur）と訳して、論理的前後関係があることを明示している。

偈のcのpṛthakpṛthagbhāvaをTはpṛthaktvaと同じtha dad ñid。清弁は「相互に相待しないこと」（anyonya-anapekṣatva）で、-bhāvaは「自体（ātmatā）の獲得」だとする。

【無畏釈】―第六偈―

［別異性は二つのものの間に存在すると認められるべきである。〈もし二つのものに存在する別異性において共在関係が〉分別される〈ならば、〉そうであれば、〈貪欲と貪欲者〉とに〈共在関係が〉どうして成り立つであろうか。それら〈貪欲と貪欲者と〉は別異であると分別されるが、共在関係は成立しない。さらにこのように分別されたとき、その二者は別異であることがまさに成立するであろう。そうであれば、〈全く別異であることが成立しているとき、〉ので、その二者には〈共在関係がある〉と分別されるであろう。］

【解説】羅什の註釈は貪欲と貪欲者の二者に「決定して異相（別異性）有りて、而して後に合せば、是れ則ち合ならず」である。

「決定して」は羅什の『中論』の用例からすれば、自性（svabhāva）又は実有（sadbhūta）として別々のものであることである。羅什は共在関係を合と訳す。彼は合という語の集合（二者の共在）と合体（二者が一つになる）という二義を使い分けているようで、「後に合するならば」は別々の二者が合（集合）するのであれば、「是れ則ち合ならず」即ち貪欲と貪欲者は合（合体・一体）ではない。合を説いてもそれは「強いて説く」即ち合とは名のみであって事実ではないことが説かれたと解釈する。

T2（『無畏』、仏護、清弁）の訳偈では偈aを〔二つの事物の間に認められる〕別異性において共在関係があるという原則、一般論を説くとし、bでは貪欲と貪欲者という特定の場合に当て嵌るか否かを、「どうか」と問うと解釈する。偈のcを別々のものであることが成立（立証）されたとき、と偈dの条件節と解釈して、それよりしてその二者（貪欲と貪欲者）には共在関係があると読み、貪欲と貪欲者にも別々であることが成立しさえすれば、共在関係があると、一応、前半の問いに対する解答らしく繕っている。『無畏』は偈bの「どうか」という問いの直後に「それらは別異であると分別（妄想）されるが、共在関係はない」という解答を加えている。その結果、偈の前半と後半とは関係がないことが益々鮮明になるからか、『無畏』は偈dのtatas（des na = de lta na）を後半の冒頭に移し、「それよりして、別々のものであることが成立（立証）されたとき、その二者の共在関係が分別されるであろう」と読む。この読み方は偈の前半よりも次の第七偈と関連付けた解釈である。

仏護は第六偈を、別異性、別々のものであることは二つのもののどちらかにあるのでなく、一緒に存在している（共在関係・共在状態にある）二つのものに在るので、二つのものの共通の結果であるから、別異性は共存している二者にあるという反論を想定する。この反論に対して彼は、別異性は二つのものにあることを確認した上で、T2訳の偈に従った『無畏』の貪欲と貪欲者の場合はどうなのかという註釈を採用する。しかし彼は『無畏』の「別異であると分別されるが、共在関係はない」（後出）という解答を採用せず、直ちに偈の後半に移り、後半でも前半と同じ別異性に共在関係が分別されたときには、貪欲と貪欲者の別異性が確実に（eva）成立するという条件の下で、偈cを「全く別異であることが成立するので」と理由句と読み、貪欲と貪欲者の共在関係を対論者は妄想（分別）するという結論に導く。貪欲と貪欲者には別異性がないから共在関係もないというのである。

清弁も同じように偈の前半を別異性に共在関係があるならば、貪欲と貪欲者の共在関係はどうなのかが問われたとする。観誓は上述の仏護の共在関係は、二つのものの共通の結果であるという見解の否定だとする。清弁は次の論証式で否定する。〔主張〕そ〔の共在状態〕はそれら〔別異な貪欲と貪欲者と〕の共在状態ではない。〔証因〕別異であるから。〔喩例〕貪欲と無貪欲のように。彼はこの論証式が推理の誤謬であることを既に説いたとする（D, Tsha, 99a1）。観誓は説いたのは第四偈だとする。

清弁はその直後に「さらに答える」（yaṅ bśad pa）と述べて、偈の後半が別の解答であることを示し、簡潔に偈cでは「別々のものであること」（pṛthakpṛthagbhāva）を相互に相待しないこと、-bhāva を自体（ātmatā）を得ることという語義解釈をするだけである。偈dの「そのことからしてその二者には共在関係がある」の後に「君の知によって」（//khyod kyi blo gros kyis/（D）、//（P））がある。観誓は次にくる第七偈に結び付けているし、デルゲ版では前の//が//で、後は/だけで第七偈に続く。北京版では前後共に//である。どちらかといえば、観誓とは異なるが、「そのことからして君の知には二者の共在関係がある」と読むべきではないかと考えられる。

この偈の月称の解釈が他の註釈と異なることは偈の註釈の中で既に述べた。彼は偈全体が別々のものであることが成立しているものだけに共在関係が経験されるが、貪欲と貪欲者は別々のものとして成立していないので、それらには共在関係はないことを説いているとする。

7　復た次に――第七偈――

若染及染者　先各成異相　既已成異相　云何而言合（七）

siddhaḥ pṛthakpṛthagbhāvo yadi vā rāgaraktayoḥ/　sahabhāvaṃ kimarthaṃ tu parikalpayase tayoḥ//（七）

或いはもし貪欲と貪欲者が全く別々のものであることが成立しているならば、それなのに君はそれら〔貪欲と貪欲者と〕の共在を何のために想定するのか。（七）

偈cの kim arthaṃ を『無畏』、羅什は慣用語として ciṅ phyir（＝kim）・云何と訳す。月称も同じく kim anayoḥ sahabhāvena kṛtyam/（kṛtya ＝ artha）と、必要・目的がないとする。リントナーの『改訂本』は d の tu が nu。

【無畏釈】　――第七偈――

〈もし貪欲と貪欲者が全く別のものであることが成立しているならば、君はそれらの共在を何のために想定するのか。〉

【解説】『無畏』と羅什は偈の反復。仏護は別異性と共在関係が相矛盾したものであることを強く意識し、cdを「それら〔二つのもの〕の全く別のものであることと矛盾する共在関係を、意味もないのに何故（kim）分別するのか」と読む。共在関係はどれ程一性に近づけて考えても、二者の別異性の上に成立している（仏護はそのことを、別異性の誤りが、そう考える人々にまさに染み着いていると表現する）ので、共在関係は無意味であるという結論を下す。清弁は観誓によれば、貪欲と貪欲者が別異の自体であることが成立した上で、その後で共在関係があると対論者が分別する。その分別が誤っていることを説くために第七偈が説かれたとし、「君の知によって」「貪欲と貪欲者が別々のものであることが成立しているならば」（ａｂ）というこの仮定が、対論者の分別であることを示す。これは月称が「「…成立している」（ａｂ）と君が分別するならば」と、ｃｄと同じく、ａｂも対論者の分別であることを明確にしているのと同じである。

清弁はｄの「それら二つのもの」を特に「「貪欲と貪欲者のそれら二つのもの」ということが言及（反省）されている」と註釈するが、観誓は、先に挙げた仏護註「もし貪欲と貪欲者が別々のものとして成立していると考えるならば、それら二つのものの、別異性と矛盾する共在関係を、意味もないのに何のために分別するのか、それは無用のことであるという意味」だとする。ここでも観誓は清弁が仏護と同じ見解であることを主張している。月称も結論は同じ。

8　復た次に―第八偈―

異相無有成　是故汝欲合　合相竟無成　而復説異相（八）

pṛthag na sidhyatīty evaṃ sahabhāvaṃ vikāṅkṣasi/ sahabhāvaprasiddhyartham pṛthaktvaṃ bhūya icchasi//（八）

別異〔性〕は成立しないと考えて、このように君は共在関係を渇望し、共在関係の成立のために、君はより強く別異性を求める。（八）

Ｔ１は偈のａｂをｃｄに対する条件文と訳し、Ｔ２はａｂもｃｄも疑問文と訳すが、『無畏』、羅什、仏護は疑問文とせず、Ｔ１と同じ構文とする。Ｔはａの ity evaṃ が ... ma gyur pas// de phyir。『無畏』註は「〈それ〉= de … 〈ために〉= phyir」。

【無畏釈】　―第八偈―

〔貪欲と貪欲者の〈別異性は〉必要がない故に〈成立しない（＝a）。〉〈それ〉を成立させる〈ために共在関係を君は渇望する（＝b）〉が、共在関係も一性の誤謬に纏われているので成立しない。それ故に、〈それの成立のために、君はより強く別異性を渇望する（＝cd）。〉このことは正しくない。〕（仏護は最後に比喩を説くが、省略）

【解説】『無畏』は偈と同じ。仏護は『無畏』に波線部分を加えただけ。ここで清弁は今までの問答を整理する形で、（一）第一偈ab等による貪欲と貪欲者とに別異性のあり得ないことの教示と別異性の成立のための共在関係への依拠という対論者の救釈。（二）第三偈ab等によるそれの否定。（三）共在関係は相待性を備えているので認められない。そこで第四偈のabで一性に基づく共在関係を否定すると、さらに再び対論者は共在関係の成立のために別異性を認めるので、龍樹は「別異が成立しないので、それ故に君は共在関係を求めるのか、共在関係の成立のために君は別異性を求めるのか」という第八偈を説いたとする。彼が何も註釈を加えていないのは、どちらも答えられない問いを投げ掛けたという思いがあったからであろう。従ってT2の偈の訳は清弁の解釈ということになろう。なお観誓はこの偈でもただ仏護の註釈の全文を引用して、それが説かれたとする。月称もこの偈が前の偈の論理的に必然的な展開だとし、他の註釈同様、対論者の主張は別異性と共在関係の循環論証になると否定する。

9　何を以っての故に——第九偈——

異相不成故　合相則不成　於何異相中　而欲説合相（九）

pṛthagbhāvāprasiddheś ca sahabhāvo na sidhyati/　katamasmin pṛthagbhāve sahabhāvaṃ saticchasi//（九）

また、別異性が成立しないので、共在関係は成立しない。どのような別異性が存在するとき、あなたは共在関係を認めるのか。（九）

偈aのca（また）を仏訳者は第四偈dと第五偈cdに付け加えられた第三の理由とする。T2はdのsatiを欠く。

【無畏釈】——第九偈——

貪欲と貪欲者との〈別異性が成立しないので、共在関係は成立しない。〉成立していない〈どのような別異なものに君は共在関係を認めるのか。〉これも正しくない。

【解説】『無畏』も羅什も偈の反復。仏護は偈のａｂでは特に第五、六偈で説かれた、別のものである二者の各々にも、共在して存在するものにも、どちらにも別異性が成立しないことによって、共在関係が成立しないことを説いていると解釈する。後半ではｃの「どのような別異なものが存在するとき」が、別異とされた各々にある別異性か、それらの共在して存在するものにある別異性か、自分勝手に考えられたそれらとは別の別異性があるときにか、を対論者に明確にせよと迫っている。

清弁もａｂであるとき（yadā）、「その時、長老よ（āyuṣman）…共在関係を認めるのか、それを説け」と、対論者を長老と呼び、同じく解答を迫っている。彼もｃのどちらかを、（一）順次に生じた別異性（二）同時に生じた別異性、に分け、前者を彼が第六偈ａｂの註釈で示した〔証因〕別異である故に、〔喩例〕貪欲と貪欲を欠いたもののように、後者を第五偈ｃｄの註釈で示した〔証因〕相待を具えている故に、〔喩例〕因と果のように、で説いたとする。

月称はここでは「別異性があるとき、共在関係が成立するでもあろうところの、その共在関係に相待していない別異性は、決して存在しない」ことを説いていると解釈する。

10　復た次に―第一〇偈―

如是染染者　非合不合成　諸法亦如是　非合不合成（一〇）

evaṃ raktena rāgasya siddhir na saha nāsaha/　rāgavat sarvadharmāṇāṃ siddhir na saha nāsaha//（一〇）

このように、貪欲は貪欲者と共（同時）にも成立しないし、共でなくても（別時にも）しない。貪欲のように、すべてのもの（法）は共にも成立しないし、共でなくてもしない。（一〇）

【無畏釈】　―第一〇偈―

〔第一偈（省略）を始めとしたこれまでに閲したところのそれらの様相によって、〈このように〉考察されたとき、〈貪欲が貪欲者と共にでも、貪欲者と共にでなくても成立することはあり得ない。〉〈貪欲〉が貪欲者と共にでも貪欲者がいなくても、成立しないように、そ〈のように、すべての法〉も何ものかと〈共にでも、何ものも共でなくても成立することはあり得ない。〉葦の束（naḍakalāpa）のように。〕

【解説】『無畏』は偈と実質的に同じ。仏護は『無畏』の傍線部分を除き、波線部分を加えただけである。彼は不共（asaha）を同伴者が存在しないこととする。清弁と月称は同じような表現で、この偈が結論であることを告げる。月称は共在と不共在だけでなく、前後をも加えている点で羅什と同じ。三毒への言及は清弁、月称も同じである。清弁は特に彼自身が章の冒頭で取り上げた対論者の仏説に基づくとする「それらに縁って雑染と苦悩が説かれている故に」という証因の事実（artha）は不成であり、世俗としても証因の意味は、推理と矛盾すると論じ、そこでこの章の目的は対論者の証因の誤謬を述べて、染と染者等が無自性であることを説くことであるとする。

中論巻第二

観三相品第七

1　観三相品　「有為の考察」（saṃskṛtaparīkṣā）。Tは「生、住、滅の考察」。漢訳『灯論』「観有為相」。『釈論』「観有為」。漢訳『灯論』の「有為相」はTの生、住、滅の意訳と取れば、漢訳の原本の章名はTと同じであったことになる。或いは羅什訳の「三相」の意訳か。

2　問うて曰く…何を以っての故に—第一偈—

若生是有為　則応有三相　若生是無為　何名有為相（一）

yadi saṃskṛta utpādas tatra yuktā trilakṣaṇī/　athāsaṃskṛta utpādaḥ kathaṃ saṃskṛtalakṣaṇam//（一）

もし生が有為であるならば、三相がそれに結びつけられる。或いはもし生が有為でないならば、どうして〔生は〕有為の相であろうか。（一）

仏護、清弁、月称はbの trilakṣaṇī を「三相の samāhāra（集合）」、集合名詞（Dvigu・数詞限定複合詞）ととることを明示する。

【無畏釈】〔ここで〔対論者は〕主張する。〕「ここ〔仏教〕では〔生と住と滅とは有為の普遍相である」と説かれている。そうである故に、それ故に、無に相を説くことは妥当しない。相が存在するので、有為は存在する。〕

ここで答える。それ（有為）はまさに存在しない。どういう理由でか。生、住、滅が成立していないからである。それら生、住、滅は有為か無為かである。その両方に共にそれらはあり得ないので、成立しない。

ここで〔対論者は〕問う。もしそれらが有為か無為かであるとすれば、それによってどのような誤謬になるのか。

ここで答える。—第一偈—

先ず、〈もしその生が有為であるならば、三相がそれに結びつけられる。〉それらの三相にも別の三相が結びつけられるので、無限遡及の誤謬になる。住と滅にも同じようになる。

〈或いはもし生が有為でないならば、どうして〔生は〕有為の相であろうか。〉生、住、滅なしで、どうして生であると認知・分別することができようか。さらにその上に、生、住、滅が存在しないとき、生は有為でないので、涅槃に等しいか、涅槃そのものであろう。涅槃は有為の相ではない。住と滅も同じように分別される。

【解説】 冒頭の経典については、LVP, p.145, fn.1,『中論釈』Ⅱ、六七頁註二、CPM, p.107, fn.258 参照。

「生が有為」、すなわち、生相が生相というもの（有為法）である場合、『無畏』は生相というものにも更に生等の三相があることになり、更にその三相の各々、生相というもの等にも三相があることになるので、無限遡及の誤謬になると、第三偈abを先取りして否定する。羅什は異なり、生（相）というもの（法）には生相だけが相応し、住相や滅相は相容れない（相違する）から、生〔相〕というものは有為の三相を相としないので有為法ではないと否定する。

仏護は比較的詳しく考察する。（一）相のあるものにもないものにも相はない（五・三参照）と全否定し、（二）彼は有為でない場合（偈c）だけでなく、有為相である生が有為法であってもdの「どうして有為の相であろうか」という誤謬が伴うとする。生も住も滅も有為法であるならば、それらは同じ生等の三相と結合するので、生、住、滅の区別がなくなってしまう。そこで生相等の有為相でなくなる。これが主たる否定であって、『無畏』、羅什とは異なる。（三）（二）から派生した救釈の否定で、対論者は同じく有為の三相をもっていても、瓶とか衣という区別があるように、生は生ぜしめるもの（utpādaka）、住は住せしめるもの（sthāpaka）という区別があると反論する。それに対して仏護は、瓶なら瓶という特定のものだけを生ぜしめるものであるから、生ぜしめるもの等は普遍相である有為の三相と抵触すると答破する。彼が註釈の冒頭で『無畏』の有為の相を普遍相に改めたのはこれの伏線であろう。対論者が、瓶なら瓶という特定のものの三相であるから誤謬でないと反駁すると、生ぜしめるものという生は、kāraka（作るもの）であるから、例えば子の生相を作るものは父であって、子にある生相という特徴・性質ではないと答破する。

Ｔ2の章題は「生、住、滅の考察」であるが、清弁は冒頭で、「蘊等が無自性であることの教示」とし、対論者の、勝義として蘊等の有為には有為の自性がまさにあるという論証式の主張の証因、即ち「生等の有為相と結びつけられる（＝b）故に」を否定するという。月称も同じ解釈をする。T1の章題はT2と同じであるが、梵本は「有為の考察」であり、『釈論』と同じである。梵本で或る時期に章題が改められたのか。T1の訳者がT2の訳に従ったのか。清弁は（a）生等の有為相が有為であるならば、まさに有為であるから、所相（lakṣya）と同じように有為相とは認められないとする。清弁は次に仏護の（三）を受けて、生が有為であったとしても、「生ぜしめるもの」が有為相であるとする立場に対して、肯定的遍充（anvaya）がないから、ただ主張しているだけだとし、また作者を認めることは生という作（kriyā）の損減であると否定し、言説としても作者であるとき、生は有為相でないことを論証式（省略）で示す。月称は先ず『無畏』に近く、生等にも三相がある〔という誤謬〕になると論じ、次に清弁の説く「生も所相となるから有為相でない」という誤謬を簡潔に指摘する。

生が無為の場合、『無畏』は（一）生は無為で有為法の生相でないから生と知ることさえできないし、（二）生は涅槃となるので有為相でないと否定する。仏護は『無畏』を受けて次のように改めている。（一）相は相する（特徴づける）から相であるが、無為には有為の三相がないから、自分自身さえも特徴づけない。そういう無為である生は、他のものを生と特徴づけることはできない。（二）もし特徴づけることができるならば、涅槃も有為相となる。清弁は、偈のdを無為はそれ自身が存在しないから、無為である生には有為相はない、という趣旨だとする。次に無為法は無為の法性であるから、無為である生は有為相であることはできないと否定する。月称は偈のcdにただ、「これは有為の相でないという趣旨である」と註釈するだけである。

羅什の註釈は清弁に近く、無為が有為の否定で、無性、無法であることを強調するが、彼は積極的に不生不滅が無為の相であるとも仮名としては認め、生は無為でないと結論を下す。

3　復た次に（さらにまた）—第二偈—

三相若聚散　不能有所相　云何於一処　一時有三相（二）

utpādādyās trayo vyastā nālaṃ lakṣaṇakarmaṇi/　saṃskṛtasya samastāḥ syur ekatra katham ekadā//　（二）

生等の三〔相〕は各々別々のもの（以下各別）であるならば、有為の相のはたらきをなし得ない。結合した〔三相〕がどうして同

一の場所に同一時にあるであろうか。(二)

T1のaはtrayaḥ(三)を欠く。dのsyurをTはrun(yukta)と訳す。羅什は偈の前半と後半を各別(散)と総体(聚)の場合に分けず、bの相としてのはたらきができないことも、dの同一の場所に同時にあることはできないことも、各別と総体の両方に適用される、と読む。

【無畏釈】それら生と住と滅とは各別にか、総体として有為の相であるかであろう。両方共にあり得ない。どういう理由でか。先ずもし各別と考えるならば、〈各別の〔三相〕は有為の相のはたらきをなし得ない。〉有為の一部分は相によって特徴づけられるが、一部分は相を欠くことになるので、これは成り立たない。

或いは〈総体としての〔三相〕〉と考えても、それら相互に矛盾する〔三相〕が、〈同一〔の場所〕に、同一時に〉結合することがどうして妥当しようか。それも成り立たない。火と水のように。

【解説】羅什訳偈の前半では三相が一つ一つ(各別)でも和合(総体)でも、所相は存在し得ないという結論を説く。仏護は註釈の冒頭で、三相は瓶等のもの(所相)の相であり、所相がなければないが、滅相は所相が無いことであるから、滅相をもつ所相は無い、無である。従って三相は各別でも総体でも存在しないという。清弁と月称がこの章を、蘊等は有為の自性をもつという命題の否定とする解釈の底流には、この考え方があったのであろう。

羅什は上述のように、偈の後半で一処・一時を、梵偈等のように総体の場合に特定していないが、註釈では一処を各別の場合、一時を総体の場合と区別している。それ以外は各別の場合は、『無畏』が一部分と抽象的に説くのを、具体的に生時に住滅無し等と説明しているだけで、総体の場合は『無畏』と一致する。

仏護は各別の場合を、三相の各々を他と切り離して考察し、順に否定していく。(一)生の場合、成立され消滅しないものの存在を認める対論者に、再び生ずることはないし、生じないときがなくなる、という常套的な帰謬を説く。(二)住の場合は滅が随順し、常に無常が随順することになることによって否定する。彼はこの場合に『四百論』第一一章第一七、二三、二四偈を教証とするが、清弁も踏襲する。(三)滅は住がないから存在しないと説き、最初に述べたように、「滅相が無を意味するから所相はない」という否定を繰り返す。〔四〕さらに彼は三相が住して同時に（saha）生じるという通説によって、各別の場合そのものを否定する。総体の場合は『無畏』、特に羅什訳と同じである。最後に彼は彼の否定を誤難（誤答）と極め付ける対論者に対して、真実在の認識を求める探究であるとし、対論者の主張を誤謬に導く帰謬論証を具体的に提示し、三相が勝義・真実在でなく、世俗・言説であるとする。それを勝義の論証式として論証しようとしたのが清弁である。その結果、清弁では真実在は所謂、実在の砂漠となった。それを真実在即言説として、砂漠でなく真実在は言説の実相であることを明説したのが月称である。

清弁は各別が相のはたらきをなすことができない、というａｂは、結合された牛の垂肉（sāsnā）等の相が所相（牛）を相することができるからだ、という趣旨であるとする。これは仏護の〔四〕に当るであろう。次いで生等が順に生ずることを認めても、〔一〕生じていないものには三相がないので、〔二〕消滅したものにも所相がない故に生住滅がないので、相のはたらきをする力はないとし、さらに〔三〕生じたものは生〔の必要〕がないし、〔四〕住には消滅があり得ないし、無常が必ず後に従うからだと論破した上で、仏護の引用した同じ『四百論』の第一一章第一七、二三、二四偈を教証として採用している（cf. D, Tsha, 101b6 以下）。彼はｃｄを、総体の三相が有為の一事物に一時に存在することはないという語義だとする。全く相矛盾する生住滅が或るものに同時にあることは、「心が安らかな（冷静な）境地」にある人が考察すべきでないからだとする。

彼はここで経量部を対論者とし、その四相の定義を紹介し、各別に決った因縁の力より生じた刹那の相続において、同一刹那に一時に結合された〔四〕相があるという主張に対して、相続は実有でないし、相待によって生住滅と分別する〔即ち生の状態によって生と分別し、生じたものによって住、住によって滅と分別する（観誓、cf. D, Sha, 118a4）故に、三相は言説であって勝義でないし、住の時にはそれと矛盾する滅がないので、前に述べた誤謬を免がれないと答える。

次に毘婆沙師が自派の四相の定義を紹介し、生等が順に生ずることは、有為性から離れないので有為相が成立する。そこで龍樹の説くａｂの否定は正しくないと反論する。それに対して、清弁は、堅さや大丈夫相は地や大丈夫から決して離れないように、相というものは、所相から離れることはないが、生等は順に生ずるので、勝義として生等が事物の有為相であることは成り立たないと否定する。「生等は混乱しない。無為にはそれらは存在しない故に、三相は有為と離れることはないので、順に生じることもまさに有為の相である」（観誓、cf. D, Sha, 119a5）という反駁を想定して、考察されても勝義として存在しない。生は否定され、生じていないものに住と滅はないからであると答破する。この場合は三相が本性として矛盾することによるのでなく、要するに、時の別異性によって生時に住と滅の相はないし、住と滅がその時なくても、後に生ずるから住と滅の自体をもつと考えても、それは言説だけで、生住滅は有為相でないという誤謬は除くことができないとする。

月称は各別の場合を仏護のように各々を他の二相のない生だけ、住だけ等として論じ、生の場合は所相は虚空のようなものとなるので、有為法でなく、従って生は有為相であり得ない。住と滅の場合は、所相は空華のように存在しない（住の場合は仏護、清弁と同じく住（＝常）は矛盾する無常と結合することができないことに言及しつつ）ので、他の二相を欠いたものに住も滅もないと否定する。このように彼は所相があり得ないことによって有為相のはたらきができないと論ずる点は羅什に近い。結合された三相の場合は、『無畏』から清弁までの流れに従って、相矛盾しあう三相が一処に一時にはあり得ないと論ずるだけである。「心ある（思慮ある）誰が認めようか」（kaḥ sacetāḥ pratipadyate）は、上述の清弁の「心安らかな境地にある人（cittasukhavihāra）が考察すべきでない」を改めたものであろう。

4　何を以っての故に―第三偈―

若謂生住滅　更有有為相　是即為無窮　無即非有為（三）

utpādasthitibhaṅgānām anyat saṃskṛtalakṣaṇam/　asti ced anavasthaivaṃ nāsti cet te na saṃskṛtāḥ//（三）

生と住と滅とに、別の有為相がもしあれば、無限遡及になり、同じく、もしなければそれらは有為ではない。（三）

【無畏釈】　さらにまた、―第三偈―

或いは〈もし生と住と滅とに別の有為相がある〉と認めるならば、〈無限遡及に〉堕す。或いは〈もしなければ、それらは有為ではない。〉有為でないならば、有為の相であることは成り立たない。

【解説】　『無畏』は偈のdの「別の三相がなければ有為ではない」に「有為でないならば、生等は有為相であり得ない」を加えただけである。羅什訳には若干説明が加えられているが、『無畏』と同じである。偈aの第一の別の有為相がある場合に、仏護も清弁も無限遡及を具体的に説明しているだけである。月称もこの偈の解釈の第二でそれを継承し、その誤謬の結末がどうなるかを加え、無限遡及の中観派の最終的解釈を説いている。「それら（生住滅）にも別〔の生住滅〕が、それらにも別のものがという無完結（aparyavasāna）の誤謬があろう。無完結の誤謬があるとき、或るものより（或るものに＝T）後時に別のものがあるでもあろうところの、〔或るものである〕何が前にあるであろうか。と際限がない（vyavasthābhāva）ので、生等は決して存在し得ない、という趣旨である」（cf. LVP, p.147, ll.15–16）。

第二の別の有為相が無い場合を、仏護は第一の有る場合を論破された対論者が無限遡及の誤謬を恐れて、生等に別の有為相はないと主張したとする。解答は『無畏』と同じ。清弁の対論者は「生等は有為であるとも認められるし、無限遡及でもない」と主張し、「生等が有為を相す（特徴づけ）ることが有為相である」と定義し、「吉祥（bkra・śis pa）と不吉祥の相のように別の有為相はないので到達し（thug pa）、住し、終りに到達する（mu thug ste）。しかし無にならない」（cf. D, Tsha, 102b6–7）という。清弁の解答は「〔喩例〕所相のように、〔証因〕有為である故に、勝義として生等〔の有為〕は有為〔相〕であると認められるべきでない」（cf. D, Tsha, 102b7–103a1）である。

この第二のない場合を「意味は解りきっている」と簡単に片づけた月称は、上述の無限遡及の解説以外は、専ら第一偈との関係に焦点を合わせて、三種の解釈を並記している。彼は龍樹は第一偈で対論者の立場を、ディレンマによって問題のある二主張（pratijñāta）として示し、この偈でそれらの二主張の誤謬を説いたと解釈していたと考えられる。月称は第一偈で誤謬を説いているので、繰り返し述べることは無意味だという反論を想定して、第一の解釈では第一偈で誤謬を説いているのは論師（龍樹）ではなく、註釈の著者（vṛttikāra）であると答えている（cf. LVP, p.147, ll.11–12）。この註釈の著者を仏訳者は月称と取っている（cf. CPM, p.110, fn.274）ようであり、『中論釈』IIでは仏護とする（六八頁註一二参照）。註釈が vṛtti であるのは仏護以下だけでなく、『無畏』も vṛtti であるから、この「註釈の著者」は『無畏』の註釈の部分の著者とも考えることができる。『無畏』の第一偈の註釈では、無限遡及の誤謬と生（等）が有為でないことを説いているからである。このことは重要である。もしそうであれば、月称は『無畏』の註釈を龍樹の自註でなく、註釈の著者を別の人物と認めていたことになるからである。月称は別の箇所では仏護や清弁を名指しで呼んでいる（この場合は仏護であったとしても、名指しでなく「註釈者」と呼ぶ方が相応しいようにも思えるが）ことも考慮すべきであろう。第二の解釈では一歩譲って「前（第一偈）で主張した同じことを別の誤謬を述べることによって明瞭にするために再度論師によって述べられた」という。第三の解釈では第一偈では生だけ、この偈では総じて（sāmānyena）論難が説かれたとするだけである。

5　問うて曰く…何を以っての故に—第四偈—

生生之所生　生於彼本生　本生之所生　還生於生生（四）

utpādotpāda utpādo mūlotpādasya kevalam/　utpādotpādam utpādo maulo janayate punaḥ// （四）

生生はただ本生だけの生である。一方では本生は生生を生じさせる。（四）

punar を羅什は還と訳す。還は「却って・反対に」「また・再び」「やがて・ついで」（『新字源』）。T は haṅ（api, tu）。

【無畏釈】　ここで〔対論者は〕主張する。君が生と住と滅に別の有為相があるとき、無限遡及に堕すと述べたこと、それに対して〔我々は〕、〔《生と住と滅とは有為でもあり、無限遡及に堕しもしない〔と〕答える。どうしてか。》〕主張する。—第四偈—〔この世で〕〔どのような法であろうとも、生ずるときには、その〔法〕自身を含めて一五〔法〕を生ずる。〕識か、受か、想等の〔（一）その法、（二）その法の生、（三）その法の住、（四）その法の滅、（五）その法の保持（samanvāgama）、（六）その法の老、〕（七）その法の解脱か誤れる解脱、（八）その法の出離か不出離。これら〔七法〕、生、住、滅、保持、老、解脱、出離が先ず第一に随属物（parivāra）といわれる。随属物のなかでここでは解脱と出離、或いは虚偽の解脱と不出離という二法がある。白い（善い）法なるもの、それらに属するものは解脱であり、黒い（悪い）〔法なるもの〕、それらに属するものは虚偽の解脱である。出離である法、それらに属するものは出離そのものであり、不出離である法、それら〔に属するもの〕は不出離そのものである。次に随属物の随属物は次のようなものである。（九）生の生、（一〇）住の住、（一一）滅の滅、（一二）保持の保持、（一三）老の老、（一四）解脱の解脱、（一五）出離の出離とである。また随属物の随属物のなかでもここで二つの法、解脱の解脱と出離の出離、或いは虚偽の解脱の虚偽の解脱と不出離の不出離もある。白い法なるもの、それらに属するものは解脱の解脱であり、黒い〔法なるもの〕、それらに属するものは虚偽の解脱の〔虚偽の〕解脱である。出離である法、それらに属するものは出離の出離であり、不出離であるもの、それらに属するものは不出離の不出離である。すなわち一五部分である。そのうちで本生であるもの、それは自己自身を除いて、〔他の〕一四法すべてを生ずる。生生であるもの、それはその本生だけを生ずる。本住であるもの、それも住住を住せしめ、住住も本住を住せしめる。本滅も滅滅を滅せしめ、滅滅も本滅を滅する。保持と老と解脱と出離についても同じように見るべきである。それ故に、生と住と滅は有為でもあり、無限遡及の誤りに堕することもない。住と滅についても同じように見るべきである。種子と芽のように。

【解説】　この対論者の見解は、仏護、清弁、月称にも若干の省略や詳述があるが、踏襲されている。清弁は犢子部とし、月称は正量部とする（『中論釈』Ⅱ、七二頁註一参照）。羅什は法自身と生と住と滅の三法と生生等の三法の七法とする。有部は『倶舎論』では生と老と住と無常性の有為の四相説を採るので九法となるが、生生が本生を生じ、本生が本生以外の六（八）法を生ずる点では変りはない。註釈書はすべて「有為であって、無限遡及にならない」という反論とすることも変りない。

羅什は有部、『無畏』等は犢子部を対論者とする。この偈では龍樹がどちらを対論者としていたかは説かれていないが、犢子部もしくは正量部であったことが窺える（解題上、一〇三頁、一五五―一五六頁、補註二一三頁参照）。

6　答えて曰く（ここで〔答える〕）――第五偈――

若謂是生生　能生於本生　生生従本生　何能生本生（五）

utpādotpāda utpādo mūlotpādasya te yadi/　maulenājanitas taṃ te sa kathaṃ janayiṣyati//（五）

もしあなたによれば、生生が本生を生じさせるのであるならば、あなたにとって本〔生〕によって生じられていないそれ〔生生〕が、どうしてそれ〔本生〕を生じさせるであろうか。（五）

【無畏釈】《〔〈もしあなたにとって生生が本生を生じさせるのであれば、あなたにとって、本生によって生じられていないそれ、生生がその本生をどうして生じようか。〉〉》〔それ〕自身が生じていないからである。〕

【解説】　清弁は最後の理由句の代りに「まさに生じない。生じていない故に以前のように、という趣旨である。」とする。仏護、清弁、月称も『無畏』と殆ど変らない。

7　復た次に――第六偈――

若謂是本生　能生於生生　本生従彼生　何能生生生（六）

sa te maulena janito maulaṃ janayate yadi/　maulaḥ sa tenājanitas taṃ utpādayate katham//（六）

もしあなたの場合、本〔生〕によって生ぜられたそれ（生生）が本〔生〕を生じさせるならば、それ（生生）によって生ぜられていないその本〔生〕はどうしてそれ（生生）を生じさせるであろうか。（六）

【無畏釈】　或いは《［もし本生によって生ぜられた生生だけが本生を生じさせるが、生ぜられていない〔生生〕は〔生じ〕させない］とこう考えるならば、それに答えるべきである。―第六偈―

［〈もしあなたの場合、本生によって生ぜられたその生生が、その本生を生じさせるならば、その生生によって生ぜられていないその本生がその生生をどうして生じさせるであろうか。〉］》自己自身が《生じていないのであるからである。》そうであれば、この考察によってもあり得ないので自性として存在しない。

【解説】　清弁は『無畏』の最後の文を除いた註釈文を、ここでも偈の趣旨とするだけである。仏護は『無畏』の借用の次に、生生と本生が空の立場での相互依存であるので考察の対象でないとするのに対して、月称は両者を有の立場では「生じさせるものと生じさせられるもの」の関係（nirvartyanirvartakatva）がないから、相互でなく、無限遡及になると否定する。羅什訳は『無畏』よりも生じさせるものは生じさせられるものとならないことを明確にしただけである。

8　何を以っての故に―第七、八偈―

若生生生時　能生於本生　生生尚未有　何能生本生（七）

若本生生時　能生於生生　本性尚未有　何能生生生（八）

ayam utpadyamānas te kāmam utpādayed imam/　yadīmam utpādayitum ajātaḥ śaknuyād ayam//（七）

もし生じていないこれがかれを生じさせることができるならば（＝ｃｄ）、あなたには生じつつあるこれがかれを確かに生じさせるでもあろう（＝ａｂ）。（七）

梵偈はayam（これが）、imam（かれを）である。羅什は具体的に本生が生生を、及び生生が本生を、との場合に分けて二偈にしている。これは『無畏』の註釈がこの二つの場合を分けて詳述しているのを採用したのであろう。ａｂを条件節、ｃｄを反語の主節と取る。ｃの冒頭の yadi をａｂに含めて読んだことになる。kāmam は訳偈ｂの「能」か。Ｔは ḥdod la rag。Ｔ２は梵偈のｂを主文とし、ａｃｄを条件文として「あなたにはそれ、生じつつあり未だ（又は自性として）生じていないそれがもしそれを生じさせることができるならば、それを確かに生じさせよう」。

【無畏釈】　ここで〔対論者は〕〔主張する。生じつつある〕本〔生は生生を生じさせるが、生じていない〔本生〕は〔生生を生じ〕させない。〕

ここで〔答える。〕—第七偈—

《〔あなたには〈これ〉即ち本生である〈生じつつある〉〔即ち、〕それ自身は〈未だ生じていないこれが、もしかれ〉即ち別の生生〈を生じさせることができるならば、かれ〉即ち生生〈を確かに生じさせることができよう〉〕》が、〔生じさせることは〕できない。それ故にあなたには、《〈これ〉即ち本生である〈生じつつある〉それ自身は未だ生じていないこれが、〈かれを〉別の生生を生じさせることはできない。》（清弁の付加文や省略文の指摘は省略）

〔或いは〕以下は別の推測である。〔君には〈これ〉生生である〈現に生じつつある、〉それ自身は〈生じていないこれが、〉もし〈かれ、〉別の本生を生じさせることができるならば、その本生を確かに生じさせることができようが、できない。〕

それ故にあなたには〈生じつつある〉それ自身が〈生じていないこれ〉生生、これが〈かれの〉別の本生を生じさせることはできない。

どういう理由で生じつつあるものはそれ自身が生じていないのか、というならば、生じつつあるものは完成していないからである。そこで「生じつつある〈これ〉が〈かれ〉を生じさせる」という所説、それは正しくない。滅したものと滅していないもののように。

【解説】　仏護は『無畏』の最後の節を「というのは、それ自身が生じていないで、存在していないものが他のものをどうして生じさせようか。それ故にこれは単なる空想に過ぎない」と改めている。この方が簡明である。清弁は両方の場合を纏め、《　》で示した『無畏』の借用文を主張とし、その後に〔証因１〕生じていない故に。〔証因２〕或いは生じつつある故に。〔喩例１〕前のように、〔喩例2〕或いは生ずることを、求められたもののように、という趣旨であると、論証式にしている。彼は続いて対論者とのこの証因の論理学上の攻防を加えているだけである。月称は簡潔に「生じつつあるもの」が「生じていないもの」であることを強調し、「この生じていないものがどうして生ぜしめるであろうか、ということは決してあり得ない」という趣旨だとする。羅什の偈の読み方は上述のように異なるが、生じつつあるもの、即ち生時が未だ有らず・未有であることによって否定する点は、『無畏』と同じであり、特に月称に近い。

9　問うて曰く（ここで〔対論者は〕主張する）——第九偈（『無畏』第八偈）——

如灯能自照　亦能照於彼　生法亦如是　自生亦生彼（九）

pradīpaḥ svaparātmānau saṃprakāśayate yathā/ utpādaḥ svaparātmānāv ubhāv utpādayet tathā//（羅什訳は第九偈、他は第八偈）

灯火が自己と他者との自体を照らし出すように、そのように生は自己と他者との自体を生じさせるであろう。（八）

saṃprakāśayate は、LVP では saṃprakāśayitā。dJ は R による。cf. CPM, p.113, fn.283。

灯火の比喩は、この『中の頌』のこの箇所が『廻諍論』や『広破論』の所説と共に龍樹の見解とされてきたが、確実に言えることは、龍樹は灯火を生の比喩として用いたということだけである。

【無畏釈】〈灯火は自と他の二つ〉の事物〈を照らし出すように、そのように、生も自と他の二つの事物を生じさせるであろう。〉

【解説】羅什はここでも偈と『無畏』の抽象的な説明を、灯火が闇室に入ったとき、と具体例で説明しているだけである。仏護は対論者の主張を、生は他のものによって生じさせられるのでなく、生そのものが自と他と生ずるものであるということを確認した上で、彼は偈aとcの自他の自体（svaparātman）の自の方を自己自体（svātmatā）、他を「瓶や布等の他の事物」（parabhāva）と明確にしているだけである。清弁と月称も当然のことながら、無限遡及の誤りを除く理論とする。清弁の対論者は偈abの灯火の比喩を論証式の喩例として、〔主張〕生は自他の自体の対象に作用を行なう。〔証因〕それの自性である故に。という論証式を提示する。それを清弁は「声は無常である。無常である故に」という論証式のようなものだと一蹴する。清弁を受けて、月称の対論者も「生は生の自性である故に」（utpādo 'py utpādasvabhāvatvād）、即ち生とは生を自性とし、自性として生であることを理由とするだけである。

10　何を以っての故に―第一〇偈（『無畏』第九偈）―

灯中自無闇　住処亦無闇　破闇乃名照　無闇則無照（一〇）

pradīpe nāndhakāro 'sti yatra cāsau pratiṣṭhitaḥ/　kiṃ prakāśayate dīpaḥ prakāśo hi tamovadhaḥ//（羅什訳は第一〇偈、他は第九偈）

灯火に闇は存在しない。またそれが置かれた処にも。灯火は何を照らすのか。実に照明は闇の破壊行為である。（九）

偈ｄの -vadha は殺害者、破壊者を意味する。Ｔは除去（sel ba）、羅什は破。仏護と清弁はｄを対論者の主張と解釈する。

【無畏釈】　ここで答える。―第九偈―

こ〔の世間〕では、〈灯火にも闇は存在しないし、その灯火が置かれているところ、そこにも〉闇は存在しない。灯火にも闇が存在せず、その灯火が置かれているところ、そこにも闇が存在しないとき、そのとき、今や〈灯火は〉自と他の事物〔という〕〈何を照らすのか。〉〈照明は闇の破壊者である〉と、いうならば、その闇の破壊をも灯火は自身と他者との事物において行なわないので、それ故に灯火は自身〔である〕事物をも照らさないし、他の事物をも照らさない。猫と鼠のように。

【解説】　『無畏』は自他に闇がない（ａｂ）ので、「灯火は何を照らすのか、照らしはない」と、ｃを反語と取るようである。そして「というのは照明・照らすとは闇の破滅以外の何ものでもないからだ」とｄを読んでいたことになる。闇のない自他の事物においては闇の破滅はあり得ない。闇の破壊者がないことは照らすこと、照明がないことになる。これが『無畏』の結論である。猫と鼠の比喩は、猫（照明）や猫のいる所には鼠（闇）はいない、さらに次偈の到達も含めれば、猫が鼠に到達、即ち捕捉することは鼠（闇）の死（破）となることとか。要するに猫はいない鼠を捕えることができないというのであろう。羅什は『無畏』のａｂとｃｄの繰り返しを省略し、ａｂの灯と灯火の及ぶ場所に闇がない理由として、明闇が矛盾するものであることを加えただけである。

仏護は単に灯火（照明）と闇の矛盾によるだけの否定では、論理的に飛躍があり、説得力に欠くと感じたのであろうか、世間では（iha）照らされるもの（prakāśya）を不照明（照らさない、輝かない、見られないもの）（aprakāśa）であり、従って不照明とは闇に覆われていることであり、この偈ａの灯火等に闇がないということは、不照明がないということになる。従って灯火には不照明、即ち見られないものはないので照明、照らすこともない。そこで別のもの、灯火が置かれた場所にも闇もなく不照明もないので、その場所をも照らさないという、一般的には詭弁と思える論理が、第九偈のａｂで中観派の解答として説かれたとする。彼は偈のｃｄを、対論者の主張に結びつけて解釈している。その点は次偈の考察に譲る。

清弁はａｂｃを一括して挙げ、それは何も照らさないという語義であると要約する。彼はａｂを勝義として灯火は灯火の自体と他の自体を照らさない、という推論式の主張を説いたと解釈し、能成の法である自他の自体に闇がないことと、所成の法である照らすことがまったくないこととが説かれたとし、「闇がない故に」を証因とし、「明るく美しい光を備えた太陽の輝きのように」を喩例とする。これは『無畏』の見解を論証式に改めたものといえる。また別の推論式、〔主張〕勝義として灯火は灯火の自と他の自体を照らさないと知るべきである。〔証因〕照らすものである故に。〔喩例〕太陽のように。を挙げる。照らすことは灯火の本性（法）であるので、灯火は照らされるものでない、或いは、既に照らしているから改めて照らさないと知るべしというのであろうか。偈ｄの解釈は次の補註11に譲る。

月称は羅什と同じように明闇が矛盾することを理由として、偈のｄの照らす（即ち照明）とは闇の破壊者であることに焦点を絞り、或る闇を破りつつあるものが自身の自体を照すでもあろうが、〔その〕闇は灯火の自体に存在し得ないし、灯火が置かれているところ、即ち灯火とは別のものにある闇も存在しないので、灯火は自と他を照すものでないと簡潔に要旨を説明するだけである。

11　問うて曰く…答えて曰く（ここで〔対論者は〕主張する。生じつつある灯火によって闇が滅せられるので、それ故に灯火とその灯火が置かれている処にも闇は存在しない。ここで答える）―第一一偈（『無畏』第一〇偈）―

云何灯生時　而能破於闇　此灯初生時　不能及於闇（一一）

kathaṃ utpadyamānena pradīpena tamo hatam/　notpadyamāno hi tamaḥ pradīpaḥ prāpnute yadā//（羅什訳は第一一偈、他は第一〇偈）

生じつつある灯火によって、どうして闇が破滅されるのか、実際灯火が生じつつあるときには、闇に到達してはいない。（一〇）

Ｔ１はａｂとｃｄを入れ替え、ｃｄを「生じつつある灯火が闇に到達していないときに」と訳す。

【無畏釈】〈生じつつある灯火によって、どうして闇が滅せられるのか、灯火が生じつつあるとき、〉そのときには〈闇に到達してはいないからである。〉

【解説】『無畏』の註釈は偈のｃｄに tadā を補って、yadā utpadyamāno pradīpaḥ〔tadā〕na hi tamaḥ prāpnute// とするだけである。対論者は灯火は生時にのみ自他を照らすことを強調するために、灯火の未生と已生には照らさないことを加え、羅什は答えて、生時を半生半未生であるから灯火は未完成であるとし、生時が闇を破すという対論者の主張を、賊を得たことを賊を破すと名づけるという喩例で示す。賊を得た、即ち賊に追いつき捕えたということは取りも直さず賊を破す、即ち賊を打ち破る（殺す）ことであるというのであろう。

仏護は前偈のａｂの註釈の末尾で、灯火は何を照らすのか（又は灯火は一体照らすものなのか）を対論者に対する質問と解釈し、偈ｄを対論者の反論の論拠とする。この第一〇偈とそれに相当する『廻諍論』の第三七偈の註釈を、『無畏』、仏護、月称と『廻諍論』の註釈者はこの世間では（iha）で始めている。このことは偈のａｂもｄも、龍樹が日常経験、世間が一般に承認する真理を偈にしたと、これらの註釈者達が解釈したことを物語るのではなかろうか。この第九偈ｄの場合も仏護の対論者はここ（世間）では生時の灯火は闇を除いて照らすので、照らすもの（照明）であると、第一〇偈の生時の灯火を先取りした形で、それが世間の認めるところであることを示し、その世間の真理に基づいて、「ここ（偈ｄ）では、「闇を破壊するもの、それ、即ち、灯火は自と他との自体を照らす」と説かれている」と偈ｄを解説し、それを論拠にして、中観派が灯火が照らさないことの論拠として説いた（bśad pa）灯火とそれが在る所に闇がないという第九偈のａｂを引用し、それを逆手に取って、生時の灯火が闇を破壊するので、灯火自身と他者との両者の自体に闇はない。闇がないから、まさに照らす（prakāśayaty eva）ものであると、逆の結論に導く。闇の破壊と闇の無を混同というか、摩り替えというか、好意的に取れば、ａｂの闇の無は闇が破壊されて、自他の自体が見られ輝いていること以外にないのだから、照らすのだと主張していることになる。この解釈は羅什、月称のように明と闇を矛盾概念として理論的に解釈する立場とは全く異なる。このように対論者が、生時の灯火が闇を破することを自明の理として前提としている点を衝いて、仏護はその所説の説明を求める。仏護は龍樹がこの要求を内に秘めて第一〇偈を説いたと解釈したことになる。註釈は灯火と闇は同一場処にあり得ないので、生時の灯火は闇に到達していないとき、そのときどうしてその到達していない生時の灯火が闇を除くであろうかと論じるので、極めて明解である。

清弁も仏護と同じように「生時の灯火は闇を破滅するので照らすものである」（第九偈ｄ）を対論者の主張と取るが、論理学者らしく、それを世間の承認（iha）とせず、専ら論理学的に論ずる。彼の対論者は「それによって照らされる事物（prakāśyabhāva）（即ち灯火とそれが置かれている場所・事物＝第九偈ａｂ）に闇がないし、照らす（観誓は、上記（補註10参照）の中観派の推論式の〔証因〕その同じものによって灯火が照明である。それ故に「闇を破壊するので照明であるといわれるので、生時の灯火によって闇がないことそのことが闇の破壊である」（cf. D, Sha, 125b3–4））ので照らすもの（照明）である、と説かれたとする。対論者は灯火の比喩が中観派の比喩でなく、彼らの主張の比喩として妥当することを強調し、「闇がない故に」という上述の中観派の証因の事実（artha）が不成立であり、対論者の主張の比喩でないこともない理由として、「灯火は照らされる対象（artha）（灯火の自と他との自体に闇がないことと照らすこと＝観誓（cf. D, Sha, 125b6–7））が認識されることを挙げている。

清弁も第一〇偈をこのような対論者に対する解答とする。先ず「生時の灯火はどうして闇を破滅しようか」（第一〇偈ａｂ参照）の「どうして」を「ありはしないという意味に用いられ（vartate）、決して闇を破滅しはしないという意味であるとし、生時の法が生じつつあることの比喩であることを確認する。その後は偈ｃｄを同類喩（sādhamyadṛṣṭānta）として論証式で論理学的に示す。先ず（一）〔主張〕勝義として灯火は対立者（vipakṣa・闇）を破壊しない。〔証因〕生時である故に。〔喩例〕闇が灯火をのように。（二）〔主張〕勝義として生時の灯火は闇を破壊しない。〔証因〕到達しない故に。〔喩例〕照明のない世間の中間の闇（漢訳は無明世界の中間の黒闇、『法華経』第七章、cf. KN, p.163）のように。（三）〔主張〕勝義として灯火は闇を破壊しない。〔証因〕対立者に到達しない故に。〔喩例〕闇のように、等であり、照明（灯火）と矛盾する闇、光の及ばない中間の闇の世界を喩例として灯火が闇を除かないことを論じている。彼の註釈はそれらに（一）では知が無知を除くので不定ではないかという反論に対して、無知の絶滅は所証に含まれるし、含まれるので、灯火の場合に否定されたように、無知の絶滅も否定される等、余り重要でない論証上の問答が加えられているだけである。

月称の対論者も同じで、生時の灯火が闇を滅するので、灯火等に闇がないことが妥当する。滅しなければ成り立たない。対論者は裏から生時に闇を滅しなければ、灯火の未生の状態と変りがないことになると論じ、「灯火には闇の消滅という相の照らすはたらき（prakāśana）があり、その照らすはたらきが生時の灯火によってなされると主張する。月称もこの偈がそのような対論者を否定すると解釈する。彼の解釈は偈に忠実に、到達しないことに絞って否定する。ただ彼はａｂを清弁と同じく、決して闇を破壊しはしないと、反語と取り、ｃｄではyadāを無視し、或いはyadāをyasmāt … tasmāt aprāptatvāt（到達しないので、それ故に、到達していない故に）と取ったようである。

12　何を以っての故に―第一二偈（『無畏』第一一偈）―

灯若未及闇　而能破闇者　灯在於此間　則破一切闇（一二）

aprāpyaiva pradīpena yadi vā nihataṃ tamaḥ/ ihasthaḥ sarvalokasthaṃ sa tamo nihaniṣyati//（羅什訳は第一二偈、他は第一一偈）

或いはもし到達しないで、灯火によって闇が破壊されるのであれば、ここに存在するそれ（灯火）がすべての世間にある闇を破壊するであろう。（一二）

この偈は『廻諍論』第三九偈と同じ。

【無畏釈】　さらにまた、―第一一偈―

或いはまた灯火が〔闇に〕到達しないでも闇を破壊すると、こう考えるならば、これに答える。〈もし灯火が〔闇に〕到達しないでも闇を破壊するのであるならば、すべての世間に在る闇をも、ここにあるこの灯火が破壊するであろう。〉

到達しないことは同じであるとき、生じつつある灯火は、ここにある闇を破壊するが、すべての世間にある闇は破壊しないという、いかなる区別があろうか。そうであれば、生じつつある、闇に到達していない灯火は闇を破壊しはしない。

【解説】　この偈の註釈と『廻諍論』の第三九偈の註釈は「到達しないことは同じである」（『廻諍論』の原文は明確でない。cf. VN, p.133, fn.5）までは（「これに答える」は除く）同じであるが、『廻諍論』ではその後に「しかしこれはこのようには経験されない」が来るだけである。『無畏』の著者が『廻諍論』の註釈に後半を加えたのか。『廻諍論』の著者が後半を略したのか。

羅什は『無畏』が偈の後に置いた対論者の主張を前に移しただけである。仏護は前偈と一組の解答とするが、註釈は『無畏』を簡潔にしただけのものである。清弁も同じで一組とするが、到達しないで闇を破壊すると認めることは、この偈の説く誤りを認めたことになると否定するだけである。月称も到達しない点では同じという論拠を加えるだけである。ただ彼は知が無知を破壊し、眼が色を見、磁石が鉄を引くといった例を対論者が挙げると想定し、それらも灯火と闇と同じだということを加え、さらにそれらの例にまつわる問題を傍論として論じている。

13　何を以っての故に―第一三偈（『無畏』第一二偈）―

若灯能自照　亦能照於彼　闇亦応自闇　亦能闇於彼（一三）

pradīpaḥ svaparātmānau saṃprakāśayate yadi/　tamo 'pi svaparātmānau chādayiṣyaty asaṃśayam/（羅什訳は第一三偈、他は第一二偈）

もし灯火が自身と他者との自体を照らすならば、闇も自身と他者との自体を疑いなく隠すであろう。（一二）

a b と c d は同じ構文である。羅什訳は特にそうである。T は svaparātmānau の ātman を dṅos（po）（事物）と訳す。この偈は『廻諍論』第三六偈と同文。

【無畏釈】［さらにまた、］―第一二偈―

〈もし灯火は自と他との自体を照らす〉と考えるならば、そうならば、灯火の矛盾者（pratipakṣa）である〈闇も自と他との事物を疑いもなく隠すであろう。〉闇が自身の事物を隠しているならば、闇は認識されないし、事物は常に照らされることになるので、それは認められない。或いはもし灯火の矛盾者である闇が自身と他者との事物を隠さないならば、では〔闇の〕伴侶（sahāya）である灯火は自身と他者の両者の事物を照らすと言ったこと、それは成り立たない。このように先ず比喩が否定される。

【解説】　同じ偈である『廻諍論』第三六偈の註釈は、補註12の解説と同じく偈の繰返しの部分は『無畏』と同じで、その後に「しかしこれは経験されない」がくるだけである。

註釈者は皆、灯火と闇、さらに照明と隠蔽が矛盾者（pratipakṣa）であることによって、灯火か自他を照らすならば、闇も自他を隠すとする。しかしさらに『無畏』（仏護の、『無畏』を少しく敷衍した説明による）は闇が自他を隠すことを、闇が自身を、即ち、闇を隠すことは闇が認識されないことであり、闇が認識されないことは、闇がないことになるから、闇に隠されていない諸事物（bhāvāḥ）は常に認識されているであろうが、〔闇に隠された〕事物は常に認識されはしない（mi snaṅ ba）、という詭弁的な論理を弄して、闇が自他を隠すことを否定している。これは羅什も月称も採っていない。この偈を清弁は前偈の灯火が闇に到達しないで闇を除くために、闇に到達しないで、ab、即ち灯火が自他を照すならば、闇も灯火に到達されないので、自他を隠すことになると解釈しているようである。これが偈の原意に近いように思われる。彼は偈cdを同類喩として、異類を伴うことを証因とし、闇や影を比喩にした推論式を示し、第九偈で対論者が無限遡及に堕さない比喩として用いた灯火の比喩は無効だとする。

月称は到達（prāpti）に関しては『優波離所問経』（*Ārya-upāliparipṛcchā*）を、灯火と闇の空に関しては、『大宝積経普明菩薩会四十三』（『中論釈』Ⅱ、八四頁註二七、二九参照）を教証として挙げるのみである。

14　今当に更に説くべし—第一四偈（『無畏』第一三偈）—

此生若未生　云何能自生　若生已自生　生已何用生（一四）

anutpanno 'yam utpādaḥ svātmānaṃ janayet katham/　athotpanno janayate jāte kiṃ janyate punaḥ//（羅什訳は第一四偈、他は第一三偈）

生じていないこの生はどうして自己自身を生じさせるであろうか。或いは生じた〔生〕が〔自身の自体を〕生じさせるならば、生じているものに、さらに何が生じるのか。（一三）

【無畏釈】　今や次に、この問題で、あなたの灯火の比喩によって示された生が自己自身と他者の事物を生じるという〔主張〕、それに答える。—第一三偈—

生であるもの、それが自身の自体を生じさせるとき、生じた〔生〕がか、生じていない〔生〕が生じさせるかである。先ず、生じていない〔生〕は自己自身を生じさせはしない。〈生じていないものは〉無に他ならない。その無が〈自身の自体をどうして生じさせるであろうか。〉

〈或いはもし生じた〔生〕が〔自身の自体を〕生じさせる〉と考えるならば、それもまた妥当しない。それが〈生じているとき、〉生じてしまっているので、その生じてしまっているものに、〈さらに何が生じるのか。〉生じてしまったものに生じる作用はないし、作されてしまったものにも作す作用はない。そのように〈生じた〉この生が自身の自体を生じさせるか、生じていない〔生〕が生じさせるかであるとき、両方共に生じさせはしない。それ故に生は自身の自体を生じさせはしないので、そこで「生は自身の自体を生じさせる」と言われた〔主張〕、それは正しくない。住と滅とも同じように考察されるべきである。

【解説】　羅什訳は『無畏』の忠実な訳である。

仏護、清弁、月称も『無畏』と同じで、この偈を内容から、自己自身を生じさせるという主張の否定を主題とするとし、次偈を「他のもの」の場合とし、偈の〈生じていない生〉を存在していない無と〈生じている生〉を再び生ずることの無意味とによって否定する。清弁は偈ａｂを生じていない生は自己自身を生じさせない。無であるから、前と同じようにという趣旨、偈ｃｄを生じている生に生という作用は無意味であるからであるという趣旨だとし、月称は偈を繰り返しただけである。

15　復た次に（さらにまた）—第一五偈（『無畏』第一四偈）—

生非生已生　亦非未生生　生時亦不生　去来中已答（一五）

notpadyamānaṃ notpannaṃ nānutpannaṃ kathaṃcana/ utpadyate tad ākhyātaṃ gamyamānagatāgataiḥ/（羅什訳は第一五偈、他は第一四偈）

生じつつあるものは決して生じないし、生じたものも〔生じ〕ないし、生じていないものも〔生じ〕ない。そのことは、已去、未去、去時によって説明された。（一四）

偈ｃのtadはTと一致する。LVPはtathā。叶本はtad vyā。已去、未去、去時については補註（「観去来品第二」六二頁以下）参照。

【無畏釈】　生によって他のものが生ずるとき、生じたもの（已生）か、生じていないもの（未生）か、生じつつあるもの（生時）が生ずるかである。三種のあり方の考察においても生じさせはしない。どうして生じさせないかは、已去と未去と去時によってそれらが答えられた。

〔『無畏』の傍論〕㈠已生—そしてそれはどのようにか。答える。先ず生じた事物は生じさせない。どういう理由でか。無限遡及になるし、作されたものに作す作用はないからである。生じた事物が繰り返し生じさせるとき、二度生じたものも三度生じられるべきであり、三度生じたものも四度生じられるべきであり、同じように、前に生じたものと後で生じたものとも同じようになる。そうであれば、生は限りがなくなるので、それは認められない。それ故に生じた事物は生じさせない。

もしまた生じたものが生じさせるならば、或る生が生じさせられると言われるところの、その〔或る生という〕別の生は生じていないものを生じるので、その場合は生じたものが生じさせるという主張（pratijñā）は否定される。どういう理由でか。それは最初の生の以前に生じていないものであり、それ〔最初の生〕より生じさせる。それ故にいくらかは生じたものを生じさせ、いくらかは生じていないものを生じさせる〔ことになる〕ので矛盾であるからである。このように認められるとき、不定（anaikāntika）でもあるし、作されたものに作す作用はなく、焼かれたものに焼かれるべきものはなく、去られたものに去られるべきものはなく、直証されたものに直証されるべきものもなく、生じたものに生じられるべきものがないから、それ故に先ずこのように生じた法は何も生じさせない。

㈡未生—生じていない法も生じさせない。どういう理由でか。生を備えていないし、すべての生じていないものも生ずることになるからである。この場合、生じていないものは生を備えていないし、それ（生じていないもの）は生を備えている事物が生じさせるか、或いは生を備えていない事物が生じさせるかであるが、そうであれば、作用なくして作《な》し、行くことなくして行き、食べることなくして食べ、貪欲なくして貪欲し、瞋恚なくして瞋恚し、癡愚なくして迷うであろう。即ち〔世間の〕言説と矛盾するので、これも認められない。それ故に生じていない事物も生じさせない。

またもし生じていない事物が生じさせるならば、生じていない対象物、それらすべても生ずる〔という誤り〕になる。その場合には、すべての凡夫異生に、生じていない菩提が生ずることになるし、不動の法を持った阿羅漢には生じていない雑染が生ずることになるし、生じていない兎と馬の角等も生ずることになるので、それも認められない。それ故に生じていないものも生じさせない。煩悩の火が燃え尽きたものに煩悩が生ずるように。

ここで〔対論者は〕主張する。生じていないものが生じさせる。そしてそれは因と縁の総体と場所（羅什訳は方）と時と行為者と手段とを備えて生じさせるが、生じていないものすべてが生じさせるのではない。因と縁の総体と場所と時と行為者と手段を欠いたものは生じさせはしない。それ故に生じていないものすべてが生ずることにはならない。

ここで答える。因と縁の総体と場所と時と行為者と手段を備えたものが生じさせるというそのなかでも、実有であるものは生じさせないし、無であるものも生じさせないし、有無であるものも生じさせない。この三種のあり方で生じることはあり得ないと以前に説明した。それ故に生じていないものも生じさせない。

(三)生時—同じように生じつつある事物も生じさせない。どういう理由でか。生じたものが生じさせるという誤りになるし、生じていないものが生じさせるという誤りになるからである。既に生じたものである生じつつあるものも前に述べた証因によって生じさせないし、生じていないものである生じつつあるものも前に述べた証因によって生じさせない。もし生じつつあるものは生なしであり、そうであっても、生じつつあるものは生じさせるとしても、生のない生じつつあるものは見られない。それ故に生じつつあるものは生じさせない。或るところにおいて生じつつあるものが生じさせる、そこにおいて生は二つ〔あること〕になる。生じつつあるものが生じつつあるものであることになる生と、生じつつあるものが生じさせるところの生とである。二つの生は妥当しない。二つの生じた事物は存在しないからである。それ故に生じつつあるものも生じさせない。生の開始の以前にも、或るところで生が開始しないところの生じつつあるものは存在しない。生が開始しないとき、生じつつあるものも存在しない故に、生じつつあるものは生じさせない。

(四)結論—このように生じているものも生じていないものも生じつつあるものも生じさせない故に、生は成立しない。生が成立しないとき、住と滅も成立しない。生と住と滅とが成立しないとき、有為も成立しない。このようにこれらは已去、未去、去時によって説明されたと理解されるべきである。(仏護等との異同は省略した)

【解説】『無畏』が何故この偈に詳しい註釈を加えたのかは明らかでないが、恐らく第二章では主として偈に沿って解説しただけであり、ここでは偈が「生じたものは生じない」といった三命題の列記であることもあって、それらの命題の立証を「去」を「生」に変えて註釈を施す際に、『無畏』の著者が自由に自己の見解をも加えたのであろう。羅什は若干表現や解釈を改めたり省略した箇所はないではないが、ほぼ忠実に『無畏』に従っているといえる。『無畏』は註釈の冒頭で一応前の偈に対して他を生じる場合とするが、羅什は中観派の生観である衆縁和合生をここでも先ず述べている。或いは羅什訳の〔一〕以下の部分は羅什以前に『無畏』に加筆されたものか。

『無畏』と同じように仏護以下も自覚的に前偈で自己を生じさせる場合の否定を説き、この偈で他を生じさせる場合の否定を説くと解釈する。仏護は第二章第一偈の順に従って(一)已生、(二)未生、(三)生時の順で否定する。月称は生の場合はこの偈の順に従う。彼らの否定は月称が明確に示したように、(一)の已生の生は過去(=已生)と現在(=生)という二種の生という作用の矛盾、(二)

の未生の生は未来と現在の矛盾によって否定し、㈢生時は㈠の已生と㈡の未生以外に生時はないということによって否定する。仏護は㈢について已生の部分と未生の部分を分けて、余り意味のない否定を加えているだけである。清弁は同じことを主として㈢の生時について、「自性が定んで把握（指示）されない故に」と「別の時にまさに移ろうとする故に」を示し、特に前者の把握が知覚か推理かといった議論に走っている。

16　何を以っての故に―第一六偈（『無畏』第一五偈）―

若謂生時生　是事已不成　云何衆縁合　爾時而得生（一六）

utpadyamānam utpattāv idaṃ na kramate yadā/ katham utpadyamānam tu pratītyotpattim ucyate//（羅什訳は第一六偈、他は第一五偈）

この生じつつあるものが生に行かないとき、それなのにどうして生じつつあるものは生に縁っているといわれようか。（一五）

偈ａの utpattau をＴ1は yod pa na, satyām（L.absolute）の省略とする。Ｔ2は yod pas、「生が存在するので」という理由句とする。Ｔはｂの kramate を hbyuṅ（ṅo）、即ち「生じる」「存在する」と訳し、『無畏』等は「生じるという行為がないとき」と読む。従ってａｂは「生が存在するので（するとき）、生じつつあるものが生ずる（存在する）という〔主張〕はない」となろう。羅什も同じ。

【無畏釈】　ここで〔対論者は〕主張する。〈生に縁って、生じつつあるものと言われる。〉この考えによって生じつつあるものは生ずる。

ここで答える。―第一五偈―

〔生があるとき、この生じつつあるものが生じるという行為がないとき、〈どうして生に縁って生じつつあるといわれるであろうか。〉生じつつあるものが生じるであろうか。〕

【解説】　羅什は対論者も生に縁るのでなく、衆縁和合生を説くとする。彼が『無畏』の「この考えによって」を解答の方に移して「汝雖有是説」としたのはそのためであろう。解答も〔三時の〕生の否定と同じように、有の立場では衆縁の和合（具足）も不具足も全否定されると説く。『無畏』の解答は偈の繰り返し。仏護の対論者は具体例で瓶の生と、瓶等〔が造られる〕ために行為を行なうことが経験上認識されることから、生があるとき生に縁って生じつつあるものが生じるとする。解答は『無畏』の註釈（＝偈）の次に、生じつつあるもの（衣）が生じたもの（衣）か、それとは別のもの（莚）かのディレンマによって否定するだけである。

清弁は前偈の「自性は定んで把握されない故に」という証因の問題で龍樹が、どうして不定の誤りも、意味が不成立の誤りもないかを説いたと解釈する。

月称はａｂの utpadyamānam ... idaṃ na kramate に関して、縁起の形式である、「これが生ずるから、かれが生ずる」（asyotpādād idam utpadyate）によって「この生に縁ってまさにこの生じつつあるものがあると、特定のものとして説くべきではないか。しかしそう説かれていない。というのは、その生じつつあるものはこれであると、その生じつつあるものが特定のものとして規定（確定、区別）され得ない―生じていないので、その生じつつあるものの存在のしるし（nimitta）が把握されないので―からである」と註釈しているので、生じつつあるものが、他ならぬこれでないとき、となる（第五章第二偈で月称は kramatām を pravartatām としているので、ここでも「これ」である（pravartate）と取ることができるであろう）（cf. CPM, p.121, fn.314）。このようにもって廻った解釈を加えているが、彼の否定は生じつつあるものは生じていない、即ち存在しないから生という作用（kriyā）がないので、生に縁って生じつつあるものはありはしないという基本的には従来の否定の踏襲に過ぎない。

17　復た次に（さらにまた）―第一七偈（『無畏』第一六偈）―

若法衆縁生　即是寂滅性　是故生生時　是二倶寂滅（一七）

pratītya yad yad bhavati tat tac chāntaṃ svabhāvataḥ/ tasmād utpadyamānaṃ ca śāntam utpattir eva ca/ （羅什訳は第一七偈、他は第一六偈）

縁って存在するものは何であれ、そのすべては自性として寂静している。それ故に生じつつあるものも、生そのものも寂静である。（一六）

ａｂでは縁起を述べ、それを論拠に前偈の対論者の主張を真向から再度否定する。

【無畏釈】　このように〈縁って存在するもの、それらは自性として寂静している。それ故に生じつつあるものも、生そのものも寂静している。〉

【解説】『無畏』は偈そのもので何も加えていない。羅什は中観思想の、同時に自己の見解でもある縁起観を展開している。仏護も縁起即自性空（＝寂静）を強調する以外は偈の所説に従うが、彼は対論者が前偈の生に縁っての否定を仏説の縁起説の否定と取って反論し、剣の使い手が自分の母を刺すようなものだと中観者を罵倒するのに対する解答とする。月称はそれを般若波羅蜜が仏母といわれるような意味で、縁起という仏母の殺害と取る。彼の中観派の縁起観は仏護や羅什と基本的に変らない。清弁もここでは仏護のこの剣術の達人の母殺しの例を採用し、剣に練達している愚か者が母を殺し、不善の人のすべての所行を行うように、君も論理に通暁するのでと、龍樹よりも論理学者清弁を念頭においた反論としている。月称は清弁を論理を好む者とするが、清弁は自分が論理学に通暁すると自負していたのか。彼はａｂの縁起については経文を引用するだけであるが、僅かに勝義として自性として寂静している。即ち不生という意味であると、不生を寂静としている点が注目される。漢訳『灯論』は偈を欠く。

18　問うて曰く…答えて曰く（ここで〔対論者は〕主張する。三時が確定しているので、未来の事物は未来の自体として存在するので、それは生ずる。ここで答える）—第一八偈（『無畏』第一七偈）—

若有未生法　説言有生者　此法先已有　更復何用生（一八）

yadi kaścid anutpanno bhāvaḥ saṃvidyate kvacit/　utpadyeta sa kiṃ tasmin bhāva utpadyate 'sati//（羅什訳は第一八偈、他は第一七偈）

もし〔生より以前に瓶という〕生じていない何か或る事物が何処かに存在するならば、それは〔生という作用に縁って〕生ずるでもあろう。〔しかしこのように生より以前に何も何処にも存在しない〕その事物〔瓶〕が存在しないとき、何が生ずるであろうか。

（〔　〕内は月称による）（一七）

ｃｄの羅什訳はＴ２の de ni ci phyir der skye ḥgyur// yod na skye bar mi ḥgyur ro/「それはどうしてそこで生じようか。存在するとき〔事物は〕生じない。」である。しかし梵偈、羅什訳、清弁の註釈から見て、梵偈ｃｄの 'sati が sati であっただけで、Ｔ２におけるｄの mi ḥgyur ro/ の mi（na・否定辞）はなかったであろう（cf. SB, p.257, n.53）。mi が加えられたのは、『無畏』のように「現在のその時」と「今、ここで生じはしない」という未来と現在の区別を導入した解釈によるのであろう。『無畏』、清弁の註釈はＴ２、仏護の註釈は梵偈（＝Ｔ１）を前提とする。仏護の梵偈は現行の梵偈であったであろう。

【無畏釈】もし未生の何か或る事物が、未来の或る時に存在するならば、それはどうして現在のその時に生ずるであろうか。それはそ〔のとき〕に存在するならば、存在するのだから、今、この時に生ずることはないであろう。或いはもし生ずると認められるならば、それに対して答えるべきである。その事物がこのときに生ずるならば、そうであれば、その事物は未来のその時に存在しないであろう。それは認められない、それ故に存在する未来のその事物が生ずるということは成り立たない。

【解説】『無畏』はこの偈が三世実有論を否定すると解釈するので、偈 d の 'sati を sati に改めたのではないであろう。羅什訳も原文が sati であったことを示すので、逆に偈が sati であったので、三世実有の生の否定を説くと解釈したと考えられる。羅什は先ず偈を単純明解に訳し、解説すると、次に問答体で『無畏』の解釈を説く。『無畏』は b の kvacit（或るところに）を未来の或る時に、c の der (tasmin・そこに）を現在のその時に、と両者を未来と現在とに区別する。羅什はそれを未来〔相〕と現在相と、時の違いよりも存在の相の区別として捉える。その否定は簡単で、存在するので生じないし、生ずるならば、それ以前には存在しないというだけである。

清弁は三世実有を説く毘婆沙師（Vaibhāṣika）を名指しで挙げ、偈は色等〔の法〕や瓶等〔の事物〕は時の移行の故に〔実〕有そのものから生ずると考える彼らの見解の否定を説くとする。清弁はこの偈の趣旨を「もし〔瓶や布等の〕生じていない何か或る事物が或るところに諸縁か、それらの総体である別のものにか、〔総体か、別のものか〕（観誓、cf. D, Sha, 133a2）に存在するならば、それはどうしてそこで生じようか。存在する（yod pa）それはどうしてその時に生ずるであろうか。存在するものが生ずることは無意味である故に」である、と偈を敷衍して示し、それ故に存在するとき、生じはしない（偈 d）と結論を下す。清弁はその後に生の以前に生じていない事物が存在するという論とか、時の移行論の主張に論理学上の誤謬があること、サーンキヤ学派の顕現説等、既に説いた否定に傍論として触れ、ここで第一五偈の三時の不生を説き終えたとする。

仏護と月称の主張は単純明快である。結論は生じつつあるものは、存在しないので生じないということに尽きる。対論者はそれに対して、存在しないことは認めるが、生ずることは主張する。仏護の対論者は、生ずるという行為は生ずる物（結果）に縁りはしないが、依り所がないのでもない、生が完了するまで〔即ち生じつつある間〕は、生という行為をもつ因縁によって行なわれる、と主張する。答破は偈を若干補なっただけのものである。

月称の対論者は第一六偈で龍樹が説いた生じつつあるものの生の否定を誤りであると反論する。その論拠は、「「生じつつあるものはこれである」ということがその通りだからである」とする。具体的には、「瓶の生に縁って、瓶は生じつつあるものであり、その生じつつあるものを生は生ずる」からであるとする。要するに、瓶ならば瓶の生と生じつつある瓶という限定は成り立つというのである。月称の解答は、上記の偈の和訳の際に〔　〕で補った通りである。彼はさらに反論者の次のような反論を予想して答破する。（一）対論者は、瓶は生ずる前には存在しないが、生じたものとなったとき瓶という名称を得るので、有るであろう未来の（bhāvin）名称を先取りするので、誤りでない、と主張する。それに対して月称は、生ずる行為が起るならば、それは現在となった事物であり、その事物は瓶なら瓶という名称を得るが、未来の事物とは無関係であるので、行為は起らない。従って現在とならないので、名称を得はしない、と答破する。（二）これは仏護の対論者の反論を簡略化したといえるもので、瓶でないもの（aghaṭa）を依り所として、即ち縁って生が行なわれるとする反論である。瓶でないものが瓶でない衣〔等〕であれば、生じつつある衣がどうして生じたものとなったとき瓶なのか、瓶でないものが何ものでもない無であれば、どうして無に縁って行為が起るのか、もし生じたものがあるときでもどうして瓶であろうか、と月称は有と無の両方の場合を否定する。

19　復た次に…更に説くべし—第一九偈（『無畏』第一八偈）—

若言生時生　是能有所生　何得更有生　而能生是生（一九）

utpadyamānam utpādo yadi cotpādayaty ayam/　utpādayet tam utpādam utpādaḥ katamaḥ punaḥ//（羅什訳は第一九偈、他は第一八偈）

もしまたこの生が生じつつあるものを生じさせるならば、どの生がその生をさらに生じさせるであろうか。（一八）

羅什の原偈のａのutpadyamānamはutpadyamāna（utpādo）、「生じつつある生は」であったのであろう。

Ｔ２のｃｄは意味は変らないが、「その生を生じさせる生はさらに何なのか」である。Ｔ２訳は清弁の解釈による訳のようで、清弁は、「もし君が認めるように〈この生が生じつつあるものを生じさせるならば、〉その場合、それ故に〔主張〕この生は生じさせるものであって、生じさせるものは生でない。〔証因〕生じさせるもの（utpādaka, utpādayitṛ）である故に。〔比喩〕たとえば父は子を産まないように。そうであれば〈生はさらに何であるのか。〉生に生の自性がないという意味である」と続けている。

【無畏釈】［さらにまた、］あなたが前に、生が生じつつあるものを生じさせると主張したこと、それに答える。—第一八偈—
［〈もしその生が生じつつあるものを生じさせるならば、〉では今や次に、〈その生を生じさせる生はさらに何なのか。〉］

【解説】『無畏』の偈前の註釈は今までこの主張を否定してこなかったような誤解を与える。仏護は除き、月称は「対論者の見解を仮に認めた上で答える」とする。清弁は上述のように、前偈までで「生じつつあるもの等の三が生じないということを説き終った」とした上で、「また答える」とする。羅什も「更に説くべし」とする。このように註釈者たちは龍樹の解答が入念であることを感じていたようである。

ただし羅什は生時を生ずる時と解釈し、「生じつつあるもの」と一応区別しているように見える。彼はこの偈を対論者の「生時の生も亦た能く彼を生ず」という主張の答破と解釈し、偈のabを「生時の生は是れ能く所生有りと〔対論者が〕言わば」と対論者の主張の仮定と取る。註釈ではこれを「生は生時に能く彼を生ず」と、偈前の対論者の主張の文言に近づけて言い換えている。この彼は「生じつつあるもの」であり、訳偈bではそれを所生と表現し、生が生じつつあるものを生ずることを示していると考えられる。羅什訳の独訳と英訳は訳偈のaを「生じつつあるもの」（独訳）「生時」（英訳）が生じると言うならば、と副文と解釈し、訳偈bを主文とする。底本はaに「言㆓生時生㆒」と返点を付している。

20　若し生が生時に…誰れか能く生ぜん—第二〇偈（『無畏』第一九偈）—

若謂更有生　生生則無窮　離生生有生　法皆能自生（二〇）

anya utpādayaty enaṃ yady utpādo 'navasthitiḥ/ athānutpāda utpannaḥ sarvam utpadyatāṃ tathā/ （羅什訳は第二〇偈、他は第一九偈）

もし別の生がこ〔の生〕を生じさせるのであれば、無限遡及となる。或いはもし生じたものは生のないものであれば、すべてのものが同じように生じることになろう。（一九）

叶本一二二頁dはutpadyatāṃ。LVPはutpadyate。

【無畏釈】［その点で別の生がこの生を生じさせるとこう考えるならば、］それに［答える。］—第一九偈ab—
［〈もし別の生が〉別の生じつつあるものを生じさせる〈その生を生じさせるのであれば、〉そうであれば、〈無限遡及に堕するであろ

う。〉]

[或いはもし]生じつつあるものを生じさせるその生はまさに別の生[なくして生ずるとこう考える、いうならば、それに対して答える。]—第一九偈cd—

或いはもし[生じつつあるものを生じさせる生、他を生じさせるものがそれを生じさせる別〔の生〕なしで生ずる]と想定するならば、他の[〈すべてのものも同じように〉生じさせる別の生なしで〈生じる〉]と分別すべきである。

【解説】羅什訳は『無畏』と変らない。彼は別の生なしでを別の原因なしでと解して「自ら」と訳したのであろう。仏護はabでは『無畏』の引用に若干説明を加えただけであり、cdでは『無畏』(=偈)の後に、生の場合は生じさせる別の生を必要としないが、他のすべてのものの場合には必要であるという違いが説明できないという理由で対論者の主張を否定している。月称はcdではそのことだけを論じている。清弁はcdをこのことは認められない、と否認するだけで、直ちにそれ故に生を想定すべきではないと、生の否定という結論を下す。

21　復た次に(さらにまた)—第二一偈(『無畏』第二〇偈)—

有法不応生　無亦不応生　有無亦不生　此義先已説　(二一)

sataś ca tāvad utpattir asataś ca na yujyate/ na sataś cāsataś ceti pūrvam evopapāditam// (羅什訳は第二一偈、他は第二〇偈)

まず存在しているものにも、存在していないものにも生は成り立たない。存在し存在していないものにも〔成り立た〕ない、ということはすでに前に論証した。(二〇)

T2はcのitiを欠く。

【無畏釈】この場合、もし何か或る事物が生ずるならば、存在しているか存在していないそれが生ずるであろう。論理によって考察するとき、[〈存在しているものが生ずることは成り立たない。〉生を想定することは意味がないからである。][〈存在していないものにも生は成り立たない。〉どういう理由でか。存在していないのであるから。]或いは[〈もし存在し存在していない〉一つのものが生ずると考えるならば]それ〈も成り立たない。〉我々は[先に〈まず、存在しているものにも、存在していないものにも生は成り立たない〉（ａｂ）と説いた。〕〔或いはむしろ、存在しているものと存在していないものと存在し存在していないものに、どのようにして生が成り立たないか、〕その様相を我々は既に前に〔〈法は存在しているものも、存在していないものも、存在し存在していないものも成立しないとき、そうであるとき、どのようにして生じさせるものである原因が成り立つであろうか〉（一・九）と〕説いた。

【解説】羅什は存在するもの等の三句の場合に、改めて否定の理由を述べる必要がないと考えていたようである。むしろ『無畏』の後半の「或いはむしろ」以下を意訳し、それにこれら三句以外に生の可能性がないことを加えているだけである。仏護が『無畏』に大筋で従っていることは、ａｂの再説と第一章第九偈の引用などからも明らかである。清弁は極く簡潔で「存在し存在しない」場合にもｂが適用され、さらに仏護と同じ偈を引用するだけであり、『無畏』、仏護と変らない。月称は実質的には第一章第八偈ａｂと第九偈ａｂを引用するだけであるが、ここで「（一）生が生じる。（二）生じつつあるものが生じる。（三）自己と他者の自体を生じる」という三命題が否定されたとし、それを対論者の主張の否定とする。

22　復た次に—第二二偈（『無畏』第二一偈）—

若諸法滅時　是時不応生　法若不滅者　終無有是事（二二）

nirudhyamānasyotpattir na bhāvasyopapadyate/　yaś cānirudhyamānas tu sa bhāvo nopapadyate//（羅什訳は第二二偈、他は第二一偈）

滅しつつある事物の生はあり得ない。そして他方、滅しつつあるものでないもの、その事物もあり得ない。（二一）

【無畏釈】　さらにまた、—第二一偈ａｂ—

〔この〔問題〕であなたが生じつつある事物が生ずると主張した生じつつある事物であるもの、それは滅の法をもつので滅しつつあるものでもある。には滅もあるであろう。〕その〈滅しつつある事物に生はあり得ない。〉どういう理由でか。それには相互に矛盾する二つの行為があることになるからである。それによって滅しつつある性質（法）をもつと想定される滅の行為と、それにさらに存在する生の行為であるものとである。一つのものに同一時に存在する滅と生を示す相互に矛盾する二つの行為、それは認められない。それ故に滅しつつある性質（法）をもつものに〈生はあり得ない。〉明と闇のように。

ここで〔対論者は〕主張する。でも今や次に、滅しつつある法をもっていない事物は生ずるであろう。

ここで答える。―第二一偈ｃｄ―

〈滅しつつあるものでないもの、それは何ら事物であり得ない。〉

【解説】　ａｂに関して羅什は生と滅の相互矛盾を強調し、『無畏』を意訳しているといえる。仏護は『無畏』に従いながら若干改めているだけであり、清弁はａｂを〔主張〕とし、「〔証因〕滅しつつある故に。〔喩例〕殺生のように」を加えるだけである。

ｃｄで仏護は滅は事物の性質（法）であり、生じつつあるものが、滅しつつあるものでないとき、そのものには事物の法（滅という性質）がないことになるから、事物でないと論じ、生じつつある現に存在していない事物が生ずることはあり得ないから、生が他者を生じるという梵偈第八偈ｃｄが成立しないと結論する。清弁は仏護と同じく「〔証因〕事物の相をもたない故に、〔喩例〕空中の華のように」という趣旨だとするだけである。月称はａｂでは、滅しつつあるものは現に存在しているので生はあり得ないとし、ｃｄでは、過去や未来の、事物の相を欠いた滅しつつあるものでないものを、清弁のように空中の華のようなものとする。意味は同じことになるが、羅什はすべての事物は無常な有為法であるから、不滅〔相〕の法（事物）というものは存在しない。無為法は単に名のみであって決定、すなわち自性のあるものでないという中観の立場で答えている。

23　問うて曰く…答えて曰く―第二三偈（『無畏』第二二偈）―

不住法不住　住法亦不住　住時亦不住　無生云何住（二三）

nāsthitas tiṣṭhate bhāvaḥ sthito bhāvo na tiṣṭhati/　na tiṣṭhate tiṣṭhamānaḥ ko 'nutpannaś ca tiṣṭhati//（羅什訳は第二三偈、他は第二二偈）

住しない事物は住しないし、住する事物は住しないし、住しつつあるものは住しない。そして生じていない何が住するであろうか。

（二二）

LVP のａｂｃである na sthitabhāvastiṣṭhatyasthitabhāvo na tiṣṭhati/ na tiṣṭhati tiṣṭhamānaḥ はＴからの還元。Ｔは住、不住の順序に改めている。Ｔ１のｄは gnas par ḥgyur/。Ｔ２のｄは gnas par byed。

【無畏釈】　さらにまた、今や次に事物（有・存在）を容認しても住はあり得ない。〔対論者が〕どうしてかと〔問う〕ならば、答える。―第二二偈―

先ず〈住する事物は住しない。〉住が存在するからである。〈住しない〔事物〕も住しない。〉住が存在しないからである。この二者と別のものである〈住しつつある〉といわれる第三〔の事物〕〈も住しない。〉存在しないからである。このようにあらゆるあり方で考察されたとき、〈生じていない何ものが今現在住するであろうか。〉

【解説】

（一）住する（已住の）事物に住が存在しない理由は　住が存在する（羅什）　二つの住と住者が存在する（仏護）　住のはたらきが滅している（月称）　現在と未来・死と生、生無意味となる（清弁）

（二）不住（未住）の事物に住が存在しない理由は　住が不存在（羅什）　不住（主部）と住（賓辞）の矛盾が存在する（仏護）　住と離れている（月称）　住していない（清弁）

（三）住時の事物に住が存在しない理由は　住時が不存在（羅什）　住時が不存在と（一）二つの住と住者が存在する（仏護）　住時の不存在と二つの住の誤り（月称）　住時の不存在（清弁）

羅什が（一）に「去に因るが故に住有り」云々を加えているのは、住は相続（持続）の意味であるから、前の刹那が去って次の刹那が成立して、住が仮名として成立することか。去は生の誤写か（羽渓訳一一一頁註五三参照）。

『無畏』が冒頭で事物を容認するのは、前偈で「滅しつつある」と「ない」とのディレンマによって事物の存在を否定したので、ここで再度、とにかく、事物は存在するという対論者の立場を容認し仮定したのであろう。「滅しつつあるものでないものは事物でない」という前偈の反主張である「不滅相の法は事物である」と認めて否定したとも読めそうであるが、この偈の所述から見て適さない。羅什訳が異なるのは、彼がそう解したからであろう。羅什はそれよりも従来論じてきた生の否定を対論者が認めて、生がないということは事物が経験される以上、先ず住が始めにあると主張したとするのであろう。仏護は住があり、その住は生じていないものにはあり得ないので生があると、住を生の存在の論拠とする。月称はその点をさらに明確にし、住は生という事物〔が存在すること〕を示す性質（法）であるので、次に住の否定を説くこの偈がくるとする。清弁は、生が存在するとき、「住の相（lakṣaṇa）である生という法がある故に」という証因と、「存在しない亀の毛にそれ（亀毛）の布は生じない」という喩例によって、「生はまさに存在する」という主張を立証しようとする対論者を想定し、生は存在しないが、言説として周知の生を容認した上で、勝義として住が考察されるべきだとして、その具体的考察として偈のａｂｃを別々に引用し、先に表に示した解釈を説く。

ｄは一見唐突の観がするが、羅什は素直にａｂｃで住が不可得であることを考察したので、住がないから生がないとし、ｄでは逆に生がないから住がないと説いたとする。他の註釈書は生を今までに否定したので事物、生じているものの住が否定されたとし、このｄでは別の生じていないもの即ち無にも住はないことを説いたとする。清弁はｄを、生を認めても認めなくても事物は何ら生じないという趣旨だとする。

24　復た次に—第二四偈（『無畏』第二三偈）—

若諸法滅時　是則不応住　法若不滅者　終無有是事（二四）

sthitir nirudhyamānasya na bhāvasyopapadyate/　yaś cānirudhyamānas tu sa bhāvo nopapadyate//（羅什訳は第二四偈、他は第二三偈）

滅しつつある事物の住はあり得ない。そして他方、滅しつつあるものでないもの、その事物それもあり得ない。（二三）

梵偈のａｂは第二二偈（梵偈第二一偈）の生（utpattir）を住（sthitir）に変えただけ。羅什訳は生を住に変えた他、是時を是則にしているが、どちらかが誤記又は誤殖か。ｃｄは羅什訳も皆第二二偈（梵偈第二一偈）とまったく同じ。

【無畏釈】　さらにまた、—第二三偈ａｂ—

それに住はあり得ない。どういう理由でか。それに相互に矛盾する二つの状態（分位）〔があること〕に堕するからである。或る状態によって滅しつつあるものといわれる〔或るもの〕と、それにさらに住の状態と想定される或るものとである。一つのものに同一時に滅しつつあるものと住とを示す相互に矛盾する二つの状態があることは認められない。それ故に、滅しつつある性質（法）をもつものこそが住する、ということは妥当しない。

ここで〔対論者は〕主張する。では今や次に、滅しつつある性質をもたない事物、それが住するであろう。

ここで答える。—第二三偈ｃｄ—

滅しつつあるものでないもの、それは事物でさえも（hgaḥ yaṅ dṅos po ñid du）あり得ない。

【解説】 羅什訳の註釈は適宜に生を住に変えただけで、表現は殆ど第二三偈（梵偈第二一偈）の註釈と同じである。『無畏』と仏護は表現も同じものが可成り見られるし、内容は同じで、この偈の註釈の方が簡略である。月称も同じ。清弁も第二一偈の場合と内容は変らないが、ａｂを、輝く光と闇のように矛盾しているので、矛盾する一方が存在するとき、他方は生じないという趣旨であるとし、ｃｄをすべての有為は無常性に従う故に、という趣旨だとする。Ｔ訳で偈ｄの sa bhāvo nopapadyate を dṅos por と訳すのは、『無畏』のｄの「事物でさえも」という註釈を採ったからであろう。

25　何を以っての故に――第二五偈（『無畏』第二四偈）――

所有一切法　皆是老死相　終不見有法　離老死有住（二五）

jarāmaraṇadharmeṣu sarvabhāveṣu sarvadā/　tiṣṭhanti katame bhāvā ye jarāmaraṇaṃ vinā//（羅什訳は第二五偈、他は第二四偈）

すべての事物がすべての時に老死の性質をもつとき、老死なしで住するところの事物は何であろうか。（二四）

【無畏釈】 さらにまた、――第二四偈――

〈すべての事物がすべての時に老死の性質をもつとき、［老死なしで住するところの或る事物、それら〔の事物〕は何であろうか。〉］

【解説】 『無畏』は偈にそれら（de dag）を加えただけである。仏護も同じ。羅什は滅しつつあるものでないものに住があるという対論者の反論を加え（これは『無畏』の直前の第二四偈の偈前の対論者の反論と同じといってよい）、すべての事物が生ずるとき、無常が随逐するという点は仏護と同じであるが、思想史の上で関連はなく、中観派として常識であったというべきであろう。仏護註も他は偈と殆ど同じ、月称も特に何かを加えてはいない。清弁は既に生が存在するならば、住の存在（生起）が見られる生は成立・存在しないので、証因の内容の不成立（asiddha）が除かれないか、内容の対立（viruddha）が除かれないかであると論証式上の否定としている。

26　復た次に（さらにまた）――第二六偈（『無畏』第二五偈）――

住不自相住　亦不異相住　如生不自生　亦不異相生（二六）

sthityānyayā sthiteḥ sthānaṃ tayaiva ca na yujyate/　utpādasya yathotpādo nātmanā na parātmanā/（羅什訳は第二六偈、他は第二五偈）

住が住することは別の住によってもその同じ〔住〕そのものによっても成り立たない。生の生が、〔その生〕自体によっても、別〔の生〕そのものによってもないように。（二五）

梵偈cdは梵偈第三二偈cdと全く同文。abも第三三偈（梵偈第三二偈）ab参照。

【無畏釈】以前に考察したとき、〈生が自によっても他によっても生ずることは成り立たなかったように、同じように住もその住そのものによっても他によっても住することは成り立たない。〉

【解説】『無畏』は偈の繰り返し。仏護は自と他を分けて繰り返すが、次に梵偈の第一三偈と第一九偈を引用して、大まかにいえば、各々の偈の註釈の生を住に変えて説明している。清弁もその二偈を引き、生を住に改めた適用偈を作って説明に替えている。月称は両偈のabだけを引いて各々に適用偈を挙げ、教証として経文を引くのみ。

羅什は偈の「別の住」と「その同じ〔住〕そのもの」とを他相と自相と訳し、これらを自性と他性（他のものの自性）と理解していたようである。自相の場合、自相住、自住であれば、縁起でないから有為でないとし、さらに住だけでなく、すべての法（事物）も住しないと結論を下す。異相の場合は他の註釈と同じ無限遡及の誤りを指摘する。

偈cdの註釈である、「復た次に」以下では、異法（別の事物・住）によらないでは異相（他性）はあり得ないとし、その理由を「異相は不定だからだ」とする。他性、他のものの自性、即ち自以外のものは無数で不定というのか。このことと次に続く偈b（梵偈a）の註釈である「異相に因りて而して住するとは、是の事は然らず」との間には、論理的に飛躍があるので余り明快でない。

27　何を以っての故に——第二七偈（『無畏』第二六偈）——

法已滅不滅　未滅亦不滅　滅時亦不滅　無生何有滅　（二七）

nirudhyate nāniruddhaṃ na niruddhaṃ nirudhyate/　tathā nirudhyamānaṃ ca kiṃ ajātaṃ nirudhyate//（羅什訳は第二七偈、他は第二六偈）

滅していないものは滅しないし　滅したものは滅しないし、滅しつつあるものも同様である。生じていない何が滅するであろうか。

（二六）

LVPのtathāpiで始まるcdはTからの還元。この偈と次偈は第二三、二四偈の住を滅に改めたものである。Tはaとbの順序が逆。

註釈も同様。

【無畏釈】　今や実に滅もあり得ない。どのようにか。答える。―第二六偈―

先ず、〈滅したもの、〉それはさらに〈滅しはしない。〉滅してしまっているからである。〈滅していないもの、〉それ〈も滅しはしない。〉滅という作用を欠いているからである。その二者とは別の、〈滅しつつあるもの〉という第三のもの〈も〉滅しはしない。存在しないからである。このように論理によって考察したとき、〈生じていない何が滅するであろうか。〉

【解説】　羅什訳は『無畏』と同じ。両者は各々の第二三（二二）偈と殆ど同じ（上から順に、羅什（『無畏』）、仏護、月称、清弁）。

（一）已滅　已滅　無　過去と現在の矛盾　死者の死

（二）未滅　滅の作用（相）を欠く　已滅と未滅の矛盾　滅との離、未滅（主部）と滅（述部）の矛盾　滅の無

（三）滅時　無存在　無存在と二つの滅と滅時の二　無存在、二つの滅　無存在、二つの滅時の推移を目の当りにする。すべての事物の生の否定

仏護の対論者は、滅が不生や不住の事物があり得ないことを論拠に存在することを、更にそれを論拠に生と住も成立すると主張する。清弁の対論者は、生と住と倶行する法（sahacāridharma・無常性）の存在を論拠に、生と住との存在を主張する。月称は清弁を採用する。次に仏護は「滅しつつあるもの」について詳述するが、内容的には変らない。清弁、月称は無視する。傍論にすぎないからであろう。

dについては仏護以下は第二三偈（梵偈第二二偈）の註釈の住を滅に変えただけである。

28　復た次に（さらにまた）―第二八偈（『無畏』第二七偈）―

法若有住者　是則不応滅　法若不住者　是亦不応滅（二八）

sthitasya tāvad bhāvasya nirodho nopapadyate/　nāsthitasyāpi bhāvasya nirodha upapadyate//（羅什訳は第二八偈、他は第二七偈）

先ず住している（已住）事物の滅はあり得ない。住していない（未住）事物の滅もあり得ない。（二七）

上述のようにこの偈は第二四偈（梵偈第二三偈）偈の住と滅しつつあるもの（でないもの）の住を滅に、滅しつつあるもの（でないもの）を住している（いない）に変えただけのもの。第二二偈（梵偈第二一偈）参照。

【無畏釈】〈先ず住している事物であるもの、それの滅はあり得ない。〉どういう理由でか。住が存在するからか、或いは住と滅という二〔があること〕に堕するからである。

〈住していない事物であるもの、それにも滅はあり得ない。〉どういう理由でか。住を欠いているし、存在しないからである。

【解説】羅什訳は『無畏』に「是の故に住中に滅有り…得ざるが如し」などや、最後に結論を加えて明確にしただけである。

仏護の偈前の「滅は住しているものか住していないものに想定されるが、それは両方共に成り立たない」という解説は、清弁、月称も踏襲している。それだけでなく、偈後の「住の行為が生じているものに、住と矛盾する滅はあり得ない。住しているからである。これは世間周知のことである。もし住していないものに滅があるから誤りはないというならば…住していないから、例えば滅したもののように」をも清弁は偈の趣旨として借用している。月称はａｂでは住と滅の矛盾、ｃｄでは「住していない」を「存在していない」とするだけである。

29　復た次に（さらにまた）―第二九偈（『無畏』第二八偈）―

是法於是時　不於是時滅　是法於異時　不於異時滅（二九）

tayaivāvasthayāvasthā na hi saiva nirudhyate/ anyayāvasthayāvasthā na cānyaiva nirudhyate//（羅什訳は第二九偈、他は第二八偈）

その同じ状態によってその同じ状態は滅せられない。別の状態によって別の状態は決して滅せられない。（二八）

Ｔ２（仏護を除く）ではａとｃの二番目の avasthā（gnas skabs）が sthāna（gnas pa・住）になっている。同義異語と取ることもできるが、sthāna は持続・存在の存続の意味が強い。『無畏』の「乳である限り」はその意味に基づく言説か。清弁は「この〔或る〕状態はその同じ状態によって〔その〕住（gnas pa）が滅せられるのか、別の状態によって住が滅せられるのか」という疑問に、偈は答えたと解釈するが、この疑問を説く文の中で清弁が住を用いたことによって、Ｔ２の訳者が偈の滅せられる状態を住に変えたのではなかろうか。『無畏』と仏護の註釈の中には用いられていない。清弁は偈ｄの eva を avadhāraṇa とする。Ｔ２におけるｄの gṣan gyis（Ｔ１は yaṅ）ḥgag pa ñid mi ḥgyur// はその解釈による訳であろう。

【無畏釈】この場合、或る事物に滅〔がある〕と想定されたそ〔の事物〕は、その同じ状態と別の状態の両方によっても決して滅しない。どういう理由でか。乳は乳の状態によって滅しない。乳である限り、その限り滅しないからであるし、乳でない状態においても滅しない。乳でないとき、その時には〔乳は〕何ら滅しないからである。

【解説】 羅什訳はその状態と別の状態とを自相と異相とする。これは第二六偈でその住と他の住を自相と異相と解するのと同じである。註釈はその点を除けば、『無畏』と同じであるが、若干説明を加えているので『無畏』より解り易い。仏護以下も乳の比喩を採用する。乳は状態の相違の代表例なのであろう。仏護は同じ状態の場合は、その状態の存在、別の状態の場合は別の状態にその状態がないこと、もしあるとすれば、例えば乳と酪が同時にあり、従って酪は無因生になるから滅はないとする。彼の註釈で興味深いのは、前偈のａｂで住している事物に住はあり得ない。住しているからである、を〔世間で〕一般に認められていることであると、対論者を世間周知（lokaprasiddha）の論理によって否定している点である。この世間周知は月称がしばしば用いているものである。対論者はこの否定を逆手にとって、論理（推理）は知覚（上の事実）に対しては無意味だとし、滅していない住している事物が、何か或る原因によって消滅するのは、若者にまで周知の事実であるから、中観派の前偈の論証は無意味だとする。さらに彼はこの偈の否定・滅の非存在は「知の直接知覚（意知覚か）だ」としているが、意味は不明であり、どこまで意味があるかも明らかでない。清弁、月称は無視する。

清弁はその同じ状態の場合は「自性を離れない故に」を、他の状態の場合は「それより別である故に」を証因とする。月称は前者には、自己自身への作用は矛盾する、後者には乳と酪に「滅するものと滅せられるものの関係」（vināśyavināśakabhāva）があることになるとし、滅せられるべき乳が滅する酪にないことによって滅の無を主張する。羅什の見解は本文七八頁註一参照。

30　復た次に（さらにまた）―第三〇偈（『無畏』第二九偈）―

如一切諸法　生相不可得　以無生相故　即亦無滅相（三〇）

yadaiva sarvadharmāṇām utpādo nopapadyate/　tadāivaṃ sarvadharmāṇāṃ nivodho nopapadyate//（羅什訳は第三〇偈、他は第二九偈）

すべての法の生があり得ない或るとき、まさにそのときには同じようにすべての法の滅はあり得ない。（二九）

羅什訳のｃは梵偈にない。羅什の付加。叶本はｃの tadāivaṃ が tadāiva。

【無畏釈】　論理によって考察するとき、〈すべての法の生があり得ないとき、そのとき、すべての法の滅もあり得ない。〉

【解説】　羅什訳の前半は『無畏』と同じ。羅什は訳偈cの「以無生相故」を解説する「破生故無生。無生云何有滅」を加えただけである。

31　若し汝の意…説くべし──第三一偈（『無畏』第三〇偈）──

若法是有者　是即無有滅　不応於一法　而有有無相（三一）

satas ca tāvad bhāvasya nirodho nopapadyate/　ekatve na hi bhāvaś ca nābhāvaś copapadyate//（羅什訳は第三一偈、他は第三〇偈）

先ず存在している事物の滅はあり得ない。一つのものが有でもあり無でもあることはあり得ない（三〇）

【無畏釈】　さらにまた、──第三〇偈──

ここでも論理によって考察するとき、〈まず存在している事物の滅はあり得ない。〉どういう理由でか。〈有と無が一つのものにあることはあり得ない〉からである。

【解説】　羅什訳は『無畏』を意訳し、光と影の比喩を加えただけのもの。仏護以下は偈前の註釈で滅が存在する事物の滅か、存在しない事物の滅かであるとする。仏護は有を存在する事物の存在性（astitva）、無を滅した事物の非存在性と定義し、有無が相互矛盾であるから一つのものにあり得ないとする。清弁も相互矛盾によって否定するが、さらに無を有であった上でそのもの自身を離れることや、色の知はそれ自身とは別でない対象をもつという対論者の主張の否定を加えている。月称もこの偈を滅が存在する事物にあるという選言肢の否定と取り、滅とは無のことであり、滅がそのものに存在するもの、そのものは存在しないので、この選言肢の主張は存在する事物に無があるという主張となる。しかし事物（有）と無事物（無）が同一の基体にあることは認められない。有と無が同一基体にあることは無はないので実質は有であるとしても、滅即ち無に貫ぬかれ、満たされているので、有という名称は妥当しないし、無であるとしても、無と矛盾する有というあり方と離れていないので、有と無とが一であるとき、その語義は有でもないし無でもないというこ とが適切である。或いは光と闇のように相互に矛盾しているので、有でもないし無でもないことがあり得る（有でもあり無でもあることはあり得ない）。このように月称は論理的に明快で平明な論述によって説得力のある解釈を展開し、有にもあらず無にもあらずという両否の空の真実在観を示している。

32　復た次に（さらにまた）―第三二偈（『無畏』第三一偈）―

若法是無者　是即無有滅　譬如第二頭　無故不可断（三二）

asato 'pi na bhāvasya nirodha upapadyate/ na dvitīyasya śirasaś chedanaṃ vidyate yathā//（羅什訳は第三二偈、他は第三一偈）

存在しない事物の滅もあり得ない。〔存在しない〕第二の頭の切断がないように。（三一）

前偈と対をなし、第二の選言肢、存在しない事物の滅の否定を論じる。

【無畏釈】〈存在しない事物の滅もあり得ない。〉どういう理由でか。存在しないからである。〈第二の頭の切断がないように。〉

【解説】 羅什は「第三の手」を加えて意訳しただけである。仏護、月称も存在しないことを論拠とし、清弁もａｂを主張、ａｂとｃｄの中間に、「存在しない故に」を加えて証因とし、ｃｄを喩例とする論証式としている。月称は「存在しない」ことが解り切っている第二の頭が比喩として用いられているので、偈の表現は完全である〔ので〕、存在しないという〔限定〕は述べられていない（cf. TNP, p.46, 171.1）。或いは仏護が註釈で存在しない、第二の頭と「存在しない」を加えていることを念頭に置いた解説か（『中論釈』Ⅱ、一一二頁註一六参照）。

33　復た次に（さらにまた）―第三三偈（『無畏』第三二偈）―

法不自相滅　他相亦不滅　如自相不生　他相亦不生（三三）

na svātmanā nirodho 'sti nirodho na parātmanā/ utpādasya yathotpādo nātmanā na parātmanā//（羅什訳は第三三偈、他は第三二偈）

自己自身によっても滅はなく、他者自身によっても滅はない。生には〔その生〕自身によっても生はなく、別の〔生〕自身によってもないように。（三二）

ａｂのＴ１は梵偈と同じ、Ｔ２は第二五偈ａｂの住（gnas pa）を滅（ḥgag pa）に替えただけのもの。『無畏』の註釈は「その同じ〔滅〕と別の滅によって」滅することは成り立たないであるから、第二六偈と同じ構文である。仏護の註釈は parātmanā と svātmanā を用いている点は、梵偈（Ｔ１）の第三二偈の「滅は成り立たない」は『無畏』と同じである。仏護はａの冒頭の ḥgag pa ḥgag pa を「もし滅に（nirodhasya）滅が存在するならば」と条件文に読むが、これは偈aが第二五偈と同じ構文の nirodhenānyena nirodhasya でなく、偈cdの utpādasyotpādaḥ に近い。梵偈（T1）の nirodho 'sti nirodhaḥ とも nirodhasya nirodhe sati とでもいうものであろう。清弁の註釈はこの点には触れていないようである。羅什訳は梵偈の訳と考えられるので、梵偈が原形か。偈のcdはT1もT2も第二五偈cdと全く同文である。叶本はaの nirodho 'sti を nirodhasya とする。

【無畏釈】　前に考察したとき、〈生は自と他によって生ずることは成り立たなかったように、同じように滅もその同じ〔滅〕そのものと他〔の滅〕とによって滅することは成り立たない。〉

【解説】　『無畏』は偈の繰り返しである。羅什の註釈は第一節と第四節は基本的には『無畏』と一致し、中間に生の否定の解説を加えている。仏護と清弁は偈を滅という事物の滅という相である「滅の滅」の否定とする。月称は滅の滅等の滅の問題を傍論として論じている。彼らは皆滅が自身によるのか、他の滅によるのかというディレンマによって否定する。仏護は前者の場合は梵偈の第一三偈、他の滅の場合は第一九偈の生の否定の偈を引用し、滅にその否定の論理を適用して否定する。清弁は第一三偈と第一九偈を引用し、生を滅に変えた応用偈を作偈して簡略化している。応用偈の作偈は清弁が始めたようで、月称も（安慧も）それを踏襲している。

34　復た次に—第三四偈（『無畏』第三三偈）—

生住滅不成　故無有有為　有為法無故　何得有無為（三四）

utpādasthitibhaṅgānām asiddher nāsti saṃskṛtam/　saṃskṛtasyāprasiddhau ca katham setsyaty asaṃskṛtam//（羅什訳は第三四偈、他は第三三偈）

生住滅が成立しないので、有為は存在しない。有為が成立しないとき、どうして無為が成立するであろうか。（三三）

羅什訳は梵偈と変らない。

【無畏釈】　—第三三偈—

〈これら生住滅が成立しないので、有為は存在しない。有為が成立しないとき、どうして無為が成立するであろうか。〉

【解説】　『無畏』は偈の繰返し。羅什は章の結論となると強く意識（その点では清弁も同じ）し、上来の三相の否定によって有為が否定されたとする。仏護以下は、生住滅という普遍相が否定されたとしても、牛の喉袋（sāsnā）等の個別相が存在することから有為があり、さらに三相があると主張する対論者に対する解答とする。cdを羅什は素直に論理的順序に従って有為の不成立によって無為が成立しないと解釈するが、仏護以下はここでも、有為の相対概念である無為の存在によって、有為の存在を主張する対論者に対する解答とする。

月称はここで虚空、非択滅、涅槃の三無為説と真如を相とする空性を無為とする説に言及しているが、羅什は、自己の、従って中観の無為が、不生、不住、不滅という有為の三相の否定である、いわば、無相の相であって、別の肯定的な相はないと説く。

35　問うて曰く…答えて曰く（ここで〔対論者は〕質問する。もし生住滅が何ら存在しないならば、どうして説かれたのか。ここで答える）——第三五偈（『無畏』第三四偈）——

如幻亦如夢　如乾闥婆城　所説生住滅　其相亦如是（三五）

yathā māyā yathā svapno gandharvanagaraṃ yathā/ tathotpādas tathā sthānaṃ tathā bhaṅga udāhṛtam//（羅什訳は第三五偈、他は第三四偈）

幻のように、夢のように、ガンダルヴァ城のように、そのように生が、そのように住が、そのように滅が〔仏によって〕説き示された。（三四）

【無畏釈】このようにこれら生住滅は夢や幻やガンダルヴァ城に似たものとして、ただ世俗だけで見られるにすぎないと〔仏によって〕説き示されたと知るべきである。

【解説】『無畏』は偈に僅かに「ただ世俗として見られるのみ」を加えただけである。羅什は、凡夫も賢聖も同じ生等の語を用いているが、凡夫が生等を実体として執着して説くのに反して、賢聖は生等を夢幻のようなものとさとって、それらを喜怒哀楽の情、即ち煩悩をはなれて見ているだけだとする。

仏護は生等を否定する中観派は「有為を無常で生滅の相をもつ」と説く仏説と矛盾すると批判する対論者への解答として偈を解釈し、生等は「生ぜしめる〔力〕」である実有ではないとする。彼は無我の比喩とし、大乗経典に見られる谺やSN, III（XXII, 95）で有名な水泡や芭蕉の茎などをあげ、「それらは真実でも非真実でもないが、それらは戯論であって、虚妄であるとも説かれる」と語り、さらに無我の我は自性の意味だと説く。清弁は生等は有為相ではないが、言説としては夢のようなものと認められ、知者と無知者に言説に関しては生等は存在として認められるので、論証式が成立すると偈を註釈し、偈の各々の比喩を詳しく解説する、上述の仏護の註釈を引用し、我の顕現（見）は非真実であり、我という語は我であって自性ではないし、声聞乗の人無我を説いていると批判している。月称の対論者も仏護と同じ反論をするが、引用経は章の冒頭のものである。彼は世俗としてでなく、「世間で一般に認められた」ものとして生等の語を仏は用いたとする。

観作作者品第八

1　観作作者品　karmakārakaparīkṣā（行為と行為者の考察）。Tは「作者と作」、『灯論』は「観作者業」、『釈論』は「観作者作業」。

2　問うて曰く…今当に復た答うべし—第一偈—

決定有作者　不作決定業　決定無作者　不作無定業（一）

sadbhūtaḥ kārakaḥ karma sadbhūtaṃ na karoty ayam/　kārako nāpy asadbhūtaḥ karmāsadbhūtam īhate//（一）

〔答破1〕実有な行為者は実有な業を行なわない。〔答破2〕非実有な行為者も非実有な業をしようと努めない。（一）

d の īhate は T も羅什も byed do（= karoti・行なわ〔ない〕）。

【無畏釈】　ここで〔対論者は〕主張する。行為者と業は論書と世間とヴェーダで周知である故に成立・存在する。それらが成立するとき、業と果の連鎖（paramparā）も存在する。それ故に行為者と業も存在する。

ここで答える。—第一偈—

先ず［〈実有な行為者は実有な業を行なわない。非実有な行為者も非実有な業を行なわない。〉］

【解説】　この章は註釈者たちが説くように、仏説によって行為者と業の存在を主張する対論者に対する解答を主とする。龍樹と註釈者たちは皆、行為者と業を（一）実有、（二）非実有の他に、（三）第七偈の説く実有非実有（sadasadbhūta）の四句分別の前の三句に分け、その組合せから九種の主張を取り上げて否定する。各々の否定を「答破1」等によって明示する。羅什は『無畏』の「論書」や「ヴェーダ」などの権威、さらに世間周知への言及を止め、行為者と業を、第四偈に見られる行為・作（kriyā）、作者（kartṛ）と作者が用いる作具（karaṇa）の三者の和合に改めているが、その後は『無畏』と同じ。

仏護は冒頭で、対論者が有為の三相が第七章で説かれたので、空性の聴聞に関心をいだき、業と行為者を考察して頂きたいと懇請をするが、どうして三相の考察と空とから業・行為者の考察が必要になるのか、必然性を明確に説いていないので説得力がない。単に前章の主題と本章の主題を結びつけただけなのであろう。直接偈が想定する対論者の主張は、行為者と業が実有であることが仏説であることと、業が倫理的な善悪の業である点を明確にし、業と行為者の存在から一切のものの存在を主張する点を除けば、『無畏』と変らない。羅什の偈前の第一の解答は彼独自の見解である。内容は明解であり解説の必要はないが、要するに第四章末の、一の否定が一切の否定である、という主張と同じことである。偈に続く註釈は『無畏』、羅什、仏護は同じである。二主張の並記にすぎないので、当然その理由が問われる。

清弁は章の冒頭の極り文句では「蘊等の無自性を説くことを目的とする章」とする。その自性を否定する命題の証因として、世尊が蘊等に依拠して行為者と業を説かれたことを挙げ、その証拠として『法句経』の「世間の章」にある一六九偈、及びアビダルマが説く善、不善、無記の三業等を挙げている。月称も識を始めとする有為法が、有為の自性をもつものとして存在することを主張する対論者を想定する。彼は善、不善、不動の三行（業）を説く経文をその教証として引用する。このことは十二支縁起の行と識を意識したものであろう（『中論釈』Ⅱ、一二五頁の解説参照）。

3　何を以っての故に―第二偈―

決定業無作　是業無作者　定作者無作　作者亦無業（二）

sadbhūtasya kriyā nāsti karma ca syād akartṛkam/ sadbhūtasya kriyā nāsti kartā ca syād akarmakaḥ/（二）

実有な〔行為者〕に行為は存在しない。業は行為者のないものであろう。実有な〔業〕に行為は存在しない。行為者は業のないも

のであろう。(二)

『無畏』と羅什はaを実有な業、cを実有な行為者と解釈する。

【無畏釈】〔どういう理由でか。〕―第二偈―

〈実有な業に行為は存在しない〉し、さらに加えて〈業も行為者なしで成立するであろう。〉この事は認められない。それ故に、「実有な行為者が実有な業を行なう」(第一偈abで否定された命題)ということは正しくない。

【解説】偈のaとcは同じ文言で、bとdは行為者と業を入れ替えただけである。註釈で注意すべきなのは、『無畏』・羅什とは逆に、仏護以下はaの「実有な」を行為者、cの「実有な」を業としている点である。羅什のabの註釈は『無畏』と同じであるが、後半の「それ故に」以下の第一偈abへの言及を省いている。cdの註釈はabの註釈文の業と行為者を入れ替えただけである。『無畏』にcdの註釈がないのは、恐らく文章が同じなのでT訳者が訳し忘れたか、後に脱落したかであろう。羅什の註釈の第三節は『無畏』の第二節に当るが、羅什は「何を以っての故に」以下にその理由を加えている。彼の第三偈の訳が異なるからであろう。梵偈の第三偈が、原因のないもの(ahetuka)となることによって否定するのに、羅什はさらに徹底して非実有とは行為者も業も本来無であるからだとする。彼らの解釈では、業(cdでは行為者、以下略)は実有、すなわち既に存在するのだから、その業を行う行為を別に必要としないし、業は既に存在するのだから、その行為を行う行為者を別に必要としない、ということになる。これでも意味は通ずるが、偈の和訳で補ったように仏護、清弁、月称は逆にaを実有な行為者、cを実有な業と解釈する。偈abに合わせて、仏護と月称の註釈を並記すると、(一)偈aの〈実有なもの〉は、仏護:行為を備えたものだけが行為者である。現に行っているもの(kurvāṇa)だけが行為者であって、行っていないものは〔そうで〕ないからである。それ故に行為を備えた行為者が〈実有な〉行為者と言われる。月称:行為者という名称は行為と結びついているので、「それが行う」(karoti)といわれる(iti)行為を具備した或る〈実有なもの〉だけが行為者という名称を得る。

(二)偈aの〈行為は存在しない〉は、仏護:実有な行為者には、それによって業を行うといわれる別の〈行為は存在しない。〉或いはもし存在するならば、行為は二つとなろう。一人の行為者に二つの行為はありはしない。月称:そしてそれ故にこのような行為を

因として行為者という名称を得たものには、それによって業を行うでもあろうところの別の〈行為は存在しない。〉

㈢偈b〈業は行為者のないものであろう〉は、仏護：註釈なし。月称：しかし行為が存在しないので、行為者が業を行わないとき、そのとき、〈業は〉行為者に相待しない〈行為者のないものであろう。〉しかし行為者のない業は存在しはしない。石女の子の瓶の製作（karaṇa）のように。

彼らは「実有な」〔行為者〕を行為を具備している、より正確にいえば、「現に行っている（karoti）ときだけ」と解釈しており、月称はそれを行為者や業という名称（概念）と結びつけて論じている以外は仏護と同じである。

清弁も「実有な」を行為を具備しているとし、行為者（kāraka）を行為を行うもの、業（karman）を行為（kriyā）と同義語とし、「行わない」とは行為を行わないこととするが、第二偈では行為に相待しない行為者を、自性として存在する行為者（このことは業にも適用される）と認める立場を取り上げて、その行為者を勝論派の自我とか、日常のデーヴァダッタなどの行為者に分けて、論理学的に否定している。漢訳『灯論』にcdを欠いているのは、T訳では「説くまでもない」といっているだけなので、漢訳者がそれを真に受けて省略したのであろうか。

仏護も月称もcdはabとほぼ同文である。いずれにしても却って論理的にすっきりしないようにも思えるのに、彼らが何故abで行為者、cdで業を取り上げたのかは明らかでない。

4　復た次に――第三偈――

若定有作者　亦定有作業　作者及作業　即堕於無因（三）

karoti yady asadbhūto 'sadbhūtaṃ karma kārakaḥ/ ahetukaṃ bhavet karma kartā cāhetuko bhavet// （三）

もし非実有な行為者が非実有な業を行うならば、業は原因のないものであろうし、行為者も原因のないものであろう。㈢

羅什の原典はasadbhūto 'sadbhūtamがsadbhūtas sadbhūtamであったのか、或いは彼がそう読んだのか。非実有なものは原因のないものであるという龍樹の所説が、論理的に明瞭でないからであろう。その点で清弁と仏護・月称は後述するように異なった解釈をしている。前後の偈との関連からいえば、梵偈が原偈であろう。

【無畏釈】 また〔今や非実有な行為者も非実有な業を行なわない。どういう理由でか。どうしてか。〕―第三偈―〈もし非実有な行為者が非実有な業を行なうならば、〉それよりして〈業は原因のないものであろうし、行為者も原因のないものであろう。〉

【解説】『無畏』の註釈は偈の平明な文体による繰返し。羅什の註釈の前半も自己の訳偈の繰返し。後半は無因の説明で、「不従因縁有」は原因のないものとは縁起・相待しないで存在することで、自性としてあるということ。清弁は非実有なものについてであるが、同じ解釈をしている。

清弁は偈のｃｄの原因のないものを、行為者と業とが相互に相待しないものになるという帰謬を説いたとし、別の箇所（cf. D, Tsha, 115b6–116a3）で文法学者の「行為者は自主・自由（svatantra）であり、行為者の最も強く求めるものが karman（業・目的格で表示されるもの）である」という定義では、行為者等に自相が成立するので、相互相待が全くない。そこで、第二偈で説かれた〔主張〕勝義としてデーヴァダッタという行為者はデーヴァダッタの相続において、行為が行為者に必ず成熟することにはならないと知られ得る。〔喩例〕ヤジュナダッタの〔場合の〕ように、という論証式の「相待を伴う故に」という証因の意味は不成である。否定しようという欲望によって彼には大きな誤りがあるであろうと批判し、その理由として、その行為者観では、行為者には業を成就する善巧方便が自ずから（svatantra）存在するので、業にまさに相待しているし、業が行為者の最も強く求めるものであるということも業が行為者に相待していることである故に、行為者と業との、行為者と業という言語表現（言説）による仮名（prajñapti）は、両者が相互に原因となる関係を備えている（ñe bar hgro ba）ならば、相待を説かない主張にはあり得ないので、それ故に行為者と業は無用となる、と否定する。仏護と月称は原因のないものを行為のないもの、特に月称は前偈の註釈以来、明確に行為を原因としている。従って「非実有な」とは行為を欠いたということになる。彼は対論者の主張を無因論とする。その点で清弁が「行為者と業の無相待論」とするのとは異なる。仏護は前半は月称と実質的には同じであるが、註釈の後半では、何人も行為者、何ものも業でないものはないと断定し、そのことから倫理的な福徳（puṇya）と罪悪（pāpa）業にも言及し、「彼は行為者である」「これは業である」ということがあり得ないならば、「彼は有徳である」「彼は〔有徳〕でない」とも言えないという。このような日常的な判断を考察としていることも、彼が哲学的思惟の立場に立っていないことを物語るであろう。この点は羅什が前偈の註釈で「本来無」といったことと同じことになろう。

5　問うて曰く…答えて曰く（ここで〔対論者は〕主張する。もし業と行為者とが原因のないものであるならば、それによってどうなるのか。ここで答える）―第四、五、六偈―

若堕於無因　則無因無果　無作無作者　無所用作法（四）

hetāv asati kāryaṃ ca kāraṇaṃ ca na vidyate/　tadabhāve kriyā kartā karaṇaṃ ca na vidyate/（四）

原因が存在しないとき、結果と作因とは存在しない。それらが存在しないとき、行為と行為者と行為の手段とは存在しない。（四）

Tはbのvidyateをhthad par（mi）hgyur ro、dのvidyateをrigsと訳すが、註釈ではdはmed do。dのkaraṇam（LVP）をドゥ・ヨングもリントナーの『改訂本』もkāraṇam、Tはbyed。羅什は所用の作法。

若無作等法　則無有罪福　罪福等無故　罪福報亦無（五）

dharmādharmau na vidyete kriyādīnām asaṃbhave　dharme cāsaty adharme ca phalaṃ tajjaṃ na vidyate//（五）

行為等が存在しないとき、法と非法とは存在しない。法と非法が存在しないとき、それらから生ずる果報は存在しない。（五）

Tはbのasaṃbhaveをmi rigs na。註釈ではmed na。

若無罪福報　亦無有涅槃　諸可有所作　皆空無有果（六）

phale 'sati na mokṣāya na svargāyopapadyate/　mārgaḥ sarvakriyāṇāṃ ca nairarthakyaṃ prasajyate//（六）

果報が存在しないとき、解脱と昇天とへの道はあり得ない。そしてすべての行為は無意味ということになる。（六）

【無畏釈】〈原因が存在しないとき、結果と原因が〉無いことになる。〈それらが存在しないとき、行為と行為者と行為の手段は存在しない。〉

〈行為〉と行為者と行為の手段〈が存在しないとき、法と非法も存在しない。法と非法が存在しないとき、それらから生ずる果報も存在しない。〉

〈果報が存在しないとき、解脱と昇天とへの道もあり得ない。〉さらにまた、〈すべての行為も無意味ということになる。〉このように原因のないものであるとき、これらの誤謬に堕する。それ故にそれは不合理である。

【解説】 三偈を一括して挙げているのは『無畏』と羅什である。羅什訳は因を能生の法、果を所生の法という説明を加える以外は『無畏』、要するに偈と変らない。ただし羅什はその後に一問答を加えている。これは梵本の第三偈、羅什の第二偈の註釈末の非実有の場合を改めて取り上げたものである。羅什訳では第二偈だけでなく第三偈も実有の場合を主題として論じているので、第四偈以下の三偈の註釈の後に、非実有の行為者と非実有の行為の場合を論ずる一問答を加えている。答えは、「但有言説」というように非実有な行為者が非実有な行為をするという言語で表現することはできても、それを裏付ける事実はないというだけで、先に述べた本来無と同じである。これらのことは第三偈の「非実有な」を「実有な」と読んだのは羅什で、原典は「非実有な」であったことを語っているのではなかろうか。

仏護は第四偈ａｂの結果があり得ないことを、帰謬論証によって原因なしで結果があれば、（一）理由なしで（akasmāt）すべてのものが生じ、（二）あらゆる努力が無意味となる、と帰謬する。偈ｂの作因 kāraṇa を因（hetu）ではなく縁（pratyaya）、因を補助する縁（upakāripratyaya）とする。後述するように清弁も仏護に従って kāraṇa を協力因（sahakārikāraṇa）とする。月称はそれを認めて因（hetu）を粘土、果を瓶、協力因を轆轤等とする。清弁も月称も kāraṇa を縁であると明言してはいないが、『明句』のＴ訳では一箇所で sahakārikāraṇa を lhan cig byed paḥi rkyen（cf. LVP, p.390, l.3）と訳している。ただし他の二箇所（cf. LVP, p.312, l.9, p.313, l.10）は因、この箇所は byed rgyu である（cf. CPM, p.146, fn.422）。偈ｂのＴ訳は「因もあり得ない」（rgyu yaṅ ḥthad par mi ḥgyur ro）であるが、仏護は、このｂの文章は「因（hetu）が存在しないとき、縁もあり得ない（ḥthad par mi ḥgyur ro）という意味である」とする。恐らくＴ訳者はこの仏護の説明文を採って訳したのであろう。仏護は第四偈冒頭の因（hetu）を次の果（kārya）と因果関係があると捉え、上記（一）と（二）の批判を加えているが、〔果を〕作る因（kāraṇa）をその果と切り離し、原因がなければ補助することも成り立たないので縁もないことになるとする。清弁は「各々に決定された因と縁の力によって作られたものが果といわれ、協力因縁の集合（総体）を完成していてもが完備していても、それ（因）があるときにのみ生ずるので果の因といわれるとき、相待性が存在しないときには、因のないものは因にならないし、それの結果のないものは結果にならないという趣旨」だとする。漢訳が「無因の義は然らず、因なく果なきが故に」（大正三〇、八〇中二二）と訳したのは、この解釈によったのであろう。月称が果を因によって完成させられる（niṣpādyate）もの、因（kāraṇa）を完成させるもの（niṣpādaka）と定義している（cf. LVP, p.182, ll.9–10）のも、実質的には『無畏』以下と同じ見解である。彼は最も簡明に、前偈の「無因論」では因果を撥無することになることが説かれたと解釈している。

仏護と清弁はcのtadabhāveを「果がないとき」と取る。これはaの「因がないとき」と対をなすと解釈したからであろう。他の註釈、特に月称は明確に偈の論述の文脈に従って「結果と作因とがないとき」とする。仏護は「切る」（chid）という行為を例にして、「切られるべきもの」（chettavya）、すなわち「結果（kārya）がないとき」、切る作用が加えられる切られるべきもの、切断の依り所（gṣi）がないとき、切る作用はない、切る行為がないとき、切断者が、と、偈の行為、行為者、作具の順に将棋倒しに存在が否定されるとする。

仏護は第五偈abとcd、及び第六偈abの仮言的判断の理由として順に（一）法と非法の身口意の三業は行為者と行為によっている、（二）種子等から穀物が生じるように果は法と非法によって成立する、（三）解脱と昇天は法の果、道はそれらへの手段（upāya）である故に、を挙げ、第六偈のcdではすべての行為の代表例として農作業（ṣiṅ las）を挙げ、世人は結果を求めて努力するが、結果がなければすべては徒労に帰すと説いて、作者と作業が非実有という見解は全く誤った主張だとする。

清弁と月称は第四偈のcdを文法学的解釈を用いて註釈している。先ず清弁は「結果がないとき、行為と行為者と手段がない。（一）〔行為は相待的にのみ成立する〕―世間の瓶等の対象を対象とする行為も、行為者が最も求めるものは業である（karma kartarīpsitatamam）。清弁は既述のように「karmanとはkriyāである」（cf. D, Tsha, 114b7）と二語を同義語とする。というので、行為者に相待しているとき、瓶を成就するのに有効である努力を為し、（二）〔行為者も相待的に成立する〕―忘れることなく手段（upāya）を知る知に通暁する者には自主的なもの（svatantra）こそが行為者（kartṛ）である（cf. TGS, s.v. kartṛ, p.121）という、このことも行為者が別のものに相待せず（或いは自主的なものとは別の行為者というものに相待せず）、業（karman）に相待する。（三）〔手段も相待的に成立する〕―瓶を実現する多くの部分によって実現されるべきものそのものが実現する部分の中で最も行為を実現させるもの（sgrub paḥi mchog, sādhakatama）は手段（karaṇa）である（cf. TGS, s.v. karaṇa, p.120）というこれも行為者と行為（karman）とに相待しているのであれば、相待しないものにはそれらは存在しない。切られる木がないとき、切断と切る者と切る手段はないようにと解説する。

月称は「結果と〔協力〕因が存在しないとき、(一)〔行為があり得ない〕—現に行なっているものに行為があるのだろうか。(二)〔行為者はあり得ない〕—或いはどのような行為に関して陶工は自主的であることによって行為者であろうか。(三)〔手段は成り立たない〕—それに加えて、粘土には〔果である瓶が〕実質・質料の同一性をもって生起するので、最も行為を実現させるものであることとしての手段性（sādhakatamatvena karaṇatvam, cf. TGS, s.v. karaṇa, sādhaka）は妥当しない」。

以下に第六偈までの清弁と月称の註釈を列記する。第五偈ａｂの「行為と行為者と手段が成り立たないとき法と非法とは存在しない」に関して清弁は先ず「異教徒の理論よりすれば、法と非法とは行為と行為者と手段によって成就され、明らかにされるからであるという趣旨である」とする。「たとえ或る自部の者達が諸行には行為者と感受者が存在しないので、行為者がないという誤りによって否定されることはない。法と非法とは特定の身口意の行為そのもの（自体）として認められる故に」というならば、「補助因の完備だけが言葉（言説）としては行為者と認められるので、それに相待するだけの法と非法が業という語で表現される。それ故に、行為者がないとき、それに相待する業は成立しない故に、法と非法等が存在しないという誤りによって否定されなくはない。相待の論理がないからである」と解説し、次いで「このように上述の理論によって—第五偈ｃｄ—法と非法が存在しないとき、それらから生ずる天、人、地獄、畜生、餓鬼道において願わしい、或いは願わしくない自体の身と根と享受との成就はないであろう。同じく、—第六偈—果がないとき、解脱への道を行ずる瑜伽の修行者が涅槃のために正見を始めとする八支聖道を修習することもあり得ないであろうし、昇天の道、即ち戒の受持と禅定と等至とに専念することもあり得ないし、世間と出世間のすべての行為も無意味になる。それ故に同じく非実有な行為者が非実有な業を行うことと非実有な業が非実有な行為者の行為であるという思想（分別）にはそれらの除き難い大きな〔百〕害あって〔一〕利もないものが生ずると知って、行為者と業は相待性をもっと認めるべきである」と説く。

月称は第五偈のａｂを「ここ（仏教）ではデーヴァダッタ〔という名称で表示される人《プドガラ》〕は、殺生の放棄という行為を自主的に行なうものであること（svātantrya）によって行為者であるので、自主的に行なうもの（svatantra）は〔それが最も強く求める〕行為（[karturīpsitatamaṃ] karma）を〔最も強く実現させる〕（sādhakatama）手段として（karaṇabhūtena）、殺生の放棄という行為を行なうとき、そのとき彼には善（法）が現われる」（svatantraḥ karma karaṇabhūtena と読む。cf. TNP, p.47, 183.7）。月称もこの偈を倫理的因果として十善業道や三宝等への供養等の法と殺生等の非法とその果を挙げ、第六偈では彼も昇天の道を世間の道とし、〔四〕静慮（dhyāna）と〔四〕無色定（ārūpyasamādhi）との等持（samāpatti）を相とする天界を果とし、果を解脱を相とする涅槃とするならば、出世間の八支聖道の修習が道であるとする。彼が第六偈 d で行為として農耕を商業等と共に挙げたのは仏護註が念頭にあったからであろう。最後に彼は行為者も行為も非実有なものとする見解は堕地獄の因となる等と説く。

6　問うて曰く…答えて曰く―第七偈―

作者定不定　不能作二業　有無相違故　一処則無二（七）

kārakaḥ sadasadbhūtaḥ sadasat kurute na tat/　parasparaviruddhaṃ hi sac cāsac caikataḥ kutaḥ//（七）

〔答破3〕実有で非実有でもある行為者は実有で非実有であるそれ（業）を行なわない。というのは、相互に矛盾する実有と非実有とが、同一のものとしてどうしてあろうか。（七）

T1はcdを「実有で非実有なものは相互に矛盾しているので、同一の場処に（ekatra）」、T2は「矛盾しているのでどうして一であろうか」と読む。羅什はさらにdのsac cāsāc caを偈では-bhūtaの省略ととらず、「有と無とは相互に矛盾する故に、一処に」と読む。T1のc末のcig laと羅什のdの「一処に」は、ekatasでなく、ekatraを予想させるが、意訳なのであろうか（二五・一四参照）。T2のgcigは-tasの省略であろうが、「同一のものであろうか」とも読むことができる。月称はここでも第二五章第一四偈でも共を「同一時に二者が同じものにあること」とする。これが龍樹の第三句、「共」の最終的定義であろう。

【無畏釈】　ここで〔対論者は〕主張する。［実有で非実有である、すなわち行為を備え、備えていない行為者は、実有で非実有である、すなわち行為を備え備えていない業を行なう。と考えるならば、］

ここで答える。―第七偈―

〈実有で非実有である行為者は、実有で非実有である〉業、〈それを行なわない。〉

どういう理由でか。〈実有と非実有は相互に矛盾しているので、同一のものに（gcig na）存在することがどうしてあろうか。〉それ故にそれはそれを行なわない。

【解説】　羅什は註釈では有が「実有なもの」、無が「非実有なもの」であることを加える以外は『無畏』と同じ。仏護は解答の註釈では『無畏』の実有が行為を備え、非実有が備えないことだという解釈を受け入れている。彼はここ、四句分別の第三句では実有と非実有という第一、二句の両方の誤謬が当て嵌ることを加えるだけである。清弁は、異門よりして実有で非実有な業を行うので誤りはないと主張する異門の理論を主張する者に対して、第七偈が説かれたとする。彼の註釈は偈が説くように実有と非実有は相互に矛盾するので、相互に同一時にあり得ないという否定に尽きるので省略し、異門に関する観誓の見解を紹介する。

観誓は「択一的な方法（paryāya）の論法（tshul）を論ずる者達は、行為者は生命というもの（rdzas）の異門に相待して実有でもあり、身体というものの異門に相待して非実有であり、業も粘土や縦横糸等の因の異門に相待して実有であり、瓶や布等の果の異門に相待して非実有でもないので、その行為者がその業をなし、その業がその行為者の行為である。それ故に君が説いた前の二つの能証の誤謬は我々の主張にはない」と解説する。

清弁は行為者と業が同じ本質をもつ、どちらも実有なら実有、非実有なら非実有である同じ本質を有する命題の行為者と業の安立は、勝義には存在しないことが第七偈まで説かれたので、第一偈の註釈で説いた推論式（cf. D, Tsha, 114a5–6）の証因「世尊によってそれら〔蘊等〕を用い行為者と業は説かれた故に」の意味は不成である、という結論をここで下す。月称はｃｄがそれまでの註釈書も認めているように、第三句のような相矛盾する「共」のものは、「存在していないからである」という趣旨だとするだけである。

7　復た次に（さらにまた）―第八偈―

有不能作無　無不能作有　若有作作者　其過如先説（八）

satā ca kriyate nāsan nāsatā kriyate ca sat/ kartrā karma prasajyante doṣās tatra ta eva hi//（八）

また、〔答破4〕存在する行為者によって存在しない業は行われないし、〔答破5〕存在しない〔行為者〕によって存在する〔業〕は行われない。というのはそこに、かの同じ諸誤謬になるからである。（八）

この偈は梵偈とＴ２とは意味は変らないが、表現は異なる。Ｔ２は羅什訳と同じで、「行為者と業とは〔どちらも〕実有な〔一方〕

が非実有な〔他方〕を行わない。非実有な〔一方〕が実有な〔他方〕を行わない。そこにかの諸誤謬になるであろう」である。『無畏』仏護等から見て、T２や羅什訳は意訳であろう。T１はａを「行為者として実有なものは非実有な業を」。梵偈はｃが kartrā sarve であるが、kartrā karma（＝T１）であろう（cf. SB, p.262, n.16）。月称は偈の sat（有）と asat（無）が実有と非実有の省略で、ここでも前者を「作用を備えた」（kriyāyukta）、後者を「作用を備えていない」（akriyāyukta）の意味とする。ｄの eva を羅什は「如し」（iva）と取る（本文八七頁註七参照）。

【無畏釈】〔先ず〕《[〈実有な〉行為者〈は非実有な〉業〈を行わない。非実有な〉行為者〈は実有な〉業〈を行わない。〉どういう理由でか。]》〈ここにおいてもかの〉前に説かれた〈同じ諸誤謬になる〉からである。

【解説】羅什の註釈の第一節は『無畏』の訳。第二節は、業が有っても無くても行為者は業を行わないことを具体的に説いて、『無畏』の註釈を偈の引用に改めたもの。仏護と清弁は、ａｂｃの註釈は『無畏』の借用、ｄでは仏護は前に説かれた誤謬として第二、三偈が説く否定を、月称は第四偈までも引用している。清弁は実有と非実有の主張の誤謬になると抽象的に述べているが、観誓はここでもｄに対する仏護註の全文を引用し、それらの推理を説くために、清弁は「勝義として実有な行為者は非実有な業を行わないし、非実有な行為者は実有な業を行わないという主張に区別はあっても、推論式の残りの支分は詳しくは前と同じである」と説いたと会通している。清弁はこの二通りの「業を行う」という反主張を対論者として想定するが、仏護と月称は、行為者と業の一方が実有で他方が非実有という同じでない（相反する）命題（viṣamapakṣa）の否定とする。

8　復た次に（さらにまた）—第九偈—

作者不作定　亦不作不定　及定不定業　其過如先説（九）

nāsadbhūtaṃ na sadbhūtaḥ sadasadbhūtam eva vā/　karoti kārakaḥ karma pūrvoktair eva hetubhiḥ/（九）

実有な行為者は非実有な、或いは〔答破６〕実有で非実有な業をも行わない。前に述べた同じ諸の理由によって。（九）

羅什のａの不作定は偈ａの sadbhūtaḥ を sadbhūtaṃ と読んだのか、原本がそうであったかであろう。T２は前偈と次偈と同様ａが「行為者と業は」であり、T１のａは byed pa por ni gyur ba daṅ/ bcas pas であるから、sadbhūtaḥ を sa-bhūtaḥ（有を所有する）と読んだことになる。

【無畏釈】［〈実有な行為者は非実有な、或いは実有で非実有な業を行わない。〉どういう理由でか。］〈前に述べた諸の理由によって。〉ここでもその同じ誤謬に堕するからである。

【解説】『無畏』は偈の繰返し。羅什は偈で行為者が四句の第一句に当る「実有な業をも行わない」を加えて、非実有と実有非実有の三種の業の否定を偈は説いたとするが、その解釈を註釈でも説いているので、他の註釈とは異なる。

仏護のａｂｃの註釈は『無畏』の借用。ｄには「実有は行為者には作用がない（＝第二偈）し、非実有な業には原因がない（＝第三偈）し、実有で非実有な業は相互に矛盾しているのでどうして一であろうか（＝第七偈ｃｄ）と説かれたからである」と註釈する。この註釈を観誓は引用し（cf. D, Sha, 168b2-3）、前偈の場合と同じように、しかし清弁はこの偈に推論式を与えていないので、「ここにもこれらの推理（推論式）も同じように適用される」といって、清弁が前（第二偈）に示した推論式、〔主張〕勝義として実有な行為者、デーヴァダッタはデーヴァダッタの相続の中で非実有な行為を行わない、〔証因〕実有な行為者である故に、〔喩例〕実有な行為者のヤジュナダッタの〔場合の〕ように、等を挙げている。清弁は第九偈と第一〇偈（の一）と第一〇偈（の二）（＝梵偈第一一偈）を「同じく」で続け、最後に「ここでも主張に違いがあるだけで推論式の残余の支分は詳しくは前のようである」と註釈するだけである。月称は前偈と区別するために、この偈では実有、非実有、実有非実有の三句（pada）の一句を他の二句（padadvaya）に関連づける（parāmarśa）ことによって論破するという、余り意味のない理由づけをしているが、これは第一〇偈（の二、梵偈第一一偈）までに及ぶ。彼も「前に述べた諸の理由」として、第二、三、四、七偈を挙げている。

９　今、三種の作者…何を以っての故に―第一〇偈（『無畏』第一〇、一一偈）―

作者定不定　亦定亦不定　不能作於業　其過如先説（一〇）

nāsadbhūto 'pi sadbhūtaṃ sadasadbhūtam eva vā/　karoti kārakaḥ karma pūrvoktair eva hetubhiḥ//（一〇）

非実有の行為者は実有の〔業〕をも、〔答破7〕実有で非実有な業をも行わない。前に述べた同じ諸の理由によって。（一〇）

karoti sadasadbhūto na san nāsac ca kārakaḥ/　karma tat tu vijānīyāt pūroktair eva hetubhiḥ//（羅什訳は第一〇偈、他は第一一偈）

〔答破8〕実有で非実有な行為者は実有の業を行わないし、〔答破9〕非実有〔の業をも行わ〕ない。そのことは前に述べた同じ諸の理由によって理解されるべきである。（一一）

梵偈の第九偈は実有の行為者、第一〇偈は非実有の行為者、第一一偈は実有で非実有な行為者が、各々他の二句の業を行なわないと説くので、三偈が必要となるが、羅什は第九偈では行為者が三句の業を行わないことを、第一〇偈では「三句の行為者」が業を行なわないことを説くと改めているので、梵偈の第一一偈は第一〇偈に含まれることになる。第一一偈cのtat tuをT2がhdir yaṅ（ここでも）と訳したのは『無畏』の「ここでもその同じ…」によるのか。

【無畏釈】　さらにまた、―第一〇偈abc―

〔〈非実有な行為者は実有の〔業〕と　実有で非実有の業を行なわない。〉どういう理由でか。〕前に説いた諸の理由によってここでもその同じ誤謬に堕するからである。

さらにまた、―第一一偈―

〔〈実有で非実有な行為者は実有な業を行なわないし、非実有な〔業をも行なわ〕ない。〉どういう理由でか。〕〈ここでも前に述べた同じ諸の理由によって〉その同じ誤謬に堕するからである。

それ故にこのようにこれらあらゆるあり方で行為者と業の成立はあり得ない。

【解説】　羅什の結論は『無畏』の最後の節の意訳であろう。仏護の第一〇偈と第一一偈のabcの註釈は〔　〕に示したように『無畏』と同文。dの註釈は第一〇偈では第三、二、七偈、第一一偈でも第七、二、三偈をあげるだけである。因みに観誓はこの二偈のdの註釈でも第九偈と同じ要領で仏護と清弁の註釈を会通している。月称は理由として第一〇偈では第四偈a、第二偈cd、第七偈cdを引用し、第一一偈では第七偈cd、第二偈cd、第四偈aを引く。

10　問うて曰く…何を以っての故に―第一一偈（『無畏』第一二偈）―

因業有作者　因作者有業　成業義如是　更無有余事（一一）

pratītya kārakaḥ karma taṃ pratītya ca kārakam/　karma pravartate nānyat paśyāmaḥ siddhikāraṇam/（羅什訳は第一一偈、他は第一二偈）

行為者は業に縁り、業はその行為者に縁って現われる。私は別の成立の因由を見ない。（一二）

Tはanyat（別の）を「除いて・離れて」（ma gtogs par = anyatra）と読む。しかし『無畏』は註釈では「縁を離れて」（anyatra）と、「別の（anyat）成立の因由」という両義を重ねている。

【無畏釈】　そうであっても、―一二偈―

〈行為者は業に縁って〉現われる、〈業もその同じ行為者に縁って現われる。〉その「縁って」を〈離れて別の成立の因由を私は見ない。〉

【解説】『無畏』は実質上、偈の繰返し。羅什は縁起即空と二諦の区別という中観思想の根本的存在論を説く。行為者と業は縁起として成立するので決定即ち実有ではない、無自性空である。しかし凡夫の妄想によって各々が実有として語られているだけで、勝義としてではない、と。このように縁起、仮名として成立するので無自性であるという解釈は仏護、月称も同じである。

仏護は行為者と業は仮名（upādāyaprajñapti）であるので、相互に依存しあって、知らしめられ（prajñapayate）、名付けられる（brjod do）という知と言語表現の二層性からなることを強調する。また彼はdの別の成立の因由を見ないを、その仮名以外に別の成立の相を見ないとする。月称は相互相待的成立（parasparāpekṣikī siddhiḥ）以外に成立の因由はないとする。清弁も相互相待的成立とし、偈が説くように他の因由を見ないので、彼が章の冒頭で説いた〔主張〕勝義として蘊界処はまさに存在する、〔証因〕世尊によってそれらに依って行為者と業が説かれた故に（以下省略）、という対論者の論証式の証因は内容が不成（arthāsiddha）であるという批判に対して、対論者は答破し難い等の論理学的誤謬を指摘している。

11　復た次に―第一二偈（『無畏』第一三偈）―

如破作作者　受受者亦爾　及一切諸法　亦応如是破（一二）

evaṃ vidyād upādānaṃ vyutsargād iti karmaṇaḥ/ kartuś ca karmakartṛbhyāṃ śeṣān bhāvān vibhāvayet//（羅什訳は第一二偈、他は第一三偈）

業と行為者とか否定されることによってと、同じように、取も知られるべきである。業と行為者と〔同じ方法〕によって残余の事

物をも考察すべきである。（一二）

前に述べた論証によって行為者と業は縁って現われること以外に成立があり得ないように、〈同じように行為者と業が否定されることによって〉その同じ論証によって取者と〈取とも知られるべきである。〉行為者と業と〔同じ方法〕によって、取者と取が否定されると知られるべきであるのみでなく、〈残余の事物も〉否定されると〈知られるべきである。〉

【無畏釈】　―第一三偈―

【解説】『無畏』は偈と同じ、縁って現われるは縁起の定訳 rten ciṅ ḥbrel bar ḥbyuṅ ba でなく、brten nas ḥbyuṅ ba である。羅什は『無畏』の縁起を受け入れ、作と作者が相い離れることを得ず、相待してのみ成立するので実有でなく無自性であるとし、受者を人、受を五陰身と説明しているだけである。

この偈で仏護以下の註釈者が問題にしたのはａｂである。ａｂの意味は行為者と業のように取者と取も同じように理解せよ、というだけのことであるから極めて単純明解である。しかし偈では取者を欠き取（upādāna）のみである。恐らく仏護はその取者の欠如を弁明するために文法学的説明を採用したのだと考えられる。先ず彼は取を語根（bhāva）と見なす。語根があるところそこには多くの主体（作者）があるので、ここでも取と取者とが含まれていると認められるべきであると註釈する。清弁もほぼ同じ文言を用いている。月称は bhāva という語は用いていないが、取を作用（bhāva は dhātvarthaḥ kriyātmakaḥ（cf. TGS, s.v. bhāva, p.243）。その kriyā）、取る作用（upāttikriyā）とし、「そ〔の取る作用〕は自己の実現の手段（sādhana）であり、作者即ち取者と、作即ち取とを関連あるものにする（saṃnidhāpayati, ḥdzin par byed ciṅ）」。これは仏護、清弁の「含まれている」（gzuṅ ba）が saṃni √dhā の変化形であることを示すのか。これは「同じように」を仏護、月称は「直前の業と行為者との仮名（prajñapti、Ｔ1は tha sñad ＝ vyavahāra, saṃjñā（言説、名称））を示す」と解釈したことと一致する。清弁はそれを「上述の努力（明瞭な陳述）によって論述したように」と註釈し、観誓はそれを具体的に偈ｂの「行為者と行為を否定したように」（D, Sha, 170b1）であると註釈している。

第二の問題はｂの iti である。偈のＴ訳は bsal phyir ro/ であるから、vyutsargād- だけとも取れるが、仏護と清弁は iti を理由・証因の意味である（hetvarthaḥ）と註釈する。月称も理由・証因を示す〔語〕であると取る。このことは単なる vyutsargād- の強調（『中論釈』

Ⅱ、一四六頁註一三参照）とも取れるが、月称のそれに続く註釈は、「ある理由・証因によって我々が行為者と業の否定を説いた、それらの同じ理由によって取者と所取（upādeya, ñe bar braṅ ba、取 upādāna か）が否定されたと理解すべきである」であるから、このことは evam と iti で「同じような証因によって」と読むことが成り立つ（upapadyate）と言っているように見える。仏護も清弁も同じように理解しているといえる。

行為者と業や取者と取は同じ範疇に属するが、仏護以下は同じく、ｃｄでは別の範疇、結果と作因、相と所相等にも同じことが当て嵌るとするだけである。

観本住品第九

1　観本住品　pūrvaparīkṣā（「先なるものの考察」）。Ｔ１「先に存在（住）するものの考察」。Ｔ２「取者と所取の考察」。漢訳『灯論』「観取者品」。『釈論』「観先分位品」。

2　問うて曰く、有る人は言う—第一、二偈—

眼耳等諸根　苦楽等諸法　誰有如是事　是則名本住（一）

darśanaśravaṇādīni vedanādīni cāpy atha/ bhavanti yasya prāg ebhyaḥ so 'stīty eke vadanty uta//（一）

視覚と聴覚等も、或いは感受等も、或るもののものである、それらよりもその〔或るもの〕は以前に存在する、と或る人々は主張する。（一）

Ｔはｂを tshor sogs daṅ yaṅ dbaṅ byas pa（感受等も統御・支配するものである）と訳す。ただし第一〇、一一偈のｂは同じ vedanādīni cāpy atha であるが、Ｔは tshor ba dag la sogs pa yaṅ である。

若無有本住　誰有眼等法　以是故当知　先已有本住（二）

kathaṃ hy avidyamānasya darśanādi bhaviṣyati/ bhāvasya tasmāt prāg ebhyaḥ so 'sti bhāvo vyavasthitaḥ//（二）

実に現に存在していない事物に視覚等がどうして存在しようか。それ故にそれら〔眼覚等〕より以前に、確立されているその事物は存在する。(二)

Tは avidyāmānasya ... bhāvasya を G. absolute「事物が存在していないとき」と訳す。

【無畏釈】 ここで［〔対論者は〕主張する。同じように取は知られる(八・一三a)と説かれたことに対して主張する。—第一偈—或るものに所属する性質(法)である〈視覚・聴覚等と感受等が或る事物のもの取〔という作用〕であるその事物はそれら視覚・聴覚等と感受等の以前に、確立されているその事物は存在すると或る論師たちはこのように主張する。〉〕—第二偈—［〈事物が現に存在していないとき、視覚等がどうして存在する、取であろうか。それ故に〉視覚と聴覚等と感受等と、或るもの(法)に所属する性質(法)、あり得ないので、視覚等〈それらより以前に、確立されている視覚等が或るものの取であるその事物は〈存在する。〉〕

【解説】 羅什は二偈を一括して挙げている。他の註釈書は別々に挙げて註釈しているが、内容は変らない。仏護が〔対論者は〕「主張する」を三度繰り返しているのは、如何にも『無畏』に加筆したものであることを思わせる。この対論者を清弁は犢子部、月称は正量部とする(この二部派が実質上は同じであることは『中論釈』Ⅱ、一五二頁註四参照)。『無畏』には第二偈の註釈の冒頭に yasmāt(何となれば)がある版がある。このことはT訳第二偈aに hi の訳語がないが、梵偈にはあり、『無畏』はそれを「何となれば」と理解していたことを示すであろう。仏護、月称は偈の前に「どういう理由でか」と註釈しているので、第一偈の対論者の主張の理由を説くと解釈する(従ってこの yasmāt は c の tasmāt との相関詞ではないであろう)。清弁は第二偈を「別の仕方で主張する」とする。二主張の並記となるから、a の hi を「実に、確かに」といった強調とし、c の tasmāt 以下を結論とする。先に触れたようにT1もT2も第一偈の b は tshor sogs daṅ yaṅ dbaṅ byas pa(感受等と(daṅ)も(yaṅ)〔或るものに〕所属する)である。このT訳は清弁では dbaṅ du byas pa la ḥjug pa(adhikṛta-praveśa, -avatāra, -pravṛtti)である。観誓は「この偈の前半はすべての根(視覚等)と心心所(感受等)の集合(saṃgraha)を論題とする(に関するものである・adhikṛta)のでそこに入るという意味」(cf. D, Sha, 192b7–193a1)と解説する。恐らくこの清弁の解釈が偈のT訳に持ち込まれたのであろう。『無畏』にはT訳文中に「或るものに属する(adhikṛta)性質(法)」が見られるが、それだけで、仏護、月称はまったく言及していない。仏護、月称の場合は、偈のT訳だけの問題となる。月称は取者をデーヴァダッタという人《プドガラ》、取を財物の取（得）（dhanopādāna）という喩例で説明するだけであるが、その限りではここでも upādāna は取であって所取（upādeya）の意味ではない。T訳の ñe bar len pa が取で、ñe bar blaṅ(s) ba が所取を意味するとするならば、それはT訳者の解釈ではなかろうか。

3　答えて曰く（ここで答える）—第三偈—

若離眼等根　及苦楽等法　先有本住者　以何而可知（三）

darśanaśravaṇādibhyo vedanādibhya eva ca/ yaḥ prāg vyavasthito bhāvaḥ kena prajñapyate 'tha saḥ// (三)

視覚と聴覚等と感受等よりも以前に確立されている事物なるもの、それは何によって知らしめられるであろうか。(三)

【無畏釈】〈視覚と聴覚等〉の根と〈感受等〉の法〈よりも以前に、確立されている事物なるもの、それは〉存在すると〈何によって知らしめられるであろうか。〉

【解説】羅什の註釈は彼自身の見解を述べたものである。第一節は偈の簡単な解説である。第二節以下は頭註で考察した。

仏護は偈中の事物（bhāva・もの、存在するもの）が視覚等によって知らしめられた（仮名の）見者、聴者、感受者という主体であることを明言し、それが視覚等の以前にあり、視覚等がそれの取であると考えられているその事物が、確立され存在していると何によって知らしめられるのかと解説する。清弁は偈の趣旨を、取に依って取者が仮名として示されることだとし、〔主張〕その取者は取である視覚等より以前には存在しない。〔証因〕仮名である故に。〔喩例〕布は縦糸と横糸より以前に存在しないように。という推論式を提示し、取者が存在しないので、その証因と喩例が論理学的に成立しないことを論じている。清弁は次に犢子部の別派の見解を取り上げ、さらに阿含と推理の関係等の傍論を展開している。

月称は偈が説く、視覚等より以前に確立されている事物が人《プドガラ》であることと視覚等が人の仮名の原因であることを明言し、視覚等より人が以前にあることは、視覚等が仮名の原因なしで存在することになるが、そういうものは原因のないもので、存在しないという趣旨だとする。彼はここでも布が瓶に相待しないとか、財物と無関係な財産家という平易な比喩で解り易く解説している。この説明が

「論理の風に乱されない平易（uttāna）で鏡のように明白な（prasanna）な註釈」というのであろうか。

4　何を以っての故に―第四偈―

若離眼耳等　而有本住者　亦応離本住　而有眼耳等（四）

また、もし視覚等がなくても、それが確立されているならば、それらもそれなしで疑いもなく存在するであろう。（四）

vinâpi darśanādīni yadi câsau vyavasthitaḥ/　amūny api bhaviṣyanti vinā tena na saṃśayaḥ//（四）

ここで答える。―第四偈―

【無畏釈】［ここで〔対論者は〕主張する。それは見聞等の根と感受等の法なしでも確立されている、自己自身で成立している。〈見と聞等の根と感受等の法がなくても、もしその事物が確立されて〉自己自身で成立し住して存在すると言われる〈ならば、その事物なしでも〉見聞等の根と感受等の法〈それらは自己自身で成立し住して疑いもなく存在するであろう。〉］

【解説】『無畏』は偈の代名詞等が何かを加えただけのもの。羅什はその意訳で眼等を根、感受等を心心数法とし、偈を或る論師の所説の引用とする。仏護は「確立されていて存在する」を「自ら（svayam）成立し、確立されて存在する」ことと解釈する。清弁も「君が認めるように」とａｂを対論者の見解とし、それを容認した場合にｃｄの誤謬になるとして、偈ｃの「それらも」は「視覚等も」で、視覚等は取者に相待しないで取として成立する故に、という趣旨だ」とし、取者と取とは、一方がないとき他方がある。即ちこれら取の法である視覚等は取者であるデーヴァダッタの〔以前にある〕、このデーヴァダッタという取者もこれら取の〔以前にある〕というこの前後の順序が必ず認められるべきとし、その理由が第五偈に説かれたとする。月称は前偈と同じように本住を人《プドガラ》とし、デーヴァダッタを例示し、取を財産に譬える。

5　答えて曰く―第五偈―

以法知有人　以人知有法　離法何有人　離人何有法（五）

ajyate kenacit kaścit kiṃcit kenacid ajyate/　kutaḥ kiṃcid vinā kaścit kiṃcid vinā kutaḥ//（五）

或るものによって或る者が明らかにされ、或る者によって或るものが明らかにされる。或るものなしで或る者がどうして、或る者

なしで或るものがどうして〔あろう〕か。（五）

【無畏釈】　ここで〔対論者は〕主張する。視覚・聴覚等の以前に、確立されている或る事物、それは相互に明らかにさせることなしで存在する。

ここで答える。―第五偈―

［〈或る見等のものによって或る〔見者、聞者、感受者〕という事物なるものが明らかにされ、或る事物なるものによっても或る視覚等のものが「これは視覚である」「これは聴覚である」「これは感受である」と明らかにされる。〉」「明らかにされる」とは、「特徴・相を付与される」「理解される」という意味である。

そうであれば今や、［〈視覚等の或るものなしで明らかにされるもののない事物なる或る確立されているものがどうしてあろうか。或る事物なる者なしでも、明らかにされるもののない視覚等の確立されている或るものがどうしてあろうか。〉］

【解説】　前偈で取者の本住性を主張する対論者に対して相互相待性によって視覚等の本住性も認めなければならなくなると論駁したので、『無畏』では次に、対論者は取者が本住として存在することに、取者と取が相互に明らかにさせあう必要はないと主張する。羅什は『無畏』の対論者の主張を、「視覚・聴覚等より以前に確立されている或る事物は存在する」（＝但だ本住を有らしむるのみ）という文と「相互に明らかにさせはしない」（＝二事の相い離るるは爾る可し）という文とに分け、順序を逆にして取者の本住性を強調していると読むことができる。二事とは偈と註釈で彼が導入している人法の二事、範疇である。この法は本偈や他の註釈が用いる事物の性質という意味ではなく、人《プドガラ》の仮名の依り所となる一切法、すべての事物・事象である。この人法の範疇の採用によって偈の意味は単純明解となっている。

仏護は前偈のcdの、視覚等も取者なしで確立していることになるという中観派の論駁に対する、どんな誤謬があるのかという反問を想定し、視覚等も取者も他方なしで存在するということは、「それを明らかにせしめるもの」なしで存在することになるという誤謬を挙げ、それが偈で説かれたとする。彼の偈に対する註釈は、実質は『無畏』に波線の部分を加えたものといってよい。結論は確立された事物（取者）が視覚等〔の取〕より以前に存在しないということであることは言うまでもない。清弁も月称も相互相待性を強調することによって、取と取者が自性として存在しないから本住が否定されたとする点は変りない。

偈のａｂの「明らかにされる」(ajyate）は、この偈の場合は月称のように abhivyajyate（顕現させられる、顕現する）の省略形ではないかと思われる。月称の註釈では「種子・作因によって芽・結果が顕現する」と例示されるが、この「顕現」は「種子から芽が生ずる」という「生起」でも因果関係でもない。むしろ因果、取と取者という理解や言説が、そこにおいて成立する相互相待・縁起としての因果の顕現であろう。そういう意味では顕現するとかさせる以前の存在の顕現である。羅什はそれを「知有」(有ることを知る)、存在の知と訳したのであろう。仏護も「明らかにされる」の同義語として「理解される」の他に「知らしめられる」を挙げ、『無畏』のlakṣyate の代りに mion par byed pa（顕現させる）を採り、清弁もこれを採るが、清弁はどちらかというと「顕現」よりも言語で指示、「説示」の意味にとっている。

6　復た次に―第六偈―

一切眼等根　実無有本住　眼耳等諸根　異相而分別（六）

sarvebhyo darśanādibhyaḥ kaścit pūrvo na vidyate/　ajyate darśanādīnāṃ anyena punar anyadā/（六）

視覚等のすべてのものより以前にあるものは何も存在しない。〔それは〕視覚等のなかの別のものによって、さらに加えて別の時に明らかにされる。（六）

【無畏釈】　ここで［〔対論者は〕主張する。―第六偈―　―第六偈ａｂ―］［視覚等の或るすべてのものの以前に或る事物が存在すると我々は主張するのではない。実にそれら視覚等の或るものの各々一つ一つの以前に或る事物が存在する。］［それ故にそれは―第六偈ｃｄ―それはすべての視覚等の前にありはしないが、各々の視覚等の前にあるので、それ故に各々別々の視覚等によって異なる時に見者、聞者、感受者である明らかにされる（言葉で表示される）。そうであれば、それは視覚等の以前に存在しないのでもないし、明らかにされないのでもない。］

【解説】　羅什（と『釈論』）以外は対論者の主張とする。対論者は「視覚等の以前に」を（一）視覚等のすべての取の以前か、（二）個々の視覚等の以前かに二分し、ａｂでは（一）の場合の取者（人）の存在を否定し、ｃｄでは（二）の場合に見者等の存在が明らかにされると主張する。仏護はこの対論者を虚仮扱いし、主張が無意味であるとする。そこまではしないが、清弁がこの偈を「犢子部の者は反駁する」と殊更に加えているのは、月称が第三偈の所述への反論とするように、前偈との直接的関係が認め難く、余り意味が認められないからであろう。

羅什はそれに反して、この偈を「復た次に」と前の偈と共に同じ反論に対する別の否定の並記と解釈する。彼は先ずａｂで取者の本住性を否定したとし、ｃｄでは『疏』が神即ち自我の用の否定というように、本住する取者に視覚等を明らかにされる、羅什でいえば、諸根の有ることを知るという用があるのでなく、根と境の縁起によって明らかにする、有ることを知るのだという本住の用の否定を説いたと解釈している。ただし彼は偈では「異相而分別」、註釈内の引用偈では「各自能分別」と訳すので、ajyate を「分別する」と訳す。恐らく存在の知ということと同じであろう。anyena ... anyadā を異相としながら、彼自身はその「異相」を「各自《おのおのみずか》ら」と解釈して積極的な意味を込めて意訳している。「異相而」は「相を異にして而して」か。

7　問うて曰く―第七偈―

若眼等諸根　無有本住者　眼等一一根　云何能知塵（七）

sarvebhyo darśanādibhyo yadi pūrvo na vidyate/　ekaikasmāt kathaṃ pūrvo darśanādeḥ sa vidyate//（七）

もし視覚等のすべてのものより以前に存在しないならば、各々の視覚等より以前にそれがどうして存在するであろうか。（七）

前偈の解釈の相違から予想されるところであるが、この偈を対論者の問とするのは羅什だけである。

【無畏釈】　ここで〔龍樹は〕答える。―第七偈―

〔〈もしすべての視覚等のものの以前にそれが存在しないならば、各々の視覚等の以前にもそれがどうして存在するであろうか。〉存在しないことは確かである。〕

【解説】　羅什の訳偈はｃｄがまったく異なり、根がどのように対象を知ることができるか、に改められている。註釈の第一節は彼の訳偈の繰返しである。第二節ではこの場合の対論者が眼耳等を物質的な機能、もしくは器官とする者とする。インド諸派でいえば、サーンキヤ学派等、仏教内でいえば『倶舎論』に見えるヴァスミトラ（Vasmitra）等の根見説に対するダルマトラータ（Dharmatrāta）

等の識見説となろう。羅什がどの立場を念頭に置いていたか明らかでないが、いずれにしても物質と意識の二元論の立場である。対論者は根とは別の対象を認識する者の存在を主張する。

仏護は『無畏』の［ ］で示した註釈の採用の後の反語を「決して存在しない」と断定に変えただけである。その後に（一）各々の根の以前に存在するものがすべての根の以前にあることは明らかである。（二）視覚の以前にあって聴覚等の以前にはないものは視覚を例外として聴覚の以前にはあることはない（聴覚の以前にないように視覚の以前にもない）。このように彼は改めて理由を論ずるまでもない自明のことの理由を説いている。彼は各々の以前にあるが、すべての以前にないという見解を貧しい、取るに足らないと批判するが、彼の批判も同じ轍に嵌っている。

清弁はそれが視覚等の以前に存在するならば、それに依存しない所取は所取として、取者は取者として成立しないという趣旨であるとし、推理に基づいて各々の取の以前にも、取者が存在することが以前のように自ら成立しないとする。

月称は本住を森に譬え、すべての樹より以前に森がなければ、個々の樹の以前にもないという比喩を中心に否定する。

8 答えて曰く…何を以っての故に―第八偈―

見者即聞者　聞者即受者　如是等諸根　則応有本住（八）

draṣṭā sa eva sa śrotā sa eva yadi vedakaḥ　ekaikasmād bhavet pūrvaṃ evaṃ caitan na yujyate//（八）

もしかの見者こそがかの聞者であり、その同じものが感受者であるならば、〔それは〕一一より以前に存在するでもあろうが、しかしそれはそのように妥当しない。（八）

T2のabcは「もし〔それが〕一一より以前に存在するならば、その同じものが見者であり…感受者であるでもあろう」

【無畏釈】〔さらにまた、―第八偈―

〔それが〕見等の〈一一より以前に存在するならば、〉そうであれば、〈その同じものが見者であり、その同じものが聞者であり、その同じものが感受者でもあろう。しかしそれはそのように妥当しない。〉〕

【解説】 仏護はこの『無畏』の後に「どういう理由でか。人が別の窓に行くように自我は別の根に行く〔という誤り〕に堕するからである。〔しかし〕自我は別のいかなる根に行くことも認められない」という不適合・不成立の論拠を加えているだけである。それに対して清弁はこの『無畏』註の部分を含めて仏護註全文を引用（cf. D, Tsha, 127a3-4）して批判し、それをさらに月称が再批判して仏護を擁護する。この論争は『中論釈』Ⅱ、一五九―一六〇頁註一〇に詳しく解説されている。論争の的は直接的には本住する事物である取者、自我の概念である。仏護は自我は別の根に行くようなものでないので、見者や、聞者等が同じものであり得ないとするのに対して、清弁はサーンキヤ学派等の一切処遍在の自我の場合、別の根に行かなくても自我の変化（vikāra, pariṇāma）によって見者や聞者が成り立つから仏護のいう誤りはあたらないとする。それに対して月称は仏教内での人論《プドガラ》（pudgalavāda）の否定が主題であるから、仏護の堕過（prasaṅgadoṣa）は正しいとする。自我はインド諸哲学では遍在とか原子とか身体大とか様々である。仏護はここで自我（ātman）の語を使うが、彼の思想から見て、その自我は「五取蘊による仮名・仮有」であり、月称のいうように人《プドガラ》であろうから、根から根へ行くものではないであろう。清弁は三章以下では各章の冒頭では仏教の法の範疇の無自性を説くとしながらも、註釈ではインド諸派の主張をも論駁している。詳しく調査した訳ではないが、月称は（仏護も）少なくとも第三章以下では仏教内の法有のアビダルマの否定によって法無我を説いていると考えられる。要するに問題の根底には龍樹のこの中論の著述の意図がどのようなものかについての解釈の相違があり、その相違が顕著に現われた（清弁がサーンキヤ学派の立場で批判する、といった）ので、月称が反論したのであろう。

9　―第九偈―

若見聞各異　受者亦各異　見時亦応聞　如是則神多（九）

draṣṭānya eva śrotānyo vedako 'nyaḥ punar yadi/ sati syād draṣṭari śrotā bahutvaṃ cātmanāṃ bhavet//（九）

さらにもし見者と聞者と感受者がまったく別々のものであるならば、見者が存在するとき、聞者も存在するであろうし、自我は多数となるであろう。（九）

【無畏釈】〔ここで〔対論者は〕主張する。或いは自我が別の根に行く〔誤り〕に堕することは適切でないと考えて、もし見者と聞者と感受者がまったく別のものであると分別するならば、ここで、それにも答える。〕―第九偈―

〔〈もし見者と聞者と感受者がまったく別々のものであるならば、〉そうであれば、見者のときに、聞者と嗅ぐ者と味う者と触れる者と考える者、感受者も存在するであろう。〉〕

さらにまた〔〈自我も多数〔になるという誤り〕に堕す。〉〕〔これは認められない。〕〔それ故にこれは妥当しない。〕

【解説】羅什の解答の第一節は『無畏』偈ａｂと同じ。ｃｄの註釈は多数の自我の存在よりも多数の根の用が同時に行なわれるという誤りを強調し、『無畏』の「これは認められない」と「これは妥当しない」の「これ」を説明している。

その点は仏護も同じといえる。仏護の対論者の主張は『無畏』に波線の部分を加えただけである。解答では「これは認められない」の「これ」は自我が多数となる理由として、対論者が視覚等の以前に各々別のものである見者等を認めること、或いは、例えば見者が存在するとき、別のものである他の聞者等が存在しないと主張するならば、自我は存在したりしなかったりするので、無常であり多数となる。「このことは認められない」とする。「これは妥当しない」の「これ」は、視覚等の各々の以前に存在することと視覚等の別々のものによって明らかにされること（第六偈参照）だという。

清弁はｃとｄの各々に幾つかの解釈を加え、時に論証式を提示する。ｃの（一）は「見者が存在するとき、ときに（kadā cit）聞者も存在する。別のものである故に」と補うべきだとする。（二）見者に縁って（pratītya）聞者が生ずる。即ち縁起だという（観誓は種子に縁る芽の生起を例とする（cf. D, Sha, 204a3））。（三）「見者等という取者である自我が蘊より別異であるという主張（pakṣa）において」を、ｃに補って理解すべきとし、見者は色（物質）を所縁とするが、声を所縁としない。一つのものに二つの自性はない故にとする。ｄは（一）別々の相続において自我が多数となることである。（二）種子という原因は過去で、芽という結果は現在というように時の区別によって自我も多数になる（観誓、cf. D, Sha, 204a4–5）。（三）はｃの（三）から享受者が多数となる。これら以外にも清弁は偈に或る意味では厳密に、従って煩瑣な分析や推論式の提示を加えている。月称は偈に忠実に簡潔に解説するだけである。

10　復た次に――第一〇偈――

眼耳等諸根　苦楽等諸法　所従生諸大　彼大亦無神（一〇）

darśanaśravaṇādīni vedanādīni cāpy atha/　bhavanti yebhyas teṣv eṣa bhūteṣv api na vidyate//（一〇）

視覚と聴覚等と、感受等とが、或るもの（諸大種）から存在するところのそれら〔或るものである諸大〕種においても、これは存在しない。（一〇）

【無畏釈】ここで〔対論者は〕主張する。視覚等の諸処である色（物質）がそれらから生ずる四大種においてもそれ、必ず確立されている事物（本住するプドガラ）は存在する。〔それ故に〈視覚等より以前に、確立されている事物は存在する〉（第二偈cd）ということ、これはあり得る。〕

ここで答える。—第一〇偈—

あなたは視覚・聴覚等の諸根より以前に必ず確立されているかの事物が存在すると執着する。それは〔〈視覚・聴覚等と感受等が順に或るもの（諸大種）から生ずるところのそれら〔大〕種にもあなたによって分別されたかの事物は存在しない。〉〕単にこの身体に存在しないだけではないのである。

【解説】『無畏』は対論者の主張を存在への執着とするが、羅什はその主張は六偈以下で否定しているということに改めている。

仏護と月称は自我の概念を用いるなど、仏教内の有我論としている。『無畏』は解答の中で「順に」を用いているが、これは仏護以下の註釈から見ても、十二支縁起の順序を意味しているといえる。羅什の「所従生」と「所因」も十二支縁起を当然前提としているのであろう。仏護は第四支の名色の色は四大種であるから、四大種に縁って第五支の視覚等の六処が生じ、「四大種によって明らかにされる（ajyate）、確立されている（第二偈cd参照）自我である取者が存在するとき、六処が生じ、順に感受（第七支）等も生ずる」から見等の六処よりも以前に取者が存在するとする。仏護の解答は『無畏』の踏襲である〔　〕内の主張にその理由を加えているだけである。その理由は、対論者の主張する取者、自我は「四大種の取者であり、それは四大種より以前に明らかにされないから、以前に存在しない者はそれの取者ではあり得ない」というものである。清弁の対論者は自我を用いず取者の存在を主張する者である。その対論者も仏護の上述の註釈とほぼ同じ文言（cf. D, Tsha, 128a6–7）を用いて十二支によって説明する。しかし清弁はそこでは見等の六処よりも以前に四大種の取者が実有（sadbhūta・第八章第一偈以下参照）として確立しており、十二支の順に感受等を生ずるのが、如来の説明方法であるので、龍樹の主張は仏説と矛盾するという反論を想定する。清弁の解答は今まで屢々見られたように、言説としては仮名であるが、勝義としては実体（dravya）としての取者は認められないから矛盾しない、或いはｄの「これは存在しない」の「これ」は、「それらの取者として成立した前もって確立された自我、それは存在しない」ことだとする。月称はここで対論者がその存在を主張する自我を「四大種の取を因とする取者」とし、それが四大種より以前に存在するというのが対論者の主張であると解釈し、第五偈ｃｄに説かれたように、縁起する一方がなければ縁起そのものが成立しないと否定する。

11　問うて曰く…答えて曰く―第一一偈―

若眼耳等根　若楽等諸法　無有本住者　眼等亦応無（一一）

darśanāśravaṇādīni cāpy atha/ na vidyate ced yasya sa na vidyanta imāny api//（一一）

もし視覚や聴覚等と感受等とが、或るもののものであるそ〔の或るもの〕が存在しないならば、それら〔視覚や聴覚等と感受等〕も存在しない。（一一）

叶本は偈ｃの sa を syur とする。

【無畏釈】　ここで〔対論者は〕主張する。視覚・聴覚等の或る諸根が或る〔事物〕のものである或る事物、それも存在するし、その或る事物が存在するとき、視覚・聴覚等の或る諸根も存在する。

ここで答える。―第一一偈―

〈或る見聞等の諸根と感受等も或るもののものである或る事物、それがもし存在しないならば、或る見等のもの、それらも存在しない。〉（この場合の傍線は偈になく『無畏』註だけにある語句）

【解説】　『無畏』では対論者は、本住の事物も根等も存在すると主張する。羅什では本住の事物は存在しないが根は存在するとする。『無畏』の解答は偈と変らない。羅什も実質は変らないが、根等が存在しない理由として根等の所有者がいないし、縁起が成り立たないことを加えている。仏護の対論者は、本住の事物の有無に関係なく根は存在すると主張し、その理由として第五偈ｃｄの相互に他方なしでは存在しないという相互相待の論理を挙げる。解答ではその論理を逆手にとって、第五偈ｄで既に否定したと説き、この偈をその否定の具体的な論述とする。

清弁は前偈と直接関連づけて解釈する。彼は四大種の取者と六処の取者を別とし、「別でないとき、〔異教徒は〕視覚等（第一一偈ａｂ）が取であるとき、そのとき〔それらを取る自我、それが〕取者であると主張する」（観誓、cf. D, Sha, 206b6–7）が、「視覚等が取であるときも、視覚等は集合にすぎないから実体（dravya）として存在しない」ので、存在しない（ｃｄ）となり、「視覚等が取でも実体でもないとき、取者の証因の意味は不成である等の〔論理学上の〕誤謬を答破できない」と説いて、第一二偈の結論に導く。

月称は羅什のように自我が否定されても根が存在するとき主張する対論者を想定するが、対論者はさらに一歩進めてその根が存在することから、視覚等と結合関係のある自我は存在すると主張する。偈はそれの答破である。対論者が否定されたと仮定した自我は、取を所有する自我であり、要するに見等と結合関係のある自我である。そういう自我がないとき、見等も存在しないことを説いていると解釈する。さらに彼は、清弁もそうだが、根がないので自我、すなわち本住も存在しないという結論を下す。

12　復た次に―第一二偈―

眼等無本住　今後亦復無　以三世無故　無有無分別（一二）

prāk ca yo darśanādibhyaḥ sāmpratam cordhvam eva ca/ na vidyate 'sti nāstīti nivṛttās tatra kalpanāḥ//（一二）

また視覚等より以前にも現在にも以後にも存在していないもの、そのものには「有る」と「無い」という分別は止んでいる。（一二）

【無畏釈】 ここで［〔対論者は〕質問する。君にとって事物は何ら存在しないということはまったく確かなのか。］

ここで［答える。―第一二偈―］

このように論理によって考察されたとき、［何かある事物が、或る視覚等の以前、視覚等と同時に一緒に、視覚等より以後との時にあらゆるあり方で検討されたとき、「これはそれである」と、自ら成立していないそのものには視覚等によって「存在する」「存在しない」と言語で表現する（prajñapti）分別は止んでいる。］

【解説】 羅什は偈ではｄを忠実に有と無の分別無しと訳すが、註釈では有無よりも戯論を採りあげて、本住が三時に無いことは無生であり、戯論寂滅の空であるという結論を下す。『無畏』は偈ｃの「存在しない」を「これは彼である」と自ら成立・存在していないと説明するだけである。これは自性の否定であろう。

仏護は［一］の後にcdの有無の分別が止む理由を挙げるが、（一）有については『無畏』の説明を繰り返し、（二）無については視覚等によって明らかにされる（ajyate）〔だけである〕故に（第五偈参照）、存在しないとも不可説であるから、存在する、存在しないという分別はあり得ないと説き、こうして彼は前章の行為者と業のように、「取」にも仮名以外に成立する方法はないという結論を下す。

清弁は前偈までで論証上の批判を答破したとし、この偈では結論が説かれたとする。彼は「有る」と「無い」に焦点を絞り、偈の取者が存在していないところそこにおいては、（一）勝義として取と取者が同一でも別異でも「存在する」とか「存在しない」とかという分別は止んでいる。「存在する」という分別は実体でない故に、「存在しない」という分別は、無という分別は生じないので、分別の止んだことに依拠して仮に説示される（仮名・upādāyaprajñapti）からであるとする。（二）存在するという分別が止むのは、勝義として存在することを立証する推理がないし、存在しないという分別が止むのは、有の否定によって無の分別が生じはしないので、無の分別さえもないからだとする。要するに有がないから無もないし、存在しないという分別もないから、存在しないという分別が止むこともないが、言説としては言葉で仮名・仮に説示されるというのであろう。月称は仏護の説明に沿いながら、それをより詳しく思想的により的確に解明している。彼は仏護、清弁が偈の「明らかにされる」（ajyate）や仮名（prajñapti）に捉われて解釈するのに対して、自性の否定の上で取と取者が相互相待的にのみ成立すると、より基本的な縁起の立場で単純明快に論じている。

観燃可燃品第十

1　**観燃可燃品**　羅什訳以外はすべて「火と薪との考察」（agnīndhanaparīkṣā）。龍樹は第一五偈で始めて火と薪についてのそれまでのすべての考察が、自我（ātman）と取（upādāna）の考察の例証であることを明す。取は執取する煩悩であるが、それが自我という主体（kartṛ）とされたときには、その煩悩を持つ五蘊は自我によって取得される対象（upādeya）とされる。彼は第一偈では火と薪とを主体と対象（karman）とする。karmanは業と訳され、主として倫理的な善悪の行為を示すが、羅什が作と訳すように、物理的な動作から事物のはたらき・作用、特にここでは「燃は是れ火、可燃は是れ薪」というように、作用が及ぶ対象、可燃性のあるものを意味し、作用の結果をも含意する。龍樹から一五〇年程後の中国の空の思想を求める知識層を対象としたとき、羅什は火や薪という日常語よりも、燃・可燃の方が論題の本質を衝いた概念であり、説得力があると考えたのであろう。火・薪は自我と五蘊（身体）には合うが、取者（upādātṛ）と所取（upādeya）の比喩としては燃と可燃の方が適切だといえるからであり、また燃は漢語としては文脈によっては燃焼するものをも示すからである。

2　問うて曰く…二は倶に成ぜず　羅什が取者と所取を念頭に置いていたと思われるのは、直接的には次の『無畏』の冒頭の問答によったのではなかろうか。

【無畏釈】　ここで〔対論者は〕主張する。火と薪の比喩の適用によって、火のように取者（upādātṛ）、即ち自我は存在し、薪のように取（upādāna）、即ち五蘊は存在する。

ここに答える。それらは存在しない。どういう理由でか。火と薪が存在しないからである。この場合、火と薪とは同一としてか、別異として成立（存在）するかであるが、どちらの場合も成立しない。

【解説】　羅什訳の最初の問答はこの『無畏』の問答の直訳といってもよいものである。羅什はこの問答の次に、同一か別異かを問う以前の空の立場に対する根源的疑惑である燃・可燃、火・薪が存在しないと中観論者が主張するならば、そもそも存在しないそれらには同一とか別異として分別することさえできないではないか、という反論者の反論を取り上げて答えている。この問答を除くと、それに続く註釈（本文九九頁註一三参照）は『無畏』の註釈に従っており、第一偈に導入するためのものとなっているので、この問答の付加は必ずしも論旨は首尾一貫しているとはいえない。

仏護の対論者は、取者と取は火と薪のように成立するので、作者と業のように成立しないことはないと主張する。このことは、前章の主題である取者と取は、この章の火と薪の比喩によって成立するので、第八章で否定された作者と業が成立しないのとは異なるということのようである。それに対して仏護は火と薪が作者と業のように成立しないならば、取者と取も成立しないと答え、火と薪が自性として成立すると考える対論者の主張を、龍樹は第一偈で同一と別異のディレンマによって否定したと解釈する。

清弁はこの章の劈頭での章の趣旨の要約で、「無自性論と対立する特定の主張の否定によって〔火と薪との同一と別異との否定によって〕、不一不異に限定された縁起を教示するという目的に沿ってこの章は説かれる」というので、縁起によって火と薪の自性の否定を論証するすることが要旨であるとする。月称は仏護を下敷にしながら、相待する二者も各々自性として成立するという反論を、他の註釈よりも偈に副いながら、明確に同一と別異のディレンマによって否定している。

3　問うて曰く…亦た受けず　対論者は世間の眼見、人々に一般に認められた（prasiddha）世間の常識では、「事有るを眼目し、而る後に思惟す可し」、即ち思惟や言語活動は必ず事実・対象である事物の存在を前提とするので、燃や可燃といった事物、事象が存在して始めて、それらが同一か別異かという思惟が成立するということになると主張し、この立場に立って、対論者は中観派が同一か別異というディレンマを展開することは、とりもなおさず燃と可燃の存在を認めていることになる、と論難する。

この論難に対して羅什は中観派の基本思想である実相と言語との乖離によって答える。龍樹の言語観は二諦、特に第二四章第一〇偈の「言説に依らないでは勝義は教示されない」を基本とする。清弁は二諦を截然と区別した上で、世俗の言語、言説を用いて中観派が論証する、いわゆる自立論証を言語表現された勝義、即ち真理として認める。それに反して仏護、月称は、中観派の論証、言語による論述というものは、ただ対論者の主張、命題、論証に内在する矛盾を指摘するだけのものであって、中観派の主張、命題、論証ではない帰謬論証であり、中観派としては何も主張し、論述しているのではないという。

羅什の見解は帰謬論証派の立場に近いが、彼はそれを言語を用いる際の中観論者の主体的な精神の境位として論じている。彼は有無を否定するのに「有無を言うべき」、有無という言語表現を用いることは不可欠であるように、燃と可燃の否定の場合にも、同一と別異を説いても過失にならないという。中観論者はその場合、「世間の言説」、世間の人々の言語慣用に随っている。世俗の言説、世間の言語習慣に基づく言語表現（言説）以外に論じ説く手立てはないからである。彼が「世俗の法に随いて言説せば」というのは、世間（世）の言語習慣（俗）の規則《きまり》（法）に随った言語表現をするということであろう。或いは「世俗の法の言説に随えば」は世俗の法である言説に随うことか。このように世間の言語表現を使用する点では、世間や対論者と同じであるが、決定的に異なるのは、言語で表現するが、言語も言語で表現される対象をも、受けない（取得しない）点にあるという。

この解答の中に三回用いられている受は、取（upādāna）、執取・執着であり、前章以来の主題である取者と取の取と同じ語であるが、五取蘊の取の場合、取は我所執であり、五蘊を自己自身と執着し、確信することである。それに対比していえば、この場合は我執でなく、いわば諦執、言語の対象が実有であるという執着、確信、四取でいえば、我語取となろう。

それだけでなく、羅什は「口に言有るは便ち是れ受ならば、汝が破を言わば、即ち自ら破す」というように、受は言語とその対象との同一性を意味するであろう。火と発音すれば口が焼けることになるように、破といえば、自分を破すことになることをも受に含めているようである（『広破論』五一節—五五節参照）。

羅什は対論者の反論の中では思惟を用い、解答の中では専ら言説を用いている。月称は言説（vyavahāra）に知と所知（jñānajñeya）と言語表現とその対象（abhidhānābhidheya）を含めている。いうまでもなく、知・思惟と言語表現は縁起・相互相待的にのみ成立するから、思惟と言説は不可分であるが、対論者が説く論難では事実の認識の面を強調するので思惟を、解答では、言語表現による否定が主となるので言説を用いたのであろう。

4　何を以っての故に—第一偈—

若燃是可燃　作作者則一　若燃異可燃　離可燃有燃（一）

yadīndhanaṃ sa ced agnir ekatvaṃ kartṛkarmaṇoḥ/　anyaś ced indhanād agnir indhanād apy ṛte bhavet//（一）

薪なるもの、それが火であるならば、行為者（作用するもの）と行為の対象は同一となろう。火が薪より別異であるならば、〔火は〕薪なしでも存在するであろう。（一）

T2はaが「もし薪が火であるならば」（gal te śin de me yin na）。

この偈のabで龍樹は火と薪の関係を第八章の行為者と行為の対象の関係で捉えることによって、火と薪の同一性の矛盾を顕在化している。

【無畏釈】　もしどのようにしてかというならば、答える。—第一偈ab—

［〈もし先ずはまさに薪なるもの、それこそが火であるならば、行為者と行為の対象とが同一〉〔という誤りに〕堕するであろう。］ど

ういう理由でか。火は行為者であり、薪は行為の対象であるからである。そうであれば、火と薪とは同一であるという、このことは妥当しない。

或いはもし火と薪とは別異であると、このように考えるならば、それに対して〔次のように〕答えられる。―第一偈ｃｄ―〔〈もし火が薪より別異であるならば、〉そうであれば、〈薪なし、即ち薪を離れてでも火は存在するであろう。〉〕それ故に火と薪とは別異であるというこ〔の見解〕も妥当しない。

【解説】『無畏』、仏護、清弁は偈のａｂとｃｄを分けて註釈しているが、羅什は偈をここでも分けていない。

羅什はここで始めて燃と可燃が火と薪であること明かし、同時に作者と作が人と業（ここで業は人の行為の対象の意味であろう）であり、さらにそれを陶師と瓶という具体例で示すことによって、燃と可燃、作者と作の同一性があり得ないことをより明確に示している。

月称も偈を一括して提示しているが、それは同一と別異のディレンマの総論と考えたからであろう。

陶師と瓶の例示は月称にも見られる。

5　復た次に〔さらに別〔の否定がある〕〕―第二偈―

如是常応燃　不因可燃生　則無燃火功　亦名無作火（二）

nityapradīpta eva syād apradīpanahetukaḥ/ punarārambhavaiyarthyaṃ evaṃ cākarmakaḥ sati// （二）

〔火は〕まさに常に燃焼するものであろうし、燃焼させる原因のないものであろうし、再び〔燃焼を〕開始することは無意味であろう。そしてそうであるとき、〔燃焼という〕行為の対象のないものとなろう。（二）

Ｔ１は apradīpanahetukaḥ を ḥbar byed rgyu las mi ḥbyuṅ ba/°　Ｔ２は ḥbar byed med paḥi rgyu las byuṅ ba/°

【無畏釈】　別異であるならば、〈常にまさに燃焼するものであろうし、燃焼させる原因のないものから生ずる。〉それ故に〈再び開始することは無意味であろう。〉即ち発火する（dbyuṅ ba）、燃える（spar ba, saṃdhukṣaṇa（cf. LVP, p.204, l.3））等の点火は無意味であろう（独訳、p.61, fn.1 参照）。

さらに別〔の否定がある〕。〈そうであれば、業もない〉〔という誤りに〕なる。〔すなわち〕それ〔火〕の焼く（dahana）、煮る等の業であるもの、それらは存在しないであろう。

【解説】 この偈の解釈は註釈者によってまちまちなので、今は月称（SとT1）に従ってabcの三句を火と薪が別異の場合に陥る誤謬の列挙として訳した。『無畏』はaとbとを論拠としてcが説かれたと解釈する。羅什はそれに従っているといえる。仏護と清弁はbをaの論拠と解釈し、常燃と再点火の無意味というaとcを誤謬として挙げる。この解釈は第三偈の論述とは異なるが、いずれにしても本質的な相違ではない。

第二、三偈で諸註釈者が取り上げるのは、両偈のbをなすapradīpanahetukaという複合詞である。この複合詞に仏護が文法学的解釈を加え、清弁がそれを若干加減して採用している。月称は第三偈の冒頭でこの文法学的解釈を取り上げ、仏護、清弁の解釈を踏襲しているが、梵語原典が存在することもあって論旨が明確で一貫しているので、ここではそれを先ず訳出する。「〈それが燃え上るので、〉燃焼させるもの（pradīpana）で、薪である（薪の定義）。それ〔火〕の原因は燃焼させるものであるというのでpradīpanahetuka（燃焼させるものを原因としてもつもの、即ち燃焼させるものから生ずるもの）である。燃焼させるものを原因とするものが存在しない（na pradīpanahetukaḥ）がapradīpanahetukaḥである」。要するに、薪という火の燃焼の原因が存在しないことである。この複合詞のT訳は註釈者の解釈というよりは、T訳者の解釈というべきもので、複合詞の前分の否定辞a-が何を否定するかで異なった読み方をしている。偈のT1の訳はḥbar byed rgyu las mi ḥbyuṅ（燃焼させる因より生じない）であるが、T2はḥbar byed med paḥi rgyu las byuṅ（燃焼させるものでない（させない）原因から生じた）である。清弁は註釈では「燃焼とは薪である。或るものにその〔燃焼の〕原因が存在するその〔或るもの〕はpradīpanahetukaである」（上記の月称の註釈参照）と所有複合詞であることを明確にし、この場合はこの複合詞を燃焼させる原因の存在しないものから〔火が〕生ずる（... paḥi rgyu med pa las byuṅ baḥo）と訳すので、偈の複合詞と読み方が異なる。清弁に影響を与えた仏護の註釈は「それ（火）の燃焼させる原因であるもの、それがpradīpanahetuḥであり（上記月称の註釈中の文pradīpanaṃ heturasya に当るであろう）、燃焼させる原因の存在しないものがapradīpanahetukaである（これも月称の文、na pradīpanahetukaḥ ... に相当する）。燃焼させるものが全く存在しないで（naiva）火が存在（生起）するであろうという意味である」である。要するに、仏護以下は火と薪が別異であることは、燃焼のみがあって、燃焼させる原因である可燃物がないことになるという誤謬を説いたとする。羅什訳の「可燃に因らずして生ぜん」は梵偈の na-hetukas syāt の訳というよりも、彼の註釈の「可燃を待たず」とか「其の体に住す」（＝有自性）から見ても、可燃に相待しないで（na ... apekṣya）の意味ではないかと思われる。燃と可燃が相待しないで燃が生ずるのは誤りだというのである。

羅什訳偈の冒頭の如是は梵偈 d の evaṃ sati であろう。訳偈では第一偈の c d、梵偈と T 訳では第二偈の a b c を指す羅什が無作と訳す偈 d の akarmaka の karman は、可燃・燃焼の対象でなく、作用・行為である。清弁が「燃焼の対象を燃焼するという相（lakṣaṇa）の行為（karman）（cf. D, Tsha, 131a1）」と断わっているのは、第一偈の karma（作用の対象）とは意味が違うことを意識していたのであろう。

6　問うて曰く…答えて曰く——第三偈——

燃不待可燃　則不従縁生　火若常燃者　人功則応空（三）

paratra nirapekṣatvād apradīpanahetukaḥ/ punarārambhavaiyarthyaṃ nityadīpte prasajyate//（三）

他のものに相待しないので、燃焼させる原因のないものであろうし、常に燃焼するとき、再点火が無意味である〔という誤りに〕なる。（三）

dJ と LVP の d は nityapradīptaḥ。T 訳も d（T 訳では c）を rtag tu ḥbar ba ñid yin na（常に燃焼するならば）と訳す。羅什訳もこれを支持する。ただし仏護、月称は「燃焼させる原因がないから常に燃焼し、常に燃焼するから点火は無意味である」と論理的に根拠づけている。しかし a の「他のものに依存しない故に」という論拠によって、前偈で示した三種の誤りを列挙しただけだと読むこともできなくはないであろう。

【無畏釈】《そこでどういう理由で〔燃焼させる原因のないものより火が生じ〕点火の努力が無意味になるのか、とこう考えるならば、

それに答えられる。——第三偈——

〔〈他のものに相待しないので、燃焼させる原因のないものより生ずるであろう〕し、まさに常に燃焼するならば、点火は無意味になる。〉》（T訳は「燃焼させる原因のないものより生ずる」を「燃焼させることのない原因より生ずる」）

【解説】『無畏』の偈に続く註釈は偈の繰り返しに過ぎないし、清弁の註釈は偈の前後の註釈がすべて『無畏』の引用。仏護は先ず偈の前半は、別異の立場では火は薪なしで生ずることになるからであるとして、註釈中に偈の前半を組み込み、その apradīpanahetuka が偈のｄの常に燃えることの要件とする。火が燃えしめるもの（薪）に依拠しているならば、それ（薪）がないとき火は消えるが、依拠していないのだから常に燃えることになると帰謬する。彼は点火の無意味の後に前偈の akarmaka をも含めて、無意味・無作用の火はあり得ないから火はないことになると帰謬する。月称は先に訳出した文法学的解釈の次に、別異とは依拠しないことであるとし、仏護に倣ってか、偈の前半を註釈中に組み入れている（cf. LVP, p.203, l.16）。後半も仏護に従うが、燃えしめる（薪）に相待しないことを、火が消える（nirvāṇa）縁がないから常に燃え続けることになるとし、無意味を「火が消えてしまわないためにそれ（火）の点火（upādāna）や燃やす（saṃdhukṣaṇa）等の」無意味だとし、無作用（akarmaka）（この場合は火の燃焼作用のない〔火〕）について、火は作用のない作用の主体（kartṛ）となるので、火は薪と別異であることは成り立たないという結論を下す。

7　何を以っての故に―第四偈―

若汝謂燃時　名為可燃者　爾時但有薪　何物燃可燃（四）

tatraitat syād idhyamānam indhanaṃ bhavatīti cet/　kenedhyatāṃ indhanaṃ tat tāvanmātram idaṃ yadā//（四）

そこでもし薪は現に焼かれつつあるものであると、こう考えるならば、これ（薪）がただ〔現に焼かれつつある〕その限りのものであるとき、〔そのとき〕何によって薪は焼かれるであろうか。（四）

LVPはａが tatraitasmād idhyamānam。

【無畏釈】―第四偈ａｂ―〔〈そこでもし或る人が薪は火によって包まれ、火によってまさに現に焼かれつつあるものであるので、それ故に別のものであっても、火に薪はないのではない。それ故にまさに薪を伴っているから、それ〔火〕に薪がないことになる際は指摘された誤謬、それらにならないと、こう考えるならば、〉

それに対して〔こう〕答えられる。―第四偈ｃｄ―

〈これ〉即ち薪は現に焼かれつつある〈その限りのものである、〉即ち、別の或るものを有するその別のものによっても焼かれつつあるものでないとき、〈何〉即ち火〈によってその薪が焼かれるのであろうか。〉〕火なしでも薪であることになるであろうという意味である。

【解説】『無畏』には羅什訳にある偈の前の「何を以っての故に」に相当する語句はない。

偈のｃｄに続く註釈文を独訳者は「焼かれつつあるものが別のものと結びつけられていないとするならば」と訳し、gźan gaṅ daṅ ldan pas kyaṅ sreg bźin pa ma yin na というＴ訳を疑わしいとする。ただしこの『無畏』の文は［　］に示したように仏護（Ｔ訳）によって採用されている。仏護註はその後にさらに「薪の状態（分位）以前に、或るもの（火）によって包まれ、或るもの（火）によって焼かれつつあって〔始めて〕薪であることになる、火と呼ばれるその別のものは何か。まさに焼かれつつある分位においても薪なるものこそがまさに火であるのか（以下略）」と続く。「包まれる」（khyad）と「焼かれつつある」（bsreg bźin pa）は、月称では jvālāparigataṃ dāhyam、「焔に包まれ燃焼されている」に改められている。唯だ焼かれつつあるのみであることまでも註釈者達は否認してはいないように見える。否定されるのはその焼かれつつあるのみである現象の経験を「火は薪を焼く」と分別することである。月称はその現象が何もののものでもないと焼くもの・火の存在の否定を結論とする。

仏護以下は基本的には「火」があって、その「火」によって燃焼させられて薪となる、とするが、羅什は燃焼以前を薪とし、「燃焼させられている状態（燃時）を可燃と名づける」と、薪と可燃を使い分けている。梵語の indhana（薪）は√idh、√indh（点火する、燃やす）の派生語だからであろう。

8　復た次に（さらに別〔の否定が説かれた〕）―第五偈―

若異則不至　不至則不焼　不焼則不滅　不滅則常住（五）

anyo na prāpsyate 'prāpto na dakṣyaty adahan punaḥ/　na nirvāsyaty anirvāṇaḥ sthāsyate vā svaliṅgavān/（五）

（一）別のものは到達することはないであろう。（二）到達していないものは焼かないであろう。（三）さらに焼かないものは消え

ないであろう。（四）消えないものは自己の特性を有するものとして存続（住）するであろう。（五）

「別のものは」をT1は「別〔のもの〕であるので」（gṣan phyir）、T2は「別のものであるとき」（gṣan na）、以下 'prāpto も adahan も anirvāṇaḥ をも同じく条件文とする。

偈 d の vā はT2には訳出されていない。T1は yaṅ（恐らく ca の意味）である。月称は vā に、（一）「まさに自己の特性を具えた火」（svaliṅgavānevāgnir）という限定・強調（avadhāraṇa）の意味、（二）「〔存続するか、〕或いは、火が薪より別異でないか、であろう（yadi vā nāsty anyatvam agner indhanād）」と、偈に明説されていない第二の選言詞を加えた二者択一（vikalpa）を示す、（三）接続・結合（samuccaya）を示し、偈中の四つの文を、「そして」（ca）で結びつける、という三種の意味を挙げている。『無畏』、羅什訳、清弁、T2はこの内の第三の意味を採っていることになる。これが最も自然な解釈であろう。仏護はこの第三の意味に第二の二者択一の意味を加えているようである。月称はそれを明説し、さらに第一の意味を加えている。月称の註釈はその後に偈の四種の帰謬の条件文を省略したものが説かれているだけであり、それは観誓のいうスートラの作者（sūtrakāra）の偈の趣旨（cf. D, 219b7）と同じである。

【無畏釈】《〔火は、〈別異であれば、薪に到達しない》であろう。〉〕どういう理由でか。相待しないで成立しているからである。〈到達しないならば、〉薪を〈焼くことはないであろう。〔焼かないならば、消えないであろう。〕消えないならば、自己の特性を有するものとして存続するであろう。〉

【解説】「相待しないで成立している」（nirapekṣasiddha）は「相待して成立していない」とも考えられる（本文一〇一頁註一四参照）。『無畏』は「別異とは相待しないで存在することである」を加え、偈を散文にしただけである。仏護は［　］の後は偈の（二）を帰謬法によって一箇所に在って三界全体を焼くことになる、別異であっても焼かれつつあるので薪であるという主張もあり得ない。同じく偈の（三）も帰謬法で否定し、（四）の「自己の特性」を第三偈の、他に相待しない、apradīpanahetuka、常に燃えるとし、特性を有する常住不変（kūṭastha）に住することになると帰謬する。

清弁はこの偈も sāvakāśavacana であるとし、《　》を次のような論証式の主張とする。〔主張〕火が別異ならば薪に到達しない。〔証因〕別異であるから。〔喩例〕そのもの（薪）自身が薪に到達することはないように。これは龍樹がこのような証因と喩例を説いていないので、sāvakāśavacana だというのであろう。（二）には「この世では火と薪も作者と対象というあり方（lakṣaṇa）による関係・結合が認められる故に」という証因を挙げている。観誓は直前の仏護の（二）の「一箇所に在って…」という所説をあり得ない・論理に合わないと否定している。（三）には「薪がなくても成立・存在する故に」。（四）は「消えないものは自己の原因・薪なしで不変であろう」とし、火か薪と別異であると主張する者は上述の（一）―（四）の誤謬になるという趣旨だとする。（無畏の註釈の直前の月称の解釈部に続く。）

清弁は次に〔偈の（一）―（四）といった〕sāvakāśavacana である故に、不到達、〔焼かない等〕の諸特性の原の意味（prakṛtārtha）が立証できるので、この sāvakāśavacana に従った推論〔式〕を説かれなかった。それは中観論者自身には別異等も成立・存在しないからであり、到達しないと説きはしないからだとする。清弁は更にその理由として、（一）―（四）が「言葉通りでない。実に別異の否定を説く言葉の意味である」という。観誓は「それらの sāvakāśavacana は言葉通りでなくそれらを換質して火と薪の別異の否定を説く言葉の意味である」と解説する。〔火と薪の〕別異の否定も〔sāvakāśavacana だけによって〕提示されているので、説かれていないが〔即ち別異でないことはないが、第八章第一二偈で相互依存によってのみ成立すると説かれているように、〕行為者と対象の別異性の否定であるかのように、そのように言われているのである（kila）（〔 〕は観誓、cf. D, 220b 参照）。このように見てくると、清弁はこの箇所では龍樹の偈を欠陥・誤謬のある論述という否定的な意味で sāvakāśavacana と呼んでいるのではなく、単に証因・喩例を省略した非論証学的な論述として、反って弁護しているように見える。

9　問うて曰く―第六偈―

燃与可燃異　而能至可燃　如此至彼人　彼人至此人（六）

anya evendhanād agnir indhanaṃ prāpnuyād yadi/　strī saṃprāpnoti puruṣaṃ puruṣaś ca striyaṃ yathā//（六）

もし火が薪よりまさに別異であるので、〔火は〕薪に到達し得るというのであれば、ちょうど女が男に、また男が女に到達するように。（六）

T1は偈の前半と後半の順序が入れ替っている。その方が理解しやすいといえる。清弁も入れ替え、その方がよいとする。T2は

aが gal te śin las me gsan yaṅ（もし火が薪より別異であっても）であるが、ここでは同一ならば到達はないが、別異であって始めて到達・合体が成立するということ。羅什訳と月称の読み方を採る。

【無畏釈】　ここで〔対論者は〕〔主張する。もし火が別異であるならば、薪に到達しないであろう、と主張する者、その者に反論すべきである。〕―第六偈―

〔もし火が薪より別異であるとしても、薪に到達することはできるであろう。〕ちょうど女と男が別異であっても、互に到達しあうことができるように。

【解説】　羅什訳は偈前の対論者の主張を省略している。余り意味がないと考えたのであろう。仏護は〔　〕内は『無畏』と同じ。第六偈の箇所をａｂだけとし、偈の後の〔　〕の次に「どのようにか」がきて、次に偈のｃｄがくる。月称は男女のように「相互に無相待に火と薪が成立するならば、」互に到達できるでもあろう、と、もし男女の様に別々の実体であれば、却って外面的な意味での到達、相手に接近できるとする。

清弁はここでも、異類においても存在する属性（dharma）が説かれているので、不定（anaikāntika）であるという論証学上の誤謬を示すだけである。ただし「bṣin（ように）という語は説かれていなくても、yathā（偈のｄ）という語から推測されるので、〔bṣin という語は〕存在すると見られる」という文は、Ｔ訳偈ｂの bṣin は梵偈には説かれていないということであろうから、これはＴ訳者が加えた註釈のように思われるが、このようなことがＴに訳す際に行われるのであろうか。羅什は註釈では男（女）の女（男）に至るが如し、としている。

10　答えて曰く（これに答える）―第七偈―

若謂燃可燃　二倶相離者　如是燃則能　至於彼可燃（七）

anya evendhanād agnir indhanaṃ kāmam āpnuyāt/　agnīndhane yadi syātām anyonyena tiraskṛte//（七）

もし火と薪とが相互に離れているのであれば火は薪よりまさに別であるからこそ、〔火は〕たしかに薪に到達するであろう。（七）

叶本では、MK と BP の写本で prāpnuyāt kāmam indhanam/。Ｔも羅什もａｂとｃｄの順序を入れ替えている。Ｔのｃは anya eva を

gsan ñid yin yaṅ（まさに別であっても）。

【無畏釈】〔〈もし火と薪が〉男女のように〕まさに別であって、〔〈相互に離れているのであれば、〉〕〈火が薪よりまさに別であっても、〔火は〕たしかに薪に到達できるであろう〉が、そうでないので、それ故にあなたが〈もし火が薪よりまさに別であっても、薪に到達し〉得る、と説いたこと、それは妥当しない。

【解説】仏護は「燃焼されつつある状態」を取り上げて、清弁も月称も相互相待によって、男女の比喩があたらないことを論ずる。『無畏』は実質的には偈の繰り返しであるからか、羅什は燃と可燃が相互に離れてはない（結局、相互相待的成立になる）点で男女の比喩はあたらないとする。清弁はこの偈の場合も sāvakāśavacana とする。

11　問うて曰く…答えて曰く―第八偈―

若因可燃燃　因燃有可燃　先定有何法　而有燃可燃（八）

yadīndhanam apekṣyāgnir apekṣyāgniṃ yadīndhanam/　katarat pūrvaniṣpannaṃ yad apekṣyāgnir indhanam//（八）

もし薪に相待して火が〔あり〕、もし火に相待して薪が〔ある〕ならば、どちらが先に成立し、それに相待して火か、薪があるのか。（八）

偈 d の yad apekṣyāgnir indhanam/ を T 1 は gaṅ ltos me daṅ śiṅ ḥgyur ba/。T 2 は gaṅ la ltos paḥi me daṅ śiṅ/。

【無畏釈】ここで〔対論者は〕主張する。〔薪に相待して火があり、火に相待して薪がある〕ので、薪と火とは相待したものとして成立・存在するのである。

ここで答える。―第八偈―

〔〈もし薪に相待して火があり、火に相待して薪があるならば、或るものに相待して火があり、或いは〔或るものに相待して〕薪があるところのその二つのうちのどちらが先に成立しているのか。〉〕

【解説】仏護の対論者の主張は、〔　〕の後を欠き、前に「相互相待であるので」が加えられているだけである。仏護の答えは『無畏』そのものである。その『無畏』は偈の d が省略している点を補っただけである。清弁は相互相待する二者のどちらも先に成立しないことを論証学的に説く。月称は少しく詳述しているにすぎない。

羅什訳は偈ｃｄの「どちらが先か」という問に対して、註釈では先ず相互相待であるから可燃が先でも燃が先でも成立しないと論じ、註釈の第二節では可燃が先である場合を詳述し、第三節では燃が先の場合も同じだとする。又、「可燃不㆘在㆓余処㆒離㆗於然㆖故」（大正三〇、一五中二―三）を大正の返り点に従って読めば「可燃は余処に在りて燃を離れざるが故に」となる。

12　復た次に―第九偈―

若因可燃燃　則燃成復成　是為可燃中　則為無有燃（九）

yadīndhanam apekṣyāgnir agneḥ siddhasya sādhanam/　evaṃ satīndhanaṃ cāpi bhaviṣyati niragnikam/（九）

もし薪に相待して火があるならば、既に成立している火の成立となろう。加えてそうであるとき、薪は火のないものであろう。

（或いは後半は、そして（ca）そうであるとき火のない薪も（api）存在するであろう。）（九）

偈ｃのＴは「そうであるとき」を欠き、indhana（bud śiṅ）を「燃焼されるべき木片（も、においても、の中にも）」（bud par bya baḥi śiṅ la yaṅ）と訳す。羅什はｃを是為㆓可燃中㆒と訳すので、evam sati（そうであるとき）は偈に本来有ったであろう。

【無畏釈】［そこで薪が先に成立しており、それに相待して火があるとこう考えるならば、

それに対して答えられる。］―第九偈ａｂ―

［もし薪が先に成立していて、〈それに相待して火があるのであれば、〉そうであれば、〈既に成立している火の更なる成立であろう。〉］

［さらにまた、―第九偈ｃｄ―

そうであれば、〈薪は火のないものであろう。〉］そのことは認められないので、それ故に「火と薪とは相待したものとして成立する」という［第八偈の対論者の］主張、それは正しくない。

【解説】仏護はここで不成立が無であることを明言し（ma grub ciṅ med na）、火は存在していて始めて相待が可能であるが、存在していなければ可能でないので、薪なしでも自ら存在し、相待可能な火が薪に再び相待して成立するという対論者の主張は無意味だとす

る。後半は火と薪を入れ換えて、薪があれば相待もあり得るが、なければないので、薪が火に再び相待して成立するという対論者の主張は無意味だとし、火と薪は相互相待して成立しないとする。彼はここで併せて前もって存在する火に相待する薪の存在をも否定する。

清弁は偈の前半の趣旨を「既に成立している火は〔「この火の薪はこれである」「この薪を焼くものはこれである」という〕特定の言語表現（abhidhāna）によって説示（vyapadeśa）されているので、薪に相待している。それ故に、〔既に成立している火の（agneḥ siddhasya＝偈ｂ）この程度の特定性だけを成立（sādhana）するが、それは前もって存在していない火を成立させることはできないので、それは妥当しない」（〔　〕は観誓（cf. D, Sha, 224b–245a））とし、後半の趣旨を「前もって火に相待していなくてもその薪は薪であることが成立しているからである」とし、ここでも彼は偈が sāvakāśavacana であるとして次のような推論式を導いている。〔主張〕勝義として薪は火より以前に成立していない。〔証因〕相待している故に。〔喩例〕例えば火そのもの自身のように。

観誓は仏護の偈の前半の註釈を引用（最後の部分を表現を改めて誤謬であることを明確にするが、意味は変らない）し、その同じことを説くために、といって清弁の註釈文を取り上げている。このようにここでも彼は仏護と清弁が同じ思想であることを強調している。

月称は偈を忠実に敷衍し、内容を明確にしている。

13　復た次に―第一〇偈―

若法因待成　是法還成待　今則無因待　亦無所成法（一〇）

yo 'pekṣya sidhyate bhāvas tam evāpekṣya sidhyati/　yadi yo 'pekṣitavyaḥ sa sidhyatāṃ kam apekṣya kaḥ//（一〇）

もし或るもの〔甲〕が、〔或るもの乙に〕相待して成立し、その同じ〔或るもの甲〕に相待して、相待されるべきもの〔乙〕が成立するならば、何（どちら）が何（どちら）に相待して成立しようか。（一〇）

羅什はｂを条件文の一部でなく、帰結と解釈し、さらにｃｄは対論者に対する質疑でなく、有の立場では因待も所成法もないという誤謬の指摘としている。

【無畏釈】　ここで〔対論者は〕主張する。〔もしそれらは、のなかでどちらも、かが先に成立しはしないが、するならば相互に、の依存してのみ、は成立する。しない。〕

ここで答える。—第一〇偈—

［〈もし〉成立される〈或る事物、それが別の事物に相待して成立し、その成立される事物そのものにも相待して、成立される側のものが成立されるので別の依存される或る事物なるもの、それが成立するならば、質問のことば（?）ではいったい（ho na）〈何が、〉成立することが願われている〈何に相待して成立するのか。〉それを説け。］

【解説】 質問のことばと訳した bod paḥi tshig を独訳者は nimantraṇa と還元し、ein Ausruf と訳す。或いは āmantraṇa pada（呼びかけのことば）か。ハンティングトンは仏護の、次にくる「「それらは相互に相待しており、相互に相待しているものは成立しない」という、賢者の口から発せられたことば（brjod paḥi tshig）、それは前にあなたの耳道に鳴り響かなかったのか」によって brjod paḥi tschig と改める（cf. AEIM, p.352, fn.93）が、果してそうか疑わしい。或いは寧ろこの語は後代の竄入で、直後の ho na（atha, tarhi）が「では」の意味でなく、hanta（さあ）（Mvy, 5451）といった答えを促す意味だということを示すのではなかろうか。

仏護は上引の文以下、思想的には意味のない註釈が加えられているだけであり、月称なども梵偈を敷衍しただけのものである。羅什は自己の訳偈と同じ趣旨を明確に解説している。『無畏』、仏護は薪と火を離れて、一般的に相待関係を問題にする偈に従って薪と火に言及していない。清弁と月称は註釈では薪と火の関係として相待を論じている。羅什はこの註釈でも火と薪でなく燃と可燃を比喩としている。

14　何を以っての故に—第一一偈—

若法有待成　未成云何待　若成已有待　成已何用待（一一）

yo 'pekṣya sidhyate bhāvaḥ so 'siddho 'pekṣate katham/　athāpy apekṣate siddhas tv apekṣāsya na yujyate//（一一）

相待して成立している或る事物、〔相待する前は〕成立していないそれがどうして相待しようか。或いはもし成立しているものが相待しているとしても、しかしそれ（成立しているもの）には相待は適さない。（一一）

「適さない」と訳した d の na yujyate は論理学上では「妥当しない、正しくない」であろう。羅什の「用いん」は存在の構造上の用語であろう。

【無畏釈】　さらに別に、—第一一偈—

［もし別の事物〔B〕に〈相待して成立する〉といわれる〈或る事物〔A〕、〔相待する前には〕成立していない、〉すなわち、存在していない〈そ〉の事物〔A〕〈がどうして相待しようか。〉また成立していない、すなわち、存在していないものに、それ〔B〕がどうして相待されようか。］

［〈或いはもし成立しているもの〉だけ〈が〉別のものに〈相待する〉が、成立していないもの〔に〕は〔別のものに〕相待しないし、成立しているものにも何が相待するのか、と考える〈ならば〉それも正しくない。それに対して答えるであろう。］

［また、成立している、すなわち、存在している事物が、成立のために（siddhyartham）、別のものに〈相待することは〉無意味であるから、〈妥当しない。〉成立している、すなわち、存在しているそれ・事物に、別のものが相待することも正しくない、別のものの依存が何になろう、成立している、すなわち、存在しているものに別のものへの相待もどうしてあろうか。］

【解説】『無畏』が「また次に」とする偈前の註釈を、羅什が「何を以っての故に」と改めたのは、前偈のｃｄで先取りした結論の論拠としてこの偈を解釈したからであろう。羅什の註釈の最後の対論者の主張は第八偈の問の対論者の主張である。

仏護は波線で示したように『無畏』を若干補なっただけである。彼は偈のｄを「答えるであろう」の次、第三節の前に置く清弁はさらに偈のｃを第二節の前に置くが、内容上は変らない。月称は、羅什が燃と可燃の相互因待の否定とするのに対して、相互相待によっても、同時（yaugapadyena）にも成立しないことを論じたとする。

15　是の故に—第一二偈—

因可燃無燃　不因亦無燃　因燃無可燃　不因無可燃（一二）

apekṣyendhanam agnir na nānapekṣyāgnir indhanam/ apekṣyendhanam agnim na nānapekṣyāgnim indhanam/（一二）

薪に相待して火は〔成立するのでは〕ない。薪に相待しないで火は〔成立するのでは〕ない。火に相待して薪は〔成立するのでは〕ない。火に相待しないで薪は〔成立するのでは〕ない。（一二）

【無畏釈】　さらに別に、—第一二偈—

〔それ故に、このように論理を先にして、如実に考察するならば、〈薪に相待して火はあるのではない。〉火と薪は成立していても成立していなくても、相待してはあり得ないからである。

〈薪に相待しないでは火はまたあるのではない。〉別のものに相待しないことと、燃焼しない原因より生ずることと、常に燃焼することと〔という誤謬に〕帰するからである。

今や次に、〈火に相待して薪もあるのではない。〉火と薪は成立していても成立していなくても、相待してはあり得ないからである。

〈火に相待しないでは薪はまたあるのではない。〉というのは火がなく、現に焼かれていないものは薪ではないからである。どうしてあろうか。或いはもし〔薪〕であるならば、薪でないものは何もない。これは認められない。それ故に火に相待しないでは薪も〔ありは〕しない。〕

【解説】『無畏』と仏護は「さらにまた」と述べて、前偈と一応別扱いにしているが、偈の後の註釈で、「このように論理を先にして…」と、羅什も「是の故に」と、この偈を今までの結論と解釈する。清弁、月称も同じである。『無畏』等もこれまでを論理的検討としているので、実質は変らない。仏護は『無畏』に波線部分を補っただけである。

16　復た次に――第一三偈――

燃不余処来　燃処亦無燃　可燃亦如是　余如去来説（一三）

āgacchaty anyato nāgnir indhane 'gnir na vidyate/ atrendhane 'śeṣam uktaṃ gamyamānagatāgataiḥ/（一三）

火は別のものから来はしないし、火は薪のなかにありはしない。そのように〔火と〕、薪に関する残余〔の論項〕は、〔第二章の〕去時と已去と未去によって説かれている。（一三）

この偈の前半はLVPのp.391に引用され、そこではāgacchatyanyato nāgnir na vidyate tathendhane/ となっており、Rでは … nāgnir indhane 'gnir na vidyate/ tathendhane …（cf. TNP, p.231）であり、これはTだけでなく羅什訳とも合致する。月称はこの偈の本来の位置であるこの箇所では、註釈も共にtathāでなく、atraとする。ただし彼は偈前の註釈では已去等の論破が説かれたように（yathā）、また偈後の註釈でも「去時、已去、未去の論破（dūṣaṇa）と同じ（sama）である」と補っている。

【無畏釈】　さらに別に、—第一三偈ａｂ—

［〈火は別のものからも来はしない〉どういう理由でか。というのは別のものから来ると考えられた或るもの、それも薪を伴っても、か、薪なしでも、来ることはあり得ないからである。かであろう。そうであれば、それ〔薪〕に関してもその同じ考察と帰謬とがあるので、別のものから来るという分別は無意味となろう。

〈火は薪のなかにもありはしない。〉どういう理由でか。認識されないし、〔点火の〕開始・努力は無意味となるからである。顕現（abhivyakti）と「大なるもの」（mahatā）も前には存在しないので、結果が前に存在しないことになる。もし胡麻のなかに胡麻油があるようにであるというならば、それもまた成り立たない。胡麻は挽き砕かれ、べとべとしているし、胡麻油は別のものとして知覚されるからである。］—第一三偈ｃｄ—

［これらの方法によって〈同じように薪にも残余の論述が説かれた〉と理解されるべきである。どのようなあり様によってか。已去、未去、去時のあり方によってである。已去と、に去がなく、未去と、になく、去時に去がないように、そのように焼かれた薪と、にも燃焼はなく、焼かれていないものと、にもなく、焼かれつつあるものにも燃焼はない。已去と、に去の開始がなく、未去と、になく、去時に去の開始がないように、そのように、焼かれた薪と、ものにも燃焼の開始はなく、焼かれていないものと、にもなく、焼かれつつあるものにも燃焼の開始はない。行くものと、が行かないし、行くものでないものと、が〔行か〕ないし、行くもので行くものでないものは行かない。存在しない故にというように、そのように、火も焼くものであっても焼かないし、焼くものでないものであっても焼かないし、焼くもので焼くものでないものも焼かない。存在しないからである。同じように残余〔の事項〕も説かれるべきである。

〔適宜に文言が〕補われるべきである。］

【解説】　羅什訳はａは極く簡約に断定だけを述べ、ｂでは二つの論拠の内、「開始が無意味となる」を省き、「認識されない」を、単なる認識論の問題でなく、存在の探究としている。この二論拠を清弁は批判している。ｂを仏護はサーンキヤ学派の原質（prakṛti）の顕現と原質から最初に生ずる「大なるもの」、思惟機能（buddhi）の否定を含むとする。月称はその面を詳述する。

偈のｃｄも羅什は簡潔に要旨を説くだけである。仏護は註釈に示したように『無畏』に一一の省略を補っている。清弁と月称は第二章第一偈の応用偈をあげるだけである。ただし清弁はその次に論理学的な簡単な説明を加えている。

17　是の故に—第一四偈—

可燃即非燃　離可燃無燃　燃無有可燃　燃中無可燃　可燃中無燃（一四）

indhanaṃ punar agnir na nāgnir anyatra cendhanāt/ nāgnir indhanavān nāgnāv indhanāni na teṣu saḥ//（一四）

さらに火は薪ではないし、火は薪より別のところに〔ありはし〕ない。火は薪を所有するものでない。火に薪はない。それら（薪）にそれ（火）はない。（一四）

五種の関係に亘って考察するのは、『中の頌』では屢々見られる。羅什訳は五種の関係に合わせて第五句を別にあげている。このような破格は余りないように思われる。

偈のaの「さらに」(punar) は前偈の所説にさらに五種の否定を加えるという意味で、龍樹の原意を示すであろう。しかしT訳はそれを、śiṅ ñid（薪こそは）と火と薪の同一性の強調詞と解釈している。羅什訳の即も同じである。

【無畏釈】　さらに別に、—第一四偈—

［先ず〈薪であるもの、まさにそのものは火でない。〉行為者と業の対象とが同一という誤謬になるからである。

〈薪より別のところにも火は〔ありはし〕ない。〉別のものに相待しないこと等の誤謬になるからである。〈火は薪を所有するものでもない。〉

〈火の中にも薪はなく、薪の中にも火はない。〉別異性の誤りになる故に。どうしてか。〔偈cのindhanavatの〕vatというこの接尾辞は火と薪の同一性と別異性〔のいずれ〕にもあるので、それら両方がそれらによって否定されている。］

【解説】　仏護は次に第三の所有の関係等が世間で経験されるという反論を想定し、この否定は真実の考察であるから、そういう世間の言語表現は役に立たないとし、第四と第五の関係の場合は比喩を挙げて否定する。清弁は論理学に馴染まないからか関心がないようで、一と二の見解は既に否定したとし、後の三見解には比喩を説くだけである。月称は仏護の註釈の最後の部分の所説を明確にし（cf. LVP, p.212, ll.6–7)、世間の言語表現を考慮に入れた註釈を加えている。

18　何を以っての故に―第一五偈―

以燃可燃法　説受受者法　及以説瓶衣　一切等諸法（一五）

agnīndhanābhyāṃ vyākhyāta ātmopādānayoḥ kramaḥ/ sarvo niravaśeṣeṇa sārdhaṃ ghaṭapaṭādibhiḥ// （一五）

火と薪とによって自我と取との〔立証・否定の〕論証の方法（次第）が余すところなく、瓶や衣等と共に、詳述された。（一五）

偈のcのkrama（次第）を清弁は「否定の種類・順序・組織（ākāra）」、月称は梵文では「次第は立証」（kramaḥ siddhiḥ）、T訳では「立証の順序」（kramaḥ siddheḥ）とする。

【無畏釈】―第一五偈―［〈火と薪とによって自我と取との〉同一性と別異性と相互相待があり得ないことの〈すべての論証の順序が、瓶と衣等とともに余すところなく説かれた〉と理解されるべきである。］

【解説】『無畏』のこの註釈に続けて、仏護は「すなわち、火と薪とが同一であってもなく、別異であっても妥当しないし、相互相待の成立もあり得ないように、そのように自我も取と同一…」と、否定の論証を順次、具体的に自我と取に適用している。清弁も表現は異なるが同じであり、月称は簡略化しているが、基本は同じである。このように火と薪の否定の論証が、自我と取等に適用されるというのが、この章の論述の龍樹の真意と考えられる。

それに対して羅什は「何が故に燃と可燃とを説くや」という問いの答えとする。これはこの章は燃（火）と可燃（薪）を主題としているが、その秘められた真意は「自我と取」を主題であると無意識裏に取っていたことを示すであろう。

19　是の故に―第一六偈―

若人説有我　諸法各異相　当知如是人　不得仏法味（一六）

ātmanaś ca satattvaṃ ye bhāvānāṃ ca pṛthak pṛthak/ nirdiśanti na tān manye śāsanasyārthakovidān// （一六）

自我と諸事物との共在性と各々の別異性を説く者たち、彼らを私は〔仏の〕教えの真意に通暁している者とは考えない。（一六）

【無畏釈】［〈自我〉がそれに伴われている共在することと各々が別異であること、〈諸事物〉が〈それに伴われていることと各々別個であることを説く者たち、彼らを〔仏の〕教えの意味に通暁する者と私は考えない。〉］

【解説】章の最後のこの偈のａｂは見馴れないsatattva（cf. MW）が用いられ、右にＴ訳によって訳した『無畏』註も自我や諸事物が何と共在するのか、何と何が各別なのか明らかでないので、偈の理解には役に立たない。〔　〕で示したようにこの『無畏』の註釈は仏護の註釈の冒頭に採用されている。仏護はその次にsatattvaの語義解釈を論じ、satatをtat（それ）に伴われている（saha）と分析し、-tvaが-bhāvaであるという文法学的説明を加えた上で、プドガラ論と結びつけて「或るもの」によって自我とか諸事物とかと名づけられるその〔或るもの〕と共在するもの、それが自我とか諸事物であると説き、satattvaとはその「或るもの」が自我や諸事物と「各々別個でない」という意味だと持って回った弁証で遠回しにsatattvaが同一であることを示し、次いで「或るもの」が具体的に自我に対する取得（upādāna）である等の実例を列挙している。このように仏護は一応辻褄を合わせようとしているので、仏護の『無畏』の採用とされる部分は梵語の原文もＴ２訳のような文章であったであろうが、『無畏』の註釈は現存のＴ訳とは異なり、『無畏』註に屢々見られる、偈を〈　〉で示したように唯散文にして繰り返しただけのものではなかったかと考えられる。そのように推測するに至った理由は、一つには羅什訳が青目釈（『無畏』）に沿ったものと見做すならば、（一）「ātmānas（自我）のsatattva」は「有我」であるので、satattvaをsa-tattva（真実在を有する）と取って有と説き、（二）bhāvānām（諸事物）pṛthak pṛthakを諸法各異相、即ち諸法は各々別個の異った自性（相）であると説く（nirdiśanti）者達となるからである。羅什は（一）を犢子部、（二）を有部とするが、それは羅什の見解で、『無畏』は（一）を自我はsatattva、（二）を諸事物はpṛthak pṛthakと説く者達と偈を繰返すだけである。

推測の第二の論拠は清弁の『灯論』の註釈である。清弁は別の箇所では仏護が行った文法学的語句の分析を踏襲しているが、この偈の前後の註釈文には奇妙なことに偈の語句がsatattvaだけでなく全く見られない（観誓には仏護と清弁を融合しようとするようで、de dañ bcas pa ñid（それを伴っていること）が見られる）。清弁の偈の後の註釈は「〔中観派の〕認識手段（pramāṇa）と相容れない別の法を承認しているからであるという趣旨である」だけである。清弁は偈に簡単な趣旨を説くだけの場合もあるが、この偈のように偈文がインドの註釈者（例えば月称、cf. LVP, p.214, ll.9–10）にも明解でなかったと思われる場合に清弁が趣旨だけであったとは考え難い。上記のように羅什は諸事物を有部の七十五法とするが、清弁は趣旨の中で別の諸法を承認すると説き、偈に先立つ註釈でも如来が世間で周知の言語で説かれた教えを「勝義である」と考えて、諸法は無戯論なのに、戯論する者は道理に背くと龍樹は考えて（趣旨として）第一六偈を説かれたという。諸法は有部では七十五法、犢子部では自我も第五の不可説法である。清弁が羅什の解釈のような解釈をしたかどうかは不明であるが、その可能性が全くないとも言えないのではなかろうか。しかし少くとも彼の解釈は仏護、月称とは異っていたのではなかろうか。仏護の解釈を採用したT訳者が仏護の見解と抵触する部分を削除したのではなかろうか。「諸法」は削除されずに残された、いわば残渣ではなかろうか。

観本際品第十一

1　観本際品　梵本とT1は「前〔際〕と後際の考察」（pūrvāparakoṭiparīkṣā）。T2は「輪廻（saṃsāra）の考察」。漢訳『灯論』と『釈論』は「観生死」。

2　問うて曰く…答えて曰く—第一偈—

大聖之所説　本際不可得　生死無有始　亦復無有終（一）

pūrvā prajñāyate koṭir nety uvāca mahāmuniḥ/　saṃsāro 'navarāgro hi nāsyādir nāpi paścimam//（一）

「本際は知られない」と偉大な牟尼は説かれた。輪廻は無始終、即ちそれには始めもなく終りもない。（一）

T訳のａｂは、「本際は知られるか」と問われたとき、偉大な牟尼は「否」と答えられた。

【無畏釈】　ここで〔対論者は〕問う。世尊は『無始終経』において、「比丘らよ、輪廻には始と終はない。前と後との際は知られない」と説かれた。それ故に〔「前と後との際が知られない」と説かれたので（D版は欠く、cf. AEIM, p.358, fn.1）〕、輪廻の存在を説かれた〔ことになる〕こ〔の教説〕は何を意図しているのか。〔この経の〕所説をあなたは解説すべきである。

ここで答える。—第一偈—

「前際は知られるのですか」と問われたとき、〈偉大な牟尼は「知られない」と答えられた〉ので、〈輪廻はanavarāgraである。〉どういう理由でか。〈それには始もなく後もないからである。〉

【解説】 解題で述べたように、龍樹は「本際は知られない」という釈尊の教え（経文）は、同じ経典中の anavarāgra の意味が無始終であるから、本際のみでなく後際も知られないのでなく、存在しないことを説いているとする。

註釈者は皆対論者を登場させる。『無畏』は龍樹が引用した SN, II, p.178 以下の経典を『無始終（anavarāgra）経』と呼び、その経文を龍樹が偈 d で引用した「輪廻は無始終である」と、偈 a に当る「前際と後際は知られない」だけで他は省略している。ここでは知られないのは、前際だけでなく後際もである。このように後際をも加えているのは、anavarāgra を無始終と読み、前後の二際が主題であることを明確に自覚していたことを示す。ただし『無畏』では対論者は前後際が知られないという教えを、釈尊は前後際は実在するが、凡夫は知らないだけだということを説かれたと解釈する。

偈 c 末の hi を龍樹は「実に、確かに」といった意味で使用しているが、『無畏』は「というのは」といった理由を示すとする。

羅什は anavarāgra という複合詞を「無始の」という意味と取っていたようで、『無畏』の『無始終経』をここでは『無本際経』と訳すが、第一七章第二八偈では『無始経』とするし、経文からも第一偈からも anavarāgra を省いてしまっている。その結果、ここでは『無畏』で省かれている本際を知り得ない者が輪廻する衆生であることを復活させて、「衆生は生死往来し、本際は不可得なり」という経文とする。第一七章では主題が異なるので、原の経文の輪廻する衆生の部分だけを訳出している。しかし偈の後半で輪廻が無始無終であると説いている点では梵偈と変りないし、前半もT訳のような問答体ではない。このように経文の中の輪廻する衆生に力点を置き、彼の対論者は「是（経文）の中に衆生有り、生死有りと説く」と主張し、その上で改めて中観者はこの輪廻の実有を説く経文をどう解釈するのかと問う。「何の因縁を以っての故に、而も是の説を作すや」という質問は『無畏』のそれの意訳であろう。

仏護以下は第一偈を対論者の質問でなく、反論・主張に対する解答とする。仏護の対論者は、（一）「正法を知らない凡夫には輪廻は長い」（『法句経』六〇）、（二）「輪廻を滅するために我々は修行するであろう」とこのように君達は学習すべきである」（月称所引の梵語の経文（cf. LVP, p.219, l.10）によった）という二経文を教証に、輪廻の存在を、更には輪廻する主体である自我が存在することをも主張する。

仏護の第一偈のT訳も問答体であるが、『無畏』の『無始終経』を仏護は龍樹の所依の経典とするので、彼も第一偈を「輪廻は無始終である。本際は知られない」と大聖は説かれた」と読んでいたことになる（cf. SB, pp.272-273, fn.4）。仏護は無始無終を空と明言し、二諦説を適用して偈のｄの無始無終は勝義の教説で、対論者の引く輪廻は長いとか、輪廻を滅却するためという仏説は世間言説の教説とする。

清弁は対論者を前章までに否定した五蘊等の事物（法）の存在を主張する仏教者として、次のような論証式を示す。〔主張〕勝義として蘊等はまさに存在する。〔証因〕世尊は〔輪廻という語で説かれたそれら五蘊等の（観誓、cf. D, Sha, 245a5）〕名詞（名称）と〔輪廻の性質（法）である無始終、長いという〕形容詞（viśeṣaṇa・区別する性質）を説いた上で、それを滅却するために教誡を説かれている故に。〔比喩〕この世で存在しないもの、それには名称と性質の教示も、それを滅却するための教誡の教示も理に合わない。例えば、〔存在しない〕（cf. D, Sha, 245b2）第二の頭の眼の病〔等の名称と性質とそれを滅却するために教誡を世尊は説かれない〕ように。清弁はこの証因に説かれた教説・教誡が、具体的には仏護の対論者が引く（一）と（二）の経文であるとする。清弁は経文そのものを否定している訳ではないが、この反論に対して仏護同様、二諦説を適用して、勝義は不可説であるから、この〔主張〕はあり得ないし、また世俗としても、主張が勝義としての主張であるから、証因の内容が〔所証と〕矛盾するし、喩例はないと論理学上の誤謬を指摘するだけである。

彼は龍樹の解答である第一偈を独自の解釈によって読み変えている。彼は先ず仏は〔六師外道の一人、プールナ・カッサパの〕無因論を否定するために「事物は原因より生ず」という生起を説く教説を世俗の立場（saṃvṛtipakṣa）で説かれたとする。第一偈のａは、その生起を説く教説を論難しようとする異教徒の、「何故輪廻の」を補った「本際は知られるのか」という質問だとし、そう問われたとき、仏が「否」と答えられたのが偈ｂであるとする。このように偈のａｂを問答体と読んだのは清弁で、恐らくａｂの、特にna ityという語順がヒントになったのではなかろうか。

この清弁の解釈に従った偈の読み方は、Ｔ2の『無畏』や仏護だけでなく、Ｔ1にも採用されている。しかし仏護だけでなく、『無畏』も第一偈を冒頭の和訳のような意味の偈と理解していたと考えられる。Ｔ訳の『無畏』の場合には、質問が冒頭の対論者のそれと偈ａの質問という異なる二つの質問が重なることになるし、羅什訳から見てもこの時代の第一偈は現存の梵語の偈と同じものであったと思われる。『無畏』の註釈は〈　〉で示したように偈と同文であるから、偈が梵偈のようなものであれば、註釈も梵偈と同文となるからである。

清弁も偈では「輪廻は無始終である」を重視する。彼が対論者の教証の（一）と（二）との前にこの経文を加えたのもそのためであろう。不始を「因が相続する者には開始時を決められない」、不終を「〔生の〕対治〔である聖道〕が起っていない者には終は実現（存在）しない」を理由としているのは、輪廻を空間的には三界に「遍在・あらゆるところに行き（で起り）」、時間的には「生と老死の流転（dpyad）は間（thag）断がない（rgyun ma chad pa = anuccheda）（又は…老死の紐（dpyan thag = rajju））の相続は不断である」という語義に沿って解説したのであろう。彼はこの不始不終の教説は勝義の教説でなく、言説としてのみ有効であるとするが、そのことが彼がこの教説を無因論の否定に限定した理由であろう。この経文が「勝義として」の教説でないという解釈に、清弁は嘘も方便という意味が感じられるからか、自ら仏は虚偽の教説を説かれないことに信を置く者には、龍樹のようにこの経文を説くだけで充分であるが、似非の認識手段（pramāṇābhāsa）によって心が顚倒している他の者たちはこの教説を信じない。そもそもこの仏（munīndra）のこの教説も、師なのに教えを物吝《ものおし》みして握りしめる（ācāryamuṣṭi）ことなどありようがないし、清弁も他の者にこの意味を説くことを疎にしない（dbru bkol mi byed pa）し、冒頭の対論者の引用経文は、世俗としてであって勝義でないので、対論者の証因の意味の不成立等のこの意味を他の者に教示し得る推理が説かれるべきであるとして、〔主張〕初劫の有身者の身、根、慧の集合なるもの、それは他生において積まれた善悪の業を原因とすると知るべきである。〔証因〕楽と苦、法と非法等の生ずる原因である故に。〔喩例〕現在の身、根、慧の集合のように。といった論証式などを挙げている。この推論式では因果が無限遡及されるので無始の証明となる。そこで対論者は始（生）と終（滅）がある瓶等の経験を喩例に、輪廻が真知の生起によって終るので、輪廻に始があると主張するが、龍樹はそれを第八偈で否定したと答えている。

次に清弁は、恒常であるから無始のプルシャ（原人（?-））や虚空が滅尽されないように、輪廻が無始ならば、仏護の対論者の第二の仏説のような輪廻の滅尽のための修行があり得なくなる。観誓によれば、真知の生じた瑜伽師にも輪廻の滅尽のはてがないことになるという批判を想定して、対論者が実有と想定するプルシャであれ虚空であれ、生じていないものは、勝義としてはもとより、言説としても認められないとし、世俗の場合も無始の穀粒に火という対治が生ずるので焼滅のはてが知られる。そこで主張は意味が反対となるとする。

羅什は「本際は知られない」（prajñāyate）を不可得（空）と理解していたと考えられるが、清弁は単に世俗的な無知と取って、仏は自ら無知であると認めるのであるから全知者でないとする対論者に対して、「知られない」ということは「存在しない」ことであり、輪廻が無始であるから、〔本際は〕「知られない」と知っておられると答え、「世尊は全知者でない」という対論者の主張の意味は「如来品第二十二」に詳述されるとする。最後に彼は第一偈の「輪廻は無始終である」を次の論証式で示す。〔主張〕勝義として五蘊は顕現しているように存在してはいない。〔証因〕始と終が存在しない故に。〔喩例〕幻術師によって化作された人のように。この論証式の喩例の化作人は主張の述部の「顕現しているようには存在していない」を具備していない、と「学識を強く求める知者」（皮肉か（?））の指摘を清弁は想定する。観誓によると、幻術者によって草や葉等が化作人として顕現させられているときにも、後に幻術が収められて化作人が消えたときにも、草や葉等の、色香味触（声を除く五境）―それは無分別智の直証によって知られる対象である―は同じく存在するから喩例は成り立たないとする。それに対して清弁は喩例の意味は、化作人は虚妄な顕現であるから、勝義として、存在しないことだと答えている。

月称は清弁同様、対論者の主張とし、対論者は『無始終経』を輪廻と自我の存在の教証、龍樹は無始無終の教証とする点等は『無畏』以下と同じ。彼は仏護や清弁の輪廻の滅のための修行を説く経文による反論や、清弁の穀粒が火によって焼尽するという比喩を取り上げて、輪廻に終があることを仏は輪廻の牢獄からの解脱を求める衆生のために、世間の慣用の立場で世間知を考慮して説いたのであって、実有を考察するときには輪廻は存在しないし、清弁同様に、始があれば無因論になると説く。このように彼は『無畏』以降の諸見解を巧みに整理しているが、特に独自の見解を説いてはいない。

3　汝が「若し初と後と…何を以っての故に―第二偈―

若無有始終　中当云何有　是故於此中　先後共亦無（二）

naivāgraṃ nāvaraṃ yasya tasya madhyaṃ kuto bhavet/　tasmān nātropapadyante pūrvāparasahakramāḥ//（二）

或るものに始もなく終もない、その〔或る〕ものに中間がどうしてあろうか。それ故にこのものには前と後と共（同時）の順序はあり得ない。（二）

偈ｄの共（saha）は中間で前と後とが同時に一緒に存在する状態。過去と未来とに対していえば現在。

【無畏釈】そこで輪廻の中間が存在するとこう考えるならば、それも正しくない。どういう理由でか。というのは、―第二偈ａｂ―〔〈始と終のないもの、それに中間がどうしてあろうか（「どうして」は『無畏』はga la、仏護はji ltar）。〉〕―第二偈ｃｄ―その輪廻には始と中間と終がないので、〔〈それ故にそこには前と後と同時の順序はあり得ない。〉〕

【解説】羅什の前半は初、中、終が相互相待的にのみ成立することを、中間の不成立の論拠としているだけで、他は『無畏』と同じく偈の繰返し。仏護は素直な偈の解説。対論者は中間の存在から輪廻、さらに輪廻する者の存在を主張する。彼は聖提婆の偈（『四百論』第一五章第五偈）を引用するが、その所説は羅什の上述の論拠と同じ。清弁も月称も次偈以下を先取して、偈のｃｄの前・後・共の順序が生と老死について説かれていることに言及するだけといえる。

４　何を以っての故に―第三、四偈―

若使先有生　後有老死者　不老死有生　不生有老死（三）

pūrvaṃ jātir yadi bhavej jarāmaraṇam uttaram/　nirjarāmaraṇā jātir bhavej jāyeta cāmṛtaḥ//（三）

もし生が前にあり老死が後にあるならば、老死のない生があろうし、死んでいないものが生れよう。（三）

羅什訳のｄは生と老死を入れ換えただけでｃと対になっている。彼はｄの原文「不死のもの」が「不老死のもの」と同語反復となると取ったのであろうか。

若先有老死　而後有生者　是則為無因　不生有老死（四）

paścāj jātir yadi bhavej jarāmaraṇam āditaḥ/　ahetukam ajātasya syāj jarāmaraṇaṃ katham//（四）

もし生が後にあり、老死が最初にあるならば　生じていないものに、原因のない老死がどうしてあるであろうか。（四）

【無畏釈】それはどのように知られるべきか。

答える。―第三偈―

〈もし生が前にあり老死が後であるならば、そうであれば、その生には老死がない〔という誤り〕と、前に死んでいないものがこ〔の世〕に生れるという誤りになるであろう。〉

さらにまた、―第四偈―

〈もし生が後にあり老死が先であるならば、そうであれば、生まれていないものに原因のない老死がどうして起るであろうか。〉

【解説】 羅什は二偈を一括して挙げて、二偈の対称を顕著に示している。第三偈の註釈は先ず生死の衆生が生れ、老い、死ぬという日常的な理解を取り上げ、その場合には老死なしで生があることになると、いわば日常的理解の盲点を衝き、次に縁起という法の理論では生と老死が相互相待であることを明かし、偈cの「老死のない生」があり得ない論拠とし、偈dの場合は梵偈の「死んでいないものが生れる」を換質換位して、「老死なしで生がある」(c)ように、「生なしで老死がある」と、梵偈とは別の意味としている。第四偈の註釈は偈と変らないが、同じ文言のdに註釈では「何ぞ」を加えて否定の趣旨であることを明らかにしている。『無畏』は偈と同じ。

仏護は第三偈の「生が前」ということは生を老死と単に別というのではなく、自性として老死のないものの生と解釈する。従って生とは輪廻者が老死なしで生ずることであるから、老死はその輪廻者という依り所がないものとなるし、たとえ老死が生・輪廻者に到達しても自性上何も変らないという誤謬に導く。dについては明確に、「生が前」ということは今生の死は勿論、前世の死よりも生が前ということになるから、その場合前世の輪廻者は未だ死んでいないから、別の新しい輪廻者の生、換言すれば、輪廻の始まりとなるという誤謬となるという。第四偈で「老死が前」ということは、或る衆生の生よりも前ということであるから、衆生が生じていない、存在していないので老死には衆生という依り所がないし、生という原因がないことになる。

清弁は第二偈で生と老死とには前・後・共(同時)の三時があり得ないことが説かれると、それに対して傍論として取り上げるまでもない、無いものには老死はないが、輪廻は生、老死を伴っているので、輪廻は自性があるという見解を否定している。現実にそういう主張をした者がいたのであろう。第三偈ではcでは「生には老死の自性がない」、dでは「別の場所で」死んでいないを加えつつも、これらを「帰謬の余地のある論述」(sāvakāśavākya)として、〔主張〕生は老死より前にあるものでない。〔証因〕それの自体であるから。〔喩例〕火は〔火の自性である〕熱より前にありはしないように。という推理を与えている。第四偈では「生に縁って老死がある」という、十二支縁起を教証にして「生が後、老死が前」という主張を否定する。否定の方法は仏護を簡略にしたものである。月称は第三偈ではcの「老死のない生」は、生が「無為であること」になることを指摘し、dでは「輪廻に始めがある」誤りの他に、無因生の誤りを加えている。第四偈では清弁と同じように、十二支縁起の十一支と十二支の関係とする点で羅什と異なる。彼は特に生のみが老死の原因（縁）であることを強調する。

5　若し生と老死との先後は…何を以っての故に—第五偈—

生及於老死　不得一時共　生時則有死　是二倶無因（五）

na jarāmaraṇaṃ caiva jātiś ca saha yujyate/　mriyeta jāyamānaś ca syāc cāhetukatobhayoḥ//（五）

また老死と生とは同時には決して成り立たない。生まれつつあるものが死ぬでもあろうし、両者共に無因であることになるであろう。（五）

aはLVPでjarāmaraṇenaiva。第三、四偈で生を主語とするのに合わせれば、その方が解り易い。

【無畏釈】　ここで〔対論者は〕［主張する。それらには前後はない。それ〔生〕はまさに老死が現に随っているものだけが生ずる。］

ここで答える。—第五偈—

［〈生と老死とが同時であることはあり得ない。〉或いは〔そう〕ならば、〔偈cd〕、もし生と老死が同時であるならば、〈生じつつあるものが死ぬであろうし、両者共に無因であろう。〉それはあり得ない。］

【解説】　羅什はcの「生まれつつあるもの」と「死ぬ」とが理論（法）上、有と無との矛盾であることを明し、「無因」か両者に相互相待性がないことによっていることを説く以外は『無畏』と同じ。仏護も［　］に示したように偈abの註釈までは『無畏』と同じ。cについては生と老死の相互矛盾を説き、dでは先ず同時ということは、生が死を前としないことであるから、生が先となるので生は無因となるという詭弁を弄している。次に或る論師（仏護ではhphags pa hjigs med、観誓ではhjig byed, bhīma, bhairava, cf. D, Sha, 254b1）の偈を引き、同時ということは相待していないことであるから、老死は生に依らずに自ら成立していることになるし、依り所である身体が生じていないので依り所がなく、生という原因がないものになると帰謬する。清弁は「cの「生じつつあるものが死ぬ」ということは生時と死とは敵対者の否定（dgag pa mi mthun pa）であるから、「生」というそのことさえも存在しないであろう（?）」といい、dについては、生と老死の両者共に無因となることを論じている。清弁の註釈が若干曖昧であるためか、観誓はcでは仏護の詭弁の部分を相互相待がないことによって否定している。またdに、直前に触れたように或る論師の偈を引用するなど、清弁の註釈を仏護と基本的に同じと見ている。

月称は羅什が有と無とした生と老死を明と暗のような相互矛盾とし、相互相待性を根底にして、「生じつつあるものが死ぬ」ということは日常経験されないし、牛の左右の角の相互相待も経験されないと「経験」を重視している。

6　是の故に―第六偈―

若使初後共　是皆不然者　何故而戯論　謂有生老死（六）

yatra na prabhavanty ete pūrvāparasahakramāḥ/　prapañcayanti tāṃ jātiṃ taj jarāmaraṇaṃ ca kiṃ//（六）

これら前と後と同時の順序が存在しない或るところにおいて、「それは生であり、それは老死である」とどうして戯論するであろうか。（六）

【無畏釈】　ここで〔対論者は〕主張する。それらにそれら前後と同時の順序があり得なくても、生と老死は存在するので、それらが或るもののものである、〔その或るものである〕自我も存在する。

ここで答える。―第六偈―

〔このように論理に基づいて考察したとき、生と老死とに〈これら前後と同時の順序が存在し得ない〉〕とき、〔そこにおいて〈どうして「これは生であり、これは老死である」と戯論する、〉すなわち言語表現するのか。〕それらがあり得ないとき、自我が存在することがどうしてあり得ようか。

【解説】　羅什が素直にこの章の今までの否定の結論として無生で畢竟空が説かれたとするのは、戯論寂静を説いているからであろう。その点を除けば、特に後半は『無畏』の意訳であるといえる。『無畏』は偈の否定に沿った形での生、老死と、さらにそれらを所有する自我の存在を主張する対論者を想定する。『無畏』は戯論を言語表現の同義語として「これは生である」等の、羅什のいう決定相（自相、自性）を主張することとする。仏護は表現は異なるが、同じ主張の対論者を想定し［　］の部分は殆ど『無畏』と同じで、註釈は自我の否定で終るが、彼は戯論、言語表現を具体的に、生、老死に前後や同時の順序がないので、「本来の状態に住するもの（prakṛtistha）を誰がそう（「これは生である」等）と言おうか。思慮ある誰が〔そのように〕把握しようか」と説明している。

清弁、月称は自我の否定を結論とせず、対論者を想定せず、羅什のように唯だ章の結論とする。清弁はここでも「勝義」とし、戯論寂静を不生を論拠に説いているのが偈の趣旨だとする。この点では少なくとも表現上は羅什と同じである。彼はこの戯論の否定が章冒頭の対論者の輪廻の存在を論証する推理の「証因」である「生と老死とを具えていること」が成立しないことを証明するので、「対論者が章の冒頭で論じた証因の意味が不成立であるという誤りは反駁し難い」と、この偈が章全体の結論であることを示している。冒頭の証因は「世尊は〔輪廻等の〕名称と〔長い等の〕形容詞（viśeṣaṇa）を教示した上で、それを滅するために教説を説いている故に」を指し、このような戯論が消滅することを説いているのか。今しばらく証因が何か不明。月称は専ら偈の中のkimの語義説明に絞って偈の趣旨を明らかにする。彼は先ず第一偈の「聖者」の教説を念頭に置いてであろうか、kimという語を「あり得ない」という意味で用いられる。すなわち反語の意味であるとする。「どうして戯論されようか、決して戯論されはしない」という意味だとする。次に凡夫の戯論がまったく空疎であるという趣旨で、凡夫は何故戯論するのだろうか、という疑問の意味にも取れるとする。

7　復た次に—第七、八偈—

諸所有因果　相及可相法　受及受者等　所有一切法（七）

kāryaṃ ca kāraṇaṃ caiva lakṣyaṃ lakṣaṇam eva ca/　vedanā vedakaś caiva santy arthā ye ca kecana//（七）

また結果と作因、所相と相、感受と感受者、さらにまた何であれ、存在する物事、（七）

非但於生死　本際不可得　如是一切法　本際皆亦無（八）

pūrvā na vidyate koṭiḥ saṃsārasya na kevalam/　sarveṣām api bhāvānāṃ pūrvā koṭī na vidyate//（八）

すべての事物にも単に輪廻に前際が存在しないだけでなく、前際は存在しないのである。（八）

【無畏釈】　―第七偈―

［考察されたとき、生と老死との前後と同時の順序があり得ないように、同じように〈因と果、相と所相、感受と感受者、〉解脱者と涅槃、知と知の対象、認識と認識の対象等、それら存在すると考えられている〈何であれ、他の事物、〉それらすべてのものにも前後と同時の順序もあり得ない。］　―第八偈―

［このようにあるがままに考察されたとき、すべての事物に前後と同時の順序があり得ないので、それ故に〈単に輪廻に前際が存在しないだけでなく、事物と認められるすべてにも前際が存在しない〉ので、事物としての顕現は幻、蜃気楼、ガンダルヴァ城、影像のように成立しているのである。］

【解説】『無畏』はこの二偈を別に挙げて註釈するが、どちらの註釈も実質的には二偈を一体として解釈しているので、繰り返しになっている。仏護は『無畏』の借用の後に、因果等に生と老死と同じ方法の否定を簡潔に適用して見せているだけである。清弁も一応二偈を別に挙げているが、両偈の間は第七偈ｄの「存在するものは何であれ」の具体例として認識手段と認識の対象、知と知の対象、解脱者と解脱の相を加えているだけである（これは『無畏』を踏襲したもの）ので、実質は一括して挙げていると言ってよい。彼も因果等に同じ否定の方法を簡単に適用している。月称は羅什と同じく二偈を一括して挙げている。Ｔ１は第八偈のａｂを最初に置き、次に第七偈、最後に第八偈のｃｄを訳している。恐らく偈の前の「輪廻に前際がないように他の事物にも〔ない〕と〔師は〕説かれた」という月称の註釈に合うように偈文の順序を変えたのであろう。彼も因果について極く簡単に前後、同時の否定を述べ、他の物事としては解脱者と涅槃を除き、証因と所証、支分と有支分、徳と有徳者を挙げているだけである。ただし最後の幻、蜃気楼等による説明は中観思想としては当然であるが、偈の主題を越えている。羅什の註釈は簡潔で明瞭であって改めて解説するまでもない。

観苦品第十二

1　観苦品　章題は「観苦品」、「苦の考察」（duḥkhaparīkṣā）、Ｔ２と漢訳二本も同じ。ただしＴ１だけは「自身によって作られたものと他者によって作られたものの考察」(bdag gis byas pa daṅ gṣan gyis byas pa brtag pa ṣes bya ba ste) であるから、第一偈のaを章題とする。

2　有る人は説いて曰く──第一偈──

自作及他作　共作無因作　如是説諸苦　於果則不然（一）

svayaṃ kṛtaṃ parakṛtaṃ dvābhyāṃ kṛtaṃ ahetukam/　duḥkham ity eka icchanti tac ca kāryaṃ na yujyate//（一）

或る人々は「苦は自身によって作られた」、「他者によって作られた」、「〔自他の〕両者によって作られた」、「原因のないものである」と認める。しかしそれ（苦）が〔作られた〕結果であることは妥当しない。（一）

【無畏釈】ここで〔対論者は〕主張する。或る人々は苦を自作、他作、共作、無因生と認める。それ故にそのように苦は存在する。

苦が自作、他作、無因生等を説く原始経典については、cf. LVP, p.227, fn.2、三枝訳中、三四九頁註一参照。

ここで答える。──第一偈──

［この世では苦論者たちの或る人々は苦を自作と認める。或る人々は苦を他作と認め、或る人々は苦を、共作、自と他との作と認め、或る人々は苦を無因より忽然として生じると認める。］それ（苦）はこれら四種のどの方法によっても果であることは成り立たない。

【解説】『無畏』は偈が省略した部分を補って偈の正確な文意を明らかにした偈文の解説である。羅什はその後に偈dの「それ（苦）が結果であることは妥当しない」、即ち「果に於いては則ち然らず」の文意の説明を加えている。衆生は諸の因縁によって苦を招き寄せるので、苦を厭い滅却しようとするのだが、苦悩の真実の因縁を知らないで、誤って苦の因縁を自、他、共、無因とする。それ故に苦は四種の作・業の結果に成らないと。

『無畏』の対論者は、苦は自作等の結果であるので存在すると主張する。仏護の対論者は苦は世間ではすべての人が知っているし、仏も五取蘊を苦と説かれたので苦は存在するし、苦の依り所であるから自我は存在すると主張する。彼は偈の註釈では前半の『無畏』の借用の後に、羅什と同じように、偈dを取り上げ、「その苦がそれら〔自作等〕の結果であることは成り立たない、即ち論理的に妥当しない」と註釈して、その理由を論じている。自作の場合、存在する苦か存在しない苦かのディレンマによって、存在する苦には再度作られる必要はないし、作られるならば存在していないことになるし、無因生になるか、無限遡及になるとし、存在しない苦は自身を作らないし、作るならば兎の角も自身を作るであろうと帰謬する。他作についても、自である苦が作られず存在しないならば、他は無であるから他作もないと否定する。このように仏護は第一章第三偈の註釈よりもより整理された自己独自の帰謬論を論じている。第一章第三偈で清弁と月称は独自の自立論証や帰謬論を論じているが、ここでは『無畏』よりも簡略な偈文の説明だけである。清弁は対論者を五取蘊は苦であるという仏説によって、苦であることを証因にして、「勝義として五蘊はまさに存在する」ことを五支の推論式によって主張する者とする。対論者はここでも仏説と共にアビダルマ（cf. AKBh, 1.8cd）をも教証とする。月称の対論者は、仏護と同じ自我の存在を主張する者で、その主張は仏護のそれを簡潔にしただけのものである。月称がこの偈を主張（pratijñā）だけだとするのは、仏護を念頭に、或いは更に第一章第三偈の場合を念頭に置いていたのであろう。

3　何を以っての故に―第二偈―

苦若自作者　則不従縁生　因有此陰故　而有彼陰生（二）

svayaṃ kṛtaṃ yadi bhavet pratītya na tato bhavet/　skandhān imān amī skandhāḥ saṃbhavanti pratītya hi//（二）

もし自作であるとすれば、そうであれば縁って存在することはないであろう。というのは、その〔五〕蘊はこの〔五〕蘊に縁って生じるからである。（二）

【無畏釈】　そこでどのような論理によって果であることが成り立たないのか、とこのように考えるならば、ここで答える。―第二偈―

〔〈もし苦が自作であるならば、そうであれば、縁って生じはしないであろう〉が、しかし縁って生じる。現在のこの五蘊に縁って未来のかの五蘊が生じる故に。〕〔それ故に苦が自作であることは成り立たない。〕

【解説】　羅什訳は「しかし〔実際は〕縁って生じる」を「自〔作〕とは自性より生ずるに名づく」に改めているが、全体としては『無畏』の訳である。

仏護は［　］で示した『無畏』の二借用文言の間に「世尊によっても『識に縁って名色がある』と説かれている。苦が自作であるならば、苦は因と縁とによって生じないであろう」を加えているだけである。清弁はここでも、勝義として自作の否定を龍樹は説いたとし、自作は因と縁とによって作られることの否定であるので、偈bは自作の事物である苦には「縁って存在することはない」、即ち縁起という性質・本質がないという意味で説かれたと解釈し、偈dのhi（gaṅ phyir）をḥdi ltar即ちyathāと見做して、偈cdを同類喩を説く語句と解釈し、「これら現在の五蘊に縁って生じると認められるそれらの五蘊が生じるように」と読み変え、次のように論証する。〔主張〕デーヴァダッタと呼ばれる五蘊は、行為者であるデーヴァダッタを所有していない。〔証因〕縁って生じる故に。〔喩例〕例えば同一の生存に属する後の五蘊は前の五蘊を因として生じたように。観誓が解釈するように、現世の同一の生存の中の後の五蘊は前の五蘊に縁って生ずるので、自体を所有する行為者は存在しないように、現在の五蘊も前世の因縁に縁って生じたのであるから、行為者デーヴァダッタ性を所有していないので、苦は自作でないことを証明したことになるという。

清弁は次にヴァイシェーシカ学派の見解を否定するが、その内容は難解というよりも寧ろ繁雑で解説するためには詳述する必要があるので省略する。清弁もその最後に「傍論の詳述はもうたくさんだ」と言い、観誓はそれを「対論者の誤って論じられたお話し（lo rgyus）を考察することは止める」ことだとする。

月称は第一偈を上述のように自作等の四句の主張の列挙とし、この偈を第一の自作の主張の否定の立証のために説かれたとする。註釈の前半はLVPの諸写本には欠けるが、RとTとにある。今はそれらに基づくドゥ・ヨングの読み（cf. TNP, p.53, 228.3）による。「そこ（偈）で自ら（svayam）というのは、自身によって（ātmanā）という意味である。もし苦が自身によって作られたとすれば、その同じ苦そのもの（duḥkhasvarūpa）によって、その同じ苦そのものが作られたことになろう。それは縁起したものでないことになろう。そのもの自体（svarūpa）として存在するからである。というのは、存在していないものによってそのもの自体は作られないからであると〔偈の前半で〕説かれた。しかしそれ（苦）は縁起したものである。というのは、―偈cd省略―」。月称は偈の後半についてはこの臨終の（maraṇāntika）五蘊に縁って、それらの（偈はamī・註釈では「これらの」ime）誕生に属する（aupapattyāṃśika）五蘊が生ずる、即ち縁起であるから、苦は自作である（偈a）という主張はあり得ないと説く。

4　問うて曰く…何を以っての故に―第三偈―

若謂此五陰　異彼五陰者　如是則応言　従他而作苦（三）

yady amībhya ime 'nye syur ebhyo vāmī pare yadi/ bhavet parakṛtaṃ duḥkhaṃ parair ebhir amī kṛtāḥ/（三）

もしこれらがそれらより別であり、或いはもしそれらがこれらより他のものであるならば、苦は他作であろう。他なるこれらによってそれらが作られる〔からである〕。（三）

偈 d の parair ebhir amī を T 1 は gṣan de dag gis de、T 2 は訳偈 c で gṣan de dag gis ḥdi。

【無畏釈】 ここで〔対論者は〕主張する。苦は自作ではないが他作である。〔どういう理由でか。これら他である五蘊に縁ってそれらの五蘊が生ずるからである。〕

ここで答える。―第三偈―

《〔もしそれら未来の、前の五蘊からこれら現在の、再生の後の五蘊は別であるし、もしこれら現在の五蘊よりも、それら未来の、前の五蘊は別であるならば、そう考察するならば、それら現在の五蘊、別のものによってこれら未来の別の五蘊が作られるので、苦は他作であろうが、〕》この次に、『無畏』は「そうではないので、それ故に苦は他作でもあり得ない」。仏護は「別でないとき、どうして苦は他作であり得ようか」（仏護ではこの前に偈 a b の散文に当る「それらよりもこれらは別でないし、これらよりもそれらは別でない」が加えられているが、後代の竄入であろう）。清弁は「そのようには認められない」がくる。

【解説】 羅什訳は対論者の主張も偈に続く論駁も『無畏』と同じであるが、ただ羅什は糸と布の比喩による説明を加えている。

仏護も対論者の主張は［　］の前と後の文言も殆ど『無畏』と同文である。

清弁はこの偈で他作の否定の論理が説かれたとする。註釈の最初の部分は《　》に示したように実質的には『無畏』と同じ。後半は観誓によれば、対論者が苦は他作であることを認めるので、清弁は次のような論証式（cf. D, Sha, 267a1–2）「〔主張〕デーヴァダッタの以前の別の五蘊によって現在の五蘊は作られない。〔証因〕別である故に。〔喩例〕ヤジュナダッタの以前の別の五蘊によってデーヴァダッタの現在の五蘊が作られないように」によって、即ち以前の五蘊が別であることの推理によって、それら〔以前の五蘊〕が現在の五蘊を作る者（kartṛ）でないので、他の苦によって作られると主張する〔者の（?）〕主張には〔他という〕他によって作られたことが認められる事物（chos・法）の自性を否定する誤謬がある。他性があれば、作る者（主体）と行為の対象（karman）の特性は相容れないので整合性がない。

清弁は偈ａｂとｃｄを分けて論じている。そのためであろうが、観誓は偈ｃｄの復釈で、殊更に偈ｃｄは偈ａｂを補う文言（vākya-śeṣa）とし、偈ｄであるので偈ｃである、と偈全体の構成を論じた上で、清弁の註釈を先取りした形の「それらが別であることがあり得ないので、苦は他によって作られない」という結論を説き、あり得ない理由として、観誓によれば、両方が存在するならば、相互相待によって他という言葉での仮の表示（vyavahāraprajñapti）が適うでもあろうが、一方が存在するときには他方は存在しないので、清弁は「その論理によってそれらにも別のものであることは全く存在しないから」、苦は他によって作られないと説いたとする。さらに清弁は、偈は苦は他者であろうという仮定を説くだけであるが、趣旨は他より生じないという否定であると説く。それに関連して彼は、「他であることがあったとしても、第一章の不生の章で他より生じないと説いたように」と説く。第一章は「縁の考察」であるが、清弁は、註釈の冒頭で龍樹は不生に絞って説くと言い、第一章の最後では、諸縁の自性等の否定であるこの章の意味・目的（artha）は、不生の教示であると言うことから見て、第一章を「不生の章」と考えていたようであり、その章では四縁生は他から生じることであるので、他の存在を認めて否定していると考えていたのではなかろうか（cf. LVP, p.76、『ことば』Ⅰ、六八頁）。別であることがない趣旨を、清弁は次の論証式で示す。〔主張〕勝義としてデーヴァダッタの前の五蘊は後の五蘊と別でない。〔証因〕（一）デーヴァダッタの五蘊である故に。〔証因〕（二）別でない相続の苦である故に。〔喩例〕後の五蘊の自己自身のように。後の五蘊そのものが後の五蘊と別でないように、前の五蘊も同じデーヴァダッタの五蘊である故に、又は同じデーヴァダッタの相続の苦・五蘊である故に、後の五蘊と別ではない、と言うだけの事である。

月称は偈ａｂを条件文、偈ｃを主文とし、註釈では偈の「それら」を臨終の五蘊、「これら」を誕生時の五蘊とするだけで極めて明晰である。彼は偈ｄを、『無畏』等のようにｃの理由句と取らず、同義文の反復と解釈する。彼は第一八章の第一〇偈が説く、縁起した二項が別でもないことを教証にし、臨終の五蘊と誕生時のそれには因果関係が存続・確立していること（avasthāna、Tの anavasthāna は因と果の確立は因と果が他であることと取ったのであろう）を論拠にして、それらには別であることが認識されないと論じて、苦は他作でもないと結論を下す。彼も清弁同様に偈が別であることを仮定し、苦は他作であろうという仮定を説くだけであるので、その場合dとなるが、そのdを「これら他である五蘊によってそれら他である〔五蘊〕が作られる、と言うことも適切であろう」と解説する。彼はTがdにもhgyur、即ちbhavetを加えているように、偈dをも「他なるこれらによってそれらは作られるでもあろう」と読んでいたものと考えられる。

5 問うて曰く…答えて曰く―第四偈―

若人自作苦　離苦何有人　而謂於彼人　而能自作苦（四）

svapudgalakṛtaṃ duḥkhaṃ yadi duḥkhaṃ punar vinā/ svapudgalaḥ sa katamo yena duḥkhaṃ svayaṃ kṛtam// （四）

もし苦が〔その苦を作る苦〕自身の属する人《プドガラ》によって作られたのであれば、苦のない〔人〕、それによって苦が自作されるその〔苦〕自身の属する人《プドガラ》は何者なのか。（四）

【無畏釈】 ここで〔対論者は〕主張する。〔その同じ苦によって苦は作られるので、それ故に苦は自作であると我々は主張しないし、苦は因と縁より生ずるので、それ故に苦は他作であるとも主張しない。苦は〔苦〕自身の属する人《プドガラ》によって作られるので、それ故に先ず最初に苦は自作であると主張し、苦は他の人《プドガラ》によって作られるので、それ故に苦は他作であるとも主張する。〕

ここで答える。―第四偈―

もし自己の人によって五蘊・苦が作られると考えるならば、その〔人〕によってその苦が作られたその人、その苦が作られていない以前に作るもの（D, byed pa）である（作られている（byas pa（?-））苦のない人、それは何者であるか。「それはこれである」と説明すべきである。それさえも存在しない。それ故に苦は自身の人によって作られるということそれはあり得ない。

【解説】『無畏』の対論者は、自作は苦の自作でなく、苦にとっては苦自身を作ってくれる〔苦〕自身の属する人（svapudgala）による自作であり、他作も苦の他作であると第四、五偈で否定される主張を一括して説いている。羅什はそれを無視して、この偈では対論者は「人は自ら苦を作りて自ら苦を受く」と自作だけを説くとする。解答は『無畏』と羅什訳は表現は異るが、意味は同じ。

仏護も自作を苦そのものが苦を作るのでなく、苦自身が属するプドガラ（人）の苦作とするが、他作の場合は苦が因縁生であるから他によって作られるとは言わない（第二偈及び第一章第四偈の月称釈（cf. LVP, p.76）参照）とする。解答も『無畏』を解り易く書き改めたものと言えるが、彼は『無畏』の「「それはこれである」と説明すべきである。それさえもない」が曖昧であるからか、人が実有な自我と異なる仮有の名称による表示（prajñapti）であることが成り立たない、苦のない人は「顕示・言葉で説明されない」（gsal bar byed pa）という、人が五取蘊による仮名であるという思想に言及している。その仮名論によって解釈したのは月称である。

月称は、自作とは苦が苦を作るのでなく、苦を作るその人自身が自作する。即ち五取蘊という相の人間の苦を人が自作すると考える者を対論者とする。彼の答破は（一）苦によって苦を作る人が仮名とされる場合、苦と苦の行為者とが区別して説かれるべきである。（二）人間の苦を取とする人が神の苦を作るならば、人間と神は他であるから、自作でなく他作となる。（三）取は別でも人は別でないという見解も認められない。取と区別された人の存在を証明できないからである。

観誓によれば、清弁は自作と他作の二主張に続く第三の主張である共作の否定を説いたことになる。龍樹の偈の所説と異なる主張を論じると誤解したのは、上述の『無畏』の対論者の主張が自作と他作を一括して説いていることによるのではなかろうか。或いは仏護がそれを採用したことも心理的に影響したかも知れない。対論者は他作の業果を享受することはないという自業自得の原則と、他作が別の他の状態の人によって作られることであることとを論拠にして、苦は自作でもあり他作でもある、即ち共作であるから、自作と他作を使い分けることによって、主張の第一の自作と第二の他作で指摘された誤謬はないと主張する。しかし解答では彼も偈の所説に縛られて『無畏』の解答と殆ど同じ、苦自身の属する人が五蘊の相の苦を作ると考えるならば、苦を作る以前の、苦のないその人は何者か、と註釈し、その趣旨を「或る身体・自体（ātmabhāva）によって苦が作られた、苦のない人と呼ばれるそれ、身体は全く存在しないことだ」とする。しかし対論者の共作の主張をも考慮してか、第二の答破として自己の見解を守ろうと願って、人は五蘊と同一とも別異とも不可説であると主張することを想定して、次のように論証する。〔主張〕人はデーヴァダッタと名付けられるこれら五蘊には存在しないと知られる。〔証因〕縁って生じる故に。〔喩例〕瓶のように。観誓は「瓶は縁生であるからデーヴァダッタと名付けられるこれら五蘊にないように」という喩例とする。さらに、「もし存在することを否定するために、これは存在する」という対論者の揚げ足取りともいうべき、存在が否定されるためには存在するという主張を、観誓は世間では存在するものを否定するが、存在しないものは否定しない。その例として「デーヴァダッタは家にいない」と言うが、「〔存在しない〕空華は家にない」とは言わないと説いて、この主張が説かれているのは主張の主語である人が実有である（dnos ni yod do, cf. D, Sha, 268b7）ことを意味する。即ち否定されるためには人は存在するという反論とする。清弁はそれに対して上記の論証式の「縁って生ずる故に」という証因の内容は異教が分別する原質やプルシャ等と不定（anaikāntika）であるし、瓶という喩例も勝義として存在しないし、存在することも全くあり得ないからだとする。清弁は自作と縁起の矛盾を説くこの章の第二偈を教証に推理が説かれたと述べて、この偈の主題が縁生に基づく自作の否定であることを強調する。清弁の註釈はこのように跡付けることができるが、しかし全体としては一貫性を欠いており、清弁が何を論じようとしたのかは明らかでない。

6　若し人自ら苦を作らず…何を以っての故に―第五偈―

若苦他人作　而与此人者　若当離於苦　何有此人受（五）

parapudgalajaṃ duḥkhaṃ yadi yasmai pradīyate/　pareṇa kṛtvā tad duḥkhaṃ sa duḥkhena vinā kutaḥ// （五）

もし苦が他の人より生じるのであれば、他者が、作った後で、その苦が或る人に与えられるその〔或る人〕は〔与えられる以前には〕苦なしでどうして存在していたであろうか。（五）

【無畏釈】〔他の人が苦を作ると主張する者にも答える。―第五偈―〕

もし他の人が五蘊の苦を作り、彼がそれを作った後で、別〔の人〕に与えるならば、〕その与える者がそれを作った後で、或る者に与えられるべきである、その〔或る〕者に与えられていない以前には、苦のない〔苦を〕受取る人は何者か。「それはこれである」と説かれるべきであるとき、それさえもないので、それ故に苦は他の人によって作られたということもあり得ない。

【解説】『無畏』は前偈の註釈の自作を他作に変えた以外は、基本的な構文は同じ。羅什訳は偈の訳と同文。『無畏』の前偈と同じ繰り返しを無意味と考えたのであろう。

仏護は『無畏』の引用の後に、偈のｂｃｄの中の「苦のない」（duḥkhena vinā）を「苦を欠く」（bral pa）という同義語を挙げ、その真意を示すそれ・与えられる者を明らかにするもの（即ち苦）がない唯それだけのもの（kevala）であるとし、さらにその苦・取のない唯それだけのものは、それに苦という仮名さえもないとき、明らかにするものがないので、他であっても苦を作らない。要するに彼は他によって与えられる者・受取る人が存在しないと説く。

清弁はこの偈の場合は、他である人によって苦が作られることがあり得ないあり方を偈は説くと前置きをし、偈の内容を忠実に、「〈もし他の人によって苦が作られ〉て、別の異なる状態の〈他者によってその苦を作った上で或る人に与えられる、その苦のないものがどうして存在しよう。〉それは全く存在しない」と繰り返し、苦のない人は否定されたし、それが存在することを立証する推理はない故に、という趣旨だとし、「現在の人が存在しない故に、別の異なる状態の別異性が存在しないとき、どうしてそれによって作られたものが他によって作られたものということになろうか」と解説する。

月称はこの偈の場合も、取に依存して人が仮名として認識されるという構造の仮名論によって自己の見解を論じる。対論者は前偈の自作の否定に対して自己の見解が自作でなく他作になると主張する。彼は現世の人間の人と来世の神の人の区別を仮名として認め、現世の人間の人が来世の神の苦を作って来世の神と名づけられる人に与える。与えられた神の苦に依存して神という人が〔逆に〕仮名として認識される。従って神の苦は自である神の人に依存してでなく、他である人間の人による。月称の否定は明快である。対論者は神の苦を与えるために神の人の存在を前提としながら、その神の人は神の苦が与えられる以前には存在しないからである。月称はそれを「他の人より生じた苦の受け取り人が存在しない」ことだとする。

7　復た次に——第六偈——

苦若彼人作　持与此人者　離苦何有人　而能授於此（六）

parapudgalajaṃ duḥkhaṃ yadi kaḥ parapudgalaḥ/　vinā duḥkhena yaḥ kṛtvā parasmai prahiṇoti tat//（六）

もし苦が他の人によって生れるならば、苦がなくして〔苦を〕作ってそれを他者に与えるところの他の人とは一体何者なのか。（六）

T2、即ち『無畏』、仏護、清弁にはこの第六偈と註釈を欠く。月称の『明句』の梵本とTには存在する（cf. LVP, pp.231–232）。漢訳では羅什訳『中論』と『釈論』にあるので本来存在したであろう。叶本が本偈から除くのは、仏護註にないことによるのであろう。

【解説】　羅什訳は「苦が他の人より生ずる」を前の世の彼の人が苦を作り、苦を保持して、後の世の此の人に授与することとする。その苦を作る彼の人、即ち他の人は五蘊の苦がないものであることになる。羅什は「他の人は一体何者なのか」を「苦を離れて何ぞ人有り」、即ち苦のない人があろうか、もしそういう人が有るならば、その相を説くべきだという意味に取る。
月称の註釈は簡潔である。「或る〔五蘊の〕取によって人間としての人が仮名とされるところの、その人間の取を離れた、神である人のために神の苦を作って与えるものは何者なのか」。

8　復た次に（さらにまた）―第七偈（『無畏』第六偈）―

自作若不成　云何彼作苦　若彼人作苦　即亦名自作（七）

svayaṃ kṛtasyāprasiddher duḥkhaṃ parakṛtaṃ kutaḥ/　paro hi duḥkhaṃ yat kuryāt tat tasya syāt svayaṃ kṛtam//（羅什訳・梵本・T1は第七偈、T2は第六偈）

自身によって作られたもの（自作）が成立しないので、どうして苦は他によって作られたものであろうか。というのは他者が作ることになるでもあろう苦、それはそ〔の他者〕には自作であろうからである。（七）

【無畏釈】〈自身によって作られた苦が成立・存在しないので、どうして他によって作られた苦はあろうか。〉どういう理由でか。他者が作る苦、それはそ〔の他者〕には自作であることになろうから、それもまさに最初に論理によって考察されたとき、苦は自己の人によって作られたものはあり得ない。それ故に自己の人によって作られた苦は成立しないので、他作の苦もあり得ない。

【解説】　羅什訳はこの偈の場合も先ず「何を以っての故に」までは『無畏』（＝偈）の意訳。羅什は次に「此れと彼れとは相待する故なり」と、自作が成立しなければ他作も成立しないことが、縁起によることを明確にする。後半は偈や『無畏』の註釈と同じである。次の「自作の苦は先に已に破したり」は『無畏』の「それもまさに最初に論理によって」云々に相当し、その意味を明白に説いただけのもので、以下も大筋で『無畏』と同じ。
仏護は偈の前半では偈の自作の不成立による他作の成立の前に、自作が成立すれば他作も成立するという肯定的随伴を加えただけであり、後半は、或る事実を説き、それを理由に議論を展開する場合に、同じ文言を長々と繰り返したり、解り切った他の相対的な違いによる繰り返しなど冗漫さが目立つが、偈と変らない。

清弁は第二偈で推理によって自作が否定されたので、この偈で他作も否定されたと説く。観誓は短が長に相待しないとき存在しないように、他は自と相待的にのみ存在する。そこで自作がないとき他作もないので、自作されていない、自であることがないものに、他〔作に関する〕言説・議論はありはしないという趣旨だとする。彼はさらに不他作の別の論証として、〔神と人間等という〕各別に決った（pratiniyata）相続に〔快不快の〕異熟をもつ〔善不善の〕業を他が作ることはないことも挙げている。偈の後半を清弁と観誓は前世の五蘊の別の状態と現在の五蘊は異なっているが、人に区別はないから、他によって作られることはない。そうであれば自作と他作ということこれらは取るに足らないものである（gyi na は yat kiṃ cid etat の訳に用いられている）。観誓は他作の業果を享受しない（第四偈補註5参照）と状態が異なる人によって作られる（第五偈補註6参照）という二理由によって苦が自作と（でもあり）他作とである（でもある）（cf. D, Sha, 270b4）という見解は否定された、と一応の結論を下す。

月称はこの偈でも人が仮名であることによって他作を否定する。仮名の立場では人間の人が存在して、その人が神の苦を作って神の人に与えるのではない。人間の人は恒常ではなく五取蘊なる苦によって仮名として認識されるに過ぎない。従って神の苦を作って神の人に与える者は人間の取を離れた、人間の人と呼べないものであり、そういう者は存在しない。このように月称は先ず偈とは直接結び付かない論理的展開によって他作を否定する。次に彼は偈に副って神の人の苦は、作った人間の人には自作であろうが、既に自作は否定された（第三偈参照）ので、苦は人間の人の自作でもないし、神と呼ばれる他の人にとって他作でもない、と龍樹は否定されたと解釈する。

9　復た次に――第八偈（『無畏』第七偈）――

苦不名自作　法不自作法　彼無有自体　何有彼作苦（八）

na tāvat svakṛtaṃ duḥkhaṃ na hi tenaiva tat kṛtam/　paro nātmakṛtaś cet syād duḥkhaṃ parakṛtaṃ katham//（羅什訳・梵本・T1は第八偈、T2は第七偈）

先ず苦は自作でない。そのものがその同じものによって作られはしないからである。他が自作でないのであるならば、どうして苦

は他作であろうか。（八）

【無畏釈】　ここで〔対論者は〕主張する。〔その人はその苦とは別でないので、苦によって苦が作られる故に、別の視座からすれば（paryāyāt・異門よりして）、《「苦は自身によって作られる」》とも言い、《苦であるものそのものは人ではないので、》別の視座からすれば、《「苦は他によって作られる」》とも言う。〕

ここで答える。―第七偈ａｂ―

〈苦は〉或る視座から見れば〈先ず自によって作られ〉るということ、それはあり得〈ない、〉どういう理由でか。〈その同じものによってそのものは作られない〉からである。

苦は別の視座に立てば、他によって作られるという主張、それも考察されるべきであろう。―第七偈ｃｄ―

他によって作られたという執着、それもまたもし他は自身そのものによって作られず、成立・存在しないならば、その〈苦はどうして他によって作られたものであろうか。〉

【解説】『無畏』は偈に「先ず」（tāvat）があることから、「異門よりして」を加えたのであろう。rnam grańs las を『無畏』の独訳は paryāyāt, abwechselnd（der Reihe nach）、仏護の英訳は paryāyaśas, successively と訳すが、この語は異門と訳されるように「別の視座からすれば」といった syādvāda に近い意味と思われる。ここでは「先ず」との連想から「順次に」といった意味もあるように思われるが、或いはここでは先ず自作とも、次いで他作とも言われる、という点では二者択一的な見方（cf. BHSD, s.v. paryāya(4), p.335）とも考えられはしないであろうか。

羅什の前半は『無畏』の対論者の主張も偈の tāvat も paryāyāt も省き、刀が自身を切ることができないという比喩を加えた以外は偈と同じ。偈のｃを羅什は他（彼）には自体（自性）がないと取る。恐らく彼は執着が存在論の立場では存在そのものであることを強く意識してか、偈の ātmakṛta（自作）を自体（ātmabhāva、註釈では自性）と解し、他には苦以外に他という事物の自性、即ち他性がないから、梵偈では苦は他によって作られることはないと他作が否定されるが、羅什は、他性がないから、彼（＝他）も亦た苦となるので、苦が苦を作ることになるが、そういうことはないと否定する。

仏護の対論者は『無畏』の引用の前に、中観者は、自分達、対論者の考えを理解しないで、中観者自身の誤れる智の分別によって加えられた意味に、言葉によって誤謬を見出すのかと問うて、中観派の批判は無知に基づく誤解であるとする。その上で対論者は苦が自作とか他作と主張しているのではなく、或る人自身によって苦が作られるから自作と言うのだと主張すると、次に［　］に示したように、『無畏』の対論者の主張を引用する。彼は人が取によって仮名として認識されるという仮名論の立場で、対論者の「取のない唯人のみのもの（kevala）」が妥当・存在しないので、そのような人が存在しないとき、苦は自作でない（偈ａ）ことになると答破する。仏護は龍樹が苦の自作を否定する論拠として示したと考えられる偈ｂの「そのもの・苦がそのもの・苦自身によって作られない」を一応別に取り上げ、それを彼が引用した『無畏』の対論者の主張の前半である、「人が苦と別でないので苦は自作である」という主張の否定と取る。その理由として彼は対論者が人が取得された即ち取得された（upātta）苦と別でないと主張しているからだとし、存在しない人は自作しないので、人と別でない苦によって苦は作られない。それ故に、対論者の主張は成り立たないとする。

偈のｃｄを仏護は対論者の見解の後半である、苦は人でないという理由で苦が他作であるという主張の否定と取る。彼は偈の他は苦でない人であるから偈ｃは人が人自身によって作られないし、人自身が成立・存在しない、即ち苦・取のない人だけの人である他は存在しないので、苦は他によって作られないことになるという。このように仏護は『無畏』の解釈と結びつけてこの偈を論じているが、最後に彼はその解釈が第二偈以来論じてきた自作や他作の否定と同じ否定を、別の言語表現による別の意味と考えて再説したものだとする。

清弁は対論者を「他の者達」（cf. D, Tsha, 145b3）と呼ぶ。観誓はこの偈は「第三の（共作の）主張の成立のために、人の相を議題として人は自と他の両方によって作られたものである〔という立場〕を否定する別の方法を説く」節とする。彼は人《プドガラ》論者は仏教内に七部派あることを名を挙げて示し（七部派は㈠ sma ba baḥ sde（?.）、㈡ Dharmaguptāḥ（Mvy, 9081）、㈢ Tāmraśāṭīyaḥ（Mvy, 9083）、㈣ Vatsīputrīyāḥ（Mvy, 9088）、㈤ Mahīśāsakāḥ（Mvy, 9080）、㈥ Dharmottara、㈦ Kaurukullakāḥ（Mvy, 9086）。cf. D, Sha, 270b7）、「その〔第三の〕主張は前に（sṅa）説かれていない（ma bstan pa）ので〔清弁は〕他の者達は主張する」と述べたのだとする。そうであれば、他の者達は第四―六偈で取り上げた人《プドガラ》論者とは異なる他の人論者達ということになる。清弁は彼らの主張を「当の人自身によって作られたので、苦は自作でもあるし、苦そのものは人でないので苦は他作でもある。このように別の視座（異門）に立てば、自と他とによって作られたことが成立するので、誤謬はない」とする。観誓はそれを七部派の人《プドガラ》論者と絡めて「それら〔七部派〕の中の、或る者は蘊と人が同一であると認めるので、当の人自身によって作られたので、苦は自作であると言う。或る者は蘊と人とが別異であると認めるので、苦なるものそれは人でない。それ故に苦は他作であると言う。それ故にそれら七部派はそのように同一と別異の別の視座によるならば、苦が自と他によって作られたことが成立する故に、汝中観者の指摘した誤謬は我々にはないと言う」と解説する。ただしこの解説が「他の者達」の主張であるならば、蘊と人の同一の場合は第四偈、蘊と人の別異の場合は第五―六偈となるので、最後の「それら七部派は」はそれらとは異なる「他の者達」でなければならないから、七部派すべてでなくその中の「或る者」でなければならない。恐らくT訳の不備であろう。彼の対論者達の主張は上引の『無畏』（＝仏護）のそれの《　》で示した箇所以外を若干訂正しただけのものであり、対論者はその主張によって自と他とによって作られることが成立するので誤謬はないと断言する。清弁も偈を龍樹の答破とするが、先ず偈aの「苦は自己によって作られない」を「人自身によって作られない」という意味で、苦を自性としない人は存在しないという趣旨だとする。そこで人は苦を自性としても、龍樹はその見解を偈bで「その同じものによってそのものは作られない」と否定したと解釈し、偈bの趣旨を「〔自作ならば縁っていないであろう」と説く第二偈abで既に否定している故に」とし、自身に向けて作用を作すことは経験されないし、自身によって作られる、即ち自身が自身を作ることはあり得ないことも趣旨だとする。この作用を作すことは経験されない等の自作否定の論理は、後に月称によって、後述する「自己自身に対する作用は矛盾である」という、より明白な論理形式に改められたと言うことができよう。それはとにかく、清弁がこのように専ら意味や趣旨を説いていることは、龍樹の偈の原意と人《プドガラ》論を導入した『無畏』の解釈の違いが甚だしいことを清弁が自覚して、何とか整合させようとしたことを示すのではなかろうか。偈のcdについても、清弁は『無畏』の対論者が説く主張の後半「苦は人でない」ので他作であるという主張の否定とし、偈の他（paro）を対論者が他と考えるものとし、「自身によって作られないならば」を、『無畏』は「成立・存在しないならば」と解釈するが、清弁はそれを反転して、「他そのもの自身が生じていなくても存在するならば、他であることが成立するので、それによって作られることも他作となろう」と仮定した上で、知者達は不生なものを存在すると説いていないので、偈d「どうして苦は他作であろうか」を引用し、「「それ〔他〕は存在しない」という偈の句の意味である」と、ここでも語義を加えている。観誓はこの清弁の註釈では解り難いと考えたのであろうか、人や蘊の思想を中心に据えて、「この〔偈〕によって対論者は五蘊より別の人が存在すると想定し、それ〔別の人〕によってその〔人〕自身が作られて存在するとするならば、それそのものが別であるので、それによって作られる苦が他作であることになるならば、五蘊より別のその人によって〔その人〕自身は作られない。存在しないから、他であることがないとき、それによって苦がどうして作られようか。〔作られ〕ない」と説かれたと解説する。部派仏教に精しくないので、清弁、観誓の時代に七部派がどのような意味をもっていたのか、さらにこの節の清弁の所述の意味も明らかにすることができなかった。清弁は次にサーンキヤ学派の理論から自と他の行為者を取り出して否定しているが、ここでは省略する。

月称は『無畏』の見解を直接的には受けず、「別の論述方法（prakaraṇa）によって〔自と他の〕二対立命題が共に存在しないことを偈が説いた」とし、先ず自作の否定の論拠として偈bの「その同じものによってそのものは作られない」を挙げ、それが否定の論拠となるのは、「自己自身に対する作用・行為は矛盾である」（svātmani vṛttivirodhaḥ）という論理を説く。他作の否定は、「その（asau、偈cの）他が作ると〔対論者によって〕想定された、その〔他〕そのもの」に関して、偈のnātmakṛtaḥを「自身によって作られない（nātmanā kṛtaḥ）〔即ち〕自身によって完成されない（nātmanā niṣpannaḥ）」、要するに他は他そのものが完成・存在していないので、それ以外の別の原因に相待して成立しているからだとする。自身が完成・存在しない、即ち自性が存在していないものが他を作ることはない。

10　問うて曰く—第九偈（『無畏』第八偈）—

若此彼苦成　応有共作苦　此彼尚無作　何況無因作（九）

syād ubhābhyāṃ kṛtaṃ duḥkhaṃ syād ekaikakṛtaṃ yadi/ parākārāsvayaṃkāraṃ duḥkham āhetukaṃ kutaḥ//（羅什訳・梵本・T1は第九偈、T2は第八偈）

もし各々によって作られたのであれば、苦は両者によって作られたことになるであろう。他者によって作られもしないし、自己によって作られるものでない因のない〔苦〕がどうして〔存在しようか〕。（九）

d の āhetukaṃ は LVP, dJ では ahetukaṃ。

【無畏釈】 ここで〔対論者は〕主張する。〔苦は自と他の各々によって作られることが妥当しなくても、共在する自と他の両者によって作られた苦は存在する。〕

ここで答える。 —第八偈ａｂ—

〔〈もし各々によって作られたものが存在するならば、苦は両者によって作られた苦そのものも存在する、ものであろう。〉〕 そうではないので、それ故に共在する自と他の両者によって作られた苦も存在しない。

ここで〔対論者は〕主張する。そのように自と他と両者とによって作られることが妥当しないならば、そうであれば苦は無因より生じることになる。

ここで答える。 —第八偈ｃｄ—

〈そのように他によっても作られず自によっても作られない〉とき、苦が無因より生ずることがどうしてあり得ようか。大きな誤りになるからである。

【解説】 羅什訳は『無畏』の簡潔な意訳と取れる。羅什が第八章の「破作作者品」に詳述されていると言及していることは、次偈で月称が縁起による成立で同章に言及していることと共に、彼らが第八章を重視していたことを示すであろう。

仏護は対論者の主張では『無畏』が第三句の共作を結合せる（samasta）自と他の両者によることが、第一、二句の各別の場合とは別の独立した見解であることを強調しているが、解答では偈や『無畏』と変らない。各別の見解の否定がどうして結合せる両者即ち共の否定になるのかは論じていない。ただ彼は前偈で論じた「取のない唯それだけのもの」をこの場合にも適用し、苦を作る以前の「苦のない唯それだけの自と他の両者は存在しない」即ち苦である五取蘊・身体のない自と他の共というだけのものは存在しない、無であるので共作はあり得ないと説く。

偈ｃの parakārāsvayaṃkāra を『無畏』は共作の否定と訳すが、龍樹自身は仏護や月称のように各々別の他作の否定と自作の否定を表示する複合詞として造語したものと考えられる。このことは彼がこの章の時期には共作という第三句に意味を認めていなかったことを示すであろう。仏護は語義説明をしている。今は他作の場合だけを例示すると、仏護註は先ず gṣan gyis byas pa を取り上げる。この訳語は第七偈bや第八偈dの parakṛta の訳である。それは「他によってそれが作られる」、即ち「他がそれを作る」（gṣan gyis de byed）という意味であるとする。この「他がそれを作る」は第七偈のcの paro hi duḥkhaṃ yat kuryāt が示すように、gṣan kyis は具格でなく作る主体を示す主格を意味しよう。そこで仏護はこの第九偈で龍樹は「他が作るのではない」という意味の parākāra という複合詞を用いたと解釈したものと思われる。仏護の註釈のT訳では偈cの複合詞は gṣan gyis ma byas pa daṅ bdag gis ... と daṅ（と）で他と自の命題が並列されているので、共作の否定でなく、自と他の各々の否定を説くと訳されているが、偈abで各別に作られたことが共作であると説くので、この並列の訳が同時に共作を示すのであろう。仏護の註釈で次に来る de ltar gṣan gyis kyaṅ ma byas na（このように他によっても作られないとき）(cf. SB, p.177, l.4) の「とき」(na) の前にあるべき bdag gis kyaṅ ma byas（自によっても作られず）が省略されたか、脱落したのであろう。かくして仏護は「自も他も作らない苦が原因のないもの（āhetuka）であろうか」の原因のない苦を理由なく忽然としてある（glo bur ba）苦とし、『無畏』が述べた大きな誤りを、常に一切の事物が生じ、その結果、一切の努力は無意味になるし、無秩序な混乱（hdes pa）になることとする。

清弁はこの偈を二種（自と他の作）を主張する者（観誓はディガンヴァラ、ジャイナ教の阿羅漢とし、清弁の論述をジャイナ教の見解に対する反論と解釈する）の否定を説いたとする。恐らくジャイナ教の syādvāda の批判であろうが、そのことを明言してはいない。偈のabは偈に忠実に簡潔な解説、「上述の論証によって自によって作られることと他によって作られることが妥当しないとき、そのとき両者によって作られるという余地はないという趣旨だ」とするだけである。偈の後半の無因論の註釈では、第一章の不生の章でも無因論を否定したことに触れ、ここでも龍樹は説かれたとする。清弁の註釈の前半は仏護の語義説明の全文の借用である。それに続く彼の註釈は偈に忠実に「上述の知識根拠によって否定されたので勝義として苦が認識されないとき、そのとき、苦は無因よりどうして生じようか。それはまさに存在しないという語義だ」とするだけである。

月称は実に簡潔平明に、abは共作、cdは無因の苦がないことを説くとし、abでは前半は偈の「作られた」を「苦の作る作具（karaṇa）がある」に改めただけの偈の繰り返しの後で、それが誤りであることを既に説いたので否定されたし、各々によって作されないとき、共によって作されることはないという否定的随伴の例として、自と他の各々によって殺生が作されないとき、自他の共・「両者が作した」と言うこと（vyapadeśa）は〔世間では〕経験されないという。cdの無因の苦では、彼はparākāra等の仏護の語義解釈を採らず、所有複合詞とし、自作でなく他作でもない苦が原因のないものでありはしないことを、存在しない空華の芳香が存在しないという喩例で示し、苦が存在しないことから苦の依り所である自我も存在しないことを結論とする。

11　復た次に―第一〇偈（『無畏』第九偈）―

非但説於苦　四種義不成　一切外万物　四義亦不成（一〇）

na kevalaṃ hi duḥkhasya cāturvidhyaṃ na vidyate/ bāhyānāṃ api bhāvānāṃ cāturvidhyaṃ na vidyate/（羅什訳・梵本・T1は第一〇偈、T2は第九偈）

唯単に苦には四種の生起の方法が存在しないだけでなく、外界の事物にも四種の生起の方法は存在しない。（一〇）

【無畏釈】―第九偈―

〔〈唯単に五蘊の苦には自作と他作と両者・共作と無因よりの生の四種の生起の方法が存在しないだけでなく、色等の外界の事物にも四種の生起の方法は存在しない。〉〕

【解説】羅什は『無畏』を受けて苦を五取蘊とするが、それを仏教の立場に限定し、偈cdを異教徒の見解の否定と解釈する。仏教では五蘊は一切法であるから、他に事物はないが、異教の立場では苦は苦受、恐らく苦の感受であるから、龍樹は内の苦受だけでなく、外界の万物の四種の作を否定した、或いは苦受の受・upādānaは異教では質料因を意味するので、仏護や清弁の四大種（bhūta）のように質料因によって作られた万物についても否定したと解釈したのであろうか。

仏護は『無畏』の実質上偈と同じ註釈の後に、色について四種の不成立の論拠を説く。先ず自作の場合、第一偈の苦の否定と同じ方法で、色が有か無かのディレンマによって、有ならば再び作られる必要はないし、無ならば、自作はないし、もし自作があれば、ガンダルヴァ城（＝自）が城壁（＝自）を造るであろうし、第二偈と同じように自作には縁生がなくなるとする。他作の場合は、色は色とは別のものである色の因である四大種（bhūta）によって造られるという見解を取り上げ、色と色の因の四大種は別のものでないことを第一四章第五偈ｃｄの「或るもの（色）が或るもの（四大種）に縁っているとき、それはそれより別のものであり得ない」を教証に挙げて、因である四大種は〔未だ〕造られていない、生じていない、存在していない色とどうして別のものであろうかと否定する。共作は自作と他作の各々の場合に否定されたとし、無因生は共作が否定されたので否定されるとする。第一章第三偈と同じく、無因生が否定されるのは無因生には多くの誤りがあるからだとする。

清弁は偈と同じく外界の事物にも四種の作が存在しないことを当然の事として、ただ苦と同じ論理で否定されるとする。その否定は仏護の所説を、その論述の順序通りに論証式で説いただけのものと言うことができる。先ず、〔主張〕色は自身によって作られない。〔証因〕㈠〔色は〕存在しても存在しなくても作はあり得ない故に。〔喩例〕上述の〔苦の否定の〕論理のように。或いは、〔証因〕㈡縁って生ずる故に。〔喩例〕芽のように。

他である大種（mahābhūto）によっても造られない。それらは他性であり得ない故に。どのようにあり得ないか。〔主張〕大種は色より別のものではない。〔証因〕㈠外界のものである故に。〔喩例〕㈡色自身の自体のように。或いは〔証因〕㈢実有として存在することが否定された故に。〔証因〕㈣無には他であることはあり得ない故に。

〔主張〕共によっても造られない。〔証因〕各々による作はあり得ない故に。

〔主張〕無因生も存在しない。〔証因〕無因論は否定された故に。清弁は最後に仏護と同じように、声等も同じ方法で論じられるべきだとする。

清弁は他を色の因である大種とするなど仏護に従うが、月称は採らず、彼らが註釈の中で用いる、いわば、周知の種子や芽、瓶や衣等の外界の事物とする。それだけでなく、月称は仏護や清弁が力を注いだ色等の四種の作の否定をも無視して、四種の作に取って替る、すべての事物の成立が縁起によって成立することを強調し、それが第八章に説かれたとする。その章の結論を説く第一二偈で龍樹は「業の行為者は業に縁って生じ、業は業の行為者に縁って生じる。我々は成立の別の原因を見ない」と説く。月称はここで明白に一切の事物が相互相待的成立（parasparāpekṣikī siddhiḥ）によって成立することが「唯是を縁とすることのみ」という意味の縁起であり、それが一切の事物の成立の論理的根拠であるとする。更に彼は相互依存的に成立する一切の事物を、「顛倒のみによって自身の実有性が得られた世俗」とする。第八章でも彼は「世間的な顛倒を是認して、蜃気楼の水のような〔人々が求める〕世俗的な事物の〔世人〕周知の成立（prasiddha）は、「唯是を縁とすることのみ」を認めることのみによるのであって、別〔の論理〕によるのではない」と同じ世俗の諦の成立を説く。月称の世俗観の特徴も限界もここに如実に示されていると言える。

観行品第十三

1　観行品　章題は羅什訳と月称（梵本とT1）と『釈論』では行（saṃskāra）であり、『無畏』・仏護・清弁（＝T2）は真実（tattva）である（漢訳『灯論』は行、羅什訳に従ったとも取れるが、月称釈までも「行」であるから、「真実」への改題はT2訳の段階で行なわれたと考えられる）。しかし「諸行」という語はこの章の偈では第一偈に一度だけ、真実に至っては偈には見られない。即ち龍樹は使用していない。そういう概念が章の主題である例は他にはないであろうが、章の内容から見て、どちらも章題であり得ないとまではいえない。強いていえば「真実」よりも「行」の方が相応しく、これが原の題目ではないかと考えられる。

単に章題だけでなく註釈者達の態度も他の章の場合とは異なる。他の章の場合は基本的には偈に忠実であろうとするのに、この章の場合、『無畏』は第三偈に先立って人法二無我の範疇を導入し、偈を無視した解釈をしている。人法二無我は『中の頌』には説かれていないし、少くとも龍樹は自覚的に取り上げていない。羅什は『無畏』を採らず、第三偈に先立って諸行即五蘊論を詳述している。その傍論の中の最初の部分には偈の所述を考慮した説明もあるが、全体としては羅什自身の諸行空の思想を論じたものである。仏護は第三偈の「変化・別のあり方の状態」を「決して留まることのない自性」（この場合の自性は中観派の自性観というよりも、唯識派の遍計所執性等の自性に近い概念と考えられる）とし、偈の思想的背景と訣別し、刹那滅論に近づけている。清弁の場合は更に徹底している。彼は第三章以後の各章の冒頭にその章の目的を簡潔に説く。その文言は「空性と対立する特定の主張を否定することによって涅槃に自性がないことを説くという目的にそって第二五章が著述される」（傍点を付して第二五章を例示した）という極り文句から成る。それに対してこの章だけは「論難（dūṣaṇa）・論詰（vitaṇḍā）の答破と自立論証によって、諸行は〔従来説いた諸行の相とは別の〕相によって無自性であることを説くという目的（以下は他章と同じ）」となっている。この中で他の章の場合には見られない対論者の論難や自立論証を行っているのは清弁自身の註釈文においてであって、龍樹の偈は実質上はその手懸りか、せいぜい切っ掛けに過ぎないようにしか見えない。〔別の〕相によって諸行が無自性であることを説くという相は虚誑とか別のあり方の状態といった形状（ākāra）のことであろうが、清弁もそれらを真正面から取り上げてはいない。清弁は他の章でも対論者の論難を予想し、答破し、自立論証によって中観の主張を立証しているが、それらは龍樹の論証学上の不備を補うという姿勢に貫かれているように思われる。しかしこの章の場合は、主役は飽くまでも清弁の論破や自立論証であることを意識している点で、質的に異なるように思われる。

月称は仏護や清弁と同じく、或いは更に徹底して、彼が好んで用いる無明の眼翳によって認識された虚妄な事物という、一般的な非実有の問題に摩り替えている。

そこで今は先ず成る可く註釈に頼らずに、偈だけを考察して、龍樹その人がどのような意図・どのような目的をもってこの章を著述したかを探って見たい。章は八偈からなる小さな章で、偈の用語の上では二偈宛に四等分できる。

（一）〔第一、二偈〕第一偈のａｂは、「欺惑を本質とするもの（moṣadharma、このdharmaは一般的には、アビダルマの範疇では性質・属性であろうが、空の立場では本質・本性）は虚誑（mṛṣā）である」という仏説の引用である。龍樹には次に述べる言語学的な知識はなかったのであろうから、このmoṣaとmṛṣāという二語が同義語であることを教証によって主張したのであろう。そもそもこの欺惑と虚誑は言語学的には、同（類）語反復に過ぎないようである。梵語のmoṣadharma（欺惑を本質とする）はパーリ語のmosadhammaのサンスクリット化であり、そのパーリ語のmosaは、梵語のmṛṣā（虚誑）に当るパーリ語のmusāの形ばかりのヴリッデ（二重母音化）の形態（quasi vṛddhi formation）であるとのことだからである（cf. BHSD, s.v. moṣa-dharma, p.441）。この二語は時と共に用法も微妙に異なり、moṣaは欺き惑わし、誑かすという意味を強め、mṛṣāはその意味と共に虚偽・虚妄、非実有の意味で用いられていったようである。

第一偈で欺惑を本質とすると説かれた諸行は、「諸行無常」の諸行であり、有為（saṃskṛta）と同義である。有為はこの世に存在する事物はすべて各々の因縁の総体によって生じたものであることであり、無常はそういう事物の最も根本的な本質的特性である。この章の虚誑も諸行虚誑というべきものであるが、無常のように存在論的に重要な基軸概念でなく、曖昧で比喩的な意味を含意して用いられているので、諸行無常のように人口に膾炙されることはなかったが、原始仏教経典では折に触れて、民衆に対して人生の空しさや欺瞞に満ちた人の世の移ろい易さを説く説法では説得力をもったであろう。よく言えば詩的で人々の情緒に訴えるこれらの言葉は、人々に感傷的な虚無観や厭世観をもたらすだけであろう。龍樹は原始経典に散見されるこの言葉から、仏教が単なる厭世主義や虚無論と解釈されるのを恐れて、この虚誑という語が諸行が空であることを伝えようとしたものであることを論述じたのであろう。言うまでもなく、その裏には縁起する諸行を因果関係によって解釈するアビダルマの法の因果を撥無する八不の縁起・縁起即空がある。龍樹がこの章を著述した目的は、原始経典が説く虚誑や欺惑が元来空性を教示するものであることを論証することによって、仏教が原始仏教以来本来空の立場に立つ宗教であることを示すことにあったといえよう。T2では章題が真実（tattva）になっているのはそういう龍樹の目的・意図を表に出したということができるであろう。

第一偈のcdは「諸行は欺惑を本質とする」という、恐らく当時の諸行や欺惑という語の用法の実際を反映した、龍樹自身の諸行観であり、従って第一偈は欺惑を本質とするものであることを論拠にして諸行が虚妄であることを述べていることになる。cdの「諸行は欺惑を本質とする」をも仏の教法に含めることもできるが、そうであれば、龍樹は諸行が虚誑であることをも仏説の権威を借りて主張したことになる。もしそうであれば、第二偈のaは第一偈のaに仮定の従属接続詞 yadi を加えただけの、「もし欺惑を本質とするものが虚妄であるならば」であるから、もし仏が説かれた通りだとするならば、という意味を言外に含意していることになる。そうであれば、bの「そこ〔虚妄な諸行〕において何が欺かれ、惑わされるのか」は、虚妄な諸行が何を欺くというのか、欺き惑すことなどできないではないかと主張しているように読める。そこで彼はcdで「しかし」(tu) と反転して仏説の真意を説く。この第一、二偈の論理の展開は第一偈cdの「すべての行は欺惑を本質とする」を仏説としないで、龍樹の諸行観の表明と取っても変らない。それに続く第二偈bの kiṃ tatra muṣyate は、代名詞が何を指すのか具体的な内容を明示していないので、断定し難いが、恐らく直前に補訳したように、第一偈のcdとの関連から見て、tatra は「虚妄な諸行において」、kiṃ muṣyate は反語の意味の「何が欺かれ、惑わされるのか」で、何も欺惑されないという断定を意味するであろう。このように偈のbは具体性を欠いているので、後述するように註釈者たちもどう解釈したらよいか苦慮したようである。ａｂがこのように解釈できるならば、諸行が欺惑を本質とする虚妄であり、諸行以外には何も存在しないので、諸行において欺惑される対象は存在しないことになる。そこで対象がないので欺惑・虚妄もないと、龍樹はａｂで説いていることになる。

しかし欺かれ、惑されるものがなく、虚妄もないのであれば、仏は何を虚妄と説かれたのか。そこで龍樹は偈ｃｄで仏は虚妄という教説で空性を教示されたのだと明かす。しかしこのことは欺惑とか虚妄という語から欺くとか惑わすといった語の本来の意味を払拭することでもある。龍樹自身はそのことを明確に自覚していたようで、次偈からは欺惑も虚誑も姿を消す。しかしこの点でもこの偈は註釈者たちを悩ますことになったようである。ともあれ、欺惑や虚妄という言葉はその役割を終え、舞台から姿を消す。虚妄や欺惑は第一偈の主題であっても章全体をカバーするものではない。

（二）〔第三、四偈〕龍樹は第八偈で空性を定義し、論じているので先ずそれを取り上げる。第八偈ａｂでは彼は仏説として空性はすべての見解からの脱却であると定義する。この空観は第二七章の、結論を説く最後の偈である「すべての事物は空であるから、恒常等の見解はない（取意）」と基本的には同じ空観である。解題上（二六頁以下参照）に述べたように、第二六、二七章は龍樹の初期の著作であったと考えられる。その第二七章と同じ見解からの脱却という空観を説くので、最初の二五章の中では思想的に第二六、二七章に比較的に近い初期の作品ではないかと考えられる。

ただし第八偈でもｃｄになると、「空性の見解を懐く者は救いようがない」と説く。空見が我見よりも絶望的であることは、『大宝積経』の「迦葉品」（§64）などに見えるし、『宝性論』でも強調され、それは空性の立場に対する批判である。空性に執着するという、人間の存在への執着の根深さを示す仏教の根本的な考え方である絶対無の主体的あり方であり、見解の脱却が徹底していることを示しているが、思想史的には空の立場が確立した後で、その立場への執着に対する批判として現れるものであろうから、空の哲学の確立に努めていた龍樹にはそのような危惧は自覚されていなかったのではなかろうか。解題上（一一七―一一九頁）に触れたように、この偈は後代の増広と考えられないでもないであろう。

何れにしてもこの章は、この章の著述の時期には龍樹が縁起即空性といった中観派の本格的な空の思想に到達していなかったことを示しているように思える。以下に論ずるように、第三偈以下もそういう未成熟な空観に立って空性を論じている。

第三偈では空性に対応して、諸行は存在論上で最も基本となる事物（bhāva・存在するもの・有）という用語に改められている。偈のａｂは「変化した状態が見られるので（＝ｂ）、〔すべての〕事物は自性のないもの（無自性）である」である。別のものに変化した状態（anyathābhāva・以下変化）は恐らく龍樹もmṛṣāを虚妄・非真実有の意味に取り、それを更に或るそのものの本来の状態から別の状態へ変化することという事物の具体的な構造として示したものと考えられる。それが「見られる」ということは、変化が日常経験上の事実であるということであろう。龍樹は第一五章第五偈でも、「有（事物）の変化は無（abhāva）であると世間の人々は語る（bruvate janāḥ）」と、有の変化が無であることを日常の常識の判断であるという。これらのことは変化の認識が仏の教えでは真実在の認識でないことを語っているとも取ることができるであろう。

このように龍樹は自性と変化が矛盾するものであることによって、変化の日常経験を論拠にして、偈のａｂでは事物には自性がないと自性を否定する。その事物に自性がないことを、龍樹は偈のｄでは第二偈で取り上げた事物の空性（śūnyatā）と言い換えている。この空性は同時にこの偈のａの「自性がない」（niḥsvabhāvatva）を受けたsvabhāva ... śūnyatā、即ち「自性を欠くこと、即ち自性が空であること」であろう。こうして彼は事物が自性を欠いていることを論拠にして、反転して自性のない事物の存在を否定する。

このように第三偈ではａｂで先ず対論者の有自性の事物を否定する。このことは事物はすべて自性のない事物であることを意味する。そこで次にｃｄでその自性のない事物を否定する。自性のない事物は空の立場の事物観といえるが、龍樹はそれをも否定する。彼の否定の論理は否定の否定である。或いはこれは、真の空性が空であるという見解の否定であることを説いているとも取れるが、そうであれば第八偈の「空性は見解の脱却である」の伏線といえよう。

第四偈では自性の否定の論理の展開の論拠として用いた世人の経験である変化も、否定の対象とされる。そこで彼は自性の有無のディレンマによって、先ず自性のない事物はないという第三偈の結論が起る基体である事物がないことであるから、自性がなければ変化もない。自性と変化は相容れないので自性のある事物にも変化はない。この否定によって世間の健全な認識が虚妄であることが露呈される。

（三）〔第五、六偈〕第三、四偈は第一五章の第八、九偈と同じ主題を若干異なる視座に立って論じている。後者では世間の認める変化は有が無に変化すること、事物の存在の否定である。それに対してこの章の第五偈では、それ〔と指示された事物〕そのものにも（tasyaiva）、〔それとは〕別・他〔の事物〕そのものにも（anyasyaiva）変化はないというディレンマを実例によって示す。それを老いるという変化が起ると日常認められる基体である若者とし、老いるという変化の結果に相当する老人を他とする。第六偈では、それの（そのものに起る）変化であれば、乳が即ち凝乳であろうし、他の（他のものに起る）変化であれば、乳以外の事物である他のものには凝乳の状態があることはない。この実例から明らかなように龍樹は変化をこの章では存在の否定でなく、同一の事物の状態の変化という日常一般に理解されている変化の概念で用いている。第一五章の場合は自性・他性・有・無の四句否定に合わせた本格的な存在の否定となっている。

（四）〔第七、八偈〕第七偈で龍樹は再び空を取り上げる。ここでは空性でなく空なもの（śūnya・空）で、空でないもの（aśūnya・不空）と対をなす。空は第三、四偈の無自性な事物、不空は有自性の事物であろう。空と不空は矛盾概念であるが、第七偈は不空があれば空があるという不空と空の存在の因果関係を前提に、不空がないので空もないと、不空も空もないという否定が自己否定で完結することを説く。この論理は一方向的で、龍樹の相互依存の縁起観とは無縁である。強いていえば彼の十二支縁起観（第二六章参照）である一方向的な因果関係の順観を前提とした逆観を、不空と空の存在の否定に適用したことになる。先に触れたように龍樹の縁起観が確立する前の初期の作品ではないかと考えられる所以である。

第八偈はａｂですべての見解の滅却・見解からの脱却という意味の空性が仏説であると説く。しかしこの章では第二偈で虚妄を空性の意味を解明するものと仏が説かれたとし、その空性の定義を第四偈では明言してはいないが、偈の文脈から推して、無自性・自性のないこととしていると考えられるので、この見解の滅却という空性とは異なる。見解の滅却は寧ろ初期の著作である第二七章の空性観の要約である。偈のｃｄは一転して空性が見解となった者は癒し難い（度し難い）と勝利者達は説かれたという。解題で論じるようにこの偈は龍樹の著述でなく、後に何者かによって付加されたものとも考えられる。

2　問うて曰く——第一偈——

如仏経所説　虚誑妄取相　諸行妄取故　是名為虚誑（一）

tan mṛṣā moṣadharmaṃ yad bhagavān ity abhāṣata/　sarve ca moṣadharmāṇaḥ saṃskārās tena te mṛṣā//（一）

世尊は「欺惑を本質とするものは虚妄である」と説かれた。そしてすべての諸行は欺惑を本質とする。それ故に、それら〔諸行〕は虚妄である。（一）

LVP, dJ の偈 a は、moṣadharma。

T 2（〔 〕内は T 1）は偈の a を chos gaṅ〔sig〕slu〔bslu〕ba de〔ni〕〔b〕rdsun ṣes//（法が欺惑であるところの、そ〔の法〕は虚妄である）。

偈の全体を特に d の saṃskārās までを仏の教説の要約と見做すこともできなくはないであろうが、諸註釈者の解釈どおりに、前半を仏説、後半は欺惑を本質とすることを論拠にして、諸行が虚妄であることを主張していると取るのが自然であろう。特に『無畏』と羅什の増広のない教証の経文はそのことを示す。

諸行が欺惑を本質とする虚妄であることは、その偈の註釈ですべての註釈者が引用する後述する経文からも明らかである（仏護は「別の経で」とするので偈で龍樹が引用した経とは別の経とするのか）。清弁はそれを声聞乗の経典の経文とし、別に大乗の経典の経文をも引用する。大乗では『十地経』でも「すべての有為は空っぽで空虚（rikta, tuccha、どちらも経典で空性を表すために用いられている非専門術語）で虚妄で欺惑を本質とし、欺くもの（visaṃvādikam）である」（cf. Dbh, p.82, l.13, cf. BHSD, s.v. moṣa-dharma, p.441）ことが、第五地の菩薩の覚りの内容とされている。このような点から推して、羅什はこの偈を対論者（小乗）の主張と解釈し、他の註釈者は中観論者の主張とするが、恐らく龍樹自身は対論者の見解か自己の見解かという問題に入る以前に、仏がこの経文を説かれているという事実を主題として取り上げたのではなかろうか。

龍樹は『中の頌』では大乗経典でなく、原始経典（āgama）のみを教証としていると思われる。月称は龍樹が『中の頌』の中で教証を述べた偈として第一一章第一偈、第一五章第七偈と共に、この第一偈を挙げるが、第一五章の『カートヤーヤナへの教誡』は元より、他の二箇所の経文も研究者によって原始経典の経文と推定されている。正確にいえば、教証といっても彼は原始経典そのものが本来は空を説いていることを示す具体例となる経文を挙げていると取るべきであろう。この章の第一、二偈は後述するように、その好個の実例である。そういう意味でいえば、この第一偈は『無畏』等のように、中観論者の所説と取るのが、龍樹の原意に近いとも考えられる。それに反して羅什の時代には龍樹などの努力によって、大乗経典を信奉する教団の中に、中観学派とでもいうべき研究集団が成立していたであろう。そういう大乗の経典や『中の頌』等の論書をも学んだ羅什にとっては、阿含を仏説でないと否定するのではないが、同時に、或いは寧ろ、『般若経』や『法華経』や『維摩経』といった大乗の経、さらに大乗の律や論を原始経典やアビダルマよりも権威があると受け止めていたのではなかろうか。彼が第一偈を対論者の主張としたのは、そういう認識が彼にあり、かつ、欺惑とか虚妄といった曖昧な表現は大乗に馴染まず、思想的に洗練された縁起とか仮名といった概念が、大乗の術語として相応しいと考えていたからではなかろうか。この点で注目されるのは清弁である。彼は次に挙げる『無畏』の引用経典の最後に、「有為は欺惑の性質があり、滅び易い性質がある」を増広した経文が声聞乗でも説かれているし、「大乗でも「有為である間は虚妄であり有為でないときは虚妄でない」と説かれている。それ故にこのように両方の立場（対論者＝声聞乗と中観者＝大乗）において各々に承認されている阿含（＝教証）があるから、すべての有為は虚妄である」と説く。このことは彼が大乗経典を中観者の教証として積極的に原始経典と対等の経典としていることを示すであろう。この点での龍樹の経典観と清弁のそれの違いは大きい（月称についてはLVP, p.269参照）。

【無畏釈】 ここで〔対論者は〕主張する。（一）〔四種〔の生起〕が存在しなくても、〕苦と外的事物である諸行とは存在する。

ここで答える。――第一偈――

（二）［この点で別の（仏護には別の（anya）があるが、これは次の別の（anya）経とで別々のという程の意味）経で、「欺惑を本質とするもの、それは虚妄である。比丘たちよ、この、欺惑という本質のない涅槃は最高の真実（paramaṃ satyam）である」と説かれている。］

（三）それ故に〈すべての諸行は欺惑を本質とする〉ので、〈それ故にそれら〔諸行は〕虚妄である。〉

（四）非真実な顕現（vitathakhyāti）であるから、分別された自性を欠く（自性は空である）（vikalpitasvabhāvaśūnya）。

【解説】（一）は前章の結論である第一〇偈の四種の作られたもの（kṛta）の否定に対する対論者の反論である。これを仏護は表現に違いはあるが、基本的には継承している。清弁は無視し、月称は端的にすべての事物の四種不生起とし、にも拘わらず、無知な凡夫には顕現しているとする。羅什は偈を対論者の主張とするので存在しない。

（二）については前にも触れたようにこの経文はすべての註釈書がここで引用している。仏護、清弁はこの箇所に合わせてか、増広された経文、或いは別の経文を合体したかのような経文を引用する。

（三）は偈のｃｄの引用である。羅什訳も実質的には同じである。羅什は『無畏』の（二）と（三）を訳出したことになる。

（四）で『無畏』は欺惑と虚妄が実質的に無を意味するという見解を予想して、欺惑を非真実な顕現、虚妄を分別された自性の空と規定する。これは欺惑とか虚妄といった、煩悩論というか、心理主義というか、そういう立場での曖昧な概念を、認識論的概念に改めることによって、その意味を明確に示そうとしたものといえる。非真実な顕現（log par snaṅ ba）は mithyābhāsa（cf. TSD, p.2333, 右）の訳でもあるが、註釈史的に見て、月称の vitathakhyāti（phyin ci log tu snaṅ ba）（cf. D, Ḥa, 81a4）を採るべきであろう。log par（T 2）は phyin ci log tu（T 1）の異訳、省略形であろう。或いは mithyākhyāti としても、実質的には変らない。顕現（khyāti）は、唯識思想の主要概念でもあるし、特に後代の誤謬論の中心概念である。分別されたものの自性の空も、少なくとも表現上は唯識思想の遍計所執性（parikalpitasvabhāva）やその空と同じである。清弁は虚妄を（一）（観誓は諸行を）誤智によって認識される。（二）凡夫（異）生が四顚倒によって我浄常楽を認識する。それ故に諸行は凡夫を欺くので虚妄であるとする。欺惑（観誓は、諸行は）を煩悩を断つ念・智・修・三昧という勝義を対象とするものを欺く因であるので、欺惑の性質のものといわれるとする。このように清弁も欺くを認識論上の誤智と解釈する。彼は虚妄を標示（uddeśa）、欺惑〔の性質〕を説明（nirdeśa）とするが、これは偈ａの「欺惑を本質とするものは虚妄である」の解釈である。観誓は対論者の論難を「〔主張〕諸行は勝義として実有である。〔証因〕欺かない故に」とし、それに対する答破を「欺惑である諸行は虚妄であると世尊が説かれた」ということだとする（これは彼が引用した教証の経文から見ても偈ｃをも仏説とするようである）。観誓は「諸行」を主張の主辞、「虚妄」を所証の法、「欺惑を本質とする」を能証の法とし、〔主張〕諸行は虚妄である。〔証因〕欺惑を本質とする故に。〔喩例〕幻術師によって化作された女の身体のように、という論証を自立論証とする。

他方仏護はこの『無畏』の（四）の解釈を両方共、まったく無視している。月称は「非真実な顕現」は採用し、それを『十地経』に見られる visaṃvādika（月称釈では visaṃvādaka、彼の場合、この語は欺くものという意味よりも、論理学で用いられる撞着性・不整合性のあるものという意味か）と並置し、分別された自性の空を atatsvabhāva(-tva) というやや存在論的な概念に改めている。この語は『宝性論』（RU, p.31）に見え、「それ（すなわち「我」-tat-）の自性（-svabhāva）のない（a-）」色等を我と認識する顚倒の場合に用いられている。

羅什訳に（四）がないのは、この偈を対論者の見解とするから当然ともいえるが、『無畏』の第二偈の註釈中にある非真実な顕現という同じ術語も見られない。それはこの見解を彼が中観思想と認めていなかったからであろうか。

3　答えて曰く—第二偈—

虚誑妄取者　是中何所取　仏説如是事　欲以示空義（二）

tan mṛṣā moṣadharmaṃ yad yadi kiṃ tatra muṣyate/　etat tūktaṃ bhagavatā śūnyatāparidīpakam//（二）

もし欺惑を本質とするもの、それが虚妄であるならば、そこにおいて何が欺かれ（惑わされ）るであろうか。しかし世尊によって「それは、空性を教示するものである」と説かれたのである。（二）

【無畏釈】　ここで〔対論者は〕問う。もし欺惑を本質とする諸行、それが虚妄であるならば、その両者は共に無の意味と同じであるから、〔存在しない〕欺惑を本質とするものによってどうして〔これまた存在しない〕虚妄が成立されるであろうか。

ここで答える。—第二偈—

〈もし欺惑を本質とするものと説かれたもの、それが虚妄であるならば、〉〔それはあなた、対論者の見解では〕無という意味と等しいものであるので、〈そこにおいて何が欺かれ（惑わされ）るであろうか。〉

「だがしかし」（hdi ltar）（この語は多くは evam や hi とその同義語の訳語であるが、時に api tu, kiṃ tu（TSD, pp.1240–1241）の訳にも用いられているようである。ここでは偈 c の tu に相当するものと取った。しかし偈とは異なる『無畏』の解釈として hi（確かに）の意味に取るべきかも知れない）、欺惑とは非真実な顕現（vitathakhyāti）であり、虚妄とは分別された（cf. P, mam par gtags pa, D, mam par brtags pa）自性が空である（自性を欠く）ことであるから、〔両者共に〕無の意味ではない。だから、欺惑を本質とすることによって虚妄が成立され得るのである。それ故に〈世尊によって〉欺惑を本質とすると〈説かれたそれ（虚妄）は空性を明らかに説き示すものである〉と知るべきである。

【解説】 インドの註釈書は皆この偈を、対論者に対する解答と解釈する。ここでの対論者は欺惑も虚妄も無に他ならないと主張する者である。ただし正確に言えば、『無畏』では無ではなく、無の意味に等しい、無に似た、無のようなもの（med pahi don yin par hdra ba）である。これは欺惑等を非実在な顕現とする解釈の伏線になっているといえよう。この無に等しい・似たを、仏護等は採っていないが、仏護はその意味を「すべての諸行が虚誑ならば、把握していても、すべての事物は無いということを暗黙裏に示しているのではないか」という対論者の質疑の中に込めており、月称も「今もあなたを欺き惑わしている」（cf. LVP, p.238, l.12）こととしているといえよう。

仏護は偈のbを、虚妄が無であることは欺惑が無であることであるから、そう主張する対論者は「欺惑を本質とするものにおいて何が欺かれ・惑わされるのか、先ずそれを語れ」と、龍樹が説いていると解釈している。清弁も同じで龍樹は「無であるから、何も欺かれはしないであろう」と対論者の主張を否定していると解釈する。『無畏』の偈のbの註釈は偈文そのもので何ら解説を加えていないが、文脈からも、仏護、清弁と同じであろう。要するに彼らは偈の前半で龍樹は虚妄は無でないと説かれたとする。

月称もこの偈を対論者への解答とするが、『無畏』等とは解釈は異なる。彼は偈のaを対論者の主張、bをそれに対する批判とするのでなく、abを中観論の思想の陳述と取る。aは第一偈のaで仏説とするから、自説の陳述とするのは或る意味では当然といえる。彼はbをその自説に加えられた対論者の反駁に対する解答とする。反駁は中観論者の空観は、「すべての事物は存在しない」という、事物を損減する（存在するものを存在しないと認識する）誤れる見解（mithyādṛṣṭi）となるというものである。それに対して彼は当然のことながら、空の立場で答える。事物が存在すれば、それの損減よりして無の認識があるから、空観は誤れる見解（認識）となるが、空とは事物が本来・本性として存在しないことであり、事物を何も認識しないから、bとなる、即ち「何ものも無でさえも決してありはしない（naiva kim cidabhāvo bhavati）」。従って「そこにおいて何が欺かれるか」は「そこにおいて、何が無であるのか、無は存在しない」という意味となる。こうして彼はこの仏説は「無の認識をも教示するものでなく、空を教示するものだ」と主張する。羅什は

『無畏』の第一偈の註釈の（四）に当る非実在の顕現等をここでも無視しているのは空観が異なるからであろう。

空を仏護は恐らく『カートヤーヤナの教誡』（第五章第七偈参照）によるのであろうか、有無の誤りを離れた自性の空性とし、清弁は『無畏』に従って分別された自性の空性とするが、月称は空性を自性の不生（svabhāvānutpāda）とする。それらに対して羅什は次にくる本文の〔二　羅什の傍論〕全体を、形の上では第二偈の後半の「世尊によって「それは、空性を教示するものである」と説かれたのである」の註釈文として、先に触れたように具体的に諸行の空を説明している。

4　問うて曰く…虚誑を説く　行（saṃskāra）には造る（造作）という意味（これは業（karman）を意味する）と、移り変る（遷流）という意味（これは有為（saṃskṛta）を意味する）との二義がある。羅什はこの章の主題を後者の意味の行と解釈している。しかし前者の用法も見られないではない。例えば本文の〔二—一A〕の中の「諸行を五陰と名づく、行より生ずるが故なり」の、「諸行」は五陰、即ち有為の一切法を意味し、迷いの生存の移り変り、具体的には例えば、赤子から老人への移り変りを意味する。他方、「行より生ずる」の「行」は造るという前者の意味、具体的には十二支縁起の第二支である行すなわち業で、迷いの生存を惹起する根源的な生成作用、原動力を意味するであろう。

この長文の傍論は『無畏』はいうまでもなく、インド撰述の註釈書にはまったく見られない。章題を同じく「行」とする月称釈にもない。もし著者とされる青目がインド人でインドの中観の思想の流れ、伝統の中に居ったならば、仏護以下の註釈者達に全く影響を与えず、完全に無視されたとは考え難いであろう。この傍論の中には西域や中国の風俗習慣などが記述されてもいる。これらのこともこの傍論が羅什自身の論述であることを物語るであろう。

羅什がこの傍論を加えたのは、彼が用いた原本の章題が「行」であったことをも示すのではなかろうか。彼がこの註釈文を加えるために、または、加えたので、彼が章題を真実から行に変えたとは考え難い。この章には行を題としながら、行の解説が殆どないので、羅什が解説を加える必要を感じたのかも知れない。

5　復た次に…偈に説くが如し—第三偈—

諸法有異故　知皆是無性　無性法亦無　一切法空故（三）

bhāvānāṃ niḥsvabhāvatvam anyathābhāvadarśanāt/ nāsvabhāvaś ca bhāvo 'sti bhāvānāṃ śūnyatā yataḥ/ (三)

諸事物には自性がない。変化した状態（変化）が見られるからである。そして自性のない事物は存在しない。諸事物は空性である故に。（三）

LVP の c は asvabhāvo bhāvo nāsti である（Mss. nāsvabhāvaś ca bhāvo nāsti, cf. LVP, p.240, fn.8）。c の T 1 は dṅos po ṅo bo ñid med med/。T 2 は ṅo bo ñid med dṅos med de/。

【無畏釈】 ここで〔対論者は〕主張する。—第三偈 a b—

世尊によって虚妄と説かれたものは、無と法無我（dharmanairātmya）の意味ではなく、諸事物の人無自性（pudgalāsvabhāva）の意味である。どういう理由でか。別の状態（分位・anyāvasthā）への変化（pariṇāma）が見られるからである。—第三偈 c d—

法〈無自性の事物は存在しない。〉どういう理由でか。〈何となれば、諸事物は空である〉とき、法の自性があることはあり得ないからである。

【解説】 羅什はこの偈を第二偈に続いて、中観派の第二の解答とする。それに反して『無畏』は偈を対論者の主張と取る。『無畏』はここでも人法二無我（この章では人法無自性と表現しているのは、この偈で無自性が用いられているからであろう）の範疇を導入する（『沈黙』四〇頁等参照）ので、偈は次のようになる。

諸事物は人無自性である。変化した状態が見られるからである。そして法無自性の事物は存在しない。諸事物は空であるからである。

『無畏』の対論者は、第二偈で否定されたので虚妄（mṛṣā）が無でないことは認めるが、しかし法無我、即ち、法の自性がないことは認めない。偈の後半で法無我が存在しないと主張する論拠は偈の d の空性である。この空性は『無畏』では対論者が理解する空性であるから無である。そこで諸事物が空、即ち、存在しない（無）とき、法の有自性（有我）はあり得ない。そもそも事物が存在しない（空性）ならば、事物を構成する要素（法）も存在しない。そこで人無我で法有我の立場を説く対論者のアビダルマの徒は論理的には強引であるが、偈の前半で虚妄は人無我を説き、後半は法無我の否定を説くと解釈する。

仏護も対論者の主張とするが、その対論者は直接虚妄を主題とするというよりも、第二偈の、空性を解明する語であることを実質的には否定して、仏は第三偈全体を説かれたのだと解釈する。対論者は偈のａの「諸事物には自性がないを、事物の無自性（＝空性）だけを解明する語でなく、それが変化した状態が見られるし、変化（vipariṇāma）が見られるし、決して留まることのない自性（ṅes par mi gnas paḥi ṅo bo ñid（cf. D, Tsa, 218a5), mi gnas pa = anavasthāyin, cf. LVP, p.240, l.6)（Tは「と」（daṅ）で結ばれているが、vipariṇāmaという偈の語の同義語と「決して留まることのない…」という偈の語の意味を説明する語とを並置したものであろう）が見られる故に、〈事物の無自性が変化であること〉を解明する語である」と主張する。

偈の後半はｃｄ共にその論拠を示すと解釈し、偈ｄのyataḥを次の「それ故に」の相関詞と読み、「無自性な事物は存在しないし、事物は空性でもあると説かれているので、それ故に諸事物の自性は決して留まらないし変化が見られるので、まさに〈諸事物は無自性である〉（第三偈ａ）と説かれたと理解すべきである」と註釈する。要するに偈のｃとｄとの相矛盾する二命題が同時に成立するためには、偈ａの無自性を変化した状態があると規定する以外にないというのである。最後に「このことはまさに必ずそのように理解すべきである」と繰り返しているのは、無自性を変化と規定する対論者の主張を、仏護自身は正当性がないので認められないことを行間に滲ませているといえよう。

清弁、特に観誓は『無畏』の解釈を採用し、対論者は世尊が虚妄と説かれた阿含はあるでもあろうが、それは無の意味でもないし、法無自性を教示するもの（第二偈ｄ参照）でもない。世尊が説かれた阿含の意味はａｂに説かれ、それはまさに人無自性であって、各刹那に状態（avasthā）が変化し（＝観誓）、決して留まることのない自性であるからだという。偈ｃの「自性のない事物は存在しない」は法無自性の事物は存在しないので、人の自性がないことと考察すべきである。その理由は法の自性は現に存在するからであり、中観派のように法の無自性を主張すれば断絶の辺（ucchedānta）となるからだとする。中観派の法無自性が正しくない理由が偈ｄの「何となれば諸事物は空性であるからである」であって、清弁は唯「諸事物は我と我のものであることを離れているので、それ故に空性であるといわれるが、自性のないものはないので、それ故に事物は存在すると知られるべきである」と註釈するだけである。この註釈で「空性といわれるが、自性のないものはないから事物は存在する」という対論者の主張は論理的に不明瞭で説得力がない。観誓は複註を全く加えない。加えるまでもなく明らかだというのか、加えようがないというのか、いずれにしても充分な説明となっていない。このように清弁は「変化した状態」を仏護の「決して留まることのない自性」とし、観誓は「各々の刹那に」を変化に加えることによって、変化が嬰児から老人へといった日常経験上の変化でなく、刹那滅の相続という刹那滅論に改めている。

月称も仏護のようにこの偈が対論者の空性観を説いていると解釈する。対論者は龍樹が第一偈で引用した経文（āgama）即ち空性は中観者の主張するような事物の自性の不生（bhāvasvabhāvānutpāda）ではなく、第三偈ａの「自性のないものであること」（niḥsvabhāvatva）であり、その意味は仏護が説く「自性が留まらないものであること」（svabhāvasya anavasthāyitva）であり、換言すれば、「滅するものであること」（vināśitva）であると解釈する。

対論者は偈の後半でも、ｄの「諸事物は空性である」を実体（有法）と性質・属性（法）を示すと解釈し、空性（これはａの niḥsvabhāvatva でもある）は事物の性質であり、事物がないとき性質はあり得ないから、諸事物の自性・空性という性質はあるという結論に導く。

羅什訳は他の註釈書と異なり、この偈の所述を中観思想と取る。彼は偈に忠実に、変化の経験を論拠に諸事物は無〔自〕性であるとし、変化を、彼が用いた人間の嬰児からの一生の次第相続の変化とし、無自性を事物は生ずるも自性として住しないこととする。偈の後半の註釈は、（一）月称のように実体と属性の範疇によって解釈する対論者を想定しているようで、無〔自〕性ならば、法（性質、或いは事物）も相（形状・状態、或いは性質）もない。根本（性質がそのものに在る根拠である事物（有法））がないからだと批判する。（二）この箇所の無〔自〕は単なる〔自〕性の否定であって、無〔自〕性の事物の存在の肯定ではない。中観思想の空性は有〔自〕性と相対的な無〔自〕性でなく、有無の相対を否定した真の空性である、という二点からなる。

6　問うて曰く——第四偈——

諸法若無性　云何説嬰児　乃至於老年　而有種種異（羅什偈）（四）

【解説】　この偈は、他の註釈書にないし、内容も羅什訳の〔二—一Ａ　色・身体（五蘊の第一）の空〕に見られる嬰児の比喩を用いて、無〔自〕性と変化の矛盾について質問しているので、龍樹の『中の頌』ではないと考えられる。そこで、この偈を羅什偈と呼ぶことにする。

7　答えて曰く―第五偈（『無畏』第四偈）―

若諸法有性　云何而得異　若諸法無性　云何而有異（五）

kasya syād anyathābhāvaḥ svabhāvaś cen na vidyate/　kasya syād anyathābhāvaḥ svabhāvo yadi vidyate/（羅什訳は第五偈、他は第四偈）

もし自性が存在しないとすれば、変化は何ものに存在するであろうか。もし自性が存在するならば、変化は何ものに存在するであろうか。（四）

既述のようにこの偈の自性を本性（prakṛti）に変えると、殆ど同じ趣旨のことが第一五章第九偈に説かれている。そのどちらの偈も羅什訳と他の註釈書では偈の前半と後半が入れ替っている。

梵偈の kasya（何ものに）は羅什訳では二箇所共「云何」（katham）である。T1もT2も共に偈bの kasya は gaṅ gi で梵偈と同じであるが、偈dの場合は ji lta bur na であるから羅什訳と同じである。このことは第一五章第九偈（dのTは ji ltar）の場合も同じである。ただし仏護の第四偈cだけは gaṅ gi（kasya）である。奇妙なことに仏護註は第四偈d末の gaṅ gi yin の後に「という所説、それを説明すべきである」（bśad par bya ste）が来る。普通「答える」（ucyate）のT訳語は bśad pa/ であるが、時にこの bśad par bya ste/ も用いられている。仏護註は更にその次に「もし自性があるとするならば、どうして変化があろうか」と gaṅ gi yin でなく、ji lta bur na からなる第四偈cdを繰り返し、実際の註釈はその後で始まる。註釈でも彼は「何ものに」（kasya）でなく「どうして」（ji ltar）を貫いている。

【無畏釈】　―第四偈ab―

もし法の〈自性（法有我）が存在しないとすれば、変化した状態（avasthā・分位）〉の経験（snaṅ ba, darśana）〈は何ものにあるであろうか。〉それ故に世尊によって虚妄と説かれたものは、諸事物に人無自性（人無我）があるという意味であって、法無自性ではない。

この点について答える。―第四偈cd―

もし法の〈自性が存在するとするならば、それがどうして変化した状態になろうか。〉変化（vipariṇāma）がないからである。

【解説】　上述のように梵偈は羅什訳偈とはabとcdが入れ替っているが、その方が前偈の論理的展開として相応しい。

恐らく梵偈が原型であろう。『無畏』はａｂを前偈に続く対論者の主張の一部とし、当然、ａの自性を法の自性に限定し、自性のない法は無いから、変化が見られる基体はないことになるので、虚妄は法にではなく、人に自性がないこと、人無我であることを説くとする。偈ｃｄはそれに対する中観派の解答で、対論者のように法有我、法の自性を認めるならば、法は不変であるから、変化はないことになるという誤りに導く。

仏護もａｂを対論者の主張とし、そうでなければ（anyathā）と前置きして、この偈のａｂが前偈の主張を仮言的論証によって誤謬に導く意図のものであることを示す。対論者は変化した状態とは、自性の対立項（svabhāvasya viparyayaḥ）。viparyaya については高崎『宝性論』二六〇頁註四参照）であるとする。要するに仏護の対論者は変化を事物が形を変えながら同一性を保つという意味でなく、端的に不変なる自性の対立概念である無自性・自性の無であると定義し、自性がないならば変化も疑いなくないが、現実には変化はあるので自性もまさにあると主張する。偈のｃｄの註釈では仏護は自性と変化との相反性を際立たせ、自性は他者に相待せず、自立し恒常で不変化な存在であり、変化した状態は他のものに依拠しているので、変化であるから、自性に変化した状態はあり得ないと、対論者の主張を否定する。

月称もａｂを対論者による追加の批判とするが、偈の、変化した状態を変化を相とするもの（vipariṇāmalakṣaṇa）と規定するだけである。ｃｄでは偈ｄの自性を或る性質・本質（dharma）が或る事物に確定している・離れていない（na vyabhicarati）とき、その性質をその事物の自性であると定義し、その理由として〔その或る事物以外の〕別の〔事物〕と結合することはないからであると自性の自の意味を明確にする。月称はこのような自性を認めれば、理論的に変化した状態は存在しない筈だが、現実にはそれが認識されるから自性は存在しないと結論を下す。

清弁の対論者は第四偈ａｂが「諸事物に変化がある」という証因を示すので、〔主張〕勝義として諸事物は自性がある。〔証因〕変化する故に。〔喩例〕この世に存在しないものに変化は存在しない。石女の子のように。〔連合〕内の諸事物には変化が存在する。〔結論〕それ故に勝義として諸事物は自性がある、という論証式が可能であるとし、第四偈ｃｄを中観派の答破とする。答破は変化する故にという証因の事実が自性があるという所証と対立する（viruddha）という屢々『灯論』に見られる対論者の論証上の誤りを指摘するだけである。

8　復た次に（さらにまた）—第六偈（『無畏』第五偈）—

是法則無異　異法亦無異　如壮不作老　老亦不作壮（六）

tasyaiva nānyathābhāvo nāpy anyasyaiva yujyate/ yuvā na jīryate yasmād yasmāj jīrṇo na jīryate//（羅什訳は第六偈、他は第五偈）

そのもの自身は変化しないし、他のものも〔変化することは〕妥当しない。何となれば、若者は老いないし　老人も老いないからである。（五）

Tはbの yujyate（妥当しない）が yod ma yin（na vidyate・存在しない）。同じく羅什訳も無。

【無畏釈】　この世で認められている事物には二種の変化がある。そのもの自身か別のものの変化かであるが、両方共にあり得ない。どういう理由でか。何となれば〈若者は老いないし、老人も老いないからである。〉

【解説】　『無畏』は実質的には偈と同じ。仏護はそもそも自性は変化しないものであるからであろうが、偈のａｂを自性より別のものがどうして変化するかという問いの解答とするので、〈それそのもの〉と〈他のもの〉は自性と自性より別のものとの二者択一ということなるが、その自性の性はその事物そのもの、自性より別のものはその事物とは異なる他の事物である。そのために彼は偈ａの tasyaiva を事物と分別されている〈それそのもの〉と規定しなければならなかったのであろう。彼も na yujyate を存在することはあり得ない（yod par mi ḥthad do）とし、偈ｃｄはその理由を説いたと解釈する。偈の〈老いる〉が変化であり、若者が若者のままで老いるならば若者と老人は同時で同事となるが、これはあり得ないし、老人が老人のままで老いるということは、そう考えること自体が無意味で、老いることが無益で、老人が更に老いるとはどのような状態になるのかという思いが心に浮ぶであろうと言い募る。

それに対して月称は変化が経験されることが有自性性の論拠である、その変化が事物に決してないことを龍樹はこの偈で説かれたと、仏護を訂正し、偈の解釈も仏護の解釈を論理的により明確に修正したものに過ぎない。

清弁も仏護と同じく対論者を空性は諸事物の留まることのない自性であると主張する者とし、偈のａｂは或る自性として把握された対象である或る事物であるそのもの自身（tasyaiva）に老死の相へ変化した状態はないし他のものにもない（偈ａｂと同文）という二主張によって変化を否定し、cdを各々の主張に対する同類喩が説かれたとする。彼はここで各々の論証式を説いているが省略する。

9　問うて曰く…答えて曰く—第七偈（『無畏』第六偈）—

若是法即異　乳応即是酪　離乳有何法　而能作於酪（七）

tasya ced anyathābhāvaḥ kṣīram eva bhaved dadhi/ kṣīrād anyasya kasyātha dadhibhāvo bhaviṣyati//（羅什訳は第七偈、他は第六偈）

もしそのものが変化するならば、乳そのものが凝乳であろう。或いは乳より別の何ものが凝乳の状態（性）であるであろうか。

（六）

偈cの kasyātha は LVP では kasya cid。偈dの dadhibhāva は T1は ṣoḥi dṅos po、T2は dṅos po zo。

【無畏釈】　ここで〔対論者は〕問う。もしそのもの自身が変化するならば、そのことによってどのような誤りがあるのか。

ここで答える。—第六偈ab—

〈もしそのもの自身が変化するならば、〉そうであれば、〈乳そのものが凝乳であろう。〉このようなことはあり得ない。

或いは別のものが変化するとこう考えるならば、それに答える。—第六偈cd—

もし別のものが変化すると考えるならば、〈乳より別の何ものが凝乳の状態であるであろうか。〉それ故に両方共に変化することはあり得ない。

【解説】　羅什訳は別異と変化とを「異」という同じ語で訳すので解り難いが、基本的には『無畏』の意訳である。羅什は乳（是の法）に変化があれば、乳が酪になる原因や条件（因縁）を必要としないが、乳と酪には色々な違い（異）があるから乳に変化はないという理由を説いて有への執着を戒しめる。

仏護は『無畏』と同じく「同じそのもの（de ñid）の変化」、即ち酪は乳の状態としてあるものと主張する対論者は乳即酪の誤りに堕すとし、後半を酪が酪そのものというもの、即ち酪か或いは水かというディレンマによって、偈の dadhibhāva の bhāva を持て余しながらも「同じそのもの」にも「別のもの」にも変化はないと説く。

清弁はこの偈をサーンキヤ学派の加えた「乳等の自性を捨てなくても酪等の自性があるであろうから証因は不定である」という批判

に対する解答とする。彼も酪が乳の状態かそれ以外のものの状態かの二者択一とし、乳は乳の味（mthu と mthu stobs の意味、違い不明）等の特性を捨てないので酪というもの・酪の状態（dadhibhāva）とならない。世間周知の侵害になるからである。次に彼は「乳が酪の状態にならないならば」、即ち「対論者が同じそのものが変化しないというならば」に答えて、「「乳以外の何が酪となろうか」、ならない。酪またはそれ（乳）より別の〔水〕等はそれ（酪）にならないという趣旨である。それ故にこのように乳とそれより別のものは別の事物（存在）であり得ないので、証因は不定でないということが結論と推論の結果である」。これが解答である。

月称は偈ａｂの表現を無視して、ａｂを「乳の状態を捨てることによって酪の状態があるので、乳即酪だとする対論者に対して、二状態は相互に矛盾するので認められないとし、後半は仏護の水の例を採用してｃｄが全く不合理だとし、「別の様相であること（変化）があり得ない故に、それ（変化）を見る〔経験〕に基づいて諸事物が有自性であるということは成立しないこと」を結論とする。

10　問うて曰く…答えて曰く―第八偈（『無畏』第七偈）―

若有不空法　則応有空法　実無不空法　何得有空法（八）

yady aśūnyaṃ bhavet kiṃcit syāc chūnyam api kiṃcana/　na kiṃcid asty aśūnyaṃ ca kutaḥ śūnyaṃ bhaviṣyati//（羅什訳は第八偈、他は第七偈）

もし空でない或るものが存在するならば、空である或るものも存在するであろう。しかし空でない何ものも存在しない。どうして空なものが存在するであろうか。（七）

LVP の偈ｂは api が iti。

【無畏釈】　ここで〔対論者は〕問う。では次に、空というこれの区分・定義は何か。

ここで答える。―第七偈―

〔〈もし空でない何ものかが存在するならば、〉そうであれば、それの対立者（pratipakṣa）、〈空である何ものかも存在するであろう。〉〕だがこのように空でない何ものかが存在することは認められないので、それの対立者が存在しない故に、〈どうして空も存在するであろうか。〉

【解説】この偈は次偈と共に空の結論のような意味も持つが、章全体として見ると付論のようにも見える。偈は唐突に、不空あれば空あり、なければないという不空と空の一方向的必然的関係によって空がないことを主張するだけだからであるから殊更に説くまでもない事項のように思われる。『無畏』は空の有無をその対立項の有無に帰すだけであるが、『無畏』の著者は、偈の論述を引き出すために登場させる対論者に「空の境界、区域、区切、究極といった意味の mthar thug pa（niṣṭhā, paryavasāna, paryanta（cf. TSD, p.1063, 右））は何か」と問わせている。この問いは独訳者が示すように「空の定義」（p.75）という程の意味であろうが、空は不空と相対的に境界づけられて区切られて成立するという解答を予定したものであろう。要するにここでは空は不空の相対概念にすぎない。偈のａｂの仏護註は［　］のように『無畏』の借用。偈ｃｄも若干説明が異なるが、趣旨は『無畏』と全く変らない。ただ仏護の対論者は偈の必然的関係を逆手に取って、空があるのだから不空もあると主張している。

月称は第一章末に不生の教証として引用した『聖宝蔵経』（āryaratnākara）という大乗経典を前偈の末尾にも引くので、彼も前偈で章の主題の論述は終ったと見做しているようである。また彼はこの第七偈が第三偈ｃｄを若干改めた「無自性の事物は決して存在しないし、諸事物の空性が認められる（第三偈ｄ末の yataḥ を iṣyate に改めたもの）」を対論者が逆手に取って、「空性〔がそこに本質としてある〕基体である事物の自性は〔無自性な事物はない（＝第三偈ｃ）のだから〕あると主張した」ことになるとするから、この偈は補遺と解釈しているといえよう。彼も対論者の反駁を逆手に取って、「空性という何かがあれば、空性の基体である事物の自性はあるでもあろう」と、反論を認めた上で、空性は「すべてのもの（dharma）の普遍相（sāmānyalakṣaṇa）であることが承認されているので、空でないものもない。それ故に空でないこと（aśūnyatā）さえもありはしない」とき、対立者とは独立している（pratipakṣa nirapekṣa）ので〔即ち彼も対立者の無によって〕空性も空中の華環のように存在しないことを偈は説くとする。

清弁は対論者の主張を次の論証式だけで示す。〔主張〕勝義として諸事物は空性でない。〔証因〕それの対立者が存在する故に。〔喩例・同類喩〕例えば、誤知の対立者である正智が存在するように。〔異類喩〕この世では存在しないものには対立者は存在しない。例えば、空華のように。〔連合〕空性でないものには対立者である空性は存在する。〔結論〕それ故に上述の証因の、〔証明〕力によって空でないものはまさに存在する。

彼は第七偈がその解答であり、偈の所説は勝義としての事実であるとする。先ず偈aの不空（aśūnya）の何ものかを、本性（prakṛti）として空でない蘊・界・処の事物（一切法）とし、それが存在するならば、それと相待してか、或いはその不空の否定によって、空という言葉が表現されるので〈空である何ものかも存在するであろう〉（偈b）と説く。そうであっても、その不空すらもあり得ないことを既に説いたし説くであろう。だから「空さえもあり得ないのだから」という趣旨で偈cdが説かれたとする。趣旨は意図の意味で偈の直接的意味と合わない場合に屢々用いられるようである。彼は「〔さえ〕も」（api）に不空と空とが相互に相待・相対関係にあることを読み込んで、対立項の空と（それと反対の項 mi mthun paḥi phyogs、この語は普通は vipakṣa, pratipakṣa の訳であるが、pratipakṣa に「対立する pakṣa」という意味で pakṣa か）不空という分別は世俗として基体（adhikaraṇa, āśraya）に依拠している（āśrita）ので、言説（vyavahāra）であるが、勝義としては基体がないので言葉によって仮に表示されない（観誓による）と説く。要するにこの偈での空は不空の相対概念に過ぎず、勝義としては空も不空も存在しない。空性とは執着（grāha）という分別の除去以外の何ものでもない。従って対論者の「それ（空）の対立者が存在する故に」という証因の事実（artha）は成立しない。「それ故に論書の著者が「虚誑と欺惑の本質〔とするもの〕」という法無我を説示するための説明（nirdeśa）の意図・願望が成就された」と観誓は加えている。清弁は次に「すべての事物の自性の否定を目的とする聞思修所生の慧を修習する瑜伽行者」、観誓はその行者を有名な『中辺分別論』第一偈「虚妄分別はあり、そこに二はない。しかしそこに空性はある。そこにまたそれがある」という教理に執着（grāha）する大乗の瑜伽行者とするが、清弁・観誓の唯識瑜伽行派批判は他（第二五章後段、安井『中観思想』参照）にも詳述されているので、それらの検討には入らない。

次に清弁の対論者は、中観派がこの偈で空をも否定していることを幸便にして、証因の事実の不成も矛盾も論述が容易（laghu）であり、自分達の心を占める関心の的であり、しかも反論者である中観派自身によっても否定されているのであるから、自分達、対論者の願っている空の否定という事実は成立すると主張する。清弁は、それに対して空性の智は事物を空性にするのでなく、事物の、それの無自性であることをそれが無自性であると明らかにすることだと説き、灯火の光が実際に存在するものを照らすだけであるように、空も真実在をありのままに明らかにするだけである。それ故に「空という対立者が存在する故に」という証因は、空がなければ対立者である有もないことになるのに、空がないのに有を認める対論者の言い種（tshig）は分別を欠いた不合理な〔戯〕言（smra ba）であると論駁する。対論者は最後に中観者を「有と主張する反論者の言うところを論破しようとして空性の論述に縁っている。そしてそれ（空性の論述）も「的（中）を貫いていない」（gsuṅ（grantha）mi gzugs pa）と考えるので空性も存在しないという誤りを犯す」と批判する。gsuṅ mi gzugs pa の意味は必ずしも明らかでないが、次に対論者は「空性を知る者は法性を見る」等と経典に説かれていることを論拠とした批判とするので、空を説く経の言葉も否定するという批判でもあろう。清弁の答破にも知者は法門（教え）を筏のように捨てるべきだという教証によって空を説く教えも捨てられるべきだとするからである。

11　問うて曰く…答えて曰く—第九偈（『無畏』第八偈）—

大聖説空法　為離諸見故　若復見有空　諸仏所不化（九）

śūnyatā sarvadṛṣṭīnāṃ proktā niḥsaraṇaṃ jinaiḥ/　yeṣāṃ tu śūnyatādṛṣṭis tān asādhyān babhāṣire//（羅什訳は第九偈、他は第八偈）

勝利者によって空性はすべての見解からの出離の手立てであると説かれた。しかし空性の見解を懐く者たち、彼らを不治の者と呼ばれもした。（八）

【無畏釈】　さらにまた、—第八偈—

諸仏世尊によって空性はすべての見解の対立者である故に、〈すべての見解からの出離の手立てであると説かれた。空性を見〔解とす〕るもの、彼らは治療できない・治療に値しない者と説かれた。〉禅定に入った人の頭における髑髏（kapāla, mastaka）のように。

【解説】『無畏』は空性を前偈では不空の、この偈でもすべての見解の対治者とする以外、偈そのままである。最後の比喩は、月称の『四百論註』第八章第三偈の註釈に見える。「或る禅定者が、「私の頭に髑髏がくっついている」と思い違いをした。彼に或人が、「これが汝の頭から落ちた」と言って別の髑髏を放ったので、彼は「然り」と考え、安心した。分別（妄想）が無くなったからである」（上田『四百論注』一一八頁の引用）ということか。

仏護の対論者は龍樹は第二偈ｃｄでは空の存在を教示し、前偈のａｂでは空の存在を否定するから、龍樹の所説を認めることはできないと不信感を顕にすると、「腹を立てないで道理を解ってくれ」と答弁する。この問答は仏護の龍樹観やこの偈をどう捉えていたかをよく示しているといえる。彼はこの偈も付論、補説と見做していた。偈の註釈で彼は三度仏に言及するが、三度共、偈と同じく勝利者を用い、（一）如実に見、最高の悲をそなえる、（二）治せるか否かを判断される、（三）十力と大悲の、と形容する。覚者を意味する仏でなく、勝利者を用いたのは、勝利者という称号に利他の大悲の救済者という意味が本来あるのか、彼がそう取ったのかは明らかでないが、他の註釈者は勝利者という称号を用いていない。偈のａｂでは仏護はすべての見解を「海中の食肉生物」、鬼魅（人を引き付け迷わす妖怪）（graha）に譬えるだけであるが、最後に見解の滅除、即ち空は事物・有でないということを加え、蜃気楼の比喩で説明する。眩惑者が「ガンダルヴァ都城は都城である」という観念をいだくが、眩惑から解放され、ありのままに見ると都城の観念は消滅している。その時は、ただ存在しないものの妄想から解放されるだけであって、都城の観念の消滅という事物、即ち存在があるわけではない、と。この空も亦た空、否定もないという主張は中観思想では広く見られるところである。偈ｃｄでは、『無畏』の髑髏の比喩が不治の病人の存在の説明にならないからか、仏護は大医師である勝利者にも治療できない者、偈の「空性の見解を懐く者」を「空性を事物と執着する、空というもの（事物）があると確信（執着）している者」とし、或る人が「何もない」というと、「その何もないものを呉れ」というそのような相手に、無いことを理解させることは誰にもできないという比喩を語る。同じ類の比喩を清弁も月称も採用している。仏護は同じ空性への執着であっても、勝利者が治癒することのできる者にも言及している。「「事物は自己の自性として存在しない」と執着している人には、空性という言詮はこの縁起によって因縁に従って事物として仮説として知らしめられたのであるし、「事物は自性として存在しない」と事物の自性として〔空性が〕明示されたときには、その〔空性というものへの〕執着は滅除できる」ということのようである。彼は「空も亦た空と見る真実在（tattva）を見る者たちには、空性は成立する」という言葉でこの議論を締め括る。月称は仏説の解釈に従い、その問答を誇張しながらもより一層明確にしている。彼は対論者を、仏は空、無相、無願の三解脱門を説くために出現されたという見解に立つ者と理解するので、大乗の、否、中観の本流を汲む者とする。彼らの龍樹批判は仏護のそれと同じで、前偈の「空もない」という発言で、龍樹は仏護の解説を装って、空を誹謗する者だから、「そういう者とはうんざりだ」、Ｔは「そんな者との遣り取りはもう沢山だ」と論争を拒否する。解答では対論者を、上を向きすぎた（atyunmukha・〔慢心して〕反っくり返った（?-））者・完全に顚倒している者と極め付け、増上慢の執着によって〔空をものと捉える〕理解・把持に支配されて〔理解するままに〕〔妖怪（grāha）に憑かれたような増上慢への執着によって（?・）〕まさにその空性を非難するという。要するに「空はない」という言葉尻を捉えた対論者を「事物（空というもの）に執着している者」と誹謗するだけの泥仕合に過ぎない。偈の註釈では月称は〈すべての見解〔となった〕〉をすべての理解・把持への執着で、「脱却（滅除）」を〔執着が〕止むこと、終息とし、〔空は〕ただ見解が止むだけで事物ではないとする。偈ｃｄの註釈は上記の『無畏』の註釈を精しく説明しただけである。

観合品第十四

1　観合品　saṃsargaparīkṣā（結合の観察）。Ｔも梵語の直訳。漢訳は二本共に羅什訳の「観合品」を採る。

2　説いて曰く…答えて曰く—第一偈—

見可見見者　是三各異方　如是三法異　終無有合時（一）

draṣṭavyaṃ darśanaṃ draṣṭā trīṇy etāni dviśo dviśaḥ/　sarvaśaś ca na saṃsargam anyonyena vrajanty uta//（一）

見られるべきものと見る作具と見る者のこれら三者は各々二つずつでも、〔三つ〕すべてでも、相互に結合に行かない。（一）

【無畏釈】　ここで〔対論者は〕主張する。〔諸事物にはまさに自性が存在する。〕世間において結合が見られるからである。

ここで答える。先に「根の観察」〔第三章〕で、見られるべきものと見る作具と見る者の三者に作用があり得ないことが考察された。それらのものには別異性がないからである。今や次に、いかに相互に結合と不結合とがあり得ないか、その様相が説かれるべきである。そこでいかなる論理によって〔説かれるべき〕か、とこのように〔問われる〕ならば、答える。—第一偈—

見られるべきものは視覚の対象、見る作用は視覚、見る者は自我である。〔〈見られるべきものと見る作用と見る者のそれら三者は各々二つずつでも、〔三つ〕すべてでも相互に結合はしない。〉見られるべきものと見る作用は結合しないし、見られるべきものと見る者も結合しないし、見る作用と見る者も結合しない。〕灯火と闇のように。

【解説】　『無畏』以下では対論者は「諸事物に自性が存在する」という主張を、結合の存在によって証明できるとする。『無畏』は結合の存在を世間の経験上の事実とするが、仏護が教証を説いたのは、この章の考察の意義が認め難いことを自覚していたからであろう。清弁と月称がほぼ同じ趣旨の経文を教証とするのは、仏護を採用したのであろう。清弁は「貪・瞋・無明の結縛によって縛られている」という仏説を、五支の〔連合〕に加えて、論証式に仕立てている。月称の対論者も論証式で、事物の自性の存在を主張する。羅什は『無畏』の訳。

偈の註釈の最初の見られるべきもの等の三者を視覚の対象等の術語で示した文言を、月称だけは順に色、眼、〔眼〕識に改めている。仏護は『無畏』の借用、月称は同趣旨であるが、仏護を一部採ってもいる。清弁は偈を繰返してそれが偈の意味だとするだけである。羅什は第一で合の否定は終ったとする。彼の偈の註釈は『無畏』の註釈を、あり得ない理由も加えて具体的に術語の方を用いて説明したものである。ただし彼は次に「我、意、根、塵」の四事による知の成立による見・可見、見者の存在を主張する対論者の反論を想定している。

3　復た次に—第二偈—

染与於可染　染者亦復然　余入余煩悩　皆亦復如是（二）

evaṃ rāgaś ca raktaś ca rañjanīyaṃ ca dṛśyatām/　traidhena śeṣāḥ kleśāś ca śeṣāṇy āyatanāni ca/（二）

貪欲と貪欲者と貪欲されるべき〔対象〕も同じように見られるべきである。残りの煩悩と残りの処も三構成要因の方法によって（traidhena）。（二）

T１のｂの末尾は bya ba lta ba ste/ で、ｃは / ñon moṅs pa/ lhag ma ... 。T２ではｄ末に〔b〕lta（dṛśyatām）がくる。なお rañjanīya を T１は chags par bya ba、T２は chags par（h）gyur。

【無畏釈】　—第二偈—

［見られるべきものと見る作用と見る者は各々二つずつでも〔三つ〕すべてでも相互に共に・同時に結合することはないように、〈同じように貪欲と貪欲者と貪欲の対象〉も各々二つずつでも〔三つ〕すべてでも相互に共に・同時に結合することはない。貪欲と貪欲者も結合しないし、貪欲と貪欲の対象も結合しないし、貪欲者と貪欲の対象も結合しないし、貪欲と貪欲者と貪欲の対象も結合しない。

同じように〈残りの煩悩〉である瞋恚等〈と処の残り〉の声と〔聞く作用と〕聞く者等も各々二つずつでも〔三つ〕すべてでも相互に共に〔同時に〕結合しない」と〈三構成要因の方法によって見られるべきである。〉

【解説】 仏護は『無畏』の借用、清弁は貪欲を愛着（adhyavasāna）を相とし、煩悩を衆生の相続を悩ますものと定義する以外は偈の簡略な説明、月称も同様であるが、彼は偈cdに第一偈末の「相互に結合しない」を補い、traidhā を tridhābhāva（三構成要因の関係）であると註記する。羅什は冗漫な『無畏』を簡潔にしたものといえる。

4　復た次に—第三偈—

異法当有合　見等無有異　異相不成故　見等云何合（三）

anyenānyasya saṃsargas tac cānyatvaṃ na vidyate/ draṣṭavyaprabhṛtīnāṃ yan na saṃsargaṃ vrajanty ataḥ//（三）

別のものの別のものとの結合はある。しかし見られるべきものを始めとするものには別異性がないので、それ故に結合することはない。（三）

偈のbcは、見られるべきもの等には別異性がないと訳す方が解りやすいか。月称はcのyanをyasmātとする。Tも羅什も同じ。

T1のaはgẓan daṅ gẓan du。T2はgẓan na（ni）gẓn daṅ。

【無畏釈】 ここで〔対論者は〕〔主張する。どうしてそれら見られるべきもの等は相互に共に同時に結合しないのか。〕

ここで答える。—第三偈—

この世ではそれらが別々のものであるとき、別のものと結合することが認められる。〈見られるべきもの等〉が論理によって探究されるとき、〈別異性が存在しないので、それ故に結合することはない。〉

【解説】 諸註釈は結合がない理由として別異でないことを説いているという点では同じである。仏護は『無畏』と共に、一緒に在ること、共在（lhan cig, sārdha）を強調し、結合といわれるものがあるならば、それは必ず別々のものが共在していることから生ずるとする。月称は偈aの前に、別異性があれば、という条件を補っているだけである。清弁は「主張された結合がないことのために論理が説かれるべきだ」とし、偈dの「結合がない」を結論とする論証式の形に改めているだけである。羅什の註釈は『無畏』を簡略にしただけのものといえる。

5　復た次に（さらにまた）―第四偈―

非但見等法　異相不可得　所有一切法　皆亦無異相（四）

na ca kevalaṃ anyatvaṃ draṣṭavyāder na vidyate/　kasyacit kenacit sārdhaṃ nānyatvaṃ upapadyate//（四）

見られるべきもの等に別異であること〔別異性〕がないだけでなく、何ものも〔他の〕何ものと共に・との間には別異であることはあり得ない。（四）

【無畏釈】［〈それら見られるべきもの等が〉相互に〈別異であることが〉あり得〈ないだけでなく、実にどのような〉事物〈も、どのような〉事物〈と共にでも別異であることはあり得ない。〉別異でないとき、何ものも、何ものと共に結合することはあり得ない。］

【解説】　仏護は『無畏』の借用、清弁は、結合を区別されない対象の相続が中断されずに現われることであるが、貪欲等は区別された対象の相続に随って現われるので、貪欲等に結合はない」という主張に対して、「見られるべきもの等」は対象が区別されないし、貪欲等も対象に住しないので、「対象の相続に随って現われる故に」という証因の意味は不成立である等と、論証学上の誤りを論じているだけである。月称は「見られるべきもの」を「原因と結果の関係に在るもの」の代表とする他は、羅什と同じくすべてのものに別異性がないことを論じていると解釈する。

6　問うて曰く…答えて曰く（ここで〔対論者は〕問う。どういう論理によって別異性はあり得ないのか。ここで答える）―第五偈―

異因異有異　異離異無異　若法従因出　是法不異因（五）

anyad anyat pratītyānyan nānyad anyad ṛte 'nyataḥ/　yat pratītya ca yat tasmāt tad anyan nopapadyate//（五）

別のもの〔甲〕は別のもの〔乙〕に縁って別のものであり、別のもの〔甲〕は別のもの〔乙〕なしでは別（のもの）ではない。そして、或るもの〔甲〕が或る者〔乙〕に縁っているところの、そのもの〔甲〕はそのもの〔乙〕より別のものではあり得ない。（五）

偈bはT2では「別のものなしで（anyad ṛte）別のものより（anyataḥ）別（のもの）でない」、T1は「別のものなしでは（ṛte anyataḥ）別のものは別（のもの）でない」。羅什（＝『釈論』）は一応T1と同じである。

【無畏釈】ここであなたが［〈別のもの〉と］執着［しているもの、それ〈は〉それより〈別の〉或る〈ものに縁って「別（のもの）」であるので、別のものなしでは別のもの〉は自己自身〈より別（のもの）〉にならないであろう。］

さらにまた、［〈或るもの〔乙〕に縁って或るもの〔甲〕が生ずるとき、その〔或るもの・甲〕はその〔或るもの・乙〕より別（のもの）であり得ない。〉あるという主張は正しくないではないか。］

【解説】羅什は一般的に別異性がない理由を対論者が問うとするが、『無畏』は別異性があり得ないことを論証する論理を問うとしている。仏護はそれを改めて、「別異性は直接経験されていないと、誰が主張できるか」と、対論者は三者が別であることは理論的帰結でなく、日常の直接経験であり、別でないことはそうでないから正しくないと反論する。仏護はそれを逆手にとって「別でないこと」は肉眼はもとより天眼でも認識できない理由として偈のabが説かれたとする。偈のabは「別のもの」が相待的概念に過ぎず、相待を離れれば「別のもの」はないというだけである。『無畏』はそれに「そのもの自身としてはない」ことを加え、仏護はその『無畏』を借用し、それ故に、「直接経験されると誰も主張できない」と対論者への論駁を加えただけである。『無畏』はcdをabと並列された別の説明と解釈する。仏護は無知者は論駁されても別のものでないことがないと固執するが、それに対して知者の認識内容、縁起の実相がcdだと解釈する。羅什は偈の訳でも縁起を因果とするが、cdをabの理由と解釈し、舎と樑などの比喩によって、結果の舎は構成部品である樑等によって仮名として言葉で表示されたもので、樑等と「別のもの」でないとする。

月称はこの偈を別のものでないことの教示と解する点で羅什と同じである。偈の註釈も瓶や衣という実例を用いて詳述するが、cdをabの理由とする点も羅什と同じであるが、『中論』第一八章第一〇偈を引用して、縁起が同一でも別異でもないことを説いたとする。

清弁は第三偈の註釈中に彼自身が説いた論証式、「勝義として見者は所見とも見とも結合しない」という主張の証因「それより別のものでない故に」が成立しないのではないか、という反論に対する解答とし、彼は偈aの「別のものは別のものに縁って別のものである」とは言説による仮名（vyavahāraprajñapti）であるが、その縁られる別のものが勝義としてあり得ないから、言説による仮名もあり得ないとする（cf. D, Sha, 300b5-6）。ｃｄは命題の確立であるとして「勝義として見は所見より別のものでない」と主張とする推論式を提示している。〔主張〕勝義として視覚は視覚の対象より別のものでない。〔証因〕〔視覚という〕特定の語の依り所（brten pa ñid, 観誓の sten pa ñid, ston pa ñid（D, Sha, 301a1-3）は bsten pa ñid か）に相待している故に。〔喩例〕視覚の対象そのもののように。観誓は視覚の対象の自己自身は「視覚の対象」という特定の語の依り所（ston pa を bsten pa と読む）に相待している故に自己自身より別のものでないように、視覚機能も視覚機能という特定の語の依り所に相待しているから、別のものでないと解説する。

７　問うて曰く…答えて曰く（ここで〔対論者は〕主張する。もし別のものであるならば、それによってどのような誤りに堕するのであろうか。ここで答える）―第六偈―

若離従異異　応余異有異　離従異無異　是故無有異（六）

yady anyad anyad anyasmād apy ṛte bhavet/　tad anyad anyad anyasmād ṛte nāsti ca nāsty ataḥ//（六）

もし別のもの〔甲〕が〔甲とは〕別のもの〔乙〕より別（のもの）であるならば、別のもの〔乙〕なしでも〔別（のもの）〕であろう。その別のもの〔甲〕は別のもの〔乙〕なしでは別（のもの）でない。そしてそれ故に〔別のもの・別異性は〕存在しない。

（七）

龍樹は anyat（別の（もの））という梵語の用法を使い分けて、言葉の遊戯を楽しんでいるように見える。月称は三種の用法に分析している。『明句』の独訳者はその三種を梵語の anyat の一般的な用法として、（一）直接指示する（代名詞）。「ここにある一方のもの」(der eine hier)、つまり「このもの」。（二）は（一）と相対的な「他方のもの」、「別のもの」。（三）は「周知のものについて語る場合に」（prasiddhoccāraṇam）。「或る特定のもの」（ein gewisser, ein bestimmter）の意味で anya = kaścid とする（彼は（三）を無視するという）。しかし月称は atra（ここでは）と限定しているので、文法学上の一般的用法でなく、（三）はこの偈の註釈の中で使用された用法ではなかろうか。この三種の用法によって訳語を使い分けることもできないではないが、ここでは原文に近づけるために「別のもの」で通した。清弁は偈ａｂを次のような論証式で註釈している。〔主張〕若し別のものとは自性によって別のものから別のものであるならば、そうであるならば、別のものがなくても別のものとして成り立つであろう。〔証因〕そのものの自性である故に。〔喩例〕たとえば言説諦として周知（prasiddha）の火は別の事物に相待しないでも熱を自性とするように。

この清弁の論証式からすれば、空の立場ではすべての事物は無自性であるが、世間の慣用上の真理、即ち世間の人々が周知の事実として認めている事物はすべて、彼らが意識していなくても、有自性な事物として認められているのであり、「別のもの」も「別のものであること（別異性）」（anyatva）を自性としている。そういう「別のもの」が月称の（三）の「別のもの」ということになろう。従って偈ｂの「別のものなしでも」存在する「別のもの」は（二）の相待的な「別のもの」でなく、（三）の本性的な「別のもの」ということになるので、「別のもの」（二）がなくても別異性が自性であるから「別のもの」として成立する。

Ｔ２のｂは anyasmād apy ṛte,〔yaṅ〕ruṅ bar ḥgyur/ である。yaṅ ruṅ bar が api の訳とも取れなくもないが、『灯論』の註釈では yaṅ gṣan du ruṅ bar ḥgyur te/ となっているから、ruṅ bar ḥgyur te で √yuj の変化形であったと思われる。梵偈の bhavet に相当するこの動詞は次に訳出した『無畏』の註釈の中でも用いられている（波線で示した仏護註の相当箇所では yaṅ de gṣan du ḥgyur ba ñid de/（〔それ（別の者）なしで〕もそのものは別のものでまさにある）であるから、仏護はこの動詞を用いていない）。恐らく『無畏』の「同じように成り立つ（妥当する）」は文脈上も自然であるので、『無畏』を清弁が採用し、それらに基づいてＴ訳者が偈の bhavet を改めたのであろう。直前に［　］に入れて示した仏護註の中の yaṅ の次にくる de gṣan du ḥgyur は、偈のｃの冒頭の tadanyad- をｂに加えて訳しているように見える。ただし仏護の偈ｃｄの註釈は、傍線の部分を除くと『無畏』の借用であるから、そこではｃの冒頭の tadanyad- も含めたｃｄの註釈となっている。

月称は〈もしこれ〉（anya- の（一））瓶という事物が〈別のもの〉（anya- の（二））即ち布より別のものであるとするならば、〈それ（tad、偈ｃ）〉瓶という事物は布という〈別のものなしでも（anyasmād apy ṛte、偈ｂ）別のもの（anyad-、偈ｃ）であろう（bhavet、偈ｂ）〉と、ｃの tadanyad- をｂに含めているが、これは上記の仏護註を進展させたものではなかろうか。Ｔ１のｂ、de tshe gṣan med par gṣan ḥgyur/ は、月称の解釈によってｃの tadanyad- をｂに組み入れた訳である。ただその tad- を tadā と改めた理由は不明である。

【無畏釈】［もし〔或るもの〔甲〕が〕或るもの〔乙〕に縁って別のものであるところの、〈そのもの〔甲〕がそのもの〔乙〕より別のものであるならば、そのもの〔乙〕なしでも〉同じように成り立つ（ruṅ bar ḥgyur ba）ので、そのことはあり得ない。そのもの

〔甲〕は別のものでまさにある。」

　或いは別のもの（＝このもの・anya- の（一））は別のもの（anya- の（二））に縁って別のものであるとこう考えるならば、「或る〈別のもの（anya- の（二））より別のものである（＝異なる）その別のもの（＝このもの・anya- の（一））なしでは〉別のものは〈存在しない。〉〔このものが〕それ自身で別のものであること（anyatva）はないので〈それ故に〉別のものは決して〈存在しない〉と知れ。」

【解説】繰り返しにもなるが、龍樹はａｂで「別のもの」という語が、或るものと相待的に他方のものである「別のもの」と或るものとは別、即ち関係なく独立した「別のもの」という両義性によって対論者の見解を帰謬に導く。『無畏』はそれの「別のもの」の有と無のディレンマの面を強調する。仏護は龍樹の帰謬に従いながら、莚と瓶の比喩を加え、別のもの・莚なしでもこのもの・瓶は別のものであるべきだとしても、別のものでないから、莚より瓶は別のものでないと、ｃｄの結論を先取りしているように見える。清弁の註釈は先に引用した論証式だけであるから、別異性を自性とするので、別のものなしでも、「このもの」の別異性はあると論じたことになる。観誓は偈ａの「別のものが別のものより別のものである」を対論者の見解とし、その主張は偈ｂの「別のものなしでも別のものが存在する」という「論駁の隙がある主張」（sāvakāśavacana）であることを説かれたとする。月称も別異性も自性であることを論拠に、「別のものなしでも別のものである」という観誓のいう隙のある見解を「布に相待しない各々の瓶には別異性は見られない」と経験によって別異性を否定する。各々（ekaika）は複数の瓶の場合には相互に別異性があることになるという揚げ足取りの批判を避けたのであろう（LVP, p.253, l.8 の paratva は anyatva の同義語に過ぎないであろう）。かくして月称は「「別のものに縁って別のものである」と〔いう第五偈ａを〕主張する者によって「或るものに相待して或るものが別のものであるところの、その〔或る〕ものはその〔或る〕ものと別のものでない」と〔いう矛盾した見解を〕明白に容認していることになる」と、対論者の立場を否定する。

『無畏』は偈ｃｄを龍樹に忠実に、「このもの」（anya-（一））とそれと相待するそれより別のもの（anya-（二））に拘った註釈をする。仏護が『無畏』を丸写ししているのは、自説を加えることを放棄しているように見える。月称は偈ｃｄを敷衍して註釈するのを止めて、諸事者の別異性の成立は相互依存的なものであり、「別のもの」と言われるのは世間的な言説（言語表現）においてであって、実有な事物として（vastutaḥ・勝義として（?・））考察するときには別異性は存在しないことが説かれたとする。この解説は龍樹の偈cdの論述が縁起の構造を適切に捉えたものでないことを暗に示しているように思われる。清弁は基本的には『無畏』と同じであるが、ここでも別異性を自性と見做す。観誓によれば、偈cの冒頭のtad-（de）は論考の主題そのもの（parkṛtārthatā）である別異性（月称はこの解釈を採用したのであろう）であり、「自性として別のものより別のものである「別のもの」という「そのもの」（tad-, de）がないとき、別のものがないので、それ故に「別のもの」という自性としての別異性という〈そのもの〉はないという意味だ」という。ただし清弁は「言説としても火には冷性に相待しないで、自己の自性としての熱性はないように」という比喩で説明している。もしこの「言説として」が世間の慣用とか実用という意味であれば、火が熱いことは自明で殊更冷たさと相待しなくても成立すると考えられるであろう。この比喩が成立するためには「言説」が恐らくディグナーガ（Dignāga）の、言葉は「他者の否定」というアポーハ（apoha）論に基づく「言葉の陳述」という意味でなければならないであろう。清弁は続いて見者と見等が、牛と馬が相互に相待・依存しないでも別々の相をもって成立するように成立するという反論を想定し、牛と馬の各々の相は相互に相待して別異性があり、見者と見も同様であると答える。この場合も彼は上述のアポーハ論に立っているといえる。更に彼は次にヴァイシェーシカ（Vaiśeṣika）学派の体系の根本にある六句義（padārtha）の範疇論を批判する。ここでヴァイシェーシカ学派を取り上げたのは、直接的には同派の別異性を否定するためであるが、六句義の実（体）と他の運動（徳）等の句義、特に内属（和合・samavāya）がこの章の結合と思想的に近いことを意識していたからではないかと思われる。しかしこの傍論の具体的検討は省略する。

8　問うて曰く…答えて曰く（ここで〔対論者は〕主張する。縁起は別異性でないとしても、そうであっても別異性という普遍〔相〕であるもの、それに相待して、それは別のものである。ここで答える）——第七偈——

異中無異相　不異中亦無　無有異相故　則無此彼異（七）

nānyasmiin vidyate 'nyatvam ananyasmin na vidyate/　avidyamāne cānyatve nāsty anyad vā tad eva vā//（七）

別のものに別異性は存在しないし、別でないものにも存在しない。別異性が存在していないとき、別のものも、その同じもの自身も存在しない。（七）

【無畏釈】　君が別異性という普遍〔相〕であるもの、それに相待して、それは別のものであると説いたそのことは、そうであればまさに縁起を説いたことになるのではないか。さらにまた、別異性という或るもの、それも事物に縁って相待して成立するのであるから、それは事物より〈別のものにも存在しないし、別でないものにも存在しない。〉〈別異性が存在していないとき、〉〈別のものとも〉別でない〈その同じもの自身〉として考察されたその両方とも〈存在しない。〉

【解説】　羅什訳は反論も解答も生硬な『無畏』を解りやすく意訳したものといえる。仏護は反論で第五偈aの別のものは別のものに縁って別のものであるという縁起によって別のものがあることを、「縁っても別のものがない」という裏からも捉えて繰り返す。その上で解答では「縁起はそのような本性のものである」というが、これも『無畏』の「縁起は別異性ではないとしても」という曖昧な表現を解りやすく解説したものであろう。仏護はこの「別のものである」という存在の肯定を世間の言説に従ったものとし、それに対して第七偈abを「あるがままの如実」（yathābhūta）の考察、すなわち勝義の教示として「勝義に従って別のものはない」ことを説いたとする。彼はその「ない」は縁起の勝義である「空」の意味であることを、仏説の芭蕉の茎の比喩（cf. SN, II, p.142, 行は芭蕉の如く）を挙げて示す。彼は次に、「別のものなしでは別でないものもないから別のものはある」という相対性に基づく対立者（vipakṣa）による揚げ足取りの反論を挙げ、偈cdをそれに対する解答で、別でないものが存在しないとき、それの対立者である別のものもないことを説いたとする。

『無畏』はこの偈の別異性を反論でも普遍（sāmānya）相とするが、別異性に相待して、と縁起関係ともするので議論が明解でない。仏護はこの『無畏』の解釈を第二説として挙げ、対論者は縁起関係でなく、別異性を具えているという所有関係を主張する。月称は仏護の第一説を無視し、仏護の第二説を所有関係から和合（内属・samavāya）の関係とする。月称は縁起、相待に言及せず、偈abでは専ら別異性が別のものにあるのか別でないものにあるのかによって両立場の矛盾を指摘するだけである。それに対して仏護は別異性が必ず常に存在するから、縁起を必要としないという反論を予想する。これは事物と別異性の関係を、偶有的関係から実体と属性のような本質的内属関係に近づけようとする試みである。それに対して仏護は第七偈のa「別異性は別のものに存在しない」を解答とし、その論拠としてbを「別のものでない〈瓶〉にないのであるから〈必ず常に存在する〉ことは否定される」とする。彼はさらに別異性をいわば属性でなく実有の存在として捉え、別異性が自性でないことによっても否定する。

仏護はさらに偈ｃｄを「必ず常に存在しようとしまいと、別異性が認められる別のものはとにかく存在する」と、月称も「別異性が存在しなくても、別のものはとにかく存在する」と、別のものの存在を、論証以前の事実というか、開き直った主張に対する解答とする。

9　復た次に、異法無きが故に亦た合無し―第八偈―

是法不自合　異法亦不合　合者及合時　合法亦皆無（八）

na tena tasya saṃsargo nānyenānyasya yujyate/　saṃsṛjyamānaṃ saṃsṛṣṭaṃ saṃsraṣṭā ca na vidyate/（八）

そのもののそのもの〔自身〕との結合はないし、或る〔別の〕ものの別のものと〔の結合も〕妥当しない。結合されつつあるものと結合されたものと結合する者は存在しない。（八）

T1はｂを gṣan ni、T2は gṣan yaṅ gṣan daṅ とし、それに続けて phrad mi ḥgyur/ と saṃsarga を加え、yujyate を ḥgyur（存在する）と訳す。しかし『無畏』の注釈中の「目的（必要）がない」（dgos pa med pa = nisprayojana）は yujyate を支持するように思える。特に dgos pa med pa に近い mi dgos が、TSD (p.427, 右) によると、『入菩薩行論』では ayukta の訳であるというので「妥当する」、さらに言えば「結合する」、という意味かも知れない。

【無畏釈】　さらにまた、―第八偈―

〈そのもの自身がそのものと結合することはない。〉どういう理由か。〔同〕一であるからで、そのもの自身がそのものと結合することはないからである。

〈別のものが別のものと結合することはない。〉どういう理由でか。（一）別々のものであるし、（二）別々のものが結合することは認められないし、（三）目的・必要（羅什訳、不須合）がないからである。

このように考察されたとき諸事物に結合があり得ないから、それ故に〈結合されつつあるものと結合されたものと結合者は存在しない。〉

天空と地のように。

【解説】　羅什は偈の前に結論ともいうべき「異法無きが故に亦た合無し」を加えた他は、『無畏』と変らない。仏護も第七偈ｃｄの続きで、「別のものでもありその同じものでもある」ものの結合を考える立場に対して、第八偈は結合があり得ない理由を説いたとするが、実際には「その同じもの」と別のものに結合があり得ないことを、色々な場合を想定し、偈ｃｄの「結合しつつあるもの」等についても、各々を具体的に単調で中観派の極りきった否定の方法を繰り返しているだけである。

月称は仏護の註釈を無視し、第一偈の「見られるべきもの」「見る作用」「見る者」の結合の問題に立ち帰って、この三者の結合が、〔同〕一性か別異性において成り立っているディレンマによって否定し、偈ｃｄは結合がなくても「結合されつつあるもの」等は存在するという強弁を否定したその結論とする。

清弁は第八偈ａｂがこの章で扱った課題の結論とし、ｃｄを〔主張〕誰にでもこのような貪欲と貪欲者との結合はまさにある。〔証因〕結合しているものがある故に。〔喩例〕乳と水のように。等の推論式によって主張される結合の存在に対して、偈のｃｄが説かれたとし、その趣旨は「上述のような能証によって他性がありはしない故に」ということだとする。

中論　解題　上

一　序

(一)　本解題の意図

漢訳『中論』は四巻から成り、各巻の冒頭に、龍樹菩薩造、梵志青目釈、姚秦三蔵鳩摩羅什訳と、著者と訳者が記録されている。即ちこれは、『中論』の中の本論である五百偈から成る『中の頌』(*Madhyamakakārikāḥ*)の著者が龍樹であり、散文で書かれた註釈の著者は青目、漢訳の訳者は鳩摩羅什(以下羅什)であることを伝えている。今この記述の順序に従って、この三者を整理すると以下の如くになる。

著者・龍樹と著書『中の頌』
註釈者・青目と註釈書『青目釈』
訳者・羅什と訳書『中論』

本解題では以上の三者と共に、先行する『中論』の解説・研究書の例に倣って、インドの『中の頌』の註釈書である『無畏』註をはじめ、仏護の『仏護註』、清弁の『般若灯論』、月称の『明句』(*Prasannapadā*)を概観することによって、『中の頌』の、更には『中論』のインド中観思想史の中での意味を併せて考察した。

(二) 中論の基本的研究資料と論の構成

1 国訳と現代語訳

『中論』は既に次の三種の「書下し」訳がそれぞれ註釈と共に刊行されている。年代順に列挙すると、以下の通りである。

(一) 宇井伯寿訳　国訳大蔵経、論部五、国民文庫刊行会、一九二一年六月。
(二) 羽渓了諦訳　国訳一切経、中観部一、大東出版社、一九三〇年六月。
(三) 三枝充悳訳　『中論―縁起・空・中の思想―』(上・中・下) レグルス文庫一五八、一五九、一六〇、第三文明社、一九八四年三月。

欧州の現代語訳にはドイツ語訳と英訳がある。

(一) 独訳　Walleser, Max *Die Mittlere Lehre des Nāgārjuna, nach der chinesischen Version übertragen*, Heidelberg, 1912.
(二) 英訳　Bocking, Brian *Nāgārjuna in China: a translation of the middle treatise, Studies in Asian Thought and Religion Vol.18*, The Edwin Mellen Press, Lewiston/ Queenston/ Lampeter, 1995.

2 中論の構成と偈数

『中の頌』が二七章からなることも二七章の順序も現存するすべての同書の註釈書で変らない。しかし各章の章題を決めた者が誰かは明らかでない。龍樹であれば、章によっては異なる題名の註釈書もあるので、龍樹の付した題名を廃して自己の題名に改めたことになり、それらの註釈者は龍樹の権威を認めていなかったことになろう。或いは次に指摘するように『中の頌』よりも自己の註釈に適った題目に改めたのではないかと思われる場合もある。そこでここでは諸註釈の中で最も古い時期の章題を伝えている羅什訳の章名を基準にして、すべての註釈の羅什訳と同一の章を章の番号順に掲げ、必要な章には簡単な説明を加える。

念の為に略号を確認しておく。梵本＝月称の『明句』の梵本。T1＝『明句』のチベット訳。T2＝『無畏』と『仏護註』と清弁の『灯論』のチベット訳。漢1＝漢訳『灯論』。漢2＝スティラマティ（安慧）著『大乗中観釈論』の漢訳。T3＝AEIMの中で関説されたT2ナルタン版・D版・P版のチベット語の訳語。

(1) 羅什訳の章名とすべての註釈書等が同じ題名のもの

（1）第一章[①]「因縁」pratyaya（縁）。（2）第四章[②]「五陰」skandha（蘊・陰）。（3）第五章[③]「六種」dhātu（界）。
（4）第六章「染染者」rāgarakta。（5）第八章[④]「作作者」karmakāraka。（6）第一〇章[⑤]「燃可燃」agnīdhana（火と薪）。
（7）第一四章「合」saṃsarga（結合）。（8）第一六章「縛解」bandhanamokṣa。（9）第一九章「時」kāla。
（10）第二一章「成壊」saṃbhavavibhava。（11）第二二章「如来」tathāgata。（12）第二三章「顛倒」viparyāsa。
（13）第二四章[⑥]「四諦」āryasatya。（14）第二七章[⑦]「邪見」dṛṣṭi。

① 羅什は縁も縁起も因縁と訳す。
② 梵本・Tの蘊はこの場合は五蘊のこと。漢1は羅什と同じ「陰」、漢2は「蘊」。
③ 梵本・Tの界は漢1・漢2の六界（六大）のこと。「六種」はそれの羅什訳。
④ T訳と漢1と漢2は語順が逆、作者作。
⑤ 羅什の「燃可燃」は「火と薪」の意訳。
⑥ 羅什訳以外は皆「聖諦」。これが原型であろう。羅什は聖諦が四聖諦であることを強調。
⑦ 邪見は羅什訳と漢1のみ。梵本とTは「見〔解〕」、漢2は「邪見」ではなく「諸見」。

(2) T2、時に漢1も異なるもの

（1）第二章「去来」、T2は「已去・未去・去時」（gatāgatagamyamāna）。（2）第①一三章「行」、T2は「真実であること」（tattva-tva, -tā）。

①漢1も「真性」。

(3) 梵本とそのチベット訳T1、時にT1のみが異なる章

（1）第①一二章「苦」、T1のみ「自作と他作」。（2）第②一五章「有無」、梵本・T1は「自性」。

（3）第③二〇章「因果」、梵本・T1は「和合」（sāmagrī）。

①月称の『明句』のチベット訳者による改題。

②③月称自身が改題したことになる。

(4) その他

（1）第七章「三相」、T1・T2は共に「生と住と滅」、これが原型であったと思われる。羅什はそれを意訳したのであろう。梵本と漢1と漢2は「有為」（saṃskṛta）。清弁の『灯論』の原本はT2とは異なったものであったことになる。

（2）第九章「本住」、T1は「以前に存在するもの」、梵本のpūrva（前の）はvyavasthitaが脱落したのであろう（cf. CPM, p.158, fn.484）。T2は「取者と取（所取）」。漢2の「先分位」は本住の意訳か。「本住・以前に存在する者」は「取者」である。

（3）第一一章「本際」、梵本・T1は「前（本）と後の（辺）際」。T2と漢1と漢2は輪廻（生死）。本際が存在しないことがこの章の結論（第八偈）である。これが章題の原型か、羅什の改題か。

（4）第一七章「業」、梵本・T2は「業と果」。漢1も漢2も「業」、羅什を採用したのか。T3はD版では「業」、P版では「業と果」。どちらかが誤刻か。

（5）第一八章「法」、梵本・T1は「我」、T2は「我と法」、漢1と漢2は「法」。法が原型か、T2が原型か。漢1はT2を採

らず羅什に従ったのか。梵本・T1は月称の改題であろう。T2とT3が「我と法」であるのはT2から偈だけが取り出されたものがT3だからであろうか。

（6）第二六章「十二因縁」、梵本は「十二支」、T1・T2・T3は「十二有支」。羅什の十二因縁（dvādaśāṅga pratyītyasamutpāda）が原型であったであろう。『中の頌』に付加された後で、恐らく「八不の縁起」と抵触するので「十二支」（dvādaśāṅga、梵本）、「十二有支」（dvādaśabhavāṅga、Tの三本）に改められたのではないか。『灯論』はT訳の『灯論』の冒頭の「言説」（vyavahāra）としての縁起、漢訳の「世諦縁起」を章名にしたのであろう。漢2が章名を「夢幻」とした理由は不明。唯識思想の思想家である安慧にとっては、この十二支縁起の論理は「夢や幻の如し」という『般若経』の空の思想としか考えられなかったのか。

このように概覧すると、章名の原題名は龍樹によるか否かは不明であるが、羅什、清弁、月称は一部の章名を改めたことが認められるが、他の註釈者、チベット訳者、漢訳者も改題したと思われる。T2の場合、章題が青目、仏護、清弁の誰の思想が題名を決めたかが推測できるものは補註で触れた。

(5) 各章の偈数　章の下の（　）の上段は羅什、下段は梵本（Tも含む）の偈数。

第[①]一章（16—16）　第二章（25—25）　第三章（8—8）　第四章（9—9）　第五章（8—8）　第[②]六章（10—10）
第[③]七章（35—34）　第[④]八章（12—13）　第九章（12—12）　第一〇章（16—16）　第一一章（8—8）　第一二章（10—10）
第[⑤]一三章（9—8）　第一四章（8—8）　第一五章（11—11）　第一六章（10—10）　第一七章（33—33）
第一八章（12—12）　第一九章（6—6）　第二〇章（24—24）　第[⑥]二一章（20—21）　第二二章（16—16）
第[⑦]二三章（24—25）　第二四章（40—40）　第二五章（24—24）　第[⑧]二六章（9—12）　第二七章（31—31）

① dJは14（月称が帰敬偈を除いているのによるのであろう）。SWPNは帰敬偈を加えて16。
② 『無畏』、仏護、清弁のT2には第六偈を欠くので9偈。
③ 羅什は梵偈第七偈を二偈に分ける。

④龍樹は第九、一〇、一一偈で実有な行為者、非実有、実有非実な行為者について論ずる。羅什は第九偈で行為者の実有等の三句の業の否定、第一〇偈では実有等の三句の行為者の業の否定とし、一偈を減ずる。

⑤羅什訳の第四偈は、本文中の羅什の傍論（二一―一）に基づく反論者の主張を羅什が偈とそれの註釈とを加えて、龍樹の第四偈がその反論の解答としたもの（補註二九一頁参照。羅什は龍樹の『中の頌』をどのようなものと考えていたのであろうか）。

⑥羅什は龍樹の第三偈「どうして消滅は生成と共に存在するだろうか」を「成と壊と共にして有らば」と訳して、「消滅が生成と共に」と「生成が消滅と共に」という両方を含めているので、梵偈の第五偈「どうして生成は消滅と共に」が不必要になったので省いたのであろう。諸条件は異なるが、羅什は第七章では龍樹が一偈で説いたものを二偈に分けて示したのに、ここでは二偈を一偈にまとめたのか。裏からいえば、龍樹は第七章では何故二偈にする方が明確になるのを一偈に、ここでは二偈にしたのか。

⑦梵偈が第二〇偈とするものは偈ではなく第一九偈の註釈が若干偈らしく変形されたものと考えられる。第一九偈の月称の註釈は「そこ（第一九偈）では、事物は自より生じない、他より生じない、自と他より生じない（二一・一三ａｂｃ）。だから顚倒をもつものがどうして存在しようか、という意味である。〔「それ故に顚倒は存在する。顚倒をもつものが存在する故に」という所説は妥当しない。」〕」（〔 〕は『無畏』の採用）である。仏護には『無畏』の踏襲部分（実質は偈の繰返し）の後に、唐突にこの第二〇偈が前後に全く関係なく説かれている。後代の鼠入によく見られるところである。仏護は次が直に yaṅ gsan yaṅ で第二一偈が来る。『般若という根本中論頌』にも存在するが、『無畏』、清弁、羅什にない。

⑧羅什訳の第一、二偈は梵本の第一、二偈と同じ。羅什訳の第三偈は梵偈では第三偈ａｂｄと第五偈ａｂからなる。羅什訳には梵本の第四偈を欠く（フェッターは第四偈を除くべきだとする）。羅什訳第五偈は梵本第六偈ｃｄと第七偈。羅什訳の第六偈は梵本第八、九偈。羅什訳の第八偈は梵本第一〇偈。羅什訳には梵本第一一偈を欠くが、註釈はあるので羅什は訳し、羅什訳の原梵本には存在したが書写の際にでも脱落したのであろう。羅什訳第九偈は梵本第一二偈。第二六章は一二偈（第四偈を除けば一一偈）となる。

このように検討するならば、第一章は一六偈、第七、八、一三、二一章は梵本が原型、第二三章は羅什訳が原型、第二六章は一二偈か一一偈となるので、全体では四四九（四四八）偈となる。

二　龍樹と『中の頌』

㈠　著者　龍樹　Nāgārjuna

1　伝承

龍樹（ナーガールジュナ）は、古来インドは元より中国、チベットでも釈尊に次ぐ第二の仏として尊崇されてきた。先に触れたように羅什は龍樹を菩薩としているが、彼と同時代の慧遠は龍樹を同じ菩薩でも最高の階位である第十地に到達した菩薩であるとする。インドでは十地の菩薩を神話的な高みに置くが、それでも月称は龍樹を初地の菩薩とする。現実の歴史上の大乗仏教の修行者が、初地であれ地上の菩薩とされることは稀有のことである。これらのことは、彼らが龍樹を単に智慧だけでなく大悲をも備えた仏のような人格者であると確信していたことになる。その智慧というのは空の悟りであり、大悲は龍樹の場合、空という人間存在の実相を説いて人々を空に教え導き入れるために『中の頌』等を説いたこと以外にない。

龍樹には、他の論師に例を見ない程夥しい数の論書が帰せられているが、それも或いは仏のような存在であるという伝承に係りがあるのではなかろうか。龍樹の著作がたとえ一冊だけであったとしても多数であっても、それが大悲の実践を証拠立てるものであり、龍樹の著作でない偽書であったとしても、言うまでもなく龍樹による剽窃とか盗作といったものではないし、その逆に当る龍樹の名を騙るといった行為でもないであろう。龍樹の時代はその後にも、作者のない仏説を主張する大乗経典が猶お作り続けられた時代である。そのことは仏教の特殊な事象でなく、インドの正統的といわれる婆羅門文化においてもウパニシャッドに見られるので、古典時代のインドの宗教文化に共通する一般的特徴である。そういう文化の中で育った龍樹の後継者が自己の著作を龍樹に仮託するということは、仏に仮託した経典の作者と同じ心境であったのではなかろうか。そういう想定をも含めて、龍樹に仮託した人―或いは無名の著作を他の人々が（勝手に）論書の内容を判断して、龍樹の著作に違いない、と龍樹に帰したのかも知れない―そういう偽書の著者等の心を現代の常識で忖度すべきではないのではなかろうか。

ともあれ、龍樹の行為は中観の教えを説くことにあった。その教えは、我が国で彼を八宗の祖と呼んでいるように、大乗仏教のすべての宗派、様々な思想的立場、教理の体系は、龍樹の教えを源流として成立していると考えられてきた。各宗派は龍樹から始まったということが、仏教の正統性の主張の証しとなると考えていたかのように見える。中国の教判で龍樹の中観思想が大乗仏教の始教と位置付けられているのも、そのことを含意し、龍樹こそ大乗仏教の根本的立場を確立した大乗仏教の展開の源流・源泉であるということであろう。

本書で取り上げる『中論』・『中の頌』こそは、その源泉ともいうべき中観思想を最初に本格的に論述した論書である。書名に通常、『根本中の頌』と「根本」が付されているのは、この論書が大乗仏教の源泉であると共に、中観思想を説く他の論書に対して根幹をなす論書であると認められてきたことを示すであろう。

このような特異な宗教文化を背景にしたインド仏教を研究対象とする、近現代の仏教学者も龍樹を中観派の創始者であり、彼の主著が『中の頌』であることを疑わない。或いは研究者たちは『中の頌』の著者が龍樹であることを前提とし、その著者を龍樹とするという仮定に立って研究を進めているという方が正確かも知れない。

2　龍樹の伝記

それにも拘わらず、龍樹の人となりや生涯、彼の個人情報については確実なことは何一つとして伝えられていない。彼には羅什が訳したという、著者不明の『龍樹菩薩伝』という伝記が残されてはいるが、伝記と呼ぶことさえも憚られるような代物である。インドの場合、他の著名人の伝記も大同小異ではあるが、荒唐無稽の絵空事という他はない。しかしこの伝記も中国仏教界では重要な意味をもつものであったとも言われている(『羅什論』三五八―三五九頁参照)。古代人の精神にとっては決して絵空事とは映らなかったのかも知れない。この伝記は龍樹の年代決定の一資料として羅什が訳した中観関係の論書に対して彼の門弟等が著わした「序」や「序疏」など共に研究されてきたが、現在ではこの伝記の訳者が羅什であることも、それだけでなく、そもそもこの伝記がインド撰述であることも疑問視され、上述の「序」や「序疏」の他、『馬鳴菩薩伝』、『提婆菩薩伝』、さらに『付法蔵因縁伝』中の関連伝記等の比較対照によって、この伝記は羅什以後にインドから中国に伝えられた諸伝承を集めて、一代記に纏めたものということになるようである。筆者はそれを批評し評価する立場にないが、少なくとも一応伝記の体裁をとり、龍樹の生涯の各時期の話題というか、人となりを示す象徴的な出来事を、原始経典の伝える釈尊の一生の各時期の出来事と対応させ対比させているということができる。この伝記の伝える龍樹の一生の各時期の話題の多くは、彼が知的天才ではあっても人間的には醜悪な人格として描かれている。そこにはトピックの作者が龍樹に懐く悪意のようなものすら感じられる。それも個々の話題がインドで作られたことを示すのではなかろうか。インドでは悪意はなくても知的天才ぶりや釈尊の偉大さを強調するために、誇張して悪し様に言うことは考えられるからである。中国のこの伝記の編者は寧ろ龍樹の不名誉となる言行を削除しているとのことである(以上「龍樹伝」に依る)。

この伝記を中村元氏は『龍樹』の中で現代語訳されているが、伝記の内容を解説されることなく、ただ結語として、龍樹は(一)南インドと関係があった、(二)バラモンの生れ、(三)博学でバラモンの諸学を学習した等を挙げておられるだけである。恐らく内容は検討にも価しないと考えられたからであろう。同書にはプトンの『仏教史』とターラナータの『仏教史』の中の龍樹伝の部分も全訳が掲載されているが、プトンは一二九〇―一三六四年、ターラナータは一五七五―一六一五年(?)の人であり、仏教がインドで衰滅してから前者でも百年以上、後者に至っては四百年以上も後に、異邦のチベットで書かれたインド仏教史所収の伝記であるから、チベットの神話や習俗が混在していて、この伝記よりも更にひどいものになっている。

しかしこの神話化というよりも妄想の所産とも言うべき伝記の中に埋もれている事実の痕跡を求めて、龍樹の経歴、活動場所や時期を特定しようとしたり、伝記の中に龍樹の人物像を見ようとする学者も少なくない。そういう人々は龍樹が南インドと関係があったという記述を、龍樹著と伝えられる『宝行王正論』や『勧誡王頌』という王や友人への手紙という形の論書などと結び付けて、南インドに実在したサータヴァーハナ王朝の国王と親友ではなかったか等の推測がなされている。

このように伝記等に語られた地名等を現実の龍樹の経歴の痕跡と見なす解釈だけでなく、梶山雄一氏は釈尊とその弟子の集団やそれを継承する出家者、比丘の教団が「静」であるのに対して大乗仏教の菩薩の求道の生き方はまさに正反対の「動」であり、伝記が語る龍樹の生涯はまさに菩薩の動の生き方を描いたものとする。釈尊は十四無記が示すように論争を避け、沈黙を愛し、黙諾が語るように寡黙な人であった。その弟子達も『沙門果経』に見えるように静粛を旨とし、静寂で安穏な生活を実践したし、比丘の教団は俗世を離れて僧院での隠棲を選んだ。大乗経典に登場する大乗の菩薩はまさにその対極にある。『般若経』の師弟である法上菩薩と常啼菩薩や『維摩経』の維摩居士や『華厳経』の善財童子のように、穏やかに法を説く在家の長者であったり、維摩居士のように小乗仏教の論師と論戦して完膚なきまでにやりこめるかと思えば、仏を意味する指導者として人々を連れて平安の地に導き入れる仏業の実践者である。他方では常啼のように狂気を感じさせる程に激しい求道の情熱を懐き、善財のように法を求めて諸国を歴訪する求法者である。梶山氏は伝記の語る龍樹はそういう菩薩に重ね合せて龍樹の人と生涯を描いたものであるという。

この見解は興味深く、或る意味では的を射ている解釈といえる。そもそもそれらの大乗経典にもこの伝記と同じような妖気というか狂気が漂っているように思われてはならないからである。それだけにこれらの菩薩の生き方は異常なまでに誇張された菩薩の理想像であって、現実の歴史上の人物にはそぐわないのではないかと思われないでもない。伝記の作者の意図が奈辺にあるのかも明らかでないが、釈尊の伝記として伝えられている生涯と対照させながらそれを紹介する（伝記は中村氏の和訳に依った。文献学的に検討するまでもないからである）。

龍樹の経歴とは直接には関係ないが、この伝記の最後の部分だけは事実であろう。「ナーガールジュナがこの世を去ってから今に至るまで百年を経ている。南インドの諸国はかれのために廟を建て、敬い仕えていることは、仏に対するが如くである」。一般に推定されている龍樹の年代は一五〇―二五〇年であるから、それから百年後といえばこの記述は羅什（三四四―四一三）より半世紀程前の伝聞ということになろう。百年といえば、長いというべきか短いというべきか、恐らく南インドでない北のガンジス河中流の仏教の故地か、西北のガンダーラ・カシミールにいたであろうこの部分の著者は、伝聞として南インドに於ける龍樹の神格化を聞いて書き留めたのであろう。彼のいた地方では龍樹を仏のように崇めることはなかったから強く印象に残ったのであろう。或いはこの伝記の伝える龍樹の死との違いにそれこそ隔世の感を懐いて書き留めたのではなかろうか。

ここに引用した記述の直前に書かれた龍樹の死は、原始経典の『大涅槃経・大いなる（偉大な）死』を念頭に置いた死と思われる。釈尊の死は人間として不可避であるが、仏の不死を確信する人々に納得させるためか、経の作者は第三章で釈尊が謎めいた言葉で阿難に自分の不死を望むかを三度問うたのに、阿難は理解できぬままに不死を請わなかったので、釈尊は生への意志を断って死を迎えることになったという。それに対してこの龍樹の伝記では、「常に龍樹に怒りを懐いていた小乗の法師に龍樹が、「私がこの世に永く生きながらえていることを、願っているのか」と問うと、法師は「願っていない」と答えた。すると龍樹は庵室に退いて出てこなかった。弟子が戸を破って見たところ蟬のもぬけの殻のようになって死んでいた」という。釈尊は阿難に見守られながらなくなる。仏伝では病重くなり横たわると、時ならぬ沙羅双樹の花が咲く等の奇瑞が現われ、涅槃図では諸国の貴人が悲嘆にくれ、野の獣も嘆き悲しむ。それに較べて龍樹の死は恐らく小乗の主張を論破し、屈辱の怨念を懐かせた報いとでもいうのであろうか、これでは今日いう誰にも看取られない孤独死である。龍樹の弟子といわれる聖提婆は異教に対して破邪の剣を振う余り、異教徒に殺されたというから、龍樹も殺されこそしなかったが、小乗教徒に疎まれ死んでしまえ、と呪詛されながら死んだということになる。小乗仏教徒に呪詛されたということが事実かどうかは明らかでないが、それ程著名でない学僧の孤独な死が龍樹の実際の死ではなかったのではなかろうか。ただし伝記はその死を「遂蟬蛻而去」（蟬蛻遂げて去る）とする。蟬蛻は蟬の脱け殻で、ここでは龍樹の死が衣服だけ残して抜け出したという伝承を中国の仙人の死の思想によって説明している（蟬蛻については「文化史」参照）。これは釈尊の初禅から非想非非想処等の禅定に入り、最後に涅槃されたという、南伝『大般涅槃経』の伝える死を意識したものであり、釈尊の場合は遺骨を祀る塔が立てられたが、龍樹にはないので、中国の訳者か編者が蟬蛻の思想を用いて取り繕ったのかも知れない。それにつけても、伝記の編者はこのみじめな死と百年後に仏として讃仰されるというこの落差の激しさをどんな思いで書き次いだのであろうか。

伝記の冒頭の出家の動機も釈尊の出家の影を色濃く宿している。釈尊はクシャトリヤで王家の生れであるから、生長して愛欲に耽溺し、快楽生活を送ったが、その醜悪さや虚しさに目醒めて出家を願う。実際のシャカ族の国は小さく、国力も乏しかったであろうから、仏伝の伝えるようなことはなかったとしても享楽の生活に溺れるという筋書はクシャトリヤの王子としては自然である。それに対して龍樹はバラモンの子で天賦の才に恵まれた神童で、ヴェーダ等のバラモン教学は元より、世間の学問にも通暁し、名は諸国に喧伝されていたという（『中の頌』にはヴェーダへの言及はない）。三人の同じく学識豊かな友人と共に学び悟るべきものは究め尽したので、これからは快楽を享受しようと計り、王子ではないから釈尊のように自由に王宮に入れないし、住めもしない。そこで隠身の術を用いて王宮に入って王宮の美女と快楽を恣にしたが、王の知る所となり、王宮の庭につく足跡を頼りに力士が刀を振うと、三人の友人は斬殺されたが、龍樹だけは王の頭の側にいたので斬られなかったという。伝記はこの物語を事実らしく見せるためか、「王の頭の側七尺の内には何人も入ってはならない」ことになっているからだと、変に理屈っぽい理由を挙げて死を免れたことにしている。この事件を機に、彼は愛欲が苦と不幸の原因であると悟り、出家の決意を固めたというが、この出家の動機も釈尊のそれに似て非なるものである。釈尊の出家の動機は原始経典によれば、王子としての安逸な生活の虚しさを通して、四門出遊が示すように、生老病死に対する驕慢を払拭し、自己の生老病死を直視したためであったと伝えられている。それに反してこの伝記では龍樹は斬殺による死の恐怖を体験して愛欲は苦しみの本であり禍（不幸）の根であると悟ったという。そこには自己を見詰める厳しい内省も生そのものへの大疑もない。そこで出家してからについても、専ら経典の学習と学習能力の高さのみが強調され、やがて慢心して仏の教も論理的に不完全であるから、それを補って別の宗派を創って人々を教育しようとした。もし本当に龍樹が仏の教えの論理上の不備を感じたというならば、その同じ論理上の不備が清弁によって龍樹の『中の頌』の所説に指摘されていることは因果は廻るというか、何か運命の皮肉を感じさせる。この一宗派の開宗ということは中観派が成立したことの反映なのであろうか。

次に大龍という菩薩が龍樹の思い上りを愍れんで龍宮に連れていき、大乗経典を与えて学ばせた。こうして龍樹が無生法忍を体得したので大龍は南インドに送り還す。『般若経』の出現は南インドであることが『般若経』そのものに述べられている。そのことを認めるとしても龍宮（nāga(rāja)bhavana）から将来したという想像は、むしろ龍樹（Nāgārjuna）という名前との聯想によるのではなかろうか。そこで龍樹は大乗仏教の布教に努めた。中論五百偈を作ったという記述が見え、「『無畏論』十万偈の中に中論はその中に出づ」という。

布教としては異教の宗教的な代表としてバラモンや俗界の代表の国王との論争が語られている。論争は有名なサムエの論争のように同じ仏教内であれば辛うじて行われたようであるが、簡単には決着がつかず流血の惨事を招いたようである。我が国でも仏教の宗派間で法論がたたかわれたようであるが、行なうことができたのは、同じ仏教の中だからであろう。「法論はどちらが勝っても釈迦の恥」である。異教との対論は考え方に共通面が全くないので論争する意味がない。神の宗教の場合は同じ宗教の中でも他派は異端であり、話し合いの余地がない。バラモンとの対決は論争ではなく呪術の技較べとされている。バラモンが仏を蓮池の蓮華の上に仮作して龍樹を嘲けると、龍樹は白象に乗って蓮池を通ってバラモンを象の鼻で絞めて地上に叩きつける（蓮池と象の幻術は「祇園」一三九三頁にも見える）。こうしてバラモンは論破される。

国王の教化は恐らく『宝行王正論』や『勧誡王頌』を龍樹の真撰と認めていた者によって加えられたものであろう。国王の募兵に応じて傭兵の将軍になったとするのは、国王に直接会う機会を狙ったからであろう。ここでも「威は厳ではなかったけれども、命令が行なわれ、法ははっきりとしていたのではないが、人々は彼に従った」と、威令が行き渡った名将ではないが、新米の将軍としてとにもかくにも何とか様をなしたとするのは、前と同じく事実らしく見せるための稚拙な技法であろう。ただし、この箇所は「威は厳格でないのに命令がよく行われ、法は明らかでないのに人々が従った」（「龍樹伝」八四頁参照）とも取れるようである。王と会うと、呪術や幻術を用いて国王を帰依させた。

この後に最初に述べた死の記述がくる。

(二) 龍樹の著作

先にも触れたように龍樹に帰せられる論書は多い。密教や錬金術関係の論書は論外としても、それらの論書の中で龍樹の真撰か否かの判別は、中観派の論師にとっても極めて重要な問題であったことは言うを俟たないであろう。月称は『中論讃』で八論書を龍樹作とする（『真偽性』八頁以下による）。念のために挙げると、（一）『経集論』（*Sūtrasamuccaya*）、（二）『宝行王正論』（*Ratnāvalī*）、（三）『讃歌』（*Stavas*）、（四）『根本中の頌』、（五）『六十頌如理論』、（六）『広破論』、（七）『空七十論』、（八）『廻諍論』である。月称のような中観思想の研究者にとってはこのように龍樹の著作を狭義の中観の論書に限定することは当然であろう。これらの論書は殆んど現代の中観の文献と思想の研究者によっても真撰として認められてきた。従来の研究は龍樹に帰せられた特定の論書の思想の研究が主たる目的で、結果としてその論書の真偽が関説される場合が多い。それら短編の諸論文にはここでは触れないが、それらとは質的にも量的にも異なる『大智度論』についてだけは簡単に触れておきたい。

『大智度論』は羅什の漢訳が現存するのみで、原本もT訳もなく、インドでもチベットでもその存在さえも知られていない。この論書は『二万五千頌般若経』（『摩訶般若波羅蜜経』）の註釈であり、大正大蔵経（No.1509、第二五巻）で五七頁から七五六頁、丁度七〇〇頁の一〇〇巻からなる大著である。『般若経』の訳の部分、三〇巻を除いても七〇巻、凡そ五〇〇頁であるから、青目釈込みの『中論』の四巻三九頁に比べれば、十数倍になる。経文の註釈だとしても、仏教の百科全書とも評されるように、思想、教義、法相や日常の風俗、慣習等の宝庫であることを考えれば、一朝一夕に成るものではなく、該博な知識と解釈を必要とするものであるから、一生を懸けたライフワークとでもいうものであろう。この論書の真偽については、この論書の綿密なフランス語の訳註を刊行しながら、途半ばでなくなられたラモットは『中の頌』の著者、即ち中観派の創始者の龍樹の真撰ではないとし、四世紀初頭以降に西北インドで活躍した第二の龍樹、即ち龍樹という名の別人の作品とする。ということはこの龍樹は上記の伝記の作者に場所も時代も近いし、羅什とも近いことになるが、梶山氏のいう通り、そういう人物はインドの中観派の歴史にまったく姿を現わさないことからも認められないであろう。欧米の学者は多く偽書とするが、我が国の学者は多く龍樹の真撰ではあるが、羅什や羅什の翻訳に参加した筆記者の加筆から成るとする。梶山氏は慎重な言い廻しで「第一のナーガールジュナの思想を中核とし、第二のナーガールジュナのような人物や羅什をも含めた複数の中観思想家の著作であると考えるのがもっとも妥当であると思う」という結論に導いておられる。ざっくばらんに言えば、龍樹が著述したものであるが、註釈の内容からいっても加筆し改刪し易いものであるから、百年の間にインドでも増広され、改められたであろうが、それがさらに羅什によってかなり大胆に取捨され加筆されたものというのであろう。確かにインドの中観派の歴史の中に第二の龍樹に相当する人物が見られないし、第二の龍樹に出来ることならば、第一の龍樹に出来ないことはないであろう。上述の『龍樹菩薩伝』が異常なまでに鋭利な知性と共に該博な智識の習得の速さを強調しているのは、それらの記述がインドから伝えられた伝承であり、龍樹の実像の一端を捉えているとも考えられるからである。また『大智度論』の序で僧叡は羅什が第一章だけはすべて訳したが、他は抄訳であって、大幅に端折ったもので、原典の三分の一であるという。龍樹自身が著述した同論の原註釈は基礎となる部分さえ現行の同論の一部に過ぎないとしても、同論の基礎部分は彼が初期の論攷から後期の『中の頌』の空の立場へ脱皮する間に『二万五千頌』等の『般若経』を徹底的に研究した、その研究の成果の一部であり、この原註釈の著述に人生の大半を過ごしたと考えることもできなくはないであろう。

言うまでもなく龍樹が八宗の祖といわれたのは、『大智度論』によるのであって、漢訳仏教圏の仏教に与えた影響は計り知れないし、中国では龍樹の『中論』と『十二門論』及び龍樹の直弟子の聖提婆の『百論』を所依の論書とする三論宗の他に、『大智度論』を加えた四論宗も成立した。

龍樹に帰せられている諸著作の真偽を確立することによって龍樹の思想を体系的に解明しようと意識的に諸論書の真偽を検討したのは、デンマークの中観思想と文献の研究者であるリントナー（Lindtner, Chr.）である。彼は凡そ三〇年程前に、著書の *Nagarjuniana* において、著者を龍樹とする諸論書を、（一）真撰、（二）偽書、（三）疑わしいもの（真とも偽とも決定できないもの）の三範疇に分けている。しかし実際には（三）について幾つかの書名とその理由を関説するだけで、（一）の彼が真撰とする一三論書を挙げて真撰とする論拠や論書の内容を紹介し検討している。彼は伝記や伝承には触れず専ら次の一三論書によって龍樹の人と思想を論じているのは、彼なりに伝記等の伝える龍樹の虚像に惑わされることなく、龍樹の実像を追求しようとしたのかも知れない。いずれにしても従来の個別的な論書の真偽の考察と一線を画すものといえる。

○（一）*Madhyamakakārikās*『中の頌』

○（二）*Śūnyatāsaptati*『空七十論』
○（三）*Vigrahavyāvartanī*『廻諍論』
○（四）*Vaidalyaprakaraṇa*『広破論』
（五）*Vyavahārasiddhi*『〔言説の成立〕』
○（六）*Yuktiṣaṣṭikā*『六十頌如理論』
○（七）*Catuḥstava*『四讃歌』
○（八）*Ratnāvalī*『宝行王正論』
（九）*Pratītyasamutpādahṛdayakārikā*『因縁心論』
○（一〇）*Sūtrasamuccaya*『経集論』
（一一）*Bodhicittavivaraṇa*『〔菩提心の註解〕』
（一二）*Suhṛllekha*『勧誡王頌』
（一三）*Bodhisaṃbhāra*『菩提資糧論』

彼は上記の著書で『中の頌』の著者を龍樹とし、先ず『中の頌』を綿密に分析し検討した（SWPN, pp.9–24）上で、他の論書の中で（a）様式、文体（style）、（b）範囲（?·）（scope）、（c）教理（doctrine）が『中の頌』と一致し、かつ清弁や月称等の信頼できる論師の証言、実際は彼らが註釈等の著作の中で（龍樹の名等や書名と共に）引用していることを真偽の判断の基準として、これら一三の論書を真撰としている。これらは多くが一般にも真撰として認められてきたもので、上記の月称が龍樹の著作とするもの（念のために番号の上に○を付した）をすべて含む。このように結果から見れば、彼の見解はそれ程目新しいものではない。

彼は『中の頌』に説かれた龍樹の思想は、一、存在論的―空や縁起、二、認識論的―真実在は不二の智（advayajñāna）、対象は仮名（upādāya prajñapti）、三、心理学的―煩悩の消滅、四、倫理的―業の束縛からの解脱や大悲の利（愛）他の精神、とから構成され、他の一二の論書もそれ（の一部門）を補い、詳述していると見ているようである。これらの四部門は『中の頌』の中に求めれば、関連がある偈を少くとも一偈は指摘できるであろうが、存在論的部門である空や縁起は主題として理論的に論述されているのに反して、他の部門は主題でなく、仏教の法相や教義の常識を陳述しているだけである（四の大悲について彼は第二七章第三〇偈を挙げる（SWPN, p.19, fn.56）がこれがいわゆる大悲でないことは後述する）。彼が真撰とする龍樹の一三論書全体の所説がこれら四部門からなるとする背景には、哲学者というものはこれら四種の根本問題に面と向き合うものだという彼の確信があり、その確信は西洋哲学の伝統に裏打ちされたものだという（SWPN, p.18, fn.48）。こうして彼はこれらの論書全体から龍樹の思想体系を論じ、体系の全体を一口でいえば、「悟りを達成する手段＝福智の資糧」（bodhisādhana＝puṇyajñānasaṃbhāra）であって、空でも縁起でもないという（SWPN, p.249）。悟りの実現が仏教の目的であることは当然のことであるが、『中の頌』の立場で見れば、庇を貸して母屋を取られたような感じがしないでもないであろう。『中の頌』以外にこれら一二の真撰とされる論書やリントナーの解釈や解説を詳しく検討した訳ではないが、そこに示された龍樹の思想体系は、仏教思想としては平凡で通り一遍のちまちました体系にしかならないような印象を受ける。

リントナーの見解に対しては、書評では疑義や批判も多く見られるし、説明が不明確な箇所も指摘されているが、それに刺戟されて個々の論書の研究の際に真憑性が検討されることが多くなったようである。そういう意味で研究の活性化に寄与した貢献は大きい。そういう中で空や縁起を主題として『中の頌』と実質的に重なる内容をもつ『空七十論』や『六十頌如理論』には真憑性に疑義を挟んだり、偽書とする学者はいないようである。ただ素朴な余り意味のない疑問かも知れないが、『中の頌』と内容が殆ど同じであるならば、何故別の論書とする必要があったのであろうか。現代のように論文の数が問題とされることもないし、発表に時間上の制約があるわけでもないのだから、付論、補遺とする必要はないであろうし、『中の頌』よりもよりよく整理されているならば、それらを適宜に加えて『中の頌』を改めたり、加筆するなりして、『中の頌』の内容をより濃密でより完成度の高いものに何故しなかったのであろうか。例えば現在は真撰でないとされる『廻諍論』の最後の部分などは『中の頌』の第二四章の要約にすぎない。

リントナーが、『中の頌』、『空七十論』、『廻諍論』の順序にしたのは、恐らく月称の解釈に従ったからであろう。月称は論書に先立って冒頭に帰敬偈を捧げることを、龍樹の論書の作成上の作法とした（彼が『中の頌』の帰敬偈を『中の頌』の本文に加えなかったのはそのためか。第二七章の最後の第三〇偈の月称の解釈参照）。しかし『空七十論』と『廻諍論』には帰敬偈がない。そこで月称

（「如理論」和訳八頁による）はこの二論は『中の頌』から現われ出た（『空七十論』は第七章の第三四偈、『廻諍論』は第一章の第三偈の詳述である）ものであるから、実質的には『中の頌』の一部である。それ故に改めて帰敬をしないとする。しかしこのような論書作成上の龍樹の作法の尊重は、龍樹の同時代の直弟子といわれる聖提婆には未だなかったようで、彼は『四百論』では帰敬偈を加えていない。月称はそこで『四百論』も、思想や論述が『中の頌』と同じであるので、『中の頌』に含まれるから改めて帰敬しないのだと自己の見解を正当化している。しかしそうであれば『空七十論』等に帰敬偈のないことは、逆に『四百論』のようにそれらも龍樹の真撰でないと取ることもできなくはないであろう。『空七十論』の最後の偈（註釈書やTの版の違いによって第七一―七三偈の孰れか）のab「この〈これを縁とすること〉（idampratyayatā・是縁性）を知って、見解の網から脱却する者は」涅槃に赴く、の是縁性は原始仏教以来の縁起の別称であるから、後述するような第二六、二七章で説く「見解を棄却するための十二支縁起の悟り」という龍樹の初期の思想に近い（ただし清弁は帰敬偈の中の縁起の語義解釈では縁起をidampratyayatāとするので、清弁と近い関係にあるのかも知れない）。龍樹が『中の頌』で最後に到達した縁起観は「戯論が寂滅する八不の縁起」であるから、『空七十論』を『中の頌』の後で彼が著述したとは考え難い。『廻諍論』の場合は最後に帰敬偈を加えている。これは『中の頌』の最後の偈（二七・三〇）が帰敬偈であるから、それを踏襲したことになるが、後述するように『中の頌』の最後の二章が龍樹の初期の作品であるならば、龍樹が作法として帰敬偈を最後に加えることはあり得ないから、現存の形の『中の頌』しか知らない後代の人の偽作となろう。

月称は『六十頌如理論』の場合は帰敬偈があるから、内容は『中の頌』と重なるが、『中の頌』から発展したものでなく、龍樹は『中の頌』と同じように、独立した論書として著述したと解釈している。しかしこの論書は最後の偈を廻向の偈としている。廻向の偈を論書の後に加えるのは世親以後の作法である（「起信論の一考察」参照）から、後代の著者が自分の時代の慣習に従って迂闊にも廻向の偈を加えて、偽書であることを暴露してしまったのではなかろうか。

リントナーが九番目に挙げる『因縁心論』が真撰である論拠の一つは月称が『明句』で二度龍樹の偈として第五偈を挙げていること（LVP, p.428, p.552）である。しかしT訳にはどちらもなく、どちらもその前後を含めて後代の加筆と考えられるから、月称は『因縁心論』が龍樹の論書であることを認めていたことにはならなくなる。『因縁心論』第五偈の説く「五蘊の不移行の続生」という縁起説が縁起の核心であり、八不の縁起や縁起即仮（二四・一八）よりもより意味の深い縁起説とはとても考えられない。そもそも『因縁心論』（*Pratītyasamutpādahṛdaya*）という書名は『般若心経』という経名を意識した命名ではなかろうか。龍樹の時代に『般若心経』が既に南インドに存在したのか、『般若心経』中国撰述説もあることから考えても、果して『因縁心論』は龍樹の著作といえるであろうか。

㈢　著書『中の頌』*Madhyamakakārikā*（『中論』）の書名について

羅什訳の『中論』という書名は、一見、龍樹の偈と青目の註釈とを含んだ全体を指すような印象を与えるが、羅什に師事した僧叡の『中論序』の冒頭によれば、龍樹の偈だけを指す書名のようである。インドでは偈だけを『中の頌』（*Madhyamakakārikāḥ, Madhyamika*）と呼ぶのが最も基本的であるから、本書では以後『中の頌』という書名を用いることにする。『中論』という名称は論書には「論」を付して論書であることを明示する中国では『中の頌』では論書に相応しくないと感じられたからではなかろうか。尤もインドでも『中のスートラ』（*Madhyamakasūtra*）や『中の論』（*Madhyamakaśāstra*）という名称を用いていることもある。

インドやチベットでは『中の頌』に「根本」（mūla）を冠した『根本中の頌』が寧ろ一般的である。自己の著書に最初から「根本」という語を加えるということは考え難いし、多数の著書を発表した後で、それらの論書の中で根本となるという意味で後に加えたとでもいうならばとにかく、そういうことは如何にも不自然である。寧ろ龍樹亡き後に、後継者が龍樹に帰せられている多くの論書等を学んでいく上で、『中の頌』の思想を根本とし、それを基準にして、他の論書の内容を解釈し、理解すべきであるという思いを込めてか、更にはそれらの論書が龍樹の真撰か偽書かを検討する上で、『中の頌』を基準として真偽を判断すべきであるという意味を込めて、根本という語を加えたと考える方が自然であろう。

書名には更に「般若・智慧という」（prajñā nāma）が加えられているものも少なくない。即ち『中の頌』は『般若』という名称で呼ばれる論書であるということになる。チベットの文献では『根本般若』（*Mūlaprajñā*）とも呼ばれていた（SWPN, p.24, fn.75、因みにチベットでは『根本論』（*Mūlaprakaraṇa*）とも呼ばれたという）。清弁の『中の頌』の註釈書（*Mūlamadhyamakavṛtti*）の書名『般若灯論』

は、般若、即ち、『中の頌』を明らかにする灯火という意味になる。

般若が『中の頌』の別称として用いられるようになったのは、恐らく比較的後代からで、仏護よりも後、清弁までの間ではなかろうか。或いは清弁その人が用い始めたのかも知れない。清弁は『般若灯論』の冒頭で、龍樹の『中の頌』は般若波羅蜜の論理（prajñāpāramitānīti, LVP, p.3, l.1、月称もこの点では清弁に従う）で説かれたとする。この「般若波羅蜜（完全な智慧）の論理」によって説かれた論書という解釈が『般若』という名称を産んだのであろう。

㈣　羅什訳『青目釈』は『無畏』註である

『中の頌』の初期の註釈には『青目釈』と『無畏』がある。前者は漢訳のみ、後者もチベット語訳だけが現存する。筆者は嘗てこの二註釈は同じものではないか、梵語で書かれた註釈が中国では羅什によって漢訳され、他方チベットではチベット語訳『無畏』として残されたのではないか、という仮説を述べたことがある。この仮説にこだわるものではないが、今回この『青目釈』の訳註を作製するために資料を再読したところ、宇井伯寿氏の国訳大蔵経の『中論』の解題に『青目釈』は『無畏』ではないかという見解を述べられているのを見出し、意を強うし、『無畏』が『青目釈』であることを全章に亘って実証すべきであるという批評もあったこともあり、その可能性を『中論』の全体で検証することにして、各偈毎に、時に註釈の主題毎に、『青目釈』に対応する『無畏』の註釈を、羅什訳との比較検討に耐えうる程のかりそめの試訳として補註に加えた。

㈤　『無畏』とその著者

チベットでは『無畏』は龍樹の自註であるという伝承が支配的であったというが、チベット語訳の『無畏』には、書名の後に、三宝、文殊、龍樹の順で帰命句が説かれている。『仏護註』の場合は仏護への帰命、清弁の『灯論』では清弁への帰命が加えられている。これらは同じチベット語訳者の訳であるから同じ作法によったであろう。因みに西蔵大蔵経の「中観部」の初期の他の比較的小さな論書や月称の『明句』のチベット訳では多く文殊だけが帰命の対象とされている。『無畏』の場合註釈者への帰命が説かれていないのは訳者達も『無畏』が龍樹の自註であるという伝承を認めていたからであろう。

『無畏』には次に八不の縁起を説く『中の頌』の帰敬偈の前に別の帰敬偈が加えられている。「或る方によって生と滅とがこの論理によって捨棄・否定された縁起を説かれたその「牟尼の中のインドラ」（munīndra）に礼拝する」である。帰敬句の後は直ちに論の本文に入るのが通例であるので、この帰敬偈は『灯論』の場合に見られるように註釈者の帰敬偈であろう。もし『無畏』が龍樹の自註であれば、この帰敬偈も龍樹作となろう。しかしこの程度の帰敬偈を註釈のために龍樹が『中の頌』の帰敬偈とは別に作偈したとは考え難い、寧ろこの帰敬偈があることが『無畏』が龍樹以外の別人の著作であることを暗黙裏に示しているのではなかろうか。上述の仮説に立てば、その著者が青目となる。漢訳『青目釈』にこの帰敬偈がないのは羅什が省いたのであろう。羅什の頃まで存在していなくてその後に後代の何者かによって『無畏』に加えられたとは考え難い。青目が何者かについては我が国の著名な研究者達によって僧叡が伝える青目の梵語名の音写である賓羅伽・賓伽羅と青目という漢訳名（渾名か）を手懸りにして、羅什と関係のあった人物の名が挙げられているが、孰れも思いつくままの提案であって、特に意味はない。

羅什訳には訳されていないが、『無畏』の註釈中にはその著者がどのような思想家であったかを窺わせる記述が、僅かではあるが認められる。（一）第一章第一偈のbhāva（存在するもの・事物）を『無畏』は法（アビダルマの七十五法等の）であるが、全異教徒と共通の術語であるから龍樹は使用した。（二）第二偈の「縁等において」（pratyayādiṣu）の「等」を四縁とは異なる異教徒の説く縁とするなど異教に関心が強い人物であることを示す。（三）『無畏』が註釈の第一声で八不の縁起が創造神等の否定であることを説いていることも同じことを示すといえよう。また（四）第八章の第一偈の言説に関して「世間の言説」と経文の言説の他にヴェーダ（veda）の言説を加えていることは、ヴェーダが著者の精神に深く根付いていることを暗示するであろう。羅什は『百論』の著者を提婆菩薩、註釈者を婆藪開士（開士は菩薩であるが聖人でなく大乗の修行者を指すのか）、『中論』でも著者を龍樹菩薩とするのに青目を梵志とするし、僧叡も青目を天笠の梵志とするのも青目を仏教者と見做していなかったからではなかろうか。梵志は婆羅門の異訳とされるが、羅什は『法華経』の訳の中で brāhmaṇa を「婆羅門」と訳すが、梵志を parivrājaka（遊行者）の訳（KN, p.62, l.13, p.276, ll.2–3）、tīrthika（遊行者を含む異教徒一般）の訳として用いている。経文の語句の訳と特定の実在する人物の身分の表示は必ずしも一致しないかも知れないし、遊行者には婆羅門もいるので、羅什はここでは青目が婆羅門であることも含めて遊行者であり特に異教徒であることを明示したかったのではなかろうか。その他に『無畏』は第一八章の第四、五偈という龍樹の真実在の構造を示す重要な偈を「有余依」「無余依」の二涅槃、「煩悩」と「所知」の二障、人法の二無我というアビダルマの法相・範疇を用いて解説している。このことは『無畏』の著者がアビダルマの仏教体系を仏教の基本的な本来の立場として認めて、その立場で龍樹の中観の真実在を外から理解していることを示しているように思われる。僧叡は青目を「深法を信解す」というが、中観の立場に立って内から中観を信解しているとは言えないであろう。言うまでもなく註釈書を著述したことそのことが『中の頌』に強い宗教的関心を懐き、傾倒している（信解）ことであり、それによって中観派の成立に寄与したことは事実であるが。青目が『無畏』の著者であるならば、このような思想家であったことになろう。

『無畏』の目的は主として『中の頌』の各偈の正しい読み方を提示することにあったと言ってよい。偈文を散文・長行にし、一般的に認められた語順に改め、代名詞を該当する名詞等で示し、格変化を加えたり、特異な語句には同義語を時に列挙し、particle を加え（チベット訳では語句の省略された語尾辞等を補い、格助辞や接続助辞を加えている）て、偈の文意を明解にすることにあった。この註釈法は論書の最初の註釈書に見られるもので、恐らく『無畏』は『中の頌』の全文に註釈を施した本格的註釈の最初のものであったであろう。因みに仏護が自己の註釈の一部として組み入れた『無畏』の註釈文は多くこの散文化された偈文であり、羅什は時にそれを偈の異訳等に戻して註釈中の引用偈とする。また可成り長文の註釈には、偈が代表例を挙げて否定したその例を含む法相・範疇の他のすべての事項に、同じ否定の論理的過程を繰り返して説くだけの余り意味のない註釈もある。

『中の頌』の多くの章は仏の教説の中の主要な、或いは問題のある語句を取り上げるが、それらの事物が空・無自性であることを論証するだけで、無自性空であることがどのようなことか、その意味や目的は何か、即ち空の三義（二四・七）については殆ど触れていない。龍樹はそれを第二四、二五章で説いているが、註釈者も各々各自の基本的見解・思想の要旨を冒頭の帰敬偈を中心とする註釈の中に論じている。『無畏』もその例に洩れないが、『無畏』の独創性とか思想的重要性を直接的に指摘することは必ずしも容易ではない。

羅什や中期中観派の仏護等が『無畏』の註釈や見解をどのように評価しているかを通して検討するならば、この註釈が占めるインド中観思想史上の意味が明らかになるであろう。

『無畏』の註釈は冒頭に先ず（一）八不の縁起が創造神や人間と世界との生成の第一原因の否定であることを説く。この見解は羅什もインドの註釈者も全員が是認しているが、彼らはそのことの重大さを余り意識していなかったように見える。彼らが皆『中の頌』の仏教の学問僧であったからではなかろうか。『無畏』が取り上げなければ、無神論であることは見過されたかも知れない。

（二）『無畏』は次に八不の縁起を仏が説かれた所化の聴法者の器を説く。それを受けて羅什は自己の大乗経典の知識等によって声聞乗と大乗の区別があることを論じ、八不の縁起が有部等の声聞乗の教理とは異質の大乗の空の仏説であることを鮮明にしている。中期の論師の中でも清弁は聴法者の器にも触れるが、彼は論理学者らしく「推理を師として〔真実在を〕理解し証悟したいと願望する者」とする。一方、仏護は所化の衆生の問題ではなく、この帰敬偈の真の問題は龍樹の帰命であると取る。龍樹がいわば自らを証人として仏の真の教えが八不の縁起であることを帰敬偈で自ら述べて帰命することは、仏が八不の縁起という法身であるという八不の縁起の深遠な意味（甚深）を如実に悟って感激して、恰も仏が面前におられるように礼拝したことこそが帰敬偈の真意だとする。仏護はこの帰敬偈を「経（sūtra）のようなもの」とし、龍樹が『中の頌』をそれの註釈（vyākhyā）としている。ただし別の場所では仏は「生の縁起」を説き、龍樹は「不生の縁起」を説いたとするなど、彼の解釈は必ずしも論理的に一貫したものとなってはいないが。

清弁と月称は大まかに言えば、仏、即ち仏の教え（法）とこの『中の頌』との本質的な関係（saṃbandha）を明らかに示すことが龍樹の帰敬偈著述の真意であるとする。これは仏護の『中の頌』を龍樹が説いた目的や彼が提示した仏が説かれた教えを龍樹が再度説く必要があろうかという問いに対する彼らの解答でもあろう。このように仏護以下は『無畏』の所化の衆生への言及を無視し、帰敬偈の内容である八不の縁起を仏が説いた真の説法であると龍樹が説いたことの意味の解明こそが帰敬偈で註釈されるべき主題であることを明らかにしている。羅什の見解については後述するが（解題下の五を参照）、この点に関しては中期中観派の方が本質を衝いた解釈をしていると言うべきである。

三　初期『中の頌』（第二六、二七章）の内容と位置付け

(一)　第二六、二七章の諸註釈書の解釈

『中の頌』の構成の上で先ず問題となる章は最後の第二六、二七の二章である。この二章は現存する最古の註釈書である『無畏』とその漢訳である羅什訳でも既にその内容が第二五章までとは異質であることが強く意識されている。羅什は第二五章の最後に「因縁品よりこのかた諸法を分別、推求して有等の四句が否定された」云々と述べて、ここで終ることを暗示している。『無畏』と『青目釈』は第二六章を「第二五章までは大乗の教理によって勝義への悟入を説かれたが、〔次に〕声聞法によって勝義への悟入を説いて欲しい」という聴法者の懇請に応えた教説を説いた章だとする。次の第二七章も基本的には同じで、『無畏』では「声聞乗に適った経典に依拠して、すべての見解があり得ないことを説いて欲しい」という懇願、『青目釈』では「已に大乗法にて邪見を破するを聞いたので、次に声聞法にて邪見を破するを聞きたい」という第二六章の場合と全く同じ構文で示された対論者の懇請に対する解答と解釈する。

これらの前置きは彼らがこの二章は思想内容や説明方法がそれまでの諸章と異質であるだけでなく、章題にも違和感を感じていたかではなかろうか。羅什に従う中国の研究者達もこの二章の異質性を強く意識していたであろうことは、吉蔵の『三論玄義』や『中観論疏』からも明瞭に窺い知ることができる。

インドの註釈者の中では、『仏護註』のこの二章は『無畏』の借用に過ぎない（『無畏』よりも寧ろ古形を保っている）。清弁は第二五章の最後の偈で「仏の不説」を論じたのを受けて、第二六章の冒頭で章の論述の目的を説く極り文句を「これまでの諸章と同じよう

に」で始めて、前の諸章と同じであることを装いながら、この章では世俗の立場で縁起を説かれた、と解説する（漢訳『灯論』はこの解説によって章題を「世諦縁起」と改めたのであろう（解題上、五頁参照））。彼もこの章の内容の異質性を充分に自覚し、それを彼の二諦の区別に摩り替えることによって解消しようとしている。ただ彼は空の自立論証という論理学の確立とその適用以外には、他の事柄には余り関心がなかったように見えるが、そのためか、ここでもどうして論の末尾近くになって十二支が主題として説かれたのか、説かれるべき理由は何なのかといった『無畏』等の著者が懐いたであろう疑問はなかったようである。

月称も第二六章の前置きとして、第二四章で説かれている空仮中の縁起（二四・一八）や、縁起を見る者は四聖諦を見る（二四・四〇）を『中の頌』の縁起として挙げている。これらの縁起観については後述するが、『中の頌』の中心的な縁起観を示す帰敬偈の説く戯論寂静の八不の縁起を取り上げていないのは、彼が帰敬偈を『中の頌』の本文に含めていないからであろう。月称はそれら第二四章で説かれた「空といわれる縁起とは何か」、「四聖諦を見るその縁起は何か」と問う対論者を想定し、その問いに対する解答がこの章の説く十二支の縁起だとする。

しかし龍樹はまさに対論者が指摘するように、第二四章で既に空仮中や四聖諦の悟りであると説いているし、月称も縁起の語義等を帰敬偈の註釈の中で詳述しているのであるから、そういう縁起は何かと問われても、空仮中であり、四聖諦の見であると答える以外にないであろうし、その縁起を改めて問う意味も必然性もないであろう。月称がその問いに対して「それ故に、縁起の支分の区別を説こうと欲して、〔師によって次の第二六章第一偈が〕説かれた」と答えているのを見ると、何故説くかではなく、龍樹がこの章で十二支を説いているから十二支を説くのだと言わん許りの投げ遣りな感じさえしないではない。恐らく彼は空の縁起を祖先返りさせた、いわば縁起の原型を龍樹は説かれたと解釈して、龍樹がここで十二支を説いたことを正当化しようとして、この対論者との問答を想定したのであろう。そもそも章題そのものが十二支（梵本）、十二有支（T）、十二因縁（羅什）、夢幻（『釈論』）と安定していない。龍樹は一体何を章題としていたのであろうか。

筆者にもこの二章が論の最後に何故説かれたのか、龍樹は何を意図してこの二章を著述したのか、は疑問であった。第二六章の十二支縁起はそれをも含めて中観思想の縁起観を考えようとすると混乱が生ずる許りであるし、上述の註釈者達の見解は却って混乱を増幅させる。第二七章の「見解」の考察も、既に第二三章や直前の第二五章に説かれており、月称などはそこ（二五・二一）で十四難無記の諸見解の否定を詳述しているので、改めて第二七章で再度見解を考察し、否定しなければならない理由を理解できなかった。

特に先にも触れた第二七章の最後の「慈しみによって、あらゆる見解を棄却するために正法（saddharma）を説かれた、かのガウタマ（gautama）に私は礼拝したてまつる」という第三〇偈は、内容も形式も共に礼拝の詩頌（帰敬偈）といわれるものである。一般には論書の完成を祈念して論書に先だって（先に作詩して）論書の前に置かれている偈である。しかしそれは謂わば建前で、著述に先立って必ず捧げられるとは限らないであろう。寧ろ実際には著述し終えてから作偈されたのではないかと考えられるが、いずれにせよ、ここで何故帰敬偈が論書の最後に、しかもこの『中の頌』の場合には論書の前だけでなく後にもあるのかが疑問であった。

しかし一冊の著書として与えられた書物を我々は今日、日常の自明の事実として全体で完結した体系的に説かれた書物として受け入れている。そういう思い込みというか常識を疑うことは通常殆どないし、その必要もなく過ごしている。そういう思い込みを脱却して考え直すということは至難の業である。この場合も二七章までを当然一冊の本と思い込み、『無畏』等が声聞乗の教理とか説き方によって説かれたものといえば、そういうものかと思い込み、それ以上に考えることなしに済ませてきた。それは一面ではこれら二章の所説が、『中の頌』の研究、特に中観思想を考察していく上で、余り重要でない（と考えていた）ので、深く検討もせずに放置していたからでもある。

(二) 第二六、二七章は龍樹の初期の二章からなる論書であった

最後の第二六、二七の二章を第二五章までとは別の独立した作品と考える切っ掛けを作ったのはリントナー（SWPN, p.27, fn.81）である。彼は上記の論書の中で『中の頌』を分析しているが、最後にこの二章は奇妙な漸降法（anticlimax）という崇高なものから次第に調子を下げて平凡なものに移すことによって読者の関心を引くとでもいう修辞法を用いたものとする。第二五章までに格調高く空、縁起を説いたのに、この二章では平凡で初歩的な十二支縁起や否定を説いているだけだからである。彼はその理由として中観思想の空

の理解が仏教の正統的な立場に基づいていることを示そうとしたからだというが、この見解は第二七章までを一冊の論書とし、一般に常識として認められるように、章の順序は著者が構想した論書の論述の順序と一致するという立場に立った、上述の『無畏』等の註釈の評価と同じであり、その限りでは正鵠を射ているといえる。従来の研究者たちも章の順序について現代の常識を自明のこととして疑うことはなかった。その点ではリントナーも同じであったが、彼はこの二章を補遺、付録と考えていたようである。従って彼はこの二章を第二五章までの後で著述されたと考えていたようである。章の順序を著述時期の前後の順序と考えていたことになる。方法的懐疑などというが、思い込んでいることを疑い、問いとすることは至難の業である。

このリントナーの見解を受けて第二六、二七章を龍樹の初期の作品としたのはフェッター（Vetter, T）である。彼は『中の頌』の第二六章は主題が第二五章までと一貫性を欠くので、第二五章までの著述の時期より前か後で書かれたのでなければならないとし、リントナーは漸降法と言っているので、後で書かれたことになるが、彼自身は、リントナーとは逆に前に書かれた、龍樹の「学生の論文」（以下、『初期の論攷』）だとする。確かにこの二章の内容は縁起や空としては初歩的であるから、漸降法の意図で後で書かれたと考えるよりも、龍樹の若い時代の、今は廃語に近くなったようだが、処女作とでも考える方が遥かに説得力があろう。

このことは龍樹の出目とその思想の源流を考える上で非常に重大な意味を持っている。しかしフェッターの主たる目的は『宝行王正論』が龍樹の真撰であるか、その信憑性を検討することであって、その論書を『中の頌』と比較するためにリントナーの『中の頌』の分析を検討し、附随的にリントナーの解釈を否定し、『中の頌』の幾つかの問題に言及しただけのようで、この二章が龍樹の初期の作品であることの重要性を充分に意識していなかったようである。彼はそういう青年期の論文が第二六、二七章として一冊に合本された点を意識してであろうが、漠然と別の人によって加えられた可能性もあるが、龍樹自身が初歩的な縁起の説明としてはこの二章は出来がよいものと考えて加えた可能性もあるという。彼が触れるように、龍樹自身が付録として加えたと考えられなくもないかも知れないが、寧ろ彼の弟子か後継者が、彼の没後に遺稿を整理する際に、思想的に未熟な小論文は独立して存在する価値も乏しく、散佚することを恐れて付録として加えたとでも考える方が自然であろう。このような現代的な論文観や説明が果して通用するか疑わしいが、とにかく、別々の二論文の合本という事情は伝承されず、忘れられて、現存の二七章から成る『中の頌』があることになった。

この事の重大性は先ず、龍樹の思想の原型は、仏教を十二支縁起と見解の否定とを大綱とすると考えていたことである。この二種の主題はいわゆる原始仏教の根本的立場であり、十二支縁起は、和辻哲郎氏の表現を藉りれば、原始仏教の実践哲学ということになり、見解の否定は形而上学の否定ということになる。この二論点が仏教の大綱をなすことは原始仏教経典の文献学的研究からも認められる。そのことは、中村元氏の『原始仏教』からも容易に認めることができる。ただし、原始経典では十四難無記が示すように釈尊が現実に行なったであろう、諸見解に関する問いに答えないという釈尊の行為としての仏陀の沈黙が先ず取り上げられている。それは争わないという仏教の基本的な人間存在のあり方の実践であるが、この消極的ともいえる態度の真意として、見解そのものが虚偽であるという沈黙の哲学的意味が自覚され、積極的に見解を否定することが龍樹の時代には哲学的解明になっていたということになろう。積極的に説くということは争う立場に立つことである。聖提婆が殺害されたということや、上記の『龍樹伝』の描く知的天才等として描かれる龍樹も一面の真実を伝えているといえる。

このように考えることができれば、先に引用した『中の頌』第二七章の最後の第三〇偈は、本来はこの二章からなる論書の帰敬偈で、二章の前に置かれていたのではなかろうか。このことは龍樹は最初の作品から帰敬偈を加えることを作法としていたことになる。この偈で礼拝の対象である仏は、最近の言い方に従えばゴータマ・ブッダである。歴史上に実在し自らを仏であると宣言した唯一人の仏、釈迦族の尊者という名で呼ばれた釈迦牟尼世尊、即ち釈尊である。後述するように、『中の頌』の冒頭の帰敬偈の礼拝の対象である仏は〔無上正〕等覚であるから、二論書の間に龍樹の仏陀観は大きく変ったことを示している。二章からなる初期の論書の仏が原始経典を説く仏であることは言うまでもないであろう。第三〇偈の正法（saddharma）は十二支縁起である。十二支縁起が正法であることは原始経典でも説かれている。二章では十二支縁起と見解からの脱却は並列して説かれているだけであるが、この帰敬偈では見解の棄却のために十二支縁起が説かれたことになっている。換言すれば見解に対して答えないとか避けるといったことでなく、仏は十二支縁起の修行を通して生老病死が消滅すること、そのことが見解の棄却であり、見解が無意味であることを主体的にさとることであると説いたことになる。

このようであれば、龍樹は原始仏教という仏教の源流を尊重し守っていた仏教教団というか、宗教文化の環境の出身であったであろう。その集団がどの部派なのかどの地域にあったのか、『中の頌』は多くを語っていない（第一七章参照）が、彼が第二六章で論じる十二支縁起の順観は、和辻、中村両氏が説く、無明を縁として行あり等の縁起が、無明に覆われた者の業である等という因果関係であるという業輪廻思想と一体になった十二支であり、逆観は純粋な縁起の論理からなる。このように矛盾に満ちたものであるが、彼自身は縁起と輪廻思想の混合とか輪廻思想に汚染された縁起などとは考えていない。彼はこの章の偈の所説を正法と確信して淡淡と述べているだけである。この二章からなる初期の作品から見て、龍樹は有部の法の体系とは関係がなかったのではなかろうか。このことは彼が『般若経』などを生み出した大乗仏教の集団とも直接関係がなかったことをも示すのではなかろうか。

そもそも『般若経』は十二支縁起とか各支分の名称などは知っていたが、生存の成立の理論としての十二支縁起とは無縁であった。『般若経』の中で最も古いといわれる『八千頌般若経』には何箇所かに縁起への言及がある。その一は現存するサンスクリット本の第二八章に説かれる無尽の縁起であり、これは羅什が冒頭の帰敬偈の註釈の中で『般若経』の縁起説として引用（本文八頁）しているものであるが、要するに十二支の各支分を縁起の条件付けの関係から切り離し、独立して存在する事物（bhāva・法）として把握し、その法がすべて無尽、即ち空であると説いているのであって、縁起の依存的生起、条件付けという独自の意味は認められていない。他の箇所（第一九章）も同じであり、『般若経』が不去不来の縁起を説いている箇所として指摘されている第三一章は『八千頌』の原型にはないし、古い形を伝える『道行般若経』等の漢訳から見ても、寧ろ中観思想の、より具体的にいえば、『中の頌』の八不の縁起の思想を取り込んで改変増広されたものと取るべきである（拙稿「縁起説」参照。この小論では結果として『八千頌般若経』には縁起説がないことを示したことになる。因みに「縁起説（一）」としたのは同稿の三五―三六頁にも触れたように、『十地経』や『稲芋経』の縁起説を（二）として考察することを当時は予定していたからである）。

第二六章の十二支縁起が『十地経』の十二支縁起の一部と極めて類似していることは事実である。しかし『中の頌』では龍樹は大乗という語を一度も用いていないだけでなく、菩薩という語も用いていない。月称の梵本の第二四章第三一偈には菩薩行（bodhisattva-caryā）という語が見られ、月称の註釈はチベット訳も含めてそれを支持しているが、他の諸註釈の偈のチベット訳（T 2）と羅什訳は菩薩行でなく、菩提行（bodhicaryā）であり、それが龍樹の原型であると考えられる。『入菩提行論』（*Bodhicaryāvatāra*）の場合は、殆どの註釈書などが逆に「入菩薩行」になっている。何故菩提行と菩薩行が混同されているかは暫く置くとして、龍樹は『中の頌』では菩薩の語を用いていなかったことは確かである。要するに彼には『中の頌』著述の時期には大乗とか菩薩という意識も概念による区別もなかった。原始仏教という概念がないことは言うまでもない。そうであれば、彼が『十地経』から十二支縁起の解釈を学んだとは考え難い。

(三) 第二六章と第二七章の思想

1　第二六章の十二支

原始経典の十二支縁起の説明では「誰が執着するのか」という問いに対して、釈尊がその質問の仕方は正しくないと諭し、「何によって執着があるのか」と問うべきであると答えている。そのような問答の上で、十二支の根拠づけ・条件づけの関係が説かれ、無明にまで追求される。このことは「誰が」で示される行為の主体の徹底的な排除を意図したものであろう。釈尊の時代はインド正統派といわれるバラモン教の自我、アートマン（ātman）の実有は自明のこととして定着していた。しかし実有な自我の存在は無常な世間を否認することになるし、それからの離脱の道をも塞ぐ。釈尊の時代の仏教の無我はそういう実有な自我の否定であり、十二支の追求はそういう実有な自我なしで始めて迷悟が成立することを示すことであった。

やがて六師外道といった輪廻をも自由に否定する思想家が活躍することが許された雰囲地が衰弱し、インド社会全体に業輪廻思想が絶対的な力をもって定着すると、仏教もその思想にどう立ち向い、どう調和を計っていくかが最大の課題となる。アビダルマの有部なども業輪廻思想に完全に屈伏し、十二支の論理的根拠づけ、条件づけの関係を放棄して、胎生学的解釈などといわれる業と果との時間的な因果関係の連鎖と解釈し、『倶舎論』で別意趣といわれるように、十二支は縁起の座を下り、正法の中核から退くことになった。

龍樹が継承した十二支縁起も同断であり、業輪廻思想に汚染された理論であった。そのことはそもそも第二六章第一偈で「再生のために業を行なう」と説き、第一〇偈で「無知な者は輪廻の起源である諸行を行なう」と説かれていることから明らかである。フェッターはこの二章からなる『初期の論攷』は龍樹がプドガラ（人）論（pudgalavāda, cf. AR, p.496）の環境の出身であることを語っているという。確かに彼は第一七章では有部、経量部の理論を否定した後で、プドガラ論者の正量部の不失の理論を紹介し、「仏と独覚と声聞によって説かれたここに適ったこの〔不失法の〕仮説を提議しよう」（一七・一三）、「空性があって、断絶がなく、輪廻があって、常住でない。業の不失は仏によって説かれた」（一七・二〇）という。仏（独覚、声聞）の所説であることの強調は、プドガラの存在を認めることが無我の仏説と抵触することを意識して、正量部が実際に主張していたことを物語るであろうが、そのことを龍樹が二偈で紹介していることは彼が正量部に好意をもっていたことを感じさせる。これらのことは彼の出身が正量部と地理的にも文化圏としても接近していたことを物語るのではなかろうか。しかし龍樹はここで正量部がプドガラ論者であることに触れてもいないし、彼自身がプドガラの存在を認めていはしない。

　第二六章の十二支の解説では先に触れたように、第一支の無明を無明に覆われた者、第九支の取を取者とするなど、輪廻転生する主体の存在を認め、第一〇偈では無智な者を業の行為者（kāraka）と認めているのであるから、その消滅は方向としては阿羅漢のように輪廻を断じて消滅するしかないであろう。そのことは「取者に取がなければ解脱して生存、五蘊がない」（二六・七cd、八a）からも明らかであろう。このように第九偈までの順観の順序に従った解説は、無知な者の業の報いとして大苦蘊が存在するという人間の苦しみが、因果応報であることを説くだけであって、十二支縁起としては全く形骸化され、形だけでも縁起の痕跡をとどめているのは「行を縁として（pratītya）」（二六・一a）、「受を縁として」（二六・六a）、「縁って」（二六・四a、四c）、「六処に依存して（āgamya）」（二六・三c）にすぎない。

　このように第二六章の十二支の流転門、順観は純粋な縁起と輪廻思想とが混淆したものであり、曖昧であったり論理的に不整合な論述もあることは確かであるが、龍樹はそれを縁起が輪廻思想に汚染されているなどとは考えても見なかったであろう。寧ろ彼は十二支縁起は、この章で彼が彼なりに一二偈で整理した十二支縁起であるからこそ仏の正法であると確信していたものと思われる。「無明に縁って行が起る」とは「無明に覆われた者が三業によって輪廻の生存（gati・道・趣）を行く」ことであり、「取（第九支）に縁って有（第十支、生存）が現われる」とは、「取得者に輪廻の生存（一生涯）が現われること以外の何ものでもない」というのが、彼の理解した十二支縁起であり、それこそが彼にとっては仏が慈しみによって説かれた、慈しみの現前である正しい教えに他ならなかった。否、寧ろそうであるからこそ仏の教えは「無明に縁って行がある」等という単なる哲学的な苦の根拠の探求ではなく、現実に輪廻している（と確信している）人間の生存、現存在の根本が、無明・無知であることを明らかにすることによって、人間の救済・解脱という自己救済の道を示す正法なのである。無明に覆われた無知の者とは、彼にとっては善悪の業を行う行為者（kāraka）、人の世を生きるすべての衆生以外の何者でもなかった。そういう業を行う者の生存の成立の過程を説いたものが十二支縁起の流転門であった。他方、還滅門といわれる「無明が滅すれば諸行は生じない」等を、彼は知者が苦を滅する論理を説くと理解する。彼は業を行う無知の者と相対する知者が業を行うことがないのは、知者が真実在（tattva）を見る者であるからだという。このtattvaという語は『初期の論攷』では唯一度ここで用いられるだけである。真実という意味の用語のなかで最も一般的であるからか、或いは彼の属した部派か文化で用いられていたからかは明らかでないが、「後期『中の頌』」（第一―二五章）のなかでは、この語は「自性等を見る者は仏の教えにおいて真実在を見ない」（一五・六）、「二諦の区別を知らない者は仏の教えにおいて甚深な真実在を知らない」（二四・九）、第一八章の第九偈では「tattvaの特徴（相）」を列挙しているが、その特徴の一種である不一不異、不常不断の縁起（一八・一〇）が諸仏の教えの甘露である（一八・一一）と説いているので、三度共にtattvaを「教えにおける」という特定の条件の下での真実在として限定している。他にtattvatasが二回（一七・二六と二三・二）用いられているが、それらも「教えにおける真実在としては」という同じ条件の下での意味であろう。今問題とする「真実相の見」にはそのような条件は説かれていない。龍樹は初期と後期とでは思想の遍歴が劇的であり、何が仏説か、真実相は何かという思想内容が一変していることは確かであるが、しかし前期も後期も龍樹という同一の人格の思索の営みであるから、初期のこの真実在も仏の教えにおける真実在の探求という思索の軌跡としては変らないであろう。そうであれば、この真実在は当時龍樹が仏の正法と認めていた十二支縁起―この章で一二偈に彼が要約した―における真実相となる。上述のように順観は知のない業の行為者（kāraka, 二六・一〇c）の無明による流転の姿を描き、それとは真反対に「無明が滅したとき諸行が現れない」という「滅」の智である逆観こそが、業を作ることのない十二支縁起の真実在を見る知者の道であり、それこそが十二支縁起を説かれた仏の本懐だとする。彼は無明の滅を体得するのは真実在の見を得た知者が、その見である智を修習することによるとする、見道と修道として説かれるものと同じ実践の方法を提示すると、そこで彼の初期の思索は終っている。最後に彼は十二支の順序に関して、それぞれ前の支分の消滅によってそれぞれ後の支分が現われなくなる、消滅するという説明を加えているが、これは十二支が形骸化し、各支分が空洞化していることを示す。そういう意味で龍樹のこの章の十二支縁起は八不の縁起への道を開くものとなっているといえよう。因みに後期では、大まかに言えば、第二三章では無明は顛倒の滅により、その顛倒は分別（saṃkalpa = vikalpa）の滅、分別の滅は戯論の寂静において実現され、戯論の寂静である仏の沈黙は、八不の縁起と同時であることであるということが、仏の教えの究極の真実在であることを最終の結論とする。

2　第二七章の十六見解

龍樹が哲学的探究の出発点とした第二七章の見解の否定も輪廻の否定である。彼はそのために世間が一般に漠然として認めている輪廻の構造を的確に描いて見せている。それが同章の第一九偈のａｂの「或るものが或る〔世〕から或る〔世〕に来て、さらに或る〔世〕に行く」である。在り来《きた》りの解り切った定義に過ぎないともいえるが、この定義では輪廻は生死流転が繰り返される場所とは考えられていない点が重要である。場所と捉える考え方は根深くて、月称もこの箇所の註釈で「無始の輪廻において（saṃsāre）、或る事物が（kaścit padārthaḥ）」と、輪廻を場所として或るものとは別のものとしている。偈の訳で「世」を加えて三度訳した「或る〔世〕」は順に過去世、現世、未来世であって、過去世から現世へと現世から未来世へと、或るものが流転することで、それが輪廻である。龍樹が第二章で三時に去られ、行かれる場所（adhvan）を否定するのは、この輪廻という場所を否定することであろう。このように三世に渉って存続する存在である或るものに関する諸見解が、この章の否定の対象である見解である。

龍樹が第二七章第一偈で説く「過去世に私は存在した」等の四句と「世間は恒常である」等の四句からなる八句は、上述の「或るものが或る世から或る世に行く」、第二偈の「未来世に私は存在しないであろう」等の四句と「世間は有限である」等の四句は、「さらに或る世に行く」に関する見解、都合一六種の見解がこの章の見解のすべてである。その内の「或るものが」はこれらの十六見解の中の

「私は」であり「世間は」である。この見解の分類は一般に知られている十四難無記や六十二見とは異なるので、先ず十六見解の分類を表示した上で相違点を列挙する。

（Ａ）前際によるもの　（１）「過去世に私は存在した」等の四句分別。（２）「世間は恒常である」等の四句分別。

（Ｂ）後際によるもの　（３）「未来世に私は存在する」等の四句分別。（４）「世間は有限である」等の四句分別。

そこで先ず十四難無記との異同を挙げる。

（一）十四難には前際と後際の区別がない。

（二）十四難の中の生命と身体の同一と別異の二難はこの分類にはない。（一）の私の存在の考察で我と五取蘊の関係を考察しているので、別の問難として独立して取扱う必要を認めなかったのであろう。

（三）十四難では恒常論と有限論が先に来るが、龍樹では「私の存在」の考察が先に論じられている。龍樹にとって最重要な問題は「私」の存在の問いであったことを物語るであろう。

（四）前後際の区別を欠く十四難では（１）の過去世における私の存在等の四難を欠く。

（五）未来世の私の存在に関する四難に相当するものは十四難の最後に挙げられる「滅後に如来は存続するか」等の四難である。この如来は仏ではなく衆生の意味であるという解釈（「六二見」）が一般に承認されており、さらにそれはインド思想の自我（ātman）を意味するとされるが、その如来が仏でなく衆生であることは、この第二七章の私の龍樹の解釈と全く合致する。この未来世の私の存在の四難と十四難の滅後の如来の四難のどちらが古形か等は不明であるが、この龍樹の未来世の四難は宇井説を支持するといえるであろう。ただし過去世の私の場合、月称が例示する「私がその時代にマーンダートリ転輪聖王であった」という経文が示すように、この私を龍樹は釈尊・如来の成道以前の前生のイメージを懐きながら説かれたと取ることが、インドの註釈者にとっては自然であったようである。龍樹が如来をどのように考えていたかは後に第二二、二五章の検討の際に更に取り上げる。

（六）（２）と（４）の世間は恒常、有限等の世間は「前際・現世の人（manuṣya）と来世の神（deva）の同一が恒常」（二七・一五）、「五蘊の滅と生」（二七・二三、二四）が示すように、いわゆる器世間でなく、有情世間である衆生である。このような解釈では世間は

（1）（3）の私の存続と実質的には同じことになる。

（七）一般に（4）の「世間は有限（antavat）」等の四句は、恒常等が時間上の存続に関するものであるのに対して、空間的な際《はて》があるかないかという有辺、有限等の四句として解釈されているが、龍樹は第二七章でも第二五章でも後際、未来際に関する四難と解釈するので、時間上の終りがあるか否かの四句と解釈する。彼は前際の場合は過去と現在の存続を時間上の恒常、後際の場合は存在の時間上の終り（anta）の問題と使い分けている。

（八）四難の中の第三句「有無」「恒常と不恒常」の共をこの第二七章では、一部分が有・恒常・有限で、他の部分が無・不恒常・無限であると、「共」を二部分とする。それに対して第二五章では第三句の有無を光と闇のように涅槃において相互に矛盾するものとして否定している。このことは第二五章では龍樹の第三句の理解が初期の第二七章のそれよりも深まっていることを示すであろうし、四句分別を方法として受け容れていた彼が、その方法から脱却していったことを物語るであろう。龍樹の十六見は思想の基本的傾向としては十四難無記よりも六十二見に近い。六十二見では「自我と世間は恒常である」等と説くので十六見と同じように、自我を主とするし、前際と後際に分けて見解を考察し、如来に関して滅の後の存在等の四句を論じる。しかし龍樹は十六見をすべて前際に関する見解とし、龍樹が「私は」を唯動詞の第一人称の語尾変化で示すのに、六十二見では自我（ātman）とする。

先に触れたように、十四難無記の中の生命（自我）と身体の同一と別異の二問難は、（1）の四句の第一句、過去世の私の存在の否定の中で論じられている（（3）の未来世の四難の否定方法を龍樹は過去世の否定方法と同じとして省略するので、（1）の「過去世」の場合は十四難にはないが、「未来世」に適用できる）。龍樹は先ず「過去世に存在したものは、〔現世の〕この〔私〕ではない」（二七・三）。「かのもの〔過去の存在〕が〔現世の〕自我（私）でも、取得（五取蘊）が異なるし、取得を離れて自我はない」（二七・四）。「取得のない自我は取得即自我となるので、自我がないことになる」（二七・五）。「滅し生ずるものである取得は自我でないし、自我は取得者であるから取得が取得者となり、取得でないことになる」（二七・六）。「取得より別の自我はない。あれば取得のない自我があることになる」（二七・七）。「a自我は取得より別のものでも、b同じものでも、c取得のないものでもないし、自我は存在しないという決定（niścaya）もない」（二七・八）と説く。ここでも龍樹は四句否定の方法を採るが、第一句の「過去世に私は存在した」という見解は、人間が輪廻転生する衆生として存在することが輪廻に不可欠であるとする見解の代表例であり、龍樹がこの章でその否定に最も力をそそいだ見解である。既述のようにプドガラ論を展開した正量部の思想を龍樹は熟知していたが、この章でも彼はプドガラの語でなく自我（ātman）を用い、専ら前章第七偈の説く取得者と取得との同一と別異のディレンマによって過去世と現世の自我の同一性、即ち自我の存在を否定する（ここで最後に「自我は存在しないという決定もない」と説くのは、彼の絶対否定の論理（解題上、七二—七三頁参照）の萌芽であろう）。『倶舎論』以前のプドガラ論の展開には詳しくないが、プドガラの自体を「五蘊と不一不異である」と説くのは、龍樹がここで取得と不一不異であるから存在しないと説いた否定を逆手に取って、不一不異のものであるから存在すると開き直っているように思われる。経に説かれていないことを論拠に存在すると主張するなど、無我の仏教の中でプドガラの存在を主張することの難しさを示しているのは異端の証しであろう。

過去世の自我の問題は上述のように未来世のそれでもあるが、後期『中の頌』ではその問題を本格的に本質を衝く滅後の仏、仏の死、涅槃の問題として取り上げたのが第二五章であるが、単に第二五章だけでなく、それに先立ってこの自我と取得との問題は第二二章では如来と取得、五蘊の関係として「如来は五取蘊に依拠して如来と名づけられたもの」（upādānam upādāya prajñapayate）として、よりプドガラ論に密着した形で検討されている。それについては第二二章の考察の際に関説する。

この章の表現では生じ滅す、去り来る、有無といった対句が、滅し生ず（二七・六）、来り去る（二七・一九）、無い、有る（二七・一三）と一般的な順序と逆になっている。これらは前際とか後際に関するからであろう。前際の場合は過去世を滅し現世に生じ、後際の場合は現世を滅し未来世に生ずるという時間的論理的順序を龍樹は採用しているからであろうが、それが帰敬偈でも受け継がれ、不滅不生や不来不去となったのであろう。

(四)　第二七章の十六見解説の教証について

この見解の範疇がどの部派の伝承かが明らかになれば、龍樹の出自も明らかになるであろう。その手懸りとなる可能性が『無畏』註が挙げる典拠である『すべての漏を防ぐ法門』（*Sarvāsravaniyāmakaparyāya*（独訳の還元）, *zog pa thams cad sdom paḥi rnam graṅs*, sdom pa は saṃvara の訳でもある）である。今引用経文の全訳を挙げる。

「私は以前に過去世に存在した」「私は以前に過去世に存在しなかった」というこの理由（hetu）によって、「世間は恒常（śāśvata）である」等の見解であるもの、それらは前際に依拠している。

「私は未来世に別の者として存在するであろう」「私は未来世に別の者として存在しないであろう」というこの理由によって、「世間は有限である」等の見解であるもの、それらは後際に依拠している。

この経文を見ると、龍樹がこの経文によって第一、二偈を作偈したといっても過言でない程、思想も表現も共に合致している。違いは、私の有無を世間の恒常、有限の理由としている点である。「それらは前際（後際）に依拠している」の「それら」が世間の恒常（有限）等だけなのか、私の有無等をも含むのか曖昧であるが、寧ろこの経文の方がすっきりしていると言える。

このことは龍樹がこの経典を権威として認める仏教文化の環境に成長したこと、『無畏』の著者もこの経典を知っていたのであるから、龍樹に近い環境にいたことを示すと取ることができるのではなかろうか。

一方羅什訳はこの経に全く言及していない。彼の知る経典の中になかったからか、経典としての信憑性を疑ったのか、彼は実質的には経文と同じ意味の註釈を経名を用いずに説いている。羅什だけではない。仏護註は『無畏』註にすぎないが、清弁もこの経典には触れず、五取蘊が見処（dṛṣṭisthāna）（AKBh, 1.8cd, p.471, l.18）であることを証因として自性であることを主張する対論者を想定する。その論拠となる「そこに見解がとどまる」ところの見処を、『倶舎論』（AKBh, p.5）では有漏（法）の同義語とする。この見処＝有漏（法）であることから、清弁が「漏」の阻止というこの経名を知っていたと想像するのは勘繰りすぎかも知れない。この様に清弁のみでなく月称もこの経に言及していないことは、この経典が一般に広く知られていない、特殊な集団か環境の中でのみ伝えられてきたことを示すのではなかろうか。第二六章の十二支縁起もそういう集団、環境の中で伝承され改変されたものなのではなかろうか。

月称はこの経典でなく、『稲芊経』に「縁起を如実に正しく見る者は前際にも後際にも心を向けない」と読誦されていることの解釈として、龍樹は第一、二偈の見解の範疇を挙げて否定したと解釈する（cf. LVP, p.571）。しかし『稲芊経』のこの箇所は月称が第二七章の教証として引く同経の最後の部分に含まれている（cf. LVP, p.593）が、しかしその最後の一節は同経の最古の漢訳である支謙訳等には存在しない（支謙の活躍年代は二二三―二五三年）とのことであるから、龍樹（一五〇―二五〇）の時代には存在しなかったことになるし、『中の頌』に関する限り、『稲芉経』の影響は認められないだけでなく、寧ろこの部分は中観派の思想によって『稲芉経』に追加、増広されたと考える方が説得力があろう。そもそも『稲芉経』は縁起を主題とした大乗経典として知られるようになったのは、月称が教証として引用したからだと考えられる。リントナーのいう信頼に価する論師である中観派の後代の寂天等が引用しているのはその経を真に大乗経典と自らの判断で認めるというよりも、月称、時には清弁といった権威ある先師を信頼して、彼らが認めると右に倣え式に認めているだけではなかろうか。

経名に漢訳では『大乗稲芉経』等と「大乗」を冠しているのは、経の内容が本格的な大乗思想と断言できないようなものだからであろう。実際月称もこの経を教証として用いたのは第二六、二七の二章だけである。時代が下ると「中観」（madhyamaka）を経名に冠した改訂版（?）も作られたが、そのことも内容が中観思想の名に価しないからであろう。少なくとも『中の頌』の第二五章までに説かれた縁起説とは全く関係のないものであり、『如来蔵経』等のように如来蔵思想の成立を促すか、支援するか、思想を教証として保証するという意図で著述された経典と同列に置くには余りにもお粗末すぎるであろう。

この第二七章で特に問題として取り上げられるのは、第二九偈である。「又は（或いは寧ろ）すべての事物は空であるので、恒常等のどのような見解が何において誰にどういう理由であるであろうか」というこの偈において、この章（前章も含めて）で始めて空が説かれている。換言すれば、「一切法は空である」というのは『般若経』の基本命題であるから、この偈では、第二八偈までの自我の否定によるよりも、寧ろ（或いは、自我の否定と同じく）『般若経』の空の思想を論拠にして見解の棄却が成立することを説いていることになる。フェッターはこの偈がなければ、龍樹は古い仏教の思想を説いているだけで新しい思想を説いていないと言う（cf. AR, p.497）。龍樹の思想をそう解釈する学者もいないではない。しかし見解を積極的に否定していることそのことが、捨置記、答えないという古い仏教とは訣別し、空の立場に立っていることを示すであろう。

上記の第二九偈は確かに唐突であるが、龍樹は第四章では五蘊の実有性の否定を主題としているのに、最後の二偈（四・八、九）では突如空の論争の問題を論じているし、「六界の考察」である第五章の最後の第八偈は、有無を見る智恵劣る者は見られるべきものの寂静、即ち戯論寂静を悟らないという涅槃を説き、第七章では有為相の否定を散々論じてきたのに、最後の第三四偈では三有為相は幻、夢の如くであると説く。このように彼は章の最後にそれまで論じてきた主題とは直接結びつかない空の立場での総括というか、結論を述べることがあるので、この第二七章の場合もそういう龍樹の論述の癖というか、それこそ anticlimax の逆の修辞法というか、そういう章の構成法の一例と考えるべきかも知れない。フェッターはこの偈を後に追加されたのであろうとする（AR, p.498）が、或いは龍樹が自分の受け継いだ見解の否定を論じながら、当時の彼にとって新しく取り入れつつあった『般若経』への関心というか傾斜がこの偈を加えることになったとでもいうべき貴重な情報を伝える一偈と見るべきかも知れない。そうであれば、この一偈を『中の頌』の展開の最終段階の思想を伝えると考えられる第二五章の最後の三偈（二五・二二―二四）と重ね合わせると彼の思索の深化を窺い知ることができるであろう。「一切法が空であるとき、何が無限か、何が有限か、何が無限で有限、何が非無限非有限か。（恒常を説く第二三偈省略）すべての取得が寂静し戯論が寂静し安穏であり、どこにおいても誰に対してもいかなる法も仏によって説かれはしない」というこれらの三偈については後述するが、これらの偈があることも、同じように「恒常なもの等のどのような見解が何において誰にどういうわけであるであろうか」と説く第二七章の第二九偈が龍樹の偈であることを窺わせるであろう。

この第二九偈がなければ、この章の所説は原始仏教の主張に過ぎないと取るのは早計ではないかと思われる。そもそも原始仏教の十二支縁起の順逆の二観やこの章の見解の否定が特に取得者と取得の否定、自我の否定であることは、空という語を用いてはいないが、既に空の立場に立っていることを示す。大乗仏教はアビダルマの煩瑣な存在論の網の束縛を断ち切って、「ブッダに帰れ」という原始仏教の再興運動だったと説く学者も少くないが、そのことを龍樹はこの二章からなる初期の『仏教大綱』とでもいうべき論攷で実際に実行していたことを示すであろう。

前期の習作と後期の『中の頌』とで、龍樹が思想の上で根本的に異なっていることを明瞭に示すものに仏陀観があるので、ここで第二五章に入る前にその相違に触れておきたい。

㈤　付論：ガウタマ（gautama）と等覚（saṃbuddha）―前期と後期の仏陀観―

前期の帰依の対象である仏は、いわゆる歴史上の人物であるゴータマという名の、いわば色身の人格仏である。それに対して後期では帰敬偈の説く等覚（saṃbuddha）がそれである。この仏は龍樹は用いていないが、一般的には阿耨多羅三藐三菩提、無上正等覚、「この上なき正しい」といわれる仏である。

等覚（cf. BHSD, s.v. saṃbuddha, p.579）とは『仏教大辞典』によれば、真実在をあまねくさとり、諸仏のさとりが等しいという意味であるという。龍樹は恐らく原始経典の *Khuddaka Pāṭha* の *Ratanasutta* の説く衆生、有情の階層的分類の上位の三階層である声聞（阿羅漢）、独覚、正等覚（sammāsam buddha）の最上位であるといった仏陀観か、それに類した経文の所説を採用したのではないかと考えられる。第一八章第一二偈で龍樹はこの三聖者の範疇を用いているからである。彼がこの範疇を採用したのは、帰敬偈で等覚を（声聞、独覚という説法者を超えた）最高の説法者であるという主張の教証となるからであろう。独覚が説法しないという特徴は南伝には見られないというが、独覚を説法者としているのは、第一七章第一三偈で正量部（龍樹の時代はどうであったか）が不失法は「諸仏、諸独覚、諸声聞によって説かれた」と主張していると伝えているので、龍樹だけではない。このことは既に指摘したところである。

帰敬偈では等覚を単数で表示して等覚一般を表示しているが、上述の第一八章で諸仏等と複数形で示したのは *Ratanasutta* などが複数形で諸正等覚等としているからであろう。しかし等覚に「諸仏のさとりが等しい」という意味があるならば、過去七仏などの等覚が出現しないなどという事態が、全く同じ仏としての生涯を送る―実は諸仏は釈尊の投影に過ぎないのであるが―という、すべての仏が同一の仏の事績を行なうということが、等覚が出現しないといったことが仏にとって必然であり、確かであり、仏にとって真実の仏業であることの証となると考えたからであろう。彼はさらに等覚と声聞と独覚について一般に認められている仏と仏弟子と無仏の時代に出現するので、独覚は無師の智の所有者であるとするアビダルマの見解を受容して「諸仏が出世せず、且つまた声聞たちも消滅したとき、独覚たちの〔悟りの〕知（jñāna）は世間と交わらないことから生ずる」と説く。後述（第一八章）するように龍樹はこの独覚の知として釈尊の悟りを、無仏、無声聞の時で釈尊成道以前のこの世を思い描いていたのではなかろうか。『中の頌』では知という語をこの偈の他には第二六章第一〇偈で縁起の逆観の知を修習して主体的に実現したとき、無明が滅し、諸行が滅し、乃至、大苦蘊である身体的存在である自己が滅するという逆観が実現されると説くが、このことも釈尊の人里を離れた菩提樹下の覚りをイメージしたものであろうか。

　龍樹が帰敬偈で等覚を直ちに最高の説法者としていることは、彼が仏の実相を仏という主体的な存在者の個人的な覚醒とか自覚といった心的、精神的な経験ではないと考えていたことを示すのではなかろうか。彼は個人的な覚醒の体験は独覚の悟りに過ぎず、心は無心であるという空の立場では真の悟りは心の能力という意味での悟りでないことは元より自性清浄心といった心の浄化でもあり得ない。龍樹が般若波羅蜜という語を『中の頌』で用いていないのは、それを仏の実相とは認めていないことを示すであろう。その点でも龍樹は『般若経』とは一線を画している。

　『無畏』が帰敬偈に注釈して、八不の縁起を説かれたのは仏の法身を理解させるためだとするように、龍樹が帰敬偈で等覚を最高の説法者と説いたことは、等覚が八不の縁起という法の説示以外の何ものでもないことを説いたことになろう。『無畏』のいう仏の法身とは八不の縁起という法が後に言説法身といわれるような意味での仏の法身を意味するのであろう。そういう意味で後期の『中の頌』の帰命の対象である仏はガウタマという色身ではなく、八不の縁起という法身ということになる。

　初期の論攷と後期の中の頌の仏陀観の相違は帰命の対象である仏の違いだけではない。前者で、龍樹は仏の経文を教証として引用したり、言及したりしてはいない。彼は第二六章で彼が解説した十二支縁起を正法であると確信していた（二七・三〇）のであるから、第二六章の所説は仏の正法そのものであり、改めて経文を教証として提示するといったことは思ってもみなかったであろう。そのことは第二七章についても言える。『無畏』は典拠を挙げるが、龍樹にとっては第一、二偈で紹介した十六見解の否定は十二支縁起と同様、仏説そのものであったのであろう。

後期になると事情は一変する。龍樹は縁起即空性という彼の独自の思想がいかに論理的に正しいかを論証したとしても、そのことは直ちにそれが仏説であることを意味しない。人々、殊に部派仏教徒に説得力を以って仏説であることを主張するためには、彼等が仏の教えと承認する原始仏教の経文を教証として提示することが必要不可欠であった。その代表的な、恐らく唯一の存在する経文の引用が第一五章第七偈の『カートヤーヤナへの教誡』なのであろう。この教誡は正に有無を否定した中道である縁起即空性が仏の教えそのものであることの証左と龍樹には映ったのでなかろうか。その他、「大牟尼は「本際は知られない」と説かれた」（一一・一）、「世尊は「欺惑を本質とするものは虚妄である」と説かれた」（一三・一）等の引用経文はこれら原始仏教の説く仏説の真意が空であることを示す教証である。

四　後期『中の頌』（第一―二五章）の中観思想

㈠　第二四章と第二五章、及び帰敬偈の思想

1　第二四章―仏法僧の三宝、即ち仏教の成立の因は縁起である―

仏教がこの地上に存在するということは、三宝といわれる仏法僧がこの人の世において実現していることである。仏法僧の実現の根拠を理論的に解明することこそが、仏教の論書の真の主題であった。例えば『宝性論』では三宝の出現の根拠として、如来蔵という形而上学的原理を中核とする哲学的体系を構築している。龍樹の「空性の縁起」の立場は、そのような形而上学的原理の存在をすべて否

定する。しかし彼はこの章では一切の事物が実有であり、自性であるから仏法僧も実有であり、成立すると主張する既成のアビダルマの三宝成立の理論を否定することを通して、否定の否定として却って仏法僧が真に実現されるのは、空性である縁起によってであることを明らかにしている。単に仏教の実現だけでなく、龍樹はこの章で空性の縁起が広く人倫と世間のあらゆる営みの成立の論理であることに関説している。

龍樹が第二六章と第二七章の思想を、後期の『中の頌』で進展させ深化させていった結果を端的に説いた章が第二四章と第二五章である。そこでここでは章の順序を無視して、先にこの二章の内容を検討する。第二四章の章題は「四聖諦の考察」であるが、真の主題は第一八偈の三諦偈が説く「空性の縁起」であり、最後の第四〇偈の説く「縁起の見即四聖諦の見」である。帰敬偈を『中の頌』から除く月称は第二六章の冒頭でこの二偈を龍樹の縁起説としている（LVP, p.542）ことからも窺えるように、この二偈の説く縁起が、十二支縁起の実相である龍樹の「八不の縁起」の存在論と実践論である。涅槃を章名とする第二五章は、仏の正法である縁起を説く目的の「諸見解の棄却」の真意が「一切法の認識の寂静で戯論の寂静」であることを明らかにしている。

後期『中の頌』の第二五章までの中でもこの二章は、他の諸章とは異なった構想の下で説かれている。この二章の冒頭の第一偈は共に、「もしこのすべてが空であるならば、生もないし滅もない」で始まり、第二四章では「あなたには四聖諦がない」、第二五章では「何の断滅、〔何の〕消滅から涅槃は認められるのか」と、どちらの章でも龍樹は、即ち、空を説く者は仏の教えを否認することになるという対論者の批判に答える形で議論を始めているからである。このことは龍樹が第一章から第二三章まででアビダルマの法の実有論、自性論を激しく攻撃した結果、アビダルマの学者が反撃するようになったであろうことを反映していると思われる。龍樹も、羅什が師である有部の学者槃頭達多と大乗の立場で対論したように、無名のアビダルマの論師と論争したであろう。恐らくそういう論争の結果であるこの二章は後期『中の頌』の中でも最終段階での著作であろう。

龍樹は後述するように説法の躊躇の伝承を空性が世人には究め難いことに用いているが、このことからも窺えるように、釈尊が十二支縁起の観察によって成道し、四聖諦を鹿野苑で初めて説かれた、という伝承を念頭においてこの章を構想したのではなかろうか。

彼の縁起観の変遷は後述するが、その最終形態がこの章の三諦偈で説かれた「縁起即空性」、「縁起なるもの、それが空性である」である。彼は『中の頌』では原始仏教の縁起を基本とし、『般若経』の空観を受容して、縁起を存在論的に確立し、逆に空性がニヒリズムでなく、創造的な縁起であることを縁起、即ち相互相待的成立によって明らかにしたのである。

第二四章は先ず（一）対論者の反論（二四・一―六）から始まり、（二）龍樹の解答（二四・七―一九）、（三）対論者の否定（二四・二〇―三九）、（四）結論（二四・四〇）で終る。（一）の対論者が空論に加える反論と（三）のその反論に対する龍樹の論破とは対照的に論じられているので、今先ずその対応を表示する。

	（一）対論者の反論	（三）龍樹の論破
1　四聖諦の無	第一偈	第二〇偈（苦二一、集二二、滅二三、道二四、二五）
2　遍知、断滅、修習、証得の無	第二偈	第二六―二八偈
3　四向と四果の八賢聖の無	第三偈	第二九偈ａｂ（四果を欠く第三偈のａｂに当る）
4　三宝の無	第四、五偈	第二九偈ｃｄ―三二偈
5　法非法と世間言説の否定	第六偈	第三三―三九偈

（一）第一偈で対論者は空であれば、生も滅もないので、仏教も道徳（法と非法）も世間の営みもあり得ないと説く。その内で対論者の認める仏教は、苦集滅道という四聖諦があるので、苦の遍知、集の断滅、道の修習、滅の証得があり、それらがあるので四果がある。龍樹の対論者がこれら四果と「果に向う者と果を体得した者」、即ち八賢聖とを一応区別しているのは、三宝の法と僧の区別のためであろう。八賢聖は（一）預流向（者）、（二）預流果（得者）、（三）一来向（者）、（四）一来果（得者）、（五）不還向（者）、（六）不還果（得者）、（七）阿羅漢向（者）、（八）阿羅漢果（得者）の順で聖者の階位を進む。仏法僧の三宝の中の僧宝は八賢聖であり、法宝は四聖諦という正法であり、法と僧があるから仏があるという。これが基本的にはアビダルマの三宝の成立の体系である。対論者は空であるときには、将棋倒しに四聖諦から仏までが存在しないことになると論駁するが、対論者は空を無と理解しているのであるから、将棋倒しの論理的階梯を踏むまでもなく、すべては無であると批判していることになる。

（二）対論者は空を無であると明言している訳ではないが、「空ならば四聖諦は存在しない（abhāva ＝無）」（二四・一）と説くので、空を無と理解していたことは確かである。龍樹は解答の冒頭で対論者を「空と空義と空の目的を知らない者」（二四・七）と断定するが、それら空の三義の各々の意味には触れず、一見唐突に見えるが、次の第八偈では直ちに「仏の説法は世俗諦と勝義諦に依拠している」と二諦説を説く（註釈者達の三義の解釈は後述する）。『中の頌』で唯一度だけ第一〇偈までの僅か三偈で説いたこの二諦の範疇は、言教の二諦説などと言われるが、龍樹が説いたことによって大乗仏教の基礎的範疇として市民権を得ることになったといってよいであろう。彼が二諦説を取り上げたのは、「仏の説法における深遠な真実義を認識するためには、この二諦の区別の認識が不可欠だからである」（二四・九）。ここで仏の説法というのは具体的にいえば、空の教え、仏が空という言葉を用いた教説である。そういう教えを正しく理解するためには、二諦の区別、世間の言説《げんせつ》としての空という言葉の語義と空という言葉の勝義、真実義の区別を認識することが不可欠だからである。

龍樹が唐突に二諦を論じ始めたのは、対論者の空の無知、空を無と理解する誤解は、世間で日常一般に認められている、いわば世俗諦の中での無知や誤解ではないからである。空（śūnya）という語の語義は「からっぽ、何かを欠く」であるから、対論者の認識は世俗諦の空の語義としては無知でも誤知でもない寧ろ正知である。龍樹ならずともそういう対論者の認識を無知と極め付けるには、二諦の範疇の導入以外に他に方法はなかったのであろう。不可説、不説（沈黙）を真実在とする空の立場にとっては二諦の導入は決して唐突ではなく、必然であり当然であった。

二諦を説く三偈の最後の第一〇偈前半は、「言説に依らないでは勝義は教示できない」である。区別の認識が不可欠とされた二諦の各々が仏の説法の中でどのような関係にあるかを説いている。ここで言説（vyavahāra）というのは前偈の世俗諦に相当する。世俗（(loka)-saṃvṛti）は仏教に固有の術語（「有について」一六四頁参照）で、これまた恐らく龍樹がここで使用したことから大乗仏教内で広く術語として定着することになったと思われる（月称は意味を無明とする。LVP, p.492）。それに対して言説《ごんぜつ》は交際、交換等を原意とし、インドでは日常生活や世間慣用の意味で広く用いられてきた。仏教では真実義が不可説であることから、特に言語表現の意味で使用されている。言説諦、世俗諦は日常世間で認められている真実、真理が言語表現上のそれであることである。従って「言説に依らないでは」とは、勝義は言語表現を手段としないでは示されない、勝義を示す唯一の手段は言葉によって説示することであることを意味する。香りによって法を伝えるという香積仏土ならいざ知らず、この人の世では人が日常生活の中で普通自分の思想や感情等を他人に伝える手段は言葉である。否、言葉は単なる手段でなく、人間存在の本質に根差した本質の現成である。以心伝心ということも言われるが、それは唯仏与仏の間においてはあり得ても、人と人との間では真の意味ではあり得ないであろう。言葉で語ることが唯一の手段であることは、まさに仏の仏業が法を言葉で説かれるということ、仏さえも言葉によらなければ、悟りを自覚することも、法、即ち自己の悟りを人々に伝えることもできないということ、法身が仏の本質であることが如実に示すであろう。龍樹はその仏の説法の中に、説法する仏の言葉と説示される真実義が本来不可説であることとの間にある矛盾、それは断絶といってもよいぎりぎりの極限における乖離を見出したのである。しかし彼は同時にその断絶、乖離を自覚し知った者には仏説の真実義を知る道が開かれると確信していたのである。

『無畏』と羅什訳の註釈とになると、世俗諦は世間人の顚倒した認識で、有自性な一切法が生ずることが真実（諦）であるのに対して、勝義諦は聖人（賢聖）の不顚倒な直証で、空な一切法が不生であることとするので、言葉で説かれた思想と真実義との乖離、矛盾は背景に追い遣られ、自覚されず、世間人と聖人という能力の違い、生と不生という真実の相違という、平板的で単なる相対的な区別に摩り替えられてしまった。そこには人の世の人間存在に本性的な、人間は言葉で考え、語る存在であるというあり方は見失われてしまっている。そのために『無畏』、羅什訳では「一切法が不生であるという勝義諦が、論じようと欲せられた主題（vivakṣita）であるならば、言説諦は無用となろう」という反論を想定し、それの解答として第一〇偈を解釈せざるを得なくなったようである。しかし『無畏』等のそれに対する解答は偈を繰り返しただけで、何故言説に依らなければならないのかは答えられていない。

　清弁も第二四章第一〇偈をこの同じ反論に対する解答とするが、彼はその理由を「勝義はすべての言語道を超出しているからである」と、龍樹の真実義は不可説であるという立場で反論に答えている。そこで彼は先ず勝義が説かれるべきである理由を論じて、「対論者によって分別された（parikalpita）分別を余すところなく滅却しないでは、分別を悉く遠離し、「他者よりは知られない」（apara-pratyaya ＝真実在の相・tattvasya lakṣaṇam（一八・九））勝義は証得されないので（rtogs par mi hgyur bas）、それ故に勝義をも説かれたのである。即ち、「勝義に依存しなければ」業と煩悩と生の寂静を相とする「勝義は証得されない」」と説く。

清弁は偈の前半の註釈で勝義が不可説であるという二諦の間の本性的な乖離を明示し確認した上で、「色は生ず」とか「人は去る」といった世俗の真実の分別を否定するだけでなく、恐らく空性は「無である」とか「実有である」といった勝義に関する対論者の分別をも余すところなく滅却し否定するために、本来不可説な勝義が説かれるべきであることを第一〇偈は説かれたと解釈する。

この偈の後半を清弁は第一八章の「業煩悩の消滅よりして解脱（mokṣa）はある。業煩悩は分別より、諸分別は戯論より、戯論は空性において滅せられる」という第五偈と思想の展開の上で平行していると考えていたようである。彼が第二四章第一〇偈dの「涅槃」に加えた「業煩悩生の寂静を相とする」という形容句は、そのことを示すであろう。特に煩悩業生という三雑染の順序が、そこでは業煩悩生となっているのは、第一八章第五偈の「業煩悩」に生を加えたからだと思われる。両偈の対応関係でいえば、「勝義に依存しなければ」は第一八章第五偈の「空性において」に当る。この語は『灯論』のチベット訳偈では依格でなく、「空性によって」（kyis）と具格となっている（その点は『明句』も同じで、チベット語訳では具格である）。清弁はそれを「空性の証悟（rtogs pa）によって」と註釈している。この解釈は月称も認めていたようで、彼は第一八章第五偈の註釈の末尾で偈の論述の順序を逆にして、いわば逆観として、戯論の寂滅から、乃至、生の寂滅が将棋倒しに否定されることを説いているが、その中で「空性を証悟して」（śūnyatāmāgamya）戯論の寂滅があると論じているからである。このことは彼が清弁と同じように、「空性において」を「空性の証悟によって」と解釈していたことになろう。『明句』のチベット訳ではその箇所を「空性に依存して」（stoṅ pa ñid ... brten nas）と、āgamya を brten nas と訳しているが、この訳は今問題とする第二四章第一〇偈の（an）āgamya の『灯論』等のチベット語訳の（ma）brten par と同じである。このことは裏からいえば、『灯論』等の第一〇偈の原文は現行の『明句』の中の偈文と同じであったことを示唆するであろう。そうであれば、『無畏』も清弁も〈paramārtham anāgamya〉という原文を読んでいたことになるので、羅什や月称と同じように、「勝義を証悟しないでは」という意味で読んでいたのではないかと考えられる。『無畏』、清弁の註釈もそう読むことと抵触しない。そうであれば今までは便宜上一応、「勝義に依存しなければ」と、チベット語訳に従って訳してきたが、それはチベット語訳者の解釈であるから、改めるべきであろう。

このように清弁と月称は第一〇偈の解釈では基本的に変らない。偈aの「言説に依らなければ」の言説を彼らは共に世間世俗諦を世間言説（世間の言語上の約束、慣行）とし、具体例として清弁は「事物は生ず、滅す。人は去る、食べる、修行する、解脱する」等を挙げ、月称は「行け、煮ろ、読め」等を例示する。それらの言説《げんせつ》は月称がいう認識（知）とその対象（所知）であり、言語表現（abhidāna）とその対象（abhidheya）、即ち概念的認識である世間言説である。彼らは世間言説という概念を世間でも誤りとされる認識や言語表現を除いた世俗諦と考えているのでそれらの言説はそれがそのままで世俗としては諦である。特に清弁は上述の「「事物は生ず」等は世間言説である故に（… tha sñad kyi phyir、言説としてか）不顛倒であるので、これは世俗諦である」と不顛倒を真実の規準とする。勝義についても清弁も月称も共にこの複合詞を「勝でもあり義でもある」と同格限定詞と解釈し、既述のように不可説な真実在と解釈する点では変りはない。しかし清弁は唯識派の影響であろうか、「勝れたものの、即ち、無分別智の義即ち「他より知られない」等を相とする真実在（tattva）」（一八・九）と、格限定詞とも解釈して、対象のない、従って智でない、主客の分別のない、「智でない智」の「対象でない対象」と逆説的に不可説・不可思議な真実在を認めて、認識論的に勝義と世俗言説の懸橋としている（これ以下の清弁の二諦説は「二諦説」に詳しい）。さらに彼は「それに勝義がある」と分析する所有形容複合詞とも取り、「不生等の教説や聞思修より生じた智慧も勝義である。勝義の証悟の手段である故に、不顛倒である故に」と教説や智慧にも勝義があるとする。これが「言葉で表示された（世俗的な）」（saṃketa）、世間的勝義諦である。「不顛倒」は唯識派の不顛倒円成実といった思想を受容したのであろう。このような二諦観を提唱する清弁は、第一〇偈の「言説に依らなければ勝義は教示されない」と「（不可説な）勝義を証悟しなければ」との間に、「言葉で教示され勝義に不顛倒に随順する不生の教説や聞思修の三慧や無分別智という世間的勝義諦を手段として」という考察の過程を考えていたのであろう。或いはチベット訳が「勝義を証悟しなければ」を「勝義に依存しなければ」と訳したのは、この勝義を世間的勝義と解釈したからかも知れない。いずれにしても清弁は階梯的な漸悟の立場を採ったようである。月称も後述するように世俗は涅槃を証得する手段として〈あるがままに〉（yathāvasthita）容認されるべきだとするが、勝義の不可説性の厳しさを見極める彼は、『無畏』や清弁のように世間言説が不必要というのでなく、その手段となる蘊、界、処や四聖諦といった教説だけでなく、縁起までも世俗の言説であって勝義でないから、それらの教説は無意味であるという反論を是認せざるを得なかった。この月称の世俗諦、「言説」が手段であるという見解は、禅門で用いられる月を指し示す指の比喩に相当するであろう。月と指は全く別のものである。指に当る空とか不生という言葉を真実と理解したとき、それは手段ではなく、寧ろ空とか不生に囚われた人を破滅に追いやる。「迦葉品」（第六四節）で「慢心した者の空の見解に比べれば、須弥山程大きな我の見解の方がましである」と説かれているように、有の立場の陥る灰身滅智の無よりも深い奈落の底へ転落する。諸註釈者は皆、空性の目的等の空の三要項の意味が二諦を説く三偈の中に説かれているとは考えていない。彼らが理解した三要項の意味はまちまちである。今要約して示すと、『無畏』と羅什訳は（一）の目的を空性を説く目的（羅什訳は因縁）、（二）の空性を空性の相（lakṣaṇa）とし、（三）空性の意味、対象には註釈していない。清弁は（一）をすべての戯論の寂静、（二）をすべての執着を離れた相である空性を対象とする智、（三）を真如の相と定義し、月称は（一）を清弁と同じ戯論の寂静（一八・五）、（二）を「他より知られない」等の真実在の相（一八・九）、（三）を縁起とする（詳しくは『ことば』Ⅱ、一五五頁註一〇三参照）。龍樹は二諦を説く三偈の中に限っていえば、空性を仏説の中の甚深の真実在（二四・九）と勝義（二四・一〇）とし、空性の目的を涅槃（の証得）（二四・一〇）と考えていたと考えられるが、それらが何であるかを説明してはいない。

龍樹が二諦を説いたのは、空性等の三要項を説明するためではなく、上述のように対論者の空性の誤解が、日常の慣用上の誤解とか無理解ではなく、人間の言語生活の根底に根差した誤認であるからであるが、それ以上に龍樹が恐れ気遣ったのは、空性の真意を知らないことが、対論者自身を破滅に導びくことであった。解答の冒頭で彼は「空性等を知らない対論者はこのように自ら破滅する（vihanyase）」（二四・七）と説き、二諦を説く三偈の直後の第一一偈では「悪く理解された空性は愚鈍な対論者を破滅させる（vināśayati）」と説くからである。この章では第一偈が示すように、龍樹は空の立場に立ち、第二―六偈が示すように、正しい仏教の立場に立つと確信するアビダルマの有部等を対論者として想定している。その対論者が展開している四聖諦から仏に至る体系が空性であれば、存在しないという批判は、裏からいえば、対論者は自分が立つ不空の立場で仏法僧を実現する仏教の修行道が成立すると主張していることになる。龍樹が第二〇偈以下で不空の立場の否定を説いた所以である。今少しく憶測を逞しくすれば、対論者は人無我という限りでは、人の空、即ち人の無を認める。しかしそれ故にこそ彼らは七十五法といった法の実有を主張しなければならなかった。そういう立場で法の空を説く龍樹に対して、空は無であるから仏教の体系も人倫、道徳も世間の営みさえも存在しないことになると批判するのであるから、空の「悪しき理解」とは、アビダルマの人無我で法有という思想そのものである。龍樹は梵天の勧請という伝承として伝えられた、釈尊が成道の後に直面した難関である説法のためらいを、「それ故に〔空の悪しき理解は愚鈍な者を破滅させる故に（二四・一一）〕愚鈍な者にはこの教えは究め難いと考えて、教えを説こうとする牟尼の心は後戻りされた」（二四・一二）と解釈し、まさにこの人無我即法有という誤解を恐れたからだと説く。このことは釈尊が最初に説こうとした仏の教えは空の教えであったことを意味する。彼のこの時期の確信は空の思想は『般若経』から、大乗から始まったのではなく、釈尊の成道、仏教の成立の最初から変ることのない教えであるということになろう。

龍樹には、空の立場はニヒリズムであるという対論者の批判は、全くの的外れとしか考えられなかった。「汝（対論者）が空性に加えた論駁、批判（doṣaprasaṅga）は我々にはあり得ない」（二四・一三）と説くからである。その上で彼は誤解された空でなく、真の空性を次に「空性が成り立つ者にはすべてが成り立つ、空性が成り立たない者にはすべてが成り立たない」（二四・一四）と説いている。龍樹は人の区別によって空性の成立、不成立を説いているが、「空義有るを以っての故に、一切法は成ずることを得。若し空義無くば、一切は則ち成ぜず」という羅什訳の方が、寧ろ龍樹の言わんとするところを的確に表現していると思われる。漢文は主語を欠くので曖昧であるという批判もあるが、ここで「空性が成立する」という空性は、「如来が出現しても出現しなくても、この諸法の法性、実相（dharmatā）は現前している（sthita）」（一八・七―一二）と説かれているような、諸法の本性（法性）、実相である空性であるからである。龍樹が空性の目的等の三要項の第二に挙げた空性を彼はこの偈で説かれた空性―ニヒリズムを否定した一切法が本性としてはあるがままにある―一切法の実相を意味すると考えていたのではなかろうか。空性がこのように一切法の本性であることは、空性の否定が対論者にとっても単に龍樹の空の立場、大乗の空の思想の崩壊と片付けて、対岸の火として傍観して済ますことができるような事態ではないのだと龍樹が考えていたことを窺わせる。そのことは次の第一五偈の「自分の誤りを我々に投げつけるあなた（対論者）は、馬に乗っているのにその馬を忘れてしまっている」から明らかであろう。対論者は好むと好まざるとに係りなく、馬に譬えられる空性を自己の成立の根拠としているのに、そういう自己の実相を忘却していることによって陥った自己の誤りを空の立場に転嫁して、空論者の誤りと言い募っているだけだからである。龍樹はそこで次の第一六、一七偈の二偈で対論者が自ら犯した誤りを列挙する。彼はここでは仏道とか、人倫、道徳とか、世間の営みといった特定の分野に入る以前の、世間の生存の基本的構造である因果関係や行為（や享受）の構成要素である行為者、行為の作具、行為等（これらを素朴実在論であるミーマーンサーの信奉者はプラパンチャの具体的構成とする（『実在』八二頁参照））が、事物を自性として実有と見る対論者には成り立たない。換言すれば、対論者自身がニヒリズムに陥る。対論者の誤りとなる。

対論者の誤りを説く第一六偈で注目すべきは、この章で始めて「因と縁のない（ahetupratyayān）諸事物」と、否定態であるが縁起が説かれている点である。龍樹はここでは縁起を縁起の語義解釈を離れて、最も単純で基本的なあり方である「一切の事物が因と縁をもつこと」に還元し、対論者の自性の立場がニヒリズムに堕するのは、そういう縁起と真っ向から対立するからだとする。それに対して龍樹が自己の立場を説き示したのが、次の第一八偈の有名な三諦偈である。「縁起であるもの、それを空性であると我々は説く。それが仮であり、その同じものが中道である」。ここでは空仮中の三諦という天台宗の解釈や吉蔵の中国的解釈にもインドの註釈者達のそれにも触れないで、専ら前後の偈との文脈を通して龍樹の作偈の意図を探るならば、次の第一九偈では「縁起していない法は何も存在しないので、それ故に空でない法は何も存在しない」、と縁起と空とだけが論じられていることも含めて、龍樹が三諦偈で示そうとしたことは前半の「縁起なるもの、それを空であると我々は説く」であると考えられる。龍樹はここでこの章で今まで論じてきた空が縁起であることを明言したといえる。換言すれば、『般若経』では三昧の経験であった空が、龍樹によって原始仏教以来、仏の教えとして伝えられてきた縁起であることが明らかにされたのである。龍樹が第七偈で空の三要項の中の空の意味・〔勝〕義（śūnyatārtha）を説く際に思い描いていた意味・義を述べたものがこの偈ではなかろうか。ここでは空の意味は空の語義である「空っぽ」（無）を捨てて、縁起であり、縁起も仏護がいうように、仏が「生起」の言葉で説かれた縁起の「生起」の語義を捨てて、不生を意味し、不生を〔勝〕義とする。いわば、八不の縁起となったといえよう。偈の後半の「それが」（sā）「その同じものが」（saiva）は仮（prajñapti）や中道の pratipad が女性形であるから女性形で示しただけで、縁起を指し、龍樹がこの章より以前に著述したであろう諸章の中で説かれた仮（例えば第二二章）や中も縁起であることを付記しただけではなかろうか。或いは「それが」等を空性と読み、縁起である空性、縁起であるから空性は仮であり中であるとも読めよう。註釈者達はそう解釈している。

龍樹は縁起（pratītyasamutpāda）という複合詞を、この三諦偈で初めて用いたのではなかろうか。彼はこの複合詞を、同じ第二四章の最後の偈で、縁起を見る者は四諦を見るし、という以外は帰敬偈に用いるだけである。このことは龍樹は『中の頌』の著述の最後の総括、結論の段階で、仏の説かれた縁起という語義「縁って生ずる」は、彼が帰敬偈で明示した「八不で戯論寂静で吉祥」であって、原始経典の説く「十二支縁起」などは縁起の名に価しない因果関係にすぎないことを示している。

先に対照表で略示したように、対論者が空の立場に加えた批判が、逐一対論者の有自性の立場に当嵌まることを示すことによって、龍樹は対論者の批判が実は対論者自身の立場の誤りであることを示している（これは所証相似（四・八、九）の適用か）。彼は先ず対論者の反論の第一である第一偈の「このすべてが空ならば」の空を不空に改めただけの第二〇偈によって対論者による批判が、対論者に対する批判になることを示し、以下順に、四聖諦に始まって仏に至る仏教の体系と人倫と世間の営みが不空であれば存在しないことを論ずる。この対論者に対する論駁の方が幾つかの項目では詳細に説かれている。四聖諦中の苦集滅には各々に一偈ずつが割り振られ、道には二偈が費されている。

それは揚げ足取りの反論を封じるための用心に過ぎないであろう。内容は縁起したものでない、即ち有自性のものはないということを繰返すだけである。苦の遍知等の四と四果も自性として不遍知等であるならば、後に遍知等に変ることはないという同じ批判によって否定されうるとする（二四・二六—二八）。四向四果以下三宝までを論ずる第二九—三〇偈は第三—五偈の文の再使用に過ぎない。ここで注目すべきなのは、仏について特に対論者の有自性の立場では覚者（buddha・仏）と覚り（bodhi・菩提）の相互依存的成立があり得ない（二四・三一）し、自性として仏でない者は菩提行を行じても仏になることはない（二四・三二）と、『中の頌』で始めて唯一度、仏と仏の本質である覚りを取り上げている点である。龍樹はすべての衆生は本性として空であるから、菩提行で菩提に向って努力すれば悟る、即ち仏になることができる存在であると確信していたことになる。月称はこの菩提行を菩薩行に改めているが、先にも触れたように、中観派の中で月称以後になって『中の頌』の註釈でない独立した論書として著述された重要な論書に『入菩提行論』があるが、その書名や論の主題の発想は遠く龍樹のこの箇所の菩提行に由来するのではなかろうか。同書のチベット訳が『入菩薩行』となっているのは、月称がこの箇所を菩薩行に改めたことによるのかも知れない。しかし龍樹は菩提を結果とする自性清浄心といった衆生心を因とする、即ち菩提を無垢の真如、衆生心を有垢の真如とする、真如という実在する根拠に立つ唯心論に近づくことはなかった。仏と菩提が相互依存的に成立するということは、仏も菩提も不可説空であり、無自性であり、第六偈で一括して説いた人倫と世間の言説とを、人倫は第三三―三五偈で取り上げ、自性としてあるならば、業と果報があり得ないと否定し、第三六―三九偈では世間の言説を取り上げて、空性を否定することは、（一）行為の対象の無、（二）行為が無始、（三）行為しない者が行為者になる（二四・三七）、すべての事物が不動不変化で各々が全く無関係で孤立した存在となり（二四・三八）、第三九偈は得ていないものの獲得も苦を終らせることも煩悩を滅することもできなくなる、と説く。煩悩の滅は一般に涅槃といわれることである。或いは彼はここで対論者の立場では涅槃もあり得なくなると説いているのであろうか。註釈者は出世間のそれらを含める（月称は出世間のみとする）が、しかし龍樹はここでは世間の営みの中での事実だけについて説いているのであろう。このように人倫や世間の営みについて詳しく論じているのは、日常経験としてそれらがあるという理解、執着がそれだけ根深いからであろう。最後に龍樹は章の結論としてであろうが、第四〇偈で「縁起を見る者は苦集滅道を見る」と、ここでも漸降法の逆をいく深遠な真実相を突如説いて終っている。龍樹が第七偈で空性の目的といったものは、この偈の示す縁起を悟る者は四聖諦を悟ることであるのではなかろうか。このことは彼が章題を四聖諦としたことの意味をも示すが、真意は縁起を見ることが仏道の全体系、全行程を悟ることであり、それが涅槃ということになるのであろう。

2　第二五章と帰敬偈―仏の涅槃の実相―

輪廻の束縛から解脱した境地と言われる涅槃が、八不の縁起の立場ではどのように考えられるのかを追究したものが第二五章である。龍樹は第一偈で対論者が自説の有余と無余の二涅槃を念頭に置いて、「一切の事物が空ならば、〔煩悩の〕放棄と〔身体の〕消滅によって涅槃を認めることができるか」と反論すると想定して、直ちにその誤りが対論者自身の有の立場の誤りであると投げ返した上で、第三偈で涅槃の基本的な特質を説く。それは（一）放棄されず獲得されず、（二）不断絶不恒常、（三）不滅不生である。これらの特質（一）と（二）は『入楞伽経』（LA, p.99、特質（三）は不一不異。ただし滅と死をも否定する）の大般涅槃にも見られる（LVP, p.521, fn.2）。同経が龍樹のこの見解を採用したのであろうか。龍樹が第三偈で「これが涅槃であると言われる（ucyate）」と言っているのは経典などに説かれているということなのか、第一、二偈で問われた「何の消滅〔等〕によって涅槃が認められるのか」という疑問に対する解答の意味なのか。

この『中の頌』の中でいえば、第一の特質は第二四章で不空の立場の否定の結論を説く第三九偈に対する空の立場の涅槃観を指す。「放棄されず」は「一切の煩悩が放棄されず」（二四・三九c）で涅槃は輪廻の終焉でなく、「獲得されず」は「獲得されていないものの獲得」（二四・三九a）、即ち「涅槃の獲得」でもないことを意味するのではなかろうか。第二第三の特質は八不の縁起の内の四不であるから、涅槃が八不の縁起と本質的には同じ真実在の別称、同義語であることを示すので、（一）の不放棄不獲得だけが真実在の一同義語である涅槃に独自の特色を示していることになる。

涅槃が八不の縁起、従ってあらゆる事物の真実在であることを、彼は次の第二五章第一四―一六偈で、涅槃が有か無か共か不共かの四句を否定することによって論証する。四句の第一の有の否定は（一）涅槃は有ならば、老死の相を持つ（二五・四）。（二）涅槃は有為となる（二五・五）。（三）何かに依拠しない有は存在しないので、涅槃は存在しない（二五・六）、である。龍樹は輪廻するものを第一六章では諸行（saṃskāra）と衆生（sattva）とするので、（一）では部派仏教の煩悩は滅したが身体は未だ存在するという有余依涅槃では、身体・衆生（余依）には老死の相があることになると否定し、（二）では有為でない有は存在しないので涅槃は有為・諸行となる。（三）では縁起よりも仮名に絞って、何ものにも依拠しない有・事物は存在しないので、涅槃は依拠しないでは存在しないと否定する。

龍樹は第一五章第五偈で「有の変化が無であるという世間の判断に基づいて、有が成立しなければ無は成立しない」と語るように、ここでも第二五章第七偈で「有がないところに無はない」という。無が有の相対概念に過ぎないことから、涅槃が上述のように有でなければ無でないと否定すると、第八偈では第六偈で涅槃が有であることを否定した同じ論理で、依拠しないで存在する無はないので涅槃は無でもないと否定する。

このように有と無との二辺を否定すると、次に彼は二辺を離れた涅槃の存在論的構造を第九偈で、「依拠して、依存して去来する状態にあるものが依存していない、依拠していないことが涅槃であると説かれている」と説く。この偈は敷衍すれば、「諸行が無明とか因縁に依存して、衆生が五蘊、取得に依拠して〔或る者が或る生存から他の生存へ（二七・一九）〕絶えず来ては去る状態（ājavaṃjavībhāva）である輪廻が、何ものにも依存せず、何ものをも取得しないことが涅槃であると説かれている（upadiśyate）」である。羅什はこの「説かれている」という動詞を「名づけて涅槃と為す」と訳すので、恐らく「名づけられる」（prajñapyate）と同義と取ったのであろう（これも龍樹の時代にプドガラ論が未成熟であったことを示すのではなかろうか）。

この涅槃の定義は涅槃が部派仏教の有余依等の二涅槃のように輪廻からの解脱ではなく、輪廻と涅槃の同時、同事性（二五・一九、二〇）の論理的根拠を説いていることになる。次の第一〇偈で彼は涅槃が有でなく無でもないことの教証を提示している（下巻第二五章補註11参照）が、このことは涅槃が四聖諦等では「滅」と表現されているので、涅槃が無でもないことには、論証だけでなく「滅である」と説く仏説に対応する教証も必要だと考えたのであろう。

後期の諸章では四句分別は形骸化し、例えば第一章では自生、他生、自他の共生と無因生とに変形され、四句否定でなく、有因生か無因生かというディレンマになっている。その原因は第三句の共が初期の「一部は有、一部は無」という解釈を引き摺って「各々がそれぞれ別々に作られた」（ekaikakṛta、一二・九）ものが唯共に存在しているだけであり、第一句の自生と第二句の他生に還元されるからである。こうして第一章は有因生か無因生か、換言すれば有縁生か無縁生のディレンマによる否定に終始する。第一五章でも第一、二句は自性と他性、第三、四句は有と無という異質の相対関係に二分されているが、第三句の共は結局は第一、二句になる。

後期で最後に著述されたこの第二五章では第三句の共は第一一偈では、「両者、有でもあり無でもある」と、有と無との共在ではなく、有と無とが同事であることに改められている。このことがこの章で改めて四句分別の第三、四句が取り上げられることになった理由だと考えられる。この四句分別は第一八章の第八偈でも「すべてはまた真実であり非真実である」という第三句に見られる。龍樹はこの第三句を重視し、その否定に第二五章第一一偈から四偈を費している。（一）第一一偈では涅槃が有無の両者であれば、解脱も有無となる。涅槃と解脱は一般的には同義語であるが、龍樹は初期の第二六章では「取得（身体）のないもの（anupādāna）は解脱してしまい、〔再〕生（bhava・生存）がないことになろう」と説き、後期では解脱は「業煩悩の滅」（一八・五）であるが、その「滅」は分別、戯論の寂静に待つので、解脱はその寂静である涅槃則ち諸法実相の実現（一八・七）の極く表層のあり様である業輪廻の束縛の原因である煩悩からの解放である。そうであれば、解脱が有でもないし無でもないことの方が、涅槃がそうでないことよりも理解され易いと考えたのではなかろうか。(二) 第一二偈では涅槃が有無の両者、共であるならば、涅槃は「依拠〔取得〕しない」(二五・九) ではないことになる。有無も有や無のように (月称は有と無は相互に) 依拠〔取得〕しているのだからだとする。(三) 第一三偈では涅槃は有為でないのに、有無の共は有為であるからである。(四) 第一四偈では有と無は光と闇のように相互矛盾するので同一の場所である涅槃に存在しないと否定する。(一) と (二) は明解でないが、結局龍樹は第三句の有と無の同事性を認めないで、相互に矛盾する有と無に解体して否定しているだけである。

四句分別の第四句について初期では第三句の共 (半有半無) が成立するならば、第四句の不共も確かに (kāmam) 成立する (二七・一八、二八) と説くだけであるが、ここ後期では龍樹は「涅槃は非有非無 (naivābhāvo naiva bhāvaḥ) であるという命題・言明は有即無という第三句が成立したとき (abhāve caiva bhāve siddhe sati) 成立する」(二五・一五) し、「涅槃が非有非無であるならば、何に、誰によって非有非無と説かれようか (ajyate)」(二五・一六) と、第四句が命題、換言すれば、見解として主張された場合を問題としている。

龍樹の思想は排中律を否定した「Aでもないし非Aでもない」両非の論理であるとされる。龍樹は自我 (ātman) に関連して第一八章第六偈で仏は教えの中で (一) 自我と私という言葉を用い、(二) 異教の自我論に対して無我を説き、それだけでなく、(三) 非我非無我も説いていると分析しているが、殊更にこの (三) を挙げたのは自己の両非の論理に教証があることを示していることになる。しかし彼はここではその両非の論理も命題として主張され、見解となり、真理とされたときには、我見よりも絶望的な空見 (一三・八) に堕す。

ここで言明・命題と「説かれる」と訳した、añjanā と ajyate は、註釈者が同義語を並べて説明していることから窺えるように、一般に周知された思想の術語ではないようである。龍樹はこの動詞を第九章でも用いている。同章はプドガラ論の否定を主題とするが、この用語の使用は特にプドガラ論とは関係がないようである (『倶舎論』の梵本には眼薬の意味の añjana しか使用されていないようである (『索引』一、六頁参照))。プドガラ論者はプドガラが見等より前に存在すると主張するのに対して、龍樹は両者が自性としては言うまでもなく、プドガラが見等より先に存在するのでもなく、相対的関係においてのみ ajyate と主張する。この場合、ajyate は「明らかにされる」といった語源の直接的意味であろうが、最も明白に明らかにされることは、言葉で表示し、説示することである。恐らくプドガラ論も用いる「名づける」(prajñapyate)と通底する術語として龍樹は用いたのであろう。註釈者は二義を認め、月称は分別、清弁は説示とする。龍樹は分別よりも戯論を、仏の本質、本来を覚りでなく説法とするように、ここでも涅槃を「覚知していない」のではなく、「説かない」という意味で用いていると取るべきであろう。

第一五偈の「非有非無という命題、言明は有無の共(第三句)が成立したとき成立する」は、裏から言えば、「共」は第二偈から四偈もかけて否定したので成立しない。有無が成立しないので非有非無も成立しないと説いたことになろう。上述のように第一八章では、第六偈で「「自我あり」と知らしめ、「自我なし」と説かれ、「自我はなく無我も全くない」と説かれた」と両非を説くと、次偈では実相が言葉で語られるものの消滅であることも涅槃を例にして説く。この第二五章の次の第一六偈の「涅槃が非有非無ならば誰によって、何によって非有非無が説かれようか」というこの反語も、涅槃が誰、何によっても説かれないことを意味するであろうから、第一八章の場合とは逆に涅槃が実相のように、「説かれない」、「不説であること」を説いていることになろう。涅槃は不生不滅の実相である。

この空の立場での涅槃の理論的解明は、次の第二五章第一七偈の「滅度の後に世尊は「存在する」と説かれず(na ajyate)、「存在しない」とも、共とも、不共とも説かれない」を説くためのものでなかったかと考えられる。この偈の課題は十四難無記の中の、如来が死後有か無か等の四問難に対する龍樹の解答である。経文では如来であるが意味は衆生であるとされているが、龍樹は死後でなく滅度(nirodha)の後の世尊について説いている。彼は初期でも業輪廻からの脱却を説くように、衆生の死後は転生であるから問うまでもなかったであろう。

龍樹も如来を第二二章で、如来の本質(自性)である無自性空は生きとし生ける者(jagat・世人)の本質である無自性空であると、如来と世人は真実在、実相としては同事であることを説く。彼は「有部等のように実有、即ち自性でも他性でもないし、プドガラ論者のように取得(五蘊=身体)と一異として存在しない如来は、取得に依拠して如来と名づけられ、如来という概念で表示されるものでもなく」(二二・八)、空の立場では一切の事物も如来も空であるから、「空なものによって空な如来が如来と名づけられ、如来という名辞概念で表示されることはない」(二二・一〇)と説くと、次に彼は先に触れた第一八章の「自我あり」等の四種の仏説(一八・六)

と、法性、実相が説法の対象の消滅である（一八・七）という、教説と実相の不説の関係を裏から論じたものと考えられるが、一切は空、如来は空と説くのは、そう説かないと人々に知らしめること（prajñapti）ができないからであって、本来は「空である」と説かれないし、「不空である」等とも不説である、と説く。四句の不説は戯論寂静であるから、彼は次の第二二章第一二偈で如来を戯論の「寂静せるもの」と表現している。その偈で恒常等と有限等の四句分別がないと説くのは、第二七章の「世間が恒常や有限等の四句でない」という思想を念頭に置いたものであろう。ここで彼は「寂静せるもの」、如来が世間（世人）と本質的には同じであること（二二・一六）を暗示している。

このように部派仏教の如来を否定して空の立場での空な如来の意味を明らかにし終ると、龍樹は次に如来の存在に関する日常的であるだけに、より根本的な如来像に触れる。それは人々が漠然としてではあろうが懐く、「如来はおられる」という牢乎たる確信（ghana-grāha）であり、その確信こそが滅度の後には、「如来はおられない」という虚無の想いとなる。この確信は仏とその涅槃の論理的解明を空しくし、知性で説得し納得させることのできない心情の問題である。縁起即空の論理によってすべての事物の無自性を説く龍樹その人も仏に関しては、声聞、独覚、等覚の存在を認め、「等覚が出現せず（anutpāda・不生）、声聞達が消滅したとき、云云」と、神話的伝承に基づく幻想的な出来事を論理的解明とは別に説いている。『中の頌』の中で取り上げられた事項の中で、このような神話的な伝承にまで言及された論題は他には見当らない。これが唯一の例外である。そのことも示すように、そういう理論的解明ではすまされない仏の出世と涅槃とに真っ向から取り組んだのが、当面の検討課題である第二五章の第一七、一八偈の世尊の問題である。ここで比較検討してきた第二二章では龍樹は、仏説は涅槃の前後で有と無となるという分別は、強い確信に執着した者の執着で、自性空な如来にはそのような分別はあり得ない（二二・一四）と答えるだけで、この問題を打ち切り、如来の理論的解明に戻って、四句分別や如来の有無等という戯論を超えた仏を戯論する者は如来を見ない（二二・一五）が、その戯論を超えた如来の自性、本質は、無自性空であ る（二二・一六）と説いて、如来の本質解明を終えている。このように龍樹は第二二章で如来を探求して如来が空と不空等や恒常等と有限等の四句分別が寂静し、戯論を超えた仏であると、取り敢えず定義している。彼は仏という語を『中の頌』の中では、第一七章では犢子部の認める声聞、独覚、仏という範疇や第二四章では仏法僧の三宝の中で用いているが、その他は殆どが仏説、教えが仏の説かれたもの、仏の教えであることを示す限定のために用いられているだけである。それらとは異なり、この第二二章では仏の語は如来の十号などの別称の本であり、仏教の本源である基本語の意味で、如来を同義語として用いている。換言すれば、ブッダと名付けられている仏は、四句分別の寂静で戯論の超越を本性とするというのである。この仏を龍樹は更に「変ることのない」（avyaya）仏とし、月称はそれを仏は自性として不生（anutpādasvabhāva）であるから、別の自性に移行しないこととする。この空の立場での仏の定義は、一般に人々に世間を超越した神的存在として変ることのない永遠の生命などと漠然と思い描かれている仏の真意の解明であろう。

　それに反して当面の問題であるここ第二五章の第一七と第一八偈では、龍樹は滅度の後の世尊と現世に生存し、輪廻に在住している世尊とを合わせて取り上げている。そのことは続く二偈で輪廻と涅槃の関係を説いていることからも明らかである。このように輪廻と涅槃とに区分されて問われる世尊は、第二二章の如来の実相である戯論を超えた仏であるとは直ちには言えないであろう。世尊は仏の尊称であるが、龍樹は『中の頌』ではこの二偈の他には原始経典の経文を引用する際に説法者として三回（一三・一、一三・二、一五・七）用いているだけである。原始経典の説法者は釈迦牟尼世尊である。彼は他に引用経文の説法者を大牟尼（mahāmuni）（二一・一）とか、教主（śāstṛ）（二五・一〇）と呼んでもいるが、世尊という尊称が原理的な仏を積極的に指す用例は見当らないので、この場合の世尊は歴史上の人格として具体的に存在した釈尊を指していると考えるのが自然である。

　龍樹が『中の頌』で最後に著述したと考えられるこの章で涅槃を主題とし、しかもその最後に釈尊の涅槃を取り上げた裏には、単に涅槃を無自性空と説くだけでは済されない、教主、釈尊の死、般涅槃という歴史上の一大事である虚無の深淵が開かれている。自ら覚者、仏と名乗り、「解脱した」と語り、不死を宣言していた釈尊の死は、仏の本質は悟りであり、解脱であると信じていた人々にとっては悟られた（筈の）、解脱された（筈の）仏の死であった。単に釈尊という一人の人の死ではなく仏の死である。「神は死んだ」ということがヨーロッパのニヒリズムならば、仏の死は仏教者にとってニヒリズムそのものであった。悟りや解脱は意味を失い、仏の涅槃が仏に関して、仏教に関して、唯一の問いとなった。釈尊の死は原始仏教においても衝撃的な出来事として人々の心に深く刻み込まれ、克明に伝えられることになった。『大涅槃経』が伝える釈尊の最後の北への旅と臨終の床に横たわる最後の営みは、仏伝の中で宗教的には寧ろ重要な事件であるガヤでの成道や鹿野苑の初転法輪の伝承の記述よりも遥かに詳細を極め、現実に起った事実を忠実に伝えていると考えられるが、そのこと自体が釈尊の死が人々に与えた衝撃の強さを物語るであろう。龍樹にとっても釈尊の死、涅槃は釈尊の現世での生と共に最後に解明すべき唯一の真の課題であった。

世尊の生前と滅度後が共に同じく「存在する」等の四句分別の何れとも説かれない、不説であると説くと、次に龍樹はそれが直ちに普遍的な輪廻と涅槃の問題であるとする。それは釈尊こそが仏であるから、第二二章の最後に「如来の無自性という自性がこの生きとし生ける者の無自性という自性である」（二二・一六）と説かれていることから窺えるように、釈尊の不説は一切衆生の不説であるからであろう。

第一九偈の「輪廻の涅槃との区別は全くない」は月称の言うように、輪廻も涅槃も、「四句不説という点で無区別」という点で無区別というのであろう。龍樹が偈ａｂで輪廻が涅槃と、偈ｃｄでは逆に涅槃が輪廻と無区別と繰り返すのは、この即が形式論理学の同一律でなく、「色即是空即空即是色」と同じ、即是の論理によって無区別を徹底したのであろうし、第二〇偈では「輪廻の辺際と涅槃の辺際にはかすかな間隔、間隙もない」と説くことによって、輪廻と涅槃という戯論が寂静であることを説いているのであろう。

最後に彼は第二七章の十六見解を、涅槃と「前際と後際に依拠する」という範疇に分類して、改めて十四難無記を取り上げて、滅度後の四難は既に第二五章第一七偈で説かれているからであろう、恒常等と有限等の前際と後際に依拠する八難と、生命（霊魂）と身体が同一か別異かという二難の、計一〇種を第二二、二三偈で、一切法が空であるとき、何が恒常であろうか等々と、十四の命題が世間とか霊魂と身体といった特定の事物に関してでなく、一切法についてあり得ないことを説いて、十四難無記という伝承が「答えない」のでなく、「説かれなかった」ことであることを、最後の第二四偈で「あらゆる取得が寂静し、戯論が寂静し、吉祥である。どこにおいても誰に対しても、いかなる法も、仏によって説かれはしなかった」からだとする。「すべての取得の寂静」は、『無畏』が第二〇偈の註釈で説いた「輪廻と涅槃の実際が無取得平等である」という見解を橋渡しに、最後に第二四偈で「輪廻の辺際と涅槃の辺際にはかすかな間隔、間隙もない」ことの真意を説いたと解釈するのが最も適切であろう。龍樹の真実在観は法性や真性（それであること・tattva）の立場であって、法界や真如や実際の立場ではない（彼が実際（真実の究極・bhūtakoṭi）を拒んだのは、『八千頌』の「実際を直証し（sākṣāt √kṛ）ない」（第二〇章「善巧方便」、AP, pp.183–190）と同じ考え方をしていたからであろう）。

この第二五章第二四偈の説く取得と戯論の寂静が仏の不説であるという思想は、龍樹の思想の結論をなし、『中の頌』の思想の核心を説く第一八章第五偈の「業煩悩は分別より、分別は戯論より、戯論は空性において滅せられる」という分別と戯論と空性との存在論的関係を、別の角度から別の構造として別の表現によって説いたものであるが、この偈の仏の不説は、これまた龍樹が空の立場における仏説の真意を説く「八不で戯論寂静で吉祥な縁起を説いた仏（等覚）である最高の説法者に帰命する」と述べる帰敬偈と、直接的に本質的に密接し、密着した龍樹の空の思想の真実在を開示するものである。

3　第二四偈と帰敬偈―不説即教説―

『中の頌』の結論とも言える第二五章第二四偈の「何処でも誰に対しても如何なる法も仏によって説かれなかった」という所説は、現実に仏教がその上に成り立っている歴史上の事実である、今から二千数百年前に釈尊がブッダガヤーで成道し、仏であると宣言し、クシナガラで涅槃されるまでの四十余年に亘って、霊鷲山や祇園精舎等の地で様々な人々に対して数多な法を説かれたという伝承を念頭に置いた見解であろう。龍樹も既述のように原始経典として現在に伝えられている経典の経文を、仏の教えとして読誦し、教証として引用しているのであるから、そういう歴史上の事実を認めていたことは疑えない。しかしそれにも増して、偈ａｂが説く「すべての取得が寂静し、戯論が寂静し、吉祥である」法は、より直接的に帰敬偈の説く等覚仏の所説である「戯論が寂静し、吉祥である八不の縁起」という法を指すであろう。この八不の縁起という法は釈尊が説いた諸説法の中の特定の教えではないのであるから、原始経典の中に求めて得られるものではない。

八不の縁起は龍樹が唯一度だけ帰敬偈で説いた、釈尊という身体的存在、色身の仏ではなく、等覚という法身の仏が説いたとされる教え、法であって、その法の内容は釈尊が一代で説かれた（とされる）多種多様なすべての教え（法）は悉く皆、八不の縁起を説いているという龍樹の主張である。換言すれば、仏法僧の法宝は八不の縁起以外にないという等覚の教えである。『中の頌』の『初期の論攷』の帰敬偈では、ガウタマの正法を十二支縁起としていた龍樹が、後期の帰敬偈では八不の縁起を等覚の正法としたこと、この立場の抜本的転換が前期と後期の思想上の決定的な相違の要であるということができる。一般に龍樹は『般若経』の空の思想から出発したように考えられているが、それは龍樹の初期の思想的立場を見落したからであって、『般若経』の空の立場は龍樹の後期の八不の縁起への、立場の根本的転換をもたらした契機となったものである。

八不の縁起とは何か。龍樹は縁起の語義については何も語っていない。そのためか、清弁や月称は『倶舎論』に説かれている龍樹より後代のアビダルマの論師としての世親やシュリーラータ（Śrīlāta）の語義解釈を紹介している。清弁はその上で龍樹も認める「これあればかれあり」という縁起の定式を、依存して生ずること（pratītyasamutpāda・縁起）の意味としているが、龍樹は第一章第一〇偈でこの公式を増上縁の定義としている（第一章補註19参照）。月称も両名の説を紹介した上で、世親の解釈を採用して、「依存して」（pratītya・縁）は世親の「到達して」（prāpya）と、龍樹が同義語とする「相待して」（apekṣa）とであると並記し、結論としては「因と縁とに相待して諸事物が生じることが縁起である」とする。龍樹も第一章第五偈で対論者の見解として縁起という複合詞を文章化した「これら、即ち諸縁に依存して生ずる」（imān（=pratyayān）pratītya utpadyate）という定義を挙げている。対論者はこの縁起によって諸縁とそれらに依存して生ずる結果とを共に実有とする。その点ではプドガラ論者が仮名（upādāya prajñapti）を「取得（upādāna・五蘊・身体）に依拠して人《プドガラ》が名づけられる」と定義して、取得とそれに依拠してプドガラと名づけられた人とが、共に有であると主張するのと軌を一にする。それに対して龍樹はその諸縁とその結果である取得の実有性と、人という概念で知らしめられ、名づけられた主体としての人《プドガラ》の実有性とを共に否定する。或る意味で龍樹は縁起や仮名の語を唯縁起のみ、唯仮名のみという意味で使用しているといえる。縁起が八不・空であるというのはその謂である。龍樹自身は縁起が八不であり、無自性空であることを論じて、第二五章までの殆どの章（凡そ二三章）で「依存して（しないで）」（(a)-pratītya）を用い、仮名を主として取り上げて、第二二、二四、二五章では「依拠して（しないで）」（(an)-apekṣya）を使用し、それら以外にも先に触れたように、絶対分詞「相待して（しないで）」（(nir)-apekṣya）を第一〇、一四、一九、二二章で用いて八不の縁起を論じている。梵語 apekṣya は短に相待して（apekṣya）長がある等と相対概念間の相互相待関係を示すのに相応しい語であるようで、第一九章では過去と「現在・未来」との相待性等、第二三章では浄と不浄との相互相待関係を示すために用いられている。特に相待の語を多く使用する第一〇章は、プドガラ論者が人《プドガラ》と取得の関係を説明するために用いた火と薪の比喩を否定するために設けられた章であるので、そのことから考えて、プドガラ論者の論書の中で人《プドガラ》と取得や火と薪の比喩を論じた箇所で、apekṣya や apa√īkṣ の別の派生語等が用いられていたので、龍樹もそれらの語を用いてプドガラ論者の比喩を否定したのではないかと考えられる。批判の対象とする対論者の論書の用語を用いることは、しばしば見られるところである。この「相待」という関係を龍樹も縁起の意味を適切に表示していると考えていたと思われるが、特にこの語を重視し、縁起思想の中心概念としたのは月称である。世俗の安立を強調する彼は世俗の成立の論理として「唯相互相待のみの成立」(parasparāpekṣāmātratā siddhiḥ)(LVP, p.67, l.11)を説き、「相互相待的成立」(parasparāpekṣikī siddhiḥ)とでもいう見解を中観思想の縁起の基本的な論理形態としている。龍樹も第八章の第一二偈で「行為者は業に依存して生じ、業は行為者に依存して生ずる。我々は〔行為者と業の〕別の成立の作因(kāraṇa)を見ない」と説くなど、縁起によって行為者と業等の関係二項の相互依存による成立を認めていないのではないが、彼は「貪欲と貪欲者は相互に相待しない(nirapekṣa)」(六・三)のように相互に相待しないので、自性として成立しないことを論じて、縁起が八不、無自性空の、相互の、一切の事物の否定の論理であることに意味を認めている。

後期の『中の頌』である最初の二五章の中で八不の縁起の構造を最も具体的に明確に説いているのは、第一八章の第一〇偈の「或るものに依存して或るものがあるとき、実に先ずそれはそれそのもの、(それと同一)でないし、別異でもない。それ故にそれは断絶でもないし恒常でもない」である。ここでは八不を不一不異、不常不断の四不に絞って、縁起の依存関係にある関係項の両項が四不の関係にあることを示す(不生不滅と不去不来は第一章の不生と第二章の已去、未去、去時の不去によって示されるが、ここでは触れない)。この関係項が無自性空であることは、第七章の第一六偈に「縁って存在するものは何であれ(pratītya yad yad bhavati)、そのすべては自性として寂静している」と説かれていることからも明らかであろう。

このように八不の縁起は主客や因果、他への依存、依拠、相互相待関係にある二つのもの等が、すべて同一でも別異でもないし、同一の事物として恒常でもなく、別々の事物として断絶があるのでもないので、すべての事物は自性、固有の事物、存在(svaḥ bhāvaḥ)として寂静しているのである。中の立場では外界に客観的に事物が存在するのではなく、事物そのもの、存在そのものが執着、所得(upalambha)に他ならないのである。それ故に八不の縁起とは存在への執着が止むことではなく、存在という所得が寂静する、即ち鎮まり、穏やかになり、止むことであり、それは戯論の寂静という、言葉の真理性の所得、即ち言葉が真実在を表示しているという執着、所得の寂静と同事であり、同時である。

龍樹はさらに縁起の修飾に śiva（吉祥な）を加えている。羅什は唯「善く」とか「安穏法」と訳し、仏護は「戯論寂静」を涅槃の都城とし、それに導く「吉祥な、安らかな」、即ち「真っ直ぐな道」とする。哲学的、理論的な術語でないこの語を例外的に用いたのは、八不の縁起以外に縁起は存在せず縁起だけが迷界の成立の根拠であり、そのことが悟りの現成の根拠であることを、神秘的な力をもつものに準えて「吉祥な、吉兆な、めでたい」と讃えたのではなかろうか。

先に述べたように、八不の縁起という等覚の法は仏の法身である。法身といっても如来蔵思想などが説く自性清浄心とか真如や法界といった、世俗、言説の世界を超越した世界の根拠である形而上学的実体ではない。宇宙の創造の原理といったものではない。八不ということは、『無畏』が自在天からの生起の否定であると説くように、まさにそういう哲学的原理や実有、実在的な根拠が存在しないことである。縁起とはすべての事物が創造の根本原因からの生起ではなく、すべてが相互に依存、相待して顕現（prādurbhāva）していることであり、そのことはすべての事物が固有の存在、自性をもたないことである。繰返しになるが、八不の縁起が戯論の寂静であるのは、等覚が説かれた八不の縁起（帰敬偈）があらゆる事物の執着、有所得の寂静（二五・二四）であり、そのことが戯論の寂静である言葉の真理性という執着の寂静であるから、仏がいかなる法も説かれなかったことである。このように仏の縁起の説法は仏の法の不説であること、これが龍樹の中の立場そのものである。原始経典の伝える仏とは基本的には覚りを体得した覚者であり、法は覚者の説いた教えであった。このことは以後の仏教全般の共通認識であるが、龍樹が等覚を縁起という法の説法者、則ち法身としたことは、単に身体的存在である色身でないだけでなく、色身と相対概念に過ぎない智慧（般若）を身体とするという意味での覚者でもなく、仏は八不の縁起という法そのものであると考えていたからである。釈尊も成道してから行なった仏としての行為は、法を説くことだけであった。

仏護は「帰敬偈は経（sūtra）のようなもので、残余の論書（『中の頌』の本文）によってそれを解説するであろう」と解釈するが、この見解は龍樹の意図を或る程度的確に見抜いていたと言うことができる。後期の『中の頌』著述の龍樹の意図は、帰敬偈が説く八不の縁起という教えである説かれた法が第二五章の最後の第二四偈の説く所得と戯論との寂静が実現された不説の法と同事で同時であることを、上述のようにアトランダムではあるが、諸論題を否定することによって立証することであったと考えられるからである。仏が説かないということは実有な事物、存在が全く存在しないことである（二二・一〇）。そのような不説である法を説くことが真の説法であり、真の沈黙とは口を噤むとか、声を発するという身体的行為でなく、真の法を説くことである。このような説法と沈黙の同事性は、八不の縁起という法においてのみ成立する。維摩の一黙が雷のように響き渡ったといわれるのはこの同時同事性を言うのであろう。『維摩経』では戯曲的な構想の下で、維摩が入不二法門とはどうすることかを問うと、先ず菩薩達が次々に各自の見解を披瀝する。最後に智慧の文殊菩薩がそれらの見解は二であって不二でないと否定し、一切法を語らない、述べない、説かないこと等という不説が入不二であると、自らの見解として不説を説いた上で、維摩に入不二法門の教示、解明（nirdeśa）を請う。すると維摩は黙していた。すると文殊はその沈黙こそが入不二法門そのことの教示であり実現であると讃える。この維摩の沈黙は思想史的には上述の十四難無記の思想の流れを汲むものである。無記が捨置記とも言われるように答えないで捨て置くという消極的な立場に立っていたのに、維摩は沈黙で答え、その沈黙こそが入不二法門という真実在の積極的な教示であること、沈黙即教説であることが文殊によって裏書されている。これが「雷の如く」であろう。

この仏教を一貫して貫いている沈黙の思想を、神の言葉に対比して、仏教には言葉に対する不信が根底にあるとする研究者もいないではないが、これは甚だしい誤解である。中国では漢訳する際に自我を含めてすべての事物、存在が無自性空、実有でないことを示すために、実有と相対概念と取って、仮有、仮作、仮人等と仮を加えている。羅什は『中論』では upādāya prajñapti や prajñapti を仮名と訳す（これを本稿でも借用している）だけであるが、これらの梵語を他書の漢訳者も仮説、仮設等と仮を用いて訳している。しかし、prajñapti という梵語は、言葉に現れるとか言葉で明示する言明を、upādāya prajñapti は依拠（取得）して言葉に現れる、名称として現れることを意味するだけで、偽りとか、間に合わせといった意味を併せもつ「仮」という意味はない。空の立場に立てば、仮名というよりも、真の、本来あるリアルな名称、仮有は真有という方が寧ろ適切である。羅什は『中論』では「仮名」以外に仮を用いていないようであるが、『倶舎論』になると、真諦も玄奘も主に prajñapti や upacāra を仮、仮有、仮名（―有、―説）、仮立等（『索引』二、一〇五―一〇六頁参照）と「仮」を多用している。

等覚が八不の縁起を説いたことは説かなかったことであるという『中の頌』では、龍樹が説いたことが重要であることは云うまでもないが、彼がこの論書で取り上げなかった法相、仏教の教義を何故取り上げなかったか、その理由を探求することも、彼の思想の特異性、独自性を解明するために不可避である。先に『般若経』の基幹概念である般若波羅蜜を龍樹は採り上げていないことについては触れたが、他にも彼が読誦したであろう初期の大乗経典に見られる菩薩、三乗、大乗、大悲、発（菩提）心といった大乗仏教の基幹概念を彼は用いていない。聖者を分類する声聞、独覚、等覚の範疇を龍樹が用いていることは先に述べたが、宗教的資質が生来異なる三類の修行者の区別を意味する声聞乗、独覚乗、菩薩乗の三乗の範疇は説いていない。大乗経典では会三帰一などといわれるように本来すべての人々を等しく覚りへ導くことを示すために用いているが、そういう意味でも人間を区別することを拒んだのであろう。換言すれば『中の頌』はすべての人間は平等であるという立場を徹底し、すべての人間に普遍的な人間の真実在、真実のあり方である八不の縁起を仏教の真正な教え、正法であると説いているものである。大乗も三乗と同じで、大乗も相対的に小乗との区別の上に成立するので、彼は大乗が一切衆生の平等を真に実現してはいないと考えたから用いていなかったのではなかろうか。大乗は『維摩経』が説く（VKN, pp.188–191）ように、菩薩の病いを「衆生病む、故に我れ病む」という同苦の自覚とする。この自覚こそが菩提心を発することであり、発心した菩薩は自己を犠牲にして、菩薩でないすべての衆生を菩提に導き、済度し、救済し終えるまで輪廻の世界に留まるという英雄的な生を生きる者と讃える。極端に言えば、大乗経典は大乗を自画自讃する経典ということができる。このように大乗は菩提に導く者と導かれるものという主客の覚りが不二であるという法門に入る立場であるが、龍樹が大乗を説いていないのは、このような意味でも菩薩と衆生という人間の区別が人間の本来でないと拒んだからではなかろうか。それだけでなく、龍樹は大乗が菩薩の発菩提心を惹き起こす原動力ともいうべき、菩薩行の原因、根拠とする仏の大悲をも説いていない。彼には神話が伝える、永劫の輪廻に亘る仏の神秘的な奇蹟の物語に基づく大悲は、人間の生の虚妄な根拠としか映らなかったのではなかろうか。リントナーは第二七章第三〇偈のガウタマが「慈しみ（anukampā）（『仏教語』三二頁、「慈悲と憐愍」九一頁以下参照）によって」と述べているので、『中の頌』が大悲を説いているとする。仏護も大悲とするが、同じ用語でも帰敬偈で用いられたこれは哲学的な思惟の術語とは言えない。

このように『中の頌』には悲、大悲の思想は説かれていないが、第一七章第一偈では慈（maitrī）の同義語である「慈しみの心」

(maitraṃ cetaḥ) を取り上げている。慈は慈悲喜捨という四無量心の第一に取り上げられている徳目で、原始経典では慈が四無量の中で最初に説かれ、後で悲等に同じことが繰り返されたのか、慈が四無量心を代表して説かれたのかは断定できない（『仏教語』二七頁参照）ようであるが、慈が先に説かれるという論述の順序は、唯識派の主要な論書の一つである『大乗荘厳経論』でも受け継がれ、同論はその順序を、大悲という樹木の根を大悲とし、慈を大悲という根を潤し大悲の木を育てる水に譬えて、思想体系上の順序に改めている（一七・三六、三七、『荘厳』Ⅱ、八〇―八三頁参照）。これが大乗仏教で占める慈の最終的な位置であろう。それに対して『中の頌』の第一七章で、龍樹は「業と果報」を論題とすることからも明らかなように、慈しみという心情を宗教上の概念でなく、倫理上の規範としている。第一偈で彼は自己を律し、他人を思い遣り、慈しみのあるという三種の心を列挙する。実質的には慈しみ、友情の三特徴にすぎないであろうが、龍樹はこれらの心を法（dharma）と名づけている。この法は善行でもあろうが、倫理上の規範である人倫を意味するであろう。聖提婆の「要約すれば、法は不殺生で、涅槃は空性である」（『四百論』第一二章第二三偈）の「法は不殺生」は、人の世の倫理的規範である法を十善業道の最重要な善行である不殺生に要約していることになるが、このことからも龍樹が慈しみという心を世俗の生の倫理規範としていたことが窺えるであろう。このように龍樹は覚り、発菩提心、智慧、大悲を、自性清浄心といった心の実有に基づく心の状態として拒んで、唯識思想や如来蔵思想という唯心論の極端（anta・辺）に堕することなく、中道の立場を確立したのである。

　聖提婆は世俗の生の規範である法と共に、「涅槃は空性である」と要約する。涅槃は一般的には煩悩の火を吹き消して悟りを実現した境地を意味する。聖提婆はその悟りの実現が一切法の空性の実現であると主張していることになるが、このことは龍樹も上述のように第二五章で、既に部派仏教の有余依と無余依の二涅槃は涅槃ではない（二五・二）ので、涅槃は真実在、法性（の同義語）であり（二五・三）、涅槃は四句分別の何れでもない（二五・四―一六）と、涅槃が空性であることを説いている。しかしそれだけでなく、それよりも重大な問題である釈尊の死、仏の般涅槃という意味での涅槃を取り上げ、世尊の生きた輪廻と世尊が入った涅槃とが同事で、前際と後際の分け隔てがないことを明かす。さらに彼が初期以後に本格的に研究したのであろう、現存の原始経典が伝える十四の問難に釈尊が答えず捨て置いたという無記も維摩の沈黙も真の解答でなく、真の解答は十四の見解を始めとするすべての見解、すべての法が説かれないことであり、その真意の解明が『中の頌』著述の目的であることを示している。

　こうして龍樹はこの章の最終偈で、『中の頌』の結論として帰敬偈で説かれた戯論寂静の八不の縁起という法は、戯論寂静であらゆる所得の寂静—有無等のあらゆる執着、則ち存在を離れた無所得—であり、八不とは無所得空であるから八不の縁起を説くことは説法（法施）の三輪空寂とでもいうべき、説法者（仏）は説かず、聴法者も聴かず、法も説かれなかったこと、説くことが説かないことであり、このことが中の真実在であり実相であることを結論とする。

　無所得の八不の縁起が真実在、法性であることは、縁起が根底にあってそれを根拠としてその上に戯論と言われる言葉の網（prapañca-jāla）に基づいて虚構された事物、事《こと》と物《もの》の関係から成り立つ世俗の世界が存在するということではない。曽つて現象学の研究者と記憶するが、或る哲学者が仏教の思想について〝実在の砂漠〟と評していたが、この見解は空を無、寧ろ無という存在と誤解した誤りである。この謬見は真実在が根底にあって、それを戯論の網が覆っていると考え、その虚妄な言葉の網が引き剝がされたとき、多種多様な豊かな事物の世界が消滅し、隠されていた多様性の全くない、砂だけからなる不毛な広漠たる砂漠のような実在が直観されるというのであろう。このような誤解は『中の頌』の註釈者の中にも見られる。特に世俗諦と勝義諦を二世界と解釈した清弁に顕著に認められる。龍樹が真実在を表示すると認めた用語であるtattvaは「それであること」、すべての事物そのものがそのままであることであり、法性（dharmatā）は法の本来性であり、羅什が諸法実相と訳すように、あらゆる事物が本来ある真の現実の相でもあり真実の相でもあるリアルな相である。このような真実在であり法性である八不の縁起という真実在性、はそれの外にある真実在という根拠にあるのではなく、八不の縁起そのものが真実在である。いわば、八不の縁起の内に八不の縁起の本来性、真実在としてあるのである。戯論とは真実在から見た世俗といってよいであろう。月称は空の立場で世俗、世間の常識の特性を大まかに（一）無明、（二）縁起、（三）言葉の慣用としている。一口でいえば、無知によって縁起したものが言葉として概念的に把握され、執着されて、それを事物として存在すると思慮判断するということが、世俗、世間の常識ということである。その世俗が真実在においては戯論—妄想とか、たわむれの言葉・話—でしかないことを露呈する。真実在が戯論寂静であるというのは言葉の網を構成する個々の言葉とそれの対象が実有（自性）であるという執着が止んでいることであって、真実在は砂漠ではなく、世俗の、戯論の実相である。このように八不の縁起は相互に依存して成立しているすべての事物が実有（自性）でなく、人間存在の場合は自己と他人が実有でないことであるので、人間の真実在は自他不二であることである。このことは自他の平等ということが、仏の大悲とか、神の愛によるのでなく、人間の本来である無我の真実在の当然であることを示している。そういう意味では龍樹の思想は仏教とか、他の宗教といった、総じて宗教の立場を超えた立場であり、それが大悲とか愛といった妄想でない、それらの精神的な意味である自利即利他の精神が、人間の真実在であることを明らかにしているといえる。

しかし不幸なことにこの龍樹の思想は中観派と称される仏護以下の『中の頌』の註釈者には正しく理解されなかった。彼らは龍樹の真実在から目をそらし、安易な道に奔り、皆神話が語る仏の大悲を渇仰し、勇往邁進する菩薩を讃美し、大悲を行ずる菩薩に対する教えとして『中の頌』を理解しようとしている。彼らは同論の本文で説かれた否定の論証を龍樹の大悲の実践と解釈し、否定の当然性が八不の縁起という等覚の教えにあることを理解できなかった。筆者はかねがね月称が『中の頌』を大悲の宗教哲学と解釈しているので、そのような宗教哲学としては唯識瑜伽行派という絢爛たる体系があるのに、そちらに走らず、何故仏の大悲の宗教としては見劣りするのに『中の頌』の研究に留まって、中観派として対立し対抗しているのだろうか疑問に思っていた。その思いは今も変らないが、恐らく『中の頌』の説く自性の否定、否定の否定には唯識思想や如来蔵思想にない何か訴えるものがあり、その不思議な魅力を感じ、それに惹かれたからではなかろうか。

(二) 第一―一三章の各章の思想

1 『中の頌』は体系的か

中観派の思想は『般若経』に比べて、体系的、組織的であるといわれている。『般若経』が空無相無願の三三昧（三解脱門）の禅観の体験を言語で表現したもので、断言はするが、論証しないのに対していえば、確かに『中の頌』は各章がそれぞれ異なる主題に関してであるが空がそれぞれの事物の無自性であることを、組織的に論証している。多くの章はアビダルマや世間で一般に認められた基本的概念を主題として取り上げて、その否定を論理的に、時には必ずしも完全ではないとしても、一応組織的に論述しているし、前後の章の間にも、アビダルマの法相等に基づく関連を認めることができる場合もある。インドの註釈者や現代の『中の頌』の研究者も、後期の『中の頌』の章の順序に意味や必然性を探る試みを行なっているが、二五章全体を通して順序に必然的展開を見出してはいない。後期の『中の頌』二五章全体の順序には必然性は認められない。そういう意味では『中の頌』は体系的な論書とはいえない。少なくとも現代において我々が思想書、思想体系を論述する論書というもので一般に了解していることは、その書の著者が書の思想全体を構想し、思想を明確に示すために論理的に必然的な展開に合わせて論述することによって結論にまで導びいていくということである。各章はその必然的展開の過程を明示するものであるから、順序は論理的に一定しており、全体の中に統一されている。それに反して『中の頌』の各章の主題は、アビダルマの体系や世間が一般に了解する諸概念の中で、特に否定することが空の立場の確立に価するか、益すると考えられたものを、任意に選び出したとしか考えようがないので、本来体系的な構想に基づくものではない。そもそも無立場の立場とか無根拠の根拠といった逆説の上に成立している中の立場では、体系は本来意味がないであろう。

2　何故『中の頌』であって『空の頌』でないのか

中国では中観と同義語として空観という術語も用いられているが、龍樹は空でなく中を用いている。正確に記憶している訳ではないが、古代ギリシャで形而上学、英語でいえば、metaphysics という語は、自然学、physics の諸論文と区別するために、自然学の論文の後に置き、「自然学の meta（後）」と覚え書きというかメモを書いて置いたものが、後に形而上学という学の領域を示す学術用語として用いられるようになったということである。『中の頌』もそれと同じように、中に関する諸偈の集りといった覚え書き程度の極く軽い気持で書き留めて置いた、現代的な想像に過ぎないと言われるかも知れないが、メモがやがて論書の書名になったのではなかろうか。龍樹の場合は大乗仏教で最初に論書を著述した論書の作者であるから、世親等の他の大乗の論師と異なって、先例というものがなく、彼が行なったことが却って先例となるという特別な立場にあったということは認めてもよいと思う。しかし既述の伝記で唯一真実らしい、龍樹の没後百年頃に南インドで仏のように崇敬されたという伝聞が事実であるとしても、彼の存命中や死後暫くは神格化されなかったと考えられる。先にも触れたように、直弟子の聖提婆（Āryadeva）などにとっては、龍樹は神格化された権威ではなかったようである。彼の主著『四百論』は śata（百）が破却を意味するので四百論と名付けたとか言われるが、要するに偈が四百で構成されているから四百（論偈）と名づけただけの、内容や主題とは関係のない素っ気無い書名である。上述のように『中の頌』という書名もさりげないというか素っ気無いというか、書名に凝ることのなかった書名以前の書名のように思える。体系的でなかったからであろう。それに比べれば、『空七十論』『六十頌如理論』などは、世親という権威の命名した『唯識三十頌』などの模倣かも知れない。それを主張するためにはこれらの論書の文献学的検討が不可欠であることは言うまでもない。

龍樹が空でなく中を用いたのは、上来考察してきたように彼が原始仏教が説く中の思想から出発し、後に『般若経』の空を取り入れたからではなかろうか。月称によれば、龍樹は第一一章第一偈と、第一三章第一偈と、第一五章第七偈の三箇所で、教証として仏説を引用している。その内、前の二偈では龍樹は経名を述べていないが、原始経典の経文であることは間違いない。第三の偈では龍樹自身が偈の中で『カートヤーヤナへの教誡』（*Kātyāyanāvavāda*・『化迦旃延経』）という経名を挙げて、「「ある」と「ない」という二〔辺〕を否定された」と説く。同経では「如来は〔有と無の〕二辺を離れて中によって法を説く。即ち「此あれば彼あり、此生ずれば彼生ず」、無明によって行あり」云々と十二支縁起が中によって説かれた法であることを示す。龍樹は後期の『中の頌』ではその十二支縁起を幾つかの章で様々に改めていって、最後に彼独自の縁起観に到達したと考えられる。それが帰敬偈に説かれた八不の縁起である。八不の縁起とは生と滅、常と断、一と多、去と来という四種の二辺を離れた中の縁起に他ならない。三諦偈も縁起で始まり中で終る。龍樹は原始仏教の縁起の中が空即仮であることを、『中の頌』で明らかにしたことを示しているといえる。

3　第一章　不生不滅の縁起

後期の『中の頌』は第一章から第二五章までの二五章からなる。その内の最後の二章は直前に論じたように、龍樹がこの論書で到達した結論とも言うべき、後期『中の頌』の中観思想の総括である。第一章から第二三章はその結論に到るまでに彼が行った、主として仏教の基本的範疇や主要な主題が空であることを論じた小論文を集めたいわば論集である。その中には部分的にではあるが、別の章の後で著述されたことを示す記述や順序を示唆する論述もないではないが、二三章の番号は著述の順序を示すものではない。全体としてはアトランダムに編集されたものとしか言いようがない。

しかし章題や思想内容から見て第一、二章は龍樹が後期『中の頌』で空の立場に立って始めて論述した小論文ではないかと考えられる。註釈者達がこの二章を重視しているのも論書の最初にあるからというだけの理由ではなく、この二章が『中の頌』の中で占める重要性を認識していたからであろう。たとえ論書の冒頭に置かれていなくても、その意義は変らないであろうし、そうであるからこそ第一、二章とされたのであろう。

この章は縁起が八不の中の不生不滅であることを主題とし、「自より、他より、自他より、無因より事物は生じない」（一・三）という四句不生で始まり、「何となれば（hi）、諸事物の自性（svabhāva）は縁等に存在しない」（一・四）という論理を展開する。これが縁において自性が存在しないことによって否定するという、後期『中の頌』の基本的な論理の模範的な用例である。第四偈の後半で「自性がないとき、他性はない」は自性さえ否定すれば、他性は改めて論ずるまでもない、といっていることであり、自他の共等は言うまでもないということを示す。龍樹は自性の否定だけで充分で、四句否定は否定の方法としては無意味だという結論に達したといえる。同時に十二支縁起との訣別を告げる縁起即空の確立である。

龍樹が第二六章で十二支縁起の要諦としたのは逆観にあった。無明の滅によって第二支の行以下が将棋倒しに滅するという逆観こそが、苦の滅をもたらす悟りの智の実現であった。その十二支の存在理由を根底から否定し尽すものが、この第一章の冒頭に説かれた、縁におけるすべての事物の不生、生の否定である。不生であれば縁の支分の滅はなく十二支の論理は崩壊し、苦の滅も見解の棄却もない。

第一偈で龍樹は事物、存在するもの（bhāva）が四句不生であると主張する。『無畏』が早くも指摘するように、彼はこの命題ではアビダルマの法（dharma）でなく、存在するものであれば何であれ、存在するもの一般を主語とする四句の不生を説く。この四句否定による全否定は原始経典に見られ、龍樹が『初期の論攷』の見解の否定に採用した方法である。彼はそこでは原始経典と同じく第四句を第三句の「有無」、共に対する対立句である「非有非無」、不共とする。それに対してここでは前の三句を自、他、自他の共の三種の因よりの不生とする点は、『初期の論攷』の三句と同じであるが、第四句を「無因より」(ahetutas) の不生とするので異る。この事は彼が四句分別を、有無の二辺を離れた中の思想によって改変したことを物語る。この四句否定を実質的には二辺の否定に改めたことは、この章と表裏の関係で縁起と自性を論じる第一五章の「有無の考察」で特に明瞭に詳述されている。それだけでなく、「縁の考察」であるこの章は最後の偈で縁だけでなく、無縁もない、即ち無因生もないことを結論としている。これが龍樹の絶対否定の論理である。

第二偈で龍樹は自性 (svabhāva) という概念を用いている。自性は『初期の論攷』の中には見られない。このことは彼が後期になって初めて、アビダルマの存在論に対して真っ向から対決したことを示す。原始仏教では釈尊は牛飼から比丘に至るすべての人々に、彼らが知る日常の言葉を用いて教えを説かれた。龍樹は第二六章では十二支の各支分を成す事物を、第二七章では見解に関する言葉が表示する事物を、それらの存在を存在論的な考察を経ないままに論じている。そういう意味では龍樹がその空の思想を継承したと言われる『般若経』も同じである。『般若経』は先に触れたように十二支の各支を無尽と説き、無尽は空であると説く。無尽という概念は無でないことを暗示するにしても、無明や行等が無尽である、空であるとはどういうことなのかは不問に付されたままである。

筆者などは龍樹の中観思想は「縁起即空、空即無自性」という即是の思想であると、学習の当初から習い続けてきたので、新鮮な思想として驚きをもって受けとめることができないできたし、『中の頌』が何故これ程までにインドや中国で高く評価されるのだろうかと疑問を懐いたこともあったが、この龍樹の縁起即空、空即無自性という中観思想は画期的な思想の展開であった。現代の龍樹や『般若経』の研究者は空を無と考えることは空の誤解であると一蹴するが、インドでは空が無であり、からっぽであるという理解は日常語としての空の語義そのものであり、龍樹の功績は、アビダルマの自性の存在論と対決して、初めて空は無自性であると、存在論的に明確に概念を規定して、空の立場こそが真の正法であることを明らかにしたことにある。そのことによって彼は、大乗仏教の最も根本的な存在論の確立者と評価されたのであろう。月称が空が無自性であるという龍樹の空観に、教証として『百五十頌般若経』の「一切法は空である。無自性に適合する故に」(LVP, p.501, 1.7) を殊更に挙げている（ただしこの経が龍樹より以前に存在していたか否かは不明）のは、空が虚無、空無であるという理解が抜き難いことの裏返しであろう。それだけでなく、そもそもアビダルマが法は住持自相であると、法を自性と定義したことが、インド仏教史上の画期的な出来事であった。

中期中観派といわれる仏護等は第四偈と四縁を説く第五偈の順序を入れ換えている。恐らく彼らは第三偈の註釈で四句不生の論拠として帰謬論証とか自立的論証という否定の論証方法を展開したので、第四偈を四句不生の論証と認めることができなかったのではないかと考えられる。しかし四句不生の命題の後にその論拠を説くことは論述の順序として自然である。第四偈こそは註釈者達の論証法とは一線を画す、龍樹自身の縁起による不生の論証である。仏護達は四縁を説く第五偈を第四偈とすると、「縁等における自性の非存在」を説く第四偈を縁の否定の第一説、「縁等より生ずる」場合の縁の否定とし、第六偈を縁が直接果を生ずるのでなく、縁は果を生ずる作用を成立させるものとする。

『無畏』と羅什が伝える偈の順番が龍樹の本来の偈順だと考えられる。龍樹は初期の第二六章で「識は行を縁とする」（二六・二b）、「渇愛は受を縁とする」（二六・六a）と説くので、十二支の各支分が次の支分の縁であることを認めているが、彼はそこでは縁が何かを論じていない。縁も日常語として用いられている。第五偈で四縁説を説いたのは、第四偈で自性を用いたように、彼は縁をアビダルマの四縁とすることによって、縁も自性であることを明確に示そうとしたのではなかろうか。第一章第六偈で彼は縁と作用との一方が他方を所有し、具備するか否かの組合せによる四句の命題の否定を説く。山口益氏はこの偈が『中辺分別論』の縁起説と内的関連があると指摘されている（『中論釈』I、一二二頁註二参照）。『中辺分別論』の縁起は龍樹が第一五章で触れた『カートヤーヤナへの教誡』で説かれた十二支縁起を原型とするものであるが、縁起の構造に因（縁）と果だけでなく因の作用を加えたものである。この縁起も書名が示すように中と辺との分別（vibhāga）によって、「因と果と作用とに増益と損減のないこと」そのことであると説く。註釈では具体的には因（第一支の無明）の損減を因（無明）の無とし、因の増益を因（無明）を捨てプルシャ等の神や形而上学的な原理を因とする（損減が無であるのに対して増益は因（無明）を実有、自性と増益することか）。果の増益は果（第二支の行）が実有（或いは自我（行為者）をもつ（sātmaka）か）、果の損減は果が因によらない、則ち縁起、因果の無。作用の増益は因に作用があること、損減は因に果を生ずる能力がないこととする。要するに『中辺分別論』の縁起は、有と無との二辺を離れて中によって説かれたときのみ、十二支縁起は真に縁起であるということに尽きる。『中辺分別論』のこの縁起説は、有と無を離れた中観の提唱者である龍樹がこの第六偈以下で論じた縁起説の流れを汲むものであろう。

龍樹は第七偈ａｂで「これらのものに縁って生ずるので、これらのものが諸縁であると言われている（kila）」と、対論者の縁の定義を紹介する。彼は『中辺分別論』では因に内在する能力、作用を意味した kriyā（āyāsa）を、「生じる」という行為（kriyā）と解釈していたと考えられる。第六偈の縁と行為の四種の組合せは、縁と行為が別個の存在であることを前提とするからである。縁が行為を所有するということは因に作用が内在することではない。「生じていない限り、これらのものは縁でないもの（apratyaya）でどうしてなかろうか」（一・七ｃｄ）という対論者の縁を否定する方法は、彼が『中の頌』で以下に用いる常套手段である。龍樹は果という概念を使用せず、事物・対象（artha）を用いているが、第六偈では果の視点に立って縁の存在を否定する。果である事物が存在していても、いなくても、存在すれば縁は不必要だし、存在しないものに縁はないという、これも常套的なディレンマによって縁の全否定を説く。

縁一般について述べたので次に四縁の各々について否定する（一・一三）。
（一）因縁〔第九偈〕　龍樹は因縁の因を第三偈の自、他、共の三種の因とし、その各々を第四偈の縁が果の自性、果の他性、共によって、自とは果である法が現に「存在する」（sat）、他は自性の反対概念であるから「存在しない」（asat）である（共は省略している）ので、「自より」とは〔既に〕存在する法（＝果）が、「他より」とは存在しない法が生ずることになる。しかしそういうことはあり得ない（一・九）ので、因は「〔果を〕惹き起すもの」（nirvartaka）ではない。即ち、因という縁に縁って生ずることはないから因縁は成り立たない。このように因縁は実質的には因一般であるともいえるし、羅什が縁を因縁と訳していることもあってか、中国ではこの第九偈までの四偈を因縁の否定と解釈する見解もある。
（二）所縁〔第一一偈、縁縁〕　羅什は『倶舎論』と同じ順序で次に等無間縁を取り上げるが、ここでは『明句』中の梵偈の順序に従って、所縁縁の否定を先に検討する。所縁縁は認識論での問題で、所縁である対象が心心作用の生ずるための客観的な依り所であるという意味で縁であるという場合である。龍樹の批判は、上述のような有部の理解では、論理的に所縁の存在を先に認めていることになるという点に向けられる。第一一偈の「この存在する法は」（ayam san dharma）の「存在する」を、特に羅什は正法（saddharma）と読んで真実微妙法と訳しているが、このは第八偈に始まる「存在するものの」（sato ’rthasya）、殊に直前の第九偈の「存在する法」（san dharmaḥ）を指し、「法〔縁に果である心心作用〕が〔既に〕存在するならば、所縁（対象的依り所）は〔必要・意味が〕ないから所縁はない」（第一〇偈、羅什訳第一一偈）。龍樹は存在しない法（第二句）や存在し存在しない法（第三句）に言及していないが、省略したのであろう。

〔三〕等無間〔第一〇偈、次第縁〕　等無間縁は直前の刹那の刹那滅する心心作用が、直後の刹那に場所を開け、導き入れるという意味の因即ち縁であるということである。龍樹はこの場合も縁である直前の刹那の心の滅と果である直後の刹那の心の生の相互依存の縁起の立場に立つので、直前の心の滅と直後の心の生のどちらが論理的に先に存在するにしても、両者が等無間、無間隔といっても、「諸法（縁にある果の自性である「存在する法」や存在しない法や共の法）が生じていないとき、滅はあり得ない。それ故に等無間〔縁〕は成り立たない。〔滅して〕無いとき、何が縁であろうか」（一・一〇）と等無間縁を否定する。

〔四〕増上〔第一二偈〕　増上縁は六因中の能作因と同義で、あらゆる法が果である一つの法の縁をなすという、最も広い意味での因果関係を指す。龍樹はその因、縁と果の関係を示すものが、縁起の定式である「これがあるときかれがある」で示されるとする。しかし増上縁として否定の対象となるのは、定式の有部の解釈であって、定式そのものではない。増上縁で縁と考えられている果以外のあらゆる法は、上記の自（自性）、他（他性）、自他の共（有）の三種の法（事物）であり、それらの縁（因）は「存在する」（sat）。龍樹は第一二偈の前半で「無自性の諸事物は存在するもの（sat）でない」と、空性の立場では第九偈と第一〇偈で既に説いたように、存在する法には縁はあり得ない。そこで彼はこの縁起の定式の語義の実有を認める有部の解釈では「これが存在する（sat）とき」は、〈これ〉という縁と「かれ」が存在するものであることを認めることになるので、この定式を増上縁の定義とするアビダルマのこの定式の解釈は認められない。従って増上縁もあり得ないというのであろう。

このように縁一般と個々の縁（略と広）とを検討して、彼は第一三偈の前半では結論として「諸縁にその果は存在しない〔とき（清弁）〕」を論拠として、「諸縁に存在しない〔果〕がどうして諸縁より〔生じ〕ようか」（一・一三ｃｄ）という反語によって締め括る。これは第五偈の四句分別中の前の三句の否定命題の結論であると理解すべきであろう。第四句の非自非他の不共を既述のように龍樹は無因生と理解する。要するに原因のないものは生じないのであるから、改めて論ずるまでもないと考えたものと思われる。

次に龍樹は「或いはもし存在しないものであっても、それ（果）がそれらの縁より現れる（pravartate）ならば」（一・一四ab）と、対論者の反論を想定する。対論者は第四偈を始めとする「諸縁の中に存在するもの」の生が否定されたので、諸縁に存在しない果が諸縁より生ずるという因中無果論の立場で諸縁の存在を主張する。この章で龍樹が第一三偈から果（phala）という用語を用いだしたのは、諸縁より果が生ずるという因果関係を明確にするためであったからであろう。龍樹はそういう対論者の主張に対して「無縁（apratyaya）よりどうして果は生じないのか」（一・一四cd）と反問する。彼は第三偈で「無因より」（ahetutas）と表現した四句否定の第四句の不共を、ここでは「無縁より」と表現している。彼は『無畏』も指摘するように、この無縁の考察の前に先ず偈の前半の「存在していない果が諸縁より現れる」という対論者の主張を否定する。彼は果が諸縁より現れることを「果が縁よりなる（pratyayamaya）」（一・一五a）と解釈し、必然的に「縁は自己自身よりなるものでない」（一・一五b）ことになると主張する。縁の場合、自己自身とは縁に他ならないから、「自己自身よりなる」ならば「縁よりなる」ことになるが、それでは果と同じことになる。そこで果が「果自身からなるものでない」ように、縁も「自己自身よりなるものでない」と定義したのであろう。龍樹が何故「よりなる、形成された、作られた」（-maya）という曖昧な日常語を用いたのかは明らかではない。仏護が幾つかの同義語を挙げて、結局は「縁よりなる」を縁の変化（vikāra）とし、「自己自身よりなるものでない」を無自性という哲学的な術語に改めたのは、その曖昧さを除くためであったのであろう。仏護以降の註釈者もこの解釈に従っている。

「諸縁より現れる」という見解に対する龍樹の批判（一・一五cd）は簡明である。縁が縁よりなるものでないから、果が「縁よりなる」ということは成り立たないというだけのことである。このように存在していない果が諸縁より現れるという反論を否定すると、次に「無縁より現れないのか」（一・一四cd）について龍樹は直ちに、「それ故に果は縁よりなるものでないし、無縁よりなるものでもない」（一・一六ab）と果が縁よりなるものでも無縁よりなるものでもないと両方を共に否定する。「無縁」は四句否定の第四句の不共と考えられる。四句否定は第二七章と第二五章でも否定の方法とされ、その相違については既に述べた。形式的には第三偈でいえば、「自にあらず他にあらず」となる。第四偈でいえば、「自性もなく他性もない」となろう。この章とは逆に縁起を裏に置いて、自性等の四句否定を主題とする第一五章では、周知の通り、四句は自性、他性、事物（有）、無である。恐らくこの四句分別の方が、この章のものよりも後の四句分別ではないかと考えられるが、それをこの章の第四句に適用すれば、「無より〔生じ〕ない」となり、そうあるべきである。無因よりとか無縁よりでなく、無よりであるべきである。恐らく縁起の相待性を強調して、龍樹は無因とか無縁としたのであろうが、そのために、註釈者は第一四偈の無縁の否定を否定的肯定（paryudāsapratiṣedha）によって、「縁でないもの」と解釈し、糸が縁の場合、縁でない草葉から果が生じないのかと、無縁を「縁以外のもの」の意味に取る誤りに陥っている。ただ清弁は第一六偈のｂ（ｃ）の「果は無縁よりなるのでもない」の註釈で「我々によってaprayayaとは唯縁の自性の否定だけが説かれたのである。prasajyapratiṣedhaの意味の否定が容認されたのであるから、無縁の自性は説かれない」と、無縁が「縁でないもの」という名辞の否定、否定的肯定でなく、prasajyapratiṣedhaの意味だとする。この語は命題の否定とも訳される。清弁が第三偈の「自より生じない」をこの意味の否定とするのは、確かに命題の否定といえる。しかし今の場合はapratyayaであるから、命題の否定ではない。名辞（uttarapada）の否定である。清弁がこの場合もprasajyapratiṣedhaであるというのは、このa-（無）が縁の否定的肯定でなく、縁の存在の否定という意味の否定と考えていたのではなかろうか。prasajya-のチベット訳が無（…が存在しない）（med par）と訳しているのもそう解釈していたからではなかろうか。a-がprasajyapratiṣedhaであるという意味がこのようなものであれば、無縁（無因）は無という第一五章の四句否定の第四句と同じ解釈となる。ただし清弁は「縁よりなるものでない」（一・一六ａ）、即ち諸縁が縁の自性を欠く（自性として空）は、prasajyapratiṣedhaでないと、非縁の自性を欠かない（空でない）と、諸縁が非縁よりなることを認めたことになるからだとする。龍樹は縁よりも、無縁よりも現れないことは、果が存在しないことであることを論拠にして、「果が存在しないので、縁と無縁がどうしてあろうか」（一・一六ｃｄ）と縁と無縁を否定して、四句すべての生を否定し、不生の縁起が論証されたとする。それに対して清弁は偈の中のpratyayāpratyayāḥ（縁と無縁）を「〈無縁〉と〔どうして〕縁であろう〔か〕」とに、言葉の使用（prayoga, sbyor ba）を分けて説かれた」と、複合詞を主部と述部に分けて、強引に「無縁（無）がどうして縁であろうか」と読むが、結局は縁だけでなく無縁をも、従って四句否定の第四句の否定をもこの章では説いていることを論じていることになるので、結論は同じことになる。

4　第二章　不来不去の縁起

原始経典の説く十二支縁起の観点からすれば、龍樹のそれは業輪廻思想によって汚染され、輪廻思想の中に埋没されてしまっており、十二支縁起とは言えないものである。『無畏』（＝『青目釈』）は「詳しくは経典とアビダルマによって理解されるべきである」と述べている。龍樹の「十二支」が縁起の面は原始経典、輪廻転生の面はアビダルマを起源とした二思想の混合であることを意識していたからではなかろうか。しかし龍樹その人にはそのような二思想の混在、ましてや、十二支縁起が正法で、それが輪廻転生という俗信によって歪められたものといった認識は全くなかったであろう。彼にとっては第二六章の所説全体が仏の正法であったであろう。そうであれば仏の説く十二支縁起とは、輪廻転生の過程を説き示すことによって輪廻が存在しないことを説き明す論理でもあり、輪廻を認め、輪廻からの解放を願う人々を救済する唯一の道でもあったことになろう。

龍樹が空の思想を受容して、このような十二支縁起を正法とする立場を止揚して、縁起の真実相である、「縁起は空であり、空は縁起である」という、後期『中の頌』の同事性の立場に立ったとき、縁起は十二支の生滅ではなく、第一章で説かれたように不生不滅となった。第二六章では「絶えず来去する状態」（ājavaṃjavībhāva）である「前世から現世に来て現世から来世に去る」輪廻転生の過程として解釈された十二支縁起も止揚されて、不来不去の縁起であることが明らかにされた。それがこの第二章で示されたことになる。

輪廻思想は人間存在の根底に潜む不安、懐疑である「何処から来て何処へ行くのか」という大疑に基づく。来世の存在、前世の存在といった素朴な輪廻は、地上のすべての人が時には思いを馳せる世界である。鴨長明はこの疑惑に答えがないことを「不知《しらず》、生れ死〔ぬ〕る人、何方《いづかた》より来りて何方へか去る」という。それに対して、龍樹がこの第二章でその疑問に答えたのが不来不去の縁起であり、八不の縁起の中の不来不去はこのようなものではないかと考えられる。この章の第一偈の「已去と未去と去時は去られない」は輪廻の道程における不去を具体的に説いたものである。

唯識思想家として著名な世親は、唯識思想に転ずる以前に著した『倶舎論』において、アビダルマの法の体系の基本として「それら有為法は色等の五蘊であり、それら有為法は即ち世路（adhvan）である」（AKBh, 1.7）という根本命題を説き、註釈では「つくられたもの・因果関係の上にあるもの」などを意味するといわれるように、有為を衆縁和合生であるとし、有為法の同義語である世路を「有為法は〔現在から過去へ〕すでに去った（行った）、まさに去り（行き）つつある、やがて去る（行く）であろう存在、状態であるから世路である。或いは無常であることによって呑食されているので世路である」と解説している（AKBh, pp.4-5）。「呑食される」（adyante）というのは、火がすべてを焼き尽すように有為法がすべて無常性に貫かれているとか、徹頭徹尾無常であるということであろう。偈の前半は有為法の存在を、後半は有為法が、「去った」「去りつつある」「去るであろう」という過去、現在、未来という時の三様相をもって存在するものである。要するに無常であることを説いていることになる。このことは世親が法の体系を諸行無常という法の旗印を意識して組織したというのではなく、仏教文化の中で育った者として、世界と一体である人間存在の根源的真実である諸行の無常に立脚して法の体系を構築したというべきである。諸行無常という法印は、そういう仏教思想家達の営みの中から結果として成立した標語なのであろう。

龍樹も諸行無常を根源的な問題としている点では同じであったと言うことができる。彼はこの主著である『中の頌』の第一章では、すべての事物が空であるので縁起として成立することを立証するために、有と無とを、自生、他生、共生、無因生の四句に分類して余す所なく否定している。彼は有為法という表現は用いていないが、第一章ではまさにすべての有為法が空であることを説く。この第二章では冒頭の第一偈で彼は「去られたものは去られない。去られていないものも去られない。去られたものと去られていないものを離れた現に去られつつあるものも去られない」と説く。このように龍樹が「去られたもの」等と受動形で表現しているのは、去られたもの等が輪廻転生の道（gati・趣）という場所であるからであろう。輪廻転生の諸道は去る者ではなく去る人によって去られる場所である。彼は世路という語を用いていないが、註釈者達はこれらの三種の場所を世路と表現している。世路は辞書（MW）には道路、旅行、旅程、距離、時間などの訳語が並ぶように、原意は道程であろう。しかし仏教思想の中では時という意味を担うようになってきたと思われる。チベット訳の偈や註釈では道（lam）と時（dus）に訳し分けている。羅什は『無畏』の三世の分位（adhvatrayāvasthā）に相当する箇所で三時を用い、「現に去られつつあるもの」を去時と訳していることなどから見て、世路の意味を道、路でなく、時や世（世は直ちに時ではない。時代や「世のなか」を意味する）と取っていたと言うことができる。彼はそれだけでなく、三世路を受動形でなく能動形で訳しているので、その点では『倶舎論』の「すでに去った」等の能動形の世路に近い。『倶舎論』のシャマタデーヴァ疏では、「「世路」は三種である。過去世（atītādhvan）、未来世、現在世である」という経文があげられているとのことである（櫻部『界・根品』一四七頁註二参照）。世路は確かに時の様相であるが、龍樹自身も対論者の主張を紹介する第二偈では去（gati＝gamana）を身体的な運動（ceṣṭā）とし、註釈者達も足の上げ下げという形の運動とする。「世路を去る（行く）」という身体的運動は時の三様相を離れてはあり得ないし、時の様相も身体（五蘊＝身心）の働き、営みを離れてはない。第一章の「縁の考察」を有為法の存在の否定と解釈するならば、このように龍樹はこの第二章の第一偈で有為法の同義語である過去、現在、未来の三世路を考察して、すべての事物の無常性を否定しようとしたと考えることができるであろう。三世路に亘って去る行為があり得ないことを主張する龍樹にとっては、『倶舎論』の説くような「去った」「去りつつある」「去るであろう」という過去、現在、未来という時の自然な移り変り、経過は意味をもたない。彼が第一偈で「去られたもの」の次に「去られていないもの」を取り上げたのは、どちらの命題も改めて論ずるまでもなく、「去られない」ことが明らかであるからであろう。清弁は解りきった「去られたものが去られない」という命題を最初に挙げたのは、次の「去られていないものが去られない」という主張命題を立証する論証式の〔喩例〕にするためだとするが、そこまで深読みという か勘繰るまでもないであろう。「去られていないものが去られない」ことも論ずるまでもない。『無畏』は過去世に関しては、命題の主語である「去られたもの」であることそのことを理由とし、「去られていないもの」については、「去」即ち去るという行為が存在しないことを理由として挙げるが、このことも論ずるまでもないことであることを示すであろう。龍樹はここで『倶舎論』が「去るであろう」（gamiṣyat）と未来形で示した未来世を、過去世を示す「去られたもの」の反対概念である「去られていないもの」（agata）で表示しているのは、先に触れたように、時の推移といった三世路の区別に意味を認めていなかったからであろう。ここでは「去られた世路」がある場合とない場合との、有無のディレンマによって「去られる」ことが否定される。そのことは偈の後半の「去られつつある世路」に殊更に「去られた世路と去られていない世路を離れた（以外の）」という修飾語が加えられていることからも窺える。仏護等はgamyateには「去られる」の外に、「知られる」という意味があることから、偈の後半を「去られつつある世路は知られない」と読み、「去られつつある世路」は存在しないことを龍樹は説いたとする。『無畏』は「去られる」と読むが、この世路が存在しないことを

「去られない」という否定の論拠とする点では仏護以下と変りはない。羅什は去時を「已去と未去とを離れざる」、即ち已去と未去以外に別に去時というものはないので、去時は半去半未去であるとする。要するに去時は已去と未去とに解体され二分されるので、已去と未去とが去られないことが去時が去られないことだとする。この半去半未去は清弁も月称も認め、少なくとも月称は偈abを「去られつつある世路は知られない」と解釈しながらも、同時に「去られつつある世路は去られない」という意味をも認めている。このように見てくると、仏護以下の註釈者は、「去られつつある」という現在世路を論じるまでもない命題として、いわば門前払いしているように見える。しかし龍樹自身は寧ろこの命題の否定を最も重要視している。彼は「去る」という行為は「去られつつある」という現在世路にのみ「去る」という現在の行為としてある（二・二）という反論を想定して、その命題の不成立を論じているからである。その否定の方法は「主体とその作用の否定」（『論理』九二—九八頁参照）と同じ論理である。この章でいえば、「去者は去る」という命題の否定（二・六—一一）と同じ方法で、去る主体、即ち去る者は去るという運動を本質とする存在であるから、去るという運動のない去者は存在しない。去るという運動と一体である去者には去るという運動があるから、そういう「去者が去る」という命題は述部である「去る」という別の去る運動の存在を認めたことになるので、二つの去があることになるといった否定である。龍樹が第三—五偈で論じている「去られつつある世路は去られる」という命題の否定は上述の「去者は去る」という命題の否定と同じ方法である。このことからも龍樹は第一偈で「去られつつある世路」の場合も述部の gamyate を仏護以下のように「知られる」ではなく、「去られる」という意味で用いていたことを示すといえよう。それだけでなく、彼はこの三種の世路に亘る運動、作用の否定を有効な否定の方法として認めており、次の四章では gamyamānagatāgataiḥ（去られつつあるものと去られたものと去られていないものによって、以下「三去によって」と略称する）という複合詞を用いて、この三世路を例として他の運動、作用の否定を説いている。このように龍樹が有効だと認めて好んで用いたからであろう、この否定の方法は正理学派から激しく攻撃されたという。

（一）第三章第三偈「視覚の比喩として用いられた火は視覚共々、三去によって答破された（pratyukta）」

（二）第七章第一四偈「生じつつあるものは〔生じ〕ないし、生じたものは〔生じ〕ないし、生じていないものは生じない。それは三去によって説明された（ākhyāta）」

（三）第一〇章第一三偈「火は別のものから来ないし、火は薪の中に存在しない。この火に関する〔それら以外の〕残り〔の論点の否定〕は三去によって説かれた（ukta）」

（四）第一六章第七偈「束縛されるものよりも前に束縛があるならば、確かに束縛されるであろう。しかしそれは存在しない。〔それ以外の論述の〕残余は三去によって説かれた」

これらの偈の存在はこの四章が第二章より後で著述されたことを示す（第一偈では「去られつつあるもの」が最後に説かれているのに対して、これらでは最初に来ているのは、三去の中では「現在去られつつあるもの」が存在するにせよ、しないにせよ、最も問題となる主題であるからであろう）。（一）の第三章はこの第二章と章全体の構成が大まかにいえば、同じと見做すことができる。火の比喩について龍樹はここでは何も説明していないが、正理学派が用い、龍樹が第七章の第八—一二偈で不成立を論じている灯火の光が自らと他とを照すという比喩のことで、龍樹は改めて説明するまでもない周知の比喩と考えていたのであろうが、第七章では生住滅の有為の三相を論述する過程の中で、生が自己の自体と他の自体とを生ぜしめることを例示するという機会を得たのであろう。火が自他を照すというこの比喩が具体的に示されているということは、しかし、第七章が第二章よりも前に著述されたことを意味しはしないであろう。この灯火の比喩の不成立を論述すると、龍樹は次の第一三偈で生が自己の自体を生ずるという見解を否定し、次いで先に引用した（二）で他者の自体を生ぜしめることがあり得ないことを、「三去によって」説明した同じ論理によって否定したとする。このことは龍樹はこの章では灯火の比喩を否定した上で、第一三偈で生が自己自身を生ずることを否定し、上に引用した第一四偈で他のものを生ずることを否定する。この章のそれまでの論議の展開を踏まえていえば、第一三偈は本生が本生を、生生が生生を生ずることの否定、第一四偈は逆に本生が生生を、生生が本生を生ずることの否定となるが、それだけでなく龍樹は広く生が生以外のすべての事物を生ずることをこの偈で論じている。この偈では「生じつつあるものは生じない」等と、主部も述部も受動形でなく能動形で表現されているが、「何ものかが生ずるならば、生がその何ものかを生ぜしめるのであろうか、何ものも生じない。三世路〔のいずれ〕にも生はないからである。…〔三去の場合と〕同じように、生じつつある事物（bhāva）は生じない」という月称の註釈（cf. LVP, p.158, ll.1–5）のように、偈の「生じつつあるものは」（utpadyamānam）は「生じつつある事物は」（utpadyamāno bhāvaḥ）であるから、無常な過去世等の三世路の様相の有為の事物が生じないことを偈は説いて、「生じない」即ち「生はない」ことを示し、そのことによって「生は他〔の事物〕を生ぜしめない」という結論に導く。この章も構成は第二章と同じようにも思えるが、第二章という特定の章の構成との類似性を主張するには内容が余りにも複雑である。第三章と第七章の場合、「三去によって」という否定の方法の適用は、単に第二章第一偈の適用というのではなく、第五偈までや第一二—一四偈、第一七偈等、三去について論じている論題だけでなく、その他の「去者の去」を論ずる第二章全体をも含めているように思われる。

㈢㈣も基本的には㈠㈡と同じであるが、これらの場合には、龍樹はこの論証方法を各々の章でそれらの偈以前に論じた論題以外の残余の論点の否定の方法としているので、この方法は主題の否定の方法でなく、関連する論題を否定する補助的な論理と考えていたのではなかろうか。単にこの二例だけでなく、この否定の方法そのものを龍樹は存在、自性の否定の補助的な、無常の否定の論理と考えていたのであろう。

龍樹は第二三章では、第二章や上に示した諸章の三世路に言及することなく、三世の顚倒者に関して次の二偈で顚倒を否定する。

「顚倒した者に（viparītasya）も顚倒（viparyayāḥ）は存在しないし、顚倒していない者にも顚倒は存在しない」（二三・一七）

「顚倒しつつある者に（viparyasyamānasya）も顚倒は存在しない。誰に顚倒が存在するか、自分で考えなさい」（二三・一八）

この章は第二章より後に著述されたと考えられるが、三去を例示するのではなく、殊更に顚倒が顚倒者等の三者に存在しないことを説いているのは、対論者に「自分で考えよ」と説いているように、この三者に顚倒がないことが、章の主要な一論点をなすからであろう。後期の『中の頌』の最終段階では真実在の実現は「空性において戯論に基づく分別によって煩悩業生が寂静する」（一八・五）ことである。この章は章の冒頭の第一偈でその論理的過程の中の「分別より煩悩が生ずる」方法を中心に、煩悩は分別の顚倒によるので、自性、実有でなく、実有の煩悩を滅するというアビダルマの有の立場を否定する。さらにそのことによって戯論寂静による真実在の実現こそが、十二支縁起に取って代るものであることを明説している点でも重要な章である。龍樹は初期には十二支の逆観の智の修習によって無明は滅せられる（二六・一一）と考えていたが、この章では分別の顚倒が存在しないことの智によって無明と一切の煩悩は止む、終息し、止息することであることを明らかにしているからである。

これらの諸章に先行することから見ても、第二章は後期の『中の頌』の中では比較的初期の作品であると考えられる。「去時等は去られない」という第一偈の命題は「去者によって」という去の行為者には触れないので、去られる世路である六道等の輪廻の道（趣・gati）を取り上げたものである。上述のように龍樹はこの命題では二去になることを示すと、第六偈では去という行為が二種あることになることは去者が二名いることになると指摘する。こうして考察の対象は「去者は去る」という命題に、輪廻する主体に移行する。この「去者は去る」をまずは否定する第六偈から第一一偈までは、この章の否定の論理過程を網羅した思想の中核をなし、それ以外の箇所の所述の基準をなしている。第六偈で去者が二名になる理由として「去者のない去はない」（二・六ｃｄ）を挙げると、龍樹は第七偈でそれを受けて、「去者のない去がないならば、去がないとき去者は何より（どうして）存在しようか」と説く。これが彼の否定の論理の要、要諦である。去という特質がなければ、去者は去者という固有の本質（自性）を欠くことになるので去者は存在しないというのである（この第七偈の仮言的論証の論理学上の問題点については、『論理』一一二頁参照）。

第八偈の「先ず去者は去らない。非去者は決して去らない。そして去者と非去者より別の第三の何者が去ろうか」は第一偈と同じ構文である。已去には、既に去られた世路であるから、去は存在しないように、前偈で「去がないとき」去者は存在しないことが立証されているので、「去のない去者は去らない」し、未已は去られていない世路なので、去は存在しないように、「非去者も去者でないので去らない」。ディレンマにある去者と非去者以外の、排中律に違反する「第三者は存在しないので去らない」。逆に第一偈の「去られつつある世路（去時）は去られない（知られない）」は、この第三者の否定の一類例として解釈されるべきである。この構文は第一二偈では去の開始、第一五偈で開始の反対概念である停止（第一五偈は第八偈の gacchati（去る）を tiṣṭhati（停止する）に替えただけである）にも、さらに去者と三種の去とを結びつけた章の結論を説く第二四、二五偈ａｂでも実有、非実有、実有非実有の三種の去者は過去、未来、現在の三種の去を去らないと繰り返されている。第九偈は前偈の第一の命題である「去者は去られない」理由が「去なしで去者があり得ない」という第七偈ｃｄであるとする。この偈の構文から見ても第三偈の去時を去者に変えただけのものである。第一〇偈は第八偈の第二の「非去者」が去るという命題の否定の論拠を、「去者が去る」という命題は去者が去を所有することを認めることになるので、去者は去のないもの、即ち非去者となることとする。第一一偈は「去者が去る」という命題は二種の去があることになるという第二の誤謬を説く。これは第五偈では去られつつある世路について指摘したものと同じ誤謬である。二種の去はここでは「それによって〔去者が〕去者と言われるところの去」と「去者が存在していて、その〔去〕を去るところの去」とである。

先に触れたように龍樹は「去者は去〔ること〕を開始する」という命題の否定（二・一二―一四）と「停止する」（二・一五―一七）の否定を説く。行為者の行為には必ず始まりと終りがあるから取り上げたのかも知れないが、開始を否定する第一二―一四偈は去を否定する第八―一〇偈、特に第一偈、第三、四偈と同じ論理的展開の繰返しであり、停止を論じる第一五、一六偈は第八、九偈の「去る」を「停止する」に替えただけである。このように章の構成が繰返しが多いので、全体としては冗漫で統一を欠く印象を受ける。このことは次に「去者は去る」という基本命題に戻って、去者と去の同一と別異（二・一八―二三）や去者が二種の去を共に去らないことを論ずる（二・二二―二三）場合にも見られる。去が去者の特相として認められることは、実質的には去と去者を同一とすることであるが、それは行為者と行為を同一とする誤りになる。別異とすることは去者と去の行為者と行為の内的関係を否定して、各々が独立した自性として存在することを認めることになる。第二一偈の「同一と別異として不成立であれば、両者の成立はどうしてあろうか」は第八偈の「去者と非去者以外の第三者が去ろうか」を言い換えただけのものである。第二二、二三偈は先に第一一偈で説いた二種の去を去者が去らない理由を若干詳しくしたものに過ぎない。

最後に彼は「実有の」等の三種の去者が去時等の三種の去られるべき世路を去らないので、去ること（去）も去者も去られる世路も存在しないと説いて終る。

5　第三章　十二処の六根の否定

章題を註釈者達は六根、六内処とするが、龍樹は第三章第一偈で「視覚等が六根であり、見られるもの等がそれらの境である」というように、六根を主としながらも六境をも説いている。このことは最後の第八偈にも見られるし、特に第七偈では後述するように根境の無を根本条件、根拠とする十二支縁起の変形というか解体の一過程を論じているので、龍樹自身は十二処を念頭に、章名を「処、入」（āyatana）としたものと思われる。このように彼が十二支縁起と結びつけて考察していることからも明らかなように、六根と六境は本来人間存在の生存をこれら根と境の現象の全体として捉えているものである。

章の構成は第二章と類似している。第二章では先ず已去、未去、去時によって去を否定すると、第七偈以下では去者、去り行く主体の去を否定する。それと同じように、彼はこの章でも先ず視覚を否定し、特に第三偈ではその否定の方法が、已去、未去、去時と同じ方法であることを論じ、第五偈以下では見者、見る主体の否定を論ずるからである。彼が六内処を眼（cakṣus）等でなく、視覚、見（darśana）等と表記したのは、見者（draṣṭṛ）との対応を明確にするためであったのかも知れない。

彼が第三偈で「火の比喩は視覚の確立に適さない。それは視覚共共、去時、已去、未去によって答破された」と説いていることは、既述のようにこの章が第二章以後に著述されたことを示す。

龍樹は各々の根と境が対応関係になることを説くと、次に「実に視覚はその同じ〔視覚〕自身を見ない。自己自身を見ないもの（とき）、それがどうして他のものを見るであろうか」（三・二）と説く。彼はここで自己自身に対して作用することは矛盾であるという自己作用の否定を論拠として、視覚は他のものを見ない、従って何ものをも見ないので、視覚はないという結論に導く。実有（自性）の立場ではこの視覚が「自己自身を見る」ということは、視覚に見る主体と見られる客体という二自性があることを認めることになるが、視覚という一事物に二自性があることはない。

註釈者達は第一偈を対論者の主張、第二偈をその答破と取るので、主張と解答の間にずれが感じられるし、そのずれを埋める説明が不足しているように思われる。羅什はそのことを意識してか、灯火が自己を照らし、他のものを照らすという比喩を挙げ、そういう構造をもった視覚に対する答破とする。

第三偈で先に触れたように龍樹は唐突に火の比喩に言及する。「火の比喩は視覚の確立に適さない。それは視覚共共、去時、已去、未去によって答破された」の火の比喩は、第二偈の視覚の構造の比喩であろうから、羅什の上記の自と他を照らす〔灯〕火の比喩ではない。

龍樹が恰も周知の比喩のように説明なしで挙げたのはこの比喩が正理学派の認識の構造を示す比喩として知られていたからではなかろうか。比喩は世間人と学者とに認められた周知の実例であり、論証式の喩例として主張の述部となる性質と証因の性質の関係、いわば大前提の例示である。龍樹は第二偈では実際は唯、「自身を見ない視覚は他のものを見ない」と断言しているだけである。そこで彼はその関係を示す喩例を否定することが不可欠であると考えたのではなかろうか。特に世間でも諸学派でも周知の事実と認められる喩例は無視して通ることができないからである。偈の後半の去時等の三時による否定は、この視覚の否定の場合も龍樹は最も主要な方法と考えていたと思われる。第二偈の視覚の否定も実質的にはこの三時否定によって完結することになるからである。彼は灯火が自他を照らすという比喩を第七章第八偈以下で別の論拠で否定するが、この問題はその際に検討する。

註釈者達は、しかし、羅什も含めて皆この火の比喩を、第一偈の「視覚は他のものを見る」という対論者が用いる比喩とし、「火は自身を焼か（燃やさ）ないが、ものを焼く」という実例とする。この場合龍樹が灯火（pradipa）でなく、火（agni）の比喩としていることもこの解釈の一因かも知れない（因みに『廻諍論』では灯火が照らす場合も灯火でなく火とする）。この場合でも対論者の喩例、従って主張を否定する論拠は三時否定であることには変りはない。

龍樹の視覚否定の第三の論拠は「見ていないとき視覚が全く存在しないので、「視覚が見る」ということがどうして成り立つであろうか」（三・四）である。註釈者は「視覚は見る」を「見るから視覚である」と改め、視覚の自性が見ることであることを強調する。対論者の主張する実有の有自性の視覚は、日常経験される「現に見ていない」ことがあることによって否定される。

龍樹は第五偈の前半で視覚も視覚でないもの（adarśana）も見ないと、ここでも無視覚の否定を含めて視覚の否定の問題の結論を述べると、後半では見者も同じ方法で否定される、即ち見者も見ないし、無見者も見ないということを結論とするようである。次いで彼は「視覚があってもなくても見者は存在しない。見者が存在しないとき、視覚も対象もあなたにどうして存在しようか」（三・六）と改めて説くまでもない持って回った論述で、主体がないとき根と境とがないことを説いている。第七偈ではこのように根と境がないとき十二支の中の無明（第一支）、行（第二支）を除き、名色（第四支）、六処（第五支）を改めた根と境を根本条件、根拠とした識（第三支）、触（第六支）、受（第七支）、愛（第八支）、取（第九支）、有（第一〇支）、生（第一一支）、老死（第一二支）の逆観が成立することを説く。

この縁起説はこの章の視覚と境の考察が単にそれらの存在の否定、空の存在論的解明に留まるものでなく、宗教的な目的、神の宗教でいえば、救済論の問題とでもいうことになろうが、仏教でいえば、覚りと直結しているものであることを龍樹は示そうとしたものと考えられる。

この縁起を第二六章の龍樹の十二支縁起と対比すると、「無明によって行あり」は「見者によって根境あり」となる。十二支の第一支の無明の滅をここでは見者、即ち自我の滅とするから、無明の滅は無我を実現することだと解釈したことになる。十二支の第四支の名色を龍樹は第二六章では境とする（二六・五ａｂｃ）。第五支の六処を眼等の六根とするから、これらの二支はこの章の縁起では第二支の根境に含まれる。識以下の支分の順序は十二支の場合と変らない。この様な縁起を説いたということは、この章が龍樹の第二六、二七章からなる初期の著作に比較的近い時期に著述されたものであることを物語るであろう。この章では根と境の相互相待的成立という龍樹の独自の縁起観が見られないからでもある。

このように第七偈が縁起説を説く以外は、この章は最後の第八偈でも「聴覚等もさらに聞者と聞かれる対象等も視覚によって説明されたと知るべきである」と、上述の視覚の否定と同じ否定の方法が他の五根にも適用されると、淡淡と論述しているだけである。その点でも第二章と同じである。

6　第四章　五蘊

龍樹は前章で一切法の三種の基本的範疇の内の十二処を否定すると、この章では五蘊を取り上げている。『倶舎論』などに見られるように一切法の分類は五蘊、十二処、十八界という順序で説かれているが、龍樹が第三章六根、第四章五蘊の順序にしたのは十二支縁起で第五支の「六根」（六処・ṣaḍāyatana）の条件、根拠である第四支の「名色」が五蘊だからであろう。龍樹は名色が五蘊だと明言してはいないし、第二六章では第一〇支の生存（有）を五蘊とするが、名色を五蘊とする解釈は原始仏教で既に説かれている（『原始仏教』下、一三二―一三三頁参照）し、清弁や月称も「名」を受等の四蘊とする解釈を採用している。

五蘊は言うまでもなく人間存在を身心を中心に環境や世界、則ち世間を構成する一切の事物を色（物質）、受（感覚）、相（表象）、行（意欲）、識（心）という五種の現象の集り（蘊）に分解したものである。龍樹はこの章では五蘊の内の色蘊を取り上げ、色と色の因との因果関係が色等の自性と矛盾することを様々な角度から考察し、色も色の因も否定し、合せて無因をも否定する。ただし彼はこの考察では色とは何か、色の因とは何かという色とその因の具体的な内容には全く触れず、唯色と色の因との因果関係を論理的に、従って全く形式的に分析して否定するだけである。

第一偈では「色の因を離れた（因のない）色は知られないし、色を離れた色の因も見られない」。第二偈（（　）内は第三偈）では「色の因（色）を離れたとき、色（色の因）は無因（無果）となる。因のない事物（artha）（果のない因）は何処にも何らない」。第四偈は「色があるときもないときも色の因はあり得ない」。第五偈は「因のない色は全くあり得ないので、色についてのいかなる分別もすべきでない」。第六偈は「『果は因に似ている』ということも『似ていない』ということもあり得ない」。これが龍樹の色の否定のすべてである。

このような形式的な否定の方法に彼が限定したその意図は、その限りでは論理的な否定の方法が他の四蘊はもとより一切の事物の否定にもそっくりそのまま適用できるからであろう。第七偈はそのことを明言して、一応五蘊の考察を終る。

このように第六偈までの五蘊の否定に関する限り、この章は『中の頌』の中で最も内容の乏しいものの一つである。それは五蘊の考察がこの章の隠された真の主題への導線に過ぎないからであろう。真の目的は（一）空の立場では上述の第七偈の一事物の否定が一切の否定であること、（二）さらにそのことが第八、九偈で論じる「空である」と中観論者が説く言説が空と有との対論ではどのような論理学上の意味をもつかを明らかにすることにあった。

（一）の一事物の否定は一切の否定であるという点については、聖提婆によって「一事物〔の実相〕を見る者はすべての事物〔の実相〕を見る者であると言われている。一つのものが空であることは、そのことこそがすべてのものが空であることである」（『四百論』一九一偈）と明瞭に説かれている。註釈者達はこの場合も幾つかの点で龍樹の偈の論述よりも聖提婆の所説に依っていることは注目すべきであるが、龍樹の主たる関心は一の否定が一切の否定であることが、対論の場合にどうなるのかという点にあった。

自性論者と空性論者の対話を龍樹は後者の前者の主張に対する論駁と空性論者の自説の説明に対する自性論者の批判が所証相似になると一蹴する。第八偈は「空性によって論争が行なわれたとき、或る自性論者が反論を語るとしよう。その人にとってはすべてのものは反駁され終えたものでないので論争の的となっているもの、即ち論証されるべきもの、所証となろう」、第九偈は「空性によって説明がなされたとき、或る自性論者が批判するとしよう。その人にとってはすべてのものは批判され終ったものとなっていないので説明がなされたものである所証と同じく所証となる」。この所証相似の論理学上の意味とインド論理学内での特徴や特異性等については、「所証」に詳しい。猶おこの二偈の思想の中観思想内での価値については第四章補註9参照。

7　第五章　六界の否定

界を考察するこの章で龍樹が十八界でなく六界を採り上げていることは、彼が『倶舎論』等を生み出した思想集団、思想の流れとは別の特異な伝統に属していたことを物語るのではなかろうか。『倶舎論』の説く十八界は第三章で論じた十二処に眼識等の六識を加えたものであるから人間の捉え方としては十二処と基本的に変らない。それに対して六界は第四章で色蘊との関連で言及された色という物質的現象を構成する原因である地水火風という四大種に、空界と識界を加えたものである。特に空界は六界説の中にのみ姿を見せる法なので、それを否定することによって一切法の否定が徹底すると考えたのではなかろうか。龍樹が六界の中で順序からいえば第一の地界でなく第五の空界を代表例として取り上げた理由として、仏護は周知の事実によって一般に知られていない事柄が立証されるべきであるという論述の基本原則を立て、世間の人々は概して虚空は「何もない（ci yaṅ ma yin pa）ことを確信している」とし、その例として「「現象界（prapañca・戯論）はすべて虚空（空虚）である」と語る者達は、そ〔の現象界〕はすべて何もないと考えている」という。即ち彼らは自覚しているか否かはとにかく、虚空を実質的には空性と考えているので、虚空が空であるという周知の事実で代表例とすべきであると説く。この解説は当時の人々の虚空観を示す点で興味深いが、龍樹自身は恐らく空界・虚空という法の場合にはアビダルマは視覚のような作用も、色蘊のような色の原因との因果関係も説いておらず、専ら無障礙（anāvaraṇa）を相とする所相であって、身体を構成する色等を妨害することなく収めるすきま、空隙であることだけを説いているので、それを代表例としたのであろう。

龍樹の虚空の否定は極めて簡明である。「虚空という所相は相より以前に存在しない。無相になるから」（五・一）、「相のない事物は存在しない。相が特徴づける事物がないとき、相もない」（五・二）、「相がない所相をも相がある所相をも相は特徴づけない。その二様相の所相以外の所相をも特徴づけない」（五・三）、「相が特徴づけないとき、所相はあり得ないし、そのときには相も存在しない」（五・四）、「それ故に所相も相もないし、所相と相を離れた事物（有）もない」（五・五）、「事物（有）がないとき、無もない」（五・六前半）。このように龍樹は虚空は何か、その相は何かを説きもしないで、ただ相と所相と有と無という一般的な相対関係が相互依存であることによって否定しているだけである。この点は前章などと同じである。第七偈で彼は結論として虚空が有でも無でも所相でも能相でもないことと他の五界も虚空と同じであることを説くが、その前に第六偈の後半で突如有と無とを知る者という主体の問題を取り上げる。月称の対論者は、その有と無との考察者を「有が存在していないとき、無が何にあるであろうか」と説く者であり、それは汝、中観者その人であると説く。龍樹は「有と無とは本質が異なる誰が、有と無とを思い抱こうか」と、有無の考察者ではなく、有無を考察しない、有無の執着を断った者を「有無の本性のない者」、或いは「有無とは本性を異にする者」と規定するので解りにくいが、仏護のように「本性のない」「本性を異にする（-vidharma）」を「有でもないし無でもない」という四句分別の不共の第四句であり、有無の二辺を離れた中道である空観と解釈すれば、空の体得者を意味するであろう。この第六偈の後半は一偈跳んで第八偈に続くと考えられる。「しかし諸事物のあること（astitva）とないこと（nāstitva）を見る知恵少き者は吉祥な、見られるべきものの寂静〔である涅槃〕を見ない」（五・八）。「見られるべきものの寂静」は帰敬偈や第二五章第二四偈の「戯論寂静」に対応する。戯論が言葉に密着した概念による理解であるのに対してこの偈では認識による理解の寂滅を説いているのは、有無の知の否定に焦点を合わせたからであろう。『無畏』は「見られるべきもの」を涅槃とするようである。

8　第六章　貪欲者と貪欲

第六章は「貪欲に汚染されたもの」（rakta・以下貪欲者）と貪欲（rāga）との関係を考察する。このような主体である所属する基体（āśraya）との関係で行為や対象や主体に内属する物心の諸作用等を様々な視座で論ずる章が以下に見られるが、それらの中でも内容の乏しいものの一つといえよう。

第六章第一偈は「貪欲者が貪欲より以前に貪欲なくして存在するとするならば、それ（貪欲者）に縁って貪欲があるでもあろう。貪欲者があるとき、貪欲はあるであろう」である。この偈の所説は他の諸章に説かれる自性の否定の論理とはかなり異なっている。龍樹の否定の方法は一般に、主体である基体が「それに縁っている貪欲」等より以前に存在するならば、主体である基体は「それに縁っている」ものなしであることになり、自性としてあることになるが、そういうことはあり得ないと否定する。それに対してこの偈では、貪欲者が貪欲より以前に貪欲なしで自立して存在すると貪欲者の自立性を積極的に仮定している。このような貪欲者を仮定することは、空ではなく有の立場の有自性な貪欲者の存在の仮定である。龍樹は偈の後半では、そのような貪欲者があれば、「それに縁って（pratītya）貪欲はあるであろう。貪欲者があれば、貪欲はあるであろう（rakte sati rāgo bhavet）」と説く。この後半の表現は縁起、特にdは縁起の定式である「これあればかれあり」と合致する。しかし、この場合はこれらの文言はいわば空の縁起を説いているとはいえない。有の立場での縁起とでもいうべきもので、「縁って」は主体である貪欲者を基体として貪欲があるとでもいう意味であり、「貪欲者があるとき貪欲がある」も、貪欲者があれば貪欲者が貪欲者であることは貪欲があるからであるといった意味に過ぎないであろう。ここで用いられた縁起の定式は第一章第一〇偈の増上縁の意味であろう。強いていえば、十二支縁起のような一方向的な条件づけ根拠づけの縁起といってもよいかも知れない。そういう点から見て、この章は龍樹が十二支を正法と考えた時期に近い、第二五章までの中では比較的初期に著述された章ではなかろうか。龍樹は未だ空の縁起を自覚していなかったことになろう。

第二偈の前半は、月称（梵本とT1）と羅什では「貪欲者が存在しないとき、貪欲がいったいどうして存在するであろうか」であるから、第一偈と共に、貪欲者が存在するか否かの二者択一のディレンマによる否定を説いていることになる。このように読むと、この第二偈の前半は説明するまでもなく明らかであるが、第一偈が貪欲者が存在するとき、貪欲が存在しないという否定を説いているということは偈の文面からは必ずしも明確とはいえない。そのためか、『無畏』、仏護、清弁は第二偈の前半を「貪欲者が存在するとき（sati）」と改めている。そこで第一偈では、貪欲者が貪り求めるという心の生起を通して貪欲の存在が知られるという対論者の有の立場の主張を龍樹が一応仮定し、その対論者の主張を否定するために第二偈の前半を説かれたと彼らは解釈したことになる。

第二偈の後半の「貪欲が存在しようとしまいと、貪欲者についても〔否定の〕論証過程は同じである」は、貪欲者と貪欲の二者のどちらが、時間的であれ論理的であれ、前であっても成立しないことを示す。かくして龍樹は貪欲者と貪欲が前後関係にあるという見解を否定すると、次に両者が「共に」(saha) 生ずる場合」を否定する。saha は共同、協力して、一緒に、同時にを意味する。第三偈の「貪欲と貪欲者とが相伴って (saha) 生ずることは成り立たない。その二者は相互に依存しないことになるであろうからである」は、前二偈の前後関係に対していえば、同時に生ずるという立場であろうが、時を同じくして生ずるということは両者が相互に他者に依存せず、独立して生ずること、即ち自性として存在することであるから「生ずることは成り立たない」。

第四、五偈で龍樹は二者が一性 (ekatva) でも別性 (pṛthaktva) でも共在関係がないことを「共在関係があれば相伴者なしでもあることになる」からだと帰謬する。一性と別性の内、特に問題になるのは別性で、龍樹は第六偈で「別性において共在関係が成立するとすれば、貪欲と貪欲者の共在関係の基本条件となるその両者の別異性がどうして成立するであろうか」と問い、「両者が別々であることが成立しているならば、両者の共在関係をあなたは何のために考えるのか」(六・七) と問い質し、「両者は別個には成立しないと考えて、このように共在関係を求め、共在関係成立のために益々別性を企図するし」(六・八)、「別性が成立しないので共在関係は成立しない。別性があるとき、君は何に共在関係を求めるのか」(六・九) と自性論者の主張の矛盾を指摘するが、「別々のものが共在する」という別性と共在性の矛盾を直截に取り上げていないので隔靴掻痒の感を免れない。最後の第一〇偈は貪欲が貪欲者と共在 (同時) でも非共在 (非同時) でも成立しない。一切法も同じだというだけで、共在の否定が非共在の肯定でない絶対否定であることを説くが、内容の乏しい章の一である。

9　第七章　有為の三相

梵本等では章題は有為であるが、羅什訳やチベット訳の三相、生住滅が原題であったであろう。三相は言うまでもなく有為の特性である。有為は無為と対とされるが、実質的には一切の事物を指す。第四章の五蘊を意味する場合もあるが、五蘊や十二処はアビダルマの法の分類で一切法の特定の範疇であるのに対して、有為はすべての存在するもの、事物を「つくられたもの」であるという基本的なあり方で捉えた、諸行無常という仏教の根本的存在論に立脚した事物の概念である。この「つくられたもの」有為の特性である無常は一般に生住異滅の四相とされるが、龍樹は生住滅の三相説を採っている。四相と三相の違いが思想史的な変遷なのか部派の違いによるものなのかには詳しくない。

龍樹は先ず最初の三偈で有為相をディレンマによって否定する。〔第一偈〕有為相の生が有為法であれば、その生には別の生住滅の三相があることになるし、有為でなければ、その生は有為相でなくなる。〔第二偈〕三相は各別であれば有為相のはたらきをなし得ないし、結合していても相矛盾する生住滅が同一場所、同一時に在ることはあり得ない。〔第三偈〕生住滅の三相に別の有為の三相があれば、それにも更に三相がと無限遡及になり、なければ有為でなくなるので、あってもなくても成立しない。

第四偈で龍樹は対論者の主張を挙げる。註釈者は煩雑な法論を加えるが、龍樹は有為相の生を「本の生」(mūlotpāda)、その本生を生ずる生を「生の生」と名づけ、「生生は本生だけを生じ、他方その生生を生ずるものは本生だ」と主張する反論を想定して問題を本生と生生の交互関係に限定している。龍樹の答破は本生と生生との論理的、時間的前後関係に基づいて、本生が生生を、生生が本生を生ずるという対論者の主張する相互関係が成立しないことを論じる。第五偈は生生が本生を生ずることは、本生によって生じられていない生生にはあり得ない。第六偈は実質的には第五偈の本生と生生を逆に入れ替えた否定である。第七偈は羅什が本生と生生を入れ替えた二偈に分けているように、「生じていないこれ（羅什の七偈（七―一偈）では生生、八偈（七―二偈）では本生）が、これ（七偈（七―一偈）では本生、八偈（七―二偈）では生生）を生ずることができるならば、生じつつある（未だ生じていない）これ（生生（本生））がこれ（本生（生生））を確かに生じるであろう」という帰謬にすぎない。以上で本生と生生の相互因果関係が成立しないことを論証し終えたとして、龍樹は次に生が生そのものとその生が生じさせようとする他のものとを生ずるという見解を取り上げ、先ずその見解を支持するとされる灯火の比喩を第八―一二偈で否定する。

第八偈で「灯火はそのものと他のものの自体を照らすように、生は自と他の自体とを生じるであろう」と、灯火が比喩であることを説くと、龍樹は灯火の光が闇と矛盾すること、「照らす」(samprakāśayate) ことが「闇の破壊者」であることに論点を絞って「灯火の光と灯火の在る場所に闇はない。ないのだから闇の破壊はないので照らすことはない」と帰謬する。灯火が生じ存在している処に闇はないが、「灯火が生じつつあるときこそ、闇を破壊している」ときだ、という反論を想定して、龍樹は次に「生じつつある灯火は闇を得ていない（闇に到達していない）」（七・一〇）ことを理由に挙げ、「到達しないで灯火が闇を破滅するならば、ここに在る〔灯火〕

が全世界の闇を破滅することになろう」（七・一一）と帰謬する。最後に龍樹は「灯火が自他を照らすならば、闇も確かに自他を隠すことになろう」（七・一二）と説いて、闇が自他を隠すなどということがあり得ないように、灯火が自他を照すという理論もあり得ないので生が自他を生ずるという見解は成り立たないと結論する。『廻諍論』では第三偈の「生に別の有為相（生）があれば無限遡及になる」という無限遡及の問題を含めてこの灯火の比喩の五偈を第三一―三九偈の中でニヤーヤ学派の認識（pramāṇa）の比喩に採用している。既述のように『廻諍論』は龍樹の真撰とは認められていないので、それは龍樹の見解ではない。猶お『廻諍論』の灯火の比喩については、梶山「廻諍論」三八三頁註三六参照。

第一三偈からは論理的否定を行なう。第一三偈は生が自身を生ずるという見解を常套的な、生じていない生は無であるから自身を生じないし、生じている生は既に生じているのであるから、更に生じはしないというディレンマによって否定する。第一四偈は「生じつつあるもの」と「生じたもの」と「生じていないもの」も第二章の去時、已去、未去の三時と同じ方法によって否定されると説く。このことはこの章が第二章より後で著述されたこと、従って否定の方法が形式的により整理されており、次偈以下が示すように龍樹の縁起観も最終段階に入っていることを示すであろう。第一五偈は月称によれば「生じつつあるもの（生時）は生という活動と結合したものといわれるので、生があるとき、生に縁って生時は成立する故に〔已生や未生でなく〕生時だけが生ずる」という反論に対する解答となる。解答は「生時が生に向わないとき、どうして生時は生に縁っていると言われるのか」（七・一五）である。「生に向わない」とは未だ生じていない生時は、その相（nimitta）が認識されないので、存在しないし、生というはたらきもないことを意味する。そこで生が存在しないとき、存在しない生に縁って生時はありはしないと否定する。

このように有為相の生も三時の生も存在しないということは中観思想が有為相の所相である一切法（事物）を存在しないと主張する虚無論だという批判を想定したからであろう。龍樹は第一六偈で「縁って存在するものは何であれ自性としては寂静している。それ故に生時も生そのものも寂静している」と、縁起が無自性空であるという、彼が到り着いた最終の縁起観によって答えている。

第一七偈でも「もし生じていない何か或る事物が何処かに存在するならば生ずるでもあろう。その事物が存在するとき、又は存在しないとき、何が生ずるであろうか」と、龍樹は改めて有部の三世実有の法を取り上げている。「「生じていない」、即ち未だ現在に来ていない（未来の）法が「何処かに」、即ち未来に存在するならば、衆因縁に縁って「生ずる」、未来から現在に現われるでもあろう」と有部の理論が可能となる条件を解説した上で、『無畏』等は生ずるであろう事物が未来に存在するならば、既に存在しているのだから生ずることはないと論難し、仏護と月称はそのような生ずる対象となる事物が存在しないとき生ずる事物はないと否定する。

「何を生ずるのか」という疑義に答えて第一八、一九偈は「生が生じつつあるもの（生時）を生ずる」という解答を想定して、第一八偈で「もしこの生が生時を生ずるならば、さらにその生をどちらの生が生ずるであろうか」と問い、生時を生ずる生を生ずる生を、先に本生と生生とを否定する際に用いた論理を用いて、「もし別の生がそれ（その生）を生ずるならば無限遡及になる。或いは生じたものが生のないものならば、すべてのものが等しく生じるであろう」（七・一九）と別の生があってもなくても成立しないと帰謬する。生時の生を否定した龍樹は生じたもの（已生）と生じていないもの（未生）が存在するもの（sat・有）と存在しないもの（asat・無）であるからであろう、第二〇偈では已生と未生を有と無に含め、それに「有無」の共を加えた三句の否定が既に第一章の第六、七偈で説かれていることを指摘することによって答えている。恐らくこの有の否定は有為の三相の内の住相の否定であるからであろう、龍樹は次に「滅しつつある（滅時）事物の生はあり得ないし、滅時でないところのその事物はあり得ない」（七・二一）。偈のcdを註釈者は「滅しつつあるもの（滅時）でないもの」は三相の滅相を欠くので事物でないことになると否定する。

有為の三相の第一の生相の考察を終えて、龍樹は第二の住相の考察に入る。「存続（住）していない事物は存続（住）しないし、住している事物も住しないし、住しつつあるものは住しない。生じていない何ものが住するであろうか」（七・二二）は偈abcで住時、已住、未住の三時の否定によって住があり得ないことを示す（七・一四）。偈dの「生じていないものは住しない」は、偈abcが住時等の三時の考察によって「生じているもの」に住がないことと、二者択一のディレンマによる否定である。

第二三偈は第二一偈の「生」を「住」に変えたもので、生の否定の方法を住に適用しただけのものである（七・二二）。第二四偈の「すべての事物が常に老死の性質をもつとき、老死なしのどの事物が住しようか」は第二三偈cdの「滅しつつあるものでない事物もあり得ない」に相当し、十二支縁起等の説く老死（jarāmaraṇa）が、有為の四相でいえば第三、四相の「老」（jarā）と「滅」（anityatā）であり、三相を生と住の変化（sthityanyathātva）と滅とするならば、第二、三相（詳しくは櫻部『界・根品』三三四頁参照）であるから、龍樹の三相の第三の「滅」(bhaṅga=nirodha) の否定が老死の否定でもあることを傍論として加えたのであろう。第二五偈は偈そのものがｃｄで「生の生が〔その生〕そのものによっても別の生によっても〔成り立たない〕ように」と説くように、第三偈以下で詳述した「生は生ずる」という主張の否定の論証の要約である「生そのものによっても別の生によっても生じない」を理由にして、「住の住は別の住によってもその〔住〕そのものによっても住しない」(七・二五ａｂ)と否定する。

第二六偈からは第三の滅相の否定に入る。同偈は第二二偈の住を滅に変えただけで、三時の否定を滅に適用したもので、第一四偈の三時の生の否定を、第二二偈が住に適用したのと同じく滅に適用しただけのものである。次の第二七偈の「住している事物の滅はあり得ないし、住していない事物の滅もあり得ない」も第二一、二三偈と同じく住と滅の矛盾によって滅を否定するだけである。

一般に梵語では二者の同一を示すのに「これ」(tad-)と「これ」(tad-)を用い、別異は別のもの(anya-)と別のもの(anya-)を用いる。第二八偈の「その状態によってその同じ状態は滅せられない。或る〔別の〕状態によって〔それとは〕別の状態は滅せられない」は生住滅の三状態のすべての組合せの同一と別異の滅の不成立を一括して説いたものであろう。月称は同一と別異の滅の不成立を承認しながらも、具体例として「乳には滅がとにかく存在するから生もあろう」という滅によって生の存在を主張しようとする対論者を想定して、龍樹は「一切法の生があり得ないとき、そのとき一切法の滅も同じくあり得ない」と答えたとするが、この章の流れからすれば、対論者の愚鈍さもさることながら、このような設問が適切とはいえない。龍樹の偈自身が前偈と関係なく説かれていることにもよるであろう。この偈の一切法はアビダルマの法を取り上げて論じているが、それを日常の存在する事物に拡げて龍樹は第三〇偈ａｂで「先ず存在する事物に滅はあり得ない」と断じ、その理由をｃｄで「同一のものに有(事物)と無〔即ち滅〕はあり得ない」と説き、第三一偈では「存在しない事物にも滅はあり得ない。〔存在しない〕第二の頭の切断がないように」と説いて存在する=有と存在しない=無とのディレンマによって滅があり得ないことを論ずる。最後に彼は第二五偈で住について説いた否定を滅に適用したａｂ「滅は自身によっても〔滅し〕ないし、滅は他のものによってもない」を同文の理由句「生の生は自身によってもないし、他のものによってもないように」(ｃｄ)と説いて滅の否定を終る。

第三三偈で結論として龍樹は有為だけでなく第一偈で触れた「つくられたものでない」(無為)をも「生住滅が成立しないので有為

は存在しない。有為が存在しないとき、どうして無為が成立しようか」と否定の否定によって有為と無為を共に否定する絶対否定で一応締め括るが、それだけでなく彼は積極的に「幻の如く、夢の如く、ガンダルヴァ城のように、そのように生も、そのように住も、そのように滅も喩説された」と、一切は無でなく夢幻のようにある、恐らく『金剛般若』等を念頭に「喩説された」と、説いたのであろう。この一偈が加えられていることから見てもこの章は後期の『中の頌』の中でも思想的に完成に近づいた時期の著述ではなかろうか。仏護釈の梵本の残簡が残されているのもこの章の思想の重要性を物語るのではなかろうか。

10　第八章　行為を中心とする世間の構造の否定

龍樹はこの章では章題の（一）行為と行為者（karmakāraka）と共に、（二）結果と結果を作る原因（kāryakāraṇa）、（三）行為者の働き、行為と行為者と行為の手段（kriyākartṛkaraṇa）という、行為に関する三種の範疇を取り上げている。（一）の行為と行為者の関係は第一偈が示すように、「行為者は行為を行う（為す）」（kārakaḥ karma karoti）という文の動詞「行う」の主格と目的格を示す。彼は第二章の第一九偈と第一〇章の第一偈では行為者と行為（kartṛkarma）との一性を説くが、言うまでもなくそれは両者に主語と目的語の関係があることを前提としたものである。この二者の関係は『無畏』が（仏教の）論書と世間とヴェーダで広く知られていると説いているように、言語表現として広く用いられているものであり、主客の二元論の基本的構造である。『中の頌』、中観思想では存在論的に自性を否定することに専念し、有無の二元論の否定を中心的課題とするので、この章のように主客の二元論に焦点を絞って論ずることは少ないが、空の立場の確立のために重要である点では有無の二元論の否定と変りはない。

（二）と（三）とは第二四章の第一七偈にも列挙されており、それらは同章の第六偈の「世間的なあらゆる言説（laukikāḥ sarvasaṃvyavahārāḥ）」即ち言語で理解された日常のすべての事物の状態、換言すれば、世俗諦の具体的な構造である。龍樹は第二四章では因果関係を三分し、（1）宗教の領域では道諦と滅諦、（2）倫理上の因果関係として法と非法の業とその報いとしての果報（phala）、そして（3）としてこの世間の言説の因果関係を挙げている。同章はその内の（1）の宗教上の因果関係を主題とし、龍樹は（2）の倫理的因果関係を第一七章で取り上げ、アビダルマの業の煩瑣哲学を考察している。この章では（3）の世間言説を論じ、冒頭に挙げた

（二）の「結果と作因」は、宗教的でも倫理的でもない、世間のすべての言葉の表現に基づく営みが因果関係を基調として貫かれている。そのすべての因果関係を否定する。この因果関係は我々が物理的、或いは化学的因果関係として理解する事象や自然現象、更には身心の営みが成立する因果関係をすべて含む。

（三）の行為と行為者と手段という範疇は行為を構成する三要因を示すものである。清弁は行為（karman）を kriyā とするように、違いは文法学的な観点で捉えるか、日常的な行為の分析として捉えるかの相違に過ぎない。龍樹は第二偈で実有なものには kriyā はないので、行為（karman）には行為者がない（akartṛka）し、行為者（kartṛ）には行為がない（akarmaka）という。このことは kriyā が「行為者（kāraka）が行為を行う」という表現の中の行う（karoti）という動詞の示す働きを示し、それはこの命題を離れて、行為者（kartṛ）が行う働きであり、行為（karman）を行う働きを意味するのではなかろうか。そういう実際の働き、活動である kriyā（行為）と行為者（kartṛ）と行為の手段（karaṇa）が世間のあらゆる経験、人間の営みを構成する三要員であることを主張する範疇であると考えられる。

龍樹は第三偈以下で、すべての行為者も行為も存在論的には実有（sadbhūta）、非実有（asadbhūta）、実有非実有（共）という四句分別の前三句に含まれるとし、行為者の三句と行為の三句を組み合わせた九種の可能性のすべてを否定し尽すことによって「行為者は行為を行う」という命題、行為者と行為の存在は否定されるとする。この否定は第六章の貪欲者と貪欲やその他の第九章等の場合にも適用できるし、逆にこの作者と作にも第六章の「同時同処にあること」（sahabhāva）による否定も適用できる。恐らく龍樹は関連のある上記の各章で、章毎に他の諸章にも適用できる否定の方法を、いわば代表例として割当てて論じているのではなかろうか。

彼は先ず（一）実有の行為者と行為、（二）非実有の行為者と行為の否定を説き（八・一）、（一）の論拠を、行為者も行為も実有であるということは既に存在していることであるので改めて行なう働き（kriyā）はない。そこで行為者は「行為のないもの」（akarmaka）、行為は「行為者のないもの」（akartṛka）になる（八・二）という常套的論証法によって否定し、（二）行為者も行為も非実有であれば、「原因のないもの」（ahetuka）となる（八・三）とする。この「原因のないもの」も（そもそも非実有も原因のないものも虚妄か無かに他ならない）問題となるが、今は仏護、月称に従って「働きのないもの」と取れば、非実有な行為者にも行為にも非実有であるから働きがないということになろう。龍樹が否定の論拠として説いたものはこれだけである。

次に彼は主題を離れて行為者と行為とが非実有で「原因がないとき、行為の結果（kārya）と行為の原因（kāraṇa）がないし、それらがないとき、働き（kriyā）と行為者（kartṛ）と手段（karaṇa）がない」（八・四）と、世間の営みの基本構造が成り立たなくなるとし、その結果「働き等が存在しないとき、法（善）と非法（悪）〔の業〕が存在しないし、その果報（phala）も存在しない」（八・五）、「果がなければ、解脱（mokṣa）と昇天（svarga）の道があり得ない」（八・六）と倫理的な善悪の行為（業）と果の不成立を説く。上述のようにこの結果と原因、行為の働き、行為者、手段、業と果報は人間の営みの基本構造で、第二四章第一七偈に一括して説かれているものである。ここでは更にウパニシャッドの解脱と昇天の二道が加えられている。このことも彼がこの章の著述ではインド思想全体を視座に入れて論じていたであろうことを窺わせる。『無畏』がヴェーダに言及しているのはこれによるのであろうか。

この傍論ともいうべき三偈を跳びこえて、彼は第七偈では（三）の行為者と行為との実有非実有の第三句の共の場合を取り上げ、実有非実有ということ自体が実有と非実有とが相互矛盾しているから同一のものとしてはあり得ないと否定する。この第三句の共の解釈は第二五章の第一四偈の共の解釈と同じであり、第二七章のそれとは異なる。次の第八偈は「存在する行為者によって（satā kartrā）存在しない（asat）業は行われないし、存在しない作者によって（asatā kartrā）存在する業は行われない」であるが、この存在する（sat）存在しない（asat）が、実有（sadbhūta）、非実有（asadbhūta）の省略形であれば、この二種の否定は次偈で説かれた、九種の命題の否定の中の（四）である「実有の行為者が非実有の行為を行わない」と、第九偈の（六）に当る「非実有の行為者が実有の行為を行わない」を受動形の構文に改めただけになるので不必要となるし、存在する等が「実有」とは別の概念として用いられたのならば、章全体の構成から見ても、意味のない偈となる。恐らく実有非実有を「存在し存在しない」に省略し、第二七章の半有半無という共の解釈により、しかも行為者と行為では実有と非実有を入れ替えて二種の命題としたとでも考えるべきではなかろうか。いずれにしても明解な論述とはいえない。

彼は第九偈では上記の（四）と（五）「実有の行為者が実有非実有の行為を行わない」。第一〇偈では非実有な行為者が（六）「実有の行為を行わない」、（七）「実有非実有の行為を行わない」。第一一偈では実有非実有の行為者が（八）「実有の行為を行わない」、（九）

「非実有の行為を行わない」と、九種の命題の否定を説くが、それらの論拠は「上述の理由によって」と説くだけである。主題そのものが九種の命題の否定であるからでもあるが、各々の偈には同じ文言の繰り返しが多く、内容が稀薄な印象を受ける。

ただし彼は最後に行為者と行為が縁起であることを「行為者は行為に縁り（pratītya）、行為はその行為者に縁って生じる。我々は〔行為者と行為とを〕成立する別の論拠（siddhikāraṇa）を見ない」（八・一二）と説き、縁起が相互依存であることと、それのみがすべての事物の成立の論理であることを明示している。これは有名な「空性が成り立つ者にはすべてが成り立つ」（二四・一四）を論理的に示したものと言うことができる。

最後に彼は、上述のように行為者と行為を放擲したことによって取得（upādāna）も知られるべきであり、残余のすべての事物も考察されるべきだとする（八・一三）。取得を知るということは言うまでもなく取得者と取得の関係を知ることであり、それが次章の実質上の主題となる。そういう意味ではこの章と次章の順序は著述の順序を示すし、残余のすべての事物と区別してこれに言及したことは、取得者と取得が第二二章で考察されているように、人《プドガラ》の立場では特に重要な課題であることを示すであろう。

第八章を検討するこの項の冒頭で、貪欲者と貪欲等の主体とその本性的性質等を取り上げる各々の章の主題は他の章の事物にも適用できると言ったが、この第一三偈は龍樹自身がそのことを、さらにはすべての事物に適用できることを自覚していたことを示すと言えるであろう。

11　第九章　本住（取得者と取得）

章題は羅什と月称では「以前にあるもの、前もってあるもの」（pūrva〔-vyavasthita〕、以下「本住」）である。『無畏』、仏護、清弁のチベット語訳（T2）では、「取得者と取得」（upādātrupādāna）となっているが、龍樹はこの章の偈の中ではそれらの二語を一度も用いていない。清弁は各章の冒頭で章の目的を説くが、この章では「取得者と取得との無自性を説くこと」を目的としているので、章名を「取得者と取得」としていたと考えられる。しかし『無畏』の場合は、註釈文の中にも取得者と取得という語は見られないし、章名が「取得者と取得」であることを窺わせる陳述も見当たらない。羅什訳にも取得者と取得とへの言及もないし、章名が「本住」であることからも、『無畏』の梵本では章名は「本住」ではなかったかと考えられる。

この章を取得者が取得より先にある本住の問題として始めて論じたのは仏護である。彼はこの章の第一偈に説かれている「見聞等と受等よりも以前に存在し、それらを所有する或る〔事物〕が存在する」という見解を、前章の最後の偈で龍樹が触れた「取得〔と取得者〕も行為と行為者と同じように理解すべきである」という龍樹の見解に対する反論とし、註釈の中でも一貫して取得者と取得の本住を取り上げているからである。しかしそのことは、彼が「取得者と取得」を章名としたという理由にはならないであろう。月称は第一偈に関連する上記の仏護説を受け入れ、寧ろ簡潔で明確にしているが、章名は「本住」であるからである。『無畏』と仏護の章名はチベット訳者が清弁に合わせて章名を改めてしまったのではなかろうか。

この『中の頌』の中で、龍樹が第一偈で或る者の学説を紹介するのは、この章の「或る者は主張する」(eke vadanti) と第一二章の「或る者は承認する」(eka icchanti) だけである。羅什はどちらの場合も偈から註釈に移して「有る人は(人有りて)言う」とする。この「或る者」が誰かを論じるようになったのは清弁からで、彼は犢子部 (Vāpsīputrīya) (D, Tsha, 124a6) とし、月称は正量部とする。犢子部の人、プドガラ (pudgala) の学説はこの章で清弁、月称が説く本住する取得者の思想に相当する(この二部派、及びその部派の思想とこの章の思想との関連等については『中論釈』Ⅱ、一五二頁註一参照)。龍樹もプドガラ論者の思想を念頭に置いていたことは確かであるが、しかしそれらの部派の思想が龍樹の時代にどこまで確立していたのかは明らかでない。しかし龍樹が殊更に「或る人々が述べる」と言っていることは、寧ろこの本住思想が特殊な見解で一般に広く認知されていなかったことを物語るのではなかろうか。龍樹が十八界でなく六界(第五章)、有為の四相でなく三相(第七章)等、『倶舎論』の説く一般的な法相とは異なる法相を用いているのはこの人々の思想を対象としているからなのか。

龍樹の本住否定の基本は「見、聞等〔の認識機能〕と受等〔の四六の心所法、心作用〕(以下「見等」)よりも以前に確立され、〔それらを所有する〕事物は、何によって名称として表示(仮名)されるのか」(九・三)である。先ず龍樹は「以前に存在するもの」を事物 (bhāva) とする。第一章第三偈で『無畏』は龍樹が事物という用語を用いたのは、この語が異教と共通するからだと註記するが、そのことはこの場合にもいえるであろう。龍樹は或る特定の仏教の部派の主張を仏教内の法の存在の問題でなく、広く一般に認められた事物、存在するものに押し拡げ、その中で理解し論じようとしている。これがこの章においても貫かれている龍樹の基本的態度である。この本住する事物と呼んだ事物が見等の主体とか基体と考えられているもので、龍樹はインドで一般にアートマン（ātman・自我）と言っているものを念頭に置いていたことは、後述するように個別的な見や聞等の本住、見るもの（draṣṭṛ）、聞くもの（śrotṛ）と呼び、それらが別異なものであれば、アートマンが多数あることになると批判していることからも、この章でプドガラという語を用いていないことからも窺える。彼はこの章ではアートマンを否定しているのであって、プドガラを主題としているのではない。

彼はそのような事物が「名づけられる」（prajñapyate）と説く。この語は「知らしめられる」を原意とするが、龍樹は特に言葉の対象は実有でないが、知らしめるために言葉で表示するといった意味で用いている。第一八章の第六偈では「諸仏は自我〔はある〕とも名づけられ（prajñapita）、無我とも説かれた（deśita）」と、自我と無我とで使い分けているのはその好個の例である。

この語が龍樹の思想形成の上で重要な役割を果していることは、第二四章の三諦偈で「仮」、即ち仮名（upādāya prajñapti）が縁起、空性、中道と即一、同事であると説かれるに至ったことからも明らかであろう。それを説いているので、同章が『中の頌』の中で最も深化し円熟した思想を説く章の一に数えられる所以でもある。この仮名の存在論的構造を具体的に詳述したのが第二二章の如来論であり、「如来は五取蘊（身体）に依存して知らしめられる、名づけられる」という存在論である。ある意味では龍樹は縁起が仏教の「法」の体系の実相として相互相待的成立であることを解明すると共に、「事物」の実相が仮名であることを論究して、如来、即ち人間《にんげん》の存在論を確立したと言うことができるであろう。

この仮名の思想はこの章では未だ論じられてはいない。彼は本住と見等の関係を本性的必然的随伴（avinābhāva）とでもいうべきものと考えている。そのことの裏の事実、「見等なしで本住（前もって確立している事物）があれば、〔逆に〕本住なしでも見等は存在する〔ことになる〕」（九・四）によって本住論を論難した上で、この本住と見等の関係を形式的に要約して彼は「或るもの（kaścid・本住する事物（bhāvaḥ））が或るもの（kena cid・例えば darśanena）によって措定され、或るもの（kiṃ cit・darśanam）が或るもの（kenacid・bhāvena）によって措定される。〔それ故に〕或るもの（bhāvaḥ）が或るもの（darśanam）なしで、或るもの（darśanam）が或るもの（kiṃ cid・bhāvam）なしでどうして〔措定されよう〕か」（九・五）と説く。「措定された」（ajyate）は「飾る」「表示する」

（√añj）を原意とし、註釈者達は「明らかにする」「理解する」「分別する」などを同義語で示すが、『無畏』が同義語の最後に「名づけられる」（prajñapyate）を挙げているように、第三偈の「名づけられる」と同義ともいえる。そこで逆に「仮説される」を「措定される」と訳すべきかも知れない。羅什は基本的には分別と理解している。この語はこの章と第二五章（第一五—一八偈）とだけに用いられている点は留意すべきである。この語の問題は扨置き、この偈を月称が相互相待的成立（LVP, p.194, l.7）を説くといっているように、ここでは龍樹は仮名の人《プドガラ》の論理ではなく彼の縁起観である相互相待的成立の論理によって本住と見等とを解釈している。またこのことは本住とされた事物と見等とが同時であることの否定でもある。

次に龍樹が取り上げたのは、本住に所属し所有されてある見等の認識機能と心作用の具体的なあり方の検討である。彼は本住が見等のすべてより以前にあり得ないことから、個個の見や聞や感受に先立って別々の時に見る者、聞く者、感受する者等として本住が措定されるとし、その個別的見等と「見る者」等の事物を同一性と別異性のディレンマによって否定する（九・六—九）。彼の見等の質料因ともいうべき地水火風の四大種の中にも本住の事物がないことを念押しして（九・一〇）、本住がなければ、見等もない（九・一一）と、本住も見等も存在しないと否定した上で、或る部派が本住と主張したその事物、即ち主体・基体と考えられているものは、見等の以前にも現在（同時）にも、以後にも存在しない。そういう主体と考えられている事物においては「ある。ない。」という分別も消滅している（九・一二）。有と無の否定は第一五章が説く有無の二辺を離れた中道、空の立場である。龍樹はこの章では以前にも現在も以後にもない、いわば、絶対無は無でもない空と解釈し、有でもないし無でもないというのであろう。この「ない」という分別もないという否定は、自我、主体が「ない」のでもないという、真の主体の立場への思想的発展を暗示しているように思える。

このようにこの章は用語の上でも第二二章の仮名（prajñapti, prajñapyate）や第二五章の命題・立言（añjanā, ajyate）と共通している点でそれらの章の先駆を成すと考えられるが、晦渋で曖昧な偈が目立ち、同じ文を用いる（一、一〇、一一のａｂ、六、七のａｂ）など冗漫で稚拙な印象を受ける。第六偈が説く対論者の見解を仏護が浅薄な知恵の持主であることを示すと蔑視しているが、これは龍樹の理解が浅薄であることを言っていることにもなるであろう。これらのことはいずれにしてもこの章が『中の頌』の中では初期に属することを示しているのではなかろうか。

12　第一〇章　火と薪―取得者と取得の比喩―の否定

龍樹はこの章では火（燃）と薪（可燃）という思想的に問題となるようなものでない日常的な事象を取り上げて論述している。その理由は火が薪を燃焼するという現象を、プドガラ論者が自己の思想体系の中核をなすプドガラの存在を立証する理論の比喩として最重要視していたことを念頭に置いていたからではないかと考えられる。この比喩の重視はプドガラの否定を論じる『倶舎論』の「破我品」の冒頭（AKBh, p.462）で先ず最初にこの比喩を否定の対象としていることからも窺える。プドガラ論者は火と薪との関係を輪廻転生する主体である人間《プドガラ》存在と人の一生を意味する輪廻の一齣である個人の身体の生存を構成する五蘊（個人の心身の現象の流れの総和）とが存在論的にどのように構成されているかを明示する絶好の類例と考えていたようである。プドガラの存在を主張する犢子部（正量部）も仏教の一部派として原則としては無我の立場に立つので、輪廻と隔絶した恒常不変な自我である異教のアートマンの存在を承認することはできないが、前世の生存を死んで現世の生存へ転生する五蘊から五蘊へと輪廻する原動力である善悪等の業を行う主体である行為者であり、生存を取得する取得者（upādātṛ）である者の存在は容認した。それを受け容れなければ現実の自己の実状も人生の意味も、涅槃を人生の目的とする仏教も成り立ち得ないと考えたからである。彼らはプドガラをアートマンのように五蘊とは別異な存在ではないとする。かといって五蘊は死によって消滅するものであるから、転生するプドガラは五蘊そのものでもない。換言すれば、プドガラは五蘊との関係でいえば、五蘊と同一でもないし別異でもないと否定的にしか言いようのないものだとする。ではどうしてそれが存在することが知られるのか。それに答えたのが、「五蘊に依拠して・を取得して（upādāya）名称で明示される（prajñapyate）」であると考えられる。この構造の中で鍵となるのは、絶対分詞の upādāya である。羅什はそれを「五蘊と合（和合）して」（二一・二）と訳すが、インドでは煩瑣な分析を加えている。「破我品」ではこの語を用いたのは、プドガラと五蘊の関係はプドガラが実有な五蘊を認識の対象とするのではないので「五蘊を縁じて、対象として」（ālambya）によっても、五蘊を因とする果でもないので「五蘊に縁って、因縁として」（pratītya）によっても明らかにできない。両者の関係を正しく適確に表示するものは upādāya だとする。この絶対分詞と同語源の取得、upādāna は異教の実在論では質料因を意味するように、実在論ではこの語は、五蘊を質料として取り込んでということになろう。仏教の立場ではプドガラは五蘊を取得して、自己の所有として執着して、ということになる。犢子部等の論書が現存しないので正確なところは明らかではないが、「破我品」等では、彼らは論理的にプドガラの存在を立証していない、或いは実証できなかったようである。「名称で名づけられるものとして知られる」（prajñapyate）がそのことを示すであろう。そこで彼らは彼らが説得力があると考えた火と薪の構造を説明することによって人々を説得しようとしたのではなかろうか。「破我品」では火が薪を燃焼するという経験が、「火は薪を取得して、自己の所有として受け入れて」（indhanam upādāya）火、即ち燃焼する行為の主体として薪を燃焼するのであるから火は薪そのものでもないし、火は薪と離れて別のものでもない。この火と薪の構造を適切な類例としてプドガラの存在は承認されるべきだというのが、プドガラ論の主張だと考えられる。

　龍樹が殊更に火と薪を主題として取り上げた背景にはこのようなプドガラ論の見解を否定しようとする意図が秘められていたと考えられるが、しかし彼がこの章で論じたことは直接的にはプドガラ論の比喩とは全く関係がなく、基本的には彼が他の章で行ったアビダルマの法の否定と同じ方法を火と薪という事物に適用しただけである。

　第一偈では「薪が火であるならば、行為者と対象（karman、羅什は作と訳す）は同一であろうし、火が薪より別個であるならば、薪なしでも火はあろう」と説く。これは表現としてはプドガラ論者の火と薪が不一不異であるという主張と同じであるが、龍樹はこの一異の否定をディレンマによる両者の存在の否定の論証としている点で全く異なる。別異の場合は（一）薪なしで火があることになるだけでなく、（二）燃えしめる原因のないものは常に燃え続けるであろうし、（三）再び〔燃焼を〕始める意味がないし、（四）そうであれば燃焼する対象のないものになる（二）。龍樹はそれだけでなく別異の場合を重視し、別異ということが相互相待（parasparāpekṣa）的に成立（siddhi）しないことであるので、上記の（二）（三）（四）の三種の誤りになることを繰り返し論ずる（一〇・三）。別異の否定がアートマンの否定だからであろう。彼はこの章では pratītya（縁って）や upādāya（依拠して、取得して）でなく、専ら apekṣya を用いている。この語は、期待して、顧慮して、予想してなどを原意とし、羅什が「待って」と訳すように、二者が各々論理的に又は時間的に先に存在し生じる他方の存在を予想して、相依り相俟って成立し存在することを意味する。別異ということは、火と薪が「他のものを待たない（nirapekṣa）ことになるので」（一〇・三a）上述の誤りになるというのである。

このように龍樹は火と薪とを同一でも別異でもないと否定すると、同一でもないし別異でもないが、火は薪を取得して現に燃焼しているというプドガラ論の主張を念頭に、それを裏から薪の側から捉えて、「「薪は現に燃やされているものである」と考えるならば、「燃やされているもの」というその限りのものであるとき、薪は何によって燃やされるのか」（一〇・四）。薪が燃えているものであるので、燃やすものである火は無用であり、火と薪がいわば合体しているので同一ということと同じことになる。

さらに別異とは火が薪とは独立した別個の存在であることであるので、薪を燃やすためには火に到達し合体しなければならないが、本性的に別個の火が薪に到着し合体することはない。「別個のものは到着しないであろうし、到着していない〔火〕は焼かないであろう。さらに焼かない〔火〕は消えないであろうし、消えない〔火〕は固有の相（svaliṅga・自相）を所有して存続するであろう」（一〇・五）。これは燎原の火が草原を焼け尽して消える日常経験を逆手に取って薪と別異の火を否定していることになろう。対論者はこの否定に対してこれまた日常経験される別個の存在である男と女の例によって反論する。「火が薪より別のものであるならば、〔火は〕薪に到着することができるであろう。〔別個の存在である〕女が男を〔結婚によってか〕獲得し、男が女を獲得するように」（一〇・六）と。それに対して龍樹はその類例を無視して、火と薪の別異性が「相互に相容れない」（tiraskṛta）点を強調して、「別のものである火は確かに薪に到着できる」が、別異でないのでできないと否定する。

次に龍樹は火と薪が相互相待的に存在するという見解を否定する。「火が薪に相待するならば」（一〇・八a）、ということは、火が薪の存在を予想し、前もって存在することを期待していることを意味する。そこで薪が火よりも時間的であれ論理的であれ、先に存在する（pūrvaniṣpanna）ことになるし、逆の場合、「薪が火に相待するならば」（一〇・八b）、火が薪より先に存在することになるが、「この両者は相互に相待するのであるからどちらが先になるのか」（一〇・八cd）と龍樹は問い、「火が薪を待っているならば既に成立されている既存の火の成立となり、そうであれば薪も火のない〔燃えていない、ただの薪〕となろう」（一〇・九）と帰謬すると、次に彼は純粋に論理的に相待という概念を分析して相待する側と相待される側との関係の論理的矛盾を論じる。他のもの（A）に相待して成立する、即ち存在する相待される側の事物（B）が逆に相待して存在する（A）に相待して成立するならば、どちらがどちらに相待するのか（第一〇偈の取意、補註二三九頁参照）。その誤謬を第一一偈で「（一）相待して成立し（存在し）ている事物は〔相待する以前には〕成立し（存在し）ていない〔のであるから〕どうして相待しようか。（二）或いはもし成立し（存在し）ているものが相待するとするならば、〔既に存在するのであるから〕成立されているものには相待は妥当しない」と列挙し、第一二偈で結論として火は薪に相待しないし相待しなくもないし、逆に薪は火に同様であると、ここでも否定の否定をも説いて相待性の否定を終える。プドガラ論者が同一とも別異とも不可説であると説くのは、龍樹のこの否定を回避するための修正ではなかろうか。

　相待性を否定すると、龍樹は火と薪の同一と別異の否定を別の角度から取り上げて、「火は別のもの（anya）よりも来ないし、薪の中にもない」（一〇・一三ab）と外来か内在かとして両方の見解を否定する。註釈者は「別のもの」を薪より別のものと解釈した（次の五種の考察の（二）参照）ようであるが、薪を別のものと表現したまでのことであろう。偈の後半で龍樹はそれ以外に論じるべき残余の課題として「焼かれたものは焼かれない」等の過去、現在、未来の三時の状態によって火と薪を否定することが必要だとするが、彼はそれを第二章の第一偈の已去等の否定の論証方法を説く第二偈以下を適用すべきであると説いて省略している。

　最後に龍樹はこの比喩に関して「（一）火は薪でない。（二）火は薪より別の場所にない。（三）火は薪を所有しない。（四）と（五）薪は火に、火は薪にない」（一〇・一四）という五通りの考察（詳しくは解題上、一六九―一七〇頁、第二二章第一偈の解説参照）を説いて結論とする。第一偈の同一と別異の否定はプドガラ論に沿ってディレンマで否定したのであろうが、前偈では別のものから来ないとか、薪の中に存在しない等と見方を変えて論ずるなどしたように、最後にその関係を細分して五種に分けて否定する原始経典の方法を用いてあらゆる可能性を否定しようとしたのであろう。

　第二二章の第一偈もこの五種の考察を説くが、その場合は比喩でなく本題である取得者と取得、如来と五蘊について論じている。恐らくこの章で結論として五種の考察を比喩について説いたものをプドガラと五蘊という本題を論ずる第二二章では冒頭で取り上げて、如来と五蘊の関係をすべて否定した上で「ではここで如来は何ものか」と改めて問い、プドガラ論の否定に入る。他に五種の考察に言及する章に第一六章や第二三章があるが、五種の内容には入らないのは第二二章の後で著述されたからでなかろうか。

　次の第一五偈でこの火と薪の比喩が本題であるプドガラと取得の構造の解明であるだけでなく、龍樹もそれが粘土や糸からなる瓶や衣等の日常の諸事物（次偈参照）に適用されることを説く。最後の第一六偈は偈文が若干曖昧なためか註釈者の解釈は二分されているように見える（第一〇章補註19参照）。今は比較的穏当と思われるＴ訳を採ると、「自我と諸事物が同一（satattva）と別異であると説く者たち、彼らを私（龍樹）は〔仏の〕教えの意味を知る者と考えない」となる。

13　第一一章　原始経典の説く「本際は知られない」の真意

龍樹は第一偈でSN II, p.178の世尊の教説「輪廻は無始終（anavarāgra）である」と「本際は〔無知な衆生には〕知られない」という。教説の中核となる二経文を引用して、主題が原始経典の説く本際が知られないという教えの真意の解明であることを示す。これが取り上げられたのは、この教えが本際は知られないだけで存在はするという見解や後際に言及していないことは後際がないことであると主張する人々が現われたからではないかと考えられる。特に後際を説いていないという主張は経文のanavarāgraのパーリ語であるanamataggaを「無始の」（高崎『宝性論』二八〇頁、七一註三参照）とかＴ1の偈cでは「前、初の際のない」とか、「始か或いは終なしの」（cf. BHSD, s.v. anavarāgra, -tā, pp.21–22）という語義解釈がなされていたということであるから、それを論拠にしていたのではなかろうか。そういう人が少なからずいたであろうことは龍樹が第六偈で「人々はこれを生、これを老死とどうして戯論するのか（prapañcayanti）」と複数形で述べていることからも窺える。それに対して龍樹自身はこの複合詞が無終始の意味であることを偈dで「それには始めもないし終りもない」と敷衍して繰り返すことによって明説している。このことによって彼はこの原始経典の説く仏説は釈尊自身が不始不終の双否である空を真意としていること、換言すれば、龍樹はこの章でも原始仏教も空の立場を説いていることを明らかにしようとしていたことになる。

龍樹は第二偈で始も終もないものには中間もあり得ないと断言すると、この章では輪廻だけでなくすべての事物に前、後、共在（saha）の順序（krama）があり得ないことが考察の対象であるとし、第六偈でその順序があり得ないと結論を下す。第三、四偈で彼は十二支縁起の第十一支の生と第十二支の老死を取り上げる。日常的には一般に輪廻の一生涯は生で始まり老死で終ると理解されているので、生は輪廻の本際で老死は後際ということもできるであろう。第三偈はこの先後の順序の不成立を帰謬によって論ずる。第四偈では逆に生が後で老死が先の場合を論ずる。或いは転生の際には前世の老死が先で今生の生が後であることになることを論じているのかも知れない。この場合は生が常に老死の後になるので生という因のない老死はあり得ないという誤謬によって否定される。第五偈は生が老死と共在の場合を論ずる。共在は『中の頌』では同一ではなく二者が相い伴って一緒（処）にあるという意味と同時にあるという意味で用いられている。ここでは龍樹は「生じつつあるものが〔生じつつ〕死ぬであろう」と帰謬するので、同時の意味で解釈している。このように生が老死の前でも後でも同時でもあり得ないと論ずると、第六偈で前後同時の順序が存在しない輪廻、すべての事物を「これは生、これは老死と戯論するのか」と論難し、第七、八偈ではすべての事物に適用されることを説くだけである。

このようにこの章で龍樹は輪廻に前後同時という前中後の三際の不成立がすべての事物に及ぶという思想的に重要な主題を取り上げているが、過去と現在と未来という三際の範疇も曖昧で、唯妥当しないと説くだけであり、涅槃の増益と輪廻の損減（一六・一〇）、さらには涅槃の際と輪廻の際の前後際断といった勝義・真実在に踏み込んだ考察（二五・一九、二〇）を欠く。戯論についても「これを生、これを老死」と言葉で表現できないと説くだけで、戯論寂静（帰敬偈、二五・二四）とか戯論の超越（二二・一五）という戯論の本質を論じていない。そもそも生と老死を前際と後際に取り上げたことも十二支に執われた見解であり、第七偈の因果、相所相、受受者の枚挙もアトランダムであり、第八偈で本際だけを否定しているのも「本際は知られない」という言葉に執われているといえよう。全体として内容に乏しい。

このように原始経典の中で誤解を招きかねないと考えたであろう語句を取り上げて、その真意が空であることを説いているものに第一三章があるが、後述するように、そこでもこの章と同じ傾向が見られる。恐らくこれらの章は空の論理が未だ充分に固まっていない『初期の論攷』に近い時期の著述ではないかと考えられる。

14　第一二章　人間存在、五取蘊という苦の否定

苦は一切皆苦という仏法の旗印（法印）が示すように、仏教の人間存在の現実相を表す基幹概念の一つに数えられている。仏教では苦は様々に捉えられているが、通俗的には四苦八苦の範疇が知られている。生老病死の四苦と愛別離苦等の四苦を合せて八苦とするが、最後の五取陰苦を除くと七苦は日常的な個々の人が感じる苦しみの感覚であり感情である。しかし四苦八苦の総括として五取陰苦が説

かれていることは、苦が単なる感情や情念ではなく、一切法である五取蘊という人間存在そのものであることを示す。龍樹がこの第一二章で取り上げた苦はまさにそのような五取蘊という苦である。

仏教では他には苦は教理の範疇の中で相対化されて論じられている。『中の頌』でも第二三章では無我・不浄・無常・苦の四不顚倒、第二四章では苦集滅道の四聖諦がそれである。これらの苦はすべて仏教の理論的体系の中では複雑に絡み合っているので苦の考察のためには無視することはできないが、しかしこの章の五取蘊苦の問題に焦点を絞るならば、初期の著作である第二六章の唯苦蘊が浮び上る。人間存在、生存は十二支縁起の生・老死・憂・悲等の唯苦しみのみの集り（蘊）であるという認識である。この唯苦蘊の縁起については既に第二六章の際に詳述した（解題上、三〇―三三頁参照）。そこでは龍樹は問題の発端となる十二支の第十支の生存を「私のものであるという取得があるとき、取得者の生存がある。その生存は五蘊である」と特に詳しく説いている。このことは唯苦蘊、苦の集りが生・老死等の感情の集りではなく、五取蘊、即ち身心の現象の集り（kāya・身体）という人間存在そのものが苦であることを彼が初期の著作の時期に既に認識していたことを物語る。そういう意味ではこの章は思想的に第二六章に近いのではないかと考えられる。

龍樹は第一偈で苦は自身で作られた（以下自作）、他のものによって作られた（他作）等の四句分別の四見解の提唱者を挙げ、「しかし苦は作られたもの、結果ではない」と否定する。第二偈で「自作ならば縁っていないであろう」と説き、縁っていないことが誤謬であるのは「これら〔現世〕の五蘊はそれら〔過去世〕の五蘊に縁って生ずるからである」とその理由を挙げる。この偈によって苦が五蘊であることが龍樹の見解であり、「縁っている」が輪廻転生の際の前の生存に縁って後の生存が生ずるという特定の意味の縁起であることが明示された。第三偈で龍樹は他作を取り上げ、「これら〔現世の五蘊〕がそれら〔来世の五蘊〕より別であり、或いはそれらがこれらより異なるならば、苦は他作であろう。他であるこれらによってそれらが作られるであろう」と説く。偈aの「これらがそれらより別であるならば」という仮定と偈bの逆の場合を何故仮定しないのかは不明、別のものであることの単なる強調なのか。註釈は皆偈に従うだけである。龍樹は現世の五蘊と来世の五蘊が別のものであれば、現世の五蘊によって来世の五蘊が作られるであろうと他作の成立の条件を提示する。

第四偈では苦を作る人（プドガラ）の自作を取り上げる。「苦が〔その苦〕自身の人によって作られたのであれば、それによって苦が自身によって作られた〔ことになる〕その苦のないその〔苦〕自身の人は何者なのか」。人は輪廻転生し、自業自得する輪廻の主体である。人《プドガラ》論では『倶舎論』などによれば、人は五蘊と同一とも別異とも不可説とされる。『無畏』以下はこの定義を容認しているが、龍樹はこの章でもこの定義に言及していない。彼は苦の自作をsvapudgalakṛtaとし、次偈では他作をparapudgalajaとする。これは苦が「他の〔苦の〕人より生ずる」ことを意味するので、それに合わせると自作を「〔苦〕自身のプドガラによって作られた」と解釈していたことになろう。この苦と人の関係は「苦、即ち五取蘊に依存して人が表示され、人という名称で名づけられた〔ものとして存在する〕」と規定されており、龍樹も第二二章ではこの規定を使用しているが、この章では用いていない。この章では両者の関係は「苦自身の、恐らく或る苦自身が所属する人」、裏から言えば、人に苦は所属するという関係で理解されていることになる。そこで第四偈は「或る特定の苦である五取蘊がそれが所属する特定の人・人によって作られたと仮定し、もしそのプドガラが作る前には苦は作られていないので苦・五取蘊のないそのプドガラによってその苦が「その苦そのものによって作られた（自作）」と言われる、そのプドガラとは一体どのようなものなのか」と問い質す。

第五、六偈では他作を「他の人《プルシヤ》より生ずること」と定義する。或る人の苦が他の人によって作られるので、第五偈では苦を与えられる〝或る人〟は与えられる以前には苦はないので、苦（五取蘊）のない〝或る人〟がどうして存在しようかと、第六偈では苦を与える〝他の人〟は作る以前には苦はないし、苦を作っても与えてしまうので苦がない、その、苦（五取蘊）のない〝他の人〟は何者かと問い質す。問責の形を取っているが、自他の人の存在の否定であることは言うまでもない。『無畏』、仏護、清弁は第六偈を欠く。理由は不明。羅什にあるので、梵本が原本であったであろう。第四―六偈は文章が晦渋で、第三偈も前半が曖昧である。恐らく龍樹がこのプドガラの問題に慣れていなかったからか、彼の時代にはプドガラ論が未完成だったからではなかろうか。

第七、八偈は自作と他作の否定の論証である。第七偈は他作が他の人にとっては自作であることを論拠にして、他作は自作が不成立ならば、自動的に必然的に否定されたことになるという。これは第一章の第四偈cdの「自性がないとき他性は存在しない」と同じ論理である。第八偈abは前偈の自作の不成立の理由がそのものがそのものを作る、即ち自己原因という意味で自性であることによって不成立となるし、cdは前偈の他の者にとっては自分が作ったのであるから他作は自作であることを「他の者が自ら作ったのでないならば、どうして苦は他作であろうか」という仮言的論証によって立証する。

第一章と異なるのは、この章では形骸化されているが、四句否定の第三、四句をも第九偈で説いている点である。第一章より前に著述されたのであろう。第三句の共作は自と他の各々（ekaika）によって作られたならば、両者によって作られたことになろうと、第三句の共は第一句と第二句に還元されており、第四句の不共は第一章と同じように「因のないもの」（ahetuka）であるが、その「因のない苦」を「他の者が作らず、自身が作るものでない（parakārāsvayaṃkāra、第一二章補註10参照）苦」と解釈し、第四句の不共は第一句の自作と第二句の他作を各別に否定することだとする。月称の『明句』のチベット訳の章題が「自作と他作の考察」となっているのは誰が改題したかは不明だが、この章の一面を捉えているといえよう。

冒頭の自作等を主張する者が部派仏教の中にいたかは詳しくないが、苦を結果とする見解に龍樹が四句分別を適用したのであろう。その見解は第二偈以下が苦、五蘊と五蘊を転生するプドガラを説くのでプドガラ論者であろう。註釈者達はプドガラ論の思想を取り上げ、対論者がプドガラ論者であることを鮮明にしているが、龍樹はプドガラ論に深入りしていない。というよりも彼の時代にはプドガラ論が未成熟であったのではなかろうか。最後の結論を説く偈で彼は四種の作（結果）がないのは内の苦だけでなく外の事物も同じだと締め括っているので、上記の改題のあることなどから見てもこの章は目的も取り留めのない龍樹の過渡期の思索の跡を留めているのではなかろうか。

15　第一三章　初期の空の論理

この章は後期『中の頌』の中では『初期の論攷』と比較的に近い時期に著述されたものと推定されている。空性を主題とするので、龍樹が空性をどのように受容し、論理化していったか、彼の初期の空性観を知る上で重要な章であるが、思想が未成熟なためか却って難解である。補註でも詳述したが、繰り返しになることを厭わず、この章の空観を改めて検討する。

この章の題名は『無畏』等では「真実」（tattva）である。龍樹自身がこの章を著述した時期の命名と考えるならば、諸行の、或いは寧ろ、欺惑を本質とする虚妄という仏の言葉の真実相（tattva）の解明に焦点を合わせていたのであろうから、章名を「真実」としたのではないかと考えられる。しかし後に他の諸章を著述していくにつれて、空の思想や真実の理解が広まり深まり、論理的展開も精緻になるにつれて、『中の頌』全体の中で真実を論ずる章としては上述の第二四、二五章や第一八章の方がより本格的になったので、この章の章題を「真実」とすることに違和感を感じた羅什や月称は、章題を「諸行」という、平凡であるが、他の多くの章と同じようにその章で否定の対象となる事物に改めたのではなかろうか。

しかし龍樹は諸行という語を第一偈で一度用いているだけである。それでは章題とするには相応しくないと考えたのか。羅什は量的には第一三章の彼の訳文全体の約半分近くになる彼自身の諸行の解説を傍論として加えている。これは彼の章題「行」（への変更）を正当化するためかとも考えられる。

第一偈は「「欺惑を本性とするもの（moṣadharma）、それは虚誑である」と世尊は説かれた。そしてすべての諸行（saṃskāra）は欺惑を本性とする。それ故にそれら（諸行）は虚誑である」であるが、この偈で先ず問題になるのは、仏が何経で説いたかである。その点では第二七章第一偈の場合と同じように『無畏』が手懸りを与えてくれる。『無畏』は「経に「欺惑を本性とするもの、それは虚誑である。比丘らよ、この欺惑という本性のない（amoṣadharma）涅槃は最勝の諦（paramaṃ satyam）である」と説かれている」という経を引く。この経文から見て、龍樹はこの経文の前半によって第一偈のａｂを作偈したと考えられる。しかし経名は明かしていない。その点は先に述べた第二七章の場合と同じである。このことからもその際推測した龍樹の出身母胎の文化的背景や環境はこの場合にも当て嵌るのではなかろうか。ただしこの場合は羅什訳は『無畏』の直訳といってよく、『無畏』が殊更に「経に」という語句を偈の中にまで持ち込んで仏経所説と言い、註釈でも「仏経中に」と経に説かれていることを強調する。偈をこのように読めば、仏説の欺惑や虚誑を、諸行の本性であり、仏の経文中の虚誑が諸行のことであると説いたのは龍樹ということになる。

仏護、清弁、月称も『無畏』の引用経文を経名には触れずに採用する。その点では第二七章の場合とは異なる。恐らく原始経典にも類似の経文（補註二七八―二七九頁参照）が見られるからであろう。それら別の経典では「諸行が欺惑を本性とする」とか「虚妄である」と説かれていることから、彼らは第一偈を「「世尊は欺惑を本性とするもの、それは虚誑であり、すべての諸行は欺惑を本性とする」と説かれた。それ故にそれら（諸行）は虚誑である」と読んでいることになるので、諸行が欺惑であると説いたのも龍樹でなく経文となる。龍樹の作偈に忠実な読み方は『無畏』、羅什の方であろう。

諸行は言うまでもなく十二支の第二支の行であり、五蘊を五蘊たらしめ、世俗の一切法、則ち輪廻の根本条件（saṃsāramūla）である形成の作用であるから、仏護等の挙げる別の経を俟つまでもなく、龍樹が「諸行は欺惑を本質とし虚誑である」と主張したことは極めて自然であるが、彼が虚誑等が殊更に仏説であることを強調したのは、それらの語が仏教の中で余り重視されず、原始仏教の基本的体系の基礎概念として定着していなかったことを物語るであろう。『明句』の独訳者は「欺惑を本質とする」という語が原始仏教の古い層のスッタニパータ（Sn 757）等に既に用いられていることを指摘している。それらは庶民に向って釈尊が語った、いわば説法の言葉であって、思想の術語ではない。庶民の感情というか心情というか、人々の情緒に訴えかける言葉である。このような心理主義的というか情念論的な用語は理論的な体系に組み込め難い。龍樹はそういう言葉で釈尊が語った真意は欺き惑わすという語の直接的な意味でなく、諸行が空性であることであり、それがこの章の主題であることを第二偈で説示している。同じ大乗の論書でも『宝性論』では三宝の中の法が究極の帰依処でないことを論じて、道は有為相に含まれるが、そういうものは虚誑・欺惑を本性とするもの（mṛṣāmoṣadharmin）であり、諦でなく、無常であるからだ（RU, p.19, ll.1–3）とするので、一応理論上の概念として用いられているが、そもそも如来蔵思想は、如来の胎児といった譬喩的な言葉を形而上学の基本概念とする立場であるから、龍樹の論理主義の存在論とは言葉に対する考え方が異なるし、或いはこの第一三章で龍樹が虚誑等を空性だと主張したことによって、それらの言葉が大乗仏教界では思想の術語としての市民権を得たのかも知れない。

第三偈からは空性が論じられている。鍵となる言葉は変化、変化した状態（anyathābhāva）である。この語には虚偽・虚妄を意味する使用例もある（cf. MW）が、この語を虚誑の哲学的意味として始めて用いたのは龍樹でこの章の第三偈と考えられる。『中の頌』では第一五章でも用いられているが、同章では説明の言語表現も明確で整理され、思想も反対の状態という意味を採ったのであろう。同じ変化でも状態の変化でなく、有の無への変化の意味に改められている。このことも第一五章がこの章より後で著述されたことを示すであろう。

龍樹は空性が自性を否定することによって無自性であることを明らかにした。その見解は後期の第二五章の中では比較的初期の著作と考えられるこの章でも認められる。第三偈のａで事物の無自性と説き、それをｄで事物の空性と言い換えているからである。第四偈では自性があってもなくても変化した状態はないというディレンマ、第五、六偈では変化した状態が見られるものとそれ以外のもののディレンマによる否定であるが、龍樹は第五偈ではそれを若者と老人、第六偈では乳と酪という日常経験上、時間的に前と後にある状態を実例によって示す。第七偈では時間的ではないが、論理的前後関係によって、空でないもの（不空）があれば空もあるでもあろうが不空がないので空もないと説いて、相対的な不空と空の一方向的な否定によって空性が空の否定であることを結論とする。これは十二支縁起の逆観が示す「なければない」という論理の不空と空への適用である。このこともこの章の著述の時期には未だ縁起の相互相待性は見られないので初期の縁起と空の段階を示すと考えられる。

第八偈の「諸勝者によって空性とはすべての見解の出離（niḥsaraṇa）であると説かれた。しかし空性の見解を懐く人々を不治の人と言う、不治であると勝者は説かれた」は空性を論じ、それなりに思想としては論旨は筋が通っているが、前偈の空性論とは視座が異なるので直接的な関連は認め難い。それだけでなく、特に思想史的には問題を孕んでいるし、使用言語も他の章や偈とは異なる。

先ず漢訳を参考に差し当り出離と訳した niḥsaraṇa はここだけで用いられている。後半の不治の人という医学的な用語と対応させて、見解という病を除く治療法（means, expedient, remedy to get rid of, cf. MW, s.v. niḥsaraṇa）を意味するであろう。見解の棄却は既述のように第二七章の主題であるが、その場合は prahāṇa であって、見解を論理的に否定し、見解が存在でないことを示す理論的概念であって、実践上の手段ではないので、第二七章の見解の棄却とは直接的な結び付きはない。

偈の後半の空性という見解（śūnyatādṛṣṭi・空見）は『中の頌』の中では他の章では取り上げられていない。この空見が病でありそれこそが不治であることは、『大宝積経』の「迦葉品」第六五節に殆ど同じ文言で説かれている。清弁はその「迦葉品」の病の比喩を用い、月称は「迦葉品」の第六四、六五節を教証として引用している。この二節は経典で空見を説く恐らく唯一の箇所なのか、『宝性論』も第六四節の「須弥山程大きな我見でさえも増上慢の人々の空見よりもましである」を教証として引用している。「迦葉品」のその前後（第五二—七一節）は「諸法の真実の観察」（bhūtapratyavekṣā）である中道を説き、第五三—五五節は五蘊、六界、六根の各々が恒常と無常の二辺の捨離等を、さらに十二支縁起の各支が無明と無明の滅（＝明）や行と行の滅といった二辺を捨離した観察（第六二節、ここでも十二支は根拠付けという縁起の本来の意味を失っている）を説き、次の第六三節ではその観察は空性・無相・無願の三三昧に及ぶ。第六三節の冒頭の「空性によって法を空にするのでなく、法こそが空である」という仏の教説は深遠な哲理を秘めているが、前半は空性を自性の否定とする中観派の批判とも読め、後半は事物が本性として実在するという本覚思想とか自性清浄心を支持するとも読める。「迦葉品」では空性を法、則ち一切の事物の不変の本性としたと言えよう。このように「迦葉品」は中道を法、事物の真実相の観察とするなど、龍樹の中観、中の観察と極めて近い思想的立場に立つが、根本的に異なるのは、龍樹が二辺を離れた中道、中観を相互相待的に成立する実体的根拠のない無根拠の縁起の立場に進展させたのに対して、「迦葉品」はすべての法を反対概念と相対化し、十二支縁起の各支分までもその支分の滅と相対化し、中道を相対的な二辺を否定する立場という段階に最後まで留まっている点にある。

空見とはすべての見解を否定することである空性をも相対化し、空性はあると認識することである。「迦葉品」は思想史的には空性の立場を提唱し、確立し、隆盛となったであろう『般若経』を信奉する教団に対する批判であろう。如来蔵思想を説く『宝性論』は究竟の教義・経（uttaratantra）であるというように『般若経』を超えた究極の教を説くとする。『般若経』が「心は心でない（無心）」という空の立場であるのに対して、「心の本性は清浄である」という立場に立つので、自己の如来蔵の思想を正当化するのに、「迦葉品」の空見に対するこの激烈な攻撃は最も有効な教証と映ったのであろう。このように空見の批判は思想史的には空の思想が確立され成熟した時期に空の思想を主張し信奉する人が陥る陥穽である空への執着、空を「ある」と確信する思い上りに対する警告である。それに対してこの章は第二偈が明示するように仏説が空であることを論証しようとする一試論とでもいうべきものであり、龍樹が空の立場の確立に努めたであろう時期の思索の軌跡である。そういう龍樹が空観の信奉者が陥るでもあろう誤りを見越して空見に警鐘を鳴らす必要を感じるような精神的境位にあったとは考え難いであろう。

『中の頌』には時に悟りの主体的実践の陥穽としてこの第八偈と同じ意義の逆転を強調する逆説を説く偈が見られる。例えば第一六章第九偈は輪廻における取得の把握（graha）よりも無取得者（anupādāna）の涅槃の把握の方が取得の大把握（upādānamahāgraha）であると説く。しかしその偈の場合は同章の前の偈までが説く輪廻と涅槃の理論的解明や特に取得の哲学的考察と思想的には同レベルの思想の実践上の問題である。それに反してこの章の場合、第七偈までの空性の考察は未成熟であってギャップが大きい。その点からもこの第八偈は後代の竄入ではないかと考える。その他にもこの偈は仏を勝者（jina）とするが、『中の頌』では他にない。また偈の前半と後半は逆接（tu）で結び付けられているのに前半では「説かれた」（proktā、過去分詞）、後半は「説いた」（babhāṣire、単純完了）と各々が仏説ではあるが別々の教説であるとしているように見える。

16　第一四章　根境識の結合―世間の認識の否定―

見られるもの（境）と見ること・作具・作用（根）と見る者（識）は日常経験・認識を成立させる三要因と考えられている。註釈者は日常世間でも一般に人々はそれを認めていることから、三要因が別のものであることは日常経験上の事実であるという反論を想定して論じているが、龍樹は第一偈で「これら三要因は二つずつでも、三要因すべてでも相互に結合することはない」と説くので、この章では説一切有部の根境の十二処説や経量部の根境識の十八界説を念頭に置いて、そのどちらの立場でも二要因や三要因の結合があり得ないことを論じてアビダルマの有の立場を否定しようとしたと考えられる。彼は第三偈でその「結合とは〈他のもの〉の〈他のもの〉との」関係であると定義する。一般には別々であるといった程度のanyenānyasyaを厳密に二、又は三要因が〈別のものであること〉（anyatva・別異性）、即ち自性として別のものであるとして、そういう自性として独立しているものの間に結合は考えられるが、「視覚の対象等の根・境・識には別異性がないので結合はない」と主張する。

　この章で最も重要な論点は第五―七偈で説かれている結合の無存在の論証であるが、龍樹はそこでは直接結合を取り上げるのでなく、結合の前提となる「別のもの」の否定を論じる。これら三偈は次のようなものである。

〔第五偈〕　別のものは〔他の〕別のものに縁って（pratītya）別〔のもの〕である（a）。別のものは〔他の〕別のものがなければ別のものでない（b）。

或るものが〔他の〕或るものに縁っている〔とき〕（c）、そのものは〔他の〕そのものより別のもの（tasmāt tad anyad）ではあり得ない（d）。

〔第六偈〕　もし別のものが〔他の〕別のものより別〔のもの〕であるならば、〔他の〕別のものなしでも存在するであろう（ab）。

その別のものは〔他の〕別のものがなければ、別のものではない。それ故に〔その別のものは〕存在しない（ｃｄ）。

〔第七偈〕別のものにも別でないもの〔それそのもの〕にも別のものであること（別異性）は存在しない（ａｂ）。別異性が存在していないとき、別のものもそれそのものも存在しない（ｃｄ）。

龍樹は第五偈ａｂで先ず「別のもの」と「別のもの」は縁起の関係二項として相互依存性に基づいて相対的に概念（仮名）としてのみ成立するものであるので、別のものは他の「別のもの」とは独立した自性として存在するものではないと説く。次に偈ｃｄでは「これあれば〔別の〕これあり」という或る〈これ〉を条件として別の或る〈これ〉があるという縁起の定式を用いて、縁起する関係二項が別ではあり得ないことを論じる。この論理は第一八章第一〇偈の「或るものに依存して或るものがある〔ならば〕（ａ）、確かに先ずそれ（依存してある或るもの）はそれ（依存される或るもの）そのもの自身（tad eva tat）ではないし（ｂ）、それはそのものより別のものでも（anyad api tat tasmād）ない（ｃ）。〔それ故に〕不断不常である（ｄ）」のｃに相当する（ｂに相当する同事性の否定は次の第七偈に論じられている）ので、この偈のｃｄでは「別のもの」と「別のもの」という条件が明示されていない。註釈者の解釈が異なり混乱が見られるのはそのことによるのであろう。

第六偈は縁起を離れ、空の立場で自性有の立場を、別のものが他の別のものと独立して存在するとしても存在しないとしても誤謬に陥るというディレンマによる否定を説き、第七偈も「別のもの」の自性である「別のものであること」（anyatva・別異性）は「別のもの」にも「別でないもの」（ananya）という二者択一のいずれにもないというディレンマによって「別のもの」の自性有を否定する。この「別でないもの」は「それそのもの」以外にはないから、「それそのもの自身」（tad eva vā）も存在しないのであり、第一八章第一〇偈ｂの「それはそのもの自身でない」（na ... tad eva tat）に相当する。このようにこの三偈では「別のもの」と「別のもの」の存在の否定と二者の同一性と別異性の否定を同時に論じようとしているので、第一八章第一〇偈のような論理的な明解さを欠いているし、最後の第八偈の「それとそのものの結合と別のものの別のものと〔の結合〕は妥当しない（ａｂ）。結合しているもの（視覚）と結合されたもの（視覚の対象）と結合する者（見る主体・識）とが存在しない」は、前半では第五偈の同一のものにも別異のものにも結合がないという結論、後半は更に遡って第一偈の視覚の対象と視覚と視覚の所有者（見る者）という三要因を結合という視点に立って言い換えた「結合しているもの」等が存在しないという結論を説く。このように三要因の結合は第一、二偈と第八偈で主張し結論するだけであり、第二、四偈の他のものへの適用は他の章にも見られるように一偈に纏めれば済むものであることなどをも含めて、主題と論述が充分に整理されていない。恐らく第一八章より前に著述されたものであろう。

17　第一五章　有無の考察

龍樹は第七偈で「『カートヤーヤナへの教誡』の中で有と無とに通暁する世尊は「ある」と「ない」という二〔辺〕を否定された」と、有無の二辺の否定の教証を挙げている。彼がここで教証を提示したのは、第六偈までの有と無との否定の論証だけでは世間や特に有部の法実有論者を完全に納得させ、有無の否定を受容させがたいと感じていたからではなかろうか。彼はこの『中の頌』の中で何回か経文を教証として引用するが経名まで明示しているのは他にはない。龍樹は特にこの有無の否定の場合は実在する経名を挙げて説かなければ、唯「仏が説かれた」というだけでは、真に仏説であろうかという疑念を晴らすことにならないと考えていたのではなかろうか。恐らくこの経文以外にこの思想を説く経文がなく、一般にこの思想は知られてもいなかったのであろう。この偈の註釈で月称が殊更にこの『カートヤーヤナへの教誡』はすべての部派で仏説と認められていると述べているのも有無の否定が仏説であることが、インド仏教界では一般に承認されていないことを反映しているといえよう。現代の中観思想の研究者にとっては有無の二辺の否定は、余りにも繰り返し論究されてきているので、その重要性が却って看過されてしまっている嫌いがあるが、中観思想の最初の開拓者である龍樹にとっては、中観思想の成否に係わる最初の最大の難関であった。有と無を誤った認識の所産であると説得することは実際至難のわざである。龍樹が二辺の否定を説く仏に「有無に通暁した」という形容詞を付しているのは、有無の否定は有無を外から論破できるものでなく、有無を真に知る、いわば有無の実相を覚った仏だからこそ、有無の真実が有無でないことを説示されたのだという彼の思いが込められているように思われる。

この章の主題が縁起と自性との矛盾に基づく否定であることは第一章と共通する。恐らくこの章も第一章と同じ時期に著述されたのであろう。第一章はその中で縁起に焦点を当てて、四縁の否定によって不生を立証しようとするのに対して、この章では縁起が背景に退き、有と無の否定が主題となり、さらに有無の二辺を離れた中道の確立が目的となる。それは又、八不でいえば、第一、二章が不生（不滅）と不来不去の縁起であるのに対して、この章は不常不断の縁起の立証である。

第一章のように、龍樹はこの章でも四句分別の論理を採用し、自性・他性・有・無を四句とするが、この四句は第二七章で説かれた有・無・有無（共）・非有非無の代表例とする四句の公式というか基本的定式とは同じとはいえない。変則的四句とでもいうか、或いは龍樹が四句を変えて二重の二者択一の論理としたといってよいかと思われるものである。第一章等では四句でなく第一、二句だけとしている。この四句の解釈で問題となるのは第三句の「有」で、第一句の自性も「有」であり、第二句の他性も「有」であるから、第三句だけが有とはいえないからである。この問題は後に少し詳しく考察する。

第一偈で龍樹は第一章の第四偈のように「因と縁」と自性の関係を取り上げ、（一）因と縁による自性の生起はない。（二）因と縁によって生起した自性は作られたものである、という二面を説く。（一）は第一章の第四偈の縁と自性の関係を言い換えただけである。（二）はこの章の有無の否定の出発点となる因縁生であれば、自性は作られたものであるから自性と矛盾する。自性は存在しない。これは有部に対する論駁の第一声となる。

自性は周知のように有部が説く法は「自相を保持する」（任持自性）と定義される個物のそのもの自身に固有の特徴・性質・属性であるが、自性というときは、固有の本質存在といった意味であろう。有部では自性を保持するということは実有・実体として（dravyatas）存在することである（櫻部『界・根品』七八頁による）。要するに、個々の事物は固有の本質を保持して存在するというだけのことで、定義という程のものではないし、定義するまでもない自明の事実であったことを物語るだけのものであるとも言えるが、この自性の定義が仏教の哲学的思惟の原点となったという意味では画期的な発見である。龍樹は第二偈において自性が作られたものでないことを示すために、（一）自性を「偶有でない」（akṛtrima）、（二）「他のものに相待しない」（nirapekṣaḥ paratra）と定義している。どちらも否定的に規定しているだけである。特に（一）の akṛtrima は「作られたものでない」という意味であるから、実質的には「作られたもの」（kṛtaka）の単なる否定に過ぎないし、（二）も「縁起したものでない」といっているだけであるが、龍樹がこのような消極的で余り内容のない定義でも定義を述べたのは、彼が否定するためには、その対象である自性を有部よりも厳密に示す必要があったからであろう。

自性の定義は他には見られないようで、少なくとも中観派の註釈者はこの定義を『中の頌』の註釈の中では権威あるものとして自性の定義として引用し、採用している唯一のものである。

第二句の他性を龍樹は「自性が存在しないとき、どうして他性が存在しようか、というのは他性（parabhāva）は他の事物（parabhāva）の自性であると〔世間でも仏教でも〕語られているからである」（一五・三）と説く。仏教で説く「有」（bhāva）は存在するもの（事物）と存在の二重の意味を持つといわれているが、龍樹はここではまさに有の両義性を逆手に取って、parabhāvaを「他の事物」と「他の存在（他性）」と使い分けることによって、他性の意味を明確にしている。有部では「自性は他性に対し、「他のあり方から離れていること」（parabhāvaviyuktatva）である」（櫻部『界・根品』七八頁による）ようであるから、実際には他性は論ずるまでもなく、自明だとしているようである。龍樹の第三偈の文言だけから見れば、他性は他のものの自性であるから、第一句の自性の否定そのものが他性の否定であると論じているように読めなくもない。勿論龍樹はここでは或る事物（A）が他の事物（B）の自性を保持することをその或る事物（A）の他性と呼んでいるのである。偈で「語られている」というのはこの恐らく見馴れない他性の定義は龍樹が自分で下した定義でなく、世間か対論者である有部が語っていることだといっているのであろう。ここにも中観派の否定が中観派の主張ではなく、対論者が自己の主張の矛盾を自ら自覚し、自らの主張を自ら否定することであるという月称の主張の萌芽が認められる。第二偈の自性の定義も龍樹の主張ではなく対論者の定義であるが、この場合は改めて「語られている」と断わるまでもないからであろう。この偈は自性と他性は相対関係にある対立項であるから自性が存在しなければ他性も存在しないと説いているだけである。

四句分別の第三句を龍樹は「自性と他性なしで、どうして有があろうか。というのは、自性があり（ca）、他性があるとき、有は成立するからである」（一五・四）と説いて否定する。文章の意味は明白であるが、先に触れたように第三句の説明としては曖昧である。前半の「自性と他性の二者なしで」（svabhāvaparabhāvābhyāṃ ṛte）は並列複合詞と読んだが、これは自性と他性以外には有はないので、自性と他性なしでは有はないということであろう。そうであれば、第三句の意味を成さないように思われる。後半のsvabhāve parabhāve ca sati は前半と合わせて「自性と他性とがあるとき」という意味であれば、前半と相通ずるし、第三句の「共」を述べているように見えるが、sati は単数の依格である。「自性があるときと他性があるとき」では第三句の「共」とはならない。後半を『無畏』は

「自性と他性の二者がない有（dag ma gtogs paḥi dṅos po）と註釈しているが、仏護、月称は「「有」が存在する（分別される）ならば、自性か他性である」と説く。彼らは「bhāva は svabhāva か parabhāva である」と、有は自の bhāva か他の bhāva かでそれ以外にないと解釈していたように思える。そのためか、月称釈のサンスクリットの校訂者、プサンは parabhāve ca（と）を vā（或いは）に改めている。いずれにしても龍樹のこの四偈の所説からは「共」という第三句が独立した句としては見出せない。そういう意味では、この章の四句分別は四句というよりも、自性と他性は有の否定の論拠としての自他の分別と有無の分別の二重構造のディレンマによる否定と取る方が適確な理解ではなかろうか（一五・六）。

第四句に当る有に対する無は「有が成立しなければ、無は決して成立しない。というのは無は有の別の様相の状態（変化）であると人々は言うからである」（一五・五）である。この偈は無の不成立、即ち無が存在しないことの理由を無が有の変化（anyathābhāva）であることに求めている。この変化は第一三章で多用され、事物の無自性の論拠とされている。そこでは若者が老人に変わるという例が示すように、事物の状態の変化を意味するので、原語の語義に適合した意味で用いられている。ここではそれを様相の変化でなく、事物の存在そのものが変ることという意味に転用されている。要するにここでの無の否定は第二五章の無の否定のように、有と相待関係にある無は、対立項である有が存在しなければ存在しないというのではなく、無は有の変化であるといわれているから、有がなければ、ないものの変化もない。だから無もないという持って回った、余り意味のない理由を説いていることになる。無の否定の論拠としては第二五章の否定に至る過渡期の思想でなかろうか。しかし偈 d で「人々は言うから」（bruvate janāḥ）と言っていることは、先に第三偈の「語られている」について述べたと同じことがここでもいえるので、その意味ではこの否定の論証は対論における中観思想の基本的あり方を示すものとしては非常に重要である。無が有の変化というのは、龍樹にとっては自説でなく世間の人々が認めていることである。中観者には自説はないということである。

第六偈の「自性と他性、有と無を見る者、彼らは仏の教説における真実在を見ない」は、この章の主題である自性と他性、及び有と無との四句分別の理論的結論を説く。「仏の教説における真実在」は先に述べた第二四章第九偈の「二諦の区別を知らない者は仏の教説における甚深の真実在を知らない」と同じ真実在観を示すから、同じ時期の考え方を示すと考えられる。これらの思想を裏から肯定的に真実在の知を説いたものが、有名な『入菩提行論註』（*Bodhicaryāvatārapañjikā*）に説かれている「有でなく、無でなく、有無でなく、非有非無でない、四句を超えた真実在を中観者は知る」である。この「四句を超えた真実在の知」は実質的には龍樹にあった考えであるといえるであろう。龍樹は第二六章第一〇偈でも「真実在の見」を説いているが、その場合は、十二支の第一支の「無明を持つ者」（avidvat）は第二支の行即ち業を作るが、無明を滅した「明知の者」（vidvat）は真実在を見るので作者（kāraka）でないというのであるから、突き詰めていけば、同じ真実在の見となるであろうが、龍樹は第二六章では十二支の観察という、業を作らない智の修習における真実在の見を考えていたのではなかろうか。この「教説における真実在」がどのようなものかは、言うまでもなく第一八章第九偈に「真実在の定義（相）」として説かれているものである。

龍樹は次の第七偈で上述の『カートヤーヤナへの教誡』を挙げてこの章の主題である四句、有無の論証と教証を一応完了している。しかし彼は次に、

　もし「存在すること」（astitva）が本性としてあるならば、その（本性として存在することの）「ないこと」（nāstitā）はないであろう。本性の変化（anyathābhāva）は決してないからである。（一五・八）

　本性がないとき、何ものに変化があるであろうか。本性があるとき、何ものに変化があるであろうか。（一五・九）

と説く。この二偈は第一三章の第三、四偈と思想的に類似性が認められる。特に第九偈の場合は、「本性」を「自性」に改めると第四偈と全く同じ意味の文章となる。

第一三章の第三偈は「諸事物は変化が見られるので、無自性である。しかし諸事物は空であるから、無自性な事物は存在しない」である。第一三章では既述のように諸行を最初に取り上げている。龍樹はそこでは諸行を主として遷流、移り変わるという意味で捉え、若者が老人に変るという比喩を用いている（一三・五）ように、「事物が変化すること」と解釈していたのではないかと考えられる。変化し遷流する事物にはその事物に固有の自相、自性はあり得ない。これが第三偈の前半の意味ではないかと考えられる。この時期の龍樹は事物が常に別の様相に移り変るという現象が無自性の意味であって空性と即一であるとは考えていなかったと考えられる。偈の後半は、諸行が虚妄であるという仏の教えが「空性を説き明すもの」であるという龍樹の解釈の立場では、事物は前半で説いた

ような変化するものという意味での無自性はないことを説く。この無自性の否定も彼がこの章、この偈を説いていた時期には彼は無自性を変化とし、空性とは考えていなかったことを示すであろう。龍樹が空という語を用いた第二七章第二九偈（śūnyatvāt）に次いで第二回目の使用、空性（śūnyatā）を最初に用いたことになるのではなかろうか。龍樹が『中の頌』の中では時期的に後に著述したと考えられる第二二章以下、特に第二四章に空や空性の語が多用されていることは単に主題による用語の頻度の違いで済まされない、龍樹自身の思想の深まりがあったからでもあろう。般若経は空を説くが、その基本的立場は般若波羅蜜の論理・説き方（nīti）であり、空とか空性という語やその語を用いた思想の展開は必ずしも多いと言えない。単なる予想に過ぎないが、『般若経』の空性の思想は『中の頌』の影響を受けている面がかなりあるように見える。

先に訳出したように、第一五章の第八偈になると、龍樹の考え方は一変する。ここでは彼は始めて本性（prakṛti）という語を用いる。第九偈と共に四回用いる（他には一回、第一七章の第一四偈で不失法、業を行なうと失われずに残る法が善悪でなくそのものは本性として無記であるという場合に見られるだけである）。『般若経』は法性（dharmatā）を真実在（実相）とする立場であるから、本性の語は屢々見られるが、大乗仏教では「心の本性は清浄である」という如来蔵思想の根本命題が重要である。『般若経』にも比較的に早い時期にこの思想が竄入しているが、『般若経』は本来、自性清浄心とか三界虚妄唯一心作といった唯心論とは一線を画した「心は無心」の立場である。龍樹もその立場を堅持している。ただここで彼が本性の語を採用したのは、この本性清浄の場合に本性が含意する客塵とか有垢といわれる偶有的性質によって変化しない、不変性、本来性を強く示す点で、自性よりも適切だと考えたからであろう。自性の文法学的な語義も龍樹が与えた「作られたものでない」といった自性の定義もこの場合にはそぐわないからである。

第一三章の第三偈前半は、「変化するものは無自性である」と説く。換質換位すれば「自性は変化しない」であるから、この章の第八偈の後半の「本性は変化でない」と実質的には同じ主張となる。第一三章ではそのことから空であるから変化という意味の無自性な事物はないと論じる。第一五章では『カートヤーヤナへの教誡』の「存在する」と「存在しない」という用語を用いて、その教説を解説するので、章の流れ全体から見れば補遺というか附録と見えるが、最終的には論の主題の有無の否定が常断の否定であることを結論として説く。恐らくこれはこの章が八不の中の不常不断の縁起の論拠として説かれたことを示すであろう。

龍樹は事物が存在するということは本性をもって存在することであり、本性をもって存在することには存在しないこと、無はあり得ないと有と無が矛盾するものであることを説き（一五・八）、本性があってもなくても、何ものにも変化はない（一五・九）。第一三章第四偈のように自性の有無であれば、他性や第三句の「有」（bhāva）（自性と他性の共）はどうなのかという疑問が生じようが、本性の有無であるから、事物と無とに変化はないことになる。従って有と無とは変化即ち有為を成立させることができないから否定される。では「存在する」とは何か。「「存在する」とは常の執着、「存在しない」とは断の見解であるから、賢者は「あること」と「ないこと」を頼りにし（執着し）てはならない」（一五・一〇）。龍樹は最後にその理由として「自性として「ある」ものが「ない」ことはない。だから恒常に〔また〕以前には「あり」、今は「ない」、だから断滅に堕す」（一五・一一）と説く。

18　第一六章　束縛と解脱—輪廻にもあらず涅槃にもあらず—

インドの古代の宗教は正統派の諸哲学も仏教も人生の目的を輪廻からの解脱とする。今、すべてに共通する最も一般的、表面的な解脱の構造から、より内面的な構造を図示する。

（一）業の法則の束縛→解脱（解放）

（二）煩悩（業の原因）→涅槃（煩悩の火の消滅）

（三）迷妄・分別（無明の積極面）→悟り

（二）は小乗、部派仏教の思想であり、（三）は大乗仏教となる。しかし実際にはこのような順に素直には展開していない。龍樹が悟りよりも涅槃を主題とするのは釈尊の成道よりも涅槃が大事として受け止めていたからであろうし、分別の寂静である悟りよりも真の悟りが悟りでもないという空の絶対否定が大乗の初期に成立したからであろう。

章の名は束縛と解脱であるが、束縛され、束縛から解放されるものである輪廻するものは諸行と衆生である。「諸行」は第二六章でいえば、第二支の「諸行」であり、広くは有部等の法の理論での「輪廻するもの」であり、「衆生」は無明に覆われている者（二六・一）、取得者（二六・七）であり、一般的には第一六章第二偈が示すように犢子部のプドガラ（人）である。一方、束縛するものは取得（upādāna）であるから、構造としては第六章等の主題と変らない。しかしこの章では考察の主題は諸行でも衆生でもなく、この章の隠された主題は輪廻と涅槃であり、真実在が輪廻でもなく涅槃でもないことである。実際この章は一〇偈から成るが、最初の四偈と最後の二偈は輪廻と涅槃の考察で、章題である束縛と解脱が直接論じられているのは中間の四偈に過ぎないし、しかもそこでは束縛と解脱との本質や関係の考察はなされず、束縛と解脱は諸行や衆生が輪廻から涅槃へを実現する理論的論拠となり得ないことが説かれているだけである。この章で輪廻し涅槃するものから自我が除かれたのは恒常な自我には輪廻から涅槃への変化どころか、生存から別の生存への転生という輪廻もあり得ないからであろう。

彼は先ず諸行も衆生も常か無常かというディレンマを適用し、常な諸行も衆生も無常な諸行も衆生も輪廻しない（一六・一）。次いで彼は人《プドガラ》は蘊・処・界において五通りに考察されても存在しないので、輪廻する人はいない（一六・二）。五種の考察は第一〇偈と第二二章第一偈に説かれているが、ここでは五取蘊だけでなく、十二処と十八界という一切法の別の範疇においても考察されて存在しないことが念押しされている。この処や界という一切法にも五種の同一と別異の否定が加えられているのはこの章が第一〇章等よりも後に成立したことを示すのではなかろうか。「「取得から取得へ転生（輪廻）しつつあるもの」は「生存のないもの」（vibhava）であろう。そして「取得のないもの」（anupādāna）は生存のないものである。そのものは何もので何へ輪廻するであろうか」（一六・三）。偈の前半は「中有」（antarābhava）を念頭に置いた輪廻の否定であろう。現世の取得と来世の取得との間は「取得のないもの」であり、取得は十二支の第九支であるから、「取得のないもの」には第十支の生存（bhava）がないことになる。この場合はしかし修行道としての十二支とは関係がなく、強いて言えば、逆観の順序によって取得と生存が共に存在しないことに過ぎないであろう。輪廻の主体の否定を以上で終え、龍樹は第四偈では「諸行と衆生の涅槃はいかにしてもあり得ない」と説く。諸行も衆生も輪廻するものではない。即ち輪廻はないから涅槃しないし、涅槃はないというだけのことであろう。

龍樹は次に同一基体・主体において輪廻と涅槃の状態の区別を成り立たせる各々の状態のあり方である束縛と解脱を考察する。彼は先ず諸行は生滅の性質をもつもの、即ち刹那滅するものであるから、束縛されも解き放たれもしないとし、衆生の場合は、第一偈に説くように、衆生そのものの存在が常か無常かのディレンマによるか、第二偈の「五通りの考察」によって否定されるので束縛も解脱もない（一六・五）。第六偈では第三偈を念頭に置き、束縛を取り上げて、取得が束縛であるならば、「取得を伴うもの」（sopādāna）は既に取得、即ち束縛を所有しているので束縛されないし、「取得のないもの」も取得、即ち束縛が本来ないものであるから束縛されない。彼は第七偈では前半で「束縛されるべきものよりも以前に束縛がある」という本住（第九章、第六章第一偈参照）の論理を用いて束縛を否定し、後半ではそれ以外の問題は第二章の「已去、未去、去時による否定」によって否定されると、既述の否定方法の適用を述べ、さらにその三時による否定を涅槃に適用し、「束縛されたもの」も「されていないもの」も解き放たれないし、束縛されたものが「解き放たれつつある」ならば、束縛と解脱は同時にあることになる（一六・八）と説いて、束縛と解脱の否定を終える。

最後の二偈で龍樹は再び涅槃と輪廻に立ち戻るが、ここではそれらを客観的な事象として捉えて否定するのでなく、主体的な自覚の問題として否定している。空、無相等の三昧において取得を離れたと意識したとき、その人は無取得から最も遠く離れている。「「取得のない私は涅槃するであろう」「涅槃は私のもので（私に）あろう」という把握がある者たちには取得の大きな把握がある」（一六・九）。ここで彼は「「自分のもの」と執取する」ことを意味する取得の最大のものは私には取得がない（anupādāna）という把握（grāha）であり、「涅槃が私にあるであろう」ということこそが取得の把握であり、その把握が取得の最大、最悪のものであり、涅槃とは最も遠い状況に陥っているというのである。菩提、涅槃を求めて修行する者に対するこの龍樹の警告は、空の立場の陥穽を、空の立場の修行が、否、空の立場に立つことがいかに難行であるかを語っている。空の修行道はまさに道なき道であり、修行の階梯はあってなきが如きものである。「私は取得のないもの」「私は涅槃に近い」という思いが湧きおこることは、振り出しに戻るどころか、絶望的に強大で深刻な取得に束縛されていることである。そういう意味で龍樹は漸悟ではなく、頓悟の立場に立つ。敢えていえばそれが『般若経』以来の空の立場であり、その宿命である。

「「涅槃の増益」（samāropa）もなく、「輪廻の滅却」（apakarṣaṇa）もない処においていかなる輪廻、いかなる涅槃が分別されるであろうか」（一六・一〇）。前偈に反してこの偈はいわば真の涅槃の境地を説いている。涅槃の増益は「涅槃は私のものである」という把握、取得を意味し、輪廻の除去は「取得のない私は涅槃するであろう」という把握、取得であろう。

増益（samāropa、後にはadhyāropaも多く用いられたようである）は『維摩経』（「弟子品」）にも「ないもののあること」という意味で用いられている。この増益を損滅（apavāda）と対にして用い始めたのは唯識派であって、その思想の基本をなす唯識無境を説明する補助的論理として、存在しない（無境）のに遍計所執された対象の増益は有の辺であり、存在する唯識の存在の否定、損滅は無の辺である。この増益と損滅である有と無の二辺を離れた唯識無境が唯識派の中道の意味である。龍樹は『中の頌』では増益という語をここで唯一度用いているだけであり、損滅の語は見出せない。その限りでは彼は増益と損滅の論理を未だ用いていなかったことになる。しかし彼はこの偈で涅槃の増益と輪廻の滅却とを対にして否定しているので、寧ろこの偈は増益と損滅の考え方の嚆矢をなすといえなくもないであろう。時代と共に増益と損滅の論理は大乗仏教圏で一般化したからであろうが、註釈者の清弁や月称はこの思想を様々に使用している。しかしこの箇所に関していえば、清弁は滅却を損滅の同義語と解釈するが、月称はそれに反発し、対抗するかのように、滅却を滅尽（parikṣaya）とか輪廻からの撤去、退去（apanayana）、涅槃の増益を獲得、到達とか涅槃へ移動、高めること（samāropaṇa）であるとする。このように註釈の解釈が異なり、二通りの解釈を並記するなど、混乱しているのは、いわゆる増益と損滅が、輪廻の増益と涅槃の損滅であるのに、この偈は逆のことを説いていることになるからである。それはこの偈の増益と滅却が覚りへの道程の最終段階の精神的境位を取り上げているからであろう。前偈の「取得のない即ち自我と所有意識のない私は」とは、自我意識そのものであり、「涅槃するであろう」は上述のように、涅槃の増益、涅槃の存在への執着であり、それは輪廻の否定、滅却に他ならないからである。真の覚り、真の涅槃はその両者のない空性の現前だからである。そういう意味でこの二偈は生死即涅槃を説く第二五章の第一九、二〇偈と共に、龍樹の思想の精髄を説いているといえよう。

この涅槃の増益は、第一三章第八偈の空性はすべての見の否定であり、空見を懐く者は度し難いという思想と共通する面があるが、ここでは束縛からの解放、その解放の究極における陥穽という論理的必然性を踏まえた帰結であるから、龍樹自身の著述であることは疑えない。

19　第一七章　業と果

龍樹が前章で説いた束縛とは、具体的にいえば、業の法則に支配されていることである。束縛されている状態である輪廻は転生ともいわれるように、決して一定の状態が存続することではなく、まさに業の法則のままに或る生存を死んで次の生存に生れ変るという生死の果てしない繰り返しである。そこで彼は束縛や生死の反復をその原因である業と果に立ち戻って考察すべきであると考えたのであろう。

彼は第一偈で先ず「自己を抑制し、他の人々を思いやり、慈しみのある心であるもの、それが善（dharma・法）であり、現世と来世の果報の種子である」と説く。善〔業〕が慈しみの心であるということは、当時のインドの仏教の修行者や信奉者の共通の認識であったのであろうが、それを自覚的にこの偈で説かれているように整理したのは恐らく龍樹ではなかろうか。「慈しみ」は（大悲）と共に仏教では最も根本的な人間存在の霊性である。このように仏教が慈心を道徳の成立の根拠とするということは、実は自業自得といわれるように、功利的な自己中心の人間観に立脚するインドの業思想を根底的に覆す思想であることを秘めている。

龍樹は『中の頌』では大悲という語を用いていないし、それを主題として論じてはいないが、大悲が仏の本質であり、覚りという仏教の宗教性を示す心性であることは当然のこととしていたと考えられる。ここで彼が慈しみを輪廻の生存者の倫理的な善の心境としていることは大悲と区別していることを示すといえるであろう。このように冒頭で善業の種子である慈心を説いたことは、悪業等も業と果の因果関係の構造としては同じであっても、龍樹がこの章で悪業等を含む業の代表例として善業を説いたことにはならないであろう。彼がこの章で示そうとしたことは一つには、輪廻内での倫理、善行の確立であった。

彼は第二偈の前半で「業は意思と意思より起るものであると仏は説かれた」と説くが、仏が説かれたのは二業の存在だけでなく、第一偈の慈心が輪廻の種子であるということも含めているのではなかろうか。諸註釈者はこの仏説を対論者の引用とするが、龍樹はこの仏説を対論者が自己の見解を立証するための教証というよりも、先にも触れたように彼自身も当然受け容れるべき、彼自身が受け容れている汎仏教的に確立している普遍的で基本的な倫理思想を述べたと考えるべきであろう。

これら慈心と意思等の仏説を単に対論者だけでなく、龍樹自身も仏説として受け容れていたと考えられるのは、この章の最後の三偈の所説による。この章の構成は大まかに分ければ、前半の二〇偈がいわゆる前分所破に相当し、第二一偈以下が後分能破になるが、各々は単純に所破と能破として片付けられない内容をもっている。それらについては後述するが、龍樹は最後の三偈で、煩悩、業、身体、作者、果という輪廻の構成要因が空の立場でこそ、『般若経』が説くように陽炎や夢のように成立すると説く。陽炎や夢という比喩は作者や業や果が真に作者や業や果として成立しているあり方を示すもので、龍樹はそのあり方こそが世間において有効性をもって成立することを、仏の化作人が化作人や業等を化作するという経典の説く化作によって解説する。

　このように彼は後半の締め括りの部分では対論者の見解の否定、能破でなく、空の立場においてのみ業と果が真に成立することを陽炎や夢の比喩が説かれた積極的で肯定的な意味だとする。

　第二偈の後半は「それら〔二〕業には多種の区別が広く知られている」である。ここで「広く知られている」と訳した parikīrtitaḥ をも仏説と明確に解釈するのは仏護で、彼は「これらの二種の業の区別も多種であると世尊によってあちこちで次の〔偈以下で説く〕ように多くの種類であると宣言された、即ち説かれた」と解釈する。しかし清弁はこの解釈を無視し、第三偈以下をその広釈とする。彼は恐らく『無畏』に従って業の分類をアビダルマの解釈とするのであろう。月称は仏護の解釈には触れないが、第四、五偈に先立つ註釈で業の多種の区別は仏説（LVP, p.306, l.5）と明言しているので、仏護の解釈に従っていることになる。それらに対して『無畏』は第二偈全体に註釈して「これら（二種）の業の区別は詳細にアビダルマに説かれているので冗長を避けるためにここ（第二偈の註釈）では述べない」というだけである。従って偈の後半を仏説と取っていた可能性は否定できない。羅什は偈の後半を「是の業の別相の中に種々に分別して説く」と訳す。この「別相の中」は『疏』も「次の〔即ち第二偈の後半の〕半偈は総じて下の三業と七業の為めに章門と作る」というように、次にくる第四、五偈を指すと考えられる。そのことは更に第三偈で「意思と〔仏によって〕説かれたものは心的な業と名づけられ、意思より起こるものと〔仏によって〕説かれたものは身体的〔業〕と言語的業と名づけられている」と説かれているので、第二偈前半の仏説—羅什は明白に「仏の説く所の思とは」と訳している—の解説であることからも窺える。そうであれば、第二偈後半の parikīrtitaḥ は「仏が宣言された」のではなく、第三偈の三業、特に第四、五偈の説くアビダルマの七業という業の区別が広く知られているという意味と取れなくもないであろう。

　先に触れたように第二〇偈までは一応「前分所破」といえるが、その中の第六偈で龍樹は「業は成熟時まで存続するならば常となろうし、〔成熟時までに〕滅してしまうならば〔業は〕果を生ずることはできない」と述べている。この偈に先立つ前の三偈の内の第三偈は仏が説かれた二業が身口意の三業と名づけられていること、第四、五偈は有部の業の範疇といわれる言語、動作等の七業の名称を列挙するだけのものである。もしこれらが仏説であり、第六偈が『無畏』以下の註釈者が解釈するように龍樹自身による第五偈までの業の批判であれば龍樹は仏説を批判したことになるし、月称のように或る部派による批判であれば、その部派は仏の教えを批判し否定することになるであろう。それを避けるために第二偈後半から第五偈を『無畏』や羅什は有部の業の範疇と取ったのであろう。その解釈がこの場合もっとも穏当な解釈のように思われる。

第六偈が説く否定の対象はしかし有部の煩瑣な業の理論ではなく、自性そのものである。先の引用から明らかなように龍樹の否定は業が存続するか断滅するかの二者択一のディレンマによって常か無に追い込むだけの常套的な自性否定である。清弁が章の目的を「業と果とに自性がないことを説く」こととしているのはその限りでは適切である。この第六偈の説く業と果の成熟の時間的関係は空の立場とか他の特定の部派の見解というよりも、龍樹はそれ以前の業果の素朴な日常的理解の上に立って自性論への疑問を述べたとでも解釈する方が龍樹の真意に近いのではないかと思われる。

次に龍樹は経量部的傾向にある一派（「業思想」三二五―三二七頁参照）の思想を紹介する。第七、八偈で先ず種子から芽等の相続が生じ、相続から果実が生ずるので、不常不断の因果関係があるという比喩を挙げて、第九、一〇偈では第一偈で示された果報の種子である心から心の相続が生じ、相続から果が生ずるので、不常不断であると主張する。第七偈と第九偈は殆ど同文であり、特に第一〇偈は第八偈の「種子」の語を心と業の語に替えただけである。二偈で実例を説き、次の二偈で主題である業と果とについて殆ど同じ文言で繰り返している。このことは、この心の「相続」という思想が余り世に知られていないので解説する必要があると龍樹は考えていたのではなかろうか。

次にまた唐突に「十善業道は善を成就する手段で、善の果報は現世と来世の五欲楽である」（一七・一一）がくる。思想内容からは第一偈と直結しているので、龍樹が何故ここで説いたのか、善と十善業道の関係に詳しくないのでその理由が明らかでない。『無畏』と清弁は直前の「相続」説と結びつけているが、形だけである。仏護と月称は相続説とは切り離して、別の課題としている。特に月称は「善を成就する手段」の善を第一偈の「慈心」とし、善が完成された（慈心に完全に通暁した）形の十善業道が善で、業が行なわれている形が十善業道という名で語られると、十善業道と善を、形態、様態の区別としている。それだけでなく十善業を第四、五偈の七業に割り振っている。しかし何故ここで十善業道を説くのかは説明していない。有部の不変な自性の立場では業そのものが成り立たないが、相続を説く立場では特に第一、二偈が説く慈心も業という行為も成り立つと主張されていたので、それを龍樹が取り上げたのであろうか。

最後に龍樹は「もしこの理論・仮説（分別）があるとすれば、多くの大きな誤謬があるであろう。それ故にこの理論はここにはあり得ない」（一七・一二）、「ここに適合する、諸仏、独覚、声聞に語り継がれてきた次のような理論を私は提議するであろう」（一七・一三）と、経量部の心の相続という理論の批判を紹介する。偈の中で「私は提議する」という「私」は龍樹ではなく、正量部といわれる部派であるという（『業思想』三一四―三一五頁、三一七頁以下参照）。龍樹はこの部派の主張を「私は」という直接話法で語らせ、彼らは自分達の理論を「諸仏、諸独覚、諸声聞によって説かれ（継がれ）たもの」であると説いている。このことは仏教の正統的見解であることを強調させ、経量部の仮説を「多くの大きな誤謬がある」と激しく、大見得を切って否定させている。このことは彼の時代のインド仏教界の空気を生のままで伝えているのではなかろうか。上座部系の部派は強大であり、恐らく高慢でさえもあったのであろう。自分達の理論は仏が説かれ、仏弟子である声聞によって何百年も受け継がれてきた、と。因みに独覚は教えを説かないとされているが、次章の末尾（一八・一二）に龍樹が説く独覚は無仏無声聞の時代に法灯を守り伝える覚者である独覚観がここでも言葉になったと取ってもよいであろう。

正量部の不失法という仮説は、心相続が種子から結実までを芽等の相続を比喩とするのに対して、業を借金に喩え、返済されるまで有効な借用証書を比喩にして不失法というものの存在を仮定することによって業と果報の因果関係が成立するという理論である。龍樹はこの仮説を七偈（一七・一四―二〇）を用いて詳説し、三界等の神話的な世界や見道、修道などの声聞の修行道等と適合していることや適合するために不失法の性質を明らかにしている。このことは龍樹にとってこの仮説が目新しかったからかも知れない。最後の第二〇偈でこのような不失法の存在を認めるならば、「（一）自我が空である、（二）〔不失が〕断滅しない、（三）〔異なる境遇を成就する諸行が〕輪廻転生する、（四）〔業は滅するので〕不恒常である。業の不失法は仏説である」と説く。（一）の空性はこの部派が人無我の立場であり、(二)の不断滅であるために不失法が不可欠であることを示し、(三)の輪廻は諸行によって自我《アートマン》なしで成立すること、(四)の不恒常は業の滅であることを示す。要するに、人無我の立場であっても不断滅不恒常が成り立つと説いていることになるが、来世等までも失われないなどということは論証はできないので、この偈でも不失が仏説であることが繰り返されているのはそのためであろう。或いは龍樹がこの理論は仏説に基づく仮説、妄説に過ぎないという彼の評価を込めているのかも知れない。

このように前分所破に当る第二〇偈までを通観すると、確かに小乗といわれる諸部派の見解を紹介しているが、単純に否定の対象としてのみ取り上げているわけではない。その上に、第六偈等の内容は明瞭であるが、二〇偈全体の流れの中で理解しようとするならば、不調和というか解釈し難い偈があることは否めない。先賢が明らかにされたように、この「所破」の中には有部、経量部、正量部が登場するのであろうが、それらの部派の思想的相違や対立に目を奪われると、この箇所でそれらの部派の思想を龍樹が取り上げた意図が見失われる恐れがあるように思われる。

龍樹の論述の意図は全体としては有の立場を否定の対象として提示することであるが、先ず当時の小乗を代表する有部の自性の矛盾を明らかにし、次にその矛盾を解決する見解として経量部の思想を紹介し、さらにその経量部の仮説の弱点を解消する理論として正量部の見解を示すという展開をすることにあったと思われる。この展開は龍樹が直面していたであろうインド仏教史の歩みそのものでもあったであろう。同じ毘婆沙師の中から先ず有部が、次いで経量部が、さらに正量部が或る思想史上の必然性を担って登場してきたという思想史的展開を捲き込んで、自性の思想の全体を思想の展開として捉え、弁証法的な運動ともいえるような方法で、自性が人無我の空性であることを明す。その上で龍樹は彼の空性の立場がこの思想的展開の最終段階であることを示そうとしたものと考えられる。

それが「後分能破」に相当する第二一偈以下である。

「どうして業は生じないのか。自性がないからである。そしてそれ(業)は不生であるので、失われない」(一七・二一)。龍樹はここで無自性を不生とする。この不生は単なる生滅という相対概念の両否である不生不滅ではなく、より根源的な無生法忍といった意味の不生であり、業がそういう不生であるから、「失われない」が、この不失は不失法の肯定ではなく、失われることの絶対無である。龍樹はこの意味の不生をこの章で始めて説いたのではないかと思われる。その点でもこの章は龍樹の後期の『中の頌』の中でも後になって著述された作品ではないかと考えられる。第二二偈以下の「自性の業」の否定は業が自性ならば、業を行なえないし、行なえたとしても、行なってても行わなくても同じことになるから、倫理・善の崩壊と言説・世間の規範も営為も無意味になり、果が熟した業が再度果を熟す等の自性の誤りを思い付くままに並べ立てている（一七・二二―二五）ように見える。

第一八章等との関連で注目されるのは、業と煩悩と身体の関係を説く第二六、二七偈で「この業は煩悩を本質とするが、煩悩は真実としては存在しない。そうであれば業はどうして真実としてあろうか」（一七・二六）、「業と煩悩は身体の縁であると説かれた。業と煩悩は空であるならば、身体について何か語ることがあろうか」（一七・二七）。この二偈は煩悩→業→身体という縁起の根拠付けの関係を説く。身体と煩悩と業の関係は十二支の行（第二支）と取（第九支）と有（第十支）や仮名の場合の五取蘊＝身体に依存して人《プドガラ》が名づけられるといった関係を最も一般的で基本的な用語に改め、思想も簡明にした最初のものとして注目すべきである。換言すれば、この章は龍樹の中で十二支の根拠付けの関係が崩壊しはじめている。彼は自由に根拠付けを説き始めている。

有の立場の最後の否定は、無明に覆われ渇愛に結ばれた、即ち煩悩によって業果を受ける享受者が存在することから、逆に業も果も、享受者と同一でも別異でもない業の行為者の存在をも主張する（一七・二八）対論者に対するもので、龍樹は第一章第一四偈を業に適用して、「業は縁より生じたものでもないし、非縁より生じたものでもないので、業の行為者はない」（一七・二九）し、業と行為者が存在しないので果報も享受者もない（一七・三〇）と、輪廻の構成要因のすべてが自性の立場で成立しないことを論ずる。このことからこの章は第一章以後の作品であることが知られる。

こうして龍樹は冒頭に述べた仮作人の比喩によって空の立場でのみ業輪廻の世界が成立することを主張する。

20　第一八章　真実在

仏教は真理の認識でなく、真実の悟りを目指す宗教である。龍樹がこの根本問題を取り上げて真っ向から立ち向ったのはこの第一八章である。彼がこの章で採用した真実を表示する概念は tattva（真実在）と dharmatā（法性、諸法実相）である。法性を龍樹は『般若経』から学んだと思われる。般若経典群の中で最も古いとされる『八千頌般若経』（以下『八千頌』）は般若経の思想、真実の教説を鵜呑みにしている訳ではなく、真実を如来の真実から法の真実に焦点を移している。

『般若経』は一口でいえば、般若波羅蜜によって一切衆生が無上正等覚者、即ち如来（tathāgata）になり得る、なるべきであることを情熱的に説き、衆生が仏になり得るし、なるべきである理由を、如来の真実が衆生の真実と同事であるからだと説く。その場合、真実を表す概念として『八千頌』は tathatā（真如・あるがままの相《すがた》）を用いている。恐らく如来の如（tathā-）の状態（-tā）という意味で、この語が如来の真実を表示するのに最も適切であると考えたからであろう。しかし『般若経』ではこの語は後の如来蔵や唯識の思想の中に占める衆生に内在する本性として清浄な真如という思想体系の精髄をなす哲学的に重い意味で用いられている訳ではない。

例えば『宝性論』では「一切衆生は如来蔵である」という主張は三通りの意味をもって成立すると説く。（一）一切衆生には如来の法身である仏智が内在する（antargama）、仏智の光が一切衆生を貫き通して充満し遍満している。（二）一切衆生の真如の無垢性は本性として如来の真如と不二、同事である。一切衆生の真如は如来の真如と不可分（avyatibheda）、異ならない（avyatireka）。（三）仏の種姓（gotra・素性・資質）にその果を転義的に表示（upacāra）することで、種姓が存在していることであるとする。その意味は「衆生が如来の大悲の水によって潤されていること」である。このように如来蔵思想では如来の真如と衆生の真如とは同事であっても、衆生の真如に焦点が絞られ、（二）で衆生の真如が如来のそれであるという真実の核心を成す論理が説かれ、その理由として（一）で如来の真如である仏智が衆生に内在し、浸透し、充満していることと、（三）で如来の大悲が衆生を包摂し、潤し、自性をなしていることを説く。このことは衆生に内在する智と悲以外に仏の智とか大悲といわれるものが別にありはしないことだけでなく、一切衆生に仏智と大悲である仏の法身が遍満していることは、一切衆生が平等に仏を成ずる、悉有仏性であることを言外の真意としている。しかし「悉く仏性が有る」のは飽くまでも本性としてであって、現実には衆生は凡夫であって仏ではない。『宝性論』では衆生の仏性（buddham gotram）という因に、果として実現される仏の真相を転義的に適用して、一切衆生は如来蔵、即ち如来を胎に宿す者という言葉で名づける（仮）というのであろう。その表現が適用されたものが仏性であり、如来の種姓である。そうであるから、註釈で「如来の種姓が存在すること、が如来蔵の意味」だとするのであろう。

『般若経』は元来このような自性清浄心の思想とは無縁であった。筆者は嘗て梵本『八千頌』では発菩提心の心を取り上げて、「心は心でない、心の本性は清く輝く」という所述中の「心の本性は清く輝く」という心性本浄思想は後代に付加され増広されたもので、『般若経』本来の思想を歪めるものであり、『八千頌』の本来の主張は「心は心でない」という否定にあったと論じたが、そのことはこの真如にも言え、如来の真如と衆生の真如の同事性は真如が真如でないことによって成立すると説く。真如と無真如、心と無心の同事性が『八千頌』の論理の要をなす。

『般若経』の論理の展開はそれに止まらず、『金剛般若経』になると、有名な即非の論理にまで嵩められている。今心を例にその論理の構造を示せば、「心は心でない。それ故に心である」という絶対肯定に至る。その点では『金剛般若経』は龍樹の論理と表裏をなす。龍樹の論理は「心は心でない。それ故に無心でない」という否定の否定、絶対否定の論理であるからである。

先に触れたように『中の頌』では一度だけであるが、この章の第七偈で法性を論じ、言亡慮絶であると説く、この法性の定義は彼の真実在観の根幹をなす。法性は原始経典以来自然な、通（正）常な慣習、習慣、自然な状態といった意味（cf. BHSD）で使用されてきた。この意味は『八千頌』にも受け継がれ、法の本性（prakṛti）と同義として用いられ（AP, p.96）、それが真実在、実相の意味で用いられている。『八千頌』では法性という語は、精査した訳ではないが、約二〇回程用いられているだけである（二〇回の中には構文上の表現として「法であること」という抽象名詞を示す dharma に -tā を付しただけのもの（AP, p.10, l.29, p.102, l.29, l.30）や同じ文言を別の説者が繰り返しただけのもの（AP, p.72, ll.26–27, ll.28–30, p.78, l.2, l.25）もある）が、般若思想の真実在の意味を明確にする術語としては、頻出する（如来の）真如よりも寧ろ重要である（しかし『八千頌』では真如と法性を同義語としている箇所（AP, p.161, ll.5–7）もある。両語の意味は一般的には変らないからであろう）。

『八千頌』では第一章の冒頭（AP, p.2, l.8–p.3, l.2）に説かれた法性が象徴的に示すように法性は説法（dharmadeśanā）の法の本性、実相である。この箇所では『八千頌』で法を説く十大弟子等の説法が仏説であることを、彼らの説法が如来の説法の自然な流出である等流（niṣyanda）果であるので法の法性、実相と相違しないことによって明らかだと説く。この仏説観が第一章の様々な教説の根底を貫く基本的な立場を示すことは、章末に「スブーティはどのような立場からの問いに答えても、「法性からはずれず、法性と相違せしめず、法性を超出しない」（AP, p.15, l.21, l.24）と説かれていることからも明らかである。

一般に原始経典というものは仏が法を説くと、如是我聞が示すように聴聞する弟子等がその言葉で説かれた教えを聴聞した通りに記録したものとされ、弟子等は聞思修した上でそれを説く。それに対して『八千頌』では十大弟子等は諸法の実相、法性を直証し(sākṣātkurvanti)、憶念し(dhārayanti)た上で説く。法性を直証し悟るということは聴聞した教えを思、即ち思惟し、理解し、分別することではない。言葉で表現された教えの実相の直証、悟りであるから、説法の法は言葉で表現された仏説とは別の言葉の対象といったものではないし、法の法性は言葉で説かれた教えそのものの実相以外の何ものでもない。『八千頌』は仏説であるが、弟子等が聞き覚えた仏の言葉を記録したものという意味での仏説、経ではない。弟子等が仏の説法の法の実相を悟って、各人が各様に自ずから自分の言葉で自分の直証を述べたものであるが、それらがすべて法性、実相と相違しないから仏説であるというのである。このことは第一七章の末尾では、無生法忍を得ているので、菩薩大士は「一切法の法性は相違しないと聞くのである」(AP, p.169, ll.13–14)と仏の説法も声聞の説法も法性は矛盾しないとも説いている。このように言葉を媒介として教えを伝えるのでなく、仏の説法の法身(「諸仏は教えを身体(dharmakāya)とする」と「教え(dharma)を取得する」(AP, p.168, l.3))の直証であり、法身の実相に合致するものであるから、聴聞された仏の言葉の記録に過ぎない原始経典よりも、『八千頌』、否、すべての般若経の方が真の仏説であると宣言していることになる。このことは禅の門庭でいう以心伝心という法の伝承に通ずるが、文字を立てない拈華微笑といった教外別伝の悟りの伝承ではなく、弟子が仏の言教の中に教えの実相を追体験するのではなく、仏の悟りそのものとして直証し憶念して教えを説いて仏の教えを伝えることであるから、その点では全く異なる。

空の立場に立つ『八千頌』では構成的な理論体系の思想的に必然的な展開として各章の主題が設定され論述されている訳ではないし、章の順序も、アトランダムであるだけでなく章の区分さえも時に曖昧である。しかしこの第一章の冒頭の法性観はまさに『八千頌』だけでなく、『般若経』全体の冒頭において説かれるべきものである。しかしこの法性観はこれで完結している訳ではない。第二〇章では「般若波羅蜜を行じ、修習する菩薩大士によってこのように、これら一切法の甚深な法性を観察し熟慮しなければならないが、直証すべきではない」(AP, p.185, ll.14–15)と説かれ、第二七章では「諸法の法性を行じながら、その法性を直証しない菩薩大士は難行の行者である」(AP, p.220, ll.9–10)と説くからである。この法性を直証するとしないとは、声聞地と独覚地における実際(bhūtakoṭi)を直証するとしないの問題と並行して論じられている。その場合は「善根が成熟し円熟しない限り実際を直証しないが、円熟したとき直証する」（AP, p.185, ll.10–14）と修行の究極における直証の実現をも説くが、「空性の三昧に入りながら実際を直証しない菩薩大士は難行の行者である」（AP, p.185, ll.17–18）と直証しないことが修行の究極であるとも説く（この場合は三乗の問題と深く関係しているので、その文献学的な資料の検討は省略する）。この直証するとしないとは、『八千頌』の否定の論理である「心は心でない」という否定を法性の直証に適用したものであって、「法性の直証は法性の直証でない」であり、それ故に直証は直証であるという絶対肯定を含意するであろう。それを明言したのが『金剛般若経』ということになろう。

法性と相違しないということは他の章でも説かれているが、上来引用した箇所からも窺えるように、それらの場合は直接的には説法の法性ではない。第一七章では「不退転の菩薩は世間の芸術や技術のすべての事柄をも、般若波羅蜜によって法性と一致させる（saṃsyandayati）」（AP, p.163, ll.11–12）、第六章では世間の事物だけでなく廻向とか随喜といった宗教的な精神の諸象についても、「或る心によって廻向がなされるとき、その心を意識しないならば、その心にも廻向の手段や対象である諸法にもその同じ法性がある」（AP, p.72, ll.25–29, p.73, ll.28–30 取意）が繰り返され、仏がこの法性を知見される（AP, p.78, l.23）ように、「法性として存在する通りに私が如来の知見する善根を随喜する」（AP, p.78, ll.2–3, l.25）と説かれている。このように法性は如来の知見する善根という法、さらに廻向や随喜の心、則ち主体や手段や対象という法の法性である。その法が一切法であることは、「菩薩が無分別であって、しかも一切法が不生不滅であると観察して、それら諸法の法性のままに随喜して、無上正等覚に廻向する」（AP, p.82, ll.9–14）、「これら、無束縛等の諸法の法性を無上の随喜によって随喜した上で、随喜を伴った福業事（puṇyakriyāvastu）を無上正等覚に不変不滅な法性として廻向しないという仕方で私は廻向する」（AP, p.82, l.32–p.83, l.1）にも窺える。第一章の「シュレーニカは法性に従って（dharmatāṃ pramāṇīkṛtya、法性を信の依り所にして）一切智智に信解した」も加えてよいであろう。

法性に相違しないとか、法性のままに、法性に従ってと、法性をそれら世間や出世間の事柄、事物とは別のものとして説いているように見えるが、実はそれらの説法はそれらの事物の法性そのものが何であるかを説いているのである。第一〇章の「無数の世界におられる諸仏は、この説かれている般若波羅蜜に心血を注ぎ、摂取されるであろうこと、また般若波羅蜜を習い、真如に向って学ぶであろう善男善女に心血を注ぎ、摂取されるであろうこと、これが諸法の法性である」（AP, p.110, l.28–p.111, l.3）という法性では注意と摂取という仏業が法性の具体的内容として説かれている。或る意味では『八千頌』は全篇で法性だけを説いている経典だとも言える。しかしだからといって法性というものが一切法とは別にあるというのではない。第二〇章では、空三昧が「色〔等の五蘊の一切法〕を空であると、その法性を法性と見〔るべきで〕ないように観察することだ」と説かれ、「空性」を章題とする第一八章では「如来が一切法の法性をこれほどまでに説かれたが、一切法の法性は不可説（anabhilāpya）であるということは、すばらしいことです。私が世尊の所説の意味を理解する通りであれば、一切法もまた不可説です」（AP, p.173, ll.11–13）と説かれている。ここでは如来の説法は法性を説くことであるが、その如来の説かれる法性は不可説であり、法性という法が一切法より別にあるのではなく、法性の不可説は一切法の不可説である。

法性が慮絶（心行処滅）であることも、『八千頌』では「一切法が不可思議（acintya）、無比（atulya）、無量（aprameya）等であるのは、一切法の法性を心も意志も心作用という法も比べ量ること（tulanā、思議等であろう）がないからである」（AP, p.138, l.27, ll.30–31）、「このようにこれら〔本性清浄な一切〕法を知らないし見ない凡夫異生は諸法の法性を知らないし見ない」（AP, p.211, ll.30–31）、「諸法の法性は過去のでも未来のでも現在のものでもないし、そういうものは三世から解き放たれており、そういうものは廻向することも特徴づけること（nimittīkartum）も対象化すること（ārambanīkartum）もできないし、それ（法性）は見聞覚知されない」（AP, p.95, ll.26–29）、「〔菩薩大士は〕法性は認識できない（無取得）ものであるので（anupalabdhidharmatayā）、諸法を平等に保つ〔心作用〕（upekṣaka・捨）によって、このように発心させるべきである」（AP, p.196, l.10）等と処々に説かれている。

このように『八千頌』では法性は大まかに言えば仏の説法の法性であり、不可説で認識されないものである。その基本的性格はこれから略説する『中の頌』第一八章の法性、則ち真実在と同じである。そういう意味でも龍樹は初期大乗経典の思想を哲学的に論理化することに努めた開拓者といえよう。

『中の頌』のこの章で龍樹は法性と同じくtattva（真実在）の語も一度使用しているだけである。『無畏』が冒頭でtattvaの相は何か、どのようにtattvaに悟入するかを章の主題としてからこの語が真実在を表す術語として用いられている。しかしこの語は唯識派の『中辺分別論』等にはよく見られるが、龍樹以前には極く一般的に真実を表す語として用いられていただけのようである。龍樹がこの語を用いるようになった背景については詳しくないが、彼の初期の論攷と考えられる第二六章に一度だけ「智者はtattvaを見る故に」（二六・一〇）という句を用いているので、彼の育ったであろう仏教の一部派の中で用いられ、それを用いたのかも知れない。ただし龍樹は後述するように『中の頌』では仏の教説の中のtattvaという独特の意味で用いている。第二六章ではその意味でなく、知者が真実を見るという幻か日常的な文脈の中で用いていると考えることができるこのことも、第二六、二七章が初期の作品であることの傍証といえよう。

龍樹は前章で輪廻と信じられている世俗の世界が、空の立場では夢や幻のようなもの、業の法則も仏の化作人の化作という行為のようなものとして成立すると説いた。業も輪廻も実有、真実ではなく虚妄に過ぎないということである。夢の如きものであるから夢から醒め、幻であるから幻が消えるように輪廻からの解脱も成立する。そこでこの主張は、真の実在はあるのか、あるとしたらどのようなものか、さらにどうすれば、その真実在を証得し体現できるのか、という問いを内に秘めているといってよいであろう。註釈者のすべてが等しく認めるように、龍樹はまさにその真実在と真実在への悟入とをこの章で主題として論じている。このことは龍樹がこの章を著述したのが第一七章の後であることも物語っていると言ってよいであろう。

この章は一二偈から成るので、『中の頌』の中では偈の数でいえば少ない、比較的小さな章であるが、主題の重要性からすれば、各偈ともに内容がある意味で盛沢山で密度が濃いといえなくもないが、寧ろ簡潔すぎて説明が足りず、特に偈と偈の間の飛躍が激しいので論述の順序を論理的に跡付けることが難しい。それは一つには龍樹が説く真実在は上述の『八千頌』からも窺えるように説法の法が不可説な法性だからである。要するに沈黙と教説でなく沈黙即教説だからである。換言すれば真実在を説くということは説明できないものを説明することであり、説明することが説明できないことの真意を明らかにすることだからである。

龍樹は第七偈以下の後半で空の立場での真実在を説いている。前半の六偈はその真実在が仏教の真の立場であり、仏の教えの真意であることを明らかにするために費やされている。このこともこの章が舌足らずの印象を与える理由の一つであろう。しかしいわば新しい空の哲学を初めて提唱した開拓者である龍樹にとっては、彼の前に立ちはだかる仏教の本流と自負するアビダルマの実有論と対決し、相違を明確にして否定することが不可欠であった。その点では既に龍樹達によって確立された中観思想を継承し展開した後継者達の理解とは自ずから異なる龍樹の判断があったと考えるべきであろう。

龍樹自身が命名したと考えられる章題が「自我と法」であるのはそういう龍樹の思いを反映していると言えよう。この章名は先にも触れたが、主体とそれの性質や機能等との考察を章題とする「貪者と貪」(六章)、「行為者と行為」(八章)等と一面では共通するものである。しかしそれらの章の主題は、行為者等という主体の特定のあり方と、そのあり方を規定する行為等という特定の性質や作用等とを考察の対象に限定している。それに対してこの章の「自我と法」の法は自我という主体の性質や機能ではないし、自我もまた特定のあり方の主体ではない。自我《アートマン》はウパニシャッドに端を発するインド正統派に含まれるすべての学派が実在として認める主体それ自身であり、本質存在としての自我である。一方、法はというと、そういう正統派の自我論に真っ向から対決して無我論を展開したインドの伝統的仏教が到達した無我の存在論の存在の概念である。インドでは仏教は原始仏教から部派仏教に亘って長い歳月をかけて行なった仏教思想の理論化、体系化の思索の過程の中で、次第に自我の実在を否定する無我の立場を鮮明にし、徹底していった結果、無我の立場に立って、本質存在としての自我や有自性の対象的事物に取って代るものとして、現実に経験されている自我や対象物の性質や機能の諸現象の全体を構成する存在の要素に分析し分類して七十五法といった存在するすべての法、一切法の体系を構築した。かくして無我論は否定的に無に留まらないでそれを超克して、積極的肯定的に法の存在を主張することになったが、しかしこの法の体系は基本的には自我を中核とした世界の構成を示す体系から自我だけを除いただけの体系に過ぎないので、真の無我の解明とはならなかった。龍樹はこの章で自我だけでなく、自我を中心とした体系をも否定する、いわば人法二無我の立場を確立しようとしたのである。

一切法は視座の違いによって蘊、処、界という構造が異なる三種の範疇に纏められている。この『中の頌』でも龍樹は第三、四、五章で順に根、蘊、界の考察を主題とするが、これらの章で彼は五蘊等を取り上げて一切法が空、無自性であることを繰り返し論じている。本章では彼は五取蘊を取り上げているが、それは処や界が認識論的に組織された一切法であるので、自我の存在の否定を目的とするこの章の場合にはそぐわないからであろう。一方、五取蘊という一切法は、心身の現象のすべてを色という物質現象と受等の四種の精神現象とからなる五種の現象の集合の流れに分類したものであるので、五蘊は自我の本質に現象として直接存在論的に対峙し矛盾し合うものである。そこで龍樹は第一偈で先ず自我と五取蘊とを同一性と別異性のディレンマを通して自我論の含む致命的な欠点を暴き出して否定する。しかしこの同一と別異による否定に正統派は何ら痛痒を感じないであろう。サーンキヤ学派を例に採れば、自我に当る純粋精神である精神原理は五蘊に相当する自我意識以下の質料因である原質とは本来全く別のものであり、唯見るだけの無作用者で恒常不変であるから、同一でない。従って同一の場合は当て嵌まらないし、別異の場合の誤謬とする五蘊の相のないことや恒常をサーンキヤ学派は自我の本来的特性として積極的に認めているからである。

第二偈は「自我が存在しないとき、自我の所有物がいったいどうして存在しようか。自我と自我の所有物との寂静よりして、〔人には〕自我意識もなく所有意識もない」である。これは第一偈と共に自我論の否定を論じたものである。この偈で龍樹が用いている自我意識のない（nirahaṃkāra）、所有意識のない（nirmama）や自我自身のもの（ātmīya, ātmanīna）は『中の頌』の中ではこの箇所だけにしか見られない。それは、他の箇所では自我の否定が少なくとも自我という表現の下では説かれていないことを物語る。これらの用語は原始仏教の経典等に屢々用いられ、自我の否定の教説の用語として定着していたものである。龍樹は原始仏教以来繰り返し説かれ確立されていた自我の否定をその用語を用いて、ここで再確認するために要約しただけだと言うことができる。しかしこの仏教の史的展開を踏まえた自我の否定を月称は別の本来の意味で捉えた。彼は法の自性の否定も実は自我の否定に他ならないということを見極めて、その結果としてこの章の題名までも「自我の考察」と改めたと考えられるからである（この点での月称の見解の教義上の相違についてはLVP, p.231, l.15 以下参照）。

龍樹は第三偈の前半で「自我意識もなく所有意識もないものは存在しない」と説くが、これは上述のようなインド正統派のいう自我が存在しないことと取ることもできるであろう。しかし清弁や月称になると、この主体を無我を体得した瑜伽行者とするので、無我の主体が存在しないことを意味する。このように第三偈が取り上げる主体がどちらなのか曖昧であるからか、羅什は偈の前半と後半が説く主体を同じ「無我の智を得たもの」と清弁等と同じ無我の主体、聖人とし、偈の前半と後半を入れ替えて、先ず無我の智を得ることが実観であると、梵偈の「見る者は見ない」を聖人が真実を見証することを説いたと解釈し、「無我の主体は存在しない」を、「無我の智を得た聖人は希有、稀にしかいない」ことに改めている。ただし註釈では偈の後半を梵偈と『無畏』に従って「凡夫人は我と我所を以って慧眼を障うるが故に〔真〕実を見ること能わず」と解説しているので、彼の使用した原本は梵本と同じものであり、『無畏』等と同じ凡夫のあり方を説いたものであることを示している。その上で彼は直ちに第四偈を無我の聖人の主体的な無我の実現を説く偈とする解釈に入る。

第四偈の「内に「私は」、外に「私のもの」という〔意識〕が滅したとき、〔自分のものという執着、我執を意味する〕取得（upādāna）が消滅する。取得が滅することから生（janman）が滅する」は、この章を著述していた時期には龍樹の中では十二支縁起の解体がかなり進んでいたことを示す。龍樹はここでは十二支の渇愛までの八支を廃し、それを自我意識と所有意識に改めているからである。こう改めたことで、第九支の取得が本来「私は」と「私のもの」という執着を本質とするものであることを明確にしたといえる。

第五偈の「業と煩悩の滅より解脱がある。業と煩悩は分別よりしてある。分別は戯論よりしてある。しかし戯論は空性において消滅する」では、単に無明から渇愛までの八支だけでなく、第九支の取得も実質的には思想の舞台から退き、前章の第二三偈の煩悩・業・身体と同じ煩悩・業・生の条件付け、根拠付けに取って替わられることになった。それだけでなく、その煩悩の根拠をも無我の意識ではなく、より根本的で普遍的な分別とし、さらにあらゆる思惟や判断がそれによって成立するあらゆる言語表現が真実（satya）であるという確信・諦執である戯論を根拠として見出している。龍樹はこの戯論は空性において消滅するが、その消滅が解脱だという。彼が解脱という語を用いたのは直接的には、業の法則や煩悩の束縛からの解放であり、生・輪廻からの解放であるからであるが、根本的には戯論、即ち思惟の依り所となる言語への執着から解放されることだからであろう。「空性において」とは、単なる空性の理解、知識ではなく、空性の主体的体現である。これは十二支縁起に取って代わる龍樹の解脱への道、真実への悟入の道であり、かくして彼は十二支縁起、原始仏教から完全に訣別することになった。

これら二偈を『無畏』等は順に部派仏教の涅槃観である有余依と無余依の二涅槃によって解釈している。龍樹は第二五章では対論者の涅槃を紹介（二五・一）して、「何の捨棄、何の消滅から涅槃はあるのか」と説くので、彼は対論者が二涅槃説に立っていることを前提としているが、彼自身は二涅槃説を採用してはいない。従って註釈者の二涅槃説による解釈は龍樹の作偈の意図を探る上では余り参考にはならないであろう。第三偈を含めてこれら三偈を龍樹自身がどのように考えて作偈したのか、彼の意図を探る手懸りを提供してくれると思われるものは、それらの直後に説かれている第六偈の仏説に関する龍樹自身の見解である。彼はそこで仏説を三種とし、諸仏は「(一)「自我はある」とも述べ(prajñapita)、(二)「無我はある」とも説かれ、(三)「自我もなく無我も何らない」とも説かれた」と言う。註釈者達は主としては対機説法、教育段階が説かれたと解釈する。しかし後述するように彼は次の次の第八偈では一切法に関して四句説法を対機説法(教育段階ではない)として説いているのでここで同じことを繰り返したとは考え難い。寧ろここでは正・反・合の弁証法に擬えれば、我・無我・我と無我の合の否定となろう。仏教の思想史的展開から見れば、(一)原始仏教の自我の語の使用による仏説(清弁は『灯論』の冒頭で仏は生の縁起を説き、龍樹は不生の縁起を説くという(解題下、五三頁以下参照))、(二)有部等の無我の教説、(三)非我非無我の中観の立場となろう。このように見るならば、龍樹は自己の主張の教証という意味を込めてこの偈を説いたと考えることもできよう。

第六偈の三種の仏説に関連づけて割り当てると、第三偈は『無畏』等が明言するように、広くインド正統派の実在観である自我《アートマン》の存在を含めた自我の存在を自明とする世間の言語の営みの否定、第四偈は無我を説くアビダルマの実在観である自我の無である法の有の否定であり、第五偈は自我の有と自我の無を共に否定した中道、中観の空性の教説を説いていることになる。

龍樹はこの二辺を否定した中道の真実在観を次の第七偈で自我とも法とも異なる法性(dharmatā)とする。法性は羅什がいみじくも諸法の実相と訳したようにすべての事物(法)の本来の状態、真実の相であり、原始経典でも法性は如来が出世しても出世しなくても変ることのないものであり、原始経典はそれを十二支縁起であるとする。『倶舎論』によると、部派でもこの法性に関して異なる縁起の解釈が説かれていたようである。大乗仏教では中観派と関係のある『稲芉経』に見られるが、経の主題が縁起だからであろう。しかしこの経が龍樹と関係がないことは既に述べた。

龍樹は法性について「言語表現の対象(言葉で語られうるもの)が消滅し、心の対象(心の活動領域)も消滅している。実に法性は涅槃のように不生不滅であるからである」(一八・七)と説いている。ここで先ず注目すべき点は、法性を涅槃に喩えていることである。涅槃は煩悩の火を吹き消した状態といった語義に沿った解釈によって、アビダルマでは既述のように有余と無余の二種の滅に分けている。この論書の註釈者達はこの二涅槃説を受け入れて註釈しているので、却って無用の混乱を招いているが、この箇所の涅槃は龍樹の涅槃観、具体的には第二五章で説かれた涅槃によって理解すべきである。

仏教の修行の目標とか真実在という人生の究極的なあり方としてあらゆる仏教を貫いて広く用いられた概念は、解脱や覚りではなく涅槃である。このことについては、涅槃が歴史上の釈尊の死という意味を担っているからではないか、ということは先に述べたが、煩悩の滅を涅槃とするアビダルマの思想が有力であったからであることは改めて言うまでもないであろう。龍樹は第二五章ではアビダルマの煩悩の棄却とさらに身体も消滅した有余依と無余依の二涅槃を予想し、二涅槃を共に否定（二五・二）して、真の涅槃を「不生不滅なるもの、それが涅槃と言われる」（二五・三ｃｄ）と説く。アビダルマでは涅槃そのもの、涅槃の当体は因果関係に基づいて生滅する有為ではない無為法であるから生滅しないともいえる。龍樹はそういう考えを予想して、「すべてのものが不空であれば生（udaya）も滅（vyaya）もない」（二五・二）と説く。不空（aśūnya）とは空性でない、自性を欠かない（aśūnya）ということであろう。従って涅槃を無為とすることは涅槃が自性であるということに他ならない。そういうアビダルマの涅槃には煩悩の棄却も身体の消滅もないというのが第二偈後半の否定である。

羅什は第七偈で「涅槃のように」（iva）と説かれていることに、一切法の実相は本来寂滅相で涅槃であるというのが仏説であるという反論を想定し、法を存在すると執着する者は涅槃という法も存在し、世間の一切法も別に存在すると執着するので、彼らが認める涅槃が寂滅相であることを喩えとして一切世間の法も同じく寂滅相であると説いたのだと会通する。しかし『中の頌』の中で会通するならば、この偈の「涅槃のように不生不滅である」と第二五章の第三偈ｃｄの「不滅不生なるものそれが涅槃と言われる」とは両偈共に涅槃が不生不滅であることを認めているので、「涅槃のように」を、第二五章で説いた「涅槃のように」という意味だとすれば、法性即涅槃と抵触しない。そしてこのように読むことができれば、第一八章は第二五章の後で著述されたことになろう。

これら二偈の不生不滅の原語は anutpanna と aniruddha であるから過去分詞形に否定辞 a- が加えられた複合詞であるが、帰敬偈の八不の中の不生不滅は anutpāda と anirodha は名詞形に a- を付した複合詞であるから、形は異なるが、意味の上では同じと取ることができる（『中の頌』では第二〇章に anutpanna 等が用いられているが、全く別の意味である）。この帰敬偈の不生不滅は縁起の実相を示すものである（八不と縁起については第九偈以下参照）。法性や涅槃は強いて言えば、縁起したもの（pratītyasamutpanna）であるから、不生不滅も過去分詞形で表示されたのであろう。

このように理解することができれば、龍樹は『般若経』の法性を自己の八不の縁起説と一体化して「不生不滅の法性」に深化したのではないかと考えられる。

龍樹は不生不滅の法性が言葉の対象も心の対象も消滅している状態であるとする。彼は法性という語を『中の頌』では唯一度ここで用いているだけであり、実質的には空性のことであるが、恐らく中観思想の真実在の精髄を語るのには、アビダルマが認知しない空性よりも、上述のように原始仏教以来用いられてきた如来の出世と不出世に係りのない真実を表示する法性の方が説得力があると考えたのではなかろうか。

しかし法性という概念は広い意味での法の立場に含まれるから、この偈は真実在を無機的とも映る客観性をもって、淡淡と静的に描写している。「言語で表現されるものは消滅しているし、心の活動領域も消滅している」と、心と言葉との否定でなく、それらの対象の否定を唯並列的に述べていることからもそのことは窺える。このような龍樹の真実在は、本来主体的なものである真実在を法性という客観的な法の理論にそった立場で捉えようとしているという面があることは否めないであろう。そういう龍樹の法性観に慊らないというか、龍樹がこの偈で説いた法性の諸規定の真意を明らかにする必要があると感じたのか、註釈者達はこの偈を、従って法性を悟りという真実在の知見の内容として解釈している。羅什は偈の前半の言語と心との対象の消滅を「諸法実相は心行と言語とを断じ」と訳している。一般には羅什が註釈の中で用いた心行所滅、言語道断という成句とされ、言亡慮絶と略記され、真実在は言語や心の対象でなく、言葉や心が消滅した主体の状態とされる。この羅什の解釈は基本的には『無畏』の解釈を発展させたものである。『無畏』は言語と心との対象の消滅を第五偈の「分別と戯論の消滅」の論理的解明であるとする。繰り返しになるが、第五偈は修行者が空性を悟り体現したとき、換言すれば、修行者が自ら空性であるとき、一切の法は無自性であるので言葉の真理性（諦）への執着、確信は止み、言葉と不可分に密着して成立している思惟（分別）も絶え、煩悩と業の束縛から解かれるので、解脱が実現されると説く。それの論理的解明とは要するに、空性において戯論がどうして滅するのか、滅することができるのかを論理的に説明することである。『無畏』等はそのために第七偈を偈の説く順序を逆にして、真実在が諸法の実相、不生不滅の法性（一八・七ｃｄ）であることを悟るならば、その悟りの知見には認識対象がない（一八・七b）。認識対象がないことは、言語の対象がない（一八・七a）ことであると論じる。このことはあらゆる言語表現が真実を表示する実語でないことを意味する。あらゆる言語表現が真実を表示するものでないこと、そのことを龍樹は戯論と表現しているのである。そこで『無畏』や清弁は戯論を「言説諦への執着（諦執）」と定義する。世間世俗諦、言語表現の真実とは、あらゆる言語表現は真実であるという執着、誤った確信以外の何ものでもないとする。『無畏』や清弁はこのような論理によって空性において戯論が消滅し得ると主張する。清弁は第七偈に四種の解釈を挙げて詳述しているが、大まかにいえば、この『無畏』の解釈に収まるであろう。ただ彼は法性を心性本浄思想によっても解釈していると思われる（清弁の第四の解釈、詳細は『沈黙』二一三頁以下参照）。

このように註釈者達、特に清弁は法性を存在論的なあり方から修行の内面のあり方に改めて、瑜伽の修行者（yogin）の主体的な境位と解釈している。『無畏』は修行者の修行とはしていないが、第五偈の註釈では有余と無余の二涅槃によっているので、声聞の修行を前提としていたことになろう。このような修行の結果としての悟りという解釈を更に徹底し、法という概念をも払拭して、法性がそれを真意とする人間存在の実相の実現である仏、即ち覚者そのものであることを明確に言明したのは月称である。彼はこの法性の偈を、直前の第六偈の中の「自我もなく無我もない」という第三の仏説と関連すると解釈し、この非有我非無我の教説は、あらゆる事物は有我か無我かのどちらかであるから、その両者を否定するこの第三の仏説は、実は何もないこと、無を説いていることになるとする。仏護以降では皆、この偈の註釈の直後に空論が虚無論でないことを詳述しているのはそのためであろう。空を認めない対論者には中観思想の説く空は無としか映らないことは当然といえば当然である。そういう対論者によってこの非有我非無我の教説は「何を説くのか」と問われるであろうことを予想して、龍樹は解答としてこの偈を説かれたと、月称は解釈している。彼は仏が成道された夜から涅槃された夜まで（即ち仏であった間）一語たりとも語られなかったと説く『如来秘密経』を教証にして、先ず偈aの「言語表現の対象は消滅している」ということは、説かれるべきもの（説かれることができるもの）が存在しないことであるから、その対象の消滅を実現している仏が「何も説かれなかった」ことであるとし、次に、偈bに関して、心の対象があるならば、その対象に相・しるし（nimitta）を付託（増益）して言葉で表現することもあるであろうが、法性、即ち仏においては心の活動領域が消滅しているので、対象に意識の表象を付託して言葉を使用し言語表現を展開することはない。しかし心の対象そのものがあり得ないとき、それによって諸の言葉の使用・活動があるでもあろうところの相の付託が何（何処）にあろうか等という註釈を加えた上で、最後に再度「諸仏世尊によって何も説かれなかったということが〔十全に〕確立された」（LVP, p.364）と繰り返して仏の不説、沈黙を強調している。月称が法性を仏としていたことは、既述のように帰敬偈の註釈の中で「八不の縁起そのものと本性として別に存在するものではない最高の師父〔である等覚者に対して礼拝しようと欲する〕」（LVP, p.3）と述べていることからも窺えるし、この第七偈が仏の不説を説いているという彼の解釈は龍樹が帰敬偈で仏が八不の縁起を説かれたという仏の説法の真実相である不説を説いているということである。そのことは第二五章の第二四偈の「〔仏は〕あらゆる認識（取得）が寂静し、戯論が寂静し、安穏である。仏は何処においても誰に対してもいかなる法も説かれなかった」をここで教証として引用していることからも明らかである。

龍樹自身はこの偈に関する限り仏や仏の沈黙には一切言及してはいない。しかし彼が仏の沈黙を『中の頌』の中心課題としていたことは帰敬偈や直前にも論じた第二五章第二四偈からも明らかである。仏陀の沈黙は大乗仏教では維摩の「黙雷の如し」に端的に示されているように、仏の説法と表裏一体をなし、同事である。『如来秘密経』でも如来は仏であった期間、一言も発せられなかったが、同時にすべての衆生は信解のままに各々のために説かれた仏の教えを各自が聴聞していると説いて、仏の沈黙と教説が同時であることを明示している。上述の帰敬偈の説く八不の縁起の仏の説法と第二五章第二四偈の「仏が説かれなかった」ことも同時で同事である。ここでも龍樹が法性の不可説性を説くと、次に第八偈で「「すべてのものは真実である」、或いは「不真実である」、「真実で不真実である」、「真実でもなく、不真実でもない」。これが仏の対機説法である」と仏の説法を説いていることは、不可説と説法が同時で同事であるという立場に立っていることを示すであろう。この説法の四句分別を註釈者は二諦の区別によって法性の不可説性を勝義、説法を世俗とし、四句分別を原則的には修行の向上的階位に対応するものとする。月称は「対機説法」と訳した anuśāsana の接頭辞 anu- を漸進的に（anupūrvyā）と解釈し、修行の順序に適った教説を意味すると取り、いわゆる教育段階に対応した四句の教説とする。他の註釈者も同じで、そのために無理で不適切な解釈も多く見られる。漸悟の立場が支配的になっていったインドの風土の中で育ったインド人の註釈者達が修行の階位と結び付けて解釈するのは、止むを得ないことであったといえよう。しかし彼らも同時に機根や意向や時機に応じた対機説法であることも併せ認めている。龍樹自身は四句を「或いは」（vā）で結び付けているだけであるが、すべてのものの法性が言語表現されることができないものであるのであるから、「真実である」、「不真実である」等の四句の教説はどの教説も真実在の表示でない点では全く等価で、優劣、上下の区別はない。真実在は四句を超えているからである。しかしそれ故に、対機説法であるから、四句の説法は皆同じく直接的に悟りをもたらす手段、方便となることを説いているものと思われる。〈或いは〉がそのことを含意しているといえよう。

龍樹は第九偈で真実在（tattva）の特性（lakṣaṇa）を列挙している。この章の論理的展開からも、この論書で用いられている四箇所の内の二箇所までが「仏の〔甚深な〕教説の中のtattva」（一五・六、二四・九）であるから、この第九偈の真実在も仏の教説に説かれた真実在であろう。特性は（一）他に依らない（aparapratyaya）、（二）寂静せる（śānta）、（三）戯論によって戯論されない、（四）無分別な、（五）多数のものでない、である。（一）は原始経典から、真実在の特性として、「自ら証悟すべきである」と同義として説かれてきたものである。

『中の頌』より後に著された『宝性論』（高崎『宝性論』一二頁以下に依る）では真実在は仏の本性・実相（buddhatva）となるが、その「仏の実相を自ら悟られた〔仏〕」（本偈）、「他に依らないで悟った」（aparapratyayodita）、即ち「仏の実相を他より聞くことなく、自ら無師にして自然生の智によって、自性として不可説であると完全に悟られた〔仏〕」、要するに仏の実相である仏（の智・悟り）の八徳性（guṇa）の第三とする。他に依らないを自己自身で自覚するという解釈は『中の頌』の註釈者の解釈と同じである。『宝性論』では龍樹の（三）戯論されないと（四）無分別なとを一括して「すべての戯論と分別の寂静とし、すべての寂静である故に、無功用（努めないで・自然に）」という第二の徳性とする。こうして『宝性論』はすべての世俗の事物、事象を寂滅し、否定し尽したとき、始めて「無為（徳性の第一）で、〔寂静によって世俗的な身心の〕働きが起らないという性質のものであっても（apravṛtti-lakṣaṇādapi）如来の実相（tathāgatatva）から無功用にすべての等覚者の〔仏〕業が輪廻の果てまでも倦むことなく、断絶することなく行なわれる」と説く。戯論と分別の寂滅という絶対否定こそが無功用な「仏業の行為でないという仕方の行為」の現成だというのである。この無功用ということは龍樹も戯論と分別の寂滅の真意としていたであろう。ただ彼はそれを無功用な仏業という仏の実相でなく、縁起という法性、法の実相として次の第一〇偈で論じたのであろう。

特性（二）の「寂静せる」を註釈者達は無自性空のことだとする。そうであれば何故龍樹自身がそうしなかったのかという疑問が残る。或いはここでは（三）戯論されない、（四）無分別な、が戯論や分別の寂滅でなく、真実在の客観的な概念規定であるので、真実在が何よりも先ず戯論や分別等の一切法の実相の主体的実現であることを示そうとしたのではなかろうか。『宝性論』の「他に依らない悟り」を空の立場で表現したものであろう。因みに『宝性論』の他の五徳性は仏の（四）智、（五）悲、（六）力、（七）と（八）は自利と利他の実現である。

特性（五）の「多数のものでない」を多くの註釈者は法性が一味であることとするが、そうであれば（二）の「寂滅せる」の場合と同じように龍樹が何故法性は一味としなかったのであろうか。寧ろ（五）は八不の内の不一不異の不一、「一つのものでない」を省略したものではなかろうか。このように解釈すると、この真実在の特性は次の第一〇、一一偈の不一不異の縁起の先取りとなる。

第九偈の真実在の特性は偈の構文から見て、上述の五特性だけを指し、第一〇、一一偈の縁起を含まない。そこでか、『無畏』と仏護は縁起を別の特性とし、清弁は真実在に対する世俗とする。清弁の解釈は彼の二諦説に起因する誤解である。上述のようにこの真実在は説法の中のそれであるから、龍樹は縁起の真実在をこの二偈で説いたものと考えられる。清弁は真実在は不可説であるので、有分別妙観察智に基づいて第九偈の五特性は説かれたとするが、そうであれば、八不の縁起も、否、すべての仏の説法はその智に基づいて説かれたものとなるから、第一〇、一一偈の縁起の不一不多、不断不常も真実在の特性である。清弁が世俗とし、月称が第九偈の「聖者達の真実在の特性」に対して「世間の（laukika）真実在の特性」とするのは、龍樹がこの縁起の説者である仏を世間の庇護者（lokanātha）と特定しているからかとも考えられる。

第一〇、一一偈は縁起が相互依存であり、それ故に相互に依存して存在する二者は同一でも別異でもない、即ち二者は一つのものでもないし多数のものでもないので、不断不常である。そのことが諸仏の教説の甘露であると説く。

最後に龍樹は一見唐突に〔正〕等覚者、独覚、声聞に言及し、「諸〔正〕等覚者が出現せず、声聞達が死滅したとき、独覚達の智は遠離より現われる」（一八・一二）と説く。或いはこれも前偈までが真実在の論理の解明であったのが、一変して無仏、無仏教の時代の独覚の覚りを説くというので、前に触れた漸降法、anticlimax の一種なのかも知れない。しかし仏の教の甘露という点でいえば第一二偈は単に抽象的に仏法の永遠性を説くのでなく、神話的であっても歴史の流れの中で永劫に亘る存在として仏法の不滅を説いているという意味では、anticlimax というよりも章の所説の climax と考えることもできなくはないであろう。

この第一二偈の所説は直接的には前偈が説く仏説の甘露に関連する。既述のように彼は帰敬偈で八不で戯論寂滅の縁起の説法者を〔正〕等覚者（saṃbuddha）という仏とする。ここでもその同じ正等覚者について説いている。帰敬偈では単数形であるが、それは〔正〕等覚者一般を帰命の対象としたからであろう。ここで複数形で語っているのは、時を隔てて、多くの〔正〕等覚者が出現し、教え（この場合は上述の教説の甘露である）を説き、やがて般涅槃されたという神話的伝承によっているからであろう。八不で戯論寂静の縁起が過去のすべての等覚者によって繰り返し説かれたことは、それが真の仏説であり仏説が永劫に存続されることの証しなのであろう。

この正等覚者等の聖者の区別の範疇は『八千頌』にも見られるので、このことは恐らく龍樹が初期の論攷時代のゴータマ、則ち釈尊を仏とする立場を離れて、正等覚者を仏とする大乗の仏の立場に立ったことを示すであろう。この聖者の区別は三乗の区別に対応するものである。『八千頌』では三乗は菩薩乗、独覚乗、声聞乗と名づけられている。周知の如く、三乗という範疇は初期大乗経典の重要な論題となっている。初期の本格的大乗経典である『法華経』では、会三帰一などといわれるように三乗を止揚して一仏乗であることを宣言している。最古の本格的大乗経典と認められる『八千頌』でも既に三乗の超越を説く。このことは三乗の範疇が『八千頌』以前に成立していたことを物語る。『八千頌』以前の最初期の大乗仏教の成立過程にある「原始大乗」といわれる（静谷『初期大乗』）時期に仏になることを願う仏教の修行者が自分達の道を声聞や独覚とは別の菩薩乗であると主張し、少なくとも大乗仏教圏の中では容認され確立された結果、三乗が成立したものと考えられる。恐らくこの「原始大乗」の時期の菩薩乗が後世声聞が四諦、独覚が十二因縁の理、菩薩が六波羅蜜を行ずるといわれる（「辟支仏」九三頁上段参照）三乗の中の菩薩乗となったのであろう。

このように三乗を認めることは、人間存在の宗教的資質を差別することであるから、この菩薩乗は却って菩薩の理念と矛盾し、菩薩行を阻害する。『八千頌』等の本格的大乗経典は三乗の中の一集団として現実に成立していた菩薩乗を解体して、すべての人間存在、即ち三乗のすべての修行者が等しく平等に仏を実現する存在であることを説き実践することが真の菩薩であるという菩薩の理念を実現しようとした人々の運動を伝えているといえよう。『八千頌』はそれを声聞乗の者も独覚乗の者も菩薩乗の者も般若波羅蜜を行じ修習すべきであると説き、三乗の別なくすべての修行者が六波羅蜜でなく般若波羅蜜を修行するべきであり、修行するならば、その時はすべて皆菩薩大士であると、三乗内の菩薩乗の菩薩と区別する。菩薩大士の語義解釈（梶山『般若経』一二〇頁以下、「菩薩大士」参照）というものは、このような『八千頌』等の菩薩と菩薩大士の相違を後から裏付けしようとしたものに過ぎないであろう。大乗という言葉の初出は『八千頌』であるといわれるしその通りであろうが、もしそうであれば、大乗という観念は三乗の区別、自己の菩薩の道も他なる声聞や独覚の道をも否定する三乗の否定という過程を経て、相対的な立場のない絶対の大の自覚があって始めて成立したことになるであろう。大乗を小乗と相対化したのは後の思想的に衰弱した時代であろう。

このように『般若経』などの初期の大乗経典では声聞の概念が根本的に変革されている。そのことを積極的に説いているのは『法華経』の「信解品」である。月称は声聞を正しい教えの果を得て、なすべきものをなしおえた者という意味と共に、仏から聞いた教えを人々に説き聞かせる者という意味をもつという声聞観を主張し、後者の声聞の教証として「信解品」の第五三偈、「保護者（世尊）よ、今日私どもは〔真の〕声聞として最高の菩提を人々にあまねく説き聞かせ、菩提という声（言葉）を明瞭に知らせましょう」を引用している。声聞は仏の悟りへの道を説く者である。

龍樹は『中の頌』では菩薩大士は言うまでもなく菩薩という語も三乗という範疇も使用していない。彼が『八千頌』から学んだであろうことはそのような宗教的資質の差別の上に成立する概念ではなく、先に紹介した『八千頌』が冒頭で展開した釈尊の十大弟子等の声聞が説く教説が仏説と相違しないという声聞観であったと思われる。『八千頌』も龍樹も『維摩経』のように十大弟子を虚仮にしてはいない。寧ろ龍樹は彼自身が仏の教えを人々に説き明す仏弟子である声聞の一人であると自負していたのではなかろうか。彼の脳中には声聞乗の声聞などは存在しなかったであろう。彼が第一二偈で「声聞達が死滅したとき」という声聞達は声聞乗の声聞でなく仏の教えと相違しない教えを伝える声聞達であろう。羅什がその偈句を「仏法已に滅尽する」と意訳したのも的を射ているといえるであろう。声聞乗の声聞であるならば、生存していても声聞法を伝えるだけで仏法はそのとき既に滅尽しているからである。

独覚の聖者としての特性は（一）無師独悟、（二）不説法とされ、それに後に一部で（三）無仏の時代に出世し、仏が出現すると涅槃するという生き方が加えられている（「縁覚」四三頁下段参照）。（一）の無師独悟は独覚の概念に含まれ、独覚である所以を示す。（二）の教えを説かないという特性は初期の原始経典である南伝経典等には見られず、有部系統で論じられているとのことである（「辟支仏」九三頁上段）。この不説法から無師独悟の後は独住独逝という生き方をする聖者と考えられたのであろう。

独覚の起源については二説あり、第一説は我が国の仏教学の初期の先学達の仮説で、仏の沈黙として知られる、釈尊が成道後に悟った法が難解であるので説法を躊躇されたという伝承から、躊躇したまま説法をしないで終った仏もあり得るであろうという想定によって独覚の思想が起ったとする。この仮説は（二）の不説法を中心とする独覚を前提とし、無師独悟は仏のそれということになるが、上述のように不説法は独覚を説く初期の文献には見られないし、釈尊や説法の躊躇と独覚とを結びつけるような文献もないようである（「辟支仏」九三頁上段）。因みに龍樹は既述のように空の教えが理解し難いことを悟って、説こうとする釈尊の心は後戻りされた（二四・一二）と、釈尊の躊躇の原因が空の難解さであることを説くだけである。第二説は現在一般的に認められている見解で、仏教以外の苦行者を独覚として仏教の聖者の中に組み入れたという説である。この独覚は無師独悟という修行者像とよく合致するといえるし、通説となっているようである。

『中の頌』の中で独覚に触れている偈にはこの偈の他には第一七章第一三偈がある。そこでは龍樹は正量部（犢子部）の不失法という業に関する理論を紹介し、「諸仏と独覚達と声聞達によって説かれ（讃えられ＝羅什訳）た、この場合に適った〔不失法という〕理論を私（正量部）は説こう」という。この偈は正量部が仏、独覚、声聞の三聖者説を認め、独覚は「証後独逝独住で説法しない」（「縁覚」四三頁上段）どころか、仏や声聞と同じく同じ教えを説く聖者としていること、更に正量部が自説を三聖者が等しく説かれた真の仏説であると自画自讃しているのを龍樹がそのまま紹介していることを示している。このことは龍樹が対論者であっても正量部に対して好意といったものを感じていたことと龍樹自身が三聖者が等しく同じ教えを説くことを認めていたことを示すのではなかろうか。龍樹は正量部の場合は「ガウタマ」仏（gautama buddha）とし、自己の見解の場合は等覚者（saṃbuddha）としている。小乗の正量部とは異なることを意識して使い分けたのであろう。

正量部は大まかに言えば、犢子部などと共にインド半島部のサンチーの在る地方から、主として西南インドに教線を張っていたという。『明句』の校訂者は月称の註釈では正量部が小乗仏教を代表する（LVP, p.148, fn.1）というが、そのことは龍樹の『中の頌』そのものについても言えるのではなかろうか。

龍樹が活躍したと言われる現在のハイダラバードの南方にあるクリシュナ河の周辺と正量部の活動の拠点とは隣接した同じ仏教圏に属し、仏教文化の上で共通する面が多々あったのではなかろうか。そうであれば、この偈は龍樹の南インド説を彼の著書『中の頌』そのものが裏付けしていることになる極めて重要な証言となろう。

先に述べたように本章最後の第一二偈は独覚が「無仏の時代に出世する」聖者であるという独覚の第三の生き方を説く。仏と同時代に生存することは無師独悟と抵触することがこの生き方を案出したのであろう。龍樹は説いていないが、それと同時に説かれている「仏が出現すると独覚は涅槃する」という生き方は無仏の世に出世するということの裏返しに過ぎない。このようにこの第三説は無師独悟を理詰めにすることで到り着いた独覚観のように思われる。不説法については触れていないが、龍樹がこの独覚を説法する聖者と考えていたことは疑えない。

龍樹は偈の後半で「独覚達の智は遠離より生ずる」と説く。独覚達の智というのは悟り・菩提（bodhi）のことであろうが、龍樹はこの語を一箇所（二四・三一、三二）で用いているだけで、第三二偈では、菩提は仏と相互依存して共にその言葉として表現されるものに過ぎず、実有・自性でないと単なる概念的存在として使用されているに過ぎないし、第三二偈でも「悟っていない・仏でない者は菩提を求めて努力しても菩薩行において菩提を証得することはないであろう」と否定的にしか説いていないので積極的な pregnant な内容は説かれていない。

彼はここでは独覚の智（jñāna）と表現している。『中の頌』では智という語は他には第二六章第一一偈で「無明の消滅はまさにこれ（十二支縁起）の智の修習による」に用いられているだけである。この初期の著作の用法とこの独覚の智が同じであるか否かは俄かには決め難いが、独覚が十二支縁起の論理を悟ったという伝承があるし、龍樹はそれを知っていたであろうから、独覚の智は十二支縁起の智と考えてよいのではなかろうか。同時に龍樹は『八千頌』が冒頭で論ずる一切智者の智（sarvajñajñāna）という仏智の意味を込めていたと考えることができるかも知れない。

この独覚の智を『無畏』、仏護、清弁は「他に依らない」（aparapratyaya）智と第九偈の真実在の特性を持った智とする、上述のように『宝性論』ではこの他に依らざる悟りを仏とするので、そうであれば、『無畏』等は独覚の智を仏智、仏の悟りとしたことになる。月称も「独立自存の、自ずから自然に存在する」（svāyambhuva）智とする。これも『宝性論』では「他に依らない」の同義語である（上引の『宝性論』の文参照）。この独覚の智の解釈は龍樹の真意を明言していると言ってよいように思う。

羅什がここで訳語として用いている遠離は asaṃsarga である。『無畏』も仏護も asaṃsarga が何か、註釈を加えていない。するまでもないと考えたからであろう。清弁は身心の世界からの離脱（praviveka）とする。独覚は身体的にも精神的にも孤独を守る隠棲者ということになる。彼は続いて「独覚の智は遠離（asaṃsarga）という因より生ずる。即ち無憒鬧（asaṃgaṇikā, ḥdu ḥdsi med pa）という因から生ずるという意味である」と説く。saṃgaṇikā は社会・群集・交際（cf. BHSD, p.547）を意味し、ḥdu ḥdsi は騒音・喧噪の意味である。月称も「遠離」を身心の離脱とする清弁の解釈を採用している。彼が憒鬧には触れていないのは、後述するように彼は独覚を隠棲者と見做していないからであろう。この二語は独覚の不説法を強調する『大毘婆沙論』に「彼は寂静を愛して独処を楽しむが故に、喧雑を怖畏して衆の集るを厭うが故に遠離の功徳と憒鬧の過失を見る故に、心徒衆に背くに豈に能く説法せん」（「辟支仏」九四頁下段の読み方に従う）という中の遠離と憒鬧の原語であろう。漢訳語だけを取り上げるならば、羅什も遠離＝厭離と憒鬧を用いて、「厭離の因縁を観じ、独り山林に入り憒鬧を遠離」することを独覚が道を得ることとする。羅什は『法華経』の「従地涌出品」第一五章（梵本第一四章第三九偈とその長行（KN, p.309, l.1, l.3））では、地涌の菩薩の生き方を説く中で asaṃsarga を静処（静かな処）と訳している。要するに asaṃsarga・遠離は世間、人の世との交わりや接触を断ち、静かな隠棲地で冥想に耽けることであろう。

第一二偈に対する註釈者達の解説は以上で尽きるが、『無畏』は最後に結論として仏の教説の甘露が声聞にも独覚にも、即ちすべての者に現世か来世で不死の境位を得させるものであるから自分の幸福を願う者は心底から教説の甘露である縁起を主体的に実現すべきであると説く。清弁の註釈はこの『無畏』の註釈の完全な借用であるが、仏護は後半を改め、その果が勝義の体得であると説く。従って彼は声聞も独覚も仏と同じ勝義の証得者であることを明言していることになる。

観誓は結論箇所でも清弁と仏護との所説を結びつけている。清弁の主張、『無畏』の註釈の第二説の「それ故にこの甘露の教説は…誠心誠意それを成就すべきである」ということは、「この教説は他の人々を〔正道に〕励まし入れる（samādāpana）言葉であって、それ故にこの教説の甘露はそれの成就者達にそれぞれの機根、意思…縁の力に応じて声聞〔乗〕と菩薩乗の者とにこの世と後の世に不死の境位を得させるものであるので、自身の幸せを願い、観察力を備え、輪廻の荒野を離れようと願い、不死の境位を得ようと求める瑜伽の修行者達は心底からまさにこれの成就に努めるべきである。このことだけから勝義は必ず成就される」と。この観誓の解釈は清弁（『無畏』）よりも仏護の見解を重視しているように見える。それだけでなく彼の教説の甘露の説明は恐らく声聞と独覚の区別を念頭にしてではあろうが、一人一人の機根等に基づく対機説法であるとか、声聞と独覚でなく菩薩乗の者とするなど、それらの意図は解らなくもないが、舌足らずで清弁の所説の解説となっていない。

月称は独覚も無仏の時代に正法の甘露のような真実在を証得する（saddharmatattvāmṛtādhigama）と説き、結論としては「智慧ある者は身命を捨てて正法の真実在を追求すべきである」と説く。彼が章末に『八千頌』の常啼菩薩の求法の物語を引用したのはこの結論の教証であろう。このように月称に至って『無畏』の解釈から全く解放されただけでなく、声聞や独覚等の差別があり得ないことは空の立場からすれば当然であるし、月称の結論は第一二偈の所説の真意を明らかに示していると言えなくはないが、しかし何故龍樹が殊更に無仏無声聞の時代の独覚の役割、その存在の意義を説いたのかは明らかにしていない。

龍樹が「等覚者が出現せず、諸声聞が死滅したとき」と書いていたとき、彼は一体現実の日常の歴史の経歴の中のどの時期を思い描いていたのであろうか。文献の上では論拠となる資料を提示することはできないが、単なる仮定としてそういう時代を想定したとは考え難い。確かに釈尊の滅後は色身としての釈尊はいないので、無仏の時代であるが、声聞はいる。そもそも釈尊の滅後何百年も経つが、龍樹自身釈尊、ゴータマに、或いは等覚者に帰命していることは、彼が声聞（仏弟子）であることを自覚しており、『無畏』等が八不の縁起を仏の法身即ち教えという身体としていることは、八不の教えが伝えられている限り、仏の法身は健在であることを意味する。恐らく龍樹は逆に釈尊の成道以前こそが無仏無声聞の時代だと考えていたのではなかろうか。そうであれば、龍樹は釈尊の成道を心に思い描きながら、「独覚の智は遠離より生ずる」と続けたと言えないであろうか。その独覚は上述のように利他の説法をしなかったり、隠棲地に独居する隠者ではない。「遠離より生ずる」のは智であって、修行法や生活法ではない。確かに釈尊の成道は世間との交りを断ち、ガヤー郊外の菩提樹下で成道したと伝えられる。その限りでは無師独悟である。しかし釈尊が観察したのは十二支縁起であるという。龍樹はそれを四不の縁起という仏の教説の甘露を過去世に学習した結果だといっていることになる。無師でもなければ独悟でもない。龍樹の独覚観は不説法だけでなく無師独悟をも否定したものである。

本稿で仮説として提示した初期の著作の中で龍樹が釈尊の正法を十二支縁起としていることも、筆者がこの独覚に現実に存在した釈尊のイメージを重ねるに至った一因である。独覚が十二支縁起を悟るという伝承にはこの龍樹の思想が、或いは彼が育った仏教文化圏の思想があったと考えることも、或いは独覚を縁覚（pratyayabuddha）と呼ぶような背景にも、あったのではなかろうか。

21　第一九章　時

龍樹は時に関しても経典などが伝える幻想的な歴史の変遷等を見事なまでに無視し、時論者の説く時の形而上学も無視し、世間で日常に時として理解されている過去と現在と未来の三時の存在と時の流れを区別する刹那・日・月・年等の期間との二点に限定して時の否定を論じるだけである。

龍樹は三時が相互相待的にあるという縁起の立場で過去等が自性であることを否定する。先ず現在と未来が過去に相待しているならば、現在と未来は過去時にあるか否かのディレンマによって、第一偈では過去時にあるならば、現在と未来は過去時にあることになるので、現在と未来はないことになり、従って過去もないことになる。第二偈では過去時にない場合を取り上げて、過去と時を隔ててある現在と未来が過去に相待することはないと帰謬し、第三偈では過去に相待しないでは成立しないので、現在と未来は存在しないと帰謬する。

第四偈ではａｂでこの否定の方法が現在や未来に相待した場合に適用できることを述べるが、ｃｄでは同じ方法で上下中等や（単数）等（＝両数、複数）或いは一等（二、三等の数）も理解すべきであると説く。これらが何を意味するのか註釈者達は戸惑ったようで解釈は区区である。時の考察の章で時と直接関係が認められないこれらにどうして龍樹が言及したのであろうか。

龍樹は次の第五偈でdのprajñapayateが示すように、時を「存続する時」即ち「或る期間存続する時間」と主張するプドガラ論者の仮名の時間を簡潔に否定して「存続していない時は把握されない。把握されるであろうところの存続している時は存在しない。そして把握されていない時がどうして言葉で表現されるであろうか」と説く。こうして彼は第六偈abで、時は実有であれ仮名であれ、bhāva（事物・存在するもの・有）の生滅、経過として、即ち事物・有に縁って、存在するならば存在するが、存在しないと、有の立場での時の存在を否定する。偈cdの「しかし事物・有は何ら存在しない。時はどうして存在するであろうか」は、それを繰返し、強調しただけなのであろうが、そもそも本より事物・有というものが何もないのであるから、時は存在しない、という存在論を説いているような印象を与える。この時の否定、無は「絶対現在」とか「永遠の今」に通じる空の真相であろう。

22　第二〇章　因果の考察

羅什を除く註釈者達は、直前の時の否定に対して、対論者の「時の存在を立証する論拠として、結果は原因と諸条件の総体と時（月称は補助因とする）とによって生ずる」という反論を想定し、龍樹はこの章でその論拠である因果関係を否定したと解釈する。註釈者達が因縁の総体に時、時節を加えるのは、「時」の章の次にあるという章の順序に執われた解釈であって、龍樹の偈には時と時に関連した語句は用いられていないし、論述の内容も時と無関係である。強いていえば、過去と未来と現在の三時の区別が因果関係の否定に用いられている程度のことである。その点からすれば、この章が第一九章の直後に置かれている必然性は見当らない。仏護以下は『無畏』に盲従しただけかも知れない。月称は章題を総体（sāmagrī・和合）とするが、総体が言葉だけでも取り上げられているのは、最初の四偈と、第七、八偈と最後の第二三、二四偈との四偈だけである。月称が章題を「総体」に改めたのは、第一七章の「業と果」と区別するためであろう。羅什は逆に第一七章を「業」だけに改めたのであろうか。仏教では広く、因果関係は因縁和合（総体）生として認められているから、龍樹も一般的には総体を原因として扱ったのであろう。

章の内容は因果関係の否定であって、あるかないか、有か無か等の二者択一のディレンマによる否定が多い。

（一）（1）果が因縁の総体にある（因中有果）（二〇・一）、（2）ない（因中無果）（二〇・二）、〔（1）の誤謬〕果が総体の中に認識されない（二〇・三）、〔(2)の誤謬〕因縁は無因縁と同じものとなる（二〇・四）。

（二）因が果に因を与えて滅するならば、〔誤謬〕因の自体は与えられた因と滅した因の二種となる（二〇・五）。与えないで滅する場合、〔誤謬〕因が滅したとき生じた果は無因生（āhetuka）となる（二〇・六）。

（三）第一〇偈のｃｄと第一一偈のａｂは、因が果に覆い隠されているか否かの二者択一による否定である。覆い隠されている（vṛta）を注釈者達は「果と結合された」（saṃbaddha）と取り、必然的な因果関係の下にあると論理的な概念に改めている。しかし龍樹が殊更に「覆い隠された」と表現していることを忖度すれば、第九偈の因の移行である果とは因の自性であるものが果となる、換言すれば、果といういわば仮面によって覆い隠されている因、それは既に因として「生起していても」果を生じはしない、果は既に因を覆い隠して存在している、ということになろう。第一一偈の前半は果に覆い隠された因が果に覆い隠されていない因の自性であるならば、果を生じることはないということになろう。

（四）第一一偈の後半の「というのは（hi・実に）因は果を見た上でも見なくても果を生じない（からである）」も「見」と「不見」の二者択一の否定である。註釈者達はこれを今までとは別の、眼根による眼識の成立という認識論の問題とするが、龍樹が突然ここで見る見ないを取り上げた理由は明らかでない。「覆い隠されている因が存在すると、認識してもしなくても果を生じない」ということか。月称は眼根のないものに見るか見ないかという択一があり得ないことを自覚し、その批判はサーンキヤ学派やジャイナ教が負うべきで、中観論者には当らないと明言している。このことは裏からいえば、この龍樹の論述は舌足らずというか、不完全で未熟だということになろう。

（五）〔因果〕関係（結合）があってもなくても因は果を生じない（二〇・一五ａｂ）。この偈は後述する第二一―一四偈の結論。

（六）果を欠く因も欠かない因も果を生じない（二〇・一六）。龍樹は両方に果を生じない理由を述べていないが、解り切っているからであろう。果を欠く、存在しない果は生じないし、欠かない、既に存在する果は生じない。

（七）不空な果（二〇・一七）も空な果（二〇・一八）も不生不滅。この「空な果」の空が直ちに中観派の説く空とは考え難い。註釈者達の解釈も曖昧である。龍樹もここでは「不空」との相対概念として空という語を用いただけではなかろうか。このことは龍樹がこの章の著述の頃には空の有無を否定した中道という認識に若干欠けていたことを表わすといえないだろうか。いずれにしても二五章の中では初期の著作であろう。

（八）因果の（1）同一性と（2）別異性による否定（二〇・一九）。〔（1）の理由〕能生（janaka）と所生（janya）が一体（ekatva）となる。〔（2）の理由〕因と因でないものが等しくなる（二〇・二〇）。（1）の同一性の場合は第七偈（後出）と実質的に同じとなる。

（九）因は自性の実有な果も実有でない果も生じない（二〇・二一）。この偈は（五）の「不空な果」（二〇・一七）、「空な果」（二〇・一八）と実質的には同じ。第二一偈の原文は、実有な果をも不実有な果をも「どうして生じようか（janayiṣyati）」と反語になっている。第二二偈で龍樹はそれの現在分詞の否定形である「ajanayamāna（生ぜしめないもの）が因であることはあり得ない」（二〇・二二ab）と、返す刀で因の存在をも否定し、さらにそうであれば、「果は何の〔果〕であろうか」と、因がなければ果も果でないと説いて、因果関係を否定する。

（一〇）最後の第二三、二四の二偈は章の結論のためか、因縁の総体という改まった表現を用いて、総体が総体自身を総体自らによって生じさせないとき、総体は果を生じることができない（二〇・二三）し、果は因果の総体によっても、総体でないものによってもつくられはしないし、果がなければ総体もない、とこれまた二者択一のディレンマによって果の存在を否定すると、（七）と同じ論法で果がないので総体もないと因も果も、従って因果関係をも否定する。

その他の偈では、第七、八偈が因縁の総体と果が同時生であれば能生と所生とが同時（ekakālau）となり（二〇・七）、果が総体より以前にあれば、そういう果は無因となろう（二〇・八）と、因と果の同時の場合と論理的にも時間的にも因果関係を逆行する果が先行する場合の否定を論じる。第九偈は常識的な因果の順序、因が先で果が後の立場に立って、因が滅して果が生じるということが、果が因の移行・移転であるならば、既に生じている因が再度生じることになると説く。註釈者は偈文の表現の曖昧さを正すために、ここで因が滅しても、因と果を貫いて因としての自性は不変であることを強調する。第一〇偈の前半は前偈の「因が滅したとき」の「滅した」とは「終った」（astaṃgata）ことであるから、因が滅したとき、即ち因であることを終った後で、因の移行である果があるということは、果が生じていることであるから、滅した後の既に存在していない因が既に生じている果を生じることはない。第一〇偈の後半はこの第九偈以降の問題と内的には密接な関係をもつが、龍樹は上述の（三）に述べたように、第一一偈の前半と対にして二者択一によって論じている。

第一二、一三、一四偈は過去、現在、未来の三時を用いた因果関係の否定であって、第一二偈は過去の果は、過去、未来、現在の因との間に因果関係（接触・結合）がないと説き、第一三偈では未来の果、第一四偈では現在の果を同じ方法によって否定できるとする。上述のように第一五偈はその結論に当る。

このように概観すると、この章は因果関係という主題がなせるわざと考えられなくもないが、否定の方法が単調（（一）―（八））で実質的に同じ否定の繰り返しや省略できる論証の機械的適用（二〇・一二、一三、一四）などが見られるので、未整理の構成と思われる。そういう意味でも後期の『中の頌』の中では初期の、完成度の低い内容の乏しい章と思われる。

23　第二一章　成と壊

この章で取り上げる成と壊は生（utpāda）滅（nirodha）が事物（bhāva・一切法）について語られるのに対していえば、生存（bhava）（二一・一五、一六、一八）の生滅に限定して用いられた概念である。生存は十二支縁起では無明を、直接的には自己の所有である取得（upādāna）を条件として生じ、生・老死の生起の条件、根拠であるが、この章では生存は輪廻と結びつけられて考察されている。一口に六道輪廻と言われるように、輪廻思想は人が過去の生存から現在、未来の生存へと輪廻し転生する存在であると説く。この生存の輪廻転生がこの章の主題であることは、結論として「生存の相続」（bhavasaṃtāna）（一七・二一）の否定が説かれていることからも明らかである。

龍樹は成と壊とを誕生（janman）と死（maraṇa）とする（二一・二、三、五）。誕生と死を彼は比喩として用いたのではなく、日常人の誕生と死として理解されている事象は、人の生存という視座で見れば、生存の成と生存の壊である。誕生と死は十二支縁起では誕生に縁って老死があると説く。生まれなければ死はない。しかし「生存の相続」は寧ろ逆で、前世の生存の死と後世の生存の誕生が主題となる。

論の構成は先ず最初の六偈で、生成と壊滅の二者は相互に一方が他方なしでも他方と共にでも存在しないという都合四通りの否定を説く。第一偈は四通りが皆あり得ないことを一括して述べ、（一）第二偈は壊滅が生成なしで存在しない理由、「生まれなければ死ぬこともない」を説き、（二）第三偈は生成と壊滅が共に存在しない理由、「生と死は同一時にない」、（三）第四偈は生成が壊滅なしで存在しない理由、「諸事物には無常性がない時はない」、（四）第五偈（羅什訳に欠く）は生成と壊滅が共にない理由である（二）の「生と死とが同一時にない」という理由の繰り返し。第六偈は「二つのものが相互に同時（共）に存在してもしなくても存在しない。そういう二つのものは成立しない」という総括を結論とする。

次に様々な場合に生成と壊滅が存在しないことを雑然と列挙している。

（一）〔第七偈〕滅尽（kṣaya）にも不滅尽にも生成と壊滅はない。註釈者達は、滅尽を事物の本質（法）、又は相・定義（lakṣaṇa）と解釈し、日常経験の生成や壊滅は滅尽を相とする事物にも不滅尽、即ち恒常な事物（実は存在しない無）にもないと、説得力の乏しい解釈をする。

（二）〔第八偈〕生成と壊滅と、事物とはどちらも他方なしではない。第六偈までは生成と壊滅という二性質間の考察であるのに対してこの偈では事物という基体と生成等の性質の相互依存による否定。

（三）〔第九偈〕生成と壊滅は空なものと空でないものという二者択一によってすべての事物にあり得ないことを説く。この「空」は中観思想の「空」なのか、単なる空中に描かれた絵のような絵空事の意味の無なのか、曖昧である。

（四）〔第一〇偈〕生成と壊滅の同一性（eka）と別異性（nānā）の否定。

（五）〔第一一偈〕生成と壊滅の経験（見）は癡愚（moha）による。

第一二偈から龍樹は主題を生成と壊滅からそれらが行なわれる基体（āśraya）である事物に移す。

（一）〔第一二偈〕事物即ち有と二者択一の無とを果とした場合、どちらも有か無を因とするという四種の因果関係がすべて成立しない。各々が成立しない論拠は説いていない。論ずるまでもないと考えたのであろう。

（二）〔第一三偈〕事物（有）が事物そのもの、「自」よりも、「他」よりも、「自他」よりも生じないので、何ものよりも生じないと因から生ずることを否定する。この偈は第一章第三偈の自生等の四句の生の否定と実質的には同じであるが、第一章の「非自非他の不共」（そこでは「無因より」（ahetutas））の第四句も説かれている。そのことはこの章が第一章（第一二章の自作（svayaṃkṛta）等も「無因作」（ahetuka）の第四句を含む）よりも以前の著作であることを示すのではなかろうか。

次の二偈は事物〔の存在〕を承認し確信する者を取り上げ、先ず事物の承認者の誤謬を説く。

（三）〔第一四偈〕事物は常か無常であるから事物を承認する者は恒常か断滅の見解になる。

註釈者達が認めるように龍樹は次の偈では、前偈の批判に対する対論者の反論を説くが、批判と反論は擦れ違うというか嚙み合わず、見解に関する反論でなく、事物を認める者である人間存在の生存（bhava）のあり方で答えている。

（四）〔第一五偈〕「事物を認める者には断滅もなく恒常もない。その生存は果と因の生起と消滅の相続だからである」。

この偈は少なくとも偈の後半からは、事物でなく生存に主題が移り変っている。龍樹はここで対論者の立場に立って「生存を果の生起と因の消滅の相続」と定義し、以下では「生存の相続」と略称している。以下最後の第二一偈まではそういう生存の否定を主題とする。

（一）〔第一六偈〕「その生存は果と因との生起と消滅であるならば、消滅するものが再び生ずることはないので因の断滅に堕す」。因が断滅すれば果は生じないし、相続も絶える。

対論者である自性論者の立場では因も自性で不変であるので、

（二）〔第一七偈〕「自性として実有な〔因〕の非実有〔即ち無〕は成り立たない。〔少なくとも〕涅槃の時には、生存の相続が寂静するのだから、断滅がある〔ことになろう〕」。

次の第一八偈は表現が曖昧であるためか、註釈者の解釈は大きく二分され、偈の yujyate を『無畏』等は相続の続生（pratisaṃdhi）と解釈し、月称は通常通りに論理的な妥当性の意味と取る。それだけでなく偈の「最後のもの」（carama）が何を指し、「最初のもの」と「生存」（prathamo ... bhavaḥ）が「最初の生存は」という意味でよいのか。註釈者はこの語句をそう読んでいるようであるが、『無畏』は「最後の生存」を死に瀕する最後の心、「最初の生存」を誕生に向う最初の心とし、仏護は順に「現在の生存の最終の心」と

「未来の生存の生起する心」とするように、生存ということは日常的・常識的には或る期間の持続を予想した概念であるから、最初の生存、最後の生存でなく、生存の最初や最後の時・刹那という表現の方が相応しいと思われる。註釈者の上記の語義はその線に副ったものである。龍樹が最初（最後）の生存といったのは、強いていえば生存を生滅が不断に継起する相続の最初（最後）の一齣の意味で用いたからではなかろうか。今はそう読んでおく。

（三）〔第一八偈〕「〔現世の〕最後〔の生存の刹那〕が滅したとき、〔来世の〕最初の生存〔の刹那〕は成り立たない（続生しない）。最後〔の生存の刹那〕が滅していないときにも最初の生存〔の刹那〕は成り立たない（続生しない）」。

次の第一九偈は前偈で滅が已滅と未滅、過去と未来の場合に成り立たないことを論じたので、ここでは現在について論じる。

（四）〔第一九偈〕「最後〔の生存〕が滅しつつあるとき、最初〔の生存〕が生ずるのであれば、滅しつつあるものが一つ〔の生存〕であり、生じつつあるものは別〔の生存〕であろう」。

次の第二〇偈では滅しつつある最後の生存と生じつつある最初の生存とが同時（共）であることが成り立たない場合の否定を説く。

（五）〔第二〇偈〕「そうでなければ（滅しつつあるものと生じつつあるものが別々のものでないならば）、滅しつつあるものと生じつつあるものが同時であることが妥当するが、人は或る〔五蘊〕において死ぬところのそ〔の五蘊〕において生れるであろうか」。

第一九偈とこの偈は、要するに最後の生存と最初の生存とを別異性と同一性の選言肢に分けてディレンマによって否定していることになるが、それを方法として明確に自覚していたとは思えない。

（三）の第一八偈以下は過去、未来、現在の三時において生存の相続が存在し得ないことを論じたので、

（六）〔第二一偈〕「このように三時においても生存の相続は成り立たない。三時に存在しないものがどうして生存の相続であろうか」。

このようにこの章は内容が盛り沢山ともいえるが、雑然としていて章全体に一貫性がなく尻切れ蜻蛉のような印象を受ける。恐らく二五章の中では初期の著作で龍樹自身に論述方法等が確立されていなかったからではなかろうか。

24　第二二章　如来

龍樹は次の第二三章の第五偈で煩悩と煩悩に悩まされる者（kliṣṭa・以下煩悩者）の一方が他方と同一等の五種の関係を考察しても存在しないことの例として、「自己の身体が〔自己で〕あるという見解（svakāyadṛṣṭi・以下自身見）」を挙げている。この実例として提示された見解が『中の頌』の中で説かれていると考えられる箇所は清弁と月称が指摘するように、この第二二章の第一偈である。第一偈では如来（自己）の五蘊（身体・取得）が如来（自己）であるという見解が五種に考察されても存在しないことを説いているからである。

　このsvakāyadṛṣṭiは薩迦耶見（satkāyadṛṣṭi・有身見）のことで、有身見の有（sat）は誤ってサンスクリット化されたもので、正しくはsva-と還元すべきであるとも言われている（『大辞典』「身見」七七一頁b参照）ので、龍樹が有身見でなく、自身見を用いていることは、彼が正しく還元された術語を伝えているということにもなるであろう。月称が第一八章の冒頭で自我が五蘊と同一でも別異でもないことを論じる際に有身見を輪廻の根本であるとするように、龍樹は直前の第二一章で輪廻の生存の成壊を否定しているので、遡ってこの章では輪廻の根元である根本的な見解、有身見を取り上げたということができるであろう。因みに第二三章第五偈でこの第二二章の所説を実例として説いていることは第二三章が第二二章の後で著述されたことを示すであろう。

　有身見の否定で龍樹が否定しようとしたのは直接的にはプドガラ（pudgala）、人《プドガラ》の存在である。第一二章の解題で触れたように、人《プドガラ》の問題は第二六章の第七偈の「取得があるとき、取得者の生存が現われる」に遡ることができる。第一二章では苦が作られた結果ではないことを苦が苦そのもの（自）によって作られたもの（自作）でない等という否定によって示すと、プドガラ論者は苦の自作等でなく自作はその苦を所有する人《プドガラ》（苦者）の自作、他の人《プドガラ》の他作等によって苦が作られると反論する。しかしそこでは苦と苦者《プドガラ》との関係は考察されていない。それに対してこの章では人《プドガラ》という術語は用いていないが、如来と取得との関係が「取得に依拠して〔如来が如来と〕名づけられる」（upādānam upādāya prajñapyate）というプドガラ論者の定義を用いて示されている。これの名詞（upādāya）prajñaptiは因施設と漢訳されているが、羅什は仮名（二四・一八、二二・一一）と訳す。以下冗長を避けて仮名を用いる。

　そもそもこの章の目的は龍樹が縁起ではなく、仮名の論理によって如来の存在が実有でないことを論証することにあった。この仮名の定義の中の「名づけられているもの」はこの章の場合は如来である。如来が如来という言葉によって知らしめられるものであるということの意味は如来が実有・実在ではなくただ如来という名称で表示された、その限りにおいてのみ存在するということであるが、それだけで世間の如来の営みはすべて完全に行なわれるということでもある。そのことを一般的に言い換えれば、人間存在は実有と確信されている自我《アートマン》でなく、取得に依拠して名づけられた人間存在である人（プドガラ・pudgala）以外の何ものでもないということである。如来は一般に人間存在の中で人間存在の実相を覚った人間存在の真実在そのものと理解されているが、如来という言葉で理解されている如来は、実有の如来でなくプドガラに他ならない。

上述のプドガラの定義の中の取得（upādāna）は、殆どの場合五蘊とされる。五蘊はこの章の第一偈のチベット訳で「身体」と訳されているように、主として人間存在の心身の諸現象の有機的全体を意味するので、人間存在が仮名であることを示すのに最も適切な範疇である。しかし五蘊と共に一切法の別の範疇である十二処や十八界、さらには有為も取得とされる場合もある。三諦偈の註釈で月称は比喩として車と名づけられたものが依存する基体となる車の部品などをも取得としている。それは実有論の立場では取得の梵語upādānaが質料因を意味し、車は部品の全体を質料として存在すると考えられているからである。この仮名の論理は後述するように仏護も重視しているが、これを縁起と並ぶ中観思想の基本的論理にまで嵩めたのは月称で、彼は『入中論』では法無我の論理が縁起であるのに対して、仮名を人無我の論理としており、彼は『中の頌』の註釈の中でも折に触れてこの論理を用いて具体的にかなり詳細に偈の所説を説明している。

『初期の論攷』の考察の際に示したように、龍樹は「無明に覆われた者」（二六・一）などの主体の存在を認めている。このことは彼が無我の立場に立つ以上、理論上は実有の自我でなく仮名のプドガラを認めていたことになるが、しかし彼が当時無明に覆われた者などを意識的にプドガラであると認識していたか否かは明らかでない。彼は第二七章の第一種の「過去世に私は存在した」等の見解の考察では恒常不変な自我を否定し、第二種の「世間は恒常である」等の主張の「世間」は輪廻の五（六）道・趣（gati＝生存（bhava））の神（天）や人間であり、それが恒常な存在等であること等を否定しているので、世間人である衆生をプドガラと自覚的に認めていたとは考えにくい。

その第一種の見解の中の第一の主張の場合、龍樹は過去世に生存していた私が現世の私、即ち自我であるならば、過去の生存（者）

と現世の生存（者）は取得（upādāna）が異なる（二七・四ａｂ）ので、同じ私ではないと自我の同一性を否定するが、この第二七章では上述の「依拠して、自分のものと取得して名づけられる」（upādāya prajñapyate）即ち仮名という概念は未だ登場していない。ここで彼が用いた取得は第二六章の十二支縁起の中の第九支の意味での取得であったと考えられる。念のために偈を引用すると、「渇愛を生じている者は四種の取得を取る（upādānam upādatte）」（二六・六ｃｄ）、「取得があるとき取得者（upādātṛ）の生存・存在（bhava）が生ずる。実にもし取得のない者（anupādāna）が存在するならば、解脱していようし、生存・存在はありはしないであろう。そしてその生存は五蘊である」（二六・七、八ａ）である。そこで龍樹は取得が欲・見等の四取であり、それが五蘊であって、取得者の生存を生ずるという程の事は認めていたことになる。第二七章の「私は存在する」という第一の見解の否定では、取得が取得者の生存の因である（二六・七ａｂ）ので、その際に触れたように、前世と現世の生存は各々異なる取得（身体）によって取得者に生ずるので、その二つの生存が各々別の異なる生存であることを確認（二七・四ａｂ）し、それだけでなく取得とは独立した、取得のない自我は存在しないことを対論者との共通認識（二七・四―五ａｂ）とした上で、取得と自我との同一性と別異性によって自我も取得も否定する。第二六章では「取得のない者」（anupādāna）は解脱し、再生はないとしたが、ここでは「取得のない者」は自我となるのでそういう自我は存在しないことになる。このように直接的にはこの二章は今考察の対象とする第二二章のプドガラ論とは結びつかないが、龍樹はこの二章の取得者等の主体の是認と自我の否定の上に、一方では第一八章第四偈で「内と外とに「私は」と「私のもの」という〔意識〕が滅したとき、取得が消滅し、生が滅する」と説いて十二支の解体を告げ、他方この章では仮名であるプドガラ論の否定を展開したのではなかろうか。

　第二二章では先ず如来が五蘊と（一）同一でない、（二）別異でない、（三）と（四）一方が他方に内在しない、（五）如来は五蘊を所有しない、という五種の関係を考察する。この考察は第一〇章の第一四偈で薪と火について説かれている。恐らくそちらの方が先に著述されたのであろう。この五種の考察は原始経典では自我と五蘊の色等の各々の蘊との関係として（一）の同一と（三）（四）（五）を別異とした四種が説かれ、蘊が五あるので都合二〇種に細分され、『発智論』ではそれらが二〇種の薩伽耶見（satkāyadṛṣṭi）とされている（『中論釈』Ⅱ、一九八頁註一による）。五種の内で基本となるのは（一）同一と、原始経典が省いた（二）別異であり、他の三種は理論的には〔二〕に含まれる。そのためか註釈者達は〔三〕以下を比喩で示しているし、結論を説く第八偈では五種の検討を深めながら、それらを同一と別異の二種に整理している。既述のように第一八章の第一偈では五種でなく、自我と五蘊との同一か別異かという二種だけになっている。恐らく第一八章は第二二章よりも後の著述で、五種を原始経典とは逆に二種に整理して五種の検討を完全に清算したのではないかと考えられる。

五種の考察によって如来の実有性を否定したので、龍樹は次にこの章の本論ともいうべきプドガラの如来を第二偈以下で否定する。「五蘊に依拠しているならば、自性として存在しないし、自性として存在しないとき、他性として存在しない」（二二・二）。自性と他性の相待性による否定は第一章等にも見られる龍樹の基本的な否定の論理であるが、この場合は特に第一五章の「自性が因縁によって生ずることは成り立たない」（一五・一ａｂ）、「どうして自性がないとき他性があろうか」（一五・三ａｂ）と実質的には同じ論理的な否定を若干言い換えただけのものである。第三偈の「他性（他のもの）に縁って（pratītya）存在するものは無我であるということが妥当する。自我のないものそれがどうして如来であろうか」には、第一五章に直接対応する偈はないが、文脈から判断して、註釈者のいうようにこの偈の自我は自性の意味であろう。第二二章第四偈ｃｄの「自性と他性なしで、その如来は何ものなのか」と、第一五章第四偈ａｂとは、傍線の「自性と他性なしで」は同文で、「その如来は何ものなのか」が「そうであればどうして事物、有（bhāva）があろうか」となっている。第一五章では四句分別の第三句の「自性と他性の共」が事物、有であり、第四句の非自性非他性が無（abhāva）であるから、「その如来は何ものなのか」は如来は無となることを言外の意味として含んでいることになる。このように第二、三偈は第一五章と思想的に密接な関係をもつ。

第五偈は五蘊に依拠しない如来が存在することを主張する有の立場の主張を紹介する。それは「五蘊に依拠する以前に如来が存在するならば、その〔の如来〕がその時（idānīm・如来が存在するそのとき）〔五蘊を〕自分のものと取得し、執着することができるであろう。そうであれば、〔如来は五蘊に〕依拠して存在するものであろう」という主張であろう。それに対して、第六偈で龍樹は「五蘊に依拠しない、依拠する以前には如来は存在しないのだから、存在しない如来は五蘊に依拠し取得することはできない」と反論し、第七偈では返し刀で、「取得されていない取得も存在しないし、取得のない如来はどのようにしても決して存在しない」と重ねて否定する。第八偈は第一偈からの考察の要約で、「五種に検討されていて、同一と別異として存在しないところの、その如来がどうして取得によって〔如来と〕名づけられるであろうか」と、仮名そのものが成り立たないことを説く。第一偈で如来の存在を否定し、存在しないことを説いたのは、存在しない如来は取得に依拠して名づけられることができない、即ち対論者の主張するプドガラが存在しないことを説くためであった。さらに重ねて、次にくる第九偈ではその取得が自性としても他性としても存在しない（第九偈取意）と説き、第二偈で仏（如来）が自性としても他性としても存在しないと説いたことを取得についても繰返す。第九偈の後半は第二偈の後半と全く同文である。

こうして龍樹はプドガラの仮名論の否定の結論として、第一〇偈で「空」を前面に出して「このように取得も取得者（如来）も全く空である。そして空な〔取得〕によって空な如来がどうして〔如来と〕名づけられるであろうか」と説く。このように一見唐突に空によって結論を下すのが龍樹の手法であるならば、この偈の場合は「このように」とそれ以前の論述を受けて結論としているのに反して第二七章の第二九偈は「或いは又」と前の論証とは別であるとしているが、空を説くこの偈をも龍樹自身が著した偈と見做してよいのではなかろうか。

このように第一〇偈で如来も空であり一切法を意味する五取蘊も空であるという中観思想の真実在を説くと、次に彼は真実在が不可説であることを「空であるとも説くことができないし、不空であるとも〔空と不空の〕二者であるとも、二者でないとも〔不可説である〕」（二二・一一ａｂｃ）と空等の四句分別のすべてが不可説であることを述べて、可説の可能性をすべて封じ、その上で「しかし〔真実在である空等の四句の不可説を〕知らしめるために（prajñaptyartham）〔空等が〕説かれる」（二二・一一ｄ）と解説する。真実在は「空である」等の言語によって不可説なのであるから、真実在を実現した真の真実在そのものである仏は人々に真実在を知らしめるために「空である」等の対機説法をすることができたのであり、対機説法ができるのは真実在が不可説だからであるというのであろう。この二偈の真実在の説き方は第一八章の第七、八偈の法性・諸法実相と「すべては真実である」等の四句の説法と軌を一にしている。この説き方は龍樹の論述上の一手法といったものではなく、中観の真実在の論理の必然的な展開であり、真実在の構造そのものであるというべきである。第一八章でも既述のように真実在が「言語で表現されるべき・表現されることのできる対象（abhidhātavya）

が消滅している。一切法の本来の姿である諸法実相・法性であることを説く」（一八・七）と、次の第八偈では直ちに「すべては真実である、真実でない、真実で不真実である、真実でなく不真実でない。これが仏の対機説法である」と説いているからである。この二箇所の所説は実質上全く同じ思想であり、これが『中の頌』で龍樹が到り着いた中観の究極の真実在といって過言ではないであろう。

次の第二二―一四の三偈で龍樹は「空な如来」を「寂静せる如来」とする。この場合の寂静（śānta）を龍樹は取分け「自性として寂静にされた（静められ、滅せられた）もの」（svabhāvataḥ śāntam、七・一六、一八・九の諸註釈参照）という空性・無自性の主体的実現を示すとする。「そういう如来には恒常等の四句分別も有限等の四句分別もない」（二二・一二）と説いていることは月称が指摘するように、十四難無記に基づいたもので、龍樹は最後の第一六偈までで十四難無記を論じていると考えられる。次の第一三偈では「如来が存在する」という強固な固定観念（ghanagrāha）に呪縛された、現代風にいえば、マインドコントロールされた人は、「滅度の後の如来を「存在しない」と分別する」とし、「如来が自性空であるとき、「仏は滅度の後に存在する」とか「存在しない」とかいう考察そのものがあり得ない」（二二・一四）と説く。この所説は第二七章の「「世間は恒常である」等の見解」（二七・一五―二〇）と「「世間は有限である」等の見解」（二七・二一―二八）や第二五章の第二一偈の「有限等の見解」と「恒常等の見解」と同じ問題である。しかしこれら三章での龍樹の理解は同じではなく、第二七章では、世間は輪廻転生する神や人（二七・一五―一七）であり、五蘊の相続（二七・二二）であるのに対して、第二五章は「滅度の後と有限等と恒常等との諸見解は涅槃と後際と前際に依拠している」と第二〇偈で説くと、直ちに次偈で「一切法が空であるとき、何が有限か、何が無限か」等と説いて、有限や無限という性質を持つ主語となる事物が存在しないことを説いて無記が空であることを示す。この第二二章では先に引用した第一二偈が明説するように、恒常や有限の四句分別は寂静せる如来に存在しないことを説く。先にも触れたように十四難無記等では滅度の後の存在等が問われているのは如来についてであるが、その場合の如来は衆生を意味するという。原始経典ではインドの異教の用法に従って如来を有情（衆生）の意味で用いていたとのことである。しかし龍樹はここでは如来を仏教内の意味である仏の別称とする（二二・一四）。それが上述の寂静せる如来である。「寂静せる」とは如来が脱主体的に無我・自己が無自性であることを実現した主体であることであり、第一四偈の「自性として空な如来」である。そういう如来には「仏は滅度の後に存在するとか存在しないという思惟（cintā）はない」。その思惟は第一三偈で説かれた「固着観念が把持されている者」が懐く分別である。龍樹は第一八章第五偈で分別が戯論を根拠・条件とすると説いたが、ここでも次の第一五偈で彼は仏が戯論を離れ戯論に左右されることのない変ることのない真実在であるので、戯論寂静によってのみ実現されるものとする。その戯論はこの場合は「滅度された如来は存在しない」とか、「仏は滅度の後に存在するとか、存在しない」という言説・言語表現とその真理性への執着であり、それを根拠・条件としてのみ、その言葉で表現された思惟・分別が成立しているので、戯論寂静によって「如来を見る、即ち実現する」（二二・一五d）のである。

この寂静せる如来はしかし衆生とは階層を異にする超越的な神的存在とか神話的存在ではない。註釈者は如来の存在を衆生の存在の喩例と解釈するが、龍樹自身が最後の第一六偈で結論として説こうとしたのは如来が凡夫と本来、本性として同じであることである。彼はそのことを第一六偈ａｂで「如来が或る自性である、この世人（jagat）はその自性である」と説く。世人と訳したjagatの同類語の衆生（sattva）を彼は第一六章（第一、四、五偈）で輪廻するものとして諸行と一対として取り上げて否定するだけである。世間（loka）を第二七章（第一、二一、二三、二四、二五偈）で十四難無記の「世間は有限か」等の四難の主語として用いるが、意味は世界というよりも「五蘊の相続」であり、「世間は恒常か」の場合は前世の神と現世の人間等の同一とか別異として恒常等を論ずるので、世界よりも輪廻する衆生・生き物である。jagatを註釈者はここでは第一六章の上記の諸行（世間）と衆生（世間）としたり、如来を衆生世間、jagatを器世間としたりするが、他に唯一度jagatが用いられた第二四章第三八偈も前後の文脈から世界よりは人間存在、要するに世人ではないかと考えられる。龍樹は無自性を本性とする如来と生きとし生ける者とは本質的には同じ人格だといっていると考えられる。換言すれば、人間は本性として仏である。悉有は仏性だといっていることになろう。

25　第二三章　顛倒

第一偈の前半で龍樹は「貪と瞋と癡〔の三毒〕が分別（saṃkalpa）より生ずると説かれている」と述べ、煩悩が分別から生ずるという立場に立つ。この論理は第一八章第五偈の「業煩悩は分別（vikalpa）より生ず、それらは戯論より生ず」という龍樹の解脱道の基本論理と同じである。龍樹がこの偈でsaṃkalpaを用いたのは月称が引用する「愛欲よ（kāma）、私は汝の根源を知る。汝はsaṃkalpaより生ずる」という『感興のことば』（*Udānavarga*）等に収録されている、仏が詠われた詩頌によったからであろう。kathyate（説かれている）を龍樹は漠然と仏の所説であることを表現する用語として用いているようである（他に一五・三、二二・一一に見られる）。第一八章の偈の vikalpa は大乗仏教では思惟・判断等を意味する術語として広く用いられているが、言うまでもなく、思惟・判断そのものが誤想であり、妄想であることを含意する。月称は saṃkalpa を尋（vitarka）とする。この語は伺（vicāra）と対で、伺が緻密に深く探究するのに対して対象の粗雑な観察を意味するという。月称は伺を多用し、真実在の考察（tattvavicāra）とするが、尋はここだけである。恐らく彼は尋を妄想とか誤認・誤信を意味すると取って saṃkalpa の同義語としたのであろう。

第一偈で龍樹は三毒が「分別より生ずる」という仏説を、「浄と不浄と顛倒に縁って生ずる」、縁起することだと解釈する。浄と訳した śubha は清らかな、美しい、有徳な、といった世間的や道徳的に良い意味を表す語であるが、しかしここでは貪欲、先の『感興のことば』によれば、愛欲（kāma）という煩悩を生ずる縁であるから好ましいという分別・観念を意味すると考えられる。

ここで浄を好ましいといった意味に取ったのは、後述する第九偈の「幻の人」（māyāpuruṣa）や「〔鏡面に映った〕映像」は『八千頌』の第八章の「幻の人が美しさを讃えられても讃えられなくても変らない」等や月称の章末の教証の中に後代に加えられたと思われる『三昧王経』の鏡に映った美しく飾られた女性の映像に愛欲をいだく比喩などを、龍樹も念頭に置いていたのではないかと考えたからである。これら浄に縁る貪欲や不浄、厭わしいものに縁る憎しみは、芸術的な美や倫理的な善の追求でもあり得るから現代の価値観に立てば、一概に否定されるべきものではない。龍樹が否定しようとしたのは第二偈「浄不浄顛倒に縁って存在するもの、それらは自性として存在しない。それ故に諸煩悩は真実としては存在しない」が説くように煩悩の自性であり、実有性であった。

この「浄不浄顛倒」という複合詞は貪瞋癡に合わせたものであるから月称のように「浄と不浄と顛倒」と読むのであろうが、他には見られないようなので、龍樹自身が作った複合詞ではないかと考えられる。しかし『無畏』等は「浄と不浄の顛倒」と読む。この方が一般的に理解し易い。しかし「浄と不浄の顛倒」と解釈すると、貪瞋癡の癡が浮いてしまう。尤もそもそも貪瞋と癡を三毒として一括することが思想的には無理であるから、この浄不浄顛倒の読み方もどちらとも決定できないし、龍樹自身も曖昧なままに、前半では浄と不浄を論じ、後半では四顛倒を主題としているのではないかと思われる。或いは浄と不浄の顛倒を一般的な顛倒のあり方である浄を不浄と認識するという意味の顚倒でなく、浄という認識も不浄という認識も誤認であり虚妄であるということを浄不浄顚倒と表現したのかも知れない。

第一偈での龍樹が殊更に「〔三毒が〕浄と不浄と顚倒に縁って（pratītya）生ずる」を加えたのは、三毒の各々に対応するためだけでなく、寧ろ龍樹は縁起を事物が無自性であることを立証する論拠とするので、彼の基本的論理によって、煩悩を否定するためであったのであろう。「浄等に縁って存在するものは自性として存在しない」（二三・二ａｂ）は縁起即無自性という龍樹の根本的立場の確認に他ならない。「真実として」は特に清弁が「勝義として」の同義語として多用しているが、龍樹自身はこの論書の中では、他に第一七章第二六偈で煩悩と煩悩を自体・本質とする（kleśātmaka）業について用いているだけである。龍樹の空を立証する方法である否定は否定の対象の真実在、本来の相の解明であるから、すべては皆「真実在としては」と限定された存在の否定であるが、業と特に煩悩の場合は煩悩によって業の法則のままに輪廻を生きていると確信している人々に、分別（妄想）によって煩悩業生が存在するという自己の見解を認めさせるために空が無でなく、存在の否定は「真実在として」であることを殊更に明示する必要があると考えたからであろう。この二章が同じ思想を展開している点は第八、九偈の検討の際にさらに触れる。煩悩そのものの実有性・自性を否定することによって煩悩の存在を真実としては否定すると、次に龍樹は並列的に種々の視座から煩悩の存在を否定する。第三偈では自我がありもしないしなくもないことから煩悩の有も無もないと否定する。ここでも偈の前半は自我の有無の否定が既に立証済みであるという立場に立ち、煩悩の否定も煩悩の存在だけでなく煩悩の無も否定する「中の立場」であることを鮮明にしている。月称釈の仏訳者（LVP）は自我の有と無がないことについて第九章第一二偈と第一八章の第六偈を挙げているが、そうであれば、この章はそれらの章より後に著述されたことになるのであろうか。第四偈は自我との関連で、煩悩がそれに所属し、所有される依り所である所有者―月称は自我か心とする―が存在しないことは既に立証されているから、煩悩は何もののものでもないことになるといって否定する。第五偈は「自己の身体があるという見解」（svakāyadṛṣṭi・自身見）を比喩にして、煩悩も煩悩に悩まされている者も、どちらを主として五種の考察を加えても存在しないという否定である。五種の考察による否定は先にも触れたように第一〇章の第一四偈では火が薪と、第二二章第一偈では如来が五蘊と同一、別異等の五種の関係がないことによって、火も薪も、如来も五蘊も存在しないことを論証する方法である。第二二章では五種の関係が実質は同一と別異の二種に集約されることを示しているのに、ここでは五種の関係が否定されることを煩悩と煩悩に悩まされる者についても指摘するだけでなく、それの比喩として「自己の身体があるという見解」（svakāyadṛṣṭi、前章の解題の冒頭参照）をも挙げていることも、龍樹が煩悩の実有性否定を説得することが如何に難かしいかを自覚していたことの表れであろう。

同じ煩悩の存在の否定であるが、第三偈の場合は煩悩が「浄と不浄と顛倒」に縁っているので自性として存在しないと論じたのに対して、第六偈ではその「浄と不浄と顛倒」が存在しないことを論拠にして煩悩の存在を否定する。この場合も浄等が自性として存在しない論拠は提示されていない。一切法、すべての事物が自性として存在していないことが確立されているからだとするならば、煩悩も存在しないことを「どの浄等に縁って煩悩があろうか」（二三・六ｃｄ）などと論ずるまでもないことになろう。

これまでは根本的には縁起が無自性であることを論拠にして煩悩を否定してきたといえるが、次に第七―九偈では空の立場では煩悩の対象が浄・不浄であり得ないことを論ずる。先ず第七偈で龍樹は「貪と瞋と癡には、色声香味触法という六種の対象が分別される」と説いて、煩悩が色等の六境を対象とするという認識論的な構造を取り上げる。この偈では彼はこの認識論的構造が貪瞋癡の、換言すれば、すべての煩悩の構造であることを示すが、次の偈からは「癡」が姿を消す。第八偈は「色、声等の六境はただそれだけのもの（kevala）である。ガンダルヴァ城のように、蜃気楼や夢のように」と説いて、縁起ではなく『般若経』の空の思想を前面に出す。『金剛般若経』の末尾を飾る九喩（羅什訳では六喩）が有名である。『般若経』はすべての事物が空であることを夢や幻の比喩で示すが、夢や幻のようなものというよりも、すべては夢そのもの幻そのものであり、衆生と夢や幻は不二であるとさえ断言する（『八千頌』第二章）。夢や幻を日常の現象を表示する日常語から空性を意味する思想的な概念に高めて使用しているように見える。龍樹はこの偈の後半の比喩の部分と全く同じ文言を第一七章の最後の第三三偈の後半でも使用している。構文は異なるが、第七章の最後の第三五偈でも「幻の如く（yathā māyā）、夢の如く、ガンダルヴァ城の如く」と幻と夢とガンダルヴァ城を用いている。これら二章は『金剛般若経』に倣って章末に比喩を置いたのであろうか。それはとにかく、第七章の場合、「幻」が別にあるから、ガンダルヴァ城は「蜃気楼」の意味で、この箇所と第一七章の場合は蜃気楼（marīci）が別にあるから「幻」の意味かも知れない。精査した訳ではないが、『八千頌』には「ガンダルヴァ城」は見当らないが、『二万五千頌』にはあるようである（MDPL）。『金剛般若経』と共通する比喩は夢だけであるが、経や論の著者の育った風土や時代によって使用する比喩が異なるのであろうか。いずれにしても空の意味で用いられている点は異ならないと思われる。「ただそれだけのもの」(kevala) を註釈者達は当然のことながら無自性と解釈する。『無畏』が「離脱している」(bral ba, vivikta) とするのは、『八千頌』に見られ、空性と同義語とする「絶対的に離脱している」(atyantavivikta) に依るのではなかろうか。特に同経の第二六章では、幻、幻のような心 (māyopamaṃ cittam)、さらには般若波羅蜜、無上正等覚者が「絶対に離脱している」と説かれているからである。龍樹が『八千頌』の第二六章の「幻のような」(māyopama) に依ってこの章の第七偈以下を論述したのではないかと思わせるものは、第九偈の「それら (色等の六境) が幻の人のようであり、映像のようなものであるとき、どうして不浄か浄のどちらかであろうか」という所述である。先には浄と不浄が好悪、美醜の意味であることの例として第八章の幻の人の美の讃美や『三昧王経』の鏡に映った映像の美人への愛欲を挙げた。特に幻の人の場合は、讃美の言葉である戯論の有無によって幻の人は動かされることがないことを喩例にして、法性が変ることなくあるがままにある如実相であることを説いている。そういう意味ではこの比喩は寧ろ第一八章第七偈の法性の思想が『般若経』の幻の人の立場に依るものであることを示していると取ることができる。それに対して龍樹がこの章の第九偈を著述するに当って思想史的に直接依用したと思われるのは『八千頌』の第二六章の、先に触れた「絶対的離脱」に続く「幻の人」と「映像」の比喩である。そこでは幻の人や映像は般若波羅蜜を追求する菩薩や愛憎を超えた如来の比喩である。幻の人や鏡に映った人の姿をした映像は、幻術師や本像を近くに居るが、幻の人の見物人や鏡の外に在る事物を遠くにいると判断しはしない。彼ら幻の人等は分別を離れた無分別であり、それと同じように菩薩や如来も無分別であると説く。その場合、分別をしない無分別である幻の人や仏菩薩は見物人や法座で聴法する人々にとって他者として対面する幻の人であり、仏菩薩である。第六偈の色声等の六境はまさに見物人や聴法者によって対象として知覚され認識される客体に他ならない。それが第八偈で「ただそれだけのもの」(kevala) であることが、無自性を意味することは言うまでもないが、「それらが幻の人のようなものであるとき、浄・不浄がどうしてあろうか」という第九偈で浄と不浄を否定しているので、煩悩の生起の縁となる浄・不浄がないという意味で「ただ色声等だけのものである」といっているとも取ることができる。このことは龍樹が、対象、他者に浄と不浄とを惹起させる客観上の根拠を認めていないことを意味するので、対象となる他者には浄や不浄の把握を顛倒たらしめる不浄や浄が存在しないことを意味する。浄や不浄は対象とは関係のない、主観的妄想であって顛倒ではない。このことは空の立場では存在上の階層制、ヒエラルヒーがあり得ないことを意味する。「常を無常と把握する」という顛倒は、「常を」の常と、「無常と」の無常とを真と偽と截然と区別するヒエラルヒーの上に成立する。空性の立場に立って主張する大乗仏教でも「無為の四顛倒」といった、真如、法界を真とし、無常、苦、無我、不浄を偽とする立場もある。特に如来蔵思想では悟り、即ち仏の法身の徳である「完全な常」（nityapāramitā）、完全な楽等を真、無常や苦等を偽とする。龍樹はそれに対して忠実に空の立場を守ったといえる。第一〇、一一偈で彼は常を無常、無常を常と把握するという二種の顛倒が顛倒でなく、両方の場合ともに、常と無常は相対概念の相互依存に過ぎないことを論じている。第一〇偈は「或るもの（不浄）に縁って（pratītya）浄と我々が名づける（prajñapayemahi）ところの不浄は、浄に相待しないでは（anapekṣya）存在しない。それ故に浄は決してあり得ない」であり、第一一偈は傍線の不浄と浄を入れ替えただけである。このようにこの二偈は浄も不浄も相互に依存して存在する。即ち相互相待的成立（parasparāpekṣikī siddhaḥ）であるから、自性、実有でないことを説くので、龍樹の基本的な否定の論理の典型的な事例であると言ってよいであろう。ただしこの二偈では浄が不浄に、不浄が浄に縁って存在する（pratītya saṃbhavati）を「浄が不浄に縁って〔浄という〕名で知る（名づける）」と、否定の対象が言葉で表示され、言葉で知られた仮名に過ぎないことを明示している点は彼の思想の明確化の努力の跡と考えてよいであろう。

龍樹は第一三偈から本格的に顛倒の考察を行う。顛倒で最も一般的なものはいわゆる有為の四顛倒である。原始経典では、すべては無常である。無常である故に苦である。苦である故に無我であると説き継がれてきた。人は自己や世界が永遠であることを求め、安楽であることを願い、自己の存在に執着して、無常、苦、無我である現実から目を逸らせ、逃避している。この教えはそういう人に対する仏の警鐘であり、警告とでもいうべきものであろう。それがやがて無常、苦、無我、不浄である現実を常、楽、我、浄という反対の相で把握し、執着する有為の四顛倒に整理されていったのであろう。この顛倒を無明の根拠として自覚的に捉えたのは龍樹に始まると考えられる。その意味は章の前半で説かれた貪瞋癡の縁である浄不浄顛倒の中の癡の縁である顛倒とは異なる。彼が第二二偈で「顛倒の消滅によって無明の滅があり、行等〔の十二支〕が滅する」と説くように、無明はすべての煩悩の中核をなす根幹としての無明であり、輪廻の根源である。諸行、即ち業を生ずる有為の根拠となる無明である。

しかし龍樹はここでは第二六章のように十二支縁起を正法と認めてはいない。顚倒と無明の関係は十二支に第十三支を加えて、「顚倒に縁って無明あり」というのではない。その関係は寧ろ第一八章第五偈の「業煩悩は分別より生じ、分別は戯論より、戯論は空性において滅せられる」と思想的には密接な関係を示している。この第一八章の偈では無明は姿を消し、煩悩の根拠が分別（vikalpa）であることに改められている。前に述べたようにこの章でも貪瞋癡というすべての煩悩が分別（saṃkalpa）から生ずるという第一八章と同じ論理は基本的には保たれている。その全煩悩の生起の根拠である分別が顚倒であるということが第一三偈以下の四顚倒の考察である。第一三偈の前半で彼は「無常を常と取る観念・執着が顚倒である」と顚倒を定義する（彼は四顚倒を無常と常を例として論ずるので、以下それに従う）。彼はこのように顚倒の構造・顚倒の定義を利用しているが、この章で彼が顚倒を取り上げたのは、「すべての事物は空である」という空の立場ではこの顚倒の構造そのものがあり得ないことを論証するためであった。月称が眼翳の比喩ともいわれる、眼病者が目の前に毛髪の塊（ヴェーダーンタ学派では後に目を強く圧すと現われる現象という）という喩例を好んで用いるのも中観派の常の知覚が無常という基体に仮託されるという顚倒の構造に依らない、基体のない誤知、誤認だからである。先に触れた、『般若経』の幻や夢の比喩も龍樹が用いたガンダルヴァ城の比喩も同じであって、すべての事物の認識は顚倒ではなく、すべてが誤知で無自性空であるということである。

第一三偈と第一四偈は月称釈中の偈と『無畏』等の三註釈書中のチベット訳偈は異なるので、先ずそれらの偈を順に意訳する。

〔月称釈〕　第一三偈　〔前半〕無常を常と取る観念が顚倒ならば、

〔後半〕空な事物は無常でないから、常の観念は顚倒でない。

第一四偈　〔前半〕第一三偈と同じ。

〔後半〕〔無常でない〕空な事物を常と取る観念は顚倒である。

〔『無畏』等〕第一三偈　〔前半〕月称釈と同文。

〔後半〕空な事物は常でない。常の観念は顚倒である。

第一四偈　〔前半〕無常を無常と取る観念が顚倒でないならば、

〔後半〕空な事物は無常でない（ので、）〔無常でない空な事物を〕無常〔と取る〕観念は顛倒である。

第一三、一四偈の各々で龍樹が説こうとしたことは、これらに続く第一六偈の「虚妄であろうと真正であろうと、観念〔そのもの〕が存在していないとき、誰に顛倒があり、誰に不顛倒があり得ようか」が明示していると考えられる。第一三偈は顛倒の否定であり、第一四偈は不顛倒の否定である。このように顛倒の否定が同時に不顛倒の否定であることは、龍樹の空の理解が本格的なものであることを示す。『般若経』は空を説くが、時にその空は不空と相対的な空の肯定と見ることができないでもない。それに対して龍樹が分別を自己や世界の根拠としたことは、あらゆる事物・事象を対立概念に分別し、その一方を否定することが概念の相対性、相互相待という縁起の必然性によって、同時に他方の否定であることを明確に自覚していたことを示している。そのことは第一三章第七偈でも、「不空な事物がないから空な事物もない」と説いていることからも明らかである。龍樹の空の理解は有無の二辺を離れた中の観察と一体となった空であり、空は空の否定、否定の否定である空の自己否定であり、対論者の思想の否定は対論者と対立する中観思想の否定によって完結する。龍樹の空観がこのようなものであるならば、彼は第一三偈で顛倒を、第一四偈で不顛倒を否定したと考えるべきであろう。そういう観点から上述の二種の第一三偈から龍樹の原偈を選ぶならば、第一三偈は月称釈中の偈となり、第一四偈は逆に『無畏』等の中の偈が原偈となろう。要するに龍樹は第一三偈では無常を常と把握する顛倒である誤った観念を否定し、第一四偈では無常を無常と把握する不顛倒である正しい観念をも否定したのである。

このように観念の真偽は共に否定されたが、しかしそのことは観念そのものを否定したことにはならないのではないか。観念、それは一般的にいえば、日常の諸経験・認識であり、認識論的な作具、主体、対象という構造の上に成立すると理解されているものである。龍樹は次の第一五偈ではその認識論的構造の構成員である作具等の事物が「すべて寂静している（upaśānta）ので、観念は存在しない」（二三・一五cd）と説いている。upaśāntaという語はこの箇所でしか用いられていないが、śāntaは「縁起しているものは自性として寂静している」（七・一六）、真実の五相の第二（一八・九）、「寂静せる〔如来〕には恒常性がない」（二二・一二）に見え、一方upaśamaは「認識対象の寂静」（draṣṭavyopaśama）（五・八）、「あらゆる認識の寂静」（sarvopalambhopaśama）（二五・二四）、「戯論寂静」（prapañcopaśama）（帰敬偈と二五・二四）に用いられている。これらの用例から見れば、このupaśāntaは第五章の「認識されるべきものの寂静」と同じ認識・観念の寂静であるが、単に対象だけでなく、広く認識手段・観念を生ずる作具や認識者・観念を懐く者、認識・観念も寂静している。そういう意味では第二五章の「あらゆる認識の寂静」を具体的に示したものとも言うことができるであろう。この章では龍樹は戯論寂静には言及していないが、それはこの章では主題である顚倒を分別・妄想（saṃkalpa）に基づく認識の構造として取り上げたことによるのであって、戯論寂静にまで彼の思想が深まっていなかったことによるのではないであろう。

第一六偈で龍樹は顚倒も不顚倒も誰にもないと観念を懐く認識者が存在しないことを説くと、次にそのことを立証するために、第一七、一八偈では、第二章の已去、未去、去時と同じ方法で、顚倒した者（viparīta）、顚倒していない者（aviparīta）、顚倒しつつある者（viparyasyamāna）の三者に顚倒がないことを説き、立証するまでもないと考えたのか、対論者が自分で考察せよ、と突き放している。先に触れたように已去、未去、去時の三時による考察は、現行の章の順序に従えば、先ず第二章で説かれると、第三章等（三・三参照）では「去時、已去、未去〔の方法〕によって否定された」と第二章の方法に言及し、詳細を省略しているが、ここでは二偈を用いて一応説明し、第二章と同じ方法であることに触れていない。このことはこの章が第二章よりも以前の著作であることを示すのではなかろうか。そうであっても、第二章はその方法を詳述しており、この章では二偈に簡略に纏めただけのものであるから、第二章ではこの章で説いたことに触れるまでもなかったのであろうか。或いは寧ろ顚倒の否定は已去等の例に言及して済ますことができない程重要であると龍樹が認識していたのではなかろうか。この二偈が未生を含めて顚倒の生起を三時に分けて否定したのに対して、次の第一九偈「生じていない顚倒がどうして存在するであろうか。顚倒が不生であるとき顚倒者（viparyayagataḥ）がどうして存在するであろうか」は生じていない顚倒が存在しないことを説く。これも先に述べた龍樹の空観の特色である空が有と無の二辺を否定した中道であり、否定の否定であり、自己否定であることを龍樹がこの場合にも強く意識していたことを示す。顚倒の生起の否定は顚倒の不生の否定と同事である。顚倒者は顚倒の生と不生に係わりなく存在しない。

第二〇、二一偈は我浄常楽を存在するか否かの二者択一のディレンマに陥れて否定する。龍樹の常套的な否定方法の適用である。我等が存在すれば、我等は顚倒ではない（二三・二〇）。存在しなければ、基体となる無我、不浄、無常、苦も存在しない（二三・二一）と説くだけである。この我等が存在しなければ、無我等も存在しないも、直前の否定の否定の空観の確認である。

第二二偈で龍樹は上述のように、この四顛倒の消滅によって無明を始めとする十二支縁起の逆観が成立すると説く。このことはこの章が第二六章に近い時期の著述であることを意味しないであろう。しかし彼が次の第二三、二四偈で煩悩が自性として実有ならば、煩悩は滅除できない（二三・二三）。煩悩が自性として実有でないならば、無いものは滅除できない（二三・二四）と、先に第一九偈や第二〇、二一偈で指摘したのと同じ有と無のディレンマによって煩悩を否定していることから窺えるように、彼がこの章で論じたかったことは、顛倒の消滅によって煩悩が消滅するということは、四顛倒（我浄常楽（二三・二〇））も四不顛倒（無我不浄無常苦（二三・二一））も我浄常楽という事物の有無のディレンマによって顛倒でないことを示し、そのことによって煩悩も無自性空であるので消滅しないという仕方で消滅する、不消滅の消滅であることを示そうとしたのである。このことが第一八章第五偈の「業煩悩は分別より、分別は戯論より、戯論は空性において滅せられる」という思想に昇華されていったものと考えられる。「空性において」はそこでは解脱の実現となる空性の主体的実現の意味となっていると考えられるが、この章の第二三、二四偈では自性の立場では煩悩は滅除され得ないものであること、裏からいえば、煩悩が無自性空であるとき煩悩は顛倒と不顛倒の消滅―それが空性において消滅される分別の消滅―によって消滅するということ、要するに迷いも覚りもすべての事物が空であることにおいてあり得ることを説いていることになろう。

索引

索　引

・本索引は項目を、『中論』の書き下し本文、およびその中で訳者が補った科段名（見出し）より採録した。
・ページ数は各頁下にアラビア数字で示した通しページによる。

《中論 上》

校註者紹介

丹《たん》治《じ》昭《てる》義《よし》　1932年、静岡県生まれ。京都大学卒。
現在、関西大学名誉教授。

⑯中観部1　新国訳大蔵経

2019年9月20日　第1刷　発行©

校註者　丹　治　昭　義

発行者　石　原　大　道

発行所　大蔵出版株式会社

〒150-0011 東京都渋谷区東2-5-36 大泉ビル2F
TEL. 03-6419-7073　FAX. 03-5466-1408
http://www.daizoshuppan.jp/

印刷所　亜細亜印刷株式会社
製本所　東京美術紙工協業組合

ISBN 978-4-8043-8052-0　C3315　落丁・乱丁本はお取り替えいたします